U0638401

中国石油

CNPC-YT11

中国石油吐哈油田组织史资料

第三卷

（2016—2020）

中国石油吐哈油田分公司人力资源部／党委组织部｜编

石油工业出版社

图书在版编目（CIP）数据

中国石油吐哈油田组织史资料．第三卷，2016-2020 / 中国石油吐哈油田分公司人力资源部 / 党委组织部编．-- 北京：石油工业出版社，2025.2

ISBN 978-7-5183-6633-0

Ⅰ．①中…　Ⅱ．①中…　Ⅲ．①石油企业－企业史－史料－中国－2016-2020　Ⅳ．① F426.22

中国国家版本馆 CIP 数据核字（2024）第 095366 号

中国石油吐哈油田组织史资料　第三卷（2016—2020）

中国石油吐哈油田分公司人力资源部 / 党委组织部　编

项目统筹：白广田　马海峰

图书统筹：李廷璐

责任编辑：李廷璐　秦　雯

责任校对：刘晓雪

出版发行：石油工业出版社

　　　　　（北京市朝阳区安华里 2 区 1 号楼　100011）

　　　　　网　　址：www.petropub.com

　　　　　编辑部：（010）64256545　64523611

　　　　　图书营销中心：（010）64523731　64523633

印　　　刷：北京中石油彩色印刷有限责任公司

2025 年 2 月第 1 版　2025 年 2 月第 1 次印刷

787 毫米 ×1092 毫米　开本：1/16　印张：45.25　插页：0.125

字数：716 千字

定价：620.00 元

ISBN 978-7-5183-6633-0

版权所有，翻印必究

（如发现印装质量问题，我社图书营销中心负责调换）

中国石油吐哈油田组织史资料
编审委员会

主　　任：支东明

副主任：梁世君　张　瑾　周　波　杨忠东　张建诚　吴　征
　　　　　李建忠

委　　员：（以姓氏笔画为序）

　　　　　王　强　史东风　朱永贤　李正武　李江予　苗殿国
　　　　　范耀东　周永新　晏书宾　钱　峰　徐　君　席宗敬
　　　　　崔　奋　梁　浩　鲁正乾　曾玉祥　雷　宇　雍富华
　　　　　颜子奇

中国石油吐哈油田组织史资料
编纂人员名单

● 编 纂 工 作 领 导 小 组 ●

组　　长：支东明

副 组 长：李建忠

成　　员：史东风　　刘锐锋　　邓坤红　　苗殿国

● 编 纂 办 公 室 ●

主　　任：刘锐锋　　邓坤红

成　　员：于春新　　郑忠波　　张　哲　　周晓东　　童丹丹

　　　　　段元凯　　彭　静

执 笔 人：段元凯　　彭　静

前　言

　　读史以明鉴，知古可鉴今。企业的组织机构沿革和人事更迭情况，是企业史的重要组成部分。本书从 2016 年开始编纂，历经 5 年，现已告竣。这部以编年体和纪事本末体史志体例编纂的组织史资料，将吐哈油田分公司在 2016 至 2020 年期间的组织人事工作进行了比较全面、系统、客观、准确地记录。

　　1991 年初，中国石油天然气总公司以吐哈石油勘探开发会战指挥部为总甲方，以玉门石油管理局为主体和依托，以中国石油天然气总公司北京勘探开发研究院、规划勘察设计总院等 20 多个石油科研企事业单位为乙方在吐哈盆地展开一场大规模勘探开发会战。1995 年 8 月，经中国石油天然气总公司批复同意，将吐鲁番—哈密石油勘探开发会战指挥部更名为吐哈石油勘探开发指挥部。1996 年 1 月，中国石油天然气总公司将玉门石油管理局所属的 7 个专业化技术服务单位和 1.03 万人划归吐哈石油勘探开发指挥部，1998 年，吐哈—玉门企业集团管理委员会撤销。1999 年 6 月，中国石油天然气集团公司将吐哈石油勘探开发指挥部的核心业务与非核心业务分开分立，核心业务部分成立吐哈油田公司，12 月，吐哈油田公司更名为吐哈油田分公司。

　　2007 年 12 月，中国石油天然气集团公司将吐哈油田分公司与吐哈石油勘探开发指挥部重组整合，从 2008 年 1 月 1 日起，授权吐哈油田分公司对吐哈石油勘探开发指挥部业务、资产和人员实施全面委托管理。吐哈油田分公司整体推进吐哈油气区勘探与油气生产、工程技术服务、矿区后勤三大板块业务协调发展。

　　2017 年 11 月，中国石油天然气集团有限公司批复同意：吐哈石油勘探开发指挥部改制为一人有限责任公司，名称为新疆吐哈石油勘探开发有限公司（以工商登记机关核准为准），中国石油天然气集团有限公司持股 100%。

　　自 1991 年 2 月开发建设以来，吐哈油田分公司国内勘探范围包括吐哈、三塘湖、准噶尔等 5 个盆地，探矿权面积 4.26 万平方千米，累计生产油气当量 8365 万吨，其中原油 6126 万吨、天然气 281 亿立方米，为保障国家能源安全、促进当地经济社会发展做出了积极贡献。截至 2020 年年末，油田共有员工 9350 人，资产总额 147.3 亿元。

《中国石油吐哈油田组织史资料 第三卷（2016—2020）》，以马克思列宁主义、毛泽东思想、邓小平理论、"三个代表"重要思想、科学发展观和习近平新时代中国特色社会主义思想为指导，坚持辩证唯物主义和历史唯物主义的立场、观点和方法，按照实事求是的原则和"广征、核准、精编、严审"的工作方针，以档案文件的真实记录为依据，去伪存真，舍粗取精，反复修改，数易其稿，终于形成了这部全面系统、资料翔实的吐哈石油组织人事工作业务工具书。希望本书发挥"资政、存史、育人、交流"的作用，用辉煌成就鼓舞人，用优良传统教育人，用成功经验启迪人，用历史教训警示人。希望广大员工从历史中获得前进的动力，立足吐哈，为有质量、有效益、可持续发展而继续奋勇拼搏，在中国石油建设世界一流综合性国际能源公司的新征程中，再创辉煌。

吐哈油田分公司组织史资料编纂办公室
2021 年 9 月

凡　例

一、本书按照吐哈油田分公司下发《关于做好〈吐哈油田组织史资料〉企业卷（2016—2020）续编工作的通知》《关于做好 2021 年组织史资料征编工作的通知》和《中国石油组织史资料编纂技术规范（2019 版）》进行编纂。

二、指导思想。本书以马克思列宁主义、毛泽东思想、邓小平理论、"三个代表"重要思想、科学发展观和习近平新时代中国特色社会主义思想为指导，坚持辩证唯物主义和历史唯物主义立场、观点和方法，按照实事求是的原则和"广征、核准、精编、严审"的工作方针，全面客观记述吐哈油田 2016—2020 年的组织演变发展历程和人事变动情况，发挥"资政、存史、育人、交流"的作用。

三、断限。本书收录上限始自 2016 年 1 月 1 日，下限断至 2020 年 12 月 31 日。

四、指代。"集团公司党组"指代中共中国石油天然气集团公司党组、中共中国石油天然气集团有限公司党组，"股份公司"指代中国石油天然气股份有限公司，"集团公司"指代中国石油天然气集团公司、中国石油天然气集团有限公司，"会战指挥部"指代吐哈石油勘探开发会战指挥部，"指挥部"指代吐哈石油勘探开发指挥部，"油田分公司"指代吐哈油田分公司。

五、收录范围。本书收录的资料主要包括四个方面：一是组织机构沿革、领导任免信息及领导成员名录等正文收录资料；二是组织机构沿革图、综合统计图表等附录、附表资料；三是组织人事大事纪要；四是重要文献资料。

组织机构和领导名录总体按照下延一级的原则收录，组织机构收录范围主要依据行政隶属关系和股权管理确定，领导名录收录范围主要按照干部管理权限确定。具体包括：吐哈油田分公司领导机构及其领导成员；机关处室、直属单位、附属单位和所属二级单位组织机构及其领导成员。为保证组织机构名录及领导名录的完整性，个别单位下延至科级。

　　附录附表资料主要包括：组织机构名录及沿革图，专家、技术能手、高级及以上职称等高层次人才名录，先进集体和个人名录，历年人事劳资统计简表、非常设领导机构等。组织人事大事纪要主要收录组织干部、人事劳资、教育培训等重要事件。文献资料主要收录具有政策性、指导性、价值性、全局性的组织人事管理规章制度条目。

　　六、收录原则。党政组织机构较详，其他组织机构较略；本级组织机构较详，所属组织机构较略；组织机构及领导成员资料较详，其他资料较略。

　　七、编纂体例。采取"先分阶段，再分层级，后分层次"横竖结合的方法，以卷、章、节等层次进行编纂，按历史阶段设章节，正文为中国石油吐哈油田组织史资料第三卷（2016—2020），按照领导机构、机关处室、直属单位、附属单位、二级单位分别立章。各章之下，一般以本章所收编的具体机构分别设节。

　　另设有附录内容，主要收录组织机构沿革图、组织机构名录、基本情况统计表、专家及高级技术人员名录、先进集体和个人、组织人事大事纪要、组织人事文献资料目录等内容。

　　八、资料编排。本书采用文字叙述与图表相结合的编纂体例进行资料编排。

　　（一）组织机构沿革文字叙述的编排。本书文字叙述起连接机构、名录、图表的作用，主要包括综述、分述和简述。

　　在本书之首，写有本编组织机构沿革综述。主要记述该时期本级组织机构的基本简况、沿革变化及其历史背景；下设工作机构和所属单位的机构改革、体制调整等组织沿革发展变化情况；本级组织机构在领导班子和员工队伍建设、劳动组织和薪酬保险管理、党组织建设和思想政治工作中所采取的重大决策、重要措施和改革发展取得的主要成绩等内容。

　　在各章之首，写有本时期领导机构、机关处室、直属单位、附属单位、二级单位、矿区服务事业部每个层次的分述，即本层次组织机构沿革情况概述或提要。主要是围绕本层次组织机构发展主线，采取编年纪事与本末纪事相结合的方式，简要概述本层次所涉及的重大管理体制调整、组织机构调整、业务重组整合、领导届次变化和组织机构的基本概况等。

　　在各节之下，分别收编具体组织机构，一般为两部分：第一部分为该组织机构沿革的文字简述，第二部分为领导成员名录。简述主要记述该机构建立、撤销、分设、合并、更名、职能变化、业务划转、规格调整、体制调整，上级下属、内部机构设置及人员编制的变化情况，干部任免调整情况，机构驻地和生产规模、工作业绩概况等。

（二）组织机构的编排顺序。先按领导机构、机关处室、直属单位、附属单位、二级单位，再按机构成立时间顺序。

领导机构按党组织、行政组织和工会组织依次编排。设董事会、监事会的，董事会、监事会列在最前面。

（三）领导名录的编排顺序：一般按正职、副职和任职时间先后顺序分别排列；同一职务的，按任职先后排列；同时任职的，按任免文件或任命时已注明的顺序排列；巡察员及其他相应职级干部依次编排在领导成员名录后；提前退出领导班子现职的，本书未收录。

党内职务排序依次为书记、副书记、委员，纪委书记空一行编排。委员的排列按选举产生或历史文献列定的顺序，后增补的按任职时间先后排列。一人兼任多职的，按不同职务序列分别编排。除上级部门领导兼任下级职务和"安全总监"职务标注"兼任"外，其他同一人分别任不同职务序列和岗位职务的一般不标注"兼任"。

本书领导名录编排顺序不代表班子成员实际排序。

（四）图表。卷首收录吐哈油田历史沿革及主要领导一览表（1988.8—2020.12）、吐哈油田历年油气产量当量（1992—2020）；附录收录组织机构沿革图、综合附表等。

（五）其他。组织机构名称一般使用全称。名称过长或有常用简称的使用规范简称。

九、本书收录的领导成员资料包括其职务（含代理）、姓名（含曾用名）、性别、少数民族族别、任职起止年月等人事状况。凡涉及女性、少数民族、兼任、主持工作、挂职、未到职或领导成员实际职务级别与组织机构规格不一致等情况，均在任职时间括号内标注。涉及同一人的备注信息，仅在该节第一次出现时加注。同一编中姓名相同的，加注性别或籍贯、出生年月、毕业院校等以示区别。组织上明确设有"常务"副职的，单列职务名录，并编排在其他副职前。记述领导班子分工时，将其主管的机构或工作放在前面，非主管机构或工作放在括号内。

十、本书收录的组织机构及领导成员，均在其后括号内注明其存在或任职起止年月。月不详者注季，季不详者注上半年、下半年或年，年、月均不详者括号内为"不详"。任职上下限时间在同一年者，标注下限时间时省略年，例如"（20××.×—×）"；在同一个月内者，任职时间只标注年月，例如"（20××.×）"。同一组织、同一领导成员，其存在或任职年月有两个或两个以上时期时，前后两个时期之间用"；"隔开；组织机构更名后，排列时原名称在前、新名称在后，中间用"—"连接。收录的某一组织机构，在其存在时限内其领导成员一直空缺或组织没有任命的，在职务名称后括号内写作"空缺"。

十一、组织机构设立和撤销时间以上级机构管理部门正式下发的文件为准。

十二、领导成员任离职时间均以干部主管部门任免时间或完成法定聘任（选举）程序时间为准。同一人有几级任免文件的，按干部管理权限，以主管部门任免行文时间为准。属自然免职或无免职文件的，将下列情况作为离职时间：被调离原单位的时间，办理离退休手续的时间，去世时间，机构撤销时间，选举时落选时间，新领导人接替时间，副职升正职的时间，随机构更名而职务变化的时间，刑事处罚、行政处分和纪律处分时间。

十三、本书入编机构，只收录以吐哈油田分公司和组织人事部门下发的机构文件为准的常设机构；下发了文件且有人员、办公地点并开展过实质性工作的组织人事相关临时机构，编排在相应挂靠机构下。企业层面的领导小组、委员会等非常设领导机构编排在承担其日常工作（或办公室、办事机构）的机构下。

十四、本书资料收录的截止时间，不是组织机构和领导成员任职的终止时间。对跨编时间较短的（1～3个月）的组织机构，集中收编在上一编或下一编内。

十五、本书对历史上的地域、组织、人物、事件等，均使用历史称谓。中国共产党各级组织名称的书写，一般简写为"中共……"。

十六、本书一律使用规范的简化字。数字使用依据《出版物上数字用法》（GB/T 15835—2011），采用公历纪年，年代、年、月、日和计数、计量、百分比均用阿拉伯数字，表示概数或用数字构成的专有名词用汉字数字，货币单位除特指外，均指人民币。

十七、本书采用行文括号注和页下注。行文括号注包括领导成员的人事状况，组织的又称、简称、代称，专用语全称与简称的互注等。页下注系需要说明的问题。同一内容的注释，只在该节第一次出现时注明。

十八、本书收录的文献资料目录，只列出标题，内文省略。

十九、本书收录的资料，仅反映组织机构沿革、领导成员更迭和干部队伍发展变化的历史，不作为机构和干部个人职级待遇的依据。

二十、本书特殊说明。

（一）为反映2016年2月鄯善采油厂、丘东采油厂和温米采油厂实施整合，三厂合并后成立新的鄯善采油厂的机构状况和便于分节，将鄯善采油厂组织机构标题及领导名录的收录上限时间确定为2016.2；2016年2月成立员工公寓管理中心，将其组织机构标题及领导名录的收录上限时间确定为2016.2；2016年8月特种车辆工程公司、小车服务中心合并成立运输工程公司，将运输工程公司组织机构标题及领导名录的收录上限时间确定为2016.8；2018年4月成立综合服务中心，将其组织机构标题及领导名录的收录上限时间确定为2018.4；2019年12月新疆吐哈油田建设有限责任公司和消防支队相关业务整合，成立工程建设服务中心，将其组织机构标题及领导名录的收录上限时间确定为2019.12；2020年3月机械厂和物资供应处重组整合，成立物资保障中心，运输工程公司和工程建设服务中心重组整合，成立工程技术中心，将物资保障中心、工程技术中心组织机构标题及领导名录的上限时间确定为2020年3月；2020年7月成立准东勘探开发项目经理部、油气生产服务中心，其组织机构标题及领导目录的收录上限时间确定为2020.7。

（二）《吐哈油田分公司机关处室内设科室干部简明表》中，科级干部在科室机构时段内没有重新下文明确的，标注其上一任职时间。

（三）文字叙述中，"党支部委员会"简称"支委会"。

（四）因各单位基层卷续编资料比较单薄，基层卷作为企业卷的附卷，按业务板块或性质统一归类。

二十一、本书资料主要来源：各单位、机关各处室的征集上报资料，吐哈油田分公司 OA 系统文书档案、OA 电子公文系统，中国石油吐哈油田组织史资料（1950—2013）、中国石油吐哈油田组织史资料（2014—2015）、吐哈油田年鉴、简报、统计资料汇编、人力资源信息系统数据、干部档案、文件汇编、会议材料、工作报告、工作总结、统计报表等。附录中有关统计资料和主要数据来自吐哈油田年鉴、人事劳资统计报表和机关各处室提供的公开数据。

目　录

附　　录

综　述

一、组织机构沿革

（一）吐哈油田分公司沿革

1995 年 6 月，吐哈石油会战结束。成立吐哈石油勘探开发公司。1995 年 8 月，吐哈石油勘探开发公司更名为吐哈石油勘探开发指挥部。1999 年 6 月，中国石油天然气集团公司将吐哈石油勘探开发指挥部的核心业务与非核心业务分开分立，核心业务部分成立吐哈油田公司，12 月，更名为吐哈油田分公司。2007 年 12 月，中国石油天然气集团公司将吐哈油田分公司与吐哈石油勘探开发指挥部重组整合，从 2008 年 1 月 1 日起，授权吐哈油田分公司对吐哈石油勘探开发指挥部业务、资产和人员实施全面委托管理。

截至 2016 年 1 月，吐哈油田分公司隶属中国石油天然气集团公司，主要负责吐哈油气区勘探开发、炼油化工、管道集输、销售、科研，以及石油工程技术服务、后勤物业、宾馆服务和离退休职工管理等业务。根据股份公司授权进行生产经营决策，完成生产经营任务；增收节支，降低成本，确保内部利润目标完成；对授权管理的资产承担保值增值责任；对企业安全、环保和产品质量负责；对企业职工队伍建设和精神文明建设负责。机构规格正局级。单位注册地在新疆维吾尔自治区吐鲁番市鄯善县火车站镇。在册员工 1.56 万人，其中大学本科及以上学历 5212 人，正高级职称 19 人、副高级职称 891 人、中级职称 2751 人；高级技师 71 人、技师 400 人。

2017 年 11 月，集团公司批复同意：吐哈石油勘探开发指挥部改制为一人有限责任公司，名称为新疆吐哈石油勘探开发有限公司。设执行董事 1 人，监事 1 人。

2018 年 9 月，集团公司明确吐哈油田分公司为一级二类企业。

2020 年 4 月，根据集团公司《关于企业二级机构分类确定方案的批复》，吐哈油田分公司决定，实行层级类别管理。公司机关职能部门按二级一类设置，直属单位共享服务中心按二级二类设置，其他直属单位按二级一类设置。二级单位类别按照规模、贡献等情况，划分为二级一类、二级二类、二级三类，实行量化评分、动态管理，领导人员职务级别相应套装。10 月，集团公司在重大和特大型分公司模拟建立法人治理结构和运行规则，股份公司在吐哈油田分公司设置并委派执行董事。

截至 2020 年 12 月 31 日，吐哈油田分公司在册员工 9350 人。其中，大学本科及以上学历 4765 人，正高级职称 22 人、副高级职称 1032 人、中级职称 2118 人；企业首席技术专家 2 人、一级技术专家 5 人、二级技术专家 11 人；企业首席技师 15 人、高级技师 78 人、技师 300 人。

（二）吐哈油田分公司党委沿革

2016 年 1 月，吐哈油田分公司党组织关系隶属于新疆维吾尔自治区党委。下属基层党委 38 个、党总支 5 个、党支部 361 个，共有党员 7313 人，其中在职党员 4776 人。

2016 年 11 月 5 日至 7 日，中共吐哈油田分公司第二次代表大会在新疆维吾尔自治区吐鲁番市鄯善县召开，195 名党员代表参加会议。会议选举产生中共吐哈油田分公司第二届委员会和中共吐哈油田分公司纪律检查委员会，中共吐哈油田分公司委员会由王仲林、许青春、周波、周元祥、娄铁强、徐可强、梁世君等 7 人组成（以姓氏笔画为序），娄铁强为党委书记，徐可强为党委副书记。中共吐哈油田分公司纪律检查委员会由 7 人组成，许青春为纪委书记。吐哈油田分公司党委下属基层党委 32 个、党总支 6 个、党支部 334 个，共有党员 7383 人，其中在职党员 4597 人。

2017 年 4 月，经研究并商得中共新疆维吾尔自治区委员会同意，集团公司党组决定：免去徐可强的吐哈油田分公司党委副书记、委员职务。

2020 年 11 月，经集团公司党组 2020 年 10 月 31 日研究，并商得中共新疆维吾尔自治区委员会同意，集团公司党组决定：支东明任吐哈油田分公司党委委员、书记，免去娄铁强的吐哈油田分公司党委书记、委员职务。

截至 2020 年 12 月 31 日，吐哈油田分公司党委委员 6 人，支东明任党委书记，梁世君、张瑾任党委副书记；周波、杨忠东、张建诚任党委委员；纪委委员 6 人。吐哈油田分公司党委下属基层党委 21 个、党总支 1 个、党支部 226 个，共有党员 4084 人，其中在职党员 3224 人。

（三）机关处室、直属单位、附属单位机构沿革

2016 年 1 月，吐哈油田分公司设机关处室 14 个：办公室（党委办公室、机要保密处）、规划计划处、财务处、人事处（党委组织部、吐哈油田博士后科研工作站）、企管法规处（内控与风险管理处）、生产运行处、质量安全环保处、科技信息处、工程技术处、基建工程处、设备管理处、纪委监察处、企业文化处（党委宣传部、团委、机关党委、维护稳定办公室）、工会。直属单位 9 个：勘探部、开发部、概预算管理部（定额部）、物资管理部（招投标部）、对外合作部、审计部、油田保卫部（武装部）、矿区管理部、吐哈油田住房公积金管理中心（吐哈油田房产管理中心）。附属单位 5 个：行政事务中心、档案中心、资金结算中心、技能鉴定中心、吐哈油田社会保险管理中心。

2016 年 5 月，为有效利用各类资源，优化配置，将勘探部和勘探公司整合为勘探公司（勘探事业部），机构规格正处级，列二级单位管理，按一个机构、两块牌子运行。

2017 年 12 月，为进一步精简组织机构，压缩管理人员，对机关处室、附属单位、直属单位的机构设置和人员编制进行调整。撤销行政事务中心，将企业文化处（党委宣传部、团委、机关党委、维护稳定办公室）更名为企业文化处（党委宣传部、团委、机关党委），将维护稳定办公室由机关处室调整到直属单位，与油田保卫部（武装部）合署办公，技能鉴定中心更名为技能鉴定中心（劳动力交流中心）。

2019 年 7 月，吐哈油田分公司决定：对机关处室、附属单位、直属单位的机构设置和人员编制进行调整，将办公室（党委办公室、机要保密处）更名为办公室（党委办公室），企管法规处（内控与风险管理处）更名为企管法规处，企业文化处（党委宣传部、团委、机关党委）更名为党委宣传部（企业文化处、机关党委），工会更名为工会（团委）；将基建工程处和设备管理处整合成立基建设备处，将科技信息处和对外合作部整合成立科技与合作处，机构规格为正处级，列机关处室管理；物资管理部（招投标部）更名为招投标部。将吐哈油田住房公积金管理中心（吐哈油田房产管理中心），档案中心、资金结算中心、技能鉴定中心（劳动力交流中心）、吐哈油田社会保险管理中心整合成立共享服务中心，机构规格正处级，列直属单位管理，保留技能鉴定中心、档案中心、吐哈油田社会保险管理中心、吐哈油田住房公积金管理中心牌子。

2019年10月，油田分公司决定：对公司党委纪检工作机构设置及职能进行调整，将公司纪委职责范围以外的工作移交给公司党委和相关职能部门，纪委监察处更名为纪委办公室，其内设科室信访管理科（办公室）更名为信访管理科、党风监督与合规监察科更名为党风与合规监督科。

2020年3月，油田分公司决定：撤销招投标部及其内设机构，同时，为提高采购效率和规模效益，降低采购成本和管控风险，公司仍按照集中采购管理模式运行，将采购业务和人员并入共享服务中心，对外称采购中心，业务相对独立，主要负责与集团公司相关部门及新疆分中心进行业务对接，集中组织油田非招标项目的实施，与共享服务中心按一套机构六块牌子运行。由企管法规处负责对采购中心业务的管理和指导。

2020年5月，根据集团公司《关于做好2020年职业技能等级认定工作的通知》，吐哈油田分公司决定，将公司技能鉴定中心更名为中国石油吐哈油田技能人才评价中心。

2020年12月，油田分公司设机关处室13个：办公室（党委办公室）、规划计划处、财务处、人事处（党委组织部、吐哈油田博士后科研工作站）、企管法规处、生产运行处、质量安全环保处、科技与合作处、工程技术处、基建设备处、纪委办公室、党委宣传部（企业文化处、机关党委）、工会（团委）。直属单位6个：开发部、审计部、概预算管理部（定额部）、油田保卫部（武装部、维护稳定办公室）、矿区管理部、共享服务中心（采购中心、技能人才评价中心、档案中心、吐哈油田社会保险管理中心、吐哈油田住房公积金管理中心）。

（四）二级单位机构沿革

2016年1月，油田分公司所属二级单位37个：勘探开发研究院、工程技术研究院（勘察设计院）、吐鲁番采油厂、鄯善采油厂、鲁克沁采油厂（鲁克沁油田项目经理部）、三塘湖采油厂（三塘湖油田项目经理部）、勘探公司、石油天然气化工厂、石油能源开发公司、销售事业部（运销处）、井下技术作业公司、机械厂、新疆吐哈油田建设有限责任公司、技术监测中心（新疆吐哈诚信工程监理有限责任公司）、供水供电处（吐哈油田电力工程公司）、信息技术公司（新疆欧亚科技发展有限责任公司）、物资供应处、特种车辆工程公司、小车服务中心、消防支队、吐哈石油大厦企业集团、监督中心（石油天然气吐哈工程质量监督站）、哈密物业管理公司、鄯善物业管理公司、吐哈石油医院（卫生处、疾病预防控制中心）、新闻中心（吐哈石油报社、吐哈有线电视台、中国石油报吐哈记者站）、离退休职工管理中心（再就业服务站）、酒泉生活基地管理处、广汉生活基地管理处、西安生活基地管理处、兰州生活基地管理处、苏州生活基地管理处、北京生活基地管理处、北京吐哈石油宾馆。

2016年2月，为有效整合各类资源，将鄯善采油厂、丘东采油厂、温米采油厂实施整合，成立鄯善采油厂，机构规格正处级，列二级单位管理。将哈密吐哈石油大厦和鄯善油田公寓的业务、机构、人员从吐哈石油大厦企业集团分离出来，成立员工公寓管理中心，机构规格副处级，列二级单位管理。新疆吐哈诚信工程监理有限责任公司更名为新疆吐哈石油项目管理咨询有限公司，机构规格不变。

2016年3月，撤销北京吐哈石油宾馆，重新成立北京办事处；撤销西安吐哈石油大厦；将西安生活基地管理处更名为西安生活基地管理中心；吐哈石油大厦企业集团更名为吐哈石油大厦，恢复乌鲁木齐办事处，吐哈石油大厦与乌鲁木齐办事处按一个机构两块牌子运行；酒泉生活基地管理处更名为酒泉生活基地管理中心；兰州生活基地管理处更名为兰州生活基地管理中心；广汉生活基地管理处更名为广汉生活基地管理中心；苏州生活基地管理处更名为苏州生活基地管理中心；北京生活基地管理处更名为北京生活基地管理中心。

2016年5月，为有效利用各类资源，优化配置，将勘探部、勘探公司整合为勘探公司（勘探事业部），机构规格正处级，列二级单位管理，按一个机构两块牌子运行。

2016 年 8 月，整合特种车辆工程公司和小车服务中心，成立运输工程公司，机构规格正处级，列二级单位管理。

2017 年 1 月，离退休职工管理中心（再就业服务站）增挂离退休职工管理处牌子，按一个机构三块牌子管理。

2017 年 5 月，石油能源开发公司机构规格由正处级调整为副处级；撤销酒泉生活基地管理中心。

2017 年 7 月，撤销石油天然气化工厂。

2017 年 8 月，撤销北京生活基地管理中心；将西安生活基地管理中心、广汉生活基地管理中心、兰州生活基地管理中心、苏州生活基地管理中心机构规格由正处级调整为副处级。

2017 年 11 月，吐哈油田电力工程公司改制为一人有限责任公司，名称为新疆吐哈石油电力工程有限公司。

2017 年 12 月，成立纪检监察中心，与监督中心（石油天然气吐哈工程质量监督站）按一个机构三块牌子运行。

2018 年 1 月，新闻中心退出印刷业务，将新闻中心新闻媒体相关业务整合为一个科级机构，并入信息技术公司作为二级单位，信息技术公司（新疆欧亚科技发展有限责任公司）更名为信息技术公司（新闻中心、吐哈石油报社、中国石油报吐哈记者站、新疆欧亚科技发展有限责任公司）。

2018 年 4 月，将哈密物业管理公司、鄯善物业管理公司和员工公寓管理中心整合为综合服务中心，机构规格正处级，列二级单位管理。

2018 年 11 月，将兰州生活基地管理中心、广汉生活基地管理中心和苏州生活基地管理中心业务、人员全部纳入离退休职工管理中心统一管理，机构分别更名为兰州生活基地管理站、广汉生活基地管理站和苏州生活基地管理站，作为离退休职工管理中心的科级基层单位，原内设机构同时撤销。

2019 年 3 月，撤销北京办事处，人员并入离退休职工管理中心，成立北京生活基地管理站，作为离退休职工管理中心的基层科级单位管理，实行独立核算，独立运行，业务接受办公室和矿区管理部的管理指导。离退休职工管理中心增加负责吐哈油田驻集团公司总部机关安保维稳业务及人员的管理职责，该业务接受油田保卫部的管理指导。

2019 年 7 月，油田分公司将井下技术作业公司开发测试、高压洗井原属于油田业务保留，其他业务及相应资产全部划转中国石油集团西部钻探工程有限公司，井下技术作业公司撤销。

2019 年 8 月，撤销乌鲁木齐办事处机构和相关职责，保留吐哈石油大厦机构和相关职责，乌鲁木齐办事处机构撤销后，与乌鲁木齐办事处有关的人员职务同时解聘（免去）。

2019 年 10 月，根据国家和集团公司纪检监察体制改革要求，纪检监察中心更名为纪检中心。

2019 年 12 月，整合新疆吐哈油田建设有限责任公司和消防支队，成立工程建设服务中心，机构规格正处级，列二级单位管理；撤销石油能源开发公司机构及内设机构，业务及人员整体划转至综合服务中心。

2020 年 3 月，将机械厂和物资供应处重组整合，成立物资保障中心，将运输工程公司和工程建设服务中心重组整合，成立工程技术中心，机构规格均为正处级，列二级单位管理，保留中国石油消防应急救援吐哈油田支队机构名称和新疆吐哈油田建设有限责任公司法人资质，按一个机构三块牌子运行。

2020 年 7 月，按照新型采油管理区模式，将吐鲁番采油厂、鄯善采油厂、鲁克沁采油厂（鲁克沁油田项目经理部）、三塘湖采油厂分别改革设立为吐鲁番采油管理区、鄯善采油管理区、鲁克沁采油管理区、三塘湖采油管理区，列二级单位。成立油气生产服务中心，与采油管理区形成内部甲乙方市场化运行机制，机构规格为正处级，列二级单位。成立准东勘探开发项目经理部，列二级单位。

2020 年 9 月，撤销西安生活基地管理中心处级机构，在离退休职工管理中心成立西安生活基地管理站，列离退休职工管理中心下属机构。

2020 年 12 月，吐哈油田分公司所属二级单位 20 个：勘探公司（勘探事业部）、准东勘探开发项目经理部、勘探开发研究院、工程技术研究院（勘察设计院）、吐鲁番采油管理区、鄯善采油管理区、鲁克沁采油管理区、三塘湖采油管理区、油气生产服务中心、销售事业部（运销处）、监督中心（石油天然气吐哈工程质量监督站、纪检中心）、工程技术中心（中国石油消防应急救援吐哈油田支队）、供水供电处（新疆吐哈石油电力工程有限公司）、技术监测中心（新疆吐哈石油项目管理咨询有限公司）、信息技术公司（新闻中心、吐哈石油报社、中国石油报吐哈记者站、新疆欧亚科技发展有限责任公司）、物资保障中心、吐哈石油大厦、综合服务中心、离退休职工管理中心（再就业服务站、离退休职工管理处）、吐哈石油医院（卫生处、疾病预防控制中心）、温吉桑储气库前期建设项目部。

二、企业的改革与发展

2016 年至 2020 年是吐哈油田分公司"十三五"规划发展的五年，是发展历程中极具挑战、极为困难的五年。这五年，勘探进入调整准备周期，开发全面进入非常规阶段，产量持续下跌，经营连年亏损，生存矛盾突出。公司上下始终牢记初心使命，以坚如磐石的定力推进增储上产，以自我革命的勇气深化改革创新，以久久为功的韧劲抓好提质增效，最大限度降低了内外部困难挑战的冲击。

（一）坚定不移推进瓶颈技术攻关

这五年，吐哈油田分公司瞄准制约生存的关键问题，坚定不移推进瓶颈技术攻关，进一步明确了勘探突破方向和稳产技术路线。始终把规模增储放在突出位置，深化地质认识和地震成像技术研究，积极探索新领域、扩展新层系、寻找新类型，发现了石炭系天然气、芦草沟组页岩油、煤层气等勘探新领域，迈出了吐哈前侏罗系深层大型岩性油藏、胜北洼陷岩性油气藏的勘探步伐，重点领域的攻关方向更加清晰。针对非常规资源效益开发和老油田稳产难题，大力推进提速提效技术攻关、提高采收率机理研究和现场试验，实现了二叠系超深稠油、页岩油、火山岩等油藏规模建产，鲁克沁深层稠油"二三结合"开发方式日趋配套，页岩油和火山岩油藏以井组为单元的"渗析＋驱替"开发技术逐步完善，吐哈稀油减氧空气泡沫驱在玉果油田获得成功，油气产量探底回升的基础不断夯实。

（二）全方位挖掘降本增效潜力

这五年，吐哈油田分公司全方位挖掘降本增效潜力，全员过"紧日子"，最大限度缓解了低油价和产量下跌带来的经营压力。优化投资管理，构建完善工程服务市场化、井筒设计实用化、钻修动力电驱化、地面建设集约化的投资管控模式，百万吨原油产能建设投资上升势头得到控制。强化成本管控，形成生产全过程优化、集中采购打包招标、外包劳务费用严控、措施成本与当期油价联动等成熟做法，连年完成集团公司效益考核指标。最大限度争取集团公司政策支持，先后完成资产减值、报废 84 亿元，折旧折耗总额下降 13.5%。强化市场意识，做好原油混掺和价差增效、油气副产品增效等工作，累计增效 15 亿元；外部及海外市场累计创效 2.7 亿元。

（三）持续优化体制机制

这五年，吐哈油田分公司持续优化体制机制，深入推进"双百行动"综合改革和扩大经营自主权改革，管理水平不断提升。按照主营业务归核化、辅助业务专业化、矿区业务社会化的思路，先后重组整合 3 个采油厂、3 个后勤单位和运输、机械制造等业务，全面完成剥离企业办社会任务；建立由身份管理向岗位管理转变的用工机制，打开了市场化员工成长通道；将信息化渗透到管理的各个环节，建成以 52 套信息系统为核心的"数字吐哈"，提高了科研生产与经营管理效率；加强依法治企，抓好重大事项法律论证，确保了各项决策和生产经营依法合规。

（四）扎实推进和谐建设

这五年，吐哈油田分公司扎实推进和谐建设，积极筹措资金实施民生工程，营造了良好的内外部发展环境。保障民生投入，建设和维修鲁克沁职工公寓、哈密基地南区食堂、鄯善基地步行道等设施，引进外部开发商建设多层电梯住宅，推进"三供一业"维修改造，开展石油基地美化亮化绿化工程，改善了员工生产生活条件。积极争取地方惠民政策，退休养老金、生育津贴、工伤伤残及工亡遗属抚恤金较"十二五"末分别增长 46.5%、90% 和 39%。坚决履行"三个决不让"的承诺，通过结对帮扶、金秋助学、大病救助等多种方式，帮扶困难群体 4623 人次、资助困难学生 388 人次、大病救助 107 人次。落实新时代党的治疆方略和新疆工作总目标，投入 6700 万元支持地方建设，认真做好南疆"访惠聚"工作，推动了油地融合发展，安保防恐信访维稳实现"三不出"。

三、领导班子和队伍建设

吐哈油田分公司坚持民主集中制和党管干部的原则，着力打造团结协作、坚强有力的领导班子和高素质干部队伍，为公司改革发展提供了坚强的组织保证。

（一）干部管理制度体系更加健全

五年间，吐哈油田分公司先后制修订选人用人工作制度 11 项，努力构建系统完备、科学规范、有效管用的选人用人制度体系。围绕规范选拔任用干部，贯彻落实全面从严管理干部要求，制修订《中层领导人员管理办法》《中层领导人员选拔任用规范》等制度；围绕强化干部管理监督考核，修订《中层领导班子和干部综合考核评价实施细则》《组织人事部门对领导干部进行提醒函询和诫勉暂行办法》，推动干部管理监督考核科学化、规范化；围绕加强优秀年轻干部培养选拔，制定《关于加强和改进优秀年轻干部培养选拔工作的实施意见》，明确年轻干部培养选拔总体要求、目标任务和工作措施；围绕激励干部担当作为，制定《中层领导人员任期制管理暂行办法》，进一步激发干部干事创业的主动性、积极性。

（二）领导班子和干部队伍建设持续增强

五年间，吐哈油田分公司紧密围绕改革发展实际，有计划、系统性推进领导班子和干部队伍建设。坚持好干部标准，坚持德才兼备、以德为先，严把选人用人动议关、考察关、程序关、廉洁关，五年来共选拔中层领导人员 79 人。加强干部常态化交流，结合日常履职、年度考核和日常监督考察等情况，着眼于培养锻炼干部、增强领导班子和干部队伍活力，共交流调整中层领导人员 159 人次。完善退出机制，研究制定《处级领导干部退职离岗管理暂行办法》，将退职离岗年龄从 58 周岁调整到 56 周岁，共有 89 名中层领导人员退出领导岗位。持续提升能力素质，依托北京石油管理干部学院等优质教学资源，选派 196 人次参加领导力、党委书记培训班等，增强党性修养，提高谋划发展、科学决策、依法治企和群众工作能力。

（三）干部管理监督全面从严

五年间，吐哈油田分公司坚持贯彻落实全面从严治党、全面从严管理干部要求，不断增强综合素质和专业能力。严格年度考核，推行考核结果强制分布，先后对年度考核为"一般"的10个领导班子、"基本称职"的26名中层领导人员诫勉谈话，对排名靠后的16名干部提醒谈话，促进更好履职尽责。深化日常监督考核，深入基层单位近距离接触了解干部，年均访谈领导人员、员工代表400余人，全面了解掌握领导班子和干部日常履职情况。加强日常管理监督，实现处级干部离任审计全覆盖，探索对任职时间较长的正职进行任中经济责任审计。强化干部选拔任用监督，坚持开展干部选拔任用"一报告两评议"，反馈工作结果，设立人事监督举报电话，开展专项检查，推动基层领导人员选拔任用持续规范。

（四）优秀年轻干部培养选拔稳步推进

五年间，吐哈油田分公司坚持把优秀年轻干部培养选拔作为"一把手"工程，加强顶层设计，推进实施"百人工程"，建立了优秀年轻干部近期使用、轮岗锻炼、蹲苗培养"三个名单"，掌握了一批结构较为合理、履历比较完整、综合素质较高的优秀年轻干部，并通过培训和选派参加"访惠聚"驻村工作、巡视巡察等专项工作，对年轻干部加强实践锻炼。2016年以来，选拔40岁以下优秀年轻干部17人，一批35岁左右优秀年轻干部走上二级单位助理、副总师岗位。

（五）技术、技能人才队伍建设不断强化

五年间，吐哈油田分公司不断强化技术、技能人才队伍建设。根据科研项目需要，优化专业技术岗位设置，突出能力业绩贡献导向，组织选聘公司一、二级技术专家42人，选拔推荐1名享受政府特殊津贴人选，完成10名集团公司青年科技英才培养方案的制定和落实；扎实开展"弘扬爱国奋斗精神、建功立业新时代"系列活动，评选出科技领军建功人才5人、科技创新奋斗团队11个、青年科技立业英才15人、建功立业模范人物25人。同时，实施"石油名匠"培育计划，选树集团公司"石油名匠"重点培养对象2人，公司重点培养对象3人，充分利用报纸、电视、新媒体，全方位、多角度宣

传"石油名匠"先进事迹，在公司范围内树立起了操作员工典型旗帜。

四、劳动组织与薪酬保险管理

吐哈油田分公司持续优化体制机制，深入推进"双百行动"综合改革，按照主营业务归核化、辅助业务专业化、矿区业务社会化的思路，规范机构设置，调控用工总量，合理控制人工成本，人力资源配置和利用更趋科学合理，管理水平不断提升。

（一）稳步推进"油公司"模式改革

根据发展实际，吐哈油田分公司持续压减两级机关编制、优化二级单位机构和人员，开展同质业务整合，稳步推进工程技术业务专业化重组，着力提高运行效率和效益。2017年至2019年实施机关机构改革，建立与现代"油公司"模式相适宜的机关"大部制"管理架构，将公司机关4个处室交叉管理的信息化、自动化业务实施一体化管理，推进共享服务，将资金结算、社保、公积金中心等5个机构整合成立共享服务中心，采取一站式服务大厅模式，提高运行效率。改革后，吐哈油田分公司机关减少处级机构6个、科室43个，人员编制减少149个。同时，完成"油公司"模式改革，将吐鲁番采油厂、鄯善采油厂、鲁克沁采油厂（鲁克沁油田项目经理部）、三塘湖采油厂改革构建为4个新型采油管理区，新型采油管理区内设"三办 + N 中心"。成立油气生产服务中心，为公司上市业务二级单位，将各管理区剥离出来的辅助业务和非核心操作岗位人员进行整合，作为主营业务人力资源蓄水池，为各采油管理区最终实现"管理 + 技术 + 核心技能岗位" + 第三方用工模式提供保障。

（二）持续推动内部重组整合

五年间，吐哈油田分公司不断优化业务，精简机构。优化油气水系统运行管理，合并区域相近的3个采油厂，实现人力资源优势互补。先后将新闻中心整合到信息技术公司，优化物业管理和服务模式，合并物业管理公司和员工公寓成立综合服务中心，将石油能源开发公司业务、人员并入综合服务中心，实现劳务输出业务集中统一管理。实施未上市业务专业化重组，划转井下技术业务、将油建公司、运输公司、消防支队 3 个单位整合为工程技术中心，将物资供应处、机械厂整合为物资保障中心，通过专业化重组，整合了资源，提升了人力资源效能，工程技术服务业务机构更加精干、界面更加清晰，服务保障能力进一步提升。撤销北京办事处，将苏州、兰州、广汉 3 个生活基地管理中心等驻外机构业务划归离退休职工管理中心统一管理。"十三五"以来，吐哈油田共减少处级机构 24 个，减幅 36.92%；减少科级机构 219 个，减幅 36.3%；减少管理人员编制 895 个，减幅 32.4%。

（三）严格控制用工总量

五年间，吐哈油田分公司严控用工增量，盘活存量，平稳分流安置富余人员。通过严把人员入口，将增员指标优先用于科研和油气主营单位，严控工程技术和亏损单位增员，对矿区单位实行只出不进。通过整建制、阶段性业务外包、岗位置换等方式，持续清理清退市场化用工。通过加强内部余缺调剂，积极盘活人力资源，分流 700 余人主要补充科研、主营和优质业务单位。建立人员有序流动机制，优选工程技术单位优秀人员向主营业务一线缺员岗位补充。通过统一内退人员管理模式，制定内退人员再就业帮扶方案，有力保证了分流安置工作平稳有序，五年间共办理内部退养 3151 人。2016 年以来，用工总量由 15620 人减少到 9350 人，减少了 6270 人，减少40.1%。

（四）持续规范考核激励机制

吐哈油田分公司持续优化工效挂钩办法，突出效益效率分配导向，引导各级领导干部和广大员工更加关注效益贡献。每年持续修订完善年度绩效考核办法，强化绩效奖金与经济效益、劳动生产率等指标挂钩。将党建工作纳入绩效考核，增加"党建工作评价"指标并将二级单位及机关党群部门权重调整为 10%。同时，将单项考核指标封顶线、保底线调整为 130% 封顶、80% 保底。开展全员绩效考核，员工绩效合同签订率达 100%，绩效考核实现全覆盖。设立各类单项奖和专项即时奖，对在工作中做出突出贡献的单位、集体或个人给予重点奖励，充分发挥专项奖励的激励作用。

五、党组织和企业文化建设

吐哈油田分公司党委坚持以习近平新时代中国特色社会主义思想为指导，深入学习贯彻党的十九大和十九届二中、三中、四中、五中全会精神，认真落实集团公司党组各项工作部署，坚持党的领导，全面加强党的建设和企业文化建设，有效团结凝聚广大干部员工向中心聚焦、为大局聚力，将党的政治优势和企业文化建设成果转化为推动油田深化改革创新、持续扭亏攻坚的强大内动力。

（一）扎实开展党内主题教育

吐哈油田分公司党委始终把党的政治建设放在首位，大力推进"两学一做"学习教育、"不忘初心、牢记使命"主题教育，制定实施方案和运行大表、落实工作推进机制、加大宣传营造氛围，主题教育取得显著成效。两级党委委员、350多名党支部书记、400多名支部委员紧密联系实际讲授了专题党课，5篇党课在集团公司获奖。通过"两学一做""不忘初心、牢记使命"主题教育，全体党员政治素质得到普遍提高，"四个合格"党员标准牢固树立。

（二）持续推进基层党组织建设

吐哈油田分公司党委认真落实"四同步、四对接"要求，与机构改革同步完善党组织设置和党务干部配备；连续开展党支部工作规范年、质量提升年、巩固深化年等活动，聚焦夯实党建基础工作，先后制定《吐哈油田分公司党委所属党支部"三会一课"实施办法》等10项党建制度，编制党支部重点业务指导书，提升了党建工作质量；依托集团公司党建信息化平台和学习强国等App，实现了在线交纳党费、转移组织关系、参加组织生活，提升了基层党建工作便捷性；连续3年全覆盖开展党组织书记述职评议考核，实现了党建责任压力有效传递。"十三五"期间，累计发展党员440人，8个党组织、21名党员获省部级以上党内表彰，8人次获省部级以上劳动模范、开发建设新疆奖章等荣誉，262个党组织、783名党员获吐哈油田分公司党委表彰，凝聚了助推发展正能量。

（三）有效发挥党组织和党员作用

吐哈油田分公司党委坚持以推动企业改革发展的成效检验党建工作成效，积极抓好党建工作载体落实。制定深化"点区岗"创建的指导意见，年均建立党建联系点 160 多个、党建责任区 900 多个，选树党员先锋岗 300 多个。制定下发深化党支部主题活动的意见，组织开展了党员项目、党建重点工作立项、读书交流、党员创先争优等主题活动，助推了生产经营中心工作任务的完成。组织开展"两优一先"评比表彰活动，2016 年以来累计表彰先进基层党组织 262 个、优秀党员、党务工作者 783 人，激发了队伍士气。五年间，组织慰问老党员老干部、生活困难党员等 1100 余人次，传递了党组织的关怀和温暖。

（四）多方位推进企业文化建设

全面系统推进企业文化顶层设计，重点培育打造廉洁文化和合规文化。围绕廉洁警示教育、廉洁文化展示、廉洁理念传播等内容，编撰《廉洁文化手册》，建成投运党风廉政建设教育阵地，为油田稳健发展营造忠诚担当、风清气正的良好环境。持续丰富完善新时期"吐哈精神"内涵，征集新时期"吐哈精神" 679 条，发展理念 580 条，形成了一批植根企业实际、员工广泛认同、独具地域特色的精神理念，为推动油田发展提供了思想指引，为规范员工行为提供了准则。创作推出吐哈油田分公司形象宣传画册、《火焰山》纪念专刊、《榜样的力量——吐哈榜样故事集》等文化产品，组织拍摄《奋进书写华章》专题片，设计完成鄯善健身步行栈道文化景观，更新维护石油精神教育基地，全景式展现了吐哈油田开发历程，多角度诠释了吐哈精神的时代内涵。

第一章 领导机构

中国石油天然气股份有限公司吐哈油田分公司的前身是 1988 年 8 月玉门石油管理局设立的吐鲁番—哈密石油勘探项目组。1989 年 3 月,玉门石油管理局在项目组工作的基础上,成立吐鲁番勘探开发前线指挥部。1990 年 7 月,成立吐鲁番石油勘探开发会战指挥部。1991 年 2 月,撤销吐鲁番石油勘探开发会战指挥部,成立吐鲁番—哈密石油勘探开发会战指挥部。1995 年 6 月,以玉门石油管理局为主体的吐哈会战结束,成立吐哈玉门石油企业集团及其所属的吐哈石油勘探开发公司;8 月,撤销吐哈玉门石油企业集团,吐哈石油勘探开发公司更名为吐哈石油勘探开发指挥部。1999 年 6 月,吐哈石油勘探开发指挥部重组分立为吐哈石油勘探开发指挥部和中国石油天然气股份有限公司吐哈油田公司,12 月,吐哈油田公司更名为吐哈油田分公司。2007 年 12 月,集团公司委托股份公司授权吐哈油田分公司对吐哈石油勘探开发指挥部业务、资产和人员实施全面委托管理,保留吐哈石油勘探开发指挥部的企业名称及其独立法人、工商及税务登记资格,仍列集团公司机构序列。2017 年 11 月,吐哈石油勘探开发指挥部改制为一人有限责任公司,名称为新疆吐哈石油勘探开发有限公司,设执行董事、监事各 1 人。吐哈油田分公司作为股份公司地区公司,行政上由股份公司直接管理,业务上由勘探与生产分公司归口管理,机构规格正局级。党组织关系隶属于新疆维吾尔自治区党委,新疆维吾尔自治区党委委托新疆维吾尔自治区党委组织部管理。机关实行两地办公,办公地点分别在新疆维吾尔自治区吐鲁番市鄯善县火车站镇和新疆维吾尔自治区哈密市吐哈石油基地。

2016 年 1 月,吐哈油田分公司党政领导班子由 6 人组成,其中行政领导班子 6 人,党委由 6 人组成:

徐可强任党委副书记、总经理,负责行政工作,主管办公室(党委办公室)、人事处(党委组织部)、审计部。

娄铁强任党委书记、副总经理,负责党委工作,主管办公室(党委办公室)、人事处(党委组织部)、维护稳定办公室。

　　王仲林任党委委员、副总经理，协助总经理负责企业管理、物资采购、招投标、炼油、化工、油田和基地基本建设、设备管理、机械制造、后勤物业、房产、医疗卫生、人口与计划生育、教育、再就业、离退休管理等工作，负责分管业务部门和联系单位的安全环保工作和党风廉政建设，分管企管法规处、基建工程处、设备管理处、物资管理部（招投标部），联系石油天然气化工厂、新疆吐哈油田建设有限责任公司、特种车辆工程公司、机械厂、供水供电处、技术监测中心、物资供应处、矿区管理部。

　　周元祥任党委委员、总会计师，协助总经理负责规划计划、销售、关联交易、财务资产、资本运营、法律事务、内控建设、定额定价、国际合作、国内外贸易、品牌建设、机关行政事务、住房公积金与社会保险、档案、宾馆旅游等工作，负责分管业务部门和联系单位的安全环保工作和党风廉政建设，分管规划计划处、财务处、内控与风险管理处、概预算管理部（定额部）、对外合作部、行政事务中心、资金结算中心、档案中心，联系销售事业部（运销处）、石油能源开发公司、小车服务中心、吐哈石油大厦企业集团、北京吐哈石油宾馆、西安吐哈石油大厦、国外办事机构、吐哈油田住房公积金管理中心、吐哈油田社会保险管理中心。

　　梁世君任党委委员、副总经理，协助总经理负责油气勘探、天然气开发、科技、信息化、工程技术、井控、培训、技能鉴定、国内对外合作，负责分管业务、部门和联系单位的安全环保工作和党风廉政建设，分管勘探部、工程技术处、科技信息处、开发部、技能鉴定中心，联系勘探开发研究院、工程技术研究院、勘探公司、丘东采油厂、监督中心（石油天然气吐哈工程质量监督站）、井下技术作业公司、信息技术公司。

　　周波任党委委员、副总经理、安全总监，协助总经理负责石油开发、国内对内合作、日常生产组织运行、安全环保、水电路讯、质量与技术监督、计量、标准化、应急救灾、节能节水、土地管理、地方关系、扶贫等工作，负责分管业务、部门和联系单位的安全环保工作和党风廉政建设，分管开发部、生产运行处、质量安全环保处，联系单位：吐鲁番采油厂、鲁克沁采油厂、鄯善采油厂、温米采油厂、三塘湖采油厂、消防支队。

　　吐哈石油勘探开发指挥部仍由吐哈油田分公司全面委托管理，徐可强任指挥。

2016 年 7 月，经研究并商得中共新疆维吾尔自治区委员会同意，集团公司党组决定：娄铁强任吐哈油田分公司工会主席，许青春任吐哈油田分公司党委委员、纪委书记。

2016 年 8 月，调整领导班子成员分工：

党委副书记、总经理徐可强全面负责行政工作，主管办公室（党委办公室）、人事处（党委组织部）、审计部。

党委书记、副总经理、工会主席娄铁强全面负责党委、工会工作。负责党建工作、党风廉政建设、思想政治工作、新闻宣传工作、企业文化建设、精神文明建设、基层建设、治安保卫、内部稳定、统战、人民武装、工会、团委、女工、机关党委、机要保密等工作，主管办公室（党委办公室）、人事处（党委组织部）、企业文化处（党委宣传部、团委、机关党委、维护稳定办公室）、工会、机要保密处、油田保卫部（武装部），联系新闻中心。

党委委员、副总经理王仲林协助总经理负责企业管理、物资采购、招投标、炼油、化工、油田和基地基本建设、设备管理、机械制造、后勤物业、医疗卫生、人口与计划生育、教育、再就业、离退休管理等工作，负责分管业务、部门和联系单位的安全环保工作和党风廉政建设，分管企管法规处、基建工程处、设备管理处、物资管理部（招投标部）、矿区管理部，联系石油天然气化工厂、新疆吐哈油田建设有限责任公司、特种车辆工程公司、机械厂、供水供电处、技术监测中心、物资供应处、哈密物业管理公司、鄯善物业管理公司、吐哈石油医院、离退休职工管理中心（再就业服务站）、西安生活基地管理中心、酒泉生活基地管理中心、兰州生活基地管理中心、苏州生活基地管理中心、广汉生活基地管理中心、北京生活基地管理中心。

党委委员、总会计师周元祥协助总经理负责规划计划、销售、关联交易、财务资产、资本运营、法律事务、内控建设、定额定价、国际合作、国内外贸易、品牌建设、机关行政事务、住房公积金、社会保险、档案、驻外办事处、员工公寓等工作，负责分管业务、部门和联系单位的安全环保工作和党风廉政建设，分管规划计划处、财务处、企管法规处、概预算管理部（定额部）、对外合作部、吐哈油田住房公积金管理中心、行政事务中心、资金结算中心、档案中心、吐哈油田社会保险管理中心，联系销售事业部（运销处）、石油能源开发公司、小车服务中心、吐哈石油大厦（乌鲁木齐办事处）、北京办事处、员工公寓管理中心、国外办事机构。

党委委员、副总经理梁世君协助总经理负责油气勘探、天然气开发、科技、信息化、工程技术、井控、培训、技能鉴定、国内对外合作，负责分管业务、部门和联系单位的安全环保工作和党风廉政建设，分管工程技术处、科技信息处、开发部、技能鉴定中心，联系勘探开发研究院、工程技术研究院、勘探公司（勘探事业部）、监督中心（石油天然气吐哈工程质量监督站）、井下技术作业公司、信息技术公司。

党委委员、副总经理、安全总监周波协助总经理负责石油开发、国内对内合作、日常生产组织运行、水电路讯、安全环保、质量与技术监督、计量、标准化、应急救灾、节能节水、土地管理、地方关系、扶贫等工作负责分管业务、部门和联系单位的安全环保工作和党风廉政建设，分管开发部、生产运行处、质量安全环保处，联系吐鲁番采油厂、鲁克沁采油厂、鄯善采油厂、三塘湖采油厂、消防支队。

党委委员、纪委书记许青春全面负责纪委工作，负责主管业务、部门的安全环保工作和党风廉政建设，主管纪委监察处。

2017 年 4 月，经研究并商得中共新疆维吾尔自治区委员会同意，集团公司党组决定：免去徐可强的吐哈油田分公司党委副书记、委员职务。股份公司决定：娄铁强任吐哈油田分公司总经理，免去徐可强的吐哈油田分公司总经理职务，到中国海洋石油总公司工作。集团公司决定：娄铁强任吐哈石油勘探开发指挥部指挥，免去徐可强的吐哈石油勘探开发指挥部指挥职务。

2017 年 5 月，石油能源开发公司机构规格由正处级调整为副处级；撤销酒泉生活基地管理中心。随后，调整部分领导班子成员分工：

党委书记、总经理、工会主席娄铁强全面负责党政工作、工会工作，负责生产经营管理、党建工作、党风廉政建设、宣传思想文化工作、基层建设、信访维稳、安保防恐、统战、人民武装、工会、团委、女工、机关党委、机要保密等工作，主管办公室（党委办公室、机要保密处）、人事处（党委组织部）、审计部、企业文化处（党委宣传部、团委、机关党委、维护稳定办公室）、工会、油田保卫部（武装部），联系新闻中心。

党委委员、副总经理王仲林协助总经理负责企业管理、物资采购、招投标、炼油、化工、油田和基地基本建设、设备管理、机械制造、后勤物业、住宅管理、医疗卫生、人口与计划生育、教育、再就业、离退休管理等工作，负责分管业务、部门和联系单位的安全环保工作和党风廉政建设，分管企管法规处、基建工程处、设备管理处、物资管理部（招投标部）、矿区管理部、吐哈油田房产管理中心，联系石油天然气化工厂、新疆吐哈油田建设有限责任公司、运输工程公司、机械厂、供水供电处、技术监测中心、物资供应处、哈密物业管理公司、鄯善物业管理公司、吐哈石油医院、离退休职工管理中心（再就业服务站、离退休职工管理处）、西安生活基地管理中心、兰州生活基地管理中心、苏州生活基地管理中心、广汉生活基地管理中心、北京生活基地管理中心。

党委委员、总会计师周元祥协助总经理负责规划计划、销售、关联交易、财务资产、资本运营、法律事务、内控建设、定额定价、国际合作、国内外贸易、品牌建设、机关行政事务、住房公积金、社会保险、档案、驻外办事处、员工公寓等工作，负责分管业务、部门和联系单位的安全环保工作和党风廉政建设，分管规划计划处、财务处、企管法规处、概预算管理部（定额部）、对外合作部、吐哈油田住房公积金管理中心、行政事务中心、资金结算中心、档案中心、吐哈油田社会保险管理中心，联系销售事业部（运销处）、石油能源开发公司、吐哈石油大厦（乌鲁木齐办事处）、北京办事处、员工公寓管理中心、国外办事机构。

2017年11月，集团公司批复同意：吐哈石油勘探开发指挥部改制为一人有限责任公司，名称为新疆吐哈石油勘探开发有限公司。设执行董事、监事各1人。同月，集团公司决定：娄铁强任新疆吐哈石油勘探开发有限公司执行董事、总经理，并委派杨臣为新疆吐哈石油勘探开发有限公司监事。

2017年11月，经研究并商得中共新疆维吾尔自治区委员会同意，集团公司党组决定：梁世君任吐哈油田分公司党委常务副书记、工会主席，郭建设任吐哈油田分公司党委委员；免去娄铁强的吐哈油田分公司工会主席职务。股份公司决定：郭建设任吐哈油田分公司副总经理、安全总监；免去梁世君的吐哈油田分公司副总经理职务，周波的吐哈油田分公司安全总监职务。

2018年1月，调整领导班子成员分工：

党委书记、总经理、新疆吐哈石油勘探开发有限公司执行董事、总经理娄铁强负责全面工作和发展战略，主持党委工作，分管办公室（党委办公室）、人事处（党委组织部）、审计部。

党委常务副书记、工会主席梁世君协助党委书记负责党群工作，负责党建工作、党风廉政建设、思想政治工作、新闻宣传工作、企业文化建设、精神文明建设、基层建设、治安保卫、内部稳定、统战、人民武装、工会、团委、女工、机关党委、机要保密等工作，协助总经理负责油气勘探及外探区产能建设工作、培训、技能鉴定等工作，负责分管业务、部门和联系单位的安全环保工作和党风廉政建设，分管党委办公室（办公室、机要保密处）、人事处（党委组织部）、企业文化处（党委宣传部、团委、机关党委）、工会、油田保卫部（武装部、维护稳定办公室）、技能鉴定中心（劳动力交流中心），联系勘探公司（勘探事业部）、信息技术公司（新闻中心）。

党委委员、副总经理王仲林协助总经理负责规划计划、定额定价、后勤服务、员工公寓、住宅管理、医疗卫生、人口与计划生育、幼儿教育、再就业、离退休管理等工作，负责分管业务、部门和联系单位的安全环保工作和党风廉政建设；分管规划计划处、概预算管理部（定额部）、矿区管理部、吐哈油田房产管理中心，联系哈密物业管理公司、鄯善物业管理公司、员工公寓管理中心、吐哈石油医院、离退休职工管理中心（再就业服务站、离退休职工管理处）、西安生活基地管理中心、兰州生活基地管理中心、苏州生活基地管理中心、广汉生活基地管理中心、北京生活基地管理中心。

党委委员、总会计师周元祥协助总经理负责财务资产、资本运营、企业管理、公司扩大经营自主权改革工作、法律事务、内控建设、销售、炼油、化工、物资采购、招投标、国内外贸易、品牌建设、机关行政事务、住房公积金、社会保险、档案、驻外办事处等工作，负责分管业务、部门和联系单位的安全环保工作和党风廉政建设；分管财务处、企管法规处（内控与风险管理处）、物资管理部（招投标部）、吐哈油田住房公积金管理中心、资金结算中心、档案中心、吐哈油田社会保险管理中心，联系销售事业部（运销处）、物资供应处、石油能源开发公司、吐哈石油大厦（乌鲁木齐办事处）、北京办事处。

党委委员、副总经理周波协助总经理负责油气开发、滚动评价及产能建设、难动用储量开发及低效区块治理、矿权及储量管理、科技、信息化、工程技术、油田基建、井控、国际合作等工作，负责分管业务、部门和联系单位的安全环保工作和党风廉政建设；分管开发部、科技信息处、工程技术处、基建工程处、对外合作部，联系勘探开发研究院、工程技术研究院、吐鲁番采油厂、鲁克沁采油厂、鄯善采油厂、三塘湖采油厂、井下技术作业公司、信息技术公司、国外办事机构。

党委委员、纪委书记许青春负责纪委工作，负责党委巡察日常工作，协助总经理负责审计工作，负责分管业务、部门和联系单位的安全环保工作和党风廉政建设；分管纪委监察处、巡察办公室、监督办公室，协助分管审计部。

党委委员、副总经理、安全总监郭建设协助总经理负责日常生产组织运行、水电路讯、安全环保、质量与技术监督、计量、标准化、设备管理、国内外部市场、机械制造、应急救灾、节能节水、土地管理、地方关系、扶贫等工作，负责分管业务、部门和联系单位的安全环保工作和党风廉政建设；分管生产运行处、质量安全环保处、设备管理处，联系消防支队、监督中心（石油天然气吐哈工程质量监督站、纪检监察中心）、新疆吐哈油田建设有限责任公司、运输工程公司、机械厂、供水供电处、技术监测中心。

2019年1月，经研究并商得中共新疆维吾尔自治区委员会同意，集团公司党组决定：杨忠东任吐哈油田分公司党委委员。股份公司决定：杨忠东任吐哈油田分公司总会计师。

2019年2月，调整领导班子成员分工：

党委书记、总经理，新疆吐哈石油勘探开发有限公司执行董事、总经理娄铁强负责公司全面工作和发展战略，主持公司党委工作。分管办公室（党委办公室、机要保密处）、人事处（党委组织部）、审计部。

党委常务副书记、工会主席梁世君负责党建工作、党风廉政建设、思想政治工作、新闻宣传工作、企业文化建设、精神文明建设、基层建设、反恐维稳、治安保卫、统战、人民武装、工会、团委、女工、机关党委、机要保密等工作；负责油气勘探及外探区产能建设工作，"双百行动"综合改革和扩大经营自主权改革、档案、培训、技能鉴定、驻外办事处等工作；协助负责公司党委工作；负责分管业务、部门和联系单位的党建工作、安全环保工作和党风廉政建设。分管企业文化处（党委宣传部、团委、机关党委）、公司工会、油田保卫部（武装部、维护稳定办公室）、档案中心、技能鉴定中心（劳动力交流中心），协助分管办公室（党委办公室、机要保密处）、人事处（党委组织部）。联系勘探公司（勘探事业部）、信息技术公司（新闻中心）、吐哈石油大厦（乌鲁木齐办事处）、北京办事处。

党委委员、副总经理王仲林负责规划计划、定额定价、后勤服务、住宅管理、医疗卫生、人口与计划生育、幼儿教育、再就业、离退休管理等工作；负责分管业务、部门和联系单位的党建工作、安全环保工作和党风廉政建设。分管规划计划处、概预算管理部（定额部）、矿区管理部、房产管理中心。联系综合服务中心、吐哈石油医院、离退休职工管理中心（再就业服务站、离退休职工管理处）、西安生活基地管理中心、北京生活基地管理中心。

党委委员、副总经理周波负责油气开发、滚动评价及产能建设、难动用储量开发及低效区块治理、矿权及储量管理、科技、信息化、工程技术、油田基建、井控、国际合作等工作；负责分管业务、部门和联系单位的党建工作、安全环保工作和党风廉政建设。分管开发部、科技信息处、工程技术处、基建工程处、对外合作部。联系勘探开发研究院、工程技术研究院、吐鲁番采油厂、鲁克沁采油厂、鄯善采油厂、三塘湖采油厂、井下技术作业公司、信息技术公司、国外办事机构。

党委委员、纪委书记许青春负责公司纪委工作，协助负责公司党委巡察日常工作，协助负责审计工作；负责分管业务、部门和联系单位的党建工作、安全环保工作和党风廉政建设。分管纪委监察处、巡察办公室，协助分管审计部。

党委委员、副总经理、安全总监郭建设负责日常生产组织运行、水电路讯、安全环保、质量与技术监督、计量、标准化、设备管理、国内外部市场、机械制造、应急救灾、节能节水、土地管理、地方关系、扶贫等工作；负责分管业务、部门和联系单位的党建工作、安全环保工作和党风廉政建设。分管生产运行处、质量安全环保处、设备管理处。联系消防支队、监督中心（石油天然气吐哈工程质量监督站）、新疆吐哈油田建设有限责任公司、运输工程公司、机械厂、供水供电处、技术监测中心。

党委委员、总会计师杨忠东负责财务资产、资本运营、企业管理、法律事务、内控建设、销售、炼油、化工、物资采购、招投标、国内外贸易、品牌建设、住房公积金、社会保险等工作；负责分管业务、部门和联系单位的党建工作、安全环保工作和党风廉政建设。分管财务处、企管法规处（内控与风险管理处）、物资管理部（招投标部）、住房公积金管理中心、资金结算中心、社会保险管理中心。联系销售事业部（运销处）、物资供应处、石油能源开发公司。

2019年11月，经研究并商得中共新疆维吾尔自治区委员会同意，集团公司党组决定：免去王仲林的吐哈油田分公司党委委员职务。股份公司决定：免去王仲林的吐哈油田分公司副总经理职务，退出领导班子。

2020年1月，调整部分领导班子成员分工：

党委常务副书记、工会主席梁世君负责党建工作、党风廉政建设、思想政治工作、新闻宣传工作、企业文化建设、精神文明建设、基层建设、反恐维稳、治安保卫、统战、人民武装、工会、团委、女工、机关党委、机要保密等工作；负责油气勘探及外探区产能建设工作，"双百行动"综合改革和扩大经营自主权改革、培训等工作；协助负责公司党委工作；负责分管业务、部门和联系单位的党建工作、安全环保工作和党风廉政建设。分管党委宣传部（企业文化处、机关党委）、工会（团委）、油田保卫部（武装部、维护稳定办公室），协助分管办公室（党委办公室）、人事处（党委组织部）。联系勘探公司（勘探事业部）、信息技术公司（新闻中心）。

党委委员、副总经理周波负责规划计划、油气开发、滚动评价及产能建设、难动用储量开发及低效区块治理、矿权及储量管理、储气库建设、科技、信息化等工作；负责分管业务、部门和联系单位的党建工作、安全环保工作和党风廉政建设。分管规划计划处、开发部、科技与合作处。联系勘探开发研究院、工程技术研究院、吐鲁番采油厂、鲁克沁采油厂（鲁克沁油田项目经理部）、鄯善采油厂、三塘湖采油厂、信息技术公司。

党委委员、副总经理、安全总监郭建设负责日常生产组织运行、水电路讯、安全环保、质量与技术监督、计量、标准化、工程技术、井控、国际合作、油田基建、设备管理、国内外部市场、机械制造、应急救灾、节能节水、土地管理、地方关系、扶贫、后勤服务、住宅管理、医疗卫生、人口与计划生育、幼儿教育、再就业、离退休管理等工作；负责分管业务、部门和联系单位的党建工作、安全环保工作和党风廉政建设。分管生产运行处、质量安全环保处、工程技术处、基建设备处、矿区管理部。联系监督中心（石油天然气吐哈工程质量监督站）、工程建设服务中心、运输工程公司、机械厂、供水供电处、技术监测中心、综合服务中心、离退休职工管理中心（再就业服务站、离退休职工管理处）、西安生活基地管理中心、吐哈石油医院、国外办事机构。

党委委员、总会计师杨忠东负责财务资产、资本运营、定额定价、企业管理、法律事务、内控建设、销售、炼油、化工、物资采购、招投标、国内外贸易、品牌建设、机关行政事务、档案、技能鉴定、住房公积金、社会保险等工作；负责分管业务、部门和联系单位的党建工作、安全环保工作和党风廉政建设。分管财务处、企管法规处、概预算管理部（定额部）、招投标部、共享服务中心。联系销售事业部（运销处）、物资供应处、吐哈石油大厦。

2020年3月，经研究并商得中共新疆维吾尔自治区委员会同意，集团公司党组决定：免去许青春的吐哈油田分公司党委委员、纪委书记职务，调石油化工研究院工作。

2020年5月，经研究并商得中共新疆维吾尔自治区委员会同意，集团公司党组决定：张建诚任吐哈油田分公司党委委员、纪委书记。

2020年6月，调整部分领导班子成员分工：

党委委员、副总经理、安全总监郭建设负责日常生产组织运行、水电路讯、安全环保、质量与技术监督、计量、标准化、工程技术、井控、国际合作、油田基建、设备管理、国内外部市场、应急救灾、节能节水、土地管理、地方关系、扶贫、后勤服务、住宅管理、医疗卫生、人口与计划生育、幼儿教育、再就业、离退休管理等工作；负责分管业务、部门和联系单位的党建工作、安全环保工作和党风廉政建设。分管生产运行处、质量安全环保处、工程技术处、基建设备处、矿区管理部。联系监督中心（石油天然气吐哈工程质量监督站）、工程技术中心、供水供电处、技术监测中心、综合服务中心、离退休职工管理中心（再就业服务站、离退休职工管理处）、西安生活基地管理中心、吐哈石油医院、国外办事机构。

党委委员、总会计师杨忠东负责财务资产、资本运营、定额定价、企业管理、法律事务、内控建设、销售、炼油、化工、机械制造、物资采购、招投标、国内外贸易、品牌建设、机关行政事务、档案、技能鉴定、住房公积金、社会保险等工作；负责分管业务、部门和联系单位的党建工作、安全环保工作和党风廉政建设。分管财务处、企管法规处、概预算管理部（定额部）、共享服务中心。联系销售事业部（运销处）、物资保障中心、吐哈石油大厦。

党委委员、纪委书记张建诚负责公司纪委工作，协助负责公司党委巡察日常工作，协助负责审计工作；负责公司党委交办的其他工作；负责分管业务、部门的党建工作、安全环保工作和党风廉政建设。分管纪委办公室、党委巡察办公室，协助分管审计部。

2020年11月，经集团公司党组2020年10月31日研究，并商得中共新疆维吾尔自治区委员会同意，集团公司党组决定：支东明任吐哈油田分公司党委书记；梁世君任吐哈油田分公司党委副书记，免去其吐哈油田分公司党委常务副书记、工会主席职务；免去娄铁强的吐哈油田分公司党委书记、委员职务，调中国石油报社工作；免去郭建设的吐哈油田分公司党委委员职务。股份公司决定：支东明任吐哈油田分公司执行董事；梁世君任吐哈油田分公司总经理；免去娄铁强的吐哈油田分公司总经理职务；免去郭建设的吐哈油田分公司副总经理、安全总监职务，调中国石油运输有限公司工作；周波任吐哈油田分公司安全总监。集团公司决定：支东明任新疆吐哈石油勘探开发有限公司执行董事、总经理，免去娄铁强的新疆吐哈石油勘探开发有限公司执行董事、总经理职务。

2020年12月，调整领导班子成员分工：

执行董事、党委书记，新疆吐哈石油勘探开发有限公司执行董事、总经理支东明负责全面工作，主持公司党委工作，履行执行董事职责。负责党的建设、发展战略、发展改革、国家安全等工作。分管办公室（党委办公室）、人事处（党委组织部）、党委宣传部（企业文化处、机关党委）、审计部、油田保卫部（武装部、维护稳定办公室）。

总经理、党委副书记梁世君负责贯彻落实公司党委、执行董事办公会决议决定，负责公司日常经营管理工作；负责规划计划、定额定价、法律事务、油气勘探及外探区产能建设、"双百行动"综合改革、培训、工会、团委、女工、机关党委、机要保密工作；负责分管业务、部门和联系单位的党建工作、安全环保工作和党风廉政建设。分管规划计划处、企管法规处、工会（团委）、概预算管理部（定额部），协助分管办公室（党委办公室）、人事处（党委组织部）。联系勘探公司（勘探事业部）、准东勘探开发项目经理部。

党委委员、副总经理周波负责油气开发、滚动评价及产能建设、难动用储量开发及低效区块治理、矿权及储量管理、储气库建设、科技、信息化、日常生产组织运行、水电路讯、安全环保、质量与技术监督、计量、标准化、工程技术、井控、油田基建、设备管理、应急救灾、节能节水、土地管理、地方关系、扶贫工作；负责分管业务、部门和联系单位的党建工作、安全环保工作和党风廉政建设。分管开发部、生产运行处、质量安全环保处、科技与合作处、工程技术处、基建设备处。联系勘探开发研究院、工程技术研究院、吐鲁番采油管理区、鲁克沁采油管理区、鄯善采油管理区、三塘湖采油管理区、油气生产服务中心、监督中心（石油天然气吐哈工程质量监督站）、供水供电处、信息技术公司。

党委委员、总会计师杨忠东负责财务资产、资本运营、企业管理、内控建设、销售、炼油、化工、机械制造、物资采购、招投标、外部市场开发、国内外贸易、国际合作、品牌建设、机关行政事务、档案、技能鉴定、住房公积金、社会保险、后勤服务、住宅管理、医疗卫生、人口与计划生育、幼儿教育、再就业、离退休管理工作；负责分管业务、部门和联系单位的党建工作、安全环保工作和党风廉政建设。分管财务处、矿区管理部、共享服务中心（采购中心、技能鉴定中心、档案中心、吐哈油田社会保险管理中心、吐哈油田住房公积金管理中心），协助分管企管法规处。联系销售事业部（运销处）、工程技术中心、技术监测中心、物资保障中心、吐哈石油大厦、综合服务中心、离退休职工管理中心（再就业服务站、离退休职工管理处）、吐哈医院、国外办事机构。

党委委员、纪委书记张建诚负责公司纪委工作，协助负责公司党委巡察日常工作、公司党风建设和反腐倡廉工作、审计工作；负责公司党委交办的其他工作；负责分管业务、部门的党建工作、安全环保工作和党风廉政建设。分管纪委办公室、党委巡察办公室，协助分管审计部。

2020 年 12 月，经集团公司党组 2020 年 12 月 19 日研究，并商得中共新疆维吾尔自治区委员会同意，集团公司党组决定：张瑾任吐哈油田分公司党委副书记、工会主席。

截至 2020 年 12 月 31 日，吐哈油田分公司设执行董事 1 人，支东明任执行董事。党委由 6 人组成：支东明任党委书记，梁世君、张瑾任党委副书记，周波、杨忠东、张建诚任党委委员。张建诚任纪委书记。张瑾任工会主席。行政领导班子由 3 人组成：梁世君任总经理，周波任副总经理、安全总监，杨忠东任总会计师。新疆吐哈石油勘探开发有限公司仍由吐哈油田分公司托管。

第一节　吐哈油田分公司党委
（2016.1—2020.12）

2016 年 1 月，吐哈油田分公司党委由 6 人组成：娄铁强、徐可强、梁世君、王仲元、周波、周元祥等，其中，娄铁强任书记，徐可强任副书记。

2016 年 7 月，经研究并商得中共新疆维吾尔自治区委员会同意，集团公司党组决定：许青春任吐哈油田分公司纪委书记、党委委员。

2016 年 11 月 5 日至 7 日，中共吐哈油田分公司第二次代表大会在新疆维吾尔自治区吐鲁番市鄯善县召开，195 名党员代表参加会议。会议选举产生中共吐哈油田分公司第二届委员会，中共吐哈油田分公司委员会由王仲林、许青春、周波、周元祥、娄铁强、徐可强、梁世君等 7 人组成（以姓氏笔画为序），娄铁强为党委书记，徐可强为党委副书记。吐哈油田分公司党委下属基层党委 32 个、党总支 6 个、党支部 334 个，共有党员 7442 人，其中在职党员 4597 人。

2017 年 4 月，经研究并商得中共新疆维吾尔自治区委员会同意，集团公司党组决定：免去徐可强的吐哈油田分公司党委副书记、委员职务。

2017 年 11 月，经研究并商得中共新疆维吾尔自治区委员会同意，集团公司党组决定：梁世君任吐哈油田分公司党委常务副书记（正局级）、工会主席，郭建设任吐哈油田分公司党委委员；免去娄铁强的吐哈油田分公司工会主席职务。

2018年11月，股份公司决定：周元祥退休。

2019年1月，经研究并商得中共新疆维吾尔自治区委员会同意，集团公司党组决定：杨忠东任吐哈油田分公司党委委员。

2019年11月，经研究并商得中共新疆维吾尔自治区委员会同意，集团公司党组决定：免去王仲林的吐哈油田分公司党委委员职务，退出领导班子。

2020年3月，经研究并商得中共新疆维吾尔自治区委员会同意，集团公司党组决定：免去许青春的吐哈油田分公司党委委员职务，调石油化工研究院工作。

2020年5月，经研究并商得中共新疆维吾尔自治区委员会同意，集团公司党组决定：张建诚任吐哈油田分公司党委委员。

2020年11月，经集团公司党组2020年10月31日研究，并商得中共新疆维吾尔自治区委员会同意，集团公司党组决定：支东明任吐哈油田分公司党委委员、书记；梁世君任吐哈油田分公司党委副书记，免去其吐哈油田分公司党委常务副书记、工会主席职务；免去娄铁强的吐哈油田分公司党委书记、委员职务；免去郭建设的吐哈油田分公司党委委员职务，调任中国石油运输有限公司工作。

2020年12月，经研究并商得中共新疆维吾尔自治区委员会同意，集团公司党组决定：张瑾任吐哈油田分公司党委委员、副书记。

截至2020年12月31日，吐哈油田分公司党委由6人组成，支东明任党委书记，梁世君、张瑾任党委副书记，梁世君、杨忠东、周波、张建诚任党委委员。

　　　　书　　记　娄铁强（2016.1—2020.10）
　　　　　　　　　支东明（2020.10—12）
　　常务副书记　梁世君（正局级，2017.11—2020.10）
　　副　书　记　徐可强（2016.1—2017.4）[①]

---

　　① 2017年4月，徐可强调任中国海洋石油总公司副总经理；2017年4月至2020年10月期间，吐哈油田分公司党委副书记空缺。

　　　　　梁世君（2020.10—12）

　　　　　张　瑾（2020.12）

委　　员　娄铁强（2016.1—2020.10）

　　　　　梁世君（2016.1—2020.12）

　　　　　王仲林（2016.1—2019.11）[①]

　　　　　周元祥（2016.1—2018.11）[②]

　　　　　周　波（2016.1—2020.12）

　　　　　徐可强（2016.3—2017.4）

　　　　　许青春（2016.7—2020.3）

　　　　　郭建设（2017.11—2020.10）[③]

　　　　　杨忠东（2019.1—2020.12）

　　　　　张建诚（2020.5—12）

　　　　　支东明（2020.10—12）

　　　　　张　瑾（2020.12）

第二节　吐哈油田分公司纪委（2016.1—2020.12）

　　2016年1月，吐哈油田分公司纪委由5人组成：史东风、杨臣、赵国强、邱爱研、刘德超，赵国强任纪委副书记。

　　2016年7月，经研究并商得中共新疆维吾尔自治区委员会同意，集团公司党组决定：许青春同志任吐哈油田分公司纪委书记。

　　2016年9月，油田分公司党委决定：免去刘德超的公司纪委委员职务。

　　2016年11月5日至7日，中共吐哈油田分公司第二次代表大会在新疆鄯善召开，195名党员代表参加会议。会议选举产生中共吐哈油田分公司纪律检查委员会。中共吐哈油田分公司纪律检查委员会由7人组成，许青春为纪委书记。

---

① 2019年11月，王仲林退出领导班子。

② 2018年11月，周元祥退休。

③ 2020年10月，郭建设调任中国石油运输有限公司党委副书记、总经理。

2018 年 4 月，油田分公司党委决定：免去赵国强的公司纪委副书记职务。

2018 年 5 月，油田分公司党委决定：任命范耀东为公司纪委副书记。

2020 年 3 月，经研究并商得中共新疆维吾尔自治区委员会同意，集团公司党组决定：免去许青春的吐哈油田分公司纪委书记职务，调石油化工研究院工作。

2020 年 5 月，经研究并商得中共新疆维吾尔自治区委员会同意，集团公司党组决定：张建诚任吐哈油田分公司纪委书记。

截至 2020 年 12 月 31 日，吐哈油田分公司纪委由 6 人组成：史东风、杨臣、鲁正乾、李照斌、范耀东、张建诚，张建诚任纪委书记。

纪委书记 许青春（2016.7—2020.3）[①]

张建诚（2020.5—12）

纪委副书记 赵国强（2016.1—2018.4）[②]

范耀东（2018.5—2020.12）

纪委委员 史东风（2016.1—2020.12）

杨　臣（2016.1—2020.12）

赵国强（2016.1—2018.4）

邱爱研（女，满族，2016.1—2020.10）[③]

刘德超（2016.1—9）

许青春（2016.7—2020.3）

李照斌（2016.11—2020.12）

鲁正乾（2016.11—2020.12）

范耀东（2018.5—2020.12）

张建诚（2020.5—12）

---

① 2016 年 1 月至 7 月、2020 年 3 月至 5 月期间，吐哈油田分公司纪委书记空缺；2020 年 3 月，许青春调任石油化工研究院党委委员、驻石油化工研究院纪检组组长。

② 2018 年 4 月至 5 月期间，吐哈油田分公司纪委副书记空缺。

③ 2020 年 10 月，邱爱研退职离岗。

第三节 吐哈油田分公司行政领导机构
（2016.1—2020.12）

2016 年 1 月，吐哈油田分公司行政领导班子由徐可强、娄铁强、王仲林、梁世君、周波、周元祥 6 人组成：其中徐可强任总经理，娄铁强、王仲林、梁世君、周波任副经理，周元祥任总会计师，周波兼任安全总监。

2017 年 4 月，经研究并商得中共新疆维吾尔自治区委员会同意，股份公司决定：娄铁强任吐哈油田分公司总经理；免去徐可强的吐哈油田分公司总经理职务。集团公司决定：娄铁强任吐哈石油勘探开发指挥部指挥；免去徐可强的吐哈石油勘探开发指挥部指挥职务，调中国海洋石油总公司工作。

2017 年 11 月，经研究并商得中共新疆维吾尔自治区委员会同意，股份公司决定：郭建设任吐哈油田分公司副总经理、安全总监；免去梁世君的吐哈油田分公司副总经理职务，免去周波的吐哈油田分公司安全总监职务。

2018 年 11 月，股份公司决定：周元祥退休。

2019 年 1 月，经研究并商得中共新疆维吾尔自治区委员会同意，股份公司决定：杨忠东任吐哈油田分公司总会计师。

2019 年 11 月，经研究并商得中共新疆维吾尔自治区委员会同意，股份公司决定：免去王仲林的吐哈油田分公司副总经理职务，退出领导班子。

2020 年 11 月，经集团公司党组 2020 年 10 月 31 日研究，并商得中共新疆维吾尔自治区委员会同意，股份公司决定：支东明任吐哈油田分公司执行董事，梁世君任吐哈油田分公司总经理；免去娄铁强的吐哈油田分公司总经理职务，调中国石油报社工作；免去郭建设的吐哈油田分公司副总经理、安全总监职务，调中国石油运输有限公司工作。

2020 年 11 月，经集团公司党组 2020 年 10 月 31 日研究，并商得中共新疆维吾尔自治区委员会同意，集团公司决定：支东明任新疆吐哈石油勘探开发有限公司执行董事、总经理，免去娄铁强的新疆吐哈石油勘探开发有限公司执行董事、总经理职务。

2020 年 11 月，股份公司决定：周波任吐哈油田分公司安全总监。

截至 2020 年 12 月 31 日，吐哈油田分公司设执行董事 1 人，支东明任执行董事。行政领导班子由 3 人组成：梁世君任总经理，周波任副总经理兼安全总监，杨忠东任总会计师。

一、吐哈油田分公司执行董事名录（2020.10—12）

执 行 董 事　支东明（2020.10—12）

二、吐哈油田分公司行政领导名录（2016.1—2020.12）

总　经　理　徐可强（2016.1—2017.4）

娄铁强（2017.4—2020.10）

梁世君（2020.10—12）

副 总 经 理　娄铁强（2016.1—2017.4）

王仲林（2016.1—2019.11）

梁世君（2016.1—2017.11）

周　波（2016.1—2020.12）

郭建设（2017.11—2020.10）

总 会 计 师　周元祥（2016.1—2018.11）①

杨忠东（2019.1—2020.12）

安 全 总 监　周　波（兼任，2016.1—2017.11；2020.11—12）

郭建设（兼任，2017.11—2020.10）

三、吐哈石油勘探开发指挥部（2016.1—2017.11）

指　　　挥　徐可强（2016.1—2017.4）

娄铁强（2017.4—11）

四、新疆吐哈石油勘探开发有限公司（2017.11—2020.12）

执 行 董 事　娄铁强（2017.11—2020.10）

支东明（2020.10—12）

监　　　事　杨　臣（审计部主任，2017.11—2020.12）

---

①　2018 年 11 月至 2019 年 1 月期间，吐哈油田分公司总会计师空缺。

总 经 理　娄铁强（2017.11—2020.10）

支东明（2020.10—12）

第四节　吐哈油田分公司工会
（2016.1—2020.12）

2016年7月，经研究并商得中共新疆维吾尔自治区委员会同意，集团公司党组决定：娄铁强任吐哈油田分公司工会主席。

2016年8月，油田分公司党委决定：任命刘继为公司工会副主席（副处级）。

2017年8月，油田分公司党委决定：免去张继录的公司工会委员职务。

2017年11月，经研究并商得中共新疆维吾尔自治区委员会同意，集团公司党组决定：梁世君任吐哈油田分公司工会主席；免去娄铁强的吐哈油田分公司工会主席职务。

2019年3月，油田分公司党委决定：免去刘继的公司工会副主席职务。

2020年10月，油田分公司党委决定：免去邱爱研的公司工会副主席职务。

2020年11月，经集团公司党组2020年10月31日研究，并商得中共新疆维吾尔自治区委员会同意，集团公司党组决定：免去梁世君的吐哈油田分公司工会主席职务。

2020年12月，经集团公司党组2020年12月19日研究，并商得中共新疆维吾尔自治区委员会同意，集团公司党组决定：张瑾任吐哈油田分公司工会主席。

主　　　席　娄铁强（2016.7—2017.11）[①]

梁世君（2017.11—2020.10）[②]

张　瑾（2020.12）

副 主 席　邱爱研（女，满族，正处级，2016.1—2020.10）

---

① 2016年1月至7月期间，吐哈油田分公司工会主席空缺。

② 2020年10月至12月期间，吐哈油田分公司工会主席空缺。

　　　　　　刘　继（副处级，2016.8—2019.3）

　　　　　　颜子奇（副处级，2019.8—2020.12）

委　　员　邱爱研（2016.1—2020.10）

　　　　　　张继录（2016.1—2017.8）

　　　　　　周田堂（2016.1—4）

　　　　　　杨珍祥（2016.1—2020.12）

　　　　　　武爱雄（2016.1—2018.11）

　　　　　　冯旭东（2016.1—2018.8）

　　　　　　赵兴启（2016.1—2020.12）

　　　　　　周世本（2016.1—2019.7）

　　　　　　王　丽（女，正科级，2016.1—2020.12）

　　　　　　娄铁强（2016.7—2017.11）

　　　　　　刘　继（2016.8—2019.3）

　　　　　　梁世君（2017.11—2020.10）

　　　　　　颜子奇（副处级，2019.8—2020.12）

　　　　　　张　瑾（2020.12）

第五节　吐哈油田分公司助理、副总师
（2016.1—2020.12）

　　2016年8月，油田分公司对公司副总师、总经理助理、安全副总监、总法律顾问工作分工进行部分调整：副总地质师燕列灿协助梁世君副总经理做好油气勘探、科技、信息化等工作；总经理助理兼矿区管理部主任龚德银协助王仲林副总经理做好后勤物业、房产、医疗卫生、人口与计划生育、教育、再就业、离退休管理等工作；副总工程师兼勘探开发研究院院长、党委副书记王玉成全面负责勘探开发研究院行政工作；总经理助理兼井下技术作业公司经理、党委副书记郭建设全面负责井下技术作业公司行政工作；安全副总监刘风章协助周波安全总监做好安全环保、质量与技术监督、计量、标准化、节能节水等工作；总法律顾问兼企管法规处处长崔奋协助王仲林副总

经理做好企业管理、物资采购、招投标等工作，协助周元祥总会计师做好法律事务、内控建设等工作。

2016年8月，油田分公司决定：解聘刘风章的公司安全副总监职务。

2016年9月，油田分公司决定：解聘刘德超的公司总经理助理职务。

2017年5月，油田分公司对公司副总师、总经理助理、总法律顾问工作分工进行部分调整：

副总地质师燕列灿协助梁世君副总经理做好油气勘探、科技、信息化等工作；总经理助理兼矿区管理部主任龚德银协助王仲林副总经理做好后勤物业、房产、医疗卫生、人口与计划生育、教育、再就业、离退休管理等工作；副总工程师兼勘探开发研究院院长、党委副书记王玉成全面负责勘探开发研究院行政工作；总经理助理兼井下技术作业公司经理、党委副书记郭建设全面负责井下技术作业公司行政工作；总法律顾问兼企管法规处处长崔奋协助王仲林副总经理做好企业管理、物资采购、招投标等工作，协助周元祥总会计师做好法律事务、内控建设等工作。

2017年8月，油田分公司决定：聘任燕列灿、王玉成、雷宇为公司首席技术专家；解聘燕列灿的公司副总地质师职务，解聘王玉成的公司副总工程师职务。

2017年9月，油田分公司决定：聘任梁浩为公司副总地质师、徐君为公司副总工程师。

2018年1月，油田分公司对公司总经理助理、副总师、总法律顾问、首席技术专家工作分工进行部分调整：

总经理助理龚德银协助王仲林副总经理做好后勤服务、员工公寓、房产、医疗卫生、人口与计划生育、幼儿教育、再就业、离退休管理等工作。

副总地质师梁浩协助梁世君党委常务副书记做好油气勘探及外探区产能建设工作；协助周波副总经理做好油气滚动评价、矿权及储量管理、科技、信息化工作。

副总工程师徐君协助周波副总经理做好油气开发、滚动评价及产能建设、难动用储量开发及低效区块治理工作。

总法律顾问崔奋协助周元祥总会计师做好企业管理、公司扩大经营自主权改革、法律事务、内控建设、物资采购、招投标等工作。

公司首席技术专家燕列灿协助梁世君党委常务副书记制定油气勘探方面的科技发展规划、重点工程和重大专项及关键技术攻关；参与油气勘探方面的重大技术决策，提供决策咨询，围绕油气勘探开展专题研究形成重大决策咨询报告；承担并组织油气勘探方面的重大科研生产项目和课题；承担油气勘探方面的学术梯队建设。协助周波副总经理做好油气滚动评价工作。

公司首席技术专家王玉成协助周波副总经理制定油气开发方面的科技发展规划、重点工程和重大专项及关键技术攻关；参与油气开发方面的重大技术决策，提供决策咨询，围绕油气开发开展专题研究形成重大决策咨询报告；承担并组织油气开发方面的重大科研生产项目和课题；承担油气开发方面的学术梯队建设。协助周波副总经理做好油气滚动评价及产能建设、难动用储量开发及低效区块治理工作。

公司首席技术专家雷宇协助周波副总经理制定工程技术方面的科技发展规划、重点工程和重大专项及关键技术攻关；参与工程技术方面的重大技术决策，提供决策咨询，围绕工程技术开展专题研究形成重大决策咨询报告；承担并组织工程技术方面的重大科研生产项目和课题；承担工程技术方面的学术梯队建设。协助周波副总经理做好工程技术、国际合作工作。

2019年1月，油田分公司决定：解聘龚德银的公司总经理助理职务，解聘王玉成的公司首席技术专家职务。

2019年4月，油田分公司决定：聘任吴征为公司总经理助理、席宗敬为公司安全副总监、梁浩为公司首席技术专家；解聘梁浩的公司副总地质师职务。

2019年11月，油田分公司决定：解聘燕列灿的公司首席技术专家职务。

2019年12月，油田分公司决定：聘任钱峰为公司副总工程师。

2020年2月，油田分公司对公司副总师、总经理助理、安全副总监、总法律顾问、首席技术专家工作分工进行调整：

副总工程师徐君协助周波副总经理做好油气开发、滚动评价及产能建设、难动用储量开发及低效区块治理，采矿权、探明储量、SEC储量管理，储气库建设，以及油田开发科技发展规划制定、重点工程实施、重大专项及关键技术攻关等工作。

副总工程师钱峰协助梁世君常务副书记做好油气勘探、油气评价，探矿权、控制、预测储量管理，制定油气勘探方面的科技发展规划，开展重点工程实施、重大专项及关键技术攻关；全面负责勘探事业部（勘探公司）行政工作。

总经理助理吴征协助郭建设副总经理做好日常生产运行组织、钻修动力调配、水电路讯管理、应急救灾、土地管理、地方关系协调、扶贫等工作；全面负责生产运行处工作。

安全副总监席宗敬协助郭建设安全总监做好健康安全环保、质量与技术监督、计量、标准化、节能节水等工作；协助杨忠东总会计师做好管理体系融合工作；全面负责质量安全环保处工作。

总法律顾问崔奋协助杨忠东总会计师做好法律事务、内控建设、物资采购、招投标等工作；全面负责办公室（党委办公室）工作。

首席技术专家梁浩协助梁世君常务副书记、周波副总经理制定油气勘探方面的科技发展规划，开展重点工程实施、重大专项及关键技术攻关；参与油气勘探方面的重大技术决策及油气勘探专题研究；承担并组织油气勘探方面的重大科研生产项目和课题；承担油气勘探方面的学术梯队建设；全面负责准东勘探开发项目经理部工作。

首席技术专家雷宇协助周波副总经理做好信息化建设，制定工程技术方面的科技发展规划，开展重大专项及关键技术攻关；协助郭建设副总经理做好重大工程技术决策、工程技术管理、工程技术学术梯队建设等工作；协助郭建设副总经理做好国际合作工作。

2020年4月，油田分公司决定：聘任史东风为公司总经理助理。

总经理助理	龚德银（2016.1—2019.1）
	郭建设（2016.1—2017.11）
	刘德超（2016.1—9）
	吴　征（2019.4—2020.12）
	史东风（2020.4—12）
副总地质师	燕列灿（2016.1—2017.8）
	梁　浩（2017.9—2019.4）
副总工程师	王玉成（2016.1—2017.8）
	徐　君（2017.9—2020.12）

钱　峰（2019.12—2020.12）

安 全 副 总 监　刘风章（2016.1—8）^①

席宗敬（2019.4—2020.12）

总 法 律 顾 问　崔　奋（2016.1—2020.12）

公司首席技术专家　燕列灿（2017.8—2019.11）

王玉成（2017.8—2019.1）

雷　宇（2017.8—2020.12）

梁　浩（2019.4—2020.12）

---

① 2016 年 9 月至 2019 年 3 月期间，吐哈油田分公司安全副总监空缺。

第二章　机关处室

2016 年 1 月，油田分公司设机关处室 14 个：办公室（党委办公室、机要保密处）、规划计划处、财务处、人事处（党委组织部、吐哈油田博士后科研工作站）、企管法规处（内控与风险管理处）、生产运行处、质量安全环保处、科技信息处、工程技术处、基建工程处、设备管理处、纪委监察处、企业文化处（党委宣传部、团委、机关党委、维护稳定办公室）、工会。

2017 年 12 月，油田分公司决定：对公司机关、附属、直属单位的机构设置和人员编制进行调整，将维护稳定办公室由机关处室调整到直属单位，与油田保卫部（武装部）合署办公，企业文化处（党委宣传部、团委、机关党委、维护稳定办公室）更名为企业文化处（党委宣传部、团委、机关党委）。

2019 年 7 月，油田分公司决定：对公司机关处室、机关附属、直属单位的机构设置和人员编制进行调整，将办公室（党委办公室、机要保密处）更名为办公室（党委办公室），企管法规处（内控与风险管理处）更名为企管法规处，企业文化处（党委宣传部、团委、机关党委）更名为党委宣传部（企业文化处、机关党委），工会更名为工会（团委），撤销科技信息处，基建工程处和设备管理处整合为基建设备处，成立科技与合作处。

2019 年 10 月，油田分公司决定：对公司党委纪检工作机构设置及职能进行调整，将公司纪委职责范围以外的工作移交给公司党委和相关职能部门，纪委监察处更名为纪委办公室，其内设科室信访管理科（办公室）更名为信访管理科、党风监督与合规监察科更名为党风与合规监督科。

截至 2020 年 12 月 31 日，吐哈油田分公司设机关部门 13 个：办公室（党委办公室）、规划计划处、财务处、人事处（党委组织部、吐哈油田博士后科研工作站）、企管法规处、生产运行处、质量安全环保处、科技与合作处、工程技术处、基建设备处、纪委办公室、党委宣传部（企业文化处、机关党委）、工会（团委）。

第一节　办公室（党委办公室、机要保密处）—办公室（党委办公室）（2016.1—2020.12）

2016 年 1 月，办公室（党委办公室、机要保密处）为机关处室，正处级。负责党政综合性文件、材料、会议报告和领导讲话的起草；负责信息反馈、调查研究和督查督办；负责上级来文管理、公文制发、印信管理及机要保密工作；负责党政领导日常办公和公务活动安排；负责组织协调党务、政务及大型会议、活动；负责对外联络、接待管理；负责突发事件信息报送、媒体应对及新闻发布工作；负责行政事务中心、档案中心的管理。内设科室 5 个：秘书科、文书科、接待科、机要保密科、综合科。编制定员 18 人，其中处级职数 3 个、科级职数 6 个；在册员工 15 人，党员 14 人。支委会由刘德超、叶世华、王龙根、吴智杰、王天鹏组成，刘德超任书记，叶世华任副书记。

2016 年 3 月，油田分公司决定：将办公室（党委办公室）接待科更名为信息督办科。

2016 年 8 月，油田分公司党委决定：任命李照斌为党委办公室主任。油田分公司决定：聘任李照斌为办公室主任。

2016 年 9 月，油田分公司党委决定：任命李照斌为机要保密处处长；免去刘德超的党委办公室主任、机要保密处处长职务。油田分公司决定：解聘刘德超的办公室主任职务。

2017 年 9 月，油田分公司党委决定：免去王龙根的党委办公室副主任职务。油田分公司决定：解聘王龙根的办公室副主任职务。

2017 年 12 月，油田分公司决定：调整机关、机关附属、直属单位的机构设置和人员编制。办公室（党委办公室、机要保密处）主要职责：负责党政综合性文件、材料、会议报告和领导讲话的起草；负责信息反馈、调查研究和督查督办；负责上级来文管理、公文制发、印章管理及机要保密工作；负责党政领导日常办公和公务活动安排；负责组织协调党务、政务及大型会议、活动；负责对外联络、接待管理；负责突发事件信息报送；负责公司机关行政事务管理工作；负责档案中心的管理。内设 5 个科室：秘书一科、秘书二科、文书科、机要保密科、行政事务科。人员编制 20 人，其中处级 3 人（处长 1 人、副处长 2 人）、科级 8 人（科长 5 人、副科长 3 人）、一般管理人员 9 人。

2018 年 4 月，油田分公司党委决定：免去李照斌的党委办公室主任、机要保密处处长。油田分公司决定：解聘李照斌的办公室主任职务。

2018 年 5 月，油田分公司党委决定：任命吴智杰为党委办公室副主任、机要保密处副处长（试用期一年）；免去叶世华的党委办公室副主任、机要保密处副处长职务。油田分公司决定：聘任吴智杰为办公室副主任（试用期一年）；解聘叶世华的办公室副主任职务。

2019 年 3 月，油田分公司党委决定：任命崔奋兼任党委办公室主任、机要保密处处长。油田分公司决定：聘任崔奋兼任办公室主任。

2019 年 5 月，油田分公司党委决定：经试用期满考核并研究，正式任命吴智杰为党委办公室副主任、机要保密处副处长。油田分公司决定：经试用期满考核并研究，正式聘任吴智杰为办公室副主任。

2019 年 7 月，油田分公司决定：对公司机关、机关附属、直属单位的机构设置和人员编制进行调整，根据机要保密业务运行实际，取消机要保密处机构名称，办公室（党委办公室、机要保密处）更名为办公室（党委办公室）。办公室（党委办公室）主要职责：负责组织制（修）订党委、行政重要规章制度以及公文管理、机要保密等制度办法；负责党政综合性文件、材料、会议报告和领导讲话的起草工作；负责信息反馈、调查研究和督查督办；负责上级来文管理、公文制发、印章管理及机要保密工作；负责党政领导日常办公和公务活动安排；负责组织协调党务、政务及大型会议、活动；负责对外联络、接待管理；负责突发事件信息报送；负责公司机关行政事务管理工作；负责对档案中心的业务指导。内设 4 个科室：秘书一科、秘书二科、文书保密科、行政事务科。人员编制 18 人，其中处级 3 人（处长 1 人、副处长 2 人）、科级 7 人（科长 4 人、副科长 3 人）、科级以下管理人员 8 人。

2019 年 7 月，油田分公司党委决定：免去崔奋的机要保密处处长职务，吴智杰的机要保密处副处长职务。

2020 年 12 月，油田分公司决定：对公司机关、机关附属、直属单位的机构设置和人员编制进行调整，在办公室（党委办公室）成立党委工作科，为办公室（党委办公室）内设机构。党委工作科成立后，办公室（党委办公室）处室编制定员由 18 人调整为 19 人，基层领导人员职数暂为 9 人。

截至 2020 年 12 月 31 日，办公室（党委办公室）职责、机构和人员编制未变。在册员工 15 人，党员 15 人。支委会由崔奋、吴智杰、曾翔宇、苗殿国、彭洲组成，崔奋任书记，吴智杰任副书记。

一、办公室（党委办公室）领导名录（2016.1—2020.12）

　　　　主　　　　任　　刘德超（2016.1—9）

　　　　　　　　　　　　李照斌（2016.8—2018.4）①

　　　　　　　　　　　　崔　奋（兼任，2019.3—2020.12）

　　　　副　主　任　　叶世华（2016.1—2018.5）

　　　　　　　　　　　　王龙根（2016.1—2017.9）

　　　　　　　　　　　　吴智杰（2018.5—2020.12）

二、机要保密处领导名录（2016.1—2019.7）

　　　　处　　　　长　　刘德超（2016.1—9）

　　　　　　　　　　　　李照斌（2016.9—2018.4）②

　　　　　　　　　　　　崔　奋（兼任，2019.3—7）

　　　　副　处　长　　叶世华（2016.1—2018.5）

　　　　　　　　　　　　吴智杰（2018.5—2019.7）

第二节　规划计划处（2016.1—2020.12）

2016 年 1 月，规划计划处为机关处室，正处级。规划计划处主要职责：负责组织编制中长期发展规划、年度计划，负责投资项目后评价管理；负责投资计划及项目的审查、批复和投资控制，参与预算管理；负责投资项目的

---

① 2018 年 4 月至 2019 年 3 月期间，办公室（党委办公室）主任空缺。

② 2018 年 4 月至 2019 年 3 月期间，机要保密处处长空缺。

可行性论证、申报、计划工作，负责综合统计；负责原油、天然气及附属产品的销售管理，负责关联交易的管理；负责对概预算管理部（定额部）的工作指导。设科室5个：规划项目科、计划销售科、投资管理科、综合统计科、关联交易科。编制定员15人，其中处级职数3个、科级职数8个；在册员工15人，党员12人。支委会由李清芬、李国兵、孙亮组成，李清芬任书记。

2017年8月，油田分公司决定：聘任李江予为规划计划处处长（试用期一年）；解聘李清芬的规划计划处处长职务。

2017年12月，油田分公司决定：调整机关、机关附属、直属单位的机构设置和人员编制，规划计划处主要职责：负责组织制（修）订公司规划计划管理相关规章制度和管理办法；负责组织编制中长期发展规划和年度、季度生产经营计划；负责组织投资项目可行性论证、批复及上报工作；负责投资计划管理、投资控制，参与预决算管理；负责原油、天然气计划安排和销售管理；负责经济评价、效益评价和投资项目后评价管理；负责综合统计工作；负责关联交易的管理；负责对概预算管理部（定额部）的工作指导。内设3个科室：规划项目科、投资管理科、计划统计科。人员编制12人，其中处级3人（处长1人、副处长2人）、科级5人（科长3人、副科长2人）、一般管理人员4人。

2018年10月，油田分公司决定：正式聘任李江予为规划计划处处长。

2019年7月，油田分公司决定：对公司机关、机关附属、直属单位的机构设置和人员编制进行调整，规划计划处主要职责：负责组织制（修）订公司规划计划管理相关规章制度和管理办法；负责组织编制中长期发展规划和年度、季度生产经营计划；负责组织投资项目可行性论证、批复及上报工作；负责投资计划管理、投资控制，参与预决算管理；负责原油、天然气计划安排和销售管理；负责经济评价、效益评价和投资项目后评价管理；负责综合统计工作；负责关联交易的管理；负责对概预算管理部（定额部）的业务指导。内设3个科室：规划项目科、投资管理科、计划统计科。人员编制11人，其中处级2人（处长1、副处长1人）、科级5人（科长3人、副科长2人，含过渡职数2人）、科级以下管理人员4人。

2020年7月，油田分公司决定：将规划计划处"负责关联交易管理"

职责调整为"负责工程技术服务价格市场化管理"。

截至 2020 年 12 月 31 日，规划计划处职责、机构和人员编制未变。在册员工 9 人，党员 9 人。支委会由李江予、李国兵、丁大虎组成，李江予任书记。

处　　长　李清芬（女，2016.1—2017.8）
　　　　　李江予（2017.8—2020.12）
副 处 长　李江予（2016.1—2017.8）
　　　　　武月旺（2016.1—2020.12）

第三节　财务处（2016.1—2020.12）

2016 年 1 月，财务处为机关处室，正处级。财务处主要职责：负责组织编制财务计划和财务预决算方案；负责资金管理；负责成本核算管理；负责会计核算管理；负责税收、保险的核算、管理、税费缴纳；负责资产管理；负责会计信息系统的管理和维护；负责对外投资的股权管理；负责资本运营与管理；负责资金结算中心的管理；负责矿区业务的财务管理工作。设科室 8 个：预算管理科、成本管理科、会计管理科、产权管理科、税收管理科、信息管理科、资本运营科、矿区财务科；编制定员 29 人，其中处级职数 3 个、科级职数 12 个；在册员工 29 人，党员 17 人。支委会由鲁正乾、焦熠堂、张黎、刘胜江、成斌组成，鲁正乾任书记，焦熠堂任副书记。

2017 年 11 月，油田分公司决定：聘任袁仕军为财务处副处长（试用期一年），张浩为财务处副处长（试用期一年）；解聘焦熠堂的财务处副处长职务，南雨的财务处副处长职务。

2017 年 12 月，油田分公司决定：调整机关、机关附属、直属单位的机构设置和人员编制，财务处主要职责：负责组织编制财务计划和财务预决算方案；负责资金管理；负责成本核算管理；负责会计核算管理；负责税收、保险的核算、管理及税费缴纳；负责资产管理；负责会计信息系统的管理和维护；负责对外投资的股权管理；负责资本运营与管理；负责资金结算中心的管理；负责合同经济条款的审查。内设 7 个科室：预算管理科、成本管理科、会计管理科、产权管理科、税收管理科、信息管理科、资本运营科。人员编制 26 人，其中处级 3 人（处长 1 人、副处长 2 人）、科级 10 人（科长 7 人、副科长 3 人）、一般管理人员 13 人。

2018 年 12 月，油田分公司决定：正式聘任袁仕军、张浩为财务处副处长。

2019 年 7 月，油田分公司决定：对公司机关、机关附属、直属单位的机构设置和人员编制进行调整，财务处主要职责：负责制（修）订公司财务资金管理办法；负责预算管理；负责资金管理；负责成本管理；负责会计管理；负责税收管理；负责资产及财产保险管理；负责资本运营管理；负责油气产品价格管理；负责合同经济条款的审查；负责对共享服务中心资金结算及机关费用管理相关工作进行业务指导。内设 6 个科室：预算管理科、会计管理科、资产管理科、税价管理科、资金管理科、资本运营科。人员编制 24 人，其中处级 3 人（处长 1 人、副处长 2 人）、科级 9 人（科长 6 人、副科长 3 人）、科级以下管理人员 12 人。

截至 2020 年 12 月 31 日，财务处职责、机构和人员编制未变。在册员工 21 人，党员 18 人。支委会由鲁正乾、袁仕军、高翔、成斌组成，鲁正乾任书记，袁仕军任副书记。

处　　　长　鲁正乾（2016.1—2020.12）
副 处 长　焦熠堂（2016.1—2017.11）
　　　　　　南　雨（2016.1—2017.11）
　　　　　　袁仕军（2017.11—2020.12）
　　　　　　张　浩（2017.11—2020.12）

第四节　人事处（党委组织部、吐哈油田 博士后科研工作站）（2016.1—2020.12）

2016 年 1 月，人事处（党委组织部、吐哈油田博士后科研工作站）为机关处室，正处级。主要职责：负责人力资源中长期规划和制度建设；负责企业党组织建设、党员的发展及教育管理；负责所属单位领导班子及领导干部队伍建设；负责劳动组织、定员定额及机构编制管理；负责薪酬、保险、福利的管理及绩效考核；负责专业技术人员的评聘、考核及高层次人才培养、学位教育；负责员工的培训和操作员工绩效考核；负责员工招聘、劳动合同管理，参与劳动争议调解；负责人事信息统计、人事档案的管理；负责员工劳动保障和企业年金管理；负责技能鉴定中心的管理；负责博士后科研工作站工作；负责业绩考核政策的制定与组织考核工作。内设科室7个：劳动组织科、工资科、员工管理科、培训科（博士后科研工作站办公室）、综合管理科、组织科、干部管理科。编制定员25人，其中处级职数3个、科级职数13个；在册员工22人，党员20人。支委会由史东风、杨生虎、吕德柱、刘锐锋、李显锋组成，史东风任书记，杨生虎任副书记。

2016年9月，油田分公司党委决定：免去杨生虎的党委组织部副部长职务。油田分公司决定：解聘杨生虎的人事处副处长职务。

2016年11月，油田分公司党委决定：乔炜任党委组织部副部长（试用期一年）。油田分公司决定：聘任乔炜为人事处副处长（试用期一年）。

2017年11月，油田分公司党委决定：经试用期满考核，任命乔炜为党委组织部副部长。油田分公司决定：经试用期满考核，聘任乔炜为人事处副处长。

2017年12月，油田分公司决定：调整机关、机关附属、直属单位的机构设置和人员编制，人事处（党委组织部、吐哈油田博士后科研工作站）主要职责：负责人力资源中长期规划编制和制度建设；负责企业党组织建设、党员的发展、教育管理和监督；负责所属单位领导班子及领导干部队伍建设；负责劳动组织、定员定额及机构编制管理；负责业绩考核政策的制定及考核组织工作；负责薪酬、保险、福利的管理；负责专业技术人员的评聘、考核及高层次人才培养、学历学位教育管理；负责员工的培训；负责员工招聘、劳动合同管理，参与劳动争议调解；负责人事信息统计、人事档案的管理；负责员工劳动保障和企业年金管理；负责博士后科研工作站工作；负责富余人员分流安置、人员余缺调剂等工作；负责技能鉴定中心、社会保险管理中心的管理。内设5个科室：劳动组织科（人事信息科）、工资科、员工管理科、党建与干部管理科、培训科（博士后科研工作站办公室）。人员编制23人，其中处级3人（处长1人、副处长2人）、科级9人（其中科长5人、副科长 4 人）、一般管理人员 11 人。

2019 年 7 月，油田分公司决定：对公司机关、机关附属、直属单位的机构设置和人员编制进行调整，人事处（党委组织部、吐哈油田博士后科研工作站）主要职责：负责组织编制人力资源中长期规划，制（修）订组织人事相关制度办法；负责企业党组织建设、党员的发展、教育管理和监督；负责所属单位领导班子及领导干部队伍建设；负责劳动组织、定员定额及机构编制管理；负责业绩考核政策的制定及考核兑现工作；负责薪酬、保险、福利的管理；负责专业技术和高技能人才队伍建设，编制员工培养发展规划、年度培训计划，并监督落实；负责专业技术人员的评聘、考核及高层次人才培养、学历学位教育管理；负责员工招聘、人才引进和劳动合同管理，参与劳动争议调解；负责人力资源管理系统和人事档案管理；负责员工社会保障和企业年金管理；负责博士后科研工作站工作；负责富余人员分流安置、人员余缺调剂等工作；负责对技能鉴定中心、社会保险管理中心的业务指导。内设 5 个科室：劳动组织科（人事信息科）、工资科、员工管理科、党建与干部管理科、技术干部与培训管理科（博士后科研工作站办公室）。人员编制 21 人，其中处级 3 人（处长 1 人、副处长 2 人）、科级 8 人（科长 5 人、副科长 3 人，含过渡职数 1 人）、科级以下管理人员 10 人。

2019 年 8 月，油田分公司人事处决定：将人事处（党委组织部）党建与干部管理科分设为党建科和干部管理科 2 个科室，其中党建科人员编制 3 人（科级 1 人）、干部管理科人员编制 3 人（科级 1 人）。调整后，人事处（党委组织部）人员编制增加 1 人。科室职责如下：

党建科主要职责：负责加强党组织建设和党员教育管理制度建设并严格监督执行；负责加强基层党组织建设，对所属单位党组织的班子建设、换届选举进行指导；负责加强党员队伍建设，抓好发展党员和"三会一课"、民主评议党员等组织生活制度落实；负责基层党组织书记培训工作；负责党员和党组织信息管理、统计等工作；负责党建信息化建设的推动和管理；负责组织开展党内专题教育；负责公司领导班子民主生活会筹备工作。

干部管理科主要职责：负责协助集团公司做好公司领导班子及成员管理工作；负责加强处级干部管理相关制度建设及执行情况的监督检查；负责处级领导班子的考核、调整、监督等工作；负责处级干部的选拔、培养、考核、监督等工作；负责处级后备干部、优秀年轻干部培养统筹管理；负责各二级单位助理及副总师的任职审批工作；负责"访民情、惠民生、聚民心"日常联络相关工作。

2020年7月，油田分公司党委决定：王强任党委组织部副部长，免去其维护稳定办公室主任职务；免去乔炜的党委组织部副部长职务。油田分公司决定：王强任人事处副处长，免去其油田保卫部副主任职务；解聘乔炜的人事处副处长职务。

截至2020年12月31日，人事处（党委组织部、吐哈油田博士后科研工作站）职责、机构和人员编制未变。在册员工19人，党员18人。支委会由史东风、刘锐锋、邓坤红、杜成章组成，史东风任书记。

处 长（ 部 长 ） 史东风（2016.1—2020.12）

副处长（副部长） 杨生虎（回族，2016.1—9）

刘锐锋（2016.1—2020.12）

乔 炜（2016.11—2020.7）

王 强（2020.7—12）

第五节 企管法规处（内控与风险管理处）—企管法规处（2016.1—2020.12）

2016年1月，企管法规处（内控与风险管理处）为机关处室，正处级。主要职责：负责企业经营政策的研究；负责企业规章制度管理及企协工作；负责油田内、外部市场的综合管理及协调工作；负责企业法律事务管理；负责公司合同统一管理；负责企业内部控制及风险管理；负责基础建设与管理工作。设科室4个。编制定员16人，其中处级职数2个、科级职数7个；在册员工15人，党员9人。支委会由崔奋、刘彦军、李振权组成，崔奋任书记。

2017年10月，油田分公司决定：聘任晏书宾为企管法规处（内控与风险管理处）处长。解聘崔奋的企管法规处（内控与风险管理处）处长职务。

2017年12月，油田分公司决定：调整机关、机关附属、直属单位的机构设置和人员编制，企管法规处（内控与风险管理处）主要职责：负责组织深化改革工作；负责规章制度综合管理；负责内部市场的协调和监督检查；负责法律事务管理；负责合同综合管理；负责内部控制与风险管理；负责企业管理创新综合管理；负责基础工作建设与考核；负责招标管理和监督检查；负责企协工作。内设 4 个科室：企业管理科、法律事务科、市场管理科、内控管理科。人员编制 14 人，其中处级 2 人（处长 1 人、副处长 1 人），科级 6 人（科长 4 人、副科长 2 人），一般管理人员 6 人。

2018 年 1 月，油田分公司决定：在企管法规处增加对国内外部市场的管理职责。将企管法规处职责中"负责内部市场的协调和监督检查"修订为"负责内部市场以及国内外部市场的协调和监督检查"。由企管法规处市场管理科负责具体业务，市场管理科职责中"负责内部市场的协调和监督检查"修订为"负责内部市场以及国内外部市场的协调和监督检查"。企管法规处人员编制不变。

2019 年 7 月，油田分公司决定：对公司机关、机关附属、直属单位的机构设置和人员编制进行调整，企管法规处（内控与风险管理处）更名为企管法规处。企管法规处主要职责：负责组织公司深化改革工作；负责公司规章制度综合管理工作；负责公司基础工作建设；负责公司管理创新综合管理；负责公司内部控制与风险管理；负责公司法律事务管理；负责公司合同综合管理；负责公司招标工作综合管理和监督检查；负责公司内部市场以及国内外部市场的协调和监督管理；负责公司企协工作。内设 3 个科室：企业管理科、法律事务科、市场管理科。人员编制 13 人，其中处级 2 人（处长 1 人、副处长 1 人）、科级 5 人（科长 3 人、副科长 2 人）、科级以下管理人员 6 人。

2019 年 7 月，油田分公司决定：聘任晏书宾为企管法规处处长，刘彦军为企管法规处副处长。

2020 年 3 月，油田分公司决定：解聘刘彦军的企管法规处副处长职务。

2020 年 4 月，油田分公司决定：聘任李振权任企管法规处副处长。

2020 年 5 月，企管法规处党支部进行党支部委员增补，增补后支委会由晏书宾、李振权、王玉强组成，晏书宾任书记。

截至 2020 年 12 月 31 日，企管法规处职责、机构和人员编制未变。在册员工 10 人，党员 8 人。支委会由晏书宾、李振权、王玉强组成，晏书宾任书记。

一、企管法规处（内控与风险管理处）领导名录（2016.1—2019.7）

处　　长　崔　奋（兼任，2016.1—2017.10）

晏书宾（2017.10—2019.7）

副 处 长　刘彦军（2016.1—2019.7）

二、企管法规处领导名录（2019.7—2020.12）

处　　长　晏书宾（2019.7—2020.12）

副 处 长　刘彦军（2019.7—2020.3）

李振权（2020.4—12）

第六节　生产运行处（2016.1—2020.12）

2016 年 1 月，生产运行处为机关处室，正处级。主要职责：负责公司生产运行的组织、协调；负责公司生产值班及综合生产信息处理；负责应急体系建设和突发事件处理的组织、协调指挥工作；负责公司水、电、信、运输市场管理；负责炼油化工业务管理工作；负责公司水、电、信、运输相关事务的组织与协调；负责土地、公路相关业务的组织与协调；负责防洪、防汛、排涝管理；负责扶贫、公共关系协调工作；负责冬防保温管理工作；负责钻机、井下作业动力运行的管理。设科室 5 个：生产运行科、生产管理科、生产保障科、公共关系办公室、炼化管理科。编制定员 24 人，其中处级职数 3 个、科级职数 7 个；在册员工 20 人，党员 15 人。支委会由王玉成、周永新、周临武、朱亮、赵炜组成，王玉成任书记，周永新任副书记。

2016 年 2 月，油田分公司决定：聘任吴征为生产运行处处长；解聘王玉成的生产运行处处长职务。

2016 年 6 月，油田分公司决定：开发部增加"负责公司开发钻井、井下作业动力的运行与协调"职责，生产运行处不再承担此项职责。

2016 年 10 月，油田分公司人事处决定：对生产运行处职责梳理明确，生产运行处负责公司日常生产管理及生产计划运行的协调；负责公司总值班及综合生产信息处理；负责公司油气集输运行组织与协调；负责公司应急体系建设及突发事件的处置；负责公司水、电、路、信、运等生产保障业务管理；负责公司防洪、防汛、冬防保温等专项工作管理；负责公司炼油化工业务管理；负责公司新增土地征用业务与存量土地管理；负责公司油地关系协调及对外扶贫与捐赠管理。

2017年7月，油田分公司决定：撤销生产运行处炼化管理科。

2017年12月，油田分公司决定：调整机关、机关附属、直属单位的机构设置和人员编制，生产运行处主要职责：负责日常生产管理及生产计划运行的协调；负责总值班及综合生产信息处理；负责油气集输运行组织与协调；负责应急体系建设及突发事件的处置；负责水、电、路、信、运等生产保障业务管理；负责防洪、防汛、冬防保温等专项工作管理；负责炼油化工装置合作业务管理；负责新增土地征用业务与存量土地管理；负责油地关系协调及对外扶贫与捐赠管理。内设4个科室：生产运行科、生产管理科、生产保障科、公共关系办公室。人员编制19人，其中处级3人（处长1人、副处长2人）、科级7人（科长4人、副科长3人）、一般管理人员9人。

2018年8月，油田分公司决定：解聘周永新的生产运行处副处长职务。

2019年7月，油田分公司决定：对公司机关、机关附属、直属单位的机构设置和人员编制进行调整，生产运行处主要职责：负责组织制（修）订公司生产运行、保障、土地、应急、对外扶贫与捐赠有关规章制度，并监督执行；负责公司日常生产管理及生产运行计划的统筹协调与监督；负责公司总值班及综合生产信息处理；负责公司油气集输运行组织与协调；负责公司钻井、井下作业动力等生产资源的统筹运行与协调；负责公司应急体系建设及突发事件的处置；负责公司水、电、路、信、运等生产保障业务管理；负责公司防洪防汛、冬防保温等专项工作管理；负责公司轻烃、油气集输装置检修组织及化工装置合作业务管理；负责公司新增土地征用业务与存量土地管理；负责公司油地关系协调及对外扶贫与捐赠管理。内设4个科室：生产运行科、生产管理科、生产保障科、公共关系办公室。人员编制18人，其中处级3人（处长1人、副处长2人），科级7人（科长4人、副科长3人，含过渡职数 2 人），科级以下管理人员 8 人。

2019 年 10 月，油田分公司决定：将生产运行处"负责公司钻井、井下作业动力等生产资源的统筹运行与协调"职责调整为"负责钻井、井下作业、压裂等动力引进、调派、协调、运行计划编制、统筹优化与综合考核"。调整后，生产运行处人员编制 19 人，其中处级 3 人（处长 1 人、副处长 2 人），科级 7 人（科长 4 人、副科长 3 人、含过渡职数 1 人），科级以下管理人员 9 人。

2020 年 7 月，油田分公司决定：将生产运行处"负责钻井队伍的引进、调派、协调；负责钻井运行计划编制、统筹优化与综合考核；负责新钻井征地及公共关系协调"职责调整为"负责钻井动力调派；负责钻井运行计划编制及过程优化；负责征地管理及公共关系协调"。

截至 2020 年 12 月 31 日，生产运行处职责、机构和人员编制未变。在册员工 15 人，党员 14 人。支委会由吴征、周临武、孙天宏、朱亮、朱勇组成，吴征任书记，周临武任副书记。

处　　长　　王玉成（兼任，2016.1—2）

吴　征（2016.2—2020.12）

副　处　长　　周永新（2016.1—2018.8）

周临武（2016.1—2020.12）

刘文涛（2016.1—2020.12）

第七节　质量安全环保处（2016.1—2020.12）

2016 年 1 月，质量安全环保处为机关处室，正处级。主要职责：负责建立完善质量安全环保节能管理的规章制度；负责质量、HSE 体系建设及"三同时"管理；负责安全生产管理、消防管理、交通安全管理及职业健康管理；负责环境保护管理；负责组织对重大生产、质量和环保事故的调查、处理；负责计量、质量、标准化及节能管理；负责安全监督中心业务指导；负责安全生产委员会日常工作。设科室 5 个：安全管理科、环境保护科、节能节水科、质量管理科、综合管理科。编制定员 18 人，其中处级职数 3 个、科级职数6个；在册员工17人，党员15人。支委会由席宗敬、刘洪涛、黄峰、王征、袁灼平组成，席宗敬任书记，刘洪涛任副书记。

2017年7月，油田分公司决定：将监督中心安全环保监督站和安全环保工作站所属业务管理职能上移至质量安全环保处，机构、人员仍由监督中心管理。将质量安全环保处职责中"负责安全监督中心业务指导"调整为"负责安全环保监督站和安全环保工作站业务管理"，具体负责其相关工作部署、工作协调及管理考核。

2017年12月，油田分公司决定：调整机关、机关附属、直属单位的机构设置和人员编制，质量安全环保处主要职责：监督落实安全环保、职业健康、质量计量、节能节水的法律、法规、技术标准以及上级相关管理规定和标准的执行；组织制定安全环保、职业健康、质量计量、节能节水业务的管理制度和标准，并监督落实；组织制定安全环保、职业健康、质量计量、节能节水业务的中长期发展规划、年度工作计划，并组织实施；组织开展HSE、能源、质量、测量管理体系建设和推进工作，监督安全环保责任制落实，考核各单位HSE、质量计量、节能节水工作；组织或参与安全生产教育、培训，检查员工安全生产教育和培训落实情况；监督重大危险源管理；监督新、改、扩建项目安全、环保、职业卫生、节能"三同时"工作；组织开展安全环保检查和反"三违"工作，排查治理生产安全、环保事故隐患，督促落实整改措施；负责安全环保管理与技术研究及推广，组织办理安全生产许可证、危险化学品登记证；做好HSE信息系统使用管理；负责组织开展产品质量监督抽查；组织节能节水管理和新技术推广应用；负责组织安全环保、质量事故的调查、分析，参与生产安全事故应急预案编制和有关应急处置；负责安全环保监督站和安全环保工作站的业务管理。内设4个科室：安全管理科、环境保护管理科、质量节能管理科、综合管理科。人员编制16人，其中处级3人（处长1人、副处长2人）、科级6人（科长4人、副科长2人）、一般管理人员7人。

2018年1月，油田分公司决定：解聘黄峰的质量安全环保处副处长职务。

2018年4月，油田分公司决定：聘任王小龙为质量安全环保处副处长。

2019年7月，油田分公司决定：对公司机关、机关附属、直属单位的机构设置和人员编制进行调整，质量安全环保处主要职责：监督落实安全环保、职业健康、质量计量、节能节水的法律、法规、技术标准以及上级相关管理规定和标准的执行；组织制定安全环保、职业健康、质量计量、节能节水业务的管理制度和标准，并监督落实；组织制定安全环保、职业健康、质量计量、节能节水业务的中长期发展规划、年度工作计划，并组织实施；组织开展综合管理体系建设和推进工作，监督安全环保责任制落实，考核各单位 HSE、质量计量、节能节水工作；组织或参与安全生产教育、培训，检查员工安全生产教育和培训落实情况；监督新、改、扩建项目安全、环保、职业卫生、节能"三同时"工作；组织开展安全环保检查和反"三违"工作，排查治理生产安全、环保事故隐患，督促落实整改措施；负责安全环保管理和技术研究推广，组织办理安全生产许可证、危险化学品登记证，监督重大危险源管理；负责 HSE 信息系统使用管理；负责组织开展产品质量监督抽查；组织节能节水管理和新技术推广应用；负责组织安全环保、质量事故的调查、分析，参与生产安全事故应急预案编制和有关应急处置；负责安全环保监督站、安全环保工作站和 HSE 培训工作站的业务管理。内设 3 个科室：安全管理科、环境保护科、质量节能科。人员编制 15 人，其中处级 3 人（处长 1 人、副处长 2 人）、科级 6 人（科长 3 人、副科长 3 人）、科级以下管理人员 6 人。

截至 2020 年 12 月 31 日，质量安全环保处职责、机构和人员编制未变。在册员工 15 人，党员 14 人。支委会由席宗敬、刘洪涛、崔君才、张丽华、王小龙组成，席宗敬任书记，刘洪涛任副书记。

处　　　长　席宗敬（2016.1—2020.12）

副 处 长　刘洪涛（2016.1—2020.12）

　　　　　　黄　峰（2016.1—2018.1）

　　　　　　王小龙（2018.4—2020.12）

第八节　科技信息处（2016.1—2019.7）

2016 年 1 月，科技信息处为机关处室，正处级。科技信息处主要职责：负责组织编制科技、信息化发展规划和年度计划；负责科技信息制度、规范、标准的管理；负责科技、科研项目和信息技术项目的管理；负责知识产权和科技成果管理；负责科技信息、专利管理以及新技术、新方法的推广应用；负责信息资源的统一调配和管理；负责油田信息化建设管理、网络和信息系统安全管理；负责对外科技合作与交流；负责科学技术委员会办公室、石油学会办公室和信息化领导小组的日常工作。设科室 3 个：科技管理科、信息管理科、综合管理科。编制定员 11 人，其中处级职数 2 个、科级职数 4 个；在册员工 12 人，党员 7 人。支委会由张冬萍、刘树奇、马学礼组成，张冬萍任书记。

2016 年 3 月，油田分公司决定：经试用期满考核，聘任张冬萍为科技信息处处长。

2016 年 5 月，油田分公司决定：聘任孙玉凯为科技信息处处长；解聘张冬萍的科技信息处处长职务。

2017 年 12 月，油田分公司决定：调整机关、机关附属、直属单位的机构设置和人员编制，科技信息处主要职责：负责制定科技、信息化发展规划，编制年度工作计划；负责制（修）订科技管理制度、办法，并组织实施；负责科技、信息化项目管理；负责新技术、新方法应用管理；负责科技成果管理；负责专利、知识产权管理；负责科技平台管理；负责信息化建设管理、网络和信息系统安全管理；负责科技、信息化合作与交流工作；负责科学技术委员会办公室、信息化领导小组办公室和科协、石油学会日常工作。内设 3 个科室：科技管理科、信息管理科、新技术应用管理科。定员 11 人，其中处级 2 人（处长 1 人、副处长 1 人）、科级 4 人（科长 3 人、副科长 1 人）、一般管理人员 5 人。

2019 年 7 月，油田分公司决定：对公司机关、机关附属、直属单位的机构设置和人员编制进行调整，撤销科技信息处。

截至 2019 年 7 月 8 日，科技信息处在册员工 11 人，党员 10 人。支委会由孙玉凯、刘树奇、马学礼组成，孙玉凯任书记。

处　　　长　张冬萍（女，2016.1—5）

孙玉凯（2016.5—2019.7）

副　处　长　焦立新（2016.1—2019.7）

第九节　工程技术处（2016.1—2020.12）

2016 年 1 月，工程技术处为机关处室，正处级。工程技术处主要职责：负责钻采工程中长期规划及年度计划，并组织实施；负责组织制定采油、修井、钻井等工艺规章制度，并组织实施；负责审查采油、修井、钻井工程设计方案；负责采油工程的工艺技术管理；负责井下作业工程工艺技术管理；负责钻井工程的工艺技术管理；负责井控管理工作；截至 2016 年 12 月，工程技术处设科室 5 个：采油工程科、钻井管理科、修井管理科、井控管理科、综合科。编制定员 14 人，其中处级职数 3 个、科级职数 7 个；在册员工 12 人，党员 8 人。支委会由杨俊年、王树军、李军组成，杨俊年任书记。

2016 年 8 月，油田分公司决定：聘任朱红旺为工程技术处副处长。

2017 年 12 月，油田分公司决定：调整机关、机关附属、直属单位的机构设置和人员编制，工程技术处主要职责：负责钻井、采油、修井、测井工程的工艺技术管理，组织制（修）订钻采工程管理规定、技术标准；负责组织编制钻采工程中长期规划、区块钻采工程方案；负责组织集团和股份公司钻采工程新技术项目攻关与推广；负责组织重点钻采工程矿场试验方案论证编制、审查；负责井控管理；负责钻井、采油、修井作业、测井工程质量管理；负责油田钻修工程队伍资质管理；审查（批）单井钻井工程设计、采油新技术试验设计；负责工程技术监督资质管理和培训；负责钻井、井下作业相关区域的 HSE 管理。内设 4 个科室：采油工程科、修井管理科、钻井管理科、井控管理科。人员编制 12 人，其中处级 3 人（处长 1 人、副处长 2

人）、科级 4 人、一般管理人员 5 人。

2019 年 7 月，油田分公司决定：对公司机关、机关附属、直属单位的机构设置和人员编制进行调整，工程技术处主要职责：负责钻井、测井、采油及修井工程相关的工艺技术管理，组织制（修）订钻采工程管理规定、技术标准；负责组织编制钻采工程中长期规划、区块钻采工程方案；负责钻井、测井、采油、修井作业的工程质量管理；负责组织集团和股份公司钻采工程新技术项目攻关与推广；审查（批）单井钻井工程设计、采油新技术试验设计；负责组织重点钻采工程矿场试验方案论证编制、审查；负责井控管理；负责油田钻修工程队伍资质管理；负责工程技术监督资质管理和培训；负责业务范围内的 QHSE 监督管理。内设 3 个科室：钻井管理科、采油工程科、井控管理科。人员编制 12 人，其中处级 3 人（处长 1 人、副处长 2 人）、科级 4 人（科长 3 人、副科长 1 人，含过渡职数 1 人）、科级以下管理人员 5 人。

2020 年 4 月，油田分公司决定：雍富华任工程技术处处长，聂朝强任工程技术处副处长；免去杨俊年的工程技术处处长职务，免去刘东付的工程技术处副处长职务。

2020 年 7 月，油田分公司决定：对公司机关、机关附属、直属单位的机构设置和人员编制进行调整，撤销工程技术处采油工程科；将工程技术处钻井管理科更名为技术管理科、井控管理科更名为现场管理科（井控办公室）。调整后工程技术处三级机构减少 1 个，人员编制由 12 人调整为 13 人，基层领导人员职数 4 人，其中三级正 2 人、三级副 2 人。将工程技术处"负责制（修）订钻井工程相关技术标准；负责组织编制和审查各区块钻井工程方案，开发重点井设计审批；负责钻井工程质量管理；负责重大钻井工程事故的调查及处理；负责重点井、特殊工艺井、钻井提速等技术措施的制定与实施；负责组织钻井工程新技术攻关、推广；负责钻井相关技术资料统计、分析与上报；负责井控管理、监督取证、钻井队伍考核与资质管理"职责调整为"负责公司钻井行业管理，组织编制中长期钻井规划，制（修）订钻井管理制度和标准；负责组织编制和审查区块钻井工程方案；负责组织钻井工程单井设计优化审核及钻井过程管理；负责钻井工程井筒质量管理及考核；负责组织新技术试验、推广及标准示范井的建立；负责组织重大复杂、事故协调及处理；负责重点井、新工艺井、5000 米以上探井的方案论证、技术措施制定；负责组织建立新区块标准井钻井周期及学习曲线；负责钻井相关技术资料统计、分析及上报；负责井控及资质管理、监督管理、钻井队伍考核管理；负责组织钻机引进及钻井工程类项目立项打包，编制招标、谈判技术方案、年度钻机需求及甲方供料需求计划；对钻井工程类投资控制负责"。

2020 年 8 月，油田分公司决定：免去朱红旺的工程技术处副处长职务。

2020 年 10 月，油田分公司人事处决定：将工程技术处现场管理科（井控办公室）更名为井控与现场管理科，人员编制不变，科室职责调整为：负责钻井过程管理、现场施工措施制定和组织协调；负责钻井复杂事故的调查与处理；负责钻井质量管理及资料的考核及验收；负责钻井新技术攻关、试验、推广；负责复杂、事故、设计变更井技术措施制定；负责建立施工队伍的井控设备、人员持证动态管理；负责公司井控措施优化和细则修订；负责组织开展日常巡查和定期井控检查；负责组织工程技术施工队伍资质管理及考核；负责组织工程技术监督培训、注册和考核管理。

截至 2020 年 12 月 31 日，工程技术处职责、机构和人员编制未变。在册员工 12 人，党员 10 人。支委会由雍富华、聂朝强、柯建兴、蒋小平、南文泽组成，雍富华任书记，聂朝强任副书记。

处　　　长　杨俊年（2016.1—2020.4）

　　　　　　雍富华（2020.4—12）

副　处　长　刘东付（2016.1—2020.4）

　　　　　　朱红旺（2016.8—2020.8）

　　　　　　聂朝强（2020.4—12）

第十节　基建工程处（2016.1—2019.7）

2016 年 1 月，基建工程处为机关处室，正处级。基建工程处主要职责：负责组织制定基建工程建设的规章制度和标准，并监督和检查；负责组织编制基建工程项目的中长期规划及年度计划，并组织实施；负责基建项目的前期论证、技术及投资管理；负责组织工程建设的设计审查和实施；负责基建工程项目管理及安全监督工作；负责油田技术改造项目的管理；负责基建工程技术和工艺审查；负责基建工程的抗震设防的审查和监督；负责基建工程的质量管理和验收；负责储运集输系统的工艺技术管理；负责对公司所属区域的油气田、化工、销售、矿区等压力管道进行规范管理；负责油气田管道的规划、建设、检修管理，并制定公司压力管道管理规定。设科室3个。编制定员14人，其中处级职数2个、科级职数6个；在册员工13人，党员9人。支委会由江涛、曹约良、江航行组成，江涛任书记。

2016年1月，油田分公司决定：由基建工程处全面负责公司管道和站场地面管理工作，基建工程处成立管道站场管理科，定员2人，其中科级1人，专门负责管道和站场地面管理工作。调整后，基建工程处增加人员编制1人。

2016年6月，油田分公司决定：将基建工程处"负责储运集输系统的工艺技术管理"职责调整为"负责地面系统的工艺技术管理"。

2017年12月，油田分公司决定：调整机关、机关附属、直属单位的机构设置和人员编制，基建工程处主要职责：负责组织制（修）订油气田基建工程管理、管道与站场管理、基建工程承包商管理有关规章制度，并监督检查；负责组织编制油气田基建工程、管道项目的中长期规划及年度计划，并组织实施；负责基建项目的前期论证、技术及投资管理；负责组织地面工程建设方案审查、初步设计批复；负责基建工程项目管理及安全监督工作；负责基建工程技术和工艺审查；负责基建工程的施工管理、设计变更、签证及验收管理；负责储运集输系统的工艺技术管理；负责管道和站场地面的规范管理；负责地面系统的标准化、数字化和绿色矿山建设管理；负责基建工程服务采购与合同技术标准审查；参与配合地面工程全过程分析、经济评价与后评价。内设3个科室：工艺技术管理科、工程建设管理科、管道站场管理科。人员编制12人，其中处级2人（处长1人、副处长1人）、科级5人（科长3人、副科长2人）、一般管理人员5人。

2019年4月，油田分公司决定：解聘路伟的基建工程处副处长职务。

2019年7月，油田分公司决定：对公司机关、机关附属、直属单位的机构设置和人员编制进行调整，基建工程处和设备管理处整合为基建设备处。解聘江涛的基建工程处处长职务。

截至 2019 年 7 月 8 日，基建工程处在册员工 10 人，党员 9 人。支委会由江涛、江航行、王小钧组成，江涛任书记。

处　　　长　江　涛（2016.1—2019.7）

副　处　长　路　伟（2016.1—2019.4）

第十一节　设备管理处（2016.1—2019.7）

2016 年 1 月，设备管理处为机关处室，正处级。设备管理处主要职责：负责编制中长期设备装备、自动化设施发展规划和年度计划，并组织实施；负责设备装备、自动化设施前期论证、设计选型、安装调试、使用维护、调剂租赁和报废鉴定的全过程管理；负责设备装备、自动化设施技术改造和采购监督管理；负责设备装备、自动化设施信息化建设；负责设备装备、自动化设施管理的检查考核工作；负责六个采油厂和两个炼化单位的联合站、轻烃装置、集气站、计配站和炼化装置的压力管道的日常运行、腐蚀检测、定期检验和维修改造等管理工作；负责设备装备采购监督工作。设科室 3 个：设备管理科、自动化管理科、综合管理科。编制定员 13 人，其中处级职数 2 个、科级职数 5 个；在册员工 12 人，党员 11 人。支委会由张远征、张继华、陈兰明组成，张远征任书记。

2016 年 1 月，油田分公司决定：取消设备管理处"负责 6 个采油厂和 2 个炼化单位的联合站、轻烃装置、集气站、计配站和炼化装置的压力管道的日常运行、腐蚀检测、定期检验和维修改造等管理工作"职能。

2016 年 3 月，油田分公司人事处决定：将设备管理处自动化管理科承担的电气设备管理职责划入设备管理科。

2017 年 12 月，油田分公司决定：调整机关、机关附属、直属单位的机构设置和人员编制，设备管理处主要职责：负责编制设备装备、自动化设施中长期发展规划和年度计划，并组织实施；负责设备装备、自动化设施购置论证、设计选型、安装调试、使用维护、调剂租赁和报废鉴定的全过程管理；负责设备装备、自动化设施机械制造加工管理；负责设备装备、自动化设施技术改造管理；负责设备装备、自动化设施信息化建设；负责设备装备、自动化设施管理的检查考核工作。内设3个科室：设备管理科、自动化管理科、综合管理科。人员编制11人，其中处级2人（处长1人、副处长1人）、科级4人（科长3人、副科长1人）、一般管理人员5人。

2019年7月，油田分公司决定：对公司机关、机关附属、直属单位的机构设置和人员编制进行调整，基建工程处和设备管理处整合为基建设备处。解聘张远征的设备管理处处长职务，毛新章的设备管理处副处长职务。

截至2019年7月8日，设备管理处在册员工11人，党员10人。支委会由张远征、张继华、王颖辉组成，张远征任书记。

处　　　长　张远征（2016.1—2019.7）
副 处 长　毛新章（2016.1—2019.7）

第十二节　纪委监察处—纪委办公室
（2016.1—2020.12）

2016年1月，纪委监察处为机关处室，正处级。纪委监察处主要职责：负责党风廉政建设和纪检监察；负责组织查处违反党纪、政纪、法律的行为；负责监督检查行政监察对象执行国家法律、法规、政策和决定的情况；负责效能监察及专项检查；负责受理检举、控告、申诉、来信和来访；负责监督检查所属单位党风廉政建设责任制落实情况。设科室3个：办公室、效能监察科、案件审理科。编制定员10人，其中处级职数2个、科级职数5个；在册员工10人，党员10人。支委会由赵国强、魏萍、郑锐组成，赵国强任书记。

2017年12月，油田分公司决定：调整机关、机关附属、直属单位的机构设置和人员编制，纪委监察处主要职责：负责研究和拟定公司党风建设和纪检监察工作相关政策、制度和规定；协助公司党委纪委开展党的纪律检查工作；做好公司行政监察、反腐倡廉宣传教育及廉洁文化建设工作；负责制订纪检监察工作年度计划，并组织实施；领导公司纪检监察中心开展纪律审查工作；完成集团公司党组纪检组、监察部、各纪检监察中心交办的各项任务；配合公司党委巡察工作领导小组办公室、公司监督委员会办公室开展日常工作，统筹、协调、指导公司巡察监督组开展工作，督查所属单位问题整改及所属单位"三重一大"决策制度执行情况；负责受理对公司党员干部、各级管理人员违反党纪政纪行为的检举控告，开展信访举报和问题线索的管理、处置、督办和调查，对违反党纪政纪问题进行处理。受理不服党纪政纪处分和纪检监察机构做出的其他处理的申诉；负责对所属单位党委、纪委和班子成员落实"两个责任"以及廉洁从业情况进行监督检查和责任追究；做好党风廉政建设责任制建设及考核工作；负责公司党风建设、廉洁自律等制度规范贯彻落实的监督检查，组织开展中央八项规定精神落实执行情况的监督检查、责任追究及典型问题的通报工作；组织开展公司合规管理监察，对重点业务领域开展廉洁风险防控，运用联合监督信息系统实施开展电子监察、预警跟踪监察；参与较大及以上生产安全事故和环境事件调查处理工作；会同人事部门承办所属单位纪委书记、副书记的提名、考察及纪检监察系统干部队伍自身建设和监督等工作；负责公司纪检监察中心的日常监督和管理。内设 2 个科室：信访举报管理科、合规管理监察科。人员编制 8 人，其中处级 2 人（处长 1 人、副处长 1 人）、科级 2 人、一般管理人员 4 人。

公司党委巡察工作领导小组办公室和公司监督委员会办公室设在纪委监察处，下设巡察监督科。人员编制 4 人，其中处级巡察员 2 人、科级 1 人、一般管理人员 1 人。

2018 年 4 月，油田分公司决定：解聘赵国强的纪委监察处处长职务。

2018 年 5 月，油田分公司党委决定：任命叶世华为公司党委巡察办公室正处级巡察员（试用期一年）。油田分公司决定：聘任范耀东为纪委监察处处长。

2019 年 5 月，油田分公司党委决定：经试用期满考核并研究，正式任命叶世华为公司党委巡察办公室正处级巡察员。

2019 年 7 月，油田分公司决定：对公司机关、机关附属、直属单位的机构设置和人员编制进行调整，纪委监察处主要职责：协助公司党委推进全面从严治党、加强党风廉政建设和反腐败工作；协助党委做好公司内部巡察工作，一体推进不敢腐、不能腐、不想腐；负责研究和拟定公司党风廉政建设和反腐败工作相关制度、规定，制订中长期规划和年度工作计划，并组织实施；负责维护党的章程和其他党内法规，检查党的路线、方针、政策和决议的执行情况；负责受理对公司党员干部、各级管理人员违反党纪政纪行为的检举控告，受理不服党纪政纪处分和纪检监察机构作出的其他处理的申诉；负责公司党委党风廉政建设和反腐败工作领导小组办公室、巡察工作领导小组办公室、监督委员会办公室日常工作；负责对所属单位党委、纪委和班子成员落实"两个责任"以及廉洁从业情况进行监督检查，做好党风廉政建设考核工作；负责开展党员干部纪律教育，组织开展中央八项规定精神落实执行情况的监督检查、责任追究及典型问题的通报工作；负责组织并指导油田公司及所属单位开展合规管理监察、专项检查、廉洁风险防控工作，参与较大及以上生产安全事故和环境事件调查处理工作；会同人事部门落实所属单位纪委书记、副书记的提名、考察；负责纪检监察中心的日常管理，组织纪检监察中心开展纪律审查工作；完成集团公司纪检监察组、各纪检监察中心交办、督办的各项任务。内设2个科室：信访管理科（办公室）、党风监督与合规监察科。人员编制8人，其中处级2人（处长1人、副处长1人），科长2人、科级以下管理人员4人。

公司党委巡察工作领导小组办公室和公司监督委员会办公室设在纪委监察处，下设巡察监督科。人员编制4人，其中处级巡察员2人、科长1人、科级以下管理人员1人。

2019年10月，油田分公司决定：对公司党委纪检工作机构设置及职能进行调整，将公司纪委职责范围以外的工作移交给公司党委和相关职能部门，纪委监察处更名为纪委办公室，其内设科室信访管理科（办公室）更名为信访管理科、党风监督与合规监察科更名为党风与合规监督科。

2019年10月，油田分公司党委决定：因公司纪检监察机构更名，任命范耀东为公司纪委办公室主任，免去其原纪委监察处的处长职务；任命魏萍为公司纪委办公室副主任，免去其原纪委监察处的副处长职务。

2019年12月，油田分公司党委决定：任命成创业为公司党委巡察办公室副处级巡察员（试用期一年）。

2020年3月，油田分公司党委决定：任命方进荣为公司党委巡察办公室正处级巡察员；免去叶世华的公司党委巡察办公室正处级巡察员职务。

截至 2020 年 12 月 31 日，纪委办公室职责、机构和人员编制未变。在册员工 11 人，党员 11 人。支委会由范耀东、魏萍、郑锐组成，范耀东任书记。

一、纪委监察处领导名录（2016.1—2019.10）

处　　　长　赵国强（2016.1—2018.4）

　　　　　　范耀东（2018.5—2019.10）

副　处　长　魏　萍（女，2016.1—2019.10）

二、纪委办公室领导名录（2019.10—2020.12）

主　　　任　范耀东（2019.10—2020.12）

副　主　任　魏　萍（2019.10—2020.12）

三、公司党委巡察办公室领导名录（2017.12—2020.12）

巡　察　员　叶世华（正处级，2018.5—2020.3）①

　　　　　　方进荣（正处级，2020.3—12）

　　　　　　成创业（副处级，2019.12—2020.12）

第十三节　企业文化处（党委宣传部、团委、机关党委、维护稳定办公室）—企业文化处（党委宣传部、团委、机关党委）—党委宣传部（企业文化处、机关党委）（2016.1—2020.12）

2016 年 1 月，企业文化处（党委宣传部、机关党委、团委、维护稳定办公室）为机关处室，正处级。企业文化处（党委宣传部、机关党委、团委、维护稳定办公室）主要职责：负责企业文化建设和精神文明建设；负责思想政治、形势任务教育和其他宣传教育工作；负责民族团结、统战工作；负责机关党委的相关工作；负责维护稳定、信访工作；负责共青团组织建设和团员管理。设科室 4 个：企业文化科（宣传教育科）、团委办公室、机关党委

---

① 2017 年 12 月至 2018 年 5 月期间，公司党委巡察办公室巡察员空缺。

办公室、维护稳定办公室。编制定员 15 人，其中处级职数 2 个、科级职数 6 个；在册员工 12 人，党员 12 人。支委会由范耀东、李正武、方进荣组成，范耀东任书记。

2016 年 2 月，油田分公司党委决定：任命张长海为党委宣传部主任、公司团委书记、公司机关党委副书记；免去范耀东的党委宣传部主任、公司团委书记、公司机关党委副书记职务。油田分公司决定：聘任张长海为企业文化处处长；解聘范耀东的企业文化处处长职务。

2016 年 9 月 26 日，中共吐哈油田公司机关第二次代表大会在新疆维吾尔自治区吐鲁番市鄯善县召开，85 名党员代表参加会议。会议选举产生中共中国石油天然气股份有限公司吐哈油田分公司机关第二届委员会，由史东风、李正武、李清芬、李照斌、张长海、赵国强、徐君等 7 人组成，张长海任书记，李正武任副书记。选举产生了中共中国石油天然气股份有限公司吐哈油田分公司机关第二届纪律检查委员会，由刘锐锋、许建军、李正武、焦熠堂、魏萍 5 人组成，李正武为纪委书记。

2016 年 9 月 29 日，吐哈油田公司团委第二次团员代表大会在新疆维吾尔自治区吐鲁番市鄯善县召开，115 名代表参加会议。会议选举产生共青团吐哈油田公司第二届委员会，由王丽华、王熙栋、任鹏、杨占文、张长海、陈嘉炜、钟夏、鲁天慧、颜子奇 9 人组成，其中张长海任书记、颜子奇任副书记。

2017 年 8 月，油田分公司党委决定：免去方进荣的党委宣传部副主任、维护稳定办公室主任职务。

2017 年 11 月，油田分公司党委决定：任命王强为维护稳定办公室主任（试用期一年）。

2017 年 12 月，油田分公司决定：调整机关、机关附属、直属单位的机构设置和人员编制，将维护稳定办公室由机关处室调整到直属单位，与油田保卫部（武装部）合署办公，企业文化处（党委宣传部、团委、机关党委、维护稳定办公室）更名为企业文化处（党委宣传部、团委、机关党委）。企业文化处（党委宣传部、团委、机关党委）主要职责：负责企业文化建设和精神文明建设；负责思想政治、形势任务教育和其他宣传教育工作；负责民族团结、统战工作；负责机关党委、机关工会、机关女工等相关工作；负责共青团组织建设和团员管理；负责媒体应对及新闻发布工作；负责集团公司网页企业动态信息的报送；负责新闻中心的业务管理。内设 2 个科室：宣传教育科（企业文化科）、机关党委办公室（团委办公室）。人员编制 10 人，其中处级 2 人（处长 1 人、副处长 1 人）、科级 4 人（科长 2 人、副科长 2 人）、一般管理人员 4 人。

2018 年 1 月，油田分公司党委决定：任命梁世君兼任公司机关党委书记；免去张长海的党委宣传部主任、公司团委书记、公司机关党委书记职务。油田分公司决定：解聘张长海的企业文化处处长职务。

2018 年 3 月，油田分公司党委组织部决定：任命许建军为机关纪委副书记。

2018 年 4 月，油田分公司党委决定：免去李照斌的机关党委委员职务。

2018 年 5 月，油田分公司党委决定：任命李正武为党委宣传部部长、公司团委书记（试用期一年）。油田分公司决定：聘任李正武为企业文化处处长（试用期一年）。

2018 年 9 月，油田分公司决定：对公司党委统战工作机构、职责进行明确。设立党委统战部，与企业文化处（党委宣传部、团委、机关党委）按一个机构多块牌子方式管理运行。党委统战部是公司党委主管统一战线工作的职能部门，承担贯彻落实党的统战方针政策，充分调动统战对象积极性为油田中心工作服务；及时了解并向公司党委反映统战对象的思想动态和意见建议；发现、选拔、培养、宣传油田统战代表人物，协助公司党委和上级有关部门做好党外人士的政治安排；协调油田统战工作各方面关系，关心联系油田统战对象代表人士等职责。在宣传教育科（企业文化科）增加统战科的机构名称和相应职责，具体负责统一战线、民族团结等工作。企业文化处内设科室数量、处科级职数和人员编制不变。

2019 年 5 月，油田分公司党委决定：经试用期满考核并研究，正式任命李正武为党委宣传部部长、公司团委书记；免去李清芬的公司机关党委委员职务。油田分公司决定：经试用期满考核并研究，正式聘任李正武为企业文化处处长。

2019 年 7 月，油田分公司决定：对公司机关、机关附属、直属单位的机构设置和人员编制进行调整，将团委机构、职责及相关人员由企业文化处划转到工会，企业文化处（党委宣传部、团委、机关党委）更名为党委宣传部

（企业文化处、机关党委）。党委宣传部（企业文化处、机关党委）主要职责：负责党的方针政策和党委工作的宣传贯彻；负责油田员工思想政治建设和形势任务教育；负责油田企业文化建设和精神文明建设；负责油田民族团结、统战工作；负责机关党组织建设和党员队伍管理；配合公司纪委负责机关党员队伍的廉政教育和纪检监察工作在机关的贯彻落实；负责公司机关精神文明建设、统战、工会、女工、计划生育、维稳、信访等相关工作；负责公司机关综治、保卫工作；负责媒体应对及新闻发布工作；负责集团公司网页企业动态信息的报送；负责对新闻中心的业务指导。内设2个科室：宣传教育科（企业文化科）、机关党委办公室（机关工会、机关纪委）。人员编制8人，其中处级2人（处长1人、副处长1人）、科长2人、科级以下管理人员4人。

2019年7月，油田分公司党委决定：任命李正武为机关党委常务副书记；免去李正武的公司团委书记职务。

2019年11月，油田分公司党委决定：任命许忠为党委宣传部副部长。油田分公司决定：聘任许忠任为企业文化处副处长。

2019年12月，油田分公司党委批复同意：范耀东、赵兴启、晏书宾、鲁正乾等4人为中共吐哈油田公司机关委员会委员，袁仕军为中共吐哈油田公司机关纪律检查委员会委员。

截至2020年12月31日，党委宣传部（企业文化处、机关党委）职责、机构和人员编制未变。在册员工8人，党员8人。支委会由李正武、许忠、许建军组成，李正武任书记。

一、党委宣传部领导名录（2016.1—2020.12）

部　　　长　　范耀东（2016.1—2）
　　　　　　　张长海（2016.2—2018.1）①
　　　　　　　李正武（2018.5—2020.12）

副　部　长　　方进荣（2016.1—2017.8）
　　　　　　　李正武（2016.1—2018.5）②
　　　　　　　许　忠（2019.11—2020.12）

---

① 2018年1月至5月期间，党委宣传部部长空缺。
② 2018年5月至2019年11月期间，党委宣传部副部长空缺。

二、企业文化处领导名录（2016.1—2020.12）

处　　　长　范耀东（2016.1—2）

张长海（2016.2—2018.1）①

李正武（2018.5—2020.12）

副　处　长　李正武（2016.1—2018.5）②

许　忠（2019.11—2020.12）

三、维护稳定办公室领导名录（2016.1—2017.12）

主　　　任　方进荣（副处级，2016.1—2017.8）③

王　强（副处级，2017.11—12）

四、油田分公司机关党委领导名录（2016.1—2020.12）

书　　　记　张长海（2016.9—2018.1）④

梁世君（兼任，正局级，2018.1—2020.12）

常务副书记　李正武（2019.7—2020.12）⑤

副　书　记　范耀东（2016.1—2）

张长海（2016.2—9）

李正武（2016.9—2019.7）

委　　　员　刘德超（2016.1—9）

范耀东（2016.1—9；2019.12—2020.12）⑥

史东风（2016.1—2020.12）

李正武（2016.1—2020.12）

徐　君（2016.1—2019.12）

李清芬（女，2016.9—2019.5）

李照斌（2016.9—2018.4）

---

① 2018年1月至5月期间，企业文化处处长空缺。

② 2018年5月至2019年11月期间，企业文化处副处长空缺。

③ 2017年8月至11月期间，维护稳定办公室主任空缺。

④ 2016年1月至2017年9月期间，油田分公司机关党委书记空缺。

⑤ 2017年9月至2019年7月期间，油田分公司机关党委副书记（常务副书记）空缺。

⑥ 2016年9月，范耀东离任。2019年12月机关二届二次党代会上经大会增补委员选举，再次当选为机关党委委员。

张长海（2016.9—2018.1）

赵国强（2016.9—2018.6）①

赵兴启（2019.12—2020.12）

晏书宾（2019.12—2020.12）

鲁正乾（2019.12—2020.12）

五、油田分公司机关纪委领导名录（2016.1—2020.12）

书　　　记　李正武（2016.1—2020.12）

副 书 记　许建军（正科级，2016.1—2020.12）

委　　　员　杨　臣（2016.1—9）

赵国强（2016.1—9）

邱爱研（女，满族，2016.1—9）

许建军（2016.1—2020.12）

李正武（2016.1—2020.12）

刘锐锋（2016.9—2020.12）

焦熠堂（2016.9—2018.1）②

魏　萍（女，2016.9—2020.12）

袁仕军（2019.12—2020.12）

六、油田分公司团委领导名录（2016.1—2019.7）

书　　　记　范耀东（2016.1—2）

张长海（2016.2—2018.1）③

李正武（2018.5—2019.7）

副 书 记　颜子奇（正科级，2016.9—2019.7）④

委　　　员　范耀东（2016.1—9）

张长海（2016.11—2018.1）

颜子奇（正科级，2016.1—2019.7）

王　枫（女，正科级，2016.1—9）

---

① 2018年6月，赵国强党组织关系转出机关，原机关党委委员职务自然卸免。

② 2018年1月，焦熠堂党组织关系转出机关，机关纪委委员职务自然卸免。

③ 2018年1月至5月期间，油田分公司团委书记空缺。

④ 2016年1月至9月期间，油田分公司团委副书记空缺。

王香东（正科级，2016.1—9）

方丽娟（女，正科级，2016.1—9）

杨　斌（正科级，2016.1—9）

王　虹（女，正科级，2016.1—9）

李　燕（女，正科级，2016.1—9）

朗浩轩（副科级，2016.1—9）

毛峙坤（副科级，2016.1—9）

皇甫锦锋（一般干部，2016.1—9）

何志兰（女，一般干部，2016.1—9）

王丽华（女，一般干部，2016.9—2019.7）

王熙栋（2016.9—2019.7）

任　鹏（正科级，2016.9—2019.7）

杨占文（副科级，2016.9—2019.7）

陈嘉炜（副科级，2016.9—2019.7）

钟　夏（副科级，2016.9—2019.7）

鲁天慧（女，一般干部，2016.9—2019.7）

第十四节　工会—工会（团委）
（2016.1—2020.12）

2016年1月，工会为机关处室，正处级。主要职责：负责工会组织建设和工会会员管理；负责公司职工代表大会的筹备召开及日常工作，组织职工参加企业民主管理；负责组织开展群众性的素质教育、劳动竞赛、合理化建议、技术改进、技术协作等活动；负责员工劳动保护、劳动争议调解，参与重大伤亡事故的调查处理；负责应由工会组织实施的法律服务、法律援助和员工权益诉求信访；负责涉及员工身心健康的生活福利待遇保障；负责女职工委员会的日常和女职工特殊权益的维护；负责"温暖工程"、扶贫帮困的组织实施和专项资金的使用管理；负责劳动模范管理；负责残疾人管理工作。设科室2个：办公室（财务室）、生产技术民管部（女工部）。编制定员

8 人，其中处级职数 2 个、科级职数 2 个；在册员工 8 人，党员 8 人。支委会由邱爱研、王强、王丽组成，邱爱研任书记。

2016 年 3 月，油田分公司党委决定：经试用期满考核，正式任命邱爱研为公司工会副主席（正处级）兼女工主任。

2016 年 8 月，油田分公司党委决定：任命刘继为公司工会副主席（副处级）。

2017 年 12 月，油田分公司决定：调整机关、机关附属、直属单位的机构设置和人员编制，工会主要职责：负责工会组织建设和工会会员管理；负责公司职工代表大会的筹备召开及日常工作，组织职工参加企业民主管理；负责组织开展群众性的素质教育、劳动竞赛、合理化建议、技术改进、技术协作、创新创效等活动；负责员工劳动保护、劳动争议调解，参与重大伤亡事故的调查处理；负责相关法律服务、法律援助和员工权益诉求信访；负责涉及员工身心健康的生活福利待遇保障；负责女职工委员会的日常和女职工特殊权益的维护；负责"温暖工程"、扶贫帮困的组织实施和专项资金的使用管理；负责劳动模范管理；负责残疾人管理工作。内设 2 个科室：工会办公室（女工部）、民管经保部。内设 2 个科室：工会办公室（女工部）、民管经保部。人员编制 7 人，其中处级 2 人（处长 1 人、副处长 1 人）、科级 2 人、一般管理人员 3 人。

2019 年 3 月，油田分公司党委决定：免去刘继的公司工会副主席职务。

2019 年 7 月，油田分公司决定：对公司机关、机关附属、直属单位的机构设置和人员编制进行调整，将团委机构、职责及相关人员由企业文化处划转到工会，工会更名为工会（团委）。工会（团委）主要职责：负责工会组织建设和工会会员管理；负责公司职工代表大会的筹备召开及日常工作，组织职工参加企业民主管理；负责组织开展群众性的素质教育、劳动竞赛、合理化建议、技术改进、技术协作、创新创效等活动；负责员工劳动保护、劳动争议调解，参与重大伤亡事故的调查处理；负责相关法律服务、法律援助和员工权益诉求信访；负责涉及员工身心健康的生活福利待遇保障落实情况的监督；负责女职工委员会的日常和女职工特殊权益的维护；负责"温暖工程"、扶贫帮困的组织实施和专项资金的使用管理；负责劳动模范管理；负责残疾人管理工作；负责共青团组织建设和团员管理；负责工会经费的预决算、日常监管和工会财务政策执行；负责鄯善、哈密文化影视中心管理。内设2个科室：工会办公室（女工部、团委办公室）、民管经保部。人员编制8人，其中处级2人（处长1人、副处长1人）、科级4人（科长2人、副科长2人，含过渡职数2人）、科级以下管理人员2人。

2019年8月，油田分公司党委决定：任命颜子奇为公司工会副主席、团委书记（试用期一年）。

2020年10月，油田分公司党委决定：免去邱爱研的公司副主席、女工主任职务。

截至2020年12月31日，工会（团委）职责、机构和人员编制未变。在册员工5人，党员5人。支委会由颜子奇、宋德宝组成，颜子奇任书记。

一、工会领导名录（2016.1—2020.12）

副　主　席[①]　邱爱研（女，满族，正处级，2016.1—2020.10）

刘　继（副处级，2016.8—2019.3）

颜子奇（副处级，2019.8—2020.12）

女　工　主　任　邱爱研（兼任，2016.1—2020.10）

二、油田分公司团委领导名录（2019.7—2020.12）

书　　记　颜子奇（副处级，2019.8—2020.12）

副　书　记　颜子奇（正科级，2019.7—8）

委　　员　颜子奇（2019.7—2020.12）[②]

王丽华（女，一般干部，2019.7—2020.12）

王熙栋（2019.7—2020.12）

任　鹏（正科级，2019.7—2020.12）

杨占文（副科级，2019.7—10）[③]

陈嘉炜（副科级，2019.7—2020.12）

钟　夏（副科级，2019.7—2020.12）

鲁天慧（女，一般干部，2019.7—2020.12）

---

① 工会主席已在第一章领导机构中第三节吐哈油田分公司工会领导名录中列明。

② 2019年7月至8月期间，委员颜子奇为正科级。

③ 2019年10月，杨占文调离吐哈油田分公司。

第十五节 科技与合作处（2019.7—2020.12）

2019年7月，油田分公司决定：对公司机关、机关附属、直属单位的机构设置和人员编制进行调整，将科技信息处和对外合作部整合成立科技与合作处，机构规格为正处级，列机关处室管理。科技与合作处主要职责：负责制（修）订科技、信息化、自动化、外事及海外业务管理制度，并组织实施；负责制定科技、信息化、自动化、海外业务发展规划，编制年度工作计划，并组织实施；负责科技、信息化、自动化、海外项目管理；负责科技平台管理；负责新技术推广及科技成果转化等工作；负责科技成果、专利及知识产权管理；负责信息化、自动化建设及运行管理；负责网络和信息化系统安全管理；负责外事业务管理；负责出口业务管理；负责海外项目的海外社会安全管理；负责批准后的国内对外方合作项目的管理；负责科学技术委员会办公室、网络安全与信息化工作领导小组和科协、石油学会日常工作。截至2019年7月，科技与合作处设科室3个：科技管理科、信息自动化管理科、国际合作科。编制定员18人，其中处级3人（处长1人、副处长2人）、科级7人（科长3人、副科长4人）、科级以下管理人员8人；在册员工19人，党员16人。支委会由孙玉凯、王强、刘树奇、马学礼、刘世伟组成，孙玉凯任书记，王强任副书记。

2019年7月，油田分公司决定：聘任孙玉凯为科技与合作处处长，王强为科技与合作处副处长（保留原职级），焦立新为科技与合作处副处长。

2020年3月，油田分公司决定：聘任王强为科技与合作处处长；解聘孙玉凯的科技与合作处处长职务。

2020年4月，油田分公司决定：聘任海涛任科技与合作处副处长。

截至2020年12月31日，科技与合作处职责、机构和人员编制未变。在册员工14人，党员12人。支委会由王强、焦立新、刘亮、马学礼、刘世伟组成，王强任书记，焦立新任副书记。

处　　长　孙玉凯（2019.7—2020.3）

　　　　　　王　强（2020.3—12）

副　处　长　王　强（正处级，2019.7—2020.3）

　　　　　　焦立新（2019.7—2020.12）

　　　　　　海　涛（2020.4—12）

第十六节　基建设备处（2019.7—2020.12）

2019年7月，油田分公司决定：对公司机关、机关附属、直属单位的机构设置和人员编制进行调整，基建工程处和设备管理处整合为基建设备处，为机关处室，正处级。基建设备处主要职责：负责制定和完善基建工程、设备、站场和管道、工程建设及检维修承包商等业务管理的有关规章制度、技术标准和规范；负责组织编制油气田地面工程和设备的中长期规划及年度计划，并组织实施；负责组织油气田地面工程项目的前期论证、设计审查，地面系统的标准化建设管理；负责油气田地面工艺技术及设备技术改造审查；负责储运集输系统的工艺技术及站场、管道完整性技术管理；负责设备设计选型、安装调试、使用维护、调剂租赁和报废鉴定的全生命周期管理；负责基建工程项目的施工管理、设计变更、签证及验收工作；负责设备机械制造加工管理；负责所管业务的监督检查考核和 QHSE 监督管理；负责工程建设和检维修承包商的监督检查和考核管理工作；负责基建工程和设备类服务采购与合同技术标准审查；参与配合地面工程项目的经济评价与后评价。截至2019年7月，基建设备处设科室4个：工艺技术管理科、工程建设管理科、设备管理科、设备技术科。人员编制19人，其中处级3人（处长1人、副处长2人）、科级8人（科长4人、副科长4人）、科级以下管理人员8人；在册员工18人，党员15人。支委会由江涛、毛新章、江航行、张继华、王颖辉组成，江涛任书记，毛新章任副书记。

2019年7月，油田分公司决定：聘任江涛为基建设备处处长，张远征为基建设备处副处长（保留原职级），毛新章为基建设备处副处长。

2019年10月，油田分公司决定：免去张远征的基建设备处副处长职务。

2019 年 11 月，油田分公司决定：聘任刘宇成为基建设备处副处长。

2020 年 1 月，油田分公司决定：解聘江涛的基建设备处处长职务。

2020 年 3 月，油田分公司决定：聘任吴征为基建设备处处长（兼任）。

截至 2020 年 12 月 31 日，基建设备处职责、机构和人员编制未变。在册员工 17 人，党员 14 人。支委会由吴征、毛新章、江航行、张继华、王颖辉组成，吴征任书记，毛新章任副书记。

处　　　长　江　涛（2019.7—2020.1）[①]

　　　　　　吴　征（兼任，2020.3—12）

副　处　长　张远征（正处级，2019.7—10）

　　　　　　毛新章（2019.7—2020.12）

　　　　　　刘宇成（2019.11—2020.12）

---

① 2020 年 1 月至 3 月期间，基建设备处处长空缺。

第三章　直属单位

2016 年 1 月，油田分公司设直属单位 9 个：勘探部、开发部、物资管理部（招投标部）、对外合作部、审计部、概预算管理部（定额部）、油田保卫部（武装部）、吐哈油田住房公积金管理中心（吐哈油田房产管理中心）、矿区管理部。

2016 年 5 月，油田分公司决定：将勘探部和勘探公司整合为勘探公司（勘探事业部），为公司二级单位，按一个机构、两块牌子管理运行。

2017 年 12 月，油田分公司决定：对公司机关、机关附属、直属单位的机构设置和人员编制进行调整，将维护稳定办公室由机关处室调整到直属单位，与油田保卫部（武装部）合署办公。

2019 年 7 月，油田分公司决定：对公司机关、机关附属、直属单位的机构设置和人员编制进行调整，将物资管理部（招投标部）更名为招投标部，撤销对外合作部、吐哈油田住房公积金管理中心（吐哈油田房产管理中心），成立共享服务中心。

2020 年 3 月，油田分公司决定：撤销招投标部及其内设机构，同时，为提高采购效率和规模效益，降低采购成本和管控风险，公司仍按照集中采购管理模式运行，将采购业务和人员并入共享服务中心，对外称采购中心，业务相对独立，主要负责与集团公司相关部门及新疆分中心进行业务对接，集中组织油田非招标项目的实施，与共享服务中心按一套机构几块牌子运行。由企管法规处负责对采购中心业务的管理和指导。

截至 2020 年 3 月 2 日，油田分公司设直属单位 6 个：开发部、审计部、概预算管理部（定额部）、油田保卫部（武装部、维护稳定办公室）、矿区管理部、共享服务中心。

第一节　勘探部（2016.1—5）

2016 年 1 月，勘探部为直属单位，正处级。勘探部主要职责：负责组织编制油气预探、评价规划和年度计划，并组织实施；负责组织制定预探、评价部署总体设计、部署方案，并组织实施；负责编制预探、评价投资计划，经批准后组织实施；负责组织预探、评价阶段油气储量的评审、申报及管理；负责组织圈闭评价、申报及管理；负责组织制定油气、评价管理规章制度、技术规范和工程质量标准并监督实施；负责组织勘探数据库建设及勘探信息管理；负责勘探服务队伍的准入资质审查，组织勘探项目的招投标工作；负责探井报废核销管理。设科室 3 个。编制定员 15 人，其中处级职数 3 个、科级职数 6 个；在册员工 13 人，党员 9 人。支委会由闫玉魁、李华明、陈建琪、陈方远、王昕等 5 人组成，闫玉魁任书记，李华明任副书记。

2016 年 5 月，油田分公司决定：将勘探部和勘探公司整合为勘探公司（勘探事业部），为公司二级单位，按一个机构、两块牌子管理运行。

2016 年 5 月，油田分公司决定：解聘梁浩的勘探部主任职务，李华明的勘探部副主任职务，罗劝生的勘探部副主任职务。

　　主　　　任　梁　浩（2016.1—5）
　　副 主 任　李华明（2016.1—5）
　　　　　　　　　罗劝生（2016.1—5）

第二节　开发部（2016.1—2020.12）

2016 年 1 月，开发部为直属单位，正处级。开发部主要职责：负责组织编制油气田开发中长期规划和年度计划；负责组织制定油气田开发管理办法和技术管理标准；负责老区油气田调整、综合治理、三次采油油气藏工程方案的编制、审查和实施；负责组织新区油气藏地质方案的编制、审查，并组织实施；负责油气田开发与开采动态分析及评价；负责油气生产计划运行的协调、监督和管理；负责油田开采矿权及可采储量的管理；负责油气田动态监测管理；负责油气田开发信息系统的建设、应用及管理；负责组织各类开发数据的整理、汇总、审核、上报；负责已开发油田生产能力的标定，开发井报废技术和油田废弃技术审查；负责地面工程系统日常生产管理；负责开发服务队伍准入资质审查工作；负责开发井钻井现场实施管理工作；负责风险作业服务管理工作；负责油田注水管理工作。设科室 8 个：开发规划科、油藏工程科、天然气管理科、生产管理科、现场实施科、开发信息科、注水管理科、风险作业管理科。编制定员 32 人，其中处级职数 6 个、科级职数 10 个；在册员工 34 人，党员 21 人。支委会由徐君、何先俊、张喜、杨明强、肖林鹏组成，徐君任书记，何先俊任副书记。

2016 年 6 月，油田分公司决定：调整开发部等部门职能，取消开发部"负责开发井钻井现场实施管理工作"职责，由各采油厂负责。取消开发部"负责地面工程系统日常生产管理"职责；开发部增加"负责公司开发钻井、井下作业动力的运行与协调"职责，生产运行处不再承担此项职责。将开发部"负责风险作业服务管理工作"职责调整为"负责合作开发业务的管理"。将现场实施科更名为钻井工程科；风险作业管理科更名为合作开发管理科。

2017 年 10 月，油田分公司决定：聘任朱永贤为开发部主任；解聘徐君的开发部主任职务，何先俊的开发部副主任、安全总监职务。

2017 年 12 月，油田分公司决定：调整机关、机关附属、直属单位的机构设置和人员编制，开发部主要职责：负责组织编制油气田开发中长期规划和年度计划；负责组织制（修）订油气田开发管理办法和技术管理标准；负责组织老区油气田调整、综合治理、三次采油油气藏工程方案的编制、审查，并实施；负责组织新区油气藏开发方案的编制、审查，并组织实施；负责组织油气田开发与开采动态分析及评价；负责组织油气生产计划运行的协调、监督和管理；负责公司开发钻井、井下作业动力的运行与协调；负责油气田开采矿权及可采储量的管理；负责油气田动态监测管理；负责组织油气田开发信息系统的建设、应用及管理；负责组织各类开发数据的整理、汇总、审核、上报；负责已开发油气田生产能力的标定，开发井报废和油气田废弃技术审查；负责合作开发业务的管理；负责开发类服务项目的立项审核，合并打包同类对外采购项目，编制招标和谈判技术方案，审查服务合同的技术条款。内设 7 个科室：开发规划科、油藏工程科、注水管理科、钻井工程科、生产管理科、天然气管理科、开发信息科。人员编制 26 人，其中处级 5 人（主任 1 人、副主任 4 人）、科级 9 人（科长 7 人、副科长 2 人）、一般管理人员 12 人。

2018 年 10 月，油田分公司决定：聘任张云杰为开发部副主任（试用期一年）。

2019 年 7 月，油田分公司决定：对公司机关、机关附属、直属单位的机构设置和人员编制进行调整，开发部主要职责：负责组织编制油气田开发中长期规划和年度计划；负责组织制（修）订油气田开发管理办法和技术管理标准；负责组织老区油气田调整、综合治理、三次采油油气藏工程方案的编制、审查，并实施；负责组织新区油气藏开发方案的编制和审查，并组织实施；负责组织油气田开发与开采动态分析及评价；负责组织油气生产计划运行的协调、监督和管理；负责油气田开采矿权及可采储量的管理；负责油气田动态监测管理；负责组织各类开发数据的整理、汇总、审核、上报；负责已开发油气田生产能力的标定，开发井报废和油气田废弃技术审查；负责开发类服务项目的立项审核，合并打包同类对外采购项目，编制招标和谈判技术方案，审查服务合同的技术条款。内设 5 个科室：开发管理科、油藏工程科、注水管理科、生产管理科、天然气管理科。人员编制 23 人，其中处级 5 人（主任 1 人、副主任 4 人）、科级 8 人（科长 5 人、副科长 3 人）、科级以下专业技术人员 10 人。

2020 年 7 月，油田分公司决定：对钻井管理业务相关部门和单位机构、职责和人员编制进行调整，将开发部生产管理科更名为采油工程科，调整后开发部三级机构数不变，人员编制由 23 人调整为 25 人，基层领导人员职数由 8 人调整为 10 人，其中三级正 7 人（含专项职数 2 人）、三级副 3 人。调整公司钻井业务相关职责：将开发部"组织制定年度钻井工作量、钻机、甲供料需求计划；负责组织开发评价、滚动扩边、资料井、取芯井、新工艺新技术试验、重大开发试验等重点井的井位论证及设计审核、审批；负责组织新工艺、新技术可行性论证，推广应用成熟工艺技术；负责组织油气产能建设项目的立项打包，编制招标、谈判技术方案；负责对油气产能建设实施过程监督考核并对公司产能建设投资总量进行控制，对投资效益目标负责"职责调整为"负责组织制定年度钻井工作量计划；负责组织井位部署及重点井地质设计讨论，审核重点井地质设计；负责组织水平井、重点井地质变更，确定轨迹调整意见；负责录测井技术管理；负责投产及压裂酸化管理；负责组织采油类项目的立项打包，编制招标、谈判技术方案；负责对油气产能建设方案设计、单井产能符合率监督考核并对公司产能建设投资总量进行控制，对投资效益目标和钻井工程类投资控制负责。"

2020 年 8 月，油田分公司决定：对开发部人员编制进行调整，增加助理及副总师 1 人，基层领导人员职数由 10 人调整为 9 人，其中三级正 7 人（含助理及副总师 1 人、专项职数 1 人）、三级副 2 人，人员编制不变。

截至 2020 年 12 月 31 日，开发部职责、机构和人员编制未变。在册员工 25 人，党员 19 人。支委会由朱永贤、张喜、杨明强、肖林鹏、张云杰组成，朱永贤任书记，张喜任副书记。

主　　　任　徐　君（2016.1—2017.10）
　　　　　　　朱永贤（2017.10—2020.12）

副　主　任　何先俊（2016.1—2017.10）
　　　　　　　张　喜（2016.1—2020.12）
　　　　　　　杨明强（2016.1—2020.12）
　　　　　　　肖林鹏（2016.1—2020.12）
　　　　　　　张云杰（2018.10—2020.12）

安 全 总 监　何先俊（兼任，2016.1—2017.10）[①]

第三节　概预算管理部（定额部）
（2016.1—2020.12）

2016 年 1 月，概预算管理部（定额部）为直属单位，正处级。概预算管理部（定额部）主要职责：负责制定工程定额、概预算、价格管理制度和

---

① 2017 年 10 月至 2020 年 12 月期间，开发部安全总监空缺。

办法；负责物探、钻井、试油、测井和录井工程定额、价格的编制和修订；负责勘探、钻井系统工程和地面建设工程投资估算、概算、预结算的审查；负责油田地面建设工程单位估价表的编制、修订、审查并监督执行；负责报批一、二、三类项目投资估算；负责工程招标标底审查和工程合同经济条款的审查；参与关联交易定额、价格的制定；负责基本建设工程设备、材料价格信息的管理；负责产品、劳务价格的制定、调整和发布；负责编制油田地面建设工程投资估算指标；负责协调工程定额、概预算、价格执行过程的问题；负责外销石油副产品的价格制定与调整；负责对外合作项目的工程造价方面管理。设科室 3 个：价格管理科、定额管理科、概预算科。编制定员 16 人，其中处级职数 2 个、科级职数 7 个；在册员工 14 人，党员 8 人。支委会由常仲文、李剑姝、赵爱君组成，常仲文任书记。

2017 年 12 月，油田分公司决定：调整机关、机关附属、直属单位的机构设置和人员编制，概预算管理部（定额部）主要职责：负责贯彻执行有关造价管理和价格管理方面的政策及各项规章制度；制（修）订工程造价和价格管理方面的制度和办法，并组织实施；负责物探、钻井系统工程定额、价格的管理；负责物探、钻井系统工程结算的审查；负责油田地面建设工程项目估算、初设概算、工程结算和招标控制价的审查；负责限上项目投资估算、初设概算的初审；负责油田地面建设工程缺项预算定额、单位估价表和造价指标的制（修）订，并监督执行；负责公司油气及副产品的价格管理；负责油田地面建设工程设备、材料价格信息的管理；负责公司内部产品和服务价格的制定、调整和发布；负责工程造价和价格执行过程存在问题的协调；负责公司基础定额的管理；负责公司工程造价专业人员管理工作；负责地面建设工程造价管理信息系统的管理。内设 3 个科室：价格管理科、定额管理科、概预算科。人员编制 10 人，其中处级 2 人（主任 1 人、副主任 1 人）、科级 3 人、一般管理人员 5 人。

2019 年 3 月，油田分公司决定：解聘常仲文的概预算管理部（定额部）主任职务。

2019 年 7 月，油田分公司决定：对公司机关、机关附属、直属单位的机构设置和人员编制进行调整，概预算管理部（定额部）主要职责：负责贯彻执行有关造价管理和价格管理方面的政策及各项规章制度；制（修）订工程造价和价格管理方面的制度和办法，并组织实施；负责钻井系统工程定额和价格的编制；负责钻井系统工程投资估算、结算和招标控制价审查；负责油田地面建设工程项目估算、初设概算、工程结算和招标控制价的审查；负责限上项目投资估算、初设概算的初审；负责油田地面建设工程缺项预算定额、单位估价表和造价指标的制（修）订，并监督执行；负责油田地面建设工程设备、材料价格信息的管理；负责公司内部产品和服务价格的制定、调整和发布；负责工程造价和价格执行过程存在问题的协调；负责公司工程造价专业人员管理工作；负责地面建设工程造价管理信息系统的管理；负责公司基础定额的报备管理。内设2个科室：定额与定价科、概预算科。人员编制9人，其中处级2人（主任1人、副主任1人）、科级3人（科长2人、副科长1人）、科级以下管理人员4人。

2020年3月，油田分公司决定：聘任党兰焕为概预算管理部主任。

2020年7月，油田分公司决定：对钻井管理业务相关部门和单位机构、职责和人员编制进行调整，将概预算管理部（定额部）"负责钻井系统工程投资估算、招标控制价格和工程结算的审查"职责调整为"负责钻井系统工程投资估算、结算的审查；负责油田工程服务采购控制价、招标控制价的审核；负责对钻井工程类投资控制"。

截至2020年12月31日，概预算管理部（定额部）职责、机构和人员编制未变。在册员工8人，党员5人。支委会由党兰焕、李剑姝、卫高山组成，党兰焕任书记。

主　　任　常仲文（2016.1—2019.3）①

党兰焕（2020.3—12）

副　主　任　余显炉（2016.1—2020.12）

---

① 2019年3月至2020年3月期间，概预算管理部（定额部）主任空缺。

第四节 物资管理部（招投标部）—招投标部
（2016.1—2020.3）

2016年1月，物资管理部（招投标部）为直属单位，正处级。物资管理部（招投标部）主要职责：贯彻落实国家、集团（股份）公司有关物资管理的法律、法规和规章制度，组织制定公司物资管理规章制度，并监督执行；负责公司物资管理，监督物资采购合同的履行；负责审核公司物资采购计划，并向集团公司上报一级采购物资需求计划，参与和配合集团公司集中采购工作；负责其他服务采购项目的合并打包、立项，起草物资和其他服务采购项目的技术招标文件，进行技术审查；负责调查处理公司物资及其他服务采购合同执行中出现的问题，协助物资质量问题的调查处理；推荐物资类、其他服务类技术评审专家库人选；负责公司物资相关信息系统的管理和推广应用。贯彻落实国家、集团（股份）公司、公司有关招投标管理的法律法规和规章制度；负责公司物资、工程、服务供应商资源开发；负责公司物资、工程、服务的采购实施；推荐物资、工程、服务采购选商方式，制定和报批招标（谈判）方案，编制招标文件，发布招标公告、不招标项目公示，接受投标报名，发售招标文件，组建评标委员会，组织开标与评标，发放中标（谈判结果）通知书；负责物资、工程、服务采购合同的起草和报审；组织开展物资、工程、服务市场准入审核，负责二级供应商日常管理和考核，参与集团公司一级供应商的推荐和考核工作；负责公司评标专家库的建设与维护；负责采购业务信息统计、上报以及采购资料的整理、归档等。设科室3个：计划采购科、招标管理科、合同信息科。编制定员35人，其中处级职数3个、科级职数6个；在册员工35人，党员21人。支委会由陈云、周德猛、李元华组成，陈云任书记。

2016年3月，油田分公司人事处决定：将合同信息科更名为市场信息科、物资招标科更名为物资管理科、工程服务招标科更名为招标采购科，并对科室职责进行调整。

2016年11月，油田分公司决定：解聘石玉峰的物资管理部（招投标部）

副主任职务。

2017 年 9 月，油田分公司决定：聘任吕有喜为物资管理部（招投标部）副主任。

2017 年 12 月，油田分公司决定：调整机关、机关附属、直属单位的机构设置和人员编制，物资管理部（招投标部）主要职责：

物资管理部：贯彻落实有关物资管理的法律、法规和规章制度，组织制（修）订公司物资管理规章制度，并监督执行；负责公司物资管理，监督物资采购合同的履行；负责审核公司物资采购计划，并向集团公司上报一级采购物资需求计划，参与和配合集团公司集中采购工作；负责其他服务采购项目的合并打包、立项，起草物资和其他服务采购项目的技术招标文件，进行技术审查；负责调查处理公司物资及其他服务采购合同执行中出现的问题，协助物资质量问题的调查处理；推荐物资类、其他服务类技术评审专家库人选；负责公司物资相关信息系统的管理和推广应用。

招投标部：贯彻落实有关招投标管理的法律法规和规章制度；负责公司物资、工程、服务供应商资源开发；负责公司物资、工程、服务的采购实施；推荐物资、工程、服务采购选商方式，制定和报批招标（谈判）方案，编制招标文件，发布招标公告、不招标项目公示，接受投标报名，发售招标文件，组建评标委员会，组织开标与评标，发放中标（谈判结果）通知书；负责物资、工程、服务采购合同的起草和报审；组织开展物资、工程、服务市场准入审核，负责二级供应商日常管理和考核，参与集团公司一级供应商的推荐和考核工作；负责公司评标专家库的建设与维护；负责采购业务信息统计、上报以及采购资料的整理、归档等。内设 4 个科室：物资管理科、市场信息科、招标采购科、综合管理科。人员编制 35 人，其中处级 3 人（主任 1 人、副主任 2 人）、科级 8 人（科长 4 人、副科长 4 人）、一般管理人员 24 人。

2019 年 7 月，油田分公司决定：对公司机关、机关附属、直属单位的机构设置和人员编制进行调整，将物资管理部的物资管理职能及相关人员并入物资供应处，取消物资管理部机构名称，保留招投标部机构名称和职能，物资管理部（招投标部）更名为招投标部。招投标部主要职责：贯彻落实国家、集团（股份）公司、公司有关招投标管理的法律法规和规章制度；负责公司物资、工程、服务供应商资源开发，供应商准入资料接收及初审，核实资料真实性及合规性；负责组织公司物资、工程、服务的招标和采购实施；负责所组织采购项目的招标（谈判）结果审批，发放中标（谈判结果）通知书；负责集团公司、股份公司和专业分公司招标管理项目的招标方案、招标结果和可不招标事项的报批；负责采购业务信息统计、上报以及采购资料的整理、归档等工作；负责招标采购系统的信息化建设和维护。内设3个科室：招标采购科、市场信息科、统计分析科。人员编制24人，其中处级3人（主任1人、副主任2人）、科级6人（科长3人、副科长3人）、科级以下管理人员15人。

2019年7月，油田分公司决定：聘任陈云为招投标部主任，吕有喜、刘宇成为招投标部副主任。

2019年11月，油田分公司决定：解聘刘宇成的招投标部副主任职务。

2020年3月，油田分公司决定：撤销招投标部及其内设机构，同时，为提高采购效率和规模效益，降低采购成本和管控风险，公司仍按照集中采购管理模式运行，将采购业务和人员并入共享服务中心，对外称采购中心，业务相对独立，主要负责与集团公司相关部门及新疆分中心进行业务对接，集中组织油田非招标项目的实施，与共享服务中心按一套机构多块牌子运行。由企管法规处负责对采购中心业务的管理和指导。

2020年3月，油田分公司决定：解聘陈云的招投标部主任职务，吕有喜的招投标部副主任职务。

截至2020年3月2日，招投标部职责、机构和人员编制未变。在册员工4人，党员4人。支委会由陈云、周德猛组成，陈云任书记。

一、物资管理部（招投标部）领导名录（2016.1—2019.7）

  主 任 陈 云（2016.1—2019.7）

  副 主 任 石玉峰（2016.1—11）

          刘宇成（2016.1—2019.7）

          吕有喜（2017.9—2019.7）

二、招投标部领导名录（2019.7—2020.3）

  主 任 陈 云（2019.7—2020.3）

  副 主 任 刘宇成（2019.7—11）

          吕有喜（2019.7—2020.3）

第五节 对外合作部（2016.1—2019.7）

2016年1月，对外合作部为直属单位，正处级。对外合作部主要职责：负责国际合作业务的总体规划及年度计划，并组织实施；负责对外石油合作项目的论证、立项、报批、谈判及管理；负责外事管理，代表油田行使外经权，负责并组织涉外合作项目管理工作；负责涉外项目的队伍资质、国际市场准入、项目运行方案等的审核、认定；负责出口业务的指导与管理；负责国外项目的防恐及安保管理；负责批准后的引进项目的管理。设科室2个。编制定员9人，其中处级职数2个、科级职数4个；在册员工9人，党员9人。支委会由王强、李兴村、张松组成，王强任书记。

2017年12月，油田分公司决定：调整机关、机关附属、直属单位的机构设置和人员编制，对外合作部主要职责：负责编制海外业务的总体规划及年度计划，并组织实施；组织海外项目的论证、立项、报批、谈判及管理；负责海外项目的队伍资质、国际市场准入、项目运行方案等的审核、认定；负责外事业务管理；负责出口业务的指导与管理；负责海外项目的HSSE管理；负责批准后的国内对外方合作项目的管理。内设2个科室：外经贸管理科、外事管理科。人员编制8人，其中处级2人（主任1人、副主任1人）、科级3人（科长2人、副科长1人）、一般管理人员3人。

2018年8月，油田分公司决定：解聘陈论韬的对外合作部副主任职务。

2019年7月，油田分公司决定：对公司机关、机关附属、直属单位的机构设置和人员编制进行调整，将对外合作部的海外项目HSE管理职能划转至工程技术研究院，其他职能并入科技与合作处，撤销对外合作部。

截至2019年7月8日，对外合作部在册员工7人，党员7人。支委会由王强、刘世伟、张松组成，王强任书记。

主　　　任　王　强（2016.1—2019.7）
副　主　任　陈论韬（2016.1—2018.8）[①]

---

① 2018年8月至2019年7月期间，对外合作部副主任空缺。

第六节　审计部（2016.1—2020.12）

2016 年 1 月，审计部为直属单位，正处级。审计部主要职责：负责制定审计管理制度和标准；负责编制审计规划和年度计划，并组织实施；负责经营管理过程的有效性及经营成果真实性的审计监督；负责对外委托审计项目的审批；负责审计的统计；负责审计项目的质量监督；参与企业内部控制测试。设科室 4 个。编制定员 17 人，其中处级职数 3 个、科级职数 6 个；在册员工 14 人，党员 11 人。支委会由杨臣、李大为、何伟组成，杨臣任书记。

2017 年 12 月，油田分公司决定：调整机关、机关附属、直属单位的机构设置和人员编制，审计部主要职责：负责制（修）订审计管理制度和标准；负责编制审计规划和年度计划，并组织实施；负责生产经营管理过程合规性、有效性及经营成果真实性的审计监督；负责对外委托审计项目实施过程的管理监督和审计结果验收；负责审计项目的质量管理；负责审计统计和审计档案归档。内设 3 个科室：审计管理科、经营审计科、工程审计科。人员编制 11 人，其中处级 2 人（主任 1 人、副主任 1 人）、科级 4 人（科长 3 人、副科长 1 人）、一般管理人员 5 人。

2018 年 8 月，油田分公司决定：解聘蒋燕军的审计部副主任职务。

2019 年 7 月，油田分公司决定：对公司机关、机关附属、直属单位的机构设置和人员编制进行调整，审计部主要职责：负责制（修）订审计管理制度和标准；负责编制审计规划和年度计划，并组织实施；负责生产经营管理过程合规性、有效性及经营成果真实性的审计监督；负责对外委托审计项目实施过程的管理监督和审计结果验收；负责审计项目的质量管理；负责监督审计发现问题整改，督促落实审计意见、审计决定；负责违规经营投资责任追究工作；负责审计统计和审计档案归档。内设 3 个科室：审计管理科、经营审计科、工程审计科。人员编制 11 人，其中处级 2 人（主任 1 人、副主任 1 人）、科级 4 人（科长 3 人、副科长 1 人，含过渡职数 1 人），科级以下管理人员 5 人。

2020 年 8 月，油田分公司决定：聘任何伟为审计部副主任。

截至 2020 年 12 月 31 日，审计部职责、机构和人员编制未变。在册员工 9 人，党员 9 人。支委会由杨臣、何伟、李大为组成，杨臣任书记。

主　　任　杨　臣（2016.1—2020.12）
副 主 任　蒋燕军（2016.1—2018.8）①
　　　　　何　伟（2020.8—12）

第七节　油田保卫部（武装部）—油田保卫部（武装部、维护稳定办公室）（2016.1—2020.12）

2016 年 1 月，油田保卫部（武装部）为直属单位，正处级。油田保卫部（武装部）主要职责：负责拟定综治、保卫、人武工作中长期规划和年度计划，并组织实施；负责制定综治、保卫标准和流程，并监督检查；负责与地方相关部门的业务协调；负责协调公安机关进行涉油案件的侦破；负责监督指导经保队伍；负责组织、协调经保队伍进行保护油田物资；负责督导所属单位落实"三防"措施；负责油田治安综合治理及防恐、安保管理；负责调研治安形势，拟定对策。设科室 3 个。编制定员 10 人，其中处级职数 2 个、科级职数 4 个；在册员工 9 人，党员 8 人。支委会由李军、庄生龙、苏保春组成，李军任书记。

2017 年 8 月，油田分公司党委决定：任命赵兴启为武装部部长；免去李军的武装部部长职务。油田分公司决定：聘任赵兴启为油田保卫部主任；解聘李军的油田保卫部主任职务。

2017 年 11 月，油田分公司党委决定：任命王强为维护稳定办公室主任（试用期一年）。油田分公司决定：聘任王强为油田保卫部副主任（试用期一年）。

2017 年 12 月，油田分公司决定：调整机关、机关附属、直属单位的机

---

① 2018 年 8 月至 2020 年 8 月期间，审计部副主任空缺。

构设置和人员编制，将维护稳定办公室由机关处室调整到直属单位，与油田保卫部（武装部）合署办公，油田保卫部（武装部、维护稳定办公室）主要职责：负责编制油田保卫、综治、武装、信访、维稳工作中长期规划和年度计划，并组织实施；负责制（修）订油田保卫、综治、武装、信访、维稳工作标准和流程，并监督执行；负责油气田要害保卫和油气田输油气管道安全保护工作；负责与地方相关部门的业务协调；负责协调公安机关进行涉油案件的侦破；负责督导公司所属单位内保维稳队伍建设；负责督导公司所属单位落实"三防"措施；负责治安反恐管理；负责民兵组织建制；负责征兵工作；负责治安综合治理、防恐维稳绩效考核。内设 3 个科室：油田保卫科、综治武装科、信访维稳科。人员编制 12 人，其中处级 3 人（主任 1 人、副主任 2 人）、科级 4 人（科长 3 人、副科长 1 人）、一般管理人员 5 人。

2018 年 12 月，油田分公司党委决定：正式任命王强为维护稳定办公室主任。油田分公司决定：正式聘任王强为油田保卫部副主任。

2019 年 3 月，油田分公司党委决定：任命程光元为武装部副部长。油田分公司决定：聘任程光元为油田保卫部副主任。

2019 年 7 月，油田分公司决定：对公司机关、机关附属、直属单位的机构设置和人员编制进行调整，油田保卫部（武装部、维护稳定办公室）主要职责：负责制（修）订油田治安反恐、综治武装、信访维稳、国家安全人民防线建设工作标准和流程，并监督执行；负责编制油田治安反恐、综治武装、信访维稳、国家安全人民防线建设工作规划和年度计划，并组织实施；负责油田治安反恐、综治武装、信访维稳、国家安全人民防线建设管理和绩效考核等工作；负责油气田及输油气管道安全保护和重点目标治安反恐防范工作；负责督导落实"三防"措施、隐患治理、责任追究等工作；负责与地方、上级军事机关等相关部门的业务对接；负责协调公安机关进行各类案件的侦破；负责督导公司所属单位内保维稳队伍建设。内设科室 3 个：油田保卫科、综治武装科、信访维稳科。人员编制 12 人，其中处级 3 人（主任 1 人、副主任 2 人）、科级 4 人（科长 3 人、副科长 1 人，含过渡职数 1 人）、科级以下管理人员 5 人。

2019 年 12 月，油田分公司决定：将离退休职工管理中心"负责吐哈油田驻集团公司总部机关安保维稳业务及人员的管理职责"调整到油田保卫部，具体由综治武装科负责，科室职责增加"负责集团公司总部大楼的安全保卫工作、配合有关部门做好处置突发事件、维护集团公司正常的办公秩序及办公大楼的消防督查等工作；负责相关人员选配、培训、人员工资核定、服务队伍招标、合同签订、队伍建设和日常勤务管理等工作"。由共享服务中心负责以上业务涉及费用资金结算等工作。李文彩日常工作接受集团公司保卫部管理，执行集团公司保卫部保卫处、公司油田保卫部的工作安排，具体负责总部机关大楼治安保卫、维稳处置等日常管理工作，以及吐哈油田驻京安保维稳队伍管理；其人事组织关系仍由离退休职工管理中心管理。

2020 年 7 月，油田分公司党委决定：免去王强的维护稳定办公室主任。油田分公司决定：免去王强的油田保卫部副主任职务。

2020 年 8 月，油田分公司党委决定：卢镜换任维护稳定办公室主任。油田分公司决定：卢镜换任油田保卫部副主任。

截至 2020 年 12 月 31 日，油田保卫部（武装部、维护稳定办公室）职责、机构和人员编制未变。在册员工 10 人，党员 10 人。支委会由赵兴启、庄生龙、卢镜换组成，赵兴启任书记。

一、油田保卫部（武装部）领导名录（2016.1—2017.12）

　　主　任（部　长）　李　军（2016.1—2017.8）

　　　　　　　　　　　　赵兴启（2017.8—12）

　　副主任（副部长）　庄生龙（2016.1—2017.12）

　　　　　　　　　　　　王　强（2017.11—12）

二、油田保卫部（武装部、维护稳定办公室）（2017.12—2020.12）

（一）油田保卫部（武装部）领导名录（2017.12—2020.12）

　　主　任（部　长）　赵兴启（2017.12—2020.12）

　　副主任（副部长）　庄生龙（2017.12—2020.12）

　　　　　　　　　　　　王　强（2017.12—2020.7）

　　　　　　　　　　　　程光元（吐哈公安局，2019.3—2020.12）[①]

---

　　①　吐哈油田公司党委组织部根据中国石油天然气集团有限公司关于企业维稳信访干部与地方维稳信访干部交叉任职。

卢镜换（2020.8—12）

（二）维护稳定办公室领导名录（2017.12—2020.12）

主　　　　任　王　强（副处级，2017.12—2020.7）

卢镜换（副处级，2020.8—12）

第八节　矿区管理部（2016.1—2020.12）

2016年1月，矿区管理部为直属单位，正处级。矿区管理部主要职责：依据国家、集团公司、油田公司关于矿区业务的法律、法规和方针、政策，负责矿区管理制度、标准的转化完善及监督执行；负责编报矿区业务中长期发展规划、年度计划的监督落实；负责矿区物业及公用事业的监督管理工作；负责矿区业务对标系统的建立和对标工作的管理；负责矿区合规管理工作的监督落实；负责离退休职工、劳动家属、有偿解除劳动合同人员、精减下放人员以及医疗卫生业务的监督管理工作，落实惠民政策，推进居民自助管理；负责社会公益性业务的监督管理工作，协调推进相关业务改革；负责油田公司绿化委员会办公室的日常工作；负责油田绿化工作的规划、监督、检查及有关绿化事务的审批；负责矿区系统社会化市场化改革的规划设计、指导和推进"三供一业"分离移交工作；负责矿区服务质量的监督考核、分析评价，定期发布服务质量公报，并监督相关单位处理矿区服务投诉信息；负责矿区社会管理的监督工作，审查、上报社区建设的规划及相关项目；统筹协调各驻矿单位落实矿区维稳责任；做好与驻矿单位相关业务的关联交易以及与地方政府的联系、协调等工作；履行服务生活的基本职能，协调处理油田后勤生活系统相关事务，积极推进和谐矿区、文化矿区、平安矿区、安全社区建设等工作；负责管理集团公司矿区业务综合管理统计系统；负责矿区综合信息的统计及吐哈社区网站的管理工作。矿区管理部下设物业管理科、社区关系科、综合管理科3个科室，人员编制13人，其中：处级3人、科级4人；在册员工12人，党员11人。支委会由龚德银、刘伟、方丽娟组成，龚德银任书记。

2017年8月，油田分公司决定：聘任李清芬为矿区管理部主任；解聘龚德银的矿区管理部主任职务，窦晓鸿的矿区管理部副主任职务。

2017年12月，油田分公司决定：调整机关、机关附属、直属单位的机构设置和人员编制，矿区管理部主要职责：负责制（修）订矿区业务相关管理办法，并组织实施；负责编制矿区业务中长期发展规划及年度计划，并组织落实；承担公司剥离企业办社会职能领导小组办公室工作，指导相关单位开展矿区服务业务改革，监督检查实施情况；负责公司后勤生活服务业务招投标合同专业技术审查；负责矿区物业、公用事业、公共服务业务的监督管理工作；负责履行公司绿化委员会办公室职责；负责油田食品安全监督管理；负责矿区服务质量的监督管理工作；负责矿区业务综合统计信息管理工作；负责协调矿区服务系统履行保障企业生产、服务职工生活、维护矿区稳定等工作。内设3个科室：物业管理科、公共事务科、综合管理科。人员编制12人，其中处级3人（主任1人、副主任2人）、科级4人（科长3人、副科长1人）、一般管理人员5人。

2018年8月，油田分公司决定：聘任黄晓忠为矿区管理部副主任；解聘刘伟的矿区管理部副主任职务。

2019年5月，油田分公司决定：解聘李清芬的矿区管理部主任职务。

2019年7月，油田分公司决定：对公司机关、机关附属、直属单位的机构设置和人员编制进行调整，矿区管理部主要职责：负责编制矿区业务中长期发展规划，并组织落实；负责制（修）订油田物业采暖收费货币化等矿区业务相关管理制度，并组织实施；负责履行公司剥离企业办社会职能领导小组办公室职责，组织、协调、指导相关单位开展矿区服务业务改革，监督检查实施情况；负责矿区"三供一业"、医疗卫生服务、学前教育等移交业务的监督协调，负责油田工业物业、办公物业、公共业务等留存业务的运行管理；负责油田生产后勤服务类业务合同、招投标、计划投资、维修改造的归口管理；负责矿区服务质量的监督检查和日常管理工作；负责履行公司绿化委员会办公室职责；负责油田员工公寓、职工食堂日常运行的归口管理，组织开展油田食品卫生安全监督检查；负责矿区业务综合统计信息管理工作，履行集团矿区专标委职责；负责协调矿区服务系统履行保障企业生产、服务职工生活、维护矿区稳定等工作，做好与地方政府、社会组织和企事业单位的沟通协调。内设2个科室：矿服运管科、公共事务科。人员编制10

人，其中处级2人（主任1人、副主任1人）、科级4人（科长2人、副科长2人）、科级以下管理人员4人。

2019年11月，油田分公司决定：聘任李照斌为矿区管理部主任。

2020年6月，油田分公司决定：免去黄晓忠的矿区管理部副主任职务。

2020年7月，油田分公司决定，调整部分公司机关处室、直属单位内设机构与人员编制。矿区管理部人员编制由10人调整为8人，基层领导人员职数由4人调整为2人。

截至2020年12月31日，矿区管理部职责、机构和人员编制未变。在册员工7人，党员7人。支委会由李照斌、刘为国、方丽娟组成，李照斌任书记。

主　　　任　龚德银（兼任，2016.1—2017.8）
　　　　　　　李清芬（2017.8—2019.5）①
　　　　　　　李照斌（2019.11—2020.12）
副　主　任　窦晓鸿（2016.1—2017.8）
　　　　　　　刘　伟（2016.1—2018.8）
　　　　　　　黄晓忠（2018.8—2020.6）

第九节　吐哈油田住房公积金管理中心（吐哈油田房产管理中心）（2016.1—2019.7）

2016年1月，吐哈油田住房公积金管理中心（吐哈油田房产管理中心）为直属单位，正处级。吐哈油田住房公积金管理中心（吐哈油田房产管理中心）主要职责：认真贯彻执行国家、自治区、集团公司有关住房公积金方面的法规、政策及各项管理制度；负责编制油田住房公积金的归集、使用计划，开展油田住房公积金的归集、支用管理和信贷业务；负责住房公积金会计核算和编制住房公积金预、决算，审批住房公积金的提取、使用和个人住房公积金贷款发放；负责住房公积金的保值和增值；负责油田职工住房公积

---

① 2019年5月至11月期间，矿区管理部主任空缺。

金信息发布与政策宣传、咨询；承办住房公积金管理委员会决定的其他事项和哈密地区住房公积金管理中心授权的有关事项。认真贯彻执行国家、自治区、集团公司有关房产管理方面的法规、政策及各项管理制度，在油田房改领导小组的领导下，制定油田住房制度改革及有关房产政策，并组织实施；负责油田住房的开发、谈判、交易等管理工作以及现有住房现场管理单位的协调、指导与监督；负责油田职工住房个人产权产籍管理、已售公有住房上市交易审批工作；负责住房专项资金管理和房款结算业务；负责住房维修资金使用计划的报批与监督使用。吐哈油田住房公积金管理中心（吐哈油田房产管理中心）内设住房公积金管理科、资金管理科、房产管理科3个科室，人员编制12人，其中：处级2人、科级4人；在册员工9人，党员7人。支委会由杜玉海、马传和、司向东组成，杜玉海任书记。

2017年8月，油田分公司决定：聘任米会学为吐哈油田住房公积金管理中心（吐哈油田房产管理中心）主任（试用期一年）；解聘杜玉海的吐哈油田住房公积金管理中心（吐哈油田房产管理中心）主任职务。

2017年12月，油田分公司决定：调整机关、机关附属、直属单位的机构设置和人员编制，吐哈油田住房公积金管理中心（吐哈油田房产管理中心）主要职责：吐哈油田住房公积金管理中心：贯彻执行有关住房公积金方面的法规、政策及各项管理制度；负责编制油田住房公积金的归集、使用计划，开展油田住房公积金的归集、支用管理和信贷业务；负责住房公积金会计核算和编制住房公积金预、决算，审批住房公积金的提取、使用和个人住房公积金贷款发放；负责住房公积金的保值和增值；负责油田职工住房公积金信息发布与政策宣传、咨询；承办住房公积金管理委员会决定的其他事项和哈密地区住房公积金管理中心授权的有关事项。

吐哈油田房产管理中心主要职责：贯彻执行有关房产管理方面的法规、政策及各项管理制度，制定油田住房制度改革及有关房产政策，并组织实施；负责油田住房的开发、谈判、交易等管理工作以及住房现场管理单位的协调、指导与监督；负责油田内部住房调售、交易及公租房租赁业务；负责油田职工住房个人产权产籍管理、已售公有住房上市交易审批工作；负责住房专项资金管理和房款结算业务；负责住房维修资金使用计划的报批与监督使用。内设3个科室：住房公积金管理科、资金管理科、房产管理科。人员编制10

人，其中处级2人（主任1人、副主任1人）、科级3人、一般管理人员5人。

2018年10月，油田分公司决定：正式聘任米会学为吐哈油田住房公积金管理中心（吐哈油田房产管理中心）主任。

2019年7月，油田分公司决定，对公司机关、机关附属、直属单位的机构设置和人员编制进行调整，将吐哈油田住房公积金管理中心整合到共享服务中心。为便于对外开展业务，保留吐哈油田住房公积金管理中心机构名称。

2019年7月，油田分公司决定：将吐哈油田房产管理中心业务、人员划转至综合服务中心，各驻外站点的房产业务由各站点自行管理。

截至2019年7月8日，吐哈油田住房公积金管理中心（吐哈油田房产管理中心）在册员工9人，党员6人。支委会由米会学、王天鹏、司向东组成，米会学任书记。

  主   任 杜玉海（2016.1—2017.8）

        米会学（2017.8—2019.7）

第十节　共享服务中心（2019.7—2020.12）

2019年7月，油田分公司决定：对公司机关、机关附属、直属单位的机构设置和人员编制进行调整，成立共享服务中心，内设11个科室：共享管理科、资金稽核科、报销科、债权债务科、技能开发科、培训科、史志编研科、档案管理科、养老保险科、医疗保险科、住房公积金管理科。人员编制54人，其中处级4人（主任1人、副主任3人）、科级18人（科长11人、副科长7人，含过渡职数1人）、科级以下管理人员32人。为便于开展业务，保留技能鉴定中心、档案中心、吐哈油田社会保险管理中心、吐哈油田住房公积金管理中心机构名称。共享服务中心主要职责：贯彻执行国家、自治区和集团公司有关资金结算、技能鉴定、技能人才培养、住房公积金、社会保险、档案、史志管理等法律法规和政策；制（修）订相关规章制度，编制工作规划、年度工作计划并组织实施；负责财务、档案、社保、住房公积金、企业年金等业务信息化管理；负责对公结算、经费报销和资金收付管理；负责公司职业技能鉴定、技能竞赛、高技能人才队伍及技能专家工作室的管理；负责落实公司层面员工培训计划，管理和使用员工教育培训经费，指导各单位开展员工培训工作；负责油田综合档案管理和油气地质资料保管及上交、汇交工作；负责油田史志编研以及对外史料的编纂工作；负责哈密市住房公积金管理中心吐哈油田分中心的运行管理，开展住房公积金各项业务；负责经办油田基本养老、基本医疗、工伤、失业和生育保险业务，以及油田企业年金、补充医疗保险和劳动家属医疗补助的管理。

2019 年 7 月，共享服务中心在册员工 51 人，党员 41 人。支委会由米会学、郭创新、白维斌、朱晓龙、秦媛组成，米会学任书记，郭创新任副书记。

2019 年 7 月，油田分公司决定：聘任米会学为共享服务中心主任，南雨、吕德柱、郭创新为共享服务中心副主任。

2020 年 3 月，油田分公司决定：撤销招投标部及其内设机构，同时，为提高采购效率和规模效益，降低采购成本和管控风险，公司仍按照集中采购管理模式运行，将采购业务和人员并入共享服务中心，对外称采购中心，业务相对独立，主要负责与集团公司相关部门及新疆分中心进行业务对接，集中组织油田非招标项目的实施，与共享服务中心按一套机构多块牌子运行。由企管法规处负责对采购中心业务的管理和指导。调整后，共享服务中心内设 13 个科室，人员编制 68 人，其中：中层领导人员 5 人（二级正 1 人、二级副 4 人）；科级 21 人（科长 13 人，副科长 8 人）；科级以下管理人员 42 人。

2020 年 3 月，油田分公司决定：刘彦军任共享服务中心副主任、采购中心主任；解聘南雨的共享服务中心副主任职务。

2020 年 5 月，油田分公司决定，将技能鉴定中心更名为"中国石油吐哈油田技能人才评价中心"，职责和人员编制不变。

2020 年 8 月，油田分公司决定：刘彦军任共享服务中心副主任、采购中心主任（二级正）。

截至 2020 年 12 月 31 日，共享服务中心职责、机构和人员编制未变。在册员工 58 人，党员 39 人。支委会由米学会、郭创新、吕德柱、白维斌、朱晓龙、秦媛组成，米学会任书记，郭创新任副书记。

一、共享服务中心领导名录（2019.7—2020.12）

主　　任　米会学（2019.7—2020.12）

副　主　任　南　雨（2019.7—2020.3）

吕德柱（2019.7—2020.12）

郭创新（2019.7—2020.12）

刘彦军（二级副，2020.3—8；二级正，2020.8—12）

二、采购中心领导名录（2020.3—12）

主　　任　刘彦军（二级副，2020.3—8；二级正，2020.8—12）

第四章　附属单位

2016年1月，油田分公司机关设机关附属单位5个：行政事务中心、档案中心、资金结算中心，技能鉴定中心、吐哈油田社会保险管理中心。

2017年12月，油田分公司决定：调整机关、机关附属、直属单位的机构设置和人员编制，撤销行政事务中心，并入办公室（党委办公室、机要保密处），技能鉴定中心更名为技能鉴定中心（劳动力交流中心）。

2019年7月，油田分公司决定：对公司机关、机关附属、直属单位的机构设置和人员编制进行调整，撤销档案中心、资金结算中心、技能鉴定中心（劳动力交流中心）、吐哈油田社会保险管理中心。

截至2019年7月8日，油田分公司无附属单位。

第一节　行政事务中心（2016.1—2017.12）

2016年1月，行政事务中心为附属单位，副处级。行政事务中心主要职责：负责公司机关、附属、直属单位办公楼的安全、消防及应急管理工作；负责公司机关、附属、直属单位办公楼各种设施、设备维修计划的制定及组织实施；负责公司机关、附属、直属单位办公楼保洁、绿化服务；负责公司机关、附属、直属单位会议室日常管理、会务服务及领导办公区的服务；负责公司机关、附属、直属单位人员劳动保护及福利管理；负责公司机关、附属、直属机构文印服务工作。设科室2个：行政管理科、综合管理科。编制定员12人，其中处级职数1个、科级职数5个；在册员工10人，党员10人。

2016年4月，油田分公司人事处决定：聘任苗殿国为行政事务中心副主任（正科级）。

2017年9月，油田分公司决定：解聘王龙根的行政事务中心主任职务。

2017年12月，油田分公司决定：调整机关、机关附属、直属单位的机构设置和人员编制，撤销行政事务中心，并入办公室（党委办公室、机要保密处）。

截至 2017 年 12 月 26 日，行政事务中心在册员工 8 人，党员 8 人。

主　　　任　王龙根（兼任，2016.1—2017.9）[1]

副　主　任　陈来军（正科级，2016.1—2）[2]

　　　　　　苗殿国（正科级，2016.4—2017.12）[3]

第二节　档案中心（2016.1—2019.7）

2016 年 1 月，档案中心为附属单位，副处级。档案中心主要职责：负责编制档案管理的中长期规划和年度计划；负责制定档案管理制度和技术标准；负责档案的立卷归档、保管、编研和鉴定，并提供借阅利用服务；负责史志、大事记的编纂；负责重大工程项目竣工、科研成果鉴定、产品定型、设备开箱资料的验收归档；负责档案信息化管理；负责指导、监督、考核各单位档案业务工作。设科室 3 个：档案编研科、档案管理科、综合管理科。编制定员 15 人，其中处级职数 1 个、科级职数 5 个；在册员工 15 人，党员 13 人。支委会由李勇、崔京玉、王瑞琳组成，李勇任书记。

2017 年 12 月，油田分公司决定：调整机关、机关附属、直属单位的机构设置和人员编制，档案中心主要职责：负责编制和实施档案、史志工作发展规划和年度计划，对档案、史志工作实行统筹规划和宏观管理；负责制（修）订和实施档案、史志工作的各项管理制度、工作标准和业务规范；负责档案、史志业务的指导、检查和考核工作；负责档案的收集、整理、鉴定、保管、保护、统计和提供利用的全过程管理；负责组织年鉴编修，以及大事记、组织沿革等通用性史志材料的撰写和对外供稿工作；负责组织档案宣传和档案、史志业务的交流与培训；负责组织建设项目档案专项验收，建设项目竣工验收以及重大科研课题和大型设备的资料验收工作；负责档案的安全保管工作；负责档案信息化建设，组织档案管理新技术、新方法的推广应用工作；负责档案信息资源的开发利用，组织开展档案专项或专题编研；

[1]　2017 年 9 月至 12 月期间，行政事务中心主任空缺。

[2]　2016 年 2 月，陈来军病故。

[3]　2016 年 2 月至 4 月期间，行政事务中心副主任空缺。

负责向国土资源部、中国石油资料中心汇交和上交油气勘探开发地质资料；做好油气地质资料委托保管工作。内设3个科室：史志（档案）编研科、档案管理科、综合管理科。人员编制10人，其中副处级1人（主任1人）、科级4人（副主任1人、科长2人、副科长1人）、一般管理人员5人。

2019年7月，油田分公司决定，对公司机关、机关附属、直属单位的机构设置和人员编制进行调整，将档案中心整合到共享服务中心。为便于对外开展业务，保留档案中心机构名称。

2019年7月，油田分公司决定：解聘李勇的档案中心主任、安全总监职务。

截至2019年7月8日，档案中心在册员工11人，党员10人。支委会由李勇、崔京玉、朱晓龙组成，李勇任书记。

主　　　任　李　勇（2016.1—2019.7）

副 主 任　崔京玉（女，正科级，2016.1—2019.7）

安 全 总 监　李　勇（兼任，2016.1—2019.7）

第三节　资金结算中心（2016.1—2019.7）

2016年1月，资金结算中心为附属单位，副处级。资金结算中心主要职责：负责制定资金结算的规章制度；负责结算资金的统一管理；负责下达货币资金预算计划；负责结算账户的管理；负责办理内外收支结算和现金的提取；负责办理利息的计算、收付业务；负责资金结算的审核、稽查；负责与总部资金收付、往来业务的会计核算管理；负责组织并监督资金计划的执行，协调计划执行过程中出现的问题；负责机关经费和资产的核算与管理。设科室3个：资金管理科、结算稽核科、机关财务科。编制定员17人，其中处级职数1个、科级职数7个；在册员工16人，党员6人。

2017年10月，油田分公司决定：解聘张彩霞的资金结算中心主任职务。

2017年11月，油田分公司决定：聘任南雨为资金结算中心主任。

2017年12月，油田分公司决定：调整机关、机关附属、直属单位的机构设置和人员编制，资金结算中心主要职责：负责制（修）订资金结算的规章制度；负责结算资金的统一管理；负责下达货币资金预算计划；负责结算账户的管理；负责办理内外收支结算和现金的提取；负责办理利息的计算、收付业务；负责资金结算的审核、稽查；负责与总部资金收付、往来业务的会计核算管理；负责组织并监督资金计划的执行，协调计划执行过程中出现的问题；负责工会财务管理，负责机关经费和资产的核算与管理。内设3个科室：资金管理科、结算稽核科、机关财务科。人员编制12人，其中副处级1人（主任1人）、科级4人（科长3人、副科长1人）、一般管理人员7人。

2019年7月，油田分公司决定，对公司机关、机关附属、直属单位的机构设置和人员编制进行调整，资金结算中心撤销，业务和人员划转到共享服务中心。

截至2019年7月8日，资金结算中心在册员工10人，党员8人。

主　　　任　张彩霞（女，2016.1—2017.10）
　　　　　　南　雨（2017.11—2019.7）

第四节　技能鉴定中心—技能鉴定中心（劳动力交流中心）（2016.1—2019.7）

2016年1月，技能鉴定中心为附属单位，副处级。技能鉴定中心主要职责：负责贯彻执行国家、自治区、集团公司有关职业技能鉴定法规、规定、制度和标准；负责制定职业技能鉴定规章制度、管理办法和实施细则；负责技能鉴定的组织、考试命题、鉴定费的收缴及使用管理；负责职业技能鉴定信息资料的收集、汇总和上报；负责职业技能鉴定试题库的建立和管理；负责初级、中级、高级职业资格证书的核发；负责考评员的聘用、考核与管理；负责对鉴定质量进行内部督导。设科室3个：鉴定组织科、题库科、综合管理科。编制定员10人，其中处级职数1个、科级职数4个；在册员工9人，党员9人。

2017年12月，油田分公司决定：调整机关、机关附属、直属单位的机构设置和人员编制，技能鉴定中心同时挂劳动力交流中心牌子，技能鉴定中心（劳动力交流中心）主要职责：贯彻执行国家、自治区、集团公司有关职业技能鉴定法规、规定、制度和标准；负责制（修）订公司职业技能鉴定和技能人才开发培养各项管理制度；负责职业技能鉴定质量管理体系的建立和运行；负责规划、组建职业技能鉴定站（考评站），并进行业务检查和指导；负责职业技能鉴定计划的制定和组织实施；负责职业技能鉴定试题库管理和技能培训教材开发；负责考评员、督导员聘用、考核和管理；负责高技能人才队伍建设、技能专家工作仿的建设和日常管理；负责技师、高级技师考评和二级单位选聘方案审批；负责技能专家、首席技师选聘及年度、聘期考核；负责职业技能竞赛的组织实施；负责职业技能鉴定经费的管理和使用；负责劳动力市场管理，富余人员转岗培训、劳务输出等协调管理工作。内设2个科室：技能开发科、题库科。人员编制7人，其中副处级1人（主任1人）、科级3人（科长2人、副科长1人）、一般管理人员3人。

2019年7月，油田分公司决定：对公司机关、机关附属、直属单位的机构设置和人员编制进行调整，将技能鉴定中心（劳动力交流中心）整合到共享服务中心。为便于对外开展业务，保留技能鉴定中心机构名称。

截至2019年7月8日，技能鉴定中心（劳动力交流中心）在册员工6人，党员6人。

主　　　任　吕德柱（2016.1—2019.7）

第五节　吐哈油田社会保险管理中心
（2016.1—2019.7）

2016年1月，吐哈油田社会保险管理中心为附属单位，副处级。吐哈油田社会保险管理中心主要职责：贯彻执行国家、自治区和集团公司有关社会保险的法律法规、政策和各项管理规定；负责协助自治区社会保险管理局，经办管理油田基本养老、基本医疗、工伤、失业和生育保险业务；负责集团公司过渡性企业年金、企业职工补充医疗保险和劳动家属医疗补助等的管理；负责参保登记、基金征缴和参保人员个人权益记录管理；负责各项保险待遇审核、支付；负责各项保险基金财务管理；负责离退休人员养老金调整、发放，退休初审、报批；负责油田工伤认定、因工伤残劳动能力鉴定的初审、报批，协助调查工伤事故；负责各项保险业务档案管理；负责保险政策宣传，指导，监督参保单位经办各项保险业务，向参保人员提供政策和业务咨询服务；业务上接受人事处的指导。设科室4个：养老保险科、医疗保险科、综合保险科、基金管理科，人员编制27人，其中：处级1人、科级6人；在册员工27人，党员21人。支委会由郭创新、杨建明、王林杰、白维斌、邓成秀组成，郭创新任书记，杨建明任副书记。

2017年5月，油田分公司决定：解聘杨建明的吐哈油田社会保险管理中心副主任职务。

2017年12月，油田分公司决定：调整机关、机关附属、直属单位的机构设置和人员编制，吐哈油田社会保险管理中心主要职责：贯彻执行国家、自治区和集团公司有关社会保险的法律法规、政策和各项管理规定；负责协助自治区社会保险管理局，经办管理油田基本养老、基本医疗、工伤、失业和生育保险业务；负责企业职工补充医疗保险和劳动家属医疗补助管理工作，指导离退休人员生活补贴发放工作；负责参保登记、基金征缴和参保人员个人权益记录管理；负责各项保险待遇审核、支付；负责各项保险基金财务管理；负责离退休人员养老金调整、发放，退休初审、报批；负责油田工伤认定、因工伤残劳动能力鉴定的初审、报批和协助调查工伤事故；负责各项社会保险业务档案管理；负责保险政策宣传，指导、监督参保单位经办各项保险业务，向参保人员提供政策和业务咨询服务。内设4个科室：养老失业保险科[①]、医疗保险科、基金管理科、稽核科。人员编制22人，其中副处级1人（主任1人）、科级7人（副主任1人、科长4人、副科长2人）、一般管理人员14人。

2019年7月，油田分公司决定：对公司机关、机关附属、直属单位的机构设置和人员编制进行调整，将吐哈油田住房公积金管理中心整合到共享服务中心。为便于对外开展业务，保留吐哈油田社会保险管理中心机构名称。

截至2019年7月8日，吐哈油田社会保险管理中心在册员工19人，党员16人。支委会由郭创新、白维斌、王林杰、张玉江、邓秀成组成，郭创新任书记，白维斌任副书记。

主　　任　郭创新（2016.1—2019.7）

副 主 任　杨建明（副处级，2016.1—2017.5）[②]

---

① 养老保险科名称变更有3个阶段：养老保险科（2004.11—2017.12）、养老失业保险科（2017.12—2019.12）、养老保险科（2019.12—2020.12）。

② 2017年5月至2019年7月期间，吐哈油田社会保险管理中心副主任空缺。

第五章 二级单位

2016年1月，油田分公司所属二级单位37个：勘探开发研究院、工程技术研究院（勘察设计院）、吐鲁番采油厂、鄯善采油厂、温米采油厂、丘东采油厂、鲁克沁采油厂（鲁克沁油田项目经理部）、三塘湖采油厂（三塘湖油田项目经理部）、勘探公司、石油天然气化工厂、石油能源开发公司、销售事业部（运销处）、井下技术作业公司、机械厂、新疆吐哈油田建设有限责任公司、技术监测中心（新疆吐哈诚信工程监理有限责任公司）、供水供电处（吐哈油田电力工程公司）、信息技术公司（新疆欧亚科技发展有限责任公司）、物资供应处、特种车辆工程公司、小车服务中心、消防支队、吐哈石油大厦企业集团、监督中心（石油天然气吐哈工程质量监督站）、哈密物业管理公司、鄯善物业管理公司、吐哈石油医院（卫生处、疾病预防控制中心）、新闻中心（吐哈石油报社、吐哈有线电视台、中国石油报吐哈记者站）、离退休职工管理中心（再就业服务站）、酒泉生活基地管理处、广汉生活基地管理处、西安生活基地管理处、兰州生活基地管理处、苏州生活基地管理处、北京生活基地管理处、北京吐哈石油宾馆、西安吐哈石油大厦。

2016年2月，为有效整合各类资源，将鄯善采油厂、丘东采油厂、温米采油厂实施整合，成立鄯善采油厂，机构规格正处级，列二级单位管理。

2016年2月，按照集团公司关于宾馆酒店业务转型的有关要求，将哈密吐哈石油大厦和鄯善油田公寓的业务、机构、人员从吐哈石油大厦企业集团分离出来，成立员工公寓管理中心，机构规格副处级，列二级单位管理。新疆吐哈诚信工程监理有限责任公司增加"开展环评安评及职业卫生评价"业务，为了便于工作开展，将新疆吐哈诚信工程监理有限责任公司更名为新疆吐哈石油项目管理咨询有限公司，更名后，其运行方式不变。

2016年3月，撤销北京吐哈石油宾馆，重新成立北京办事处；撤销西安吐哈石油大厦；将西安生活基地管理处更名为西安生活基地管理中心；吐哈石油大厦企业集团更名为吐哈石油大厦，与乌鲁木齐办事处按一个机构、两块牌子运行；酒泉生活基地管理处更名为酒泉生活基地管理中心；兰州生活基地管理处更名为兰州生活基地管理中心；广汉生活基地管理处更名为广汉生活基地管理中心；苏州生活基地管理处更名为苏州生活基地管理中心；北京生活基地管理处更名为北京生活基地管理中心。

2016年5月，为有效利用各类资源，优化配置，将勘探部、勘探公司整合为勘探公司（勘探事业部），机构规格正处级，列二级单位管理，按一个机构、两块牌子运行。

2016年8月，整合特种车辆工程公司和小车服务中心，成立运输工程公司，机构规格正处级，列二级单位管理。

2017年1月，离退休职工管理中心（再就业服务站）增挂离退休职工管理处牌子，按一个机构、三块牌子管理。

2017年5月，石油能源开发公司机构规格由正处级调整为副处级；撤销酒泉生活基地管理中心。

2017年7月，撤销石油天然气化工厂。

2017年8月，撤销北京生活基地管理中心；将西安生活基地管理中心、广汉生活基地管理中心、兰州生活基地管理中心、苏州生活基地管理中心机构规格由正处级调整为副处级。

2017年11月，吐哈油田电力工程公司改制为一人有限责任公司，名称为新疆吐哈石油电力工程有限公司。

2017年12月，成立纪检监察中心，与监督中心（石油天然气吐哈工程质量监督站）按一个机构、三块牌子运行。

2018年1月，新闻中心退出印刷业务，内设机构全部撤销，将信息技术公司（新疆欧亚科技发展有限责任公司）更名为信息技术公司（新闻中心、吐哈石油报社、中国石油报吐哈记者站、新疆欧亚科技发展有限责任公司）。

2018年4月，将哈密物业管理公司、鄯善物业管理公司和员工公寓管理中心整合为综合服务中心，机构规格正处级，列二级单位管理。

2018年11月，将兰州生活基地管理中心、广汉生活基地管理中心和苏州生活基地管理中心业务、人员全部纳入离退休职工管理中心统一管理，机构分别更名为兰州生活基地管理站、广汉生活基地管理站和苏州生活基地管理站，作为离退休职工管理中心的科级基层单位，原内设机构同时撤销。

2019年3月，撤销北京办事处，将其人员并入离退休职工管理中心，成立北京生活基地管理站，作为离退休职工管理中心的基层科级单位管理，实行独立核算，独立运行，业务接受办公室和矿区管理部的管理指导。离退休职工管理中心增加负责吐哈油田驻集团公司总部机关安保维稳业务及人员的管理职责，该业务接受油田保卫部的管理指导。

2019年7月，油田分公司将井下技术作业公司开发测试、高压洗井原属于油田业务保留，其他业务及相应资产全部划转中国石油集团西部钻探工程有限公司。

2019年8月，油田分公司决定：撤销乌鲁木齐办事处机构和相关职责，保留吐哈石油大厦机构和相关职责，乌鲁木齐办事处机构撤销后，与乌鲁木齐办事处有关的人员同时解聘（免去）。

2019年10月，油田分公司决定：将纪检监察中心更名为纪检中心。

2019年12月，油田分公司决定：将新疆吐哈油田建设有限责任公司和消防支队相关业务整合，成立工程建设服务中心，为未上市二级单位，正处级，并按照集团公司《关于进一步强化集团公司消防安全和专职消防队伍建设有关工作的通知》精神，加冠"中国石油消防应急救援吐哈油田支队"机构名称，保留新疆吐哈油田建设有限责任公司法人资质，按一个机构三块牌子运行。撤销石油能源开发公司机构及内设机构，业务及人员整体划转至综合服务中心。

2020年3月，油田分公司决定：将机械厂和物资供应处重组整合，成立物资保障中心，为未上市二级单位。主要承担公司物资管理、物资供应、仓储、质检、配送、抽油机修保、管材加工、设备维护保养等业务。将运输工程公司和工程建设服务中心重组整合，成立工程技术中心，为未上市二级单位。主要承担公司消防应急、管道维修、预制防腐、工程项目管理、道路维护、试压检测、特车服务、油品转运、通勤保障、设备维修等业务。保留中国石油消防应急救援吐哈油田支队机构名称和新疆吐哈油田建设有限责任公司法人资质，按一个机构三块牌子运行。

2020 年 7 月，油田分公司决定：按照新型采油管理区模式，将吐鲁番采油厂、鄯善采油厂、鲁克沁采油厂（鲁克沁油田项目经理部）、三塘湖采油厂分别改革设立为吐鲁番采油管理区、鄯善采油管理区、鲁克沁采油管理区、三塘湖采油管理区。四个采油管理区为上市业务二级单位，机构分类为二级一类。成立油气生产服务中心，为上市业务二级单位，机构分类为二级一类。成立准东勘探开发项目经理部，列公司上市二级单位，机构分类为二级二类。

2020 年 9 月，油田分公司决定：撤销西安生活基地管理中心处级机构，在离退休职工管理中心成立西安生活基地管理站，列离退休职工管理中心下属三级机构。

截至 2020 年 12 月 31 日，吐哈油田分公司所属二级单位 20 个：勘探公司（勘探事业部）、准东勘探开发项目经理部、勘探开发研究院、工程技术研究院（勘察设计院）、吐鲁番采油管理区、鄯善采油管理区、鲁克沁采油管理区、三塘湖采油管理区、油气生产服务中心、销售事业部（运销处）、监督中心（石油天然气吐哈工程质量监督站、纪检中心）、工程技术中心（中国石油消防应急救援吐哈油田支队）、物资保障中心、供水供电处（新疆吐哈石油电力工程有限公司）、技术监测中心（新疆吐哈石油项目管理咨询有限公司）、信息技术公司（新闻中心、吐哈石油报社、中国石油报吐哈记者站、新疆欧亚科技发展有限责任公司）、综合服务中心、吐哈石油大厦、吐哈石油医院（卫生处、疾病预防控制中心）、离退休职工管理中心（再就业服务站、离退休职工管理处）。

第一节　勘探公司—勘探公司（勘探事业部）
（2016.1—2020.12）

1991 年 4 月，会战指挥部决定，成立勘探处。1993 年 1 月，撤销勘探处，成立勘探事业部。1996 年 4 月，指挥部决定，将勘探事业部综合科机关管理职能划出，成立勘探处。1999 年 11 月，油田分公司决定，撤销勘探处、勘探事业部，成立勘探处（勘探事业部）。2010 年 1 月，油田分公司决定，将勘探处（勘探事业部）的油气勘探业务机关职能和二级单位实施职能分离，在勘探事业部基础上成立勘探公司，为二级单位，机构规格为正处级。主要负责勘探部署的贯彻落实及勘探项目的组织运行、投资效益及安全管理等业务。勘探公司党组织关系隶属于油田分公司党委，机关办公地点在新疆维吾尔自治区吐鲁番市鄯善县火车站镇。

截至 2015 年 12 月 31 日，勘探公司设机关科室 2 个：综合办公室、安全生产科。所属基层单位 5 个：预探项目经理部、油藏评价项目经理部、物探项目经理部、钻井项目经理部、试油项目经理部。

勘探公司在册员工 70 人。其中大学本科及以上学历 47 人，正高级职称 1 人、副高级职称 32 人、中级职称 27 人。勘探公司党委下属基层党支部 4 个，共有党员 48 人，其中在职党员 48 人。

勘探公司党政领导班子由 5 人组成，其中行政领导班子 5 人，党委由 5 人组成，领导班子成员分工如下：

钱峰任党委副书记、经理，全面负责行政工作，负责人事、企管、计划、财务，联系综合办公室。

王丙坤任党委书记、纪委书记、工会主席、副经理，全面负责公司党务、工会、纪委工作，负责物探生产运行、质量、安全、环保、成本、技术攻关，审查物探工程设计，联系综合办公室、物探项目经理部。

张代生任党委委员、副经理，负责勘探部署、圈闭管理、储量管理、地质录井、测井、科研及技术攻关，负责井位部署运行，组织钻井完井、试油方案讨论，负责动态管理及部署调整、设计变更管理，审查物探、钻井、试油地质设计，负责录井、测井生产运行、质量、安全、环保、成本、技术攻关，联系预探项目经理部、油藏评价项目经理部。

董震涛任党委委员、副经理、安全总监，负责钻井、生产与安全环保，负责钻井生产运行、质量、安全、环保、成本、技术攻关，审查钻井工程设计，联系安全生产科、钻井项目经理部。

杨永利任党委委员、副经理，负责试油、信息化、内控体系建设，负责试油生产运行、质量、安全、环保、成本、技术攻关，审查试油工程设计，联系试油项目经理部。

2016 年 2 月，油田分公司党委决定：任命孙皓为勘探公司党委书记、纪委书记、工会主席；免去王丙坤的勘探公司党委书记、纪委书记、工会主席职务。油田分公司决定：聘任孙皓为勘探公司副经理；解聘王丙坤的勘探公司副经理职务。

2016年3月，调整部分领导班子成员分工：

党委书记、纪委书记、副经理、工会主席孙皓全面负责党务、工会、纪委工作，负责物探生产运行、质量、安全、环保、成本、技术攻关，负责物探生产运行、质量、安全、环保、成本、技术攻关，负责审查物探工程设计，联系综合办公室、物探项目经理部。

党委委员、副经理、安全总监董震涛负责钻井、生产、安全、环保、节能节水、质量与标准化，负责钻井生产运行、质量、安全、环保、成本、技术攻关，审查钻井工程设计，联系安全生产科、钻井项目经理部。

党委委员、副经理杨永利负责试油、信息化、综合档案、保密、内控体系建设，负责试油生产运行、质量、安全、环保、成本、技术攻关，审查试油工程设计，联系试油项目经理部。

2016年5月，为进一步理顺和优化公司勘探业务职能，有效利用各类资源，精简机构，优化配置，油田分公司对勘探部和勘探公司的业务、人员进行整合，将勘探部和勘探公司整合为勘探公司（勘探事业部），机构规格为正处级，列二级单位管理，按一个机构、两块牌子管理运行。勘探公司（勘探事业部）同时承担勘探专业管理和生产经营管理双重职能。机构整合后，设机关科室4个：综合办公室、安全生产科、勘探科、技术科，基层项目部5个：预探项目经理部、评价项目经理部、物探项目经理部、钻井项目经理部、试油项目经理部。

2016年5月，油田分公司党委决定：任命钱峰为勘探公司（勘探事业部）党委书记、纪委书记、工会主席，梁浩为党委副书记，杨永利、张代生、董震涛、罗劝生为党委委员；免去孙皓的勘探公司党委书记、纪委书记、工会主席职务，钱峰的勘探公司党委副书记职务，杨永利的勘探公司党委委员职务，张代生的勘探公司党委委员职务，董震涛的勘探公司党委委员职务。油田分公司决定：聘任梁浩为勘探公司（勘探事业部）经理，钱峰、杨永利、张代生、罗劝生为副经理，董震涛为副经理、安全总监；解聘梁浩的原勘探部主任职务，钱峰的原勘探公司经理职务，罗劝生的勘探部副主任职务，孙皓、杨永利、张代生的勘探公司副经理职务，董震涛的勘探公司副经理、安全总监职务。

随后，调整领导班子成员分工：

党委副书记、经理梁浩全面负责勘探公司行政工作，负责油气预探、油藏评价规划、投资、部署管理，负责矿权、储量、圈闭、探井报废核销管理工作，负责基础工作管理，组织制定管理规章制度并监督实施，负责勘探公司（勘探事业部）整体工作的组织、协调，协助党委书记全面完成党委工作目标，联系综合办公室。

党委书记、纪委书记、副经理、工会主席钱峰全面负责公司党务、工会、纪监工作。负责勘探生产组织运行管理及经营工作，协助经理全面完成行政工作目标任务，联系综合办公室。

党委委员、副经理张代生负责物探、地质录井、测井、科研及技术攻关，负责物探采集、处理、解释项目管理，组织钻井完井、试油方案讨论，审查物探及探井钻井、试油地质设计和测井工程设计，负责物探、录井、测井生产运行、质量、安全、环保、成本、技术攻关，联系技术科、预探项目经理部、物探项目经理部。

党委委员、副经理、安全总监董震涛负责钻井、生产、安全、环保、节能节水、质量与标准化，负责钻井生产运行、质量、安全、环保、成本、技术攻关，审查钻井工程设计，联系安全生产科、钻井项目经理部。

党委委员、副经理杨永利负责试油、信息化、综合档案、保密、内控体系建设，负责试油生产运行、质量、安全、环保、成本、技术攻关，审查试油工程设计，联系试油项目经理部。

党委委员、副经理罗劝生负责勘探项目部署论证、储量和矿权管理，负责组织编制油田公司中长期勘探规划及年度勘探工作量及投资计划，组织井位部署、圈闭审查、油气储量申报与管理，审查油藏评价井钻井、试油地质设计和测井工程设计，联系勘探科、评价项目经理部。

2016年，勘探公司（勘探事业部）完成二维地震采集1509千米、时频电磁170千米；钻井新开48口，跨年继钻9口，完钻57口，完成钻井进尺18.47万米。新增探明石油储量、控制石油储量、预测石油储量分别完成年计划的106%、107%、104%；新增SEC证实储量油气当量完成年计划的

129%。精细勘探吐哈盆地台北凹陷，完试探井、评价井 12 口井获得工业油流，为油田稳产提质增效创造条件；立体勘探三塘湖盆地条湖—马朗凹陷，完试 13 口探井、评价井获得工业油流，为规模增储奠定了持续上产基础，获中国石油 2016 年油气勘探重大发现二等奖；新区甩开预探，天 6 井获工业油流，银额盆地天草凹陷见到好苗头。

2017 年 8 月，油田分公司党委决定：免去张代生的勘探公司（勘探事业部）党委委员职务。油田分公司决定：解聘张代生的勘探公司（勘探事业部）副经理职务，退职离岗。

2017 年 9 月，油田分公司党委决定：免去梁浩的勘探公司（勘探事业部）党委副书记职务。油田分公司决定：解聘梁浩的勘探公司（勘探事业部）经理职务。

2017 年 10 月，油田分公司党委决定：任命罗劝生为勘探公司（勘探事业部）党委书记、纪委书记、工会主席（试用期一年），钱峰为勘探公司（勘探事业部）党委副书记；免去钱峰的勘探公司（勘探事业部）党委书记、纪委书记、工会主席职务。油田分公司决定：聘任钱峰为勘探公司（勘探事业部）经理。

2017 年 11 月，调整领导班子成员分工：

党委副书记、经理钱峰全面负责行政工作，负责整体工作的组织、协调，负责经营及基础工作管理，组织制定管理规章制度并监督实施，协助党委书记全面完成党委工作目标，联系综合办公室。

党委书记、纪委书记、副经理、工会主席罗劝生全面负责党委、工会工作，负责党建工作、党风廉政建设、思想政治工作、新闻宣传工作、企业文化建设、综治维稳、工会等工作，负责油气预探、油藏评价规划、投资、部署管理，负责矿权、储量、圈闭、探井报废核销管理，负责物探、地质录井、测井技术工作，协助经理全面完成行政工作目标任务，联系综合办公室、勘探科、物探项目经理部。

党委委员、副经理、安全总监董震涛负责钻井、生产、安全、环保、节能节水、质量与标准化、科研及技术攻关工作，负责钻井生产运行、质量、安全、环保、成本、技术攻关，审查钻井工程设计，联系技术科、安全生产科、钻井项目经理部。

党委委员、副经理杨永利负责试油、信息化、综合档案、保密、内控体系建设工作，负责试油生产运行、质量、安全、环保、成本、技术攻关，审查试油工程设计，联系预探项目部经理部、评价项目部经理部、试油项目经理部。

2017年，勘探公司（勘探事业部）实施三维地震采集345平方千米，完成计划的100%。钻井完钻51口，进尺16.97万米，完成计划的107%。台北富油气凹陷常规油气藏勘探取得新发现，为老区稀油稳产提供了优质资源，仍是实现高效勘探的主体。马朗、条湖凹陷低压砂岩、致密油勘探取得新进展，为持续上产提供了整装资源及技术保障。加快勘探天草凹陷取得新突破，明确了下步勘探的有利方向，获股份公司2017年油气勘探重大发现三等奖。

2018年4月，对单位机构进行调整，设机关科室3个：综合办公室、经营财务科、质量安全环保科。所属基层单位7个：勘探管理部、生产管理部、预探项目部、评价及产能建设项目部、煤层气项目部、钻井项目部、试油项目部。

2018年5月，调整领导班子成员分工：

党委副书记、经理钱峰全面负责行政工作，负责整体工作的组织、协调，负责经营及基础工作管理，组织制定管理规章制度并监督实施，协助党委书记全面完成党委工作目标，联系综合办公室、经营财务科、煤层气项目部。

党委书记、纪委书记、副经理、工会主席罗劝生全面负责党委、工会工作，负责党建工作、党风廉政建设、思想政治工作、新闻宣传工作、企业文化建设、综治维稳、工会等工作，负责油气预探、油藏评价规划、投资、部署管理，负责矿权、储量、圈闭、探井报废核销管理，负责物探、地质录井、测井技术、科研及技术攻关工作，协助经理全面完成行政工作目标任务，联系综合办公室、勘探管理部。

党委委员、副经理、安全总监董震涛负责钻井、生产、安全、环保、节能节水、质量与标准化、信息化工作，负责钻井生产运行、质量、安全、环保、成本、技术攻关，审查钻井工程设计，联系质量安全环保科、生产管理部、钻井项目部。

党委委员、副经理杨永利负责试油、新区产能建设、综合档案、保密、内控体系建设工作，负责试油、新区生产运行、质量、安全、环保、成本、技术攻关，审查试油、新投工程设计和新区产能建设方案，联系预探项目部、评价及产能建设项目部、试油项目部。

2018年8月，油田分公司党委决定：任命崔彦立为勘探公司（勘探事业部）党委委员；免去杨永利的勘探公司（勘探事业部）党委委员职务。油田分公司决定：聘任崔彦立为勘探公司（勘探事业部）副经理；解聘杨永利的勘探公司（勘探事业部）副经理职务。

2018年10月，油田分公司党委决定：任命杨斌为勘探公司（勘探事业部）党委委员。油田分公司决定：聘任杨斌为勘探公司（勘探事业部）副经理（试用期一年）。

2018年11月，调整部分领导班子成员分工：

党委书记、纪委书记、副经理、工会主席罗劝生全面负责党委、工会工作，负责党建工作、党风廉政建设、思想政治工作、新闻宣传工作、企业文化建设、综治维稳、工会等工作，负责油气储量管理及物探、地质录井、测井技术攻关工作，协助经理全面完成行政工作目标任务，联系综合办公室、预探项目部。

党委委员、副经理崔彦立负责试油、新区产能建设、综合档案、保密、内控体系建设工作，负责试油、新区产能建设、油藏、采油、集输的生产运行、质量、安全、环保、成本、技术攻关，组织审查试油、新投工程设计和新区产能建设方案，联系评价及产能建设项目部、试油项目部。

党委委员、副经理杨斌负责规划、投资管理，负责部署、矿权、圈闭、报废核销、科研及技术攻关、信息化工作，负责井位部署运行，组织钻井完井、试油方案讨论，负责动态管理及部署调整、设计变更管理，审查钻井、试油地质设计，联系勘探管理部。

2018年12月10日，中共吐哈油田公司勘探公司（勘探事业部）代表大会在新疆维吾尔自治区吐鲁番市鄯善县召开，48名党员代表参加会议。会议选举产生了中共吐哈油田公司勘探公司（勘探事业部）委员会委员和中共吐哈油田公司勘探公司（勘探事业部）纪律检查委员会委员。中共吐哈油田公司勘探公司（勘探事业部）委员会由杨斌、罗劝生、钱峰、崔彦立、董震涛等 5 人组成（以姓氏笔画为序），罗劝生为党委书记，钱峰为党委副书记。中共吐哈油田公司勘探公司（勘探事业部）纪律检查委员会由 3 人组成，罗劝生为纪委书记。勘探公司（勘探事业部）党委下属基层党支部 5 个，共有党员 56 人，其中在职党员 56 人。

2018 年 12 月，油田分公司党委决定：正式任命罗劝生为勘探公司（勘探事业部）党委书记、纪委书记、工会主席。

2018 年，勘探公司（勘探事业部）实施二维地震采集 200 千米，三维地震采集 200 平方千米；钻井完钻 51 口，进尺 14.50 万米，完成计划的107%。新增探明石油储量、控制石油储量、预测石油储量分别完成年度计划的 108.4%、105.2% 和 110.3%；新增 SEC 储量完成年计划的 113.9%。加大新区新领域甩开勘探，条湖南缘发现了凝灰岩页岩油勘探新领域，获2018 年中国石油天然气股份有限公司重大发现三等奖。天草凹陷北洼槽发现落实高渗优质储量区块。强化富油区带精细勘探，台北凹陷发现了葡北 2 等建产新区块，马朗凹陷扩展出西峡沟立体建产区块。积极准备非常规资源综合勘探，煤层气见到好的苗头。

2019 年 3 月，为加强准东矿权流转区块的管理，油田分公司决定，成立准东勘探开发前线指挥部及项目经理部临时机构。项目部实行独立运行、单独考核，共享勘探公司物探、钻井、试油、新投、合同、财务、甲供料等技术管理力量及人员。项目经理部设经理 1 人，由梁浩担任；副经理 5 人，其中，分管工程技术、生产、安全、公共关系的副经理 1 人（专职），由王银山担任；分管勘探、评价、产能建设、油藏地质的副经理 1 人（专职），由敬章龙担任；分管地质研究及部署的副经理 1 人（兼职），由康积伦担任；分管钻井工程方案设计及现场支持的副经理 1 人（兼职），由冯义担任；分管压裂设计及现场支持的副经理 1 人（兼职），由刘建伟担任。项目经理部专职人员人事劳资关系调转到勘探公司统一管理。

2019 年 4 月，勘探公司（勘探事业部）对所属机构进行调整：增设试采项目部。

2019 年 4 月，调整领导班子成员分工：

党委副书记、经理钱峰全面负责行政工作，负责整体工作的组织、协调，负责经营及基础工作管理，组织制定管理规章制度并监督实施，协助党委书记全面完成党委工作目标，负责分管业务和联系单位的党建工作、安全环保工作和党风廉政建设，联系综合办公室、经营财务科、煤层气项目部。

党委书记、纪委书记、副经理、工会主席罗劝生全面负责党委、工会工作，负责党建工作、党风廉政建设、思想政治工作、新闻宣传工作、企业文化建设、综治维稳、工会等工作，负责油气储量管理及物探、地质录井、测井技术攻关工作，组织完井试油讨论，协助经理全面完成行政工作目标任务，负责分管业务和联系单位的党建工作、安全环保工作和党风廉政建设，联系综合办公室、预探项目部。

党委委员、副经理、安全总监董震涛负责钻井、生产、安全、环保、节能节水、质量、设备物资工作，负责钻井生产运行、质量、安全、环保、成本、技术攻关，审查钻井工程设计，负责分管业务和联系单位的党建工作、安全环保工作和党风廉政建设，联系质量安全环保科、生产管理部、钻井项目部。

党委委员、副经理崔彦立负责试油、新区产能建设、综合档案、保密、内控体系建设工作，负责试油、新区产能建设、油藏、采油、集输的生产运行、质量、安全、环保、成本、技术攻关，组织审查试油、新投工程设计，负责分管业务和联系单位的党建工作、安全环保工作和党风廉政建设，联系试油项目部、试采项目部。

党委委员、副经理杨斌负责规划、投资管理，负责部署、矿权、圈闭、报废核销、科研攻关、信息化、勘探技术管理、标准化等工作，负责井位部署运行，负责动态管理及部署调整、设计变更管理，审查钻井、试油地质设计，组织审查新区产能建设方案，负责分管业务和联系单位的党建工作、安全环保工作和党风廉政建设，联系评价及产能建设项目部、勘探管理部。

2019 年 7 月，勘探公司增加"负责物探定额、价格管理以及结算审查"职责。

2019 年 8 月，勘探公司（勘探事业部）机关科室综合办公室更名为综合办公室（人事科）。

2019 年 11 月，勘探公司（勘探事业部）对所属机构进行调整：增设物探项目部。

2019年11月，油田分公司决定：聘任祁兵兵为准东勘探开发项目经理部副经理。

2019年12月，为保障准东勘探开发项目经理部生产有序运行，质量安全及经营风险受控，油田分公司决定进一步完善准东勘探开发项目经理部机构。准东勘探开发项目经理部设经理1人、专职副经理4人，内设综合办公室、经营财务室、生产安全管理部、勘探开发技术部，暂定专职人员24人（含科级6人）。准东勘探开发项目经理部实行独立运行、单独考核、独立建账核算。组织、人事、文书、档案等工作依托勘探公司运行。

2019年12月，油田分公司决定：聘任敬章龙、王银山为准东勘探开发项目经理部副经理。

2019年，勘探公司（勘探事业部）实施二维地震采集730.7千米，三维地震采集470.5平方千米；钻井完钻26口，进尺10.33万米，完成计划的95.2%。新增探明石油储量、新增控制石油储量完成年度计划的112.9%；台北凹陷二叠系近源大型岩性油藏勘探见到好的苗头，玉探1井钻遇厚砂砾岩油层。准东矿权流转区立体勘探评价取得新发现，石树沟凹陷发现平二段页岩油油藏和平三段砂砾岩油藏，油田增储建产接替领域初步形成。三塘湖盆地芦草沟组页岩油整体评价攻关试验取得新进展，风险勘探芦页1井深化认识、条34块新增探明石油地质储量，马1区块滚动评价建产效果好。台北、马朗富油气凹陷常规油气精细勘探新发现马朗三叠系砂砾岩油藏。台北岩性油气勘探葡北27、胜北502H等5口井获工业油气流。马朗凹陷煤层气排采矿场试验取得工业性突破，塘1矿场试验井组6口井见气，展现出良好的勘探开发潜力。

2020年3月，油田分公司党委决定：免去钱峰的勘探公司党委副书记、党委委员职务。油田分公司决定：免去钱峰的勘探公司（勘探事业部）经理职务。

2020年4月，油田分公司党委决定：任命李显锋为勘探公司（勘探事业部）党委委员、党委副书记、纪委书记、工会主席，杨飚、陈旋、肖华为勘探公司（勘探事业部）党委委员；免去罗劝生的勘探公司（勘探事业部）纪委书记、工会主席职务。油田分公司决定：聘任罗劝生为勘探公司（勘探事业部）经理，杨飚为勘探公司（勘探事业部）副经理（正处级），陈旋为勘探公司（勘探事业部）副经理，肖华为勘探公司（勘探事业部）总工程师，兼任准东勘探开发项目经理部总工程师，康积伦为准东勘探开发项目经理部副经理。

2020 年 4 月，油田分公司决定：将勘探公司（勘探事业部）处级职数由 6 人调整为 8 人；准东勘探开发项目经理部处级管理人员由 5 人调整为 6 人。冯义不再兼任准东勘探开发项目经理部副经理。

2020 年 4 月，油田分公司决定成立准东勘探开发项目经理部党支部，为公司党委职数党支部。党支部委员会由 5 人组成，通过党员大会选举产生，其中设党支部书记 1 人、副书记 1 人。

2020 年 5 月，调整领导班子成员分工：

党委书记、经理罗劝生全面负责公司工作，主持公司党委工作，联系综合办公室（人事科）、经营财务科。

党委委员、副经理杨飚负责物探技术管理、信息化、标准化工作，负责分管业务、单位的党建工作、安全环保工作和党风廉政建设，联系物探项目部。

党委委员、副经理、安全总监董震涛负责生产、安全、钻井工程技术、井控、环保、节能节水、质量、设备物资工作，审核钻井工程设计，负责分管业务、单位的党建工作、安全环保工作和党风廉政建设，联系质量安全环保科、生产管理部、钻井项目部。

党委委员、副经理崔彦立负责试油业务、煤层气勘探、内控体系建设工作，审查试油工程设计，负责分管业务、单位的党建工作、安全环保工作和党风廉政建设，联系煤层气项目部、试油项目部。

党委委员、副经理陈旋负责勘探部署、圈闭管理、储量管理、科研管理工作，审核钻井、试油地质设计，负责分管单位的党建工作、安全环保工作和党风廉政建设，联系预探项目部、评价及产能建设项目部。

党委委员、副经理杨斌负责投资管理、规划计划、矿权管理、录测井业务、定额定价、企业管理、法律事务、业务档案工作，审核测井地质设计，负责分管单位的党建工作、安全环保工作和党风廉政建设，联系勘探管理部，协助分管经营财务科。

党委副书记、纪委书记、工会主席李显锋负责党建、纪委、思想政治、新闻宣传、企业文化建设、工会、综治维稳、培训、保密、档案、爱国卫生、人口与计划生育工作，负责分管单位的党建工作、安全环保工作和党风廉政建设，协助联系综合办公室（人事科）。

党委委员、总工程师肖华负责准东勘探开发项目经理部的钻井、试油管理。

2020年7月，勘探公司（勘探事业部）对所属机构进行调整：将预探项目部更名为吐哈油气勘探项目部，将评价及产能建设项目部更名为三塘湖及外围油气勘探项目部，同时撤销试采项目部。

2020年7月，油田公司决定，成立准东勘探开发项目经理部，列公司上市二级单位，机构分类为二级二类，主要负责准东矿权流转区块的油气勘探、评价、产能建设和开发生产经营等工作；内设综合办公室（人事组织科）、经营财务办公室、生产安全中心、勘探开发中心、油气处理中心（保障中心）。同时成立准东勘探开发项目经理部党委，撤销公司党委直属的准东勘探开发项目经理部党支部，党委会组成人数与二级管理人员人数保持一致，纪律检查委员会由3人组成。

2020年7月，油田分公司党委决定：免去董震涛的勘探公司（勘探事业部）党委委员职务。油田分公司决定：聘任陈旋为勘探公司（勘探事业部）安全总监；免去董震涛的勘探公司（勘探事业部）副经理、安全总监职务，免去肖华的准东勘探开发项目经理部总工程师职务。

2020年8月，调整部分领导班子成员分工：

党委委员、副经理杨飚负责物（化）探、VSP（井间）技术管理、信息化、标准化工作，审核物（化）探、VSP（井间）部署地质设计、物探采集、处理技术设计，负责分管单位的党建工作、安全环保工作和党风廉政建设，联系物探项目部。

党委委员、副经理、安全总监陈旋负责安全环保管理、节能节水、勘探部署、圈闭管理、储量管理、科研管理工作，审核分管项目部钻井、测井、试油地质设计，负责分管单位的安全环保工作，负责第二党支部的党建工作和党风廉政建设，联系质量安全环保科、三塘湖及外围油气勘探项目部。

党委委员、副经理杨斌负责投资管理、规划计划、矿权管理、录测井业务、定额定价、企业管理、法律事务、业务档案工作，审核分管项目部钻井、测井、试油地质设计，负责分管单位的安全环保工作，负责分管单位的党建工作和党风廉政建设，联系勘探管理部、吐哈油气勘探项目部，协助分管经营财务科。

党委副书记、纪委书记、工会主席李显锋负责党建、纪委、思想政治、新闻宣传、企业文化建设、工会、综治维稳、培训、制度管理、"三基"工作、保密、档案、爱国卫生、人口与计划生育工作，负责分管单位的党建工作、安全环保工作和党风廉政建设，协助联系综合办公室（人事科）。

党委委员、总工程师肖华负责生产、钻井工程技术、井控、设备、物资、信息化管理等工作，审核钻井工程设计，负责分管单位的安全环保工作，负责第四党支部的党建工作和党风廉政建设，联系生产管理部、钻井项目部。

2020年，勘探公司（勘探事业部）实施二维地震采集272千米，三维地震采集38.04平方千米；非地震重磁665平方千米、时频电磁386千米、生物化探40平方千米。钻井完钻16口，进尺6.44万米，完成计划的100.6%。准东流转区石钱1井中途测试获工业气流，取得海相砂砾岩气藏勘探突破；吉28块提产降本攻关取得重要进展。三塘湖盆地立体勘探条34块扩展出新层系，条湖凹陷南缘基本形成3000万吨页岩油勘探新场面；马朗凹陷三叠系砂砾岩油藏新钻4口水平井均获工业油流。台北凹陷胜北中侏罗统致密气藏攻关获得新进展，有望形成规模接替场面。持续煤层气排采攻关，马北区块塘1井组矿场试验取得良好进展。

截至2020年12月31日，勘探公司（勘探事业部）机关设职能科室3个：综合办公室（人事科）、质量安全环保科、经营财务科。所属基层单位8个：勘探管理部、生产管理部、煤层气项目部、物探项目部、吐哈油气勘探项目部、三塘湖及外围油气勘探项目部、钻井项目部、试油项目部。

勘探公司（勘探事业部）在册员工106人。其中本科及以上学历95人，正高级职称1人，副高级职称47人，中级职称35人。勘探公司（勘探事业部）党委下属基层党支部5个，共有党员73人，其中在职党员

73 人。

勘探公司（勘探事业部）党委由 7 人组成：罗劝生任党委书记，李显锋任党委副书记、纪委书记、工会主席，杨飚、崔彦立、陈旋、杨斌、肖华任党委委员。勘探公司（勘探事业部）行政领导班子由 6 人组成：罗劝生任经理，杨飚任副经理（正处级），崔彦立、杨斌任副经理，陈旋任副经理、安全总监，肖华任总工程师。领导班子成员分工自 2020 年 8 月以来未做调整。

"十三五"期间，进一步扩展条湖组凝灰岩致密油规模，向北、向东扩展落实了芦 104、马 706 两个接替区块。在外围盆地甩开预探领域，天草凹陷生烃洼陷下坡折带砂体获得发现。技术攻关方面，录井、测井技术推进地质工程一体化作业，形成了致密油气、页岩油、火山岩、低饱和度等非常规油气藏录井、测井特色技术。持续开展水平井钻井技术攻关，相比"十二五"期间平均钻井周期缩短 63.29%、平均机械钻速提高 61.24%、平均钻机月速度提高 59.21%、平均油层钻遇率达到了 90.75%、事故复杂率降低 40.67%。试油试采通过技术攻关，解决了三塘湖马朗凹陷条湖组致密油压裂改造、天草凹陷致密薄互层的改造难题，探索了深层储层压裂技术路线。

一、勘探公司（2016.1—5）

（一）勘探公司党委、纪委领导名录（2016.1—5）

党委书记　王丙坤（2016.1—2）[①]

　　　　　孙　皓（2016.2—5）[②]

党委副书记　钱　峰（2016.1—5）

党委委员　王丙坤（2016.1—2）

　　　　　钱　峰（2016.1—5）

　　　　　张代生（2016.1—5）

　　　　　董震涛（2016.1—5）

　　　　　杨永利（2016.1—5）

---

① 2016 年 2 月，王丙坤调任勘探开发研究院党委书记。

② 2016 年 5 月，孙皓调任物资供应处党委书记。

孙　皓（2016.2—5）

纪委书记　王丙坤（2016.1—2）

孙　皓（2016.2—5）

（二）勘探公司行政领导名录（2016.1—5）

经　　理　钱　峰（2016.1—5）

副经理　王丙坤（2016.1—2）

张代生（2016.1—5）

董震涛（2016.1—5）

杨永利（2016.1—5）

孙　皓（2016.1—5）

安全总监　董震涛（兼任，2016.1—5）

（三）勘探公司工会领导名录（2016.1—5）

主　　席　王丙坤（2016.1—2）

孙　皓（2016.2—5）

二、勘探公司（勘探事业部）（2016.5—2020.12）

（一）勘探公司（勘探事业部）党委、纪委领导名录（2016.5—2020.12）

党委书记　钱　峰（2016.5—2017.10）

罗劝生（2017.10—2020.12）

党委副书记　梁　浩（2016.5—2017.9）[①]

钱　峰（2017.10—2020.3）[②]

李显锋（2020.4—12）

党委委员　钱　峰（2016.5—2020.3）

梁　浩（2016.5—2017.9）

罗劝生（2016.5—2020.12）

张代生（2016.5—2017.8）[③]

---

① 2017年9月，梁浩调任油田公司副总地质师。

② 2020年3月，钱峰调任油田公司副总工程师。

③ 2017年8月，张代生退职离岗。

　　　　　　　　董震涛（2016.5—2020.7）[1]

　　　　　　　　杨永利（2016.5—2018.8）[2]

　　　　　　　　崔彦立（2018.8—2020.12）

　　　　　　　　杨　斌（2018.10—2020.12）

　　　　　　　　陈　旋（2020.4—12）

　　　　　　　　李显锋（2020.4—12）

　　　　　　　　肖　华（2020.4—12）

　　　　　　　　杨　飚（正处级，2020.4—12）

　　纪 委 书 记　钱　峰（2016.5—2017.10）

　　　　　　　　罗劝生（2017.10—2020.4）

　　　　　　　　李显锋（2020.4—12）

（二）勘探公司（勘探事业部）行政领导名录（2016.5—2020.12）

　　经　　　理　梁　浩（2016.5—2017.9）

　　　　　　　　钱　峰（2017.10—2020.3）

　　　　　　　　罗劝生（2020.4—12）

　　副　经　理　钱　峰（2016.5—2017.10）

　　　　　　　　张代生（2016.5—2017.8）

　　　　　　　　董震涛（2016.5—2020.7）

　　　　　　　　杨永利（2016.5—2018.8）

　　　　　　　　罗劝生（2016.5—2020.4）

　　　　　　　　崔彦立（2018.8—2020.12）

　　　　　　　　杨　斌（2018.10—2020.12）

　　　　　　　　陈　旋（2020.4—12）

　　　　　　　　杨　飚（正处级，2020.4—12）

　　总 工 程 师　肖　华（2020.4—12）

　　安 全 总 监　董震涛（兼任，2016.5—2020.7）

　　　　　　　　陈　旋（兼任，2020.7—12）

---

① 2020 年 7 月，董震涛退职离岗。

② 2018 年 8 月，杨永利调任监督中心副主任。

（三）勘探公司（勘探事业部）工会领导名录（2016.5—2020.12）

主　　　席　钱　峰（2016.5—2017.10）

　　　　　　罗劝生（2017.10—2020.4）

　　　　　　李显锋（2020.4—12）

（四）准东勘探开发项目经理部领导名录（2019.3—2020.7）

经　　　理　梁　浩（2019.3—2020.7）

副　经　理　王银山（2019.3—2020.7）

　　　　　　敬章龙（2019.3—2020.7）

　　　　　　贾生中（2019.8—2020.7）

　　　　　　祁兵兵（2019.11—2020.7）

　　　　　　康积伦（兼任，2019.3—2020.4；2020.4—7）

　　　　　　冯　义（兼任，2019.3—2020.4）

　　　　　　刘建伟（兼任，公司一级技术专家，2019.3—2020.7）

总 工 程 师　肖　华（兼任，2020.4—7）

第二节　勘探开发研究院（2016.1—2020.12）

勘探开发研究院前身是会战指挥部 1991 年 4 月成立的勘探开发研究大队，1995 年 10 月成立勘探开发研究院，为二级单位，机构规格为正处级，主要承担吐哈油田地质勘探、油田开发综合研究、地震资料处理及解释、地质分析化验、科技信息、海外技术服务工作。党组织关系隶属于吐哈油田分公司党委，机关办公地点设在新疆维吾尔自治区哈密市吐哈石油基地。

截至 2015 年 12 月 31 日，勘探开发研究院设机关职能科室 6 个：办公室（党委办公室）、人事科（组织科）、科研管理科（对外协作办公室）、质量安全环保科、经营财务科、群众工作科（综治保卫科）。所属基层单位 12 个：地质勘探研究一所、地质勘探研究二所、地质勘探研究三所、地质勘探研究四所、油田开发研究一所、油田开发研究二所、油田开发研究三所、油田开发研究四所、科技信息中心、地质分析试验中心、综合服务部、乌兹别克斯坦石油技术服务公司（乌兹别克斯坦办事处）。

勘探开发研究院编制定员 517 人。其中处级职数 6 个、科级职数 53 个，机关定员 34 人；在册员工 517 人，其中本科及以上学历 364 人，正高级职称 2 人、副高级职称 181 人、中级职称 242 人；油田分公司一级技术专家 5 人、二级技术专家 9 人。勘探开发研究院党委下属基层党支部 12 个，共有党员 242 人，在职党员 240 人。

勘探开发研究院党政领导班子由 5 人组成，其中行政领导班子 5 人，党委由 5 人组成，领导班子成员分工如下：

孙玉凯任党委副书记、院长，全面负责行政和党群工作，主管办公室（党委办公室）、人事科（组织科）、经营财务科、科研管理科。

李正科任党委委员、副院长、安全总监，协助院长负责油田开发研究、安全环保工作，协助管理财务、科技工作，负责分管及联系单位的安全环保工作与党风廉政建设，分管质量安全环保科，联系油田开发研究一所、油田开发研究三所、地质分析试验中心。

朱有信任党委委员、总地质师、海外研究中心主任，协助院长负责海外市场开发、海外业务联系、外部项目管理、地质勘探研究技术工作，负责分管及联系单位的安全环保工作与党风廉政建设，分管对外协作办公室，联系地质勘探研究四所、油田开发研究四所（海外研究中心）、乌兹别克斯坦石油技术服务公司。

崔英怀任党委委员、副院长，协助院长负责油田开发研究、科技与信息化建设工作，负责联系单位的安全环保工作与党风廉政建设，联系油田开发研究二所、科技信息中心。

陈旋任党委委员、副院长，协助院长负责地质勘探研究工作，负责联系单位的安全环保工作与党风廉政建设，联系地质勘探研究一所、地质勘探研究二所、地质勘探研究三所。

2016 年 2 月，油田分公司党委决定：任命王丙坤为勘探开发研究院党委书记、纪委书记、工会主席。油田分公司决定：聘任王丙坤为勘探开发研究院副院长。随后，调整部分领导班子成员分工：原由孙玉凯全面负责的党群工作，交由王丙坤负责，同时王丙坤主管党委办公室（办公室）、组织科（人事科）、群众工作科（综治保卫科）。联系综合服务部。

2016 年 3 月，油田分公司党委决定：任命陈旋为勘探开发研究院党委委员。油田分公司决定：聘任陈旋为勘探开发研究院副院长。

2016 年 5 月，油田分公司党委决定：任命王玉成为勘探开发研究院党委副书记；免去孙玉凯的勘探开发研究院党委副书记职务。油田分公司决定：聘任王玉成为勘探开发研究院院长（兼）；解聘孙玉凯的勘探开发研究院院长职务。

2016 年 6 月，油田分公司决定：聘任朱有信为勘探开发研究院副院长、安全总监；解聘李正科的勘探开发研究院副院长、安全总监职务，朱有信的总地质师职务，崔英怀、陈旋的副院长职务。

2016 年 6 月，按照吐哈油田分公司《推行科技项目专家负责制工作实施方案》相关要求，勘探开发研究院进一步深化双序列改革，推行完全项目制，撤销地质勘探研究一所、地质勘探研究二所、地质勘探研究三所、地质勘探研究四所、油田开发研究一所、油田开发研究二所、油田开发研究三所、油田开发研究四所（海外研究中心）8 个基层单位，按照勘探开发项目实际情况，设置 33 个项目室，作为勘探开发研究工作基本单元，实行动态管理。地质分析试验中心、科技信息中心、乌兹别克斯坦石油技术服务公司、综合服务部 4 个基层机构设置不变。

2016 年 6 月，勘探开发研究院党委决定成立勘探第一党支部、勘探第二党支部、开发第一党支部、开发第二党支部。

2016 年 7 月，调整领导班子成员分工：

党委副书记、院长、油田分公司副总工程师王玉成全面负责行政工作，主管办公室（党委办公室）、人事科（组织科）、经营财务科、科研管理科。

党委书记、纪委书记、副院长、工会主席王丙坤全面负责党群工作。主管党委办公室（办公室）、组织科（人事科）、群众工作科，联系综合服务部。

党委委员李正科协助院长负责油田开发研究工作、与开发相关的外部项目和地质分析试验技术工作，负责联系单位的安全环保工作与党风廉政建设，联系开发研究相关项目室、地质分析试验中心。

党委委员、副院长、安全总监朱有信协助院长负责安全环保工作，协助管理财务、科技工作和基础管理工作，负责分管及联系单位的安全环保工作与党风廉政建设，分管质量安全环保科、对外协作办公室，联系乌兹别克斯坦石油技术服务公司。

党委委员、副院长崔英怀协助院长负责油田开发研究工作、与开发相关的外部项目和科技与信息化建设工作，负责联系单位的安全环保工作与党风廉政建设，联系开发研究相关项目室、科技信息中心。

党委委员、副院长陈旋协助院长负责地质勘探研究工作、与勘探相关的外部项目管理，负责联系单位的安全环保工作与党风廉政建设，联系勘探研究项目室。

2016年11月，油田分公司工会决定：补选王丙坤、李斌、徐玉福为第四届委员会委员，补选靳振家为第四届经费审查委员会委员，王丙坤任工会主席。

2016年，勘探开发研究院全年共部署预探井27口、评价井22口，提交原油开发新钻井150口，天然气开发新钻井21口，新建原油产能30.5万吨，新建天然气产能1.56亿立方米。完成内部科研项目37项、海外技术服务项目5项，吐哈油田三塘湖盆地条湖—马朗凹陷多层系石油勘探成果获得股份公司油气勘探重要成果二等奖，新疆大庆重大专项获股份公司高度评价。

2017年8月，油田分公司党委决定：免去王丙坤的勘探开发研究院党委书记、纪委书记、工会主席职务。

2017年8月，油田分公司党委决定：任命朱有信为勘探开发研究院党委书记、纪委书记、工会主席（试用期一年），李正科为党委副书记；免去王玉成的勘探开发研究院党委副书记职务。吐哈油田分公司决定：聘任李正科为勘探开发研究院院长（试用期一年）；解聘王玉成的油田分公司副总工程师、勘探开发研究院院长职务，王丙坤的副院长职务。

2017年9月，油田分公司党委决定：任命康积伦、荆文波为勘探开发研究院党委委员。油田分公司决定：聘任崔英怀为勘探开发研究院副院长，陈旋为副院长、安全总监，康积伦、荆文波为副院长（试用期一年）；解聘朱有信的勘探开发研究院安全总监职务，崔英怀、陈旋的油田分公司一级技术专家职务，康积伦、荆文波的油田分公司二级技术专家职务。

2017年10月，调整领导班子成员分工：

党委副书记、院长李正科全面负责行政工作，主管办公室（党委办公室）、人事科（组织科）。

党委书记、纪委书记、工会主席、副院长朱有信全面负责党群工作，主管党委办公室（办公室）、组织科（人事科）、群众工作科（综治保卫科），联系综合服务部。

党委委员、副院长崔英怀协助院长负责油田开发研究工作、海外市场开发、海外业务联系、外部项目管理和财务管理工作、基础管理工作、信息化建设工作；负责分管业务、部门及联系单位的安全环保工作与党风廉政建设，分管经营财务科、科研管理科。联系开发研究相关项目室、科技信息中心、乌兹别克斯坦石油技术服务公司。

党委委员、副院长、安全总监陈旋协助院长负责地质勘探研究技术工作、安全环保工作、科技管理工作、地质分析试验工作；负责分管业务、部门及联系单位的安全环保工作与党风廉政建设，分管质量安全环保科、科研管理科。联系勘探研究相关项目室、地质分析试验中心。

党委委员、副院长康积伦协助院长负责地质勘探研究技术工作；负责联系单位的安全环保工作与党风廉政建设，联系勘探研究相关项目室。

党委委员、副院长荆文波协助院长负责油田开发研究技术工作，负责联系单位的安全环保工作与党风廉政建设，联系开发研究相关项目室。

2017年，全年探明储量以火山岩、致密油和低饱和度油藏为主，原油产量190万吨，稠油产量72万吨。三塘湖致密油、火山岩油藏井网加密调整和低压砂岩油藏薄差储层水平井＋体积压裂技术的规模应用，以及注水吞吐为主的转换开发方式取得阶段效果，获省部级成果6项。

2018年5月，为进一步提高科研及管理工作运行效率，根据油田分公司《关于调整二级单位机构设置和人员编制的指导意见》，勘探开发研究院决定调整机构编制，调整和规范后机关设职能科室5个：办公室（党委办公室）、经营财务科、人事科（组织科）、质量安全环保科（综治保卫科）、科研管理科（对外协作办公室），机关定员36人，其中科级职数12个。所属基层单位4个：外部项目部、地质分析试验中心、科技信息服务中心，以及受油田分公司委托，负责吐哈石油（乌兹别克斯坦）技术服务有限责任公司（新疆吐哈石油勘探开发有限公司乌兹别克斯坦办事处）的管理运行。

2018年6月，勘探开发研究院党委研究决定，成立科技信息服务中心党支部、外部项目部党支部。

2018年9月11日，中共吐哈油田分公司勘探开发研究院第六次代表大会在新疆维吾尔自治区哈密市召开，59名党员代表参加会议。会议选举产生中共勘探开发研究院第六届委员会和中共勘探开发研究院纪律检查委员会，中共勘探开发研究院委员会由朱有信、李正科、陈旋、荆文波、崔英怀、康积伦等6人组成（以姓氏笔画为序），朱有信为党委书记，李正科为党委副书记。中共勘探开发研究院纪律检查委员会由6人组成，朱有信为纪委书记。勘探开发研究院党委下属基层党支部8个，共有党员210人，其中在职党员210人。

2018年10月24日，勘探开发研究院召开第五次工会会员代表大会，工会会员代表共85人，列席代表76人参加会议。会议选举产生勘探开发研究院第五届工会委员会、经费审查委员会和女职工委员会。朱有信为工会主席。

2018年10月，调整领导班子成员分工：

党委副书记、院长李正科全面负责行政工作；主管办公室（党委办公室）、人事科（组织科）。

党委书记、纪委书记、工会主席、副院长朱有信全面负责党群工作，主管党委办公室（办公室）、组织科（人事科）、综治保卫科，联系科技信息服务中心。

党委委员、副院长崔英怀协助院长负责油田开发研究工作、海外市场开发、海外业务联系、外部项目管理和财务管理工作、科技管理工作，负责分管业务、部门及联系单位的安全环保工作与党风廉政建设，分管经营财务科、科研管理科，联系开发研究相关项目室、外部项目部、乌兹别克斯坦石油技术服务公司。

党委委员、副院长、安全总监陈旋协助院长负责地质勘探研究技术工作、安全环保工作、地质分析试验工作，负责分管业务、部门及联系单位的安全环保工作与党风廉政建设，分管质量安全环保科，联系勘探研究相关项目室、地质分析试验中心。

党委委员、副院长康积伦协助院长负责地质勘探研究技术工作和基础管理工作；负责联系单位的安全环保工作与党风廉政建设，联系勘探研究相关项目室。

党委委员、副院长荆文波协助院长负责油田开发研究技术工作和信息化建设工作，负责联系单位的安全环保工作与党风廉政建设，联系开发研究相关项目室。

2018 年，勘探开发研究院完钻预探井 36 口，评价井 24 口。全年承担科技项目（课题）59 项，其中国家级课题 4 项，集团公司项目 11 项，油田分公司项目 28 项，海外研究项目 16 项。获得集团公司科技进步二等奖 1 项，教育部科技进步二等奖 1 项，新疆石油学会科学技术奖 2 项。

2019 年 4 月，院党委研究决定，成立吐哈盆地勘探研究中心党支部、三塘湖及外围盆地勘探研究中心党支部、地球物理研究中心党支部、常规油气开发研究中心党支部、非常规油气开发研究中心党支部。撤销勘探第一党支部、勘探第二党支部、开发第一党支部、开发第二党支部。

2019 年 4 月，勘探开发研究院决定，设立 5 个研究中心：吐哈盆地勘探研究中心、三塘湖及外围盆地勘探研究中心、地球物理研究中心、常规油气开发研究中心、非常规油气开发研究中心。

2019 年 4 月，调整部分领导班子成员分工：

党委委员、副院长崔英怀协助院长负责油田开发研究工作、海外市场开发、海外业务联系、外部项目管理和财务管理工作、科技管理工作，负责分管业务、部门及联系单位的安全环保工作与党风廉政建设，分管经营财务科、科研管理科，联系常规油气开发研究中心、外部项目部、乌兹别克斯坦石油技术服务公司。

党委委员、副院长、安全总监陈旋协助院长负责地质勘探研究技术工作、安全环保工作、地质分析试验工作，负责分管业务、部门及联系单位的安全环保工作与党风廉政建设，分管质量安全环保科，联系吐哈盆地勘探研究中心、地质分析试验中心。

党委委员、副院长康积伦协助院长负责地质勘探研究技术工作和基础管理工作；负责联系单位的安全环保工作与党风廉政建设，联系三塘湖及外围盆地勘探研究中心、地球物理研究中心。

党委委员、副院长荆文波协助院长负责油田开发研究技术工作和信息化建设工作，负责联系单位的安全环保工作与党风廉政建设，联系非常规油气开发研究中心。

2019年9月，勘探开发研究院决定，对机关科室进行调整，调整后设机关科室6个：办公室（党委办公室）、经营财务科、党建科、人事科、质量安全环保科（综治保卫科）、科研管理科（对外协作办公室）。

2019年，勘探开发研究院全年共部署预探井45口、评价井22口。全年承担科技项目（课题）49项，其中国家级课题4项，集团（股份）公司项目10项，油田分公司项目21项，海外研究项目14项。新疆维吾尔自治区科技进步奖1项。勘探开发研究院三塘湖及外围盆地勘探研究中心党支部成为集团公司"先进基层党组织"，三塘湖开发研究项目室获得"全国工人先锋号"荣誉称号。

2020年4月，油田公司决定：聘任荆文波为勘探开发研究院安全总监，范谭广为勘探开发研究院副院长；解聘陈旋的勘探开发研究院副院长、安全总监职务，康积伦的勘探开发研究院副院长职务。

2020年8月，油田分公司党委决定：任命杨生虎为勘探开发研究院党委委员、党委书记、纪委书记、工会主席，崔英怀为勘探开发研究院党委副书记；免去李正科的勘探开发研究院党委副书记、党委委员职务，朱有信的勘探开发研究院党委书记、党委委员、纪委书记、工会主席职务。油田分公司决定：聘任崔英怀为勘探开发研究院院长，杨生虎为勘探开发研究院副院长；解聘李正科的勘探开发研究院院长职务，朱有信的勘探开发研究院副院长职务。

2020年8月，根据吐哈油田公司总经理办公会精神，勘探开发研究院撤销吐哈石油（乌兹别克斯坦）技术服务有限责任公司和乌兹别克斯坦代表处。同月，油田分公司决定，成立经济评价中心，为勘探开发研究院的三级机构，列基层单位，中心人员总编制20人，其中基层领导人员3人（三级正1人、三级副2人）。

2020年10月，根据油田公司压减机关人员编制的通知要求研究院决定，调整人事科、党建科、质量安全环保科（综治保卫科）职能，设置为人事组织科、党群科、质量安全环保科。调整后，机关各科室为：办公室（党委办公室）、科研管理科（对外协作办公室）、质量安全环保科、人事组织科、经营财务科、党群科。

2020年11月，调整领导班子成员分工：

党委副书记、院长崔英怀全面负责院行政工作，主管办公室（党委办公室）、人事组织科。

党委书记、纪委书记、工会主席、副院长杨生虎全面负责院党委、纪委和工会工作，分管办公室（党委办公室）、人事组织科、党群科，联系吐哈盆地勘探研究中心、三塘湖及外围盆地勘探研究中心、地球物理研究中心。

党委委员、副院长、安全总监荆文波协助院长负责油田开发研究、外部项目管理、科技工作、安全环保、质量、计量、标准化、设备管理、井控管理和地质分析试验工作，负责分管业务、部门和联系单位的党建工作、安全环保工作和党风廉政建设，分管质量安全环保科、科研管理科（对外协作办公室），联系常规油气开发研究中心、非常规油气开发研究中心、经济评价中心、外部项目部、地质分析试验中心。

党委委员、副院长范谭广协助院长负责地质勘探研究、经营财务管理、基础管理、信息化建设和档案管理工作，负责分管业务、部门和联系单位的安全环保工作，分管经营财务科，联系吐哈盆地勘探研究中心、三塘湖及外围盆地勘探研究中心、地球物理研究中心、科技信息服务中心。

2020年，勘探开发研究院全年新增石油探明地质储量、新增石油预测地质储量、提交SEC储量完成计划的152%；开发方案符合率达到83.9%，创近3年最好水平，新建原油产能17.76万吨，全年承担科技项目（课题）37项，承担的21个公司课题全部完成，11项国家、集团公司项目正常运行。为油田公司完成2020年工作任务奉献了科研力量。年终业绩考核分值109.84分，位列公司第一名，员工的获得感、幸福感明显增强。

截至2020年12月31日，勘探开发研究院机关设职能科室6个：办公室（党委办公室）、科研管理科（对外协作办公室）、质量安全环保科、人事组织科、经营财务科、党群科。所属基层单位9个：吐哈盆地勘探研究中心、三塘湖及外围盆地勘探研究中心、地球物理研究中心、常规油气开发研究中心、非常规油气开发研究中心、地质分析试验中心、科技信息服务中心、外部项目部、经济评价中心。

勘探开发研究院在册员工418人。其中，大学本科及以上学历347人，副高级职称183人、中级职称146人；公司一级技术专家3人、二级技术专家6人。勘探开发研究院党委下属基层党支部10个，共有党员189人，其中在职党员189人。

勘探开发研究院党委由3人组成：杨生虎任党委书记、纪委书记、工会主席，崔英怀任党委副书记，荆文波任党委委员。勘探开发研究院行政领导班子由4人组成：崔英怀任院长，杨生虎、范谭广任副院长，荆文波任副院长、安全总监。领导班子分工自2020年11月以来未做调整。

"十三五"以来，勘探开发研究院三塘湖非常规勘探开发一体化取得重要进展，探索形成注水吞吐、井网加密和水平井井组渗析+驱替开发技术，致密油采收率由2.5%提高到10.2%。石钱滩凹陷展示了较大的油气增储扩展潜力。外围盆地勘探和煤层气排采矿场试验取得工业突破。马北地区塘1煤层气矿场试验井组排采效果良好。鲁克沁稠油三叠系减氧空气泡沫驱配套技术不断完善，稀油中含水期减氧空气泡沫驱在含水期提高采收率试验取得了较好效果。胜北中侏罗统部署的胜北502H等3口水平井皆获较高产工业油气流，成为吐哈天然气评价主战场。物探技术研究为风险勘探、油气预探和重点探区效益勘探提供强有力的地震资料保障，开放式试验中心建设促使试验技术支撑能力增强，双序列改革为优秀科技人才的成长建立了双通道，科研环境和待遇持续好转。扩大经营自主权改革稳步推进，队伍活力动力不断激发人才整体素质进一步提升。"十三五"期间承担国家和股份公司、油田分公司级科研项目235项、先后取得集团公司科技进步奖5项，省部级科技进步奖13项，其中《三塘湖非常规油田效益开发技术攻关与实践》获得集团公司科技进步二等奖。在勘探领域形成了"盆地资源评价技术"等6大技术系列，在油田开发领域形成了"低渗透油藏开发技术"等7大技术系列。

一、勘探开发研究院党委、纪委领导名录（2016.1—2020.12）

　　党 委 书 记　王丙坤（2016.2—2017.8）①

　　　　　　　　朱有信（2017.8—2020.8）②

　　　　　　　　杨生虎（2020.8—12）

　党委副书记　孙玉凯（2016.1—5）③

　　　　　　　　王玉成（2016.5—2017.8）④

　　　　　　　　李正科（2017.8—2020.8）⑤

　　　　　　　　崔英怀（2020.8—12）

　　党 委 委 员　孙玉凯（2016.1—5）

　　　　　　　　李正科（2016.1—2020.8）

　　　　　　　　朱有信（2016.1—2020.8）

　　　　　　　　崔英怀（2016.1—2020.12）

　　　　　　　　陈　旋（2016.1—2020.4）

　　　　　　　　王丙坤（2016.2—2017.8）

　　　　　　　　王玉成（2016.5—2017.8）

　　　　　　　　康积伦（2017.9—2020.4）

　　　　　　　　荆文波（2017.9—2020.12）

　　　　　　　　杨生虎（2020.8—12）

　　纪 委 书 记　王丙坤（2016.2—2017.8）

　　　　　　　　朱有信（2017.8—2020.8）

　　　　　　　　杨生虎（2020.8—12）

二、勘探开发研究院行政领导名录（2016.1—2020.12）

　　院　　　　长　孙玉凯（2016.1—5）

---

　　① 2016年1月，王丙坤调任离退休职工管理中心党委书记、主任；2016年1月至2月期间，勘探开发研究院党委书记空缺。

　　② 2020年8月，朱有信调任综合服务中心党委委员、党委书记、工会主席、副主任。

　　③ 2016年5月，孙玉凯调任科技信息处处长。

　　④ 2017年8月，王玉成调任油田分公司首席技术专家。

　　⑤ 2020年8月，李正科调任吐鲁番采油管理区党委委员、党委书记、纪委书记、工会主席、副主任。

　　　　　　　　王玉成（兼任，2016.5—2017.8）

　　　　　　　　李正科（2017.8—2020.8）

　　　　　　　　崔英怀（2020.8—12）

　　副 院 长　李正科（2016.1—6）

　　　　　　　　崔英怀（2016.1—6；2017.9—2020.8）

　　　　　　　　陈　旋（2016.1—6；2017.9—2020.4）①

　　　　　　　　王丙坤（2016.2—2017.8）

　　　　　　　　朱有信（2016.6—2020.8）

　　　　　　　　康积伦（2017.9—2020.4）②

　　　　　　　　范谭广（2020.4—12）

　　　　　　　　荆文波（2017.9—2020.12）

　　　　　　　　杨生虎（2020.8—12）

　　总 地 质 师　朱有信（2016.1—6）

　　安 全 总 监　李正科（兼任，2016.1—6）

　　　　　　　　朱有信（兼任，2016.6—2017.9）

　　　　　　　　陈　旋（兼任，2017.9—2020.4）

　　　　　　　　荆文波（2020.4—12）

三、勘探开发研究院工会领导名录（2016.2—2020.12）

　　主　　　席　王丙坤（2016.2—2017.8）③

　　　　　　　　朱有信（2017.8—2020.8）

　　　　　　　　杨生虎（2020.8—12）

---

① 2020 年 4 月，陈旋调任勘探公司（勘探事业部）党委委员、副经理。

② 2020 年 4 月，康积伦调任准东勘探开发项目经理部副经理。

③ 2016 年 1 月至 2 月期间，勘探开发研究院工会主席空缺。

第三节　工程技术研究院（勘察设计院）
（2016.1—2020.12）

1992 年 6 月，会战指挥部决定成立钻井工艺研究所。1998 年 3 月，指挥部在钻井工艺研究所基础上成立钻采工艺研究院。2007 年 3 月，指挥部将钻采工艺研究院和地质研究院重组整合，成立工程技术研究院（简称工程院）。2008 年 1 月，油田分公司对工程院业务进行重组，将钻井相关部分业务划至西部钻探工程有限公司，将物探、油藏、测井相关业务划至勘探开发研究院，将公司钻井、井下、测井、地质等作业监督归口工程院统一管理，将工程技术中心的地面工程设计、采油工程、油田化学及科技信息业务划入工程院，同时挂勘察设计院牌子。工程院为二级单位，机构规格为正处级，业务范围涵盖钻井、采油、地面工程、油田化学等技术研究与技术监督领域，履行油田技术参谋、技术支撑和技术监督三大职责，科研与技术服务领域已拓展到冀东、青海、塔河及哈萨克斯坦、苏丹、伊朗、乍得等 10 多个国内外市场。工程院党组织关系隶属于油田分公司党委，机关办公地点设在新疆维吾尔自治区吐鲁番市鄯善县火车站镇。

截至 2015 年 12 月 31 日，工程院设机关科室 4 个：办公室（党委办公室、综治保卫科）、经营财务科、科研管理科、质量安全环保科。所属基层单位 10 个：工程技术部、综合服务部、钻井工艺研究所、采油机械研究所、油田化学研究所、采油工艺研究所、地面工程设计所、压裂酸化研究所、气举技术中心、质量检测中心，技术服务公司 1 个：吐哈石油（哈萨克斯坦）技术服务有限责任公司（哈萨克斯坦办事处），项目部 5 个（依据任务和工作量设置的临时机构）：非洲项目部、中亚项目部、中东项目部、北京项目部、西部项目部。

工程院在册员工 379 人。其中大学本科及以上学历 283 人，正高级职称 1 人、副高级职称 92 人、中级职称 174 人；油田分公司一级技术专家 3 人、二级技术专家 6 人、技师 2 人。工程院党委下属基层党支部 9 个，共有党员 204 人，其中在职党员 199 人。

工程院党政领导班子由6人组成，其中行政领导班子6人，党委由5人组成，领导班子成员分工如下：

雷宇任党委副书记、院长，全面负责院行政工作，主管办公室（党委办公室）。原任党委书记、纪委书记、工会主席、副院长王冬梅因到龄退职离岗，暂由雷宇全面负责党群工作。

殷百寿任党委委员、副院长、安全总监，协助院长负责生产组织运行、地面工程设计、健康安全环保、质量与技术监督、计量与标准化、应急管理、设备管理、节能节水工作，分管质量安全环保科、综合服务部、地面工程设计所，负责分管业务、部门和单位的安全环保工作和党风廉政建设。

雍富华任党委委员、副院长，协助院长负责经营管理、企管法规（"三基"工作）、井控管理工作，主管钻井、油田化学工艺技术研究、技术服务以及市场开发工作，分管经营财务科、工程技术部、钻井工艺研究所、油田化学研究所，负责分管业务、部门和单位的安全环保工作和党风廉政建设。

李勇任副院长，协助院长负责国内外部市场与国外市场开发工作，主管采油机械、气举技术研究与技术服务工作，分管工程技术部、采油机械研究所（气举技术中心）、中亚项目部、非洲项目部、西部项目部、北京项目部、中东项目部，负责分管业务、部门和单位的安全环保工作。

刘德基任党委委员、副院长，协助院长负责科技与信息管理工作，主管采油工艺技术研究、技术服务以及市场开发、油气产品质量检测，分管科研管理科、采油工艺研究所、压裂酸化研究所、质量检测中心，负责分管业务、部门和单位的安全环保工作和党风廉政建设。

曹祥元任党委委员、吐哈石油（哈萨克斯坦）技术服务有限公司经理，负责吐哈油田在哈萨克斯坦的技术推介及市场开发，以及所辖区域的生产组织和人员管理，分管吐哈石油（哈萨克斯坦）技术服务有限公司、中亚项目部，负责分管业务、部门和单位的安全环保工作和党风廉政建设。

吐哈石油（哈萨克斯坦）技术服务有限公司设执行董事、总经理1人，雷宇任执行董事兼总经理；设监事2人，刘彦军、王冬梅任监事；设经理1人，曹祥元任经理。

2016年5月，油田分公司党委决定：任命张冬萍为工程技术研究院党委书记、纪委书记、工会主席。

随后，调整部分领导班子成员分工：

党委副书记、院长雷宇全面负责院行政工作，主管办公室（党委办公室）。

党委书记、纪委书记、工会主席、副院长张冬萍，全面负责院党委、纪委、工会工作，负责人力资源管理、宣传与企业文化、综治维稳、计划生育、保密、档案及生活后勤工作，主管党委办公室（办公室、综治保卫科）、综合服务部。

2016年6月27日，中共工程技术研究院第二次党员代表大会在新疆维吾尔自治区吐鲁番市鄯善县召开，71人参加会议。会议选举产生了中共工程技术研究院第二届委员会和中共工程技术研究院第二届纪律检查委员会，中共工程技术研究院委员会由刘德基、张冬萍、殷百寿、曹祥元、雷宇、雍富华等6人组成（以姓氏笔画为序），张冬萍为党委书记，雷宇为党委副书记。中共工程技术研究院纪律检查委员会由刘建伟、任鹏、李建伟、肖华、张冬萍等5人组成，张冬萍为纪委书记。

2016年7月25日，工程院召开第二届工会委员会委员选举大会，工会会员代表84人参加会议。会议选举产生第二届工会委员会委员、经费审查委员会委员和女职工委员会委员，选举张冬萍为工会主席。

2016年9月，油田分公司决定：解聘李勇的工程技术研究院副院长职务。

2016年，工程院承担完成各类科研项目20项，其中国家级项目1项，集团公司项目5项，油田公司科研项目14项。全年以科研项目为抓手，钻采工程技术重点围绕油田勘探发现、开发产能建设、精细注水和重大矿场试验等方面开展工作，钻井速度持续提高，压裂、分注技术进一步完善，钻采工程支持油田勘探开发的能力稳步提升，多项技术研究取得突破。全年获得科研成果10项，其中新疆维吾尔自治区成果4项，集团公司成果1项。获得国家授权专利5项，获得国家专利受理10项，发明专利4项，省部级以上刊物发表论文29篇。

2017年8月，油田分公司党委决定：任命刘德基为工程技术研究院党委书记、纪委书记、工会主席（试用期一年），雍富华为工程技术研究院党委副书记；免去张冬萍的工程技术研究院党委书记、纪委书记、工会主席职务，雷宇的工程技术研究院党委副书记职务。油田分公司决定：聘任雍富华为工程技术研究院院长（试用期一年）；解聘雷宇的工程技术研究院院长职务，张冬萍的工程技术研究院副院长职务。

2017年9月，油田分公司党委决定：任命伍正华、冯义为工程技术研究院党委委员。油田分公司决定：聘任伍正华、冯义为工程技术研究院副院长（试用期一年）。

2017年10月，调整部分领导班子成员分工：

党委副书记、院长雍富华全面负责院行政工作和经营管理工作，主管办公室（党委办公室），经营财务科、工程技术部。

党委书记、纪委书记、工会主席、副院长刘德基全面负责院党委、纪委、工会工作，分管人力资源、宣传与企业文化、综治维稳、爱国卫生、计划生育、保密、档案和采油工艺技术研究、技术服务以及市场开发工作，主管党委办公室（办公室、综治保卫科）、采油工艺研究所。

党委委员、副院长伍正华主管采油机械、气举、压裂酸化等工艺技术研究、技术服务以及市场开发工作，负责海外市场与国内外部市场开发，分管工程技术部、采油机械研究所（气举技术中心）、压裂酸化研究所、中亚项目部、非洲项目部、西部项目部、北京项目部、中东项目部，负责分管业务、部门和单位的安全环保和党风廉政建设。

党委委员、副院长冯义主管钻井、油田化学技术研究、技术服务和油气产品质量检测以及相关业务的市场开发工作，负责科技与信息管理工作、企管法规（"三基"工作部分）、井控管理、生活后勤及基础设施的维修维护工作，分管科研管理科、综合服务部、工程技术部、钻井工艺研究所、油田化学研究所、质量检测中心，负责分管业务、部门和单位的安全环保和党风廉政建设。

2017年11月，油田分公司决定：聘任雍富华为勘察设计院院长，殷百寿为勘察设计院副院长、总工程师，冯义为勘察设计院副院长（主管经营工作）。

2017年，工程院承担完成各类科研项目23项，其中国家级项目1项，集团公司项目6项，油田公司科研项目16项。全年重点围绕吐哈油田勘探发现、开发产能建设重点，开展钻井提速提效、压裂增产、精细注水和提高采收率重大矿场试验等重点科研攻关与技术支持工作。钻采工程技术支持油田勘探开发的能力进一步提升，钻井技术持续提速提效，分层注水注气技术不断改善油田开发效果，提高采收率技术保障油田稳产。全年获得局级以上科研成果 8 项，其中新疆维吾尔自治区 1 项，石油行业协会 1 项；获得国家授权专利 11 项，发明专利 2 项；省部级刊物发表科技论文 36 篇。

2018 年 1 月，报经公司批复同意，撤销西部项目部。

2018 年 6 月，油田分公司决定：聘任雍富华为吐哈石油（哈萨克斯坦）技术服务有限公司执行董事兼总经理，刘德基为吐哈石油（哈萨克斯坦）技术服务有限公司监事；解聘雷宇的吐哈石油（哈萨克斯坦）技术服务有限公司执行董事兼总经理职务、王冬梅的吐哈石油（哈萨克斯坦）技术服务有限公司监事职务。

2018 年 10 月，油田分公司党委决定：正式任命刘德基为工程技术研究院党委书记、纪委书记、工会主席。油田分公司决定：正式聘任雍富华为工程技术研究院院长。

2018 年 12 月，油田分公司决定：正式聘任伍正华、冯义为工程技术研究院副院长。

2018 年，工程院承担完成各类科研项目 20 项，其中集团公司项目 6 项，油田公司科研项目 14 项。取得 8 项技术成果，其中自治区成果 1 项，集团公司成果 1 项，油田公司级成果 6 项。获得国家授权专利 9 项，其中发明专利 2 项；软件著作权注册 1 项，省部级以上刊物发表论文 32 篇。

2019 年 5 月，油田分公司党委决定：免去殷百寿的工程技术研究院党委委员职务。油田分公司决定：解聘殷百寿的工程技术研究院副院长、安全总监职务。

随后，调整部分领导班子成员分工：

党委委员、副院长伍正华主管采油机械、气举工艺、压裂酸化和地面工程设计等工艺技术研究、技术服务以及市场开发工作，负责国外市场与国内外部市场开发，分管工程技术部、采油机械研究所（气举技术中心）、压裂酸化研究所、地面工程设计所、中亚项目部、非洲项目部、北京项目部、中东项目部，负责分管业务、部门和单位的安全环保和党风廉政建设。

党委委员、副院长冯义，主管钻井、油田化学技术研究、技术服务和油气产品质量检测以及相关业务的市场开发工作，负责科技与信息管理、生产组织运行、健康安全环保、质量与技术监督、计量、标准化、应急管理、设备管理、节能节水工作、企管法规（"三基"工作部分）、井控管理、生活后勤及基础设施的维修维护工作，分管科研管理科、质量安全环保科、综合服务部、工程技术部、钻井工艺研究所、油田化学研究所、质量检测中心，负责分管业务、部门和单位的安全环保和党风廉政建设。

2019年7月，油田分公司决定，工程技术研究院增加"负责海外项目的HSE管理"职责。

2019年7月，工程技术研究院决定，在办公室（党委办公室、综治保卫科）增设人事科机构，将办公室（党委办公室、综治保卫科）更名为办公室（党委办公室、人事科、综治保卫科），原人事组织相关业务和岗位职责不变，同时刻制启用人事科印章，原人事专用章停用。

2019年9月，工程技术研究院决定，成立党建科，将办公室（党委办公室、人事科、综治保卫科）分设为办公室（党委办公室、人事科）和党建科（综治保卫科），调整后机关人员编制和科级职数不变。

2019年12月，油田分公司党委决定：陈超任工程技术研究院党委委员。油田分公司决定：聘任陈超为工程技术研究院副院长（试用期一年）。

2019年，工程院承担各类科研项目9项37个课题，其中集团/股份公司项目3项7个课题，油田公司6项27个课题，横向课题3项。全年围绕油田高效勘探、低成本开发和降本增效三大工作主线，紧盯准东新区、三塘湖陆相页岩油、胜北深层致密气及浅层超薄油藏等勘探开发重点领域，全面开展瓶颈技术攻关试验与特色技术配套创新，科技创新取得实质性进展。取得8项科技成果，其中自治区级成果2项，油田公司级成果6项。获得国家专利授权5项（其中发明1项），申报国家专利10项。省部级及核心期刊发表论文25篇。依靠技术开源创效与管理降本增效举措，全年实现收入46337万元，同比增长5%，在连续3年大幅减员情况下，实现了人均创收3连增。

2020年1月，油田分公司决定：聘任冯义为工程技术研究院安全总监。

2020年3月，油田分公司党委决定：任命曹约良为工程技术研究院党委委员。油田分公司决定：聘任曹约良为工程技术研究院副院长。

随后，调整部分领导班子成员分工：

党委委员、副院长、安全总监冯义主管生产组织运行、健康安全环保、质量与技术监督、计量、标准化、应急管理、井控管理、节能节水工作，负责钻井工艺、油田化学技术研究及服务，以及相关业务的市场开发工作，分管质量安全环保科、综合服务部、钻井工艺研究所、油田化学研究所，负责分管业务、部门和单位的安全环保和党风廉政建设。

党委委员、副院长曹约良主管设备管理、爱国卫生、生活后勤及基础设施的维修维护工作，负责地面工程设计和油气产品质量检测，以及相关业务的技术服务和市场开发工作，分管综合服务部、地面工程设计所、质量检测中心，负责分管业务、部门和单位的安全环保和党风廉政建设。

党委委员、副院长陈超主管经营管理、科技与信息管理和企管法规（"三基"工作部分），负责采油工艺、压裂酸化技术研究及服务，以及相关业务的市场开发工作，分管经营财务科、科研管理科、工程技术部、采油工艺研究所、压裂酸化研究所，负责分管业务、部门和单位的安全环保和党风廉政建设。

2020年4月，油田分公司党委决定：杨俊年任工程技术研究院党委委员、党委书记、纪委书记、工会主席，刘德基任工程技术研究院党委副书记，免去刘德基的工程技术研究院党委书记、纪委书记、工会主席职务。油田分公司决定：刘德基任工程技术研究院院长、勘察设计院院长，杨俊年任工程技术研究院副院长，免去雍富华的工程技术研究院院长、勘察设计院院长职务。

2020年5月，调整部分领导班子成员分工：

党委副书记、院长刘德基全面负责院行政工作，主管办公室（党委办公室、人事科）。

党委书记、纪委书记、工会主席、副院长杨俊年全面负责院党委、纪委、工会工作，分管人力资源管理、宣传与企业文化、综治维稳、计划生育、保密、档案管理工作，主管办公室（党委办公室、人事科）、党建科（综治保卫科）。

2020年7月，油田分公司决定：曹约良任工程技术研究院安全总监，免去冯义的工程技术研究院安全总监职务。

随后，调整部分领导班子成员分工：

党委委员、副院长冯义主管井控管理、爱国卫生和生活后勤工作，负责钻井工艺、油田化学技术研究及服务，以及相关业务的市场开发工作，分管钻井工艺研究所、油田化学研究所。

党委委员、副院长、安全总监曹约良主管生产组织运行、健康安全环保、质量与技术监督、计量、标准化、应急管理、设备管理、节能节水、基础设施的维修维护工作、地面工程设计和油气产品质量检测，以及相关技术服务和市场开发工作，分管质量安全环保科、综合服务部、地面工程设计所、质量检测中心。

2020年，工程院以集团公司、油田公司科研项目为抓手，持续创新科研管理机制，紧密围绕油田高效勘探、低成本开发面临的技术瓶颈开展攻关研发，全年承担各类科研项目11项38个课题，其中集团/股份公司项目3项7个课题，油田公司8项29个课题，横向课题2项。在准东新区、三塘芦草沟页岩油、胜北深层致密气等勘探开发重点领域，开展瓶颈技术攻关试验并取得突破性进展，取得6项油田公司科技成果。全年申报国家专利8项，获得国家专利授权6项（其中发明2项），省部级及核心期刊发表论文21篇。依靠技术进步与管理降本增效多措并举，全年实现收入4.2亿元、利润3520万元，超额完成公司下达的年度科技经营指标。

截至2020年12月31日，工程院机关设职能科室5个：办公室（党委办公室、人事科）、党建科（综治保卫科）、科研管理科、经营财务科、质量安全环保科。所属基层单位10个：钻井工艺研究所、压裂酸化研究所、采油机械研究所（井下工具试验站）、采油工艺研究所、油田化学研究所、地面工程设计所、质量检测中心、气举技术中心、工程技术部、综合服务部，技术服务公司1个，吐哈石油技术服务有限责任公司（新疆吐哈石油勘探开发有限公司哈萨克斯坦办事处）。项目部4个：中亚项目部、中东项目部、非洲项目部、北京项目部。

工程院在册员工320人。其中本科以上学历203人，高级职称113人，中级职称125人。油田分公司一级技术专家2人、二级技术专家5人，技师2人。工程技术研究院党委下属基层党支部12个，共有党员186人，其中在职党员178人。

工程院党委由7人组成：杨俊年任党委书记、纪委书记、工会主席，刘德基任党委副书记，伍正华、冯义、曹约良、陈超、曹祥元任党委委员。吐哈石油（哈萨克斯坦）技术服务有限公司设执行董事、总经理1人：雍富华任执行董事、总经理，设经理 1 人：曹祥元任经理，设监事 2 人：刘彦军、刘德基任监事。工程院行政领导班子由 7 人组成：刘德基任院长，杨俊年、伍正华、冯义、陈超任副院长，曹约良任副院长、安全总监，曹祥元任吐哈石油（哈萨克斯坦）技术服务有限公司经理。领导班子成员分工自 2020 年 7 月份以来未做调整。

"十三五"以来，工程院技术支持与决策参谋作用充分发挥，科技创新取得丰硕成果，累计完成产值 21.71 亿元，实现利润 3.14 亿元。钻井技术持续进步，体积压裂保持国内领先，泡沫驱技术在鲁克沁中区进入工业化试验阶段，"吐哈气举"开始向智能化方向迈进。气举中心荣获中央企业先进集体、集团公司科技先进集体、自治区开发建设新疆奖状，钻井工艺研究所荣获集团公司"铁人先锋号"等荣誉，为吐哈油田建设和可持续、高质量发展提供了坚强有力的科技支撑和人才保障。

一、工程技术研究院（勘察设计院）（2016.1—2020.12）

（一）工程技术研究院党委、纪委名录（2016.1—2020.12）

党委书记	张冬萍（女，2016.5—2017.8）[①]
	刘德基（2017.8—2020.4）
	杨俊年（2020.4—12）
党委副书记	雷　宇（2016.1—2017.8）
	雍富华（2017.8—2020.4）
	刘德基（2020.4—12）
党委委员	雷　宇（2016.1—2017.8）
	殷百寿（2016.1—2019.5）
	刘德基（2016.1—2020.12）
	雍富华（2016.1—2020.4）
	曹祥元（2016.1—2020.12）
	张冬萍（2016.5—2017.8）
	伍正华（2017.9—2020.12）

---

① 2017 年 8 月，张冬萍退职离岗；2016 年 1 月至 5 月期间，工程技术研究院党委书记空缺。

冯　义（2017.9—2020.12）

陈　超（2019.12—2020.12）

曹约良（2020.3—12）

王香东（正科级，2016.1—6）

齐振红（正科级，2016.1—6）

杨俊年（2020.4—12）

纪委书记 张冬萍（2016.5—2017.8）[①]

刘德基（2017.8—2020.4）

杨俊年（2020.4—2020.12）

（二）工程技术研究院行政领导名录（2016.1—2020.12）

院　　　长 雷　宇（2016.1—2017.8）[②]

雍富华（2017.8—2020.4）[③]

刘德基（2020.4—12）

副　院　长 张冬萍（2016.5—2017.8）

殷百寿（2016.1—2019.5）[④]

李　勇（2016.1—9）[⑤]

刘德基（2016.1—2020.4）

雍富华（2016.1—2017.8）

伍正华（2017.8—2020.12）

冯　义（2017.8—2020.12）

曹约良（2020.3—12）

陈　超（2019.12—2020.12）

杨俊年（2020.4—12）

总 工 程 师 殷百寿（2017.11—2019.5）

安 全 总 监 殷百寿（兼任，2016.1—2019.5）

---

① 2016年1月至5月期间，工程技术研究院纪委书记空缺。

② 2017年8月，雷宇调任公司首席专家。

③ 2020年4月，雍富华调任工程技术处处长。

④ 2019年5月，殷百寿退职离岗。

⑤ 2016年9月，李勇退职离岗。

·147·

冯　义（兼任，2020.1—7）①

曹约良（兼任，2020.7—12）

（三）工程技术研究院工会领导名录（2016.1—2020.12）

主　　席　张冬萍（2016.5—2017.8）②

刘德基（2017.8—2020.4）

杨俊年（2020.4—2021.2）

（四）勘察设计院行政领导名录（2017.11—2020.12）

院　　长　雍富华（2017.11—2020.4）

刘德基（2020.4—12）

副　院　长　殷百寿（2017.11—2019.5）

冯　义（2017.11—2020.12）

二、吐哈石油（哈萨克斯坦）技术服务有限责任公司（哈萨克斯坦办事处）（2016.1—2020.12）

（一）吐哈石油（哈萨克斯坦）技术服务有限责任公司（哈萨克斯坦办事处）执行董事、监事名录（2016.1—2020.12）

执 行 董 事　雷　宇（2016.1—2018.6）

雍富华（2018.6—2020.12）

监　　事　刘彦军（2016.1—2020.12）

王冬梅（2016.1—2018.6）

刘德基（2018.6—2020.12）

（二）吐哈石油（哈萨克斯坦）技术服务有限责任公司（哈萨克斯坦办事处）行政领导名录（2016.1—2020.12）

总 经 理　雷　宇（兼任，2016.1—2018.6）

雍富华（兼任，2018.6—2020.12）

经　　理　曹祥元（副处级，2016.1—2020.12）

---

① 2019年5月至2020年1月期间，工程技术研究院安全总监空缺。

② 2016年1月至5月期间，工程技术研究院工会主席空缺。

第四节 吐鲁番采油厂—吐鲁番采油管理区
（2016.1—2020.12）

吐鲁番采油厂的前身是吐哈石油勘探开发会战指挥部成立的油田试采测试中心。1998年3月，吐哈石油勘探开发指挥部将油田试采测试中心组建为油田开发第二事业部。1999年6月，油田开发事业部由指挥部划入吐哈油田分公司。1999年11月，为加快公司化改造进程，油田分公司决定以油田开发第二事业部人员（不含测试队）为基础成立吐鲁番采油厂，为二级单位，机构规格为正处级，主要从事红连、葡北、火焰山、神泉、雁木西、玉东稠油、玉果等油田（区块）的油气开发生产等业务。党组织关系隶属于油田分公司党委，机关办公地点设在新疆维吾尔自治区吐鲁番市鄯善县火车站镇。

2015年12月31日，吐鲁番采油厂设机关科室5个：办公室（党委办公室）、生产运行科、质量安全环保科、计划经营科、财务科。所属基层单位13个：油藏工程室、采油工程室、工程监督室、设备自动化室、红连采油工区、葡北采油工区、雁木西采油工区、玉果采油工区、轻烃工区、储运工区、维修工区、综合服务工区、治安保卫中心。

吐鲁番采油厂在册员工656人。其中，大学本科及以上学历270人，副高级职称32人、中级职称128人；集团公司技能专家1人，高级技师6人、技师30人。吐鲁番采油厂党委下属基层党支部13个，共有党员237人，其中在职党员237人。

吐鲁番采油厂党政领导班子由5人组成，其中行政领导班子5人，党委由5人组成，领导班子成员分工如下：

王炜任党委副书记、厂长，全面负责采油厂行政工作，主管办公室（党委办公室）、计划经营科、财务科。

杨珍祥任党委书记、纪委书记、副厂长、工会主席，负责采油厂党委、纪委、工会、团委、女工、维护稳定和生活后勤工作，主管办公室（党委办公室）、治安保卫中心、综合服务工区（食堂管理部）。

高庆贤任党委委员、副厂长、安全总监，负责分管采油厂生产运行、地方关系、安全环保、地面工程、设备及自动化工程、精细化管理、基础工作、质量、标准化、节能节水、内控、基层工区业务等工作，分管安全环保科、生产运行科、设备自动化室、工程监督室（地面工程部分）、各基层工区。

税文生任党委委员、副厂长，负责分管采油厂采油工程、注水、井控管理等工作，分管采油工程室、工程监督室（井下作业部分）。

司宝任党委委员、副厂长，负责分管采油厂油气产量、油藏工程、钻井管理、科技、网络、信息化（包括单井自动化）等工作，分管油藏工程室。

2016 年 2 月，油田分公司党委决定：任命陈扬爱为吐鲁番采油厂党委委员。油田分公司决定：聘任陈扬爱为吐鲁番采油厂副厂长。

随后，调整部分领导班子成员分工：

党委委员、副厂长陈扬爱负责精细注水管理、内控管理、合规管理等工作，负责分管业务、部门和联系单位的安全环保工作、党风廉政建设及和谐稳定工作，分管油藏工程室、采油工程室，联系红连采油工区、葡北采油工区、雁木西采油工区、玉果采油工区。

党委委员、副厂长、安全总监高庆贤负责生产组织运行、地方关系、安全环保、设备自动化、应急组织、"三基"工作、质量与技术监督、计量、标准化、节能节水等工作，负责分管业务、部门和联系单位的安全环保工作、党风廉政建设及和谐稳定工作，分管质量安全环保科、生产运行科、设备自动化室、工程监督室（安全监督部分），联系红连采油工区、葡北采油工区、雁木西采油工区、玉果采油工区，轻烃工区、维修工区。

党委委员、副厂长税文生负责注采修工艺、井控管理、地面工程管理等工作，负责分管业务、部门和联系单位的安全环保工作、党风廉政建设及和谐稳定工作，分管采油工程室、工程监督室（井下作业、地面工程部分），联系红连采油工区、葡北采油工区、雁木西采油工区、玉果采油工区。

党委委员、副厂长司宝负责油气产量、油藏工程、钻井管理、科技、网络、信息化等工作，负责分管业务、部门和联系单位的安全环保工作、党风廉政建设及和谐稳定工作，分管油藏工程室，联系红连采油工区、葡北采油工区、雁木西采油工区、玉果采油工区，储运工区。

2016 年，吐鲁番采油厂完成液态烃 36.2 万吨，天然气 1.738 亿立方米，超计划 80 万立方米；内部经营利润 -21511 万元，完成预算指标；油气单位操作成本 728 元 / 吨，控制在下达指标范围以内。自治区授予油藏工程室"青年文明号"荣誉称号。

2017 年 8 月，油田分公司党委决定：免去杨珍祥的吐鲁番采油厂党委书记、纪委书记、工会主席职务。油田分公司决定：解聘杨珍祥的吐鲁番采油厂副厂长职务。

2017 年 9 月，油田分公司党委决定：任命陈世明为吐鲁番采油厂党委委员。油田分公司决定：聘任陈世明为吐鲁番采油厂副厂长（试用期一年）。

2017 年 10 月，油田分公司党委决定：任命高庆贤为吐鲁番采油厂党委书记、纪委书记、工会主席（试用期一年），司宝为党委副书记；免去王炜的吐鲁番采油厂党委副书记职务。油田分公司决定：聘任司宝为吐鲁番采油厂厂长（试用期一年）；解聘王炜的吐鲁番采油厂厂长职务。

2017 年 11 月，油田分公司党委决定：任命祁兵兵为吐鲁番采油厂党委委员。油田分公司决定：聘任税文生为吐鲁番采油厂安全总监，祁兵兵为吐鲁番采油厂副厂长（试用期一年）；解聘高庆贤的吐鲁番采油厂安全总监职务。

2017 年 12 月，调整领导班子成员分工：

党委副书记、厂长司宝全面负责采油厂行政工作，主管办公室（党委办公室）。

党委书记、纪委书记、工会主席、副厂长高庆贤全面负责采油厂党委、纪委、工会团委、治安保卫、信访维稳、后勤保障、计划生育、女工、保密、档案、思想政治工作、党风廉政建设等工作，主管办公室（党委办公室）、治安保卫中心、综合服务工区。

党委委员、副厂长陈扬爱负责地面工程管理等工作，负责分管业务、部门和联系单位的安全环保工作、党风廉政建设及和谐稳定工作，分管工程监督室（地面工程部分），联系红连采油工区、葡北采油工区、雁木西采油工区、玉果采油工区、轻烃工区、储运工区。

党委委员、副厂长、安全总监税文生负责生产组织运行、安全环保、设备管理、水电路讯、土地管理、地方关系、节能节水、质量与技术监督、计量、标准化、应急救灾等工作，负责分管业务、部门和联系单位的安全环保工作、党风廉政建设及和谐稳定工作，分管生产运行科、质量安全环保科、设备自动化室、工程监督室（安全监督部分），联系红连采油工区、葡北采油工区、雁木西采油工区、玉果采油工区、轻烃工区、储运工区、维修工区。

党委委员、副厂长陈世明负责油气生产、油藏工程、钻井管理、注采修工艺、井控管理、科技、网络、信息化等工作，负责分管业务、部门和联系单位的安全环保工作、党风廉政建设及和谐稳定工作，分管油藏工程室、采油工程室、工程监督室（井下作业部分），联系红连采油工区、葡北采油工区、雁木西采油工区、玉果采油工区、轻烃工区、储运工区。

党委委员、副厂长祁兵兵负责经营计划、财务资产、内控管理、企业管理、物资管理等工作，负责分管业务、部门和联系单位的安全环保工作、党风廉政建设及和谐稳定工作，分管计划经营科、财务科，联系工程监督室（预算部分）、储运工区、综合服务工区。

2017年，吐鲁番采油厂完成液烃产量34.0万吨，完成调整计划的95.8%；天然气商品量1.08亿立方米，完成调整计划的102%；内部经营利润 –7865万元，油气单位操作成本801.16元/吨，控制在下达指标范围以内。葡北采油工区荣获中国石油勘探与生产分公司"优秀能效示范队站"荣誉称号。

2018年4月，油田分公司人事处批复同意，吐鲁番采油厂成立党群科，将维修工区、综合服务工区合并为综合维修工区。

2018年10月，油田分公司党委决定：任命李文杰为吐鲁番采油厂党委委员。油田分公司决定：聘任李文杰为吐鲁番采油厂副厂长（试用期一年）。

随后，调整部分领导班子成员分工：

党委副书记、厂长司宝全面负责采油厂行政工作，主管办公室（党委办公室）、党群科。

党委书记、纪委书记、工会主席、副厂长高庆贤全面负责采油厂党委、纪委、工会团委、治安保卫、信访维稳、后勤保障、计划生育、女工、保密、档案、思想政治工作、党风廉政建设等工作，主管党群科、办公室（党委办公室）、治安保卫中心、综合维修工区（后勤部分）。

党委委员、副厂长陈世明负责注采修工艺管理，钻井、修井的井控管理等工作，负责分管业务、部门和联系单位的安全环保工作、党风廉政建设及和谐稳定工作，分管采油工程室、工程监督室（井下作业部分），联系红连采油工区、葡北采油工区、雁木西采油工区、玉果采油工区、轻烃工区、储运工区。

党委委员、副厂长李文杰负责油气生产、油藏工程、钻井管理、科技、网络、信息化等工作，负责分管业务、部门和联系单位的安全环保工作、党风廉政建设及和谐稳定工作，分管油藏工程室，联系红连采油工区、葡北采油工区、雁木西采油工区、玉果采油工区、轻烃工区、储运工区。

2018年，吐鲁番采油厂完成液烃产量30万吨，完成调整计划的98%；天然气商品量0.98亿立方米，完成调整计划的93.2%；油气单位操作成本970元/吨，控制在下达指标内。《基于物联网＋的智能化无人值守系统开发与应用》成果获得第三届中国设备管理创新一等奖。

2019年6月，吐鲁番采油厂决定，成立人事科，与办公室（党委办公室）实行一个机构，两块牌子。

2019年7月，油田分公司党委决定：免去陈扬爱的吐鲁番采油厂党委委员职务。油田分公司决定：解聘陈扬爱的吐鲁番采油厂副厂长职务。

2019年8月，调整部分领导班子成员分工：

党委委员、副厂长陈世明负责注采修工艺管理，钻井、修井的井控管理，地面工程管理等工作，负责分管业务、部门和联系单位的安全环保工作、党风廉政建设及和谐稳定工作，分管采油工程室、工程监督室（井下作业、地面工程部分），联系红连采油工区、葡北采油工区、雁木西采油工区、玉果采油工区、轻烃工区、储运工区。

2019年9月，吐鲁番采油厂决定，党群科更名为党建科。

2019年11月7日，中共吐鲁番采油厂第四次代表大会在鄯善召开，55名党员代表参加会议。会议选举产生中共吐鲁番采油厂第四届委员会和中共吐鲁番采油厂纪律检查委员会，中共吐鲁番采油厂委员会由司宝、祁兵兵、李文杰、陈世明、高庆贤、税文生等6人组成（以姓氏笔画为序），高庆贤为党委书记，司宝为党委副书记；中共吐鲁番采油厂纪律检查委员会由5人组成，高庆贤为纪委书记。吐鲁番采油厂党委下属基层党支部12个，共有党员 216 人，其中在职党员 210 人。

2019 年 12 月，油田分公司党委决定：免去祁兵兵的吐鲁番采油厂党委委员职务。油田分公司决定：解聘祁兵兵的吐鲁番采油厂副厂长职务。

2019 年，吐鲁番采油厂完成液烃产量 29.04 万吨，完成调整计划的 101.9%；天然气商品量 0.90 亿立方米，完成调整计划的 116.4%；油气单位操作成本 1168 元 / 吨，全面完成了年度生产经营任务。集团公司授予葡北采油工区党支部"先进基层党组织"荣誉称号。

2020 年 3 月，油田分公司党委决定：任命汪佳祥为吐鲁番采油厂党委委员；油田分公司决定：聘任汪佳祥为吐鲁番采油厂总会计师。

2020 年 4 月，调整部分领导班子成员分工：

党委委员、总会计师汪佳祥负责经营计划、财务资产、内控管理、企业管理、物资管理等工作，负责分管业务、部门和联系单位的党建工作、安全环保工作和党风廉政建设，分管计划经营科、财务科，联系工程监督室（预算部分）、储运工区、综合维修工区（物资部分）。

2020 年 7 月，油田分公司按照新型采油管理区模式，将吐鲁番采油厂改革设立为吐鲁番采油管理区，列二级单位管理。内部机构按"3 办 +9 中心"设置。"3 办"为综合办公室（人事组织科）、党群维稳办公室、经营办公室，人员编制 26 人，其中基层领导人员职数 8 人；"9 中心"为生产安全中心、油藏研究中心、钻采技术中心、监控中心、基建设备中心、红连采油中心、神泉采油中心、葡北采油中心、轻烃生产中心。

2020 年 7 月，油田分公司党委决定：任命司宝为吐鲁番采油管理区党委委员、党委副书记；汪佳祥、税文生、陈世明、李文杰为吐鲁番采油管理区党委委员；油田分公司决定：聘任司宝为吐鲁番采油管理区主任，汪佳祥为吐鲁番采油管理区总会计师；税文生为吐鲁番采油管理区副主任、安全总监；陈世明、李文杰为吐鲁番采油管理区副主任。因机构改革，以上原吐鲁番采油厂领导班子成员党内、行政职务自然免除。

2020 年 8 月，油田分公司党委决定：任命李正科为吐鲁番采油管理区党委委员、党委书记、纪委书记、工会主席；张兵为吐鲁番采油管理区党委委员。油田分公司决定：聘任李正科为吐鲁番采油管理区副主任；张兵为吐鲁番采油管理区副主任。

随后，调整领导班子成员分工：

党委副书记、主任司宝全面负责吐鲁番采油管理区行政工作，分管综合办公室（人事组织科）。

党委书记、纪委书记、副主任、工会主席李正科全面负责吐鲁番采油管理区党委、纪委、工会、团委、女工、治安保卫工作，分管党群维稳办公室、综合办公室（人事组织科）。

党委委员、总会计师汪佳祥负责经营计划、财务资产、内控管理、企业管理、物资管理工作，负责分管业务、部门的党建工作、安全环保和党风廉政建设，分管经营办公室。

党委委员、副主任、安全总监税文生负责安全环保、生产组织运行和保障、水电路讯、土地管理、地方关系、节能节水、质量与技术监督、计量、标准化、应急救灾、培训等工作，负责分管业务、部门和联系单位的党建工作、安全环保工作和党风廉政建设，分管生产安全中心，联系神泉采油中心。

党委委员、副主任陈世明负责注采修工艺管理，钻、修井和井控管理、重大矿场实验和提高采收率工作，负责分管业务、部门和联系单位的党建工作、安全环保工作和党风廉政建设，分管钻采技术中心，联系葡北采油中心。

党委委员、副主任李文杰负责油气生产、油藏工程、科技工作、职称评审、钻井概预算和结算工作，负责分管业务、部门和联系单位的党建工作、安全环保工作和党风廉政建设，分管油藏研究中心，联系红连采油中心。

党委委员、副主任张兵负责地面工程建设、设备装备、电气设备、工业自动化、信息化工作，负责分管业务、部门和联系单位的党建工作、安全环保工作和党风廉政建设，分管基建设备中心、监控中心，联系轻烃生产中心。

2020 年，吐鲁番采油管理区完成液烃产量 27.6 万吨，完成计划的 97.7%；天然气商品量 0.89 亿立方米，完成计划的 118.9%；油气单位操作成本 1043 元／吨，全面完成了年度生产经营任务。

截至 2020 年 12 月 31 日，吐鲁番采油管理区机关设职能科室 3 个：综合办公室（人事组织科）、党群维稳办公室、经营办公室；所属基层单位 9 个：生产安全中心、油藏研究中心、钻采技术中心、监控中心、基建设备中心、红连采油中心、神泉采油中心、葡北采油中心、轻烃生产中心。

吐鲁番采油厂在册员工 357 人。其中，大学本科及以上学历 277 人，正高级职称 1 人、副高级职称 44 人、中级职称 120 人；集团公司技能专家 1 人，首席技师 3 人、高级技师 7 人、技师 18 人。吐鲁番采油厂党委下属基层党支部 12 个，共有党员 184 人。

吐鲁番采油管理区党委由 7 人组成：李正科任党委书记，司宝任党委副书记，汪佳祥、税文生、陈世明、李文杰、张兵任党委委员，李正科任纪委书记、工会主席。吐鲁番采油管理区行政领导班子由 7 人组成：司宝任主任，李正科、陈世明、李文杰、张兵任副主任，税文生任副主任、安全总监，汪佳祥任总会计师。领导班子分工自 2020 年 8 月以来未做调整。

"十三五"时期，吐鲁番采油管理区落实含油气断块 23 个，累计生产液烃 156.76 万吨，天然气商品量 5.6 亿立方米，实现了油气当量的平稳运行。同时，深入推进扩大经营自主权改革，实施了雁木西区块内部承包，创建了雁木西模式。按照"主营业务归核化，组织结构扁平化，辅助业务专业化"完成"油公司"模式改革，机构按照"3 办 +9 中心"设置，人员按照"管理 + 技术 + 核心操作"配置，配套完善了制度体系，初步建成治理体系和治理能力现代化的新型采油管理区。

一、吐鲁番采油厂（2016.1—2020.7）

（一）吐鲁番采油厂党委、纪委领导名录（2016.1—2020.7）

党 委 书 记　杨珍祥（2016.1—2017.8）[1]

　　　　　　　高庆贤（2017.10—2020.7）[2]

党委副书记　王　炜（回族，2016.1—2017.10）[3]

　　　　　　　司　宝（2017.10—2020.7）

党 委 委 员　杨珍祥（2016.1—2017.8）

　　　　　　　王　炜（2016.1—2017.10）

　　　　　　　高庆贤（2016.1—2020.7）

---

①　2017 年 8 月，杨珍祥调任运输工程公司党委书记、纪委书记、工会主席。2017 年 8 月至 10 月期间，吐鲁番采油厂党委书记空缺。

②　2020 年 7 月，高庆贤调任油气生产服务中心负责人。

③　2017 年 10 月，王炜调任鄯善采油厂党委副书记、厂长。

税文生（2016.1—2020.7）

司　宝（2016.1—2020.7）

陈扬爱（2016.2—2019.7）①

陈世明（2017.9—2020.7）

祁兵兵（2017.11—2019.12）②

李文杰（2018.10—2020.7）

汪佳祥（2020.3—7）

纪委书记　杨珍祥（2016.1—2017.8）③

高庆贤（2017.10—2020.7）

（二）吐鲁番采油厂行政领导名录（2016.1—2020.7）

厂　　　长　王　炜（2016.1—2017.10）

司　宝（2017.10—2020.7）

副　厂　长　杨珍祥（2016.1—2017.8）

高庆贤（2016.1—2020.7）

税文生（2016.1—2020.7）

司　宝（2016.1—2017.10）

陈扬爱（2016.2—2019.7）

陈世明（2017.9—2020.7）

祁兵兵（2017.11—2019.12）

李文杰（2018.10—2020.7）

总 会 计 师　汪佳祥（2020.3—7）

安 全 总 监　高庆贤（兼任，2016.1—2017.11）

税文生（兼任，2017.11—2020.7）

（三）吐鲁番采油厂工会领导名录（2016.1—2020.7）

主　　　席　杨珍祥（2016.1—2017.8）④

高庆贤（2017.10—2020.7）

---

① 2019年7月，陈扬爱退职离岗。

② 2019年12月，祁兵兵调任勘探公司准东勘探开发项目经理部副经理。

③ 2017年8月至10月期间，吐鲁番采油厂纪委书记空缺。

④ 2017年8月至10月期间，吐鲁番采油厂工会主席空缺。

二、吐鲁番采油管理区（2020.7—12）

（一）吐鲁番采油管理区党委、纪委领导名录（2020.7—12）

党 委 书 记　李正科（2020.8—12）

党委副书记　司　宝（2020.7—12）

党 委 委 员　司　宝（2020.7—12）

李正科（2020.8—12）

汪佳祥（2020.7—12）

税文生（2020.7—12）

陈世明（2020.7—12）

李文杰（2020.7—12）

张　兵（2020.8—12）

纪 委 书 记　李正科（2020.8—12）

（二）吐鲁番采油管理区行政领导名录（2020.7—12）

主　　　任　司　宝（2020.7—12）

副 主 任　李正科（2020.8—12）

税文生（2020.7—12）

陈世明（2020.7—12）

李文杰（2020.7—12）

张　兵（2020.8—12）

安 全 总 监　税文生（兼任，2020.7—12）

总 会 计 师　汪佳祥（2020.7—12）

（三）吐鲁番采油管理区工会领导名录（2020.8—12）

主　　　席　李正科（2020.8—12）

第五节　鲁克沁采油厂（鲁克沁油田项目经理部）
—鲁克沁采油管理区（2016.1—2020.12）

鲁克沁采油厂的前身是 2004 年 4 月吐哈石油勘探开发指挥部设立的油气合作开发公司；2005 年 6 月，指挥部决定，将油气合作开发公司（处）调整为二级单位，更名为石油天然气合作开发公司；2007 年 9 月，为理顺油田油气风险作业服务业务的管理体制，油田分公司决定，以石油天然气合作开发公司为主体成立鲁克沁采油厂；2010 年 12 月，油田分公司决定，成立鲁克沁油田项目经理部，与鲁克沁采油厂按一个机构两个牌子运行。鲁克沁采油厂（鲁克沁油田项目经理部）为二级单位，机构规格为正处级，主要从事玉东、玉北、英也尔区块的稠油开发生产等业务。党组织关系隶属于油田分公司党委，机关办公地点设在新疆维吾尔自治区吐鲁番市鄯善县鲁克沁镇。

截至 2015 年 12 月 31 日，鲁克沁采油厂（鲁克沁油田项目经理部）设机关科室 5 个：办公室（党委办公室）、生产运行科、质量安全环保科、计划经营科、财务科；所属基层单位 12 个：油藏工程室、采油工程室、工程监督室、设备自动化室、鲁中联合站、储运工区、采油一工区、采油二工区、采油三工区、试采工区、维修工区、治安保卫中心。

鲁克沁采油厂（鲁克沁油田项目经理部）在册员工 413 人。其中，大学本科及以上学历 206 人，副高级职称 20 人、中级职称 64 人；企业高级技师 5 人、技师 21 人。鲁克沁采油厂（鲁克沁油田项目经理部）党委下属基层党支部 10 个，共有党员 164 人，其中在职党员 143 人。

鲁克沁采油厂（鲁克沁油田项目经理部）党政领导班子由 6 人组成，其中行政领导班子 6 人，党委 6 人，领导班子成员分工如下：

吴征任党委副书记、厂长，负责鲁克沁采油厂（鲁克沁油田项目经理部）行政管理及生产经营工作，分管办公室（党委办公室）、财务科、计划经营科，联系单位鲁中联合站。

张长海任党委书记、纪委书记、副厂长、工会主席，负责鲁克沁采油厂（鲁克沁油田项目经理部）党委工作及纪检监察、思想政治、群众工作、计划生育、综治保卫、职工稳定、地方关系及生活管理等工作，分管办公室（党委办公室），联系单位治安保卫中心。

吕有喜任党委委员、副厂长，负责地面工程、设备自动化管理、物资管理等工作，分管工程监督室（地面）、设备自动化室，联系单位维修工区。

刘曰强任党委委员、副厂长，负责油气开发采油工艺、井下作业、精细注水、重大试验组织、井控管理等工作，分管采油工程室、工程监督室（井下），联系单位采油一工区、采油二工区。

马伟亭任党委委员、副厂长，负责油气开发、油藏工程、科技管理、数字化管理及档案管理等工作，分管油藏工程室，联系单位采油三工区、试采工区。

吴云利任党委委员、副厂长、安全总监，负责生产组织、质量、安全、环保、节能减排、储输、"三基"、征地及后勤保障管理等工作，协助党委书记抓好地方关系及综治保卫工作，分管生产运行科、质量安全环保科，联系单位储运工区。

2016年2月，油田分公司党委决定：任命辜良国为鲁克沁采油厂（鲁克沁油田项目经理部）党委书记、纪委书记、工会主席，朱永贤为党委副书记，杨贵权为党委委员；免去张长海的鲁克沁采油厂（鲁克沁油田项目经理部）党委书记、纪委书记、工会主席职务，吴征的党委副书记职务。油田分公司决定：聘任朱永贤为鲁克沁采油厂（鲁克沁油田项目经理部）厂长（经理），辜良国、杨贵权为副厂长（副经理）；解聘吴征的鲁克沁采油厂（鲁克沁油田项目经理部）厂长（经理）职务，张长海的副厂长（副经理）职务。

随后，调整部分领导班子成员分工：

党委副书记、厂长朱永贤负责采油厂行政管理及生产经营工作，主管办公室（党委办公室）、财务科、计划经营科。

党委书记、纪委书记、副厂长、工会主席辜良国负责采油厂党委工作、纪检监察、思想政治、群众工作、职工稳定、综治保卫、计划生育、爱国卫生、地方关系及生活管理等工作，主管办公室（党委办公室），联系单位治安保卫中心。

党委委员、副厂长吕有喜负责设备自动化、信息化、物资管理及重大试验组织等工作，负责分管业务、部门和联系单位的安全环保工作和党风廉政建设，分管设备自动化室、重大试验办公室，联系单位维修工区。

党委委员、副厂长杨贵权负责地面工程、企业管理（合规管理、"三基"工作等）、场站及管道管理工作，负责分管业务、部门和联系单位的安全环保工作和党风廉政建设，分管计划经营科、工程监督室（地面部分），联系单位鲁中联合站。

2016年5月，油田分公司党委决定：任命谢佃和为鲁克沁采油厂（鲁克沁油田项目经理部）党委委员；免去马伟亭的鲁克沁采油厂（鲁克沁油田项目经理部）党委委员职务。油田分公司决定：聘任谢佃和为鲁克沁采油厂（鲁克沁油田项目经理部）副厂长（副经理）；解聘马伟亭的鲁克沁采油厂（鲁克沁油田项目经理部）副厂长（副经理）职务。

2016年8月，调整部分领导班子成员分工：

党委委员、副厂长谢佃和负责油气开发油藏工程、科技管理、数字化管理、档案管理、钻井管理及井控（钻井）等工作，负责分管业务、部门和联系单位的安全环保工作和党风廉政建设，分管油藏工程室，联系单位采油三工区、试采工区。

2016年，鲁克沁采油厂全年生产原油79.3万吨，完成运行计划的100%，配注合格率达到95%以上，自然递减控制在12.6%以内；投资成本控制在公司下达指标之内，超额完成各项财务指标；实现了安全环保无事故；获得全国"五一"劳动奖状荣誉称号。

2017年9月，油田分公司党委决定：任命穆金峰、宋德云为鲁克沁采油厂（鲁克沁油田项目经理部）党委委员。免去吕有喜、杨贵权的鲁克沁采油厂（鲁克沁油田项目经理部）党委委员职务。油田分公司决定：聘任穆金峰、宋德云为鲁克沁采油厂（鲁克沁油田项目经理部）副厂长（副经理）（试用期一年）。解聘吕有喜、杨贵权的鲁克沁采油厂（鲁克沁油田项目经理部）副厂长（副经理）职务。

随后，调整部分领导班子成员分工：

党委委员、副厂长刘曰强负责设备、自动化、信息化等工作，分管设备自动化室，联系单位维修工区。

党委委员、副厂长穆金峰负责油田开发采油工艺、井下作业、重大试验、井控管理、经济评价等工作，分管采油工程室、工程监督室（井下部分），联系单位采油一工区、采油二工区。

党委委员、副厂长宋德云负责精细注水、地面工程、企业管理（合规管理、"三基"工作等）、物资管理、场站及管道管理工作，分管计划经营科、工程监督室（地面部分），联系单位鲁中联合站。

2017年9月，经采油厂党委会研究，对部分党支部调整如下：撤销开发技术党支部，分别成立油藏工程室党支部、采油工程室党支部。

2017年10月，油田分公司党委决定：任命何先俊为鲁克沁采油厂（鲁克沁油田项目经理部）党委副书记；免去朱永贤的鲁克沁采油厂（鲁克沁油田项目经理部）党委副书记职务。油田分公司决定：聘任何先俊为鲁克沁采油厂（鲁克沁油田项目经理部）厂长（经理）（试用期一年）；解聘朱永贤的鲁克沁采油厂（鲁克沁油田项目经理部）厂长（经理）职务。

2017年11月，油田分公司党委决定：任命焦熠堂为鲁克沁采油厂（鲁克沁油田项目经理部）党委委员。油田分公司决定：聘任焦熠堂为鲁克沁采油厂（鲁克沁油田项目经理部）总会计师。

2017年12月，调整部分领导班子成员分工：

党委副书记、厂长何先俊全面负责采油厂行政管理及生产经营工作，主管办公室（党委办公室）、财务科、计划经营科。

党委委员、总会计师焦熠堂负责财务管理、计划管理、经济评价、企业管理（合规管理、"三基"工作等）、物资管理工作，协助党委书记抓好生活管理工作，主管计划经营科、财务科，联系单位采油一工区。

党委委员、副厂长穆金峰负责油田开发采油工艺、井下作业、重大试验、井控管理、经济评价等工作，分管采油工程室、工程监督室（井下部分），联系单位采油二工区。

党委委员、副厂长宋德云负责精细注水、地面工程、场站及管道管理工作，主管工程监督室，联系单位鲁中联合站。

2017年，鲁克沁采油厂完成原油产量71.7万吨，完成注水量202.5万立方米，全年开发钻井49口，新井投产40口，老井自然递减率为15.4%，综合递减率为12.9%，含水上升率为0.5%；吨油操作成本控制在公司下达指标之内，完成内部考核利润4211万元；安全管理工作稳步推进。

2018年3月，经采油厂党委会研究，对部分党支部调整如下：撤销机关党支部；成立机关第一党支部、机关第二党支部。

2018年5月，鲁克沁采油厂成立党群科，机关科室由5个变为6个。成立机关第三党支部，由财务科、计划经营科组成。机关第一党支部由党群科、办公室（党委办公室）组成。机关第一党支部、第三党支部不设党小组。

2018年11月27日，中共鲁克沁采油厂第三次党员代表大会在新疆维吾尔自治区吐鲁番市鄯善县鲁克沁镇玉东办公点召开，69名党员代表参加会议。会议选举产生中共鲁克沁采油厂第三届委员会和中共鲁克沁采油厂（鲁克沁油田项目经理部）第三届纪律检查委员会。中共鲁克沁采油厂委员会由刘曰强、吴云利、何先俊、宋德云、辜良国、焦熠堂、谢佃和、穆金峰8人组成（以姓氏笔画为序），辜良国为党委书记，何先俊为党委副书记；中共鲁克沁采油厂（鲁克沁油田项目经理部）纪律检查委员会由5人组成，辜良国为纪委书记。

2018年12月，油田分公司党委批复同意鲁克沁采油厂（鲁克沁油田项目经理部）党代会选举结果。

2018年，鲁克沁采油厂完成原油产量65.8万吨，完成注水量209万立方米，自然递减控制在14.6%以内（含提高采收率），含水上升率控制在2.0%以内；吨油操作成本581元/吨，内部经营利润21365万元；实现安全环保"零事故"。

2019年6月，经采油厂党委会研究决定，成立人事科，与办公室（党委办公室）为一套机构三块牌子，机构名称变更为办公室（党委办公室、人事科）。

2019年9月，将党群科更名为党建科。

2019年9月，油田公司党委决定：免去辜良国的鲁克沁采油厂（鲁克沁油田项目经理部）党委书记、纪委书记、工会主席、党委委员职务。油田公司决定：解聘辜良国的鲁克沁采油厂（鲁克沁油田项目经理部）副厂长（副经理）职务。

2019年11月，油田公司党委决定：任命何先俊为鲁克沁采油厂（鲁克沁油田项目经理部）党委书记；免去刘曰强的鲁克沁采油厂（鲁克沁油田项目经理部）党委委员职务。油田分公司决定：解聘刘曰强的鲁克沁采油厂（鲁克沁油田项目经理部）副厂长（副经理）职务。

2019 年 12 月，油田公司党委决定：任命杜进宏为鲁克沁采油厂（鲁克沁油田项目经理部）党委委员。油田分公司决定：聘任杜进宏为鲁克沁采油厂（鲁克沁油田项目经理部）副厂长（副经理）。

2019 年，完成原油产量 60.33 万吨，注水量 193.5 万立方米，新井投产 8 口，措施 492 井次（其中油井 305 口，注水井 187 口），措施有效率达到 80% 以上。自然递减率 20.4%（不含提高采收率），同比控制 2 个百分点。吨油操作成本 572 元/吨，内部经营利润 3.7 亿元。一般 B 级及以上工业生产事故为零；员工伤亡人数为零；各类污染物排放控制在公司下达指标范围内。设备综合完好率 99%，主要设备运转时率 82%，各类设备维护保养近 2800 台次。企业深化改革稳步推进，党建基础工作不断加强，员工队伍素质显著提升。

2020 年 1 月，调整部分领导班子成员分工：

党委委员、副厂长吴云利负责地面工程、场站及管道管理、设备管理、自动化、信息化、综治保卫、防恐维稳、人口与计划生育、爱国卫生等工作，负责分管业务、部门和联系单位的党建工作、安全环保工作和党风廉政建设，分管设备自动化室、工程监督室（地面部分）、治安保卫中心，联系单位维修工区。

党委委员、副厂长谢佃和负责精细注水、二叠系油藏管理工作，协助负责科技管理、数字化管理、档案管理、钻井管理及钻井井控等工作，负责分管业务、部门和联系单位的党建工作、安全环保工作和党风廉政建设，分管油藏工程室，联系单位采油二工区。

党委委员、副厂长宋德云负责三叠系油藏管理、提高采收率工作，负责分管业务、部门和联系单位的党建工作、安全环保工作和党风廉政建设，分管油藏工程室，联系单位采油一工区。

党委委员、副厂长杜进宏负责生产组织运行、水电路讯、质量计量、安全环保、节能减排、地方关系、原油储输、土地协调、技能鉴定、培训等工作；负责分管业务、部门和联系单位的党建工作、安全环保工作和党风廉政建设。分管生产运行科、质量安全环保科，联系单位储运工区。

2020 年 3 月，油田公司党委决定：任命高建平为鲁克沁采油厂（鲁克沁油田项目经理部）党委委员、党委书记、纪委书记、工会主席，何先俊为鲁克沁采油厂（鲁克沁油田项目经理部）党委副书记，姚铁成为鲁克沁采油厂（鲁克沁油田项目经理部）党委委员；免去何先俊的鲁克沁采油厂（鲁克沁油田项目经理部）党委书记职务，焦熠堂的鲁克沁采油厂党委委员职务。

油田公司决定：聘任高建平为鲁克沁采油厂（鲁克沁油田项目经理部）副厂长（副经理），姚铁成为鲁克沁采油厂（鲁克沁油田项目经理部）总会计师；解聘焦熠堂的鲁克沁采油厂（鲁克沁油田项目经理部）总会计师职务。

随后，调整部分领导班子成员分工：

党委书记、纪委书记、副厂长、工会主席高建平全面负责采油厂党委、纪委、群团、工会、计划生育、爱国卫生、综治维稳、信访及生活管理等工作，负责主管和联系单位的党建工作、安全环保工作和党风廉政建设，主管办公室（党委办公室、人事科）、党建科、治安保卫中心，联系单位，试采工区。

党委委员、总会计师姚铁成协助厂长负责财务管理、计划管理、经济评价、企业管理（合规管理、"三基"工作等）、物资管理等工作，负责分管业务、部门和联系单位的党建工作、安全环保工作和党风廉政建设，分管计划经营科、财务科，联系单位采油二工区（玉北六站）。

2020年3月，合并设备自动化室、维修工区，成立设备维修中心，为采油厂基层科级单位，主要负责设备及自动化管理、设备设施维护及作业管理、后勤管理、库房物资管理等业务。将治安保卫中心党员的党组织关系划入机关第一党支部，调整后机关第一党支部由办公室（党委办公室、人事科）、党建科、治安保卫中心组成，支部内不设党小组；撤销维修保卫党支部。

2020年7月，油田分公司按照新型采油管理区模式，将鲁克沁采油厂（鲁克沁油田项目经理部）改革设立为鲁克沁采油管理区，列二级单位管理。内部机构按"3办+7中心"设置。"3办"为综合办公室（人事组织科）、党群维稳办公室、经营办公室；"7中心"为生产安全中心、油藏研究中心、钻采技术中心、监控中心、基建设备中心、东区采油中心、西区采油中心。按照国有企业党的建设"四同步、四对接"要求，经公司党委研究，成立鲁克沁采油管理区党委，撤销鲁克沁采油厂党委。

2020年7月，油田公司党委决定：任命高建平为鲁克沁采油管理区党委委员、党委书记、纪委书记、工会主席，何先俊为鲁克沁采油管理区党委委员、党委副书记，谢佃和、穆金峰、宋德云、姚铁成、杜进宏为鲁克沁采油管理区党委委员；免去高建平、何先俊、吴云利、谢佃和、穆金峰、宋德云、姚铁成、杜进宏鲁克沁采油厂（鲁克沁油田项目经理部）党内职务。油田公司决定：聘任何先俊为鲁克沁采油管理区主任，高建平、谢佃和、穆金峰、宋德云为鲁克沁采油管理区副主任，姚铁成为鲁克沁采油管理区总会计师，杜进宏为鲁克沁采油管理区副主任、安全总监；解聘何先俊、高建平、吴云利、谢佃和、穆金峰、宋德云、姚铁成、杜进宏的鲁克沁采油厂（鲁克沁油田项目经理部）行政职务。

随后，调整领导班子成员分工：

党委副书记、主任何先俊全面负责管理区行政事务管理、生产经营管理；负责主管和联系单位的党建工作、安全环保工作和党风廉政建设，主管综合办公室（人事组织科），联系单位东区采油中心。

党委书记、纪委书记、副主任、工会主席高建平全面负责管理区党委、纪委、群团、工会、计划生育、爱国卫生、综治维稳、信访及生活管理等工作，负责主管和联系单位的党建工作、安全环保工作和党风廉政建设，主管综合办公室（人事组织科）、党群维稳办公室，联系单位西区采油中心。

党委委员、副主任谢佃和协助主任负责精细注水、二叠系油藏、科技、数字化、档案等工作，负责分管业务、部门和联系单位的党建工作、安全环保工作和党风廉政建设，分管油藏研究中心、钻采技术中心，联系单位监控中心。

党委委员、副主任穆金峰协助主任负责油田开发采油工艺、井下作业、重大试验、钻井管理、井控管理等工作，负责分管业务、部门和联系单位的党建工作、安全环保工作和党风廉政建设，分管钻采技术中心，联系单位钻采技术中心。

党委委员、副主任宋德云协助主任负责三叠系油藏管理，负责分管业务、部门和联系单位的党建工作、安全环保工作和党风廉政建设，分管油藏研究中心；联系单位油藏研究中心。

党委委员、总会计师姚铁成协助主任负责财务管理、计划管理、经济评价、企业管理（合规管理、"三基"工作等）、物资管理等工作，负责分管业务、部门和联系单位的党建工作、安全环保工作和党风廉政建设，分管经营办公室，联系单位基建设备中心。

党委委员、副主任、安全总监杜进宏协助主任负责生产组织、质量计量、安全环保、节能减排、地方关系、储输、征地等工作，协助主任负责地面工程、场站及管道管理、设备、自动化、信息化等工作，负责分管业务、部门和联系单位的党建工作、安全环保工作和党风廉政建设，分管生产安全中心，联系单位生产安全中心。

2020年，鲁克沁采油管理区生产原油51.6万吨，超计划2000吨，注水193万立方米，自然递减率控制在21.8%；创效342万元；一般C级及以上质量安全事故为零，主要污染物排放总量控制在公司下达的指标范围内；党建基础工作持续加强，内外部关系和谐融洽。

截至2020年12月31日，鲁克沁采油管理区机关设职能科室3个：综合办公室（人事组织科）、党群维稳办公室、经营办公室；所属基层单位7个：生产安全中心、油藏研究中心、钻采技术中心、监控中心、基建设备中心、东区采油中心、西区采油中心。

鲁克沁采油管理区在册员工250人。其中，大学本科及以上学历184人，副高级职称25人、中级职称88人；企业高级技师3人、技师14人。鲁克沁采油管理区党委下属基层党支部10个，共有党员137人，其中在职党员137人。

鲁克沁采油管理区党委由7人组成：高建平任党委书记，何先俊任党委副书记，谢佃和、穆金峰、宋德云、姚铁成、杜进宏任党委委员，高建平任纪委书记、工会主席。鲁克沁采油管理区行政领导班子由7人组成：何先俊任主任，高建平、谢佃和、穆金峰、宋德云任副主任，杜进宏任副主任、安全总监，姚铁成任总会计师。领导班子分工自2020年7月以来未做调整。

"十三五"期间，鲁克沁采油厂、鲁克沁采油管理区累计生产原油近329万吨。建立减氧空气泡沫驱试验区，形成了40注114采的试验规模。规模应用注气吞吐技术，5年内共实施吞吐843井次，累计增油近39万吨。企业管理方面，持续推进人事三项制度改革，坚持业务驱动、机制牵引，通过实施基层操作员工"五班三倒"、优化人力资源配置改革试点、无人值守场站建设、低效无效区块业务承包等具体措施，显性化富余人员近50人，有效缓解近年来自然减员压力。积极推动"油公司"模式改革，精简机构7个，划转员工205人，为企业管理奠定扎实基础。贯彻"德才兼备，以德为先"的选人用人原则，提职提级科级干部 16 人，新任主管工程师 7 人，90 后干部初登管理"舞台"，年轻干部培养收获成效。

一、鲁克沁采油厂（鲁克沁油田项目经理部）（2016.1—2020.7）

（一）鲁克沁采油厂（鲁克沁油田项目经理部）党委、纪委领导名录
（2016.1—2020.7）

党 委 书 记　张长海（2016.1—2）[1]

　　　　　　　辜良国（2016.2—2019.9）[2]

　　　　　　　何先俊（2019.11—2020.3）[3]

　　　　　　　高建平（2020.3—7）

党委副书记　吴　征（2016.1—2）[4]

　　　　　　　朱永贤（2016.2—2017.10）[5]

　　　　　　　何先俊（2017.10—2019.11；2020.3—7）

党 委 委 员　张长海（2016.1—2）

　　　　　　　吴　征（2016.1—2）

　　　　　　　吕有喜（2016.1—2017.9）[6]

　　　　　　　刘曰强（2016.1—2019.11）[7]

　　　　　　　马伟亭（回族，2016.1—5）[8]

　　　　　　　吴云利（2016.1—2020.7）[9]

　　　　　　　辜良国（2016.2—2019.9）

　　　　　　　朱永贤（2016.2—2017.10）

　　　　　　　杨贵权（2016.2—2017.9）[10]

　　　　　　　谢佃和（2016.5—2020.7）

---

[1] 2016 年 2 月，张长海调任党委宣传部主任。

[2] 2019 年 9 月，辜良国退职离岗。

[3] 2019 年 9 月至 11 月期间，党委书记空缺。

[4] 2016 年 2 月，吴征调任生产运行处处长。

[5] 2017 年 10 月，朱永贤调任开发部主任。

[6] 2017 年 9 月，吕有喜调任物资管理部副主任。

[7] 2019 年 11 月，刘曰强退职离岗。

[8] 2016 年 5 月，马伟亭调任三塘湖采油厂副厂长。

[9] 2020 年 7 月，吴云利调任油气生产服务中心副主任。

[10] 2017 年 9 月，杨贵权调任鄯善物业管理公司副经理。

穆金峰（2017.9—2020.7）

宋德云（2017.9—2020.7）

何先俊（2017.10—2020.7）

焦熠堂（2017.11—2020.3）

杜进宏（2019.12—2020.7）

高建平（2020.3—7）

姚铁成（2020.3—7）

纪 委 书 记 张长海（2016.1—2）

辜良国（2016.2—2019.9）[①]

高建平（2020.3—7）

（二）鲁克沁采油厂（鲁克沁油田项目经理部）行政领导名录（2016.1—2020.7）

厂 长（经 理） 吴 征（2016.1—2）

朱永贤（2016.2—2017.10）

何先俊（2017.10—2020.7）

副厂长（副经理） 张长海（2016.1—2）

吕有喜（2016.1—2017.9）

刘曰强（2016.1—2019.11）

马伟亭（2016.1—5）

吴云利（2016.1—2020.7）

辜良国（2016.2—2019.9）

杨贵权（2016.2—2017.9）

谢佃和（2016.5—2020.7）

穆金峰（2017.9—2020.7）

宋德云（2017.9—2020.7）

杜进宏（2019.12—2020.7）

高建平（2020.3—7）

① 2019年9月至2020年3月期间，鲁克沁采油厂（鲁克沁油田项目经理部）纪委书记空缺。

　　　　　　　　总 会 计 师　焦熠堂（2017.11—2020.3）①

　　　　　　　　　　　　　　姚铁成（2020.3—7）

　　　　　　　　安 全 总 监　吴云利（兼任，2016.1—2019.12）

　　　　　　　　　　　　　　杜进宏（兼任，2019.12—2020.7）

（三）鲁克沁采油厂（鲁克沁油田项目经理部）工会领导名录（2016.1—

　　　2020.7）

　　　　　　　　主　　　　席　张长海（2016.1—2）

　　　　　　　　　　　　　　辜良国（2016.2—2019.9）②

　　　　　　　　　　　　　　高建平（2020.3—7）

二、鲁克沁采油管理区（2020.7—12）

（一）鲁克沁采油管理区党委、纪委领导名录（2020.7—12）

　　　　　　　　党 委 书 记　高建平（2020.7—12）

　　　　　　　　党委副书记　何先俊（2020.7—12）

　　　　　　　　党 委 委 员　何先俊（2020.7—12）

　　　　　　　　　　　　　　高建平（2020.7—12）

　　　　　　　　　　　　　　谢佃和（2020.7—12）

　　　　　　　　　　　　　　穆金峰（2020.7—12）

　　　　　　　　　　　　　　宋德云（2020.7—12）

　　　　　　　　　　　　　　姚铁成（2020.7—12）

　　　　　　　　　　　　　　杜进宏（2020.7—12）

　　　　　　　　纪 委 书 记　高建平（2020.7—12）

（二）鲁克沁采油管理区行政领导名录（2020.7—12）

　　　　　　　　主　　　　任　何先俊（2020.7—12）

　　　　　　　　副　主　任　高建平（2020.7—12）

　　　　　　　　　　　　　　谢佃和（2020.7—12）

　　　　　　　　　　　　　　穆金峰（2020.7—12）

　　　　　　　　　　　　　　宋德云（2020.7—12）

---

①　2020 年 3 月，焦熠堂调任物资保障中心总会计师。

②　2019 年 9 月至 2020 年 3 月期间，鲁克沁采油厂（鲁克沁油田项目经理部）工会主席空缺。

杜进宏（2020.7—12）

总会计师 姚铁成（2020.7—12）

安全总监 杜进宏（2020.7—12）

（三）鲁克沁采油管理区工会领导名录（2020.7—12）

主　　　席 高建平（2020.7—12）

第六节　三塘湖采油厂（三塘湖油田项目经理部）— 三塘湖采油管理区（2016.1—2020.12）

1999 年 3 月，油田分公司决定，成立三塘湖开发公司。11 月，油田分公司决定，撤销三塘湖开发公司，成立三塘湖采油厂。2010 年 12 月，成立三塘湖油田项目经理部，与三塘湖采油厂按一个机构、两块牌子运行（以下简称三塘湖采油厂），为二级单位，机构规格为正处级。主要负责三塘湖盆地油田的试采评价、新区产能建设和已开发油田的生产管理工作，管理着牛圈湖、牛东、西峡沟、北小湖、马中五个产油区块，建有联合站 1 座、接转站 3 座，油水井总数 1126 口。党组织关系隶属于油田分公司党委，机关办公地点在新疆维吾尔自治区哈密市石油基地和三塘湖牛圈湖前线生产点。

截至 2015 年 12 月 31 日，三塘湖采油厂设机关科室 5 个：办公室（党委办公室、综治保卫科）、质量安全环保科、生产运行科、计划经营科、财务科。所属基层单位 12 个：油藏工程室、采油工程室、地面工程室、工程监督室、设备自动化室、牛圈湖采油工区、牛东采油工区、试采工区、牛圈湖联合站、维修工区、储运工区、原油外输工区。

三塘湖采油厂在册员工 292 人。其中大学本科及以上学历 156 人，副高级职称 21 人、中级职称 90 人；高级技师 5 人、技师 14 人。三塘湖采油厂党委下属基层党支部 11 个，共有党员 142 人，其中在职党员 142 人。

三塘湖采油厂党政领导班子由 5 人组成，其中行政领导班子 5 人，党委由 5 人组成，领导班子成员分工如下：

朱永贤任党委副书记、厂长（经理），全面负责采油厂行政工作，主管办公室（党委办公室）、计划经营科、财务科。

祁玉童任党委书记、纪委书记、副厂长（副经理）、工会主席，全面负责采油厂党委、纪委、工会、团委、女工、企业文化建设、综治综合治理（防恐维稳部分）、生活后勤工作，主管办公室（党委办公室）、综合保卫科。

王小龙任党委委员、副厂长（副经理），协助厂长负责地面工程、外输管道工程、设备管理、物资器材、信息自动化、企业管理等工作，负责分管业务、科室和联系单位的安全环保工作和党风廉政建设，分管地面工程室、设备自动化室，联系单位：维修工区、原油外输工区。

高敬文任党委委员、副厂长（副经理），协助厂长负责生产组织运行、安全环保、水电路讯、应急救灾，井控、消防、质量计量、节能节水、土地管理、涉地公共关系、钻井、采油工艺、工程监督及风险作业服务等工作，协助党委书记负责治安综合管理（油区保卫）等工作，负责分管业务，科室和联系单位的安全环保工作和党风廉政建设，分管生产运行科、质量安全环保科、综治保卫科、采油工程室、工程监督室，联系单位：储运工区、牛圈湖联合站。

谢佃和任党委委员、副厂长（副经理），协助厂长负责油田开发、精细注水、油藏评价、科技等工作，分管油藏工程室、采油工程室，联系单位：牛圈湖采油工区、牛东采油工区、试采工区。

2016年2月，油田分公司党委决定：任命曾玉祥为三塘湖采油厂（三塘湖油田项目经理部）党委副书记，刘洪亭为党委委员。油田分公司决定：聘任曾玉祥为三塘湖采油厂（三塘湖油田项目经理部）厂长（经理），刘洪亭为副厂长（副经理）。

2016年3月，调整领导班子成员分工：

党委副书记、厂长曾玉祥全面负责采油厂行政工作，主管办公室（党委办公室）、计划经营科、财务科。

党委书记、纪委书记、副厂长、工会主席祁玉童全面负责采油厂党委、纪委、工会、团委、女工、企业文化建设、治安综合治理（防恐维稳部分）、生活后勤工作，主管办公室（党委办公室）、综治保卫科。

党委委员、副厂长王小龙协助负责地面工程、管道与集输系统、设备与自动化、物资与资产管理、网络信息、"三基"管理等工作，负责分管业务、科室和联系单位的安全环保工作和党风廉政建设，分管计划经营科（企业管理部分）、财务科（资产管理部分）、地面工程室、设备自动化室，联系维修工区、原油外输工区。

党委委员、副厂长刘洪亭协助负责精细注水工作，负责分管业务、科室和联系单位的安全环保工作和党风廉政建设，分管采油工程室（注水部分），联系牛圈湖采油工区（注水部分）、牛东采油工区（注水部分）、试采工区（注水部分）、牛圈湖联合站（注水部分）。

党委委员、副厂长、安全总监高敬文协助负责生产组织运行、安全环保与职业健康、水电路讯、应急救灾、井控、消防、质量计量、节能节水、土地管理、涉地公共关系、采油工程及风险作业服务等工作，协助党委书记负责治安综合治理（油区保卫部分）等工作，负责分管业务、科室和联系单位的安全环保工作和党风廉政建设，分管生产运行科、质量安全环保科、综治保卫科、采油工程室（采油、修井部分）、工程监督室（井下作业、安全环保监督部分）联系储运工区、牛圈湖联合站。

党委委员、副厂长谢佃和协助负责产能建设、油藏工程、科技、档案、员工培训与技能鉴定等工作，负责分管业务、科室和联系单位的安全环保工作和党风廉政建设，分管办公室（培训、档案部分）、油藏工程室、工程监督室（钻井监督部分），联系牛圈湖采油工区、牛东采油工区、试采工区。

2016年5月，油田分公司党委决定：任命马伟亭为三塘湖采油厂（三塘湖油田项目经理部）党委委员；免去谢佃和的三塘湖采油厂（三塘湖油田项目经理部）党委委员职务。油田分公司决定：聘任马伟亭为三塘湖采油厂（三塘湖油田项目经理部）副厂长（副经理）；解聘谢佃和的三塘湖采油厂（三塘湖油田项目经理部）副厂长（副经理）职务。

2016年8月，油田分公司决定：聘任王小龙为三塘湖采油厂（三塘湖油田项目经理部）安全总监；解聘高敬文的三塘湖采油厂（三塘湖油田项目经理部）安全总监职务。

2016年9月，调整领导班子成员分工：

党委副书记、厂长曾玉祥全面负责行政工作，主管生产经营、人事劳资工作，主管办公室、财务科，联系联合站。

党委书记、纪委书记、副厂长、工会主席祁玉童全面负责党群工作，主管干部管理、后勤与综治工作，主管办公室（党委办公室）、综治保卫科，联系维修工区。

党委委员、副厂长、安全总监王小龙协助负责质量、安全、环保、职业健康、员工培训、职业技能鉴定、档案与保密工作，分管质量安全环保科、工程监督室（安全监督站）、办公室（员工培训、技能鉴定、档案、保密业务部分），联系储运工区。

党委委员、副厂长刘洪亭协助负责精细注水、设备管理、物资、企业管理（包括合规、"三基"工作）、投资与计划管理、概预算、合同与招投标管理工作，分管采油工程（精细注水业务）、计划经营科、设备自动化室、维修工区，联系牛圈湖采油工区。

党委委员、副厂长高敬文协助负责油藏工程、钻井工程、科技信息、井控管理工作，组织油田开发重大实验方案编制与跟踪研究工，分管油藏工程室、采油工程室（井控业务部分）、工程监督室（钻井监督站部分），联系牛东采油工区。

党委委员、副厂长马伟亭协助负责生产运行、采油工程、地面工程、节能节水、油地协调、土地管理工作，组织油田开发重大实验方案实施工作，分管生产运行科、采油工程室（精细注水、井控以外业务）、工程监督室（井下作业监督站部分）、地面工程室，联系试采工区。

2016 年，三塘湖采油厂共有油井 608 口、水井 275 口，生产原油 35.58 万吨，注水 105.2 万立方米，分别完成全年调整计划的 100% 和 103.5%。油气操作成本 908 元 / 吨，内部利润 –53415 万元，较公司提质增效目标分别减少 124 元 / 吨、减亏 1910 万元。实现安全生产无事故，环保达标，年度业绩考核分值 104.46 分，业绩和党群量化考核均名列公司前列。牛圈湖联合站荣获"自治区工人先锋号"、油藏工程室荣获"集团公司青年文明号"称号。武强荣获"吐哈油田开发建设 25 周年劳动模范"称号。

2017 年 5 月，三塘湖采油厂决定，将综治保卫业务从办公室（党委办公室、综治保卫科）分离出来划入维修工区，机构名称变更为办公室（党委办公室）。

2017 年 11 月，油田分公司党委决定：任命姚铁成为三塘湖采油厂（三塘湖油田项目经理部）党委委员。油田分公司决定：聘任姚铁成为三塘湖采油厂（三塘湖油田项目经理部）总会计师（试用期一年）。

2017 年，三塘湖采油厂生产原油 43.1 万吨，同比增产 21%。油气操作成本 895 元 / 吨，较公司下达指标降低 47 元 / 吨，内部利润 –46174 万元，较公司下达目标减亏 2009 万元，采油厂年度业绩考核分值达到 103.44 分，名列公司前列。

2018 年 1 月，调整领导班子成员分工：

党委副书记、厂长曾玉祥全面负责行政工作，在党建和党风廉政建设上同党委书记负同责，主管办公室，联系牛圈湖联合站。

党委书记、纪委书记、副厂长、工会主席祁玉童全面负责党群工作，主管干部管理、后勤与维稳工作，在安全生产和经营管理上同厂长负同责，主管办公室（党委办公室）、治安保卫中心，联系维修工区。

党委委员、副厂长、安全总监王小龙协助负责质量、安全、环保、职业健康、员工培训、职业技能鉴定、档案与保密、综治保卫等工作，负责分管业务、部门和联系单位的安全环保工作和党风廉政建设，分管质量安全环保科、工程监督室（安全监督站部分）、办公室（员工培训、技能鉴定、档案、保密业务）、治安保卫中心，联系储运工区。

党委委员、副厂长刘洪亭协助负责采油工程、精细注水、井控、设备管理工作，负责分管业务、部门和联系单位的安全环保工作和党风廉政建设，分管采油工程室、设备自动化室、工程监督室（井下作业监督站部分），联系牛圈湖采油工区。

党委委员、副厂长高敬文协助负责油藏工程、钻井工程、科技信息管理工作，负责分管业务、部门和联系单位的安全环保工作和党风廉政建设，分管油藏工程室、工程监督室（钻井监督站部分），联系牛东采油工区。

党委委员、副厂长马伟亭协助负责生产运行、地面工程、节能节水、油地协调、土地管理工作，负责分管业务、部门和联系单位的安全环保工作和党风廉政建设，分管生产运行科、地面工程室，联系试采工区。

党委委员、总会计师姚铁成协助负责规划计划、财务管理、资产管理、投资成本核算、内控建设、定额定价、合同管理、物资管理、企业管理、合规管理工作，负责分管业务、部门和联系单位的安全环保工作和党风廉政建设，分管财务科、计划经营科。

2018 年 4 月，油田分公司党委决定：免去王小龙的三塘湖采油厂（三塘湖油田项目经理部）党委委员职务。油田分公司决定：解聘王小龙的三塘湖采油厂（三塘湖油田项目部）副厂长（副经理）、安全总监职务。

2018年4月，油田分公司人事处批复同意：调整三塘湖采油厂机构设置和人员编制，设助理及副总师4人，机关设5个科室：办公室（党委办公室）、财务科、计划经营科、生产运行科、质量安全环保科，人员编制35人，其中科级7人。所属基层单位12个：油藏工程室、采油工程室、地面工程室、工程监督室、设备自动化室、牛东采油工区、牛圈湖采油工区、马中采油工区、试采工区、牛圈湖联合站、储运工区、维修工区（治安保卫中心、武装部），科级职数31个。

2018年5月，油田分公司党委决定：任命王东为三塘湖采油厂（三塘湖油田项目部）党委委员。油田分公司决定：聘任王东为三塘湖采油厂（三塘湖油田项目部）副厂长（副经理）、安全总监（试用期一年）。

2018年5月，调整部分领导班子成员分工：

党委副书记、厂长曾玉祥全面负责行政工作，在党建和党风廉政建设上同党委书记负同责，主管办公室，联系牛圈湖联合站。

党委书记、纪委书记、副厂长、工会主席祁玉童全面负责党群工作，主管干部管理、后勤与防恐维稳工作，在安全生产和经营管理上同厂长负同责，主管党委办公室、治安保卫中心，联系维修工区。

党委委员、副厂长刘洪亭协助负责采油工程、精细注水、井控，负责分管业务、部门和联系单位的安全环保工作和党风廉政建设，分管采油工程室、工程监督室（井下作业监督站部分），联系牛圈湖采油工区。

党委委员、副厂长高敬文协助负责油藏工程、钻井工程，负责分管业务、部门和联系单位的安全环保工作和党风廉政建设，分管油藏工程室、工程监督室（钻井监督站部分），联系牛东采油工区。

党委委员、总会计师姚铁成协助负责规划计划、财务管理、资产管理、投资成本核算、内控建设、定额定价、合同管理、物资管理、企业管理、合规管理工作，负责分管业务、部门和联系单位的安全环保工作和党风廉政建设，分管财务科、计划经营科，联系储运工区。

党委委员、副厂长、安全总监王东协助负责质量、安全、环保、设备管理工作、科技信息管理工作、职业健康、员工培训、职业技能鉴定、档案与保密、综治保卫等工作，负责分管业务、部门和联系单位的安全环保工作和党风廉政建设，分管质量安全环保科、工程监督室（安全监督站部分）、设备自动化室、办公室（员工培训、技能鉴定、档案、保密业务）、治安保卫中心，联系马中采油工区。

2018年8月，油田分公司党委决定：免去祁玉童的三塘湖采油厂（三塘湖油田项目经理部）党委书记、党委委员、纪委书记、工会主席职务。油田分公司决定：解聘祁玉童的三塘湖采油厂（三塘湖油田项目经理部）副厂长职务。

2018年10月，油田分公司党委决定：任命高敬文为三塘湖采油厂（三塘湖油田项目经理部）党委书记、纪委书记、工会主席（试用期一年）。

2018年11月，调整部分领导班子成员分工：

党委副书记、厂长曾玉祥全面负责行政工作，在党建和党风廉政建设上同党委书记负同责，主管办公室（党委办公室），联系牛圈湖联合站。

党委书记、纪委书记、高敬文、工会主席副厂长全面负责党委、工会、纪委工作，负责党建工作、党风廉政建设、思想政治工作、新闻宣传工作、企业文化建设、精神文明建设、基层建设、治安保卫、内部稳定、统战、人民武装、工会、团委、女工、纪检监察等工作，在安全生产和经营管理上同厂长负同责，协助负责油藏工程、产能建设、钻井工程、科技管理工作，负责分管业务、部门和联系单位的安全环保工作和党风廉政建设，主管党委办公室，分管油藏工程室（油藏工程业务）、工程监督室（钻井业务），联系治安保卫中心。

党委委员、副厂长刘洪亭协助负责采油工程技术、井下作业技术、井控管理工作，负责分管业务、部门和联系单位的安全环保工作和党风廉政建设，分管油藏工程室（工程技术业务）、工程监督室（井下作业监督站部分），联系牛圈湖采油工区、试采工区。

党委委员、副厂长马伟亭协助负责生产技术分析、采油维护、转变开发方式和地面工程管理工作，负责分管业务、部门和联系单位的安全环保工作和党风廉政建设，分管采油工程室、地面工程室，联系牛东采油工区。

党委委员、副厂长、安全总监王东协助负责生产运行、质量安全环保、设备管理工作、自动化信息管理工作、职业健康、员工培训、职业技能鉴定、档案与保密、综治保卫等工作；负责分管业务、部门和联系单位的安全环保工作和党风廉政建设，分管生产运行科、质量安全环保科、工程监督室（安全监督站部分）、设备自动化室、办公室（员工培训、技能鉴定、档案、保密业务）、治安保卫中心，联系马中采油工区、维修工区。

2018年1月26日，中共三塘湖采油厂第一次代表大会在新疆维吾尔自治区哈密市伊吾县三塘湖牛圈湖办公点召开，66名党员代表参加会议。会议选举产生中共三塘湖采油厂第一届委员会和三塘湖采油厂纪律检查委员会。中共三塘湖采油厂委员会由马伟亭、王东、刘洪亭、姚铁成、高敬文、曾玉祥等6人组成（以姓氏笔画为序），高敬文为党委书记，曾玉祥为党委副书记；中共三塘湖采油厂纪律检查委员会由6人组成，高敬文为纪委书记。

2018年12月1日，三塘湖采油厂召开第四次工会会员代表大会，工会会员代表共62人、列席代表8人参加会议。会议选举产生三塘湖采油厂第四届工会委员会、经费审查委员会和女职工委员会。高敬文为工会主席。

2018年12月，油田分公司党委批复同意三塘湖采油厂党代会选举结果。油田分公司工会批复同意三塘湖采油厂工代会选举结果。油田分公司决定：聘任姚铁成为三塘湖采油厂（三塘湖油田项目经理部）总会计师。

2018年，三塘湖采油厂瞄准"新井上产、老井稳产、转变开发方式和科技增油"四大主攻方向，原油产量保持日均1500吨水平，最高达到1600吨以上，油田开发各项指标持续改善，产能建设好于预期，全年生产原油55万吨，同比增产27.6%，实现了历史性跨越。油气操作成本926元/吨，控制在公司下达指标内，内部利润较公司下达目标控亏11万元，采油厂业绩分值达到106.89分，名列公司第一。

2019年5月，油田分公司决定：聘任王东为三塘湖采油厂（三塘湖油田项目经理部）副厂长（副经理）、安全总监。

2019年11月，油田分公司党委决定：免去刘洪亭的三塘湖采油厂（三塘湖油田项目经理部）党委委员职务。油田分公司决定：免去刘洪亭的三塘湖采油厂（三塘湖油田项目经理部）副厂长（副经理）职务。

2019年12月，油田分公司党委决定：任命吴俊红、刘毅泽为三塘湖采油厂党委委员。油田分公司决定：聘用吴俊红、刘毅泽为三塘湖采油厂（三塘湖油田项目经理部）副厂长（副经理）（试用期一年）。

2019年，三塘湖采油厂强化油藏滚动评价、产能建设、开发试验、转变开发方式、措施上产和精细注水6项重点工作，油田开发形势保持稳定，生产原油46.6万吨，完成计划的100%。油气操作成本880元/吨，同比下降14元/吨，内部利润控制在公司下达指标内，实现安全生产无事故，环保达标，采油厂业绩分值达到103.35分，名列公司前列。4项发明取得国家专利，高技能人才的作用充分发挥。

2020年1月，调整部分领导班子成员分工：

党委书记、纪委书记、副厂长、工会主席高敬文全面负责党委、工会、纪委工作，负责党建工作、党风廉政建设、思想政治工作、新闻宣传工作、企业文化建设、精神文明建设、基层建设、治安保卫、内部稳定、统战、人民武装、工会、团委、女工、纪检监察、后勤等工作，在安全生产和经营管理上同厂长负同责，负责分管业务、部门和联系单位的安全环保工作、党建及党风廉政建设，主管党委办公室，联系维修工区（治安保卫中心）。

党委委员、副厂长马伟亭协助负责地面工程、设备、信息自动化管理、设备设施检维修等工作，负责分管业务、部门和联系单位的安全环保工作、党建及党风廉政建设，分管地面工程室、设备自动化室、维修工区，联系牛东采油工区。

党委委员、总会计师姚铁成协助负责规划计划、财务管理、资产管理、投资成本核算、内控建设、定额定价、合同管理、物资管理、企业管理、合规管理、食堂工作，负责分管业务、部门和联系单位的安全环保工作、党建及党风廉政建设，分管财务科、计划经营科，联系牛圈湖联合站（储运工区）。

党委委员、副厂长、安全总监王东协助负责质量安全环保、生产组织运行、节能节水、职业健康、员工培训、技能鉴定、档案、保密、综治保卫等工作，负责分管业务、部门和联系单位的安全环保工作、党建及党风廉政建设，分管质量安全环保科、生产运行科、工程监督室（安全监督站部分）、治安保卫中心，联系马中采油工区。

党委委员、副厂长吴俊红协助负责采油工程、钻井工程、井下作业、井控管理、数字油田等工作，负责分管业务、部门和联系单位、党建及党风廉政建设，分管采油工程室、工程监督室，联系牛圈湖采油工区。

党委委员、副厂长刘毅泽协助负责油藏工程、产能建设、科技管理等工作，负责分管业务、部门和联系单位的安全环保工作、党建及党风廉政建设。分管油藏工程室；联系单位试采工区。

2020年3月，油田分公司党委决定：任命张雄为三塘湖采油厂党委委员；免去姚铁成的三塘湖采油厂党委委员职务。油田分公司决定：聘任张雄为三塘湖采油厂（三塘湖油田项目经理部）副厂长（副经理）；解聘姚铁成的三塘湖采油厂（三塘湖油田项目经理部）总会计师职务。

2020年3月，调整部分领导班子成员分工：

党委委员、副厂长张雄协助负责规划计划、财务管理、资产管理、投资成本核算、内控建设、定额定价、合同管理、物资管理、企业管理、合规管理、绩效考核及薪酬管理、食堂工作，负责分管业务、部门和联系单位的安全环保工作、党建及党风廉政建设，分管财务科、计划经营科，联系单位牛圈湖联合站（储运工区）。

2020年7月，油田分公司按照新型采油管理区模式，将三塘湖采油厂改革设立为三塘湖采油管理区，列二级单位管理。机关设职能科室3个：综合办公室（人事组织科）、党群维稳办公室、经营办公室，所属基层单位7个：生产安全中心、油藏研究中心、钻采技术中心、监控中心、基建设备中心、牛东采油中心、牛圈湖采油中心。

2020年7月，油田分公司党委决定：任命高敬文为三塘湖采油管理区党委委员、党委书记、纪委书记、工会主席，曾玉祥为三塘湖采油管理区党委委员、党委副书记，马伟亭、王东、吴俊红、刘毅泽为三塘湖采油管理区党委委员。因机构改革，原三塘湖采油厂（三塘湖油田项目经理部）领导班子成员党内职务自然免除。油田分公司决定：聘任曾玉祥为三塘湖采油管理区主任，高敬文为三塘湖采油管理区副主任，马伟亭为三塘湖采油管理区副主任，王东为三塘湖采油管理区副主任、安全总监，吴俊红为三塘湖采油管理区副主任，刘毅泽为三塘湖采油管理区副主任。因机构改革，原三塘湖采油厂（三塘湖油田项目经理部）领导班子成员行政职务自然免除。

2020年8月，油田分公司党委决定：任命朱先林为三塘湖采油管理区党委委员。油田分公司决定：聘任朱先林为三塘湖采油管理区总会计师。

2020年9月，调整领导班子成员及分工：

主任、党委副书记曾玉祥全面负责管理区行政工作，分管综合办公室（人事组织科）。

党委书记、纪委书记、副主任、工会主席高敬文全面负责管理区党委、工会、纪委工作，负责党建工作、党风廉政建设、思想政治工作、新闻宣传工作、企业文化建设、精神文明建设、基层建设、治安保卫、内部稳定、统战、人民武装、工会、团委、女工、纪检监察、保密、后勤等工作，负责分管业务、部门的安全环保工作、党建及党风廉政建设。分管党群维稳办公室、综合办公室（人事组织科）。

党委委员、副主任马伟亭负责管理区地面工程、设备、电气自动化管理、设备设施检维修等工作，负责分管业务、部门和联系单位的安全环保工作、党建及党风廉政建设，分管基建设备中心，联系牛圈湖采油中心。

党委委员、副主任、安全总监王东负责管理区质量安全环保、生产组织运行、节能节水、职业健康、员工培训、技能鉴定等工作，协助负责综治保卫工作，负责分管业务、部门和联系单位的安全环保工作、党建及党风廉政建设，分管生产安全中心，联系牛东采油中心。

党委委员、副主任吴俊红负责管理区采油工程、钻井工程、井下作业、井控管理、信息化等工作，负责分管业务、部门的安全环保工作、党建及党风廉政建设，分管钻采技术中心、监控中心。

党委委员、副主任刘毅泽负责管理区产能建设、油藏工程、科技管理等工作，负责分管业务、部门的安全环保工作、党建及党风廉政建设，分管油藏研究中心。

党委委员、总会计师朱先林负责管理区规划计划、财务管理、资产管理、投资成本核算、内控建设、定额定价、合同管理、物资管理、企业管理、合规管理、绩效考核及薪酬管理、食堂管理和档案管理工作，负责分管业务、部门的安全环保工作、党建及党风廉政建设，分管经营办公室。

2020年，三塘湖采油管理区贯彻落实油田公司改革部署，新型采油管理区体制机制基本形成，党委充分发挥党建引领作用，着力推动"战严冬、转观念、勇担当、上台阶"主题教育活动，着力推动疫情防控网格化制度落实，充分预判各类风险，着力前置措施落实，保障改革各项工作平稳推进。在疫情和低油价双重压力下，管理区上下主动作为，超前谋划，顺利完成了生产经营各项指标，全年生产原油 43 万吨，完成计划的 100%。操作成本 715 元 / 吨，较指标低 29 元 / 吨，内部经营利润减亏 1237 万元。实现安全生产无事故，环保达标。管理区业绩分值达到 106.49 分，被评为 2020 年度企业管理、安全环保先进单位。

截至 2020 年 12 月 31 日，三塘湖采油管理区设机关科室 3 个：综合办公室（人事组织科）、党群维稳办公室、经营办公室，所属基层单位 7 个：生产安全中心、油藏研究中心、钻采技术中心、监控中心、基建设备中心、牛东采油中心、牛圈湖采油中心。

三塘湖采油管理区在册员工 296 人。其中大学本科及以上学历 218 人，副高级职称 32 人、中级职称 101 人；高级技师 7 人、技师 13 人。公司技术专家 1 人、油田公司级技术能手 1 人。三塘湖采油管理区党委下属基层党支部 10 个，共有党员 140 人，其中在职党员 138 人。

三塘湖采油厂党委由 7 人组成：高敬文任党委书记、纪委书记、工会主席，曾玉祥任党委副书记，马伟亭、王东、吴俊红、刘毅泽、朱先林任党委委员。行政领导班子由 7 人组成：曾玉祥任主任，高敬文任副主任，王东任副主任、安全总监，马伟亭、吴俊红、刘毅泽任副主任，朱先林任总会计师。

"十三五"期间，三塘湖采油管理区坚持创新驱动，增储上产成果显著，累计生产原油 225.3 万吨，超"十二五"122.7 万吨，年产量均保持在 40 万吨 / 年以上，操作成本从"十二五"末期的 20.27 美元 / 桶降到历史最低 18.65 美元 / 桶，生产成本由最高 77 美元 / 桶降至 61 美元 / 桶，管理区连续 5 年被评为企业管理先进单位，油藏经营管理新模式奠定了高质量发展基础，管理区连续 14 年被评为油田公司安全环保先进单位。深入贯彻落实油田公司改革部署，新型采油管理区体制机制基本形成，着力前置措施落实，保障改革各项工作平稳推进。科技创新硕果累累，在非常规油藏提高采收率、三低砂岩油藏综合治理方面获得重要进展，非常规油藏采收率由 2.5% 提高到 10%，砂岩自然递减基本控制在 10%，牛圈湖西山窑油藏成为油田公司唯一一个效益二类油藏，A11 物联网建设取得阶段性成果，智能油田建设驶入"快车道"，为"油公司"模式改革打下坚实基础。

期间：高敬文担任巴里坤县政协委员，王东担任巴里坤县人大代表。

一、三塘湖采油厂（三塘湖油田项目经理部）（2016.1—2020.7）

（一）三塘湖采油厂（三塘湖油田项目经理部）党委、纪委领导名录
（2016.1—2020.7）

党委书记　祁玉童（2016.1—2018.8）①

高敬文（2018.10—2020.7）

党委副书记　朱永贤（2016.1—2）②

曾玉祥（2016.2—2020.7）

党委委员　祁玉童（2016.1—2018.8）

朱永贤（2016.1—2）

高敬文（2016.1—2020.7）

曾玉祥（2016.2—2020.7）

王小龙（2016.1—2018.4）③

谢佃和（2016.1—5）④

刘洪亭（2016.2—2019.11）

马伟亭（2016.5—2020.7）

姚铁成（2017.11—2020.3）⑤

王　东（2018.5—2020.7）

吴俊红（2019.12—2020.7）

刘毅泽（2019.12—2020.7）

张　雄（2020.3—7）

纪委书记　祁玉童（2016.1—2018.8）⑥

高敬文（2018.10—2020.7）

---

① 2018年8月，祁玉童调任离退休职工管理中心党委委员、党委副书记、主任；2018年8月至10月期间，三塘湖采油厂党委书记空缺。

② 2016年2月，朱永贤调任鲁克沁采油厂党委委员、党委副书记、厂长（经理）。

③ 2018年4月，王小龙调任质量安全环保处处长。

④ 2016年5月，谢佃和调任鲁克沁采油厂党委委员、副厂长（副经理）。

⑤ 2020年3月，姚铁成调任鲁克沁采油厂党委委员、总会计师。

⑥ 2018年8月至10月期间，三塘湖采油厂纪委书记空缺。

（二）三塘湖采油厂（三塘湖油田项目经理部）行政领导名录（2016.1—2020.7）

厂　长（经理）　朱永贤（2016.1—2）

曾玉祥（2016.2—2020.7）

副厂长（副经理）　祁玉童（2016.1—2018.8）

王小龙（2016.1—2018.4）

高敬文（2016.1—2020.7）

刘洪亭（2016.2—2019.11）

谢佃和（2016.1—5）

马伟亭（2016.5—2020.7）

王　东（2018.5—2020.7）

吴俊红（2019.12—2020.7）

刘毅泽（2019.12—2020.7）

张　雄（2020.3—7）

总　会　计　师　姚铁成（2017.11—2020.3）

张　雄（2020.3—7）①

安　全　总　监　高敬文（兼任，2016.1—8）

王小龙（兼任，2016.8—2018.4）②

王　东（兼任，2018.5—2020.7）

（三）三塘湖采油厂（三塘湖油田项目经理部）工会领导名录（2016.1—2020.7）

主　　　席　祁玉童（2016.1—2018.8）③

高敬文（2018.10—2020.7）

二、三塘湖采油管理区（2020.7—12）

（一）三塘湖采油管理区党委、纪委领导名录（2020.7—12）

党　委　书　记　高敬文（2020.7—12）

党　委　副　书　记　曾玉祥（2020.7—12）

---

① 2020年7月，张雄调任油气生产服务中心党委委员、副主任。

② 2018年4月至5月期间，三塘湖采油厂安全总监空缺。

③ 2018年8月至10月期间，三塘湖采油厂工会主席空缺。

党 委 委 员　高敬文（2020.7—12）

曾玉祥（2020.7—12）

马伟亭（2020.7—12）

王　东（2020.7—12）

吴俊红（2020.7—12）

刘毅泽（2020.7—12）

朱先林（2020.8—12）

纪 委 书 记　高敬文（2020.7—12）

（二）三塘湖采油管理区行政领导名录（2020.7—12）

主　　　任　曾玉祥（2020.7—12）

副 主 任　高敬文（2020.7—12）

马伟亭（2020.7—12）

吴俊红（2020.7—12）

刘毅泽（2020.7—12）

王　东（2020.7—12）

总 会 计 师　朱先林（2020.8—12）①

安 全 总 监　王　东（兼任，2020.7—12）

（三）三塘湖采油管理区工会领导名录（2020.7—12）

主　　　席　高敬文（2020.7—12）

第七节　销售事业部（运销处）
（2016.1—2020.12）

1991年11月，会战指挥部决定，成立经营销售处。1993年1月，在经营销售处的基础上，成立石油天然气销售公司。1999年3月，指挥部决定，撤销输气公司，将其全部资产、人员、职能划入石油天然气销售公司，同时成立运销处，与石油天然气销售公司一个机构挂两个牌子。11月，油

---

① 2020年7月至8月期间，三塘湖采油管理区总会计师空缺。

田分公司决定，撤销石油天然气销售公司，成立运销处（销售事业部（运销处）），为二级单位，机构规格为正处级，具有油田分公司机关、二级单位双重职能。2008年12月，油田分公司决定，将运销处（销售事业部（运销处））计划、指导、协调、定价等管理职能划至炼油化工处，更名为销售事业部（运销处）。主要负责油田分公司油气、化工产品销售及自用油的供应工作。党组织关系隶属于油田分公司党委，办公地点在新疆维吾尔自治区吐鲁番市鄯善县火车站镇。

截至2015年12月31日，销售事业部（运销处）设机关职能科室5个：办公室（党委办公室）、生产运行科、质量安全环保科、计划经营科、财务科。所属基层单位9个：油品储运工区、轻烃外运工区、轻烃储运工区、天然气输气工区、化工产品装运工区、油气销售部、乌鲁木齐油气销售部、维修工区、治安保卫大队。

销售事业部（运销处）在册员工297人。其中，大学本科及以上学历186人，副高级职称13人、中级职称76人；高级技师7人、技师13人。销售事业部（运销处）党委下属基层党支部12个，共有党员130人，其中在职党员130人。

销售事业部（运销处）党政领导班子由5人组成，其中行政领导班子5人，党委由5人组成，领导班子成员分工如下：

孙思平任党委副书记、处长，负责行政管理工作，主管办公室（党委办公室）。

赵善佐任党委书记、纪委书记、副处长、工会主席，负责党委、纪委工作，主管党委办公室、治安保卫大队。

杨永堂任党委委员、副处长，协助处长负责生产经营、绩效考核、内控管理、基础工作、ERP系统运行以及财务、资产管理等工作，负责分管业务、部门的安全环保工作和党风廉政建设，分管计划经营科、财务科。

李雪松任党委委员、副处长，协助处长负责油气产品销售、乌鲁木齐加气加油站经营管理工作以及油气产品质量管理工作，负责分管业务、部门的安全环保工作及党风廉政建设，分管油气销售部、乌鲁木齐油气销售部。

杨维利任党委委员、副处长、安全总监，协助处长负责安全环保、生产组织、设备管理、科技管理、信息化建设、质量、计量、标准化等工作，负责分管业务、部门的安全环保工作及党风廉政建设，分管质量安全环保科、生产运行科、油品储运工区、轻烃外运工区、轻烃储运工区、天然气输气工区、化工产品装运工区、维修工区。

2016年4月，油田分公司决定，对销售事业部（运销处）化工产品装运工区业务、资产划入轻烃外运工区，由轻烃外运工区具体承担，撤销化工产品装运工区，人员内部优化安置。调整后，销售事业部（运销处）基层单位由9个调整为8个，机关科室5个。

2016年，销售事业部（运销处）拥有原油、成品油、轻烃、甲醇、溶剂油铁路装车栈桥5座，公路成品油、甲醇、轻烃、溶剂油装车系统4套；各类设备332台（套），其中原油储罐20具，库容36.5万立方米；成品油储罐13具，库容9100立方米；压力容器109具。外销原油178.72万吨，天然气6.04亿立方米，副产品15.82万吨：凝析油2.61万吨，$2^{\#}$烃2.44万吨，液化气10.77万吨，实现销售收入42.15亿元。固定资产原值5.34亿元，净值0.76亿元。1人当选油田分公司建设25周年劳动模范。

2017年5月15日，中共销售事业部（运销处）第六次党员大会在新疆维吾尔自治区鄯善县召开，91名党员参加会议。会议选举产生中共销售事业部（运销处）第六届委员会和中共销售事业部（运销处）纪律检查委员会。中共销售事业部（运销处）委员会由孙思平、李雪松、杨永堂、杨维利、赵善佐等5人组成（以姓氏笔画为序），赵善佐为党委书记，孙思平为党委副书记。中共销售事业部（运销处）纪律检查委员会，由5人组成，赵善佐为纪委书记。

2017年7月，油田分公司决定，撤销石油天然气化工厂处级机构及下设机关科室和基层单位，成立炼化综合工区，划入销售事业部（运销处）作为基层单位管理。调整后，销售事业部（运销处）基层单位由8个调整为9个，机关科室5个。

2017年8月，油田分公司党委批复同意销售事业部（运销处）党委会选举结果。

2017年8月，油田分公司党委决定：任命周郁良为销售事业部（运销处）党委委员。油田分公司决定：聘任周郁良为销售事业部（运销处）副处长。

2017年8月，调整领导班子成员分工：

党委副书记、处长孙思平全面负责销售事业部行政管理，生产经营、储运销售、物资管理、员工培训、档案管理、效能监察等工作，对事业部的安全环保、发展稳定负领导责任，分管办公室（党委办公室）。

党委书记、纪委书记、副处长、工会主席赵善佐全面负责党委、工会工作，负责销售事业部（运销处）党委、纪委，共青团、工会、女工、治安保卫、防恐维稳、维护稳定、生活后勤、计划生育等工作，对事业部廉政建设、治安防控工作和分管部门及联系单位的安全环保工作负领导责任，分管党委办公室，联系治安保卫大队。

党委委员、副处长杨永堂协助处长负责销售事业部（运销处）的生产经营、绩效考核、内控管理、基础工作、ERP系统运行以及财务、资产、油气产品销售结算等工作，对分管部门的安全环保、廉政建设工作负主要责任，分管计划经营科、财务科。

党委委员、副处长李雪松协助处长负责销售事业部（运销处）的油气产品销售、乌鲁木齐油气销售部的经营管理等工作，对联系单位的安全环保工作及廉政建设负主要责任，联系油气销售部、乌鲁木齐油气销售部。

党委委员、副处长、安全总监杨维利协助处长负责销售事业部（运销处）的安全环保、生产组织、储输工艺、应急管理、工程项目建设、质量、计量、标准化等工作，对分管部门及联系单位的安全生产、环保工作及廉政建设负主要责任，分管质量安全环保科、生产运行科，联系油品储运工区、轻烃外运工区、轻烃储运工区、天然气输气工区。

党委委员、副处长周郁良协助处长负责销售事业部（运销处）的设备管理、更新、改造、维修，电气仪表自动化、科技管理、信息化建设、炼化装置的处置及对外合作等工作，对联系单位的安全环保工作和廉政建设负主要责任，联系维修工区、炼化综合工区。

2017年10月，油田分公司党委决定：任命张志荣为销售事业部（运销处）党委书记、纪委书记、工会主席；免去赵善佐的销售事业部（运销处）党委书记、纪委书记、工会主席职务。油田分公司决定：聘任张志荣为销售事业部（运销处）副处长；解聘赵善佐的销售事业部（运销处）副处长职务。

2017年11月，调整领导班子成员分工：

党委副书记、处长孙思平全面负责销售事业部行政管理，生产经营、储运销售、物资管理、员工培训、档案管理、效能监察等工作，对事业部的改革发展及分管部门的安全环保、党的建设、廉政建设、思想政治工作、信访维稳、安保反恐、队伍稳定、企业文化建设负领导责任，分管办公室（党委办公室）。

党委书记、纪委书记、副处长、工会主席张志荣全面负责党委、工会工作，负责销售事业部（运销处）党委、纪委，工会、女工、共青团、治安保卫、信访维稳、生活后勤、计划生育等工作；对事业部的改革发展和分管部门及联系单位的安全环保、党的建设、廉政建设、思想政治工作、信访维稳、安保反恐、队伍稳定、企业文化建设负领导责任，分管党委办公室，联系治安保卫大队。

党委委员、副处长杨永堂协助处长负责销售事业部（运销处）的生产经营、绩效考核、内控管理、基础工作、ERP 系统运行以及财务、资产、油气产品销售结算等工作；对分管部门的安全环保、党的建设、廉政建设、思想政治工作、信访维稳、安保反恐、队伍稳定、企业文化建设负领导责任，分管计划经营科、财务科。

党委委员、副处长李雪松协助处长负责销售事业部（运销处）的油气产品销售、乌鲁木齐油气销售部的经营管理等工作；对联系单位的安全环保、党的建设、廉政建设、思想政治工作、信访维稳、安保反恐、队伍稳定、企业文化建设负领导责任，联系油气销售部、乌鲁木齐油气销售部。

党委委员、副处长、安全总监杨维利协助处长负责销售事业部（运销处）的安全环保、生产组织、储输工艺、应急管理、工程项目建设、质量、计量、标准化等工作；对分管部门及联系单位的安全环保、党的建设、廉政建设、思想政治工作、信访维稳、安保反恐、队伍稳定、企业文化建设负领导责任，分管质量安全环保科、生产运行科，联系油品储运工区、轻烃外运工区、轻烃储运工区、天然气输气工区。

党委委员、副处长周郁良协助处长负责销售事业部（运销处）的设备管理、更新、改造、维修，电气仪表自动化、科技管理、信息化建设、炼化装置的处置及对外合作等工作；对联系单位的安全环保、党的建设、廉政建设、思想政治工作、信访维稳、安保反恐、队伍稳定、企业文化建设负领导责任，联系维修工区、炼化综合工区。

2017 年，销售事业部（运销处）拥有原油、成品油、轻烃、甲醇、溶剂油铁路装车栈桥 5 座，公路成品油、甲醇、轻烃、溶剂油装车系统 4 套；各类设备 332 台（套），其中原油储罐 20 具，库容 36.5 万立方米；成品油储罐 13 具，库容 9100 立方米；压力容器 109 具。外销原油 164.07 万吨，天然气 5.11 亿立方米，副产品 18.12 万吨：重油 5.36 万吨，凝析油 2.51 万吨，戊烷 0.57 万吨，液化气 9.68 万吨，实现销售收入 53.11 亿元。

2018 年 5 月，油田分公司党委决定：免去杨永堂的销售事业部（运销处）党委委员职务。油田分公司决定：解聘杨永堂的销售事业部（运销处）副处长职务。

2018 年 5 月，销售事业部（运销处）对所属部分单位机构名称及相关职能进行调整和规范，炼化综合工区更名为综合工区，将设备管理、电气仪表自动化、信息网络、科技管理业务及人员从维修工区剥离出来，划入综合工区；治安保卫大队更名为治安保卫大队（武装部），增加武装职能。调整后，设基层单位 9 个：油气销售部、乌鲁木齐油气销售部、油品储运工区、轻烃外运工区、轻烃储运工区、天然气输气工区、维修工区、综合工区、治安保卫大队（武装部），科级职数 28 个。

2018 年 10 月，油田分公司决定，成立三塘湖原油外输管道项目部，为临时机构，项目部依托销售事业部（运销处）管理运行。

2018 年 12 月，调整领导班子成员分工：

党委副书记、处长孙思平全面负责销售事业部（运销处）生产经营、储运销售等行政工作，负责物资管理、员工培训、档案管理、效能监察等工作；对事业部的改革发展及分管部门的安全环保、党的建设、廉政建设、思想政治工作、信访维稳、安保防恐、队伍稳定、企业文化建设负领导责任，分管办公室（党委办公室）。

党委书记、纪委书记、副处长、工会主席张志荣负责销售事业部（运销处）党委、纪委、工会、女工、共青团、治安保卫、信访维稳、生活后勤、计划生育等工作，对事业部的改革发展和分管部门及联系单位的安全环保、党的建设、廉政建设、思想政治工作、信访维稳、安保防恐、队伍稳定、企业文化建设负领导责任，分管党委办公室，联系治安保卫大队。

党委委员、副处长李雪松协助处长负责销售事业部（运销处）的计划统计、合同管理、绩效考核、基础工作、内控管理、工程预算、成本控制、财务管理、资产管理、油气产品销售结算和价格信息管理、乌鲁木齐油气销售部的经营管理等工作；对分管部门及联系单位的安全环保、党的建设、廉政建设、思想政治工作、信访维稳、安保防恐、队伍稳定、企业文化建设负领导责任，分管计划经营科、财务科，联系油气销售部、乌鲁木齐油气销售部。

党委委员、副处长杨维利协助处长负责三塘湖原油外输管道检修、投产和运行管理等工作；对联系单位的安全环保、党的建设、廉政建设、思想政治工作、信访维稳、安保防恐、队伍稳定、企业文化建设负领导责任，联系三塘湖原油外输管道项目部。

党委委员、副处长周郁良协助处长负责销售事业部（运销处）安全环保、质量计量、节能节水、标准化、生产组织、储输工艺、应急管理、工程项目建设和设备管理、更新、改造、维修，电气仪表自动化、科技管理、信息化建设、炼化装置的处置及对外合作等工作；对分管部门及联系单位的安全环保、党的建设、廉政建设、思想政治工作、信访维稳、安保防恐、队伍稳定、企业文化建设负领导责任，分管生产运行科、质量安全环保科，联系油品储运工区、轻烃外运工区、轻烃储运工区、天然气输气工区、维修工区、综合工区。

2018年，销售事业部（运销处）拥有原油、成品油、轻烃、甲醇、溶剂油铁路装车栈桥5座，公路成品油、甲醇、轻烃、溶剂油装车系统4套；各类设备334台（套），其中原油储罐20具，库容36.5万立方米；成品油储罐13具，库容9100立方米；压力容器110具。外销原油168.40万吨，天然气4.02亿立方米，副产品11.65万吨：凝析油3.41万吨，液化气8.24万吨，实现销售收入65.69亿元。

2019年1月，调整领导班子成员分工：

党委副书记、处长孙思平全面负责销售事业部生产经营、储运销售等行政工作，负责物资管理、员工培训、档案管理、效能监察等工作，对事业部的改革发展和分管部门及联系单位的安全环保、党的建设、廉政建设、思想政治工作、信访维稳、安保防恐、队伍稳定、企业文化建设负领导责任，在生产经营、安全环保、党风廉政、综治维稳方面发生问题的实行"一票否决"，分管办公室（党委办公室），联系油品储运工区。

党委书记、纪委书记、工会主席张志荣负责销售事业部党委、纪委、工会、女工、共青团、治安保卫、信访维稳、生活后勤、计划生育等工作，对事业部的改革发展和分管部门及联系单位的安全环保、党的建设、廉政建设、思想政治工作、信访维稳、安保防恐、队伍稳定、企业文化建设负领导责任，在生产经营、安全环保、党风廉政、综治维稳方面发生问题的实行"一票否决"，分管党委办公室，联系轻烃外运工区、治安保卫大队。

党委委员、副处长李雪松协助处长负责销售事业部的计划统计、合同管理、绩效考核、基础工作、内控管理、工程预算、成本控制、财务管理、资产管理、油气产品销售结算和价格信息管理、乌鲁木齐油气销售部的经营管理等工作；对分管部门及联系单位的安全环保、党的建设、廉政建设、思想政治工作、信访维稳、安保防恐、队伍稳定、企业文化建设负领导责任，在生产经营、安全环保、党风廉政、综治维稳方面发生问题的实行"一票否决"，分管计划经营科、财务科，联系油气销售部、乌鲁木齐油气销售部。

党委委员、副处长杨维利协助处长负责三塘湖原油外输管道检修、投产和运行管理等工作；对分管部门及联系单位的安全环保、党的建设、廉政建设、思想政治工作、信访维稳、安保防恐、队伍稳定、企业文化建设负领导责任，在生产经营、安全环保、党风廉政、综治维稳方面发生问题的实行"一票否决"，分管三塘湖原油外输管道项目部，联系轻烃储运工区、天然气输气工区。

党委委员、副处长周郁良协助处长负责销售事业部安全环保、质量计量、节能节水、标准化、生产组织、储输工艺、应急管理、工程项目建设和设备管理、更新、改造、维修，电气仪表自动化、科技管理、信息化建设、炼化装置的处置及对外合作等工作；对分管部门及联系单位的安全环保、党的建设、廉政建设、思想政治工作、信访维稳、安保防恐、队伍稳定、企业文化建设负领导责任，在生产经营、安全环保、党风廉政、综治维稳方面发生问题的实行"一票否决"，分管生产运行科、质量安全环保科，联系维修工区、综合工区。

2019 年 4 月，油田公司党委决定：任命王卫军为销售事业部（运销处）

党委委员。油田公司决定：聘任王卫军为销售事业部（运销处）副处长、安全总监（试用期一年）；解聘杨维利的安全总监职务。

随后，调整领导班子成员分工：

党委副书记、处长孙思平全面负责销售事业部生产经营、储运销售等行政工作，负责物资管理、员工培训、档案管理、效能监察等工作，对事业部的改革发展及分管部门的安全环保、党的建设、廉政建设、思想政治工作、信访维稳、安保防恐、队伍稳定、企业文化建设负领导责任，在生产经营、安全环保、党风廉政、综治维稳方面发生问题的实行"一票否决"，分管办公室（党委办公室），联系油品储运工区。

党委书记、纪委书记、副处长、工会主席张志荣负责销售事业部党委、纪委、工会、女工、共青团、治安保卫、信访维稳、生活后勤、计划生育等工作，对事业部的改革发展和分管部门及联系单位的安全环保、党的建设、廉政建设、思想政治工作、信访维稳、安保防恐、队伍稳定、企业文化建设负领导责任，在生产经营、安全环保、党风廉政、综治维稳方面发生问题的实行"一票否决"，分管党委办公室，联系轻烃外运工区、治安保卫大队。

党委委员、副处长李雪松协助处长负责销售事业部的计划统计、合同管理、绩效考核、基础工作、内控管理、工程预算、油气产品销售结算和价格信息管理、乌鲁木齐油气销售部的经营管理等工作，对分管部门及联系单位的安全环保、党的建设、廉政建设、思想政治工作、信访维稳、安保防恐、队伍稳定、企业文化建设负领导责任，在生产经营、安全环保、党风廉政、综治维稳方面发生问题的实行"一票否决"，分管计划经营科，联系油气销售部、乌鲁木齐油气销售部。

党委委员、副处长周郁良协助处长负责销售事业部成本控制、财务管理、资产管理和设备管理、电气仪表自动化、科技管理、信息化建设、炼化装置的处置及对外合作等工作，对分管部门及联系单位的安全环保、党的建设、廉政建设、思想政治工作、信访维稳、安保防恐、队伍稳定、企业文化建设负领导责任，在生产经营、安全环保、党风廉政、综治维稳方面发生问题的实行"一票否决"，分管财务科，联系综合工区、维修工区。

党委委员、副处长杨维利协助处长负责三塘湖原油外输管道检修、投产和运行管理等工作，对分管部门及联系单位的安全环保、党的建设、廉政建设、思想政治工作、信访维稳、安保防恐、队伍稳定、企业文化建设负领导责任，在生产经营、安全环保、党风廉政、综治维稳方面发生问题的实行"一票否决"，分管三塘湖原油外输管道项目部。

党委委员、副处长、安全总监王卫军协助处长负责销售事业部安全环保、质量计量、节能节水、标准化、生产组织、储输工艺、应急管理、工程项目建设等工作，对分管部门及联系单位的安全环保、党的建设、廉政建设、思想政治工作、信访维稳、安保防恐、队伍稳定、企业文化建设负领导责任，在生产经营、安全环保、党风廉政、综治维稳方面发生问题的实行"一票否决"，分管生产运行科、质量安全环保科，联系轻烃储运工区、天然气输气工区。

2019年6月，经销售事业部研究，决定对办公室（党委办公室）机构名称进行变更，增加组织人事业务工作，机构名称变更为办公室（党委办公室、人事科），按一个机构三块牌子运行。

2019年7月，油田分公司决定，销售事业部增加"负责油气副产品销售定价"职责。

2019年11月，油田分公司人事处批复同意，在销售事业部成立三塘湖输油工区，为基层单位。成立党建科，为机关科室。调整后，销售事业部增加机关科室1个、基层单位1个。

2019年11月，销售事业部（运销处）对所属部分单位机构设置进行调整：将办公室（党委办公室、人事科）党组织建设、党风廉政建设和纪检监察工作、企业文化、宣传教育、工会和共青团工作、计划生育、爱国卫生及后勤管理等工作职能分离出来，成立党建科，作为机关科室管理。调整后，设机关科室6个：办公室（党委办公室、人事科）、党建科、计划经营科、财务科、生产运行科、质量安全环保科。成立三塘湖输油工区，作为基层单位管理。调整后，设基层单位10个：油气销售部、乌鲁木齐油气销售部、三塘湖输油工区、油品储运工区、轻烃外运工区、轻烃储运工区、天然气输气工区、维修工区、综合工区、治安保卫大队（武装部）。

2019年12月，销售事业部决定：聘任武广学为销售事业部处长助理（试用期一年）。

2019年，销售事业部（运销处）拥有原油、成品油、轻烃、甲醇、溶剂油铁路装车栈桥 5 座，公路成品油、甲醇、轻烃、溶剂油装车系统 4 套；各类设备 524 台（套），其中原油储罐 29 具，库容 43.46 万立方米；成品油储罐 13 具，库容 9100 立方米；压力容器 165 具。外销原油 151.32 万吨，天然气 3.06 亿立方米，副产品 9.27 万吨：凝析油 1.84 万吨，液化气 7.43 万吨，实现销售收入 53.85 亿元。

2020 年 1 月，经销售事业部党委研究决定，成立三塘湖输油工区党支部。办公室（党委办公室）党支部更名为机关第一党支部，负责党建科和办公室（党委办公室、人事科）党员的管理工作。

2020 年 6 月，调整领导班子成员分工：

党委副书记、处长孙思平全面负责销售事业部生产经营、储运销售等行政工作，负责物资管理、员工培训、档案管理、效能监察等工作，对事业部的改革发展及分管部门的安全环保、党的建设、党风廉政建设、思想政治工作、信访维稳、安保防恐、保密工作、队伍稳定、企业文化建设负领导责任，在生产经营、安全环保、党风廉政、综治维稳方面发生问题的实行"一票否决"，分管办公室、人事科，联系油品储运工区。

党委书记、纪委书记、工会主席、副处长张志荣负责销售事业部党委、纪委、工会、女工、共青团、治安保卫、信访维稳、保密、生活后勤、计划生育等工作，对事业部的改革发展和分管部门及联系单位的安全环保、党的建设、党风廉政建设、思想政治工作、信访维稳、安保防恐、保密工作、队伍稳定、企业文化建设负领导责任，在生产经营、安全环保、党风廉政、综治维稳方面发生问题的实行"一票否决"，分管党委办公室、党建科，联系轻烃外运工区、治安保卫大队。

党委委员、副处长李雪松协助处长负责销售事业部的计划统计、合同管理、绩效考核、基础工作、内控管理、工程预算、油气产品销售结算和价格信息管理、乌鲁木齐油气销售部的经营管理等工作，对分管部门及联系单位的安全环保、党的建设、党风廉政建设、思想政治工作、信访维稳、安保防恐、保密工作、队伍稳定、企业文化建设负领导责任，在生产经营、安全环保、党风廉政、综治维稳方面发生问题的实行"一票否决"，分管计划经营科，联系油气销售部、乌鲁木齐油气销售部。

党委委员、副处长周郁良协助处长负责销售事业部成本控制、财务管理、资产管理和设备管理、电气仪表自动化、科技管理、信息化建设、炼化装置的处置及对外合作等工作，对分管部门及联系单位的安全环保、党的建设、党风廉政建设、思想政治工作、信访维稳、安保防恐、保密工作、队伍稳定、企业文化建设负领导责任，在生产经营、安全环保、党风廉政、综治维稳方面发生问题的实行"一票否决"，分管财务科，联系综合工区、维修工区。

党委委员、副处长杨维利协助处长负责三塘湖原油外输管道的储输运行安全管理等工作，对联系单位的安全环保、党的建设、党风廉政建设、思想政治工作、信访维稳、安保防恐、保密工作、队伍稳定、企业文化建设负领导责任，在生产经营、安全环保、党风廉政、综治维稳方面发生问题的实行"一票否决"，联系三塘湖原油外输管道项目部。

党委委员、副处长、安全总监王卫军协助处长负责销售事业部安全环保、质量计量、节能节水、标准化、生产组织、储输工艺、应急管理、工程项目建设等工作，对分管部门及联系单位的安全环保、党的建设、党风廉政建设、思想政治工作、信访维稳、安保防恐、保密工作、队伍稳定、企业文化建设负领导责任，在生产经营、安全环保、党风廉政、综治维稳方面发生问题的实行"一票否决"，分管生产运行科、质量安全环保科，联系轻烃储运工区、天然气输气工区。

2020年，销售事业部（运销处）拥有原油、成品油、轻烃、甲醇、溶剂油铁路装车栈桥7座，公路成品油、甲醇、轻烃、溶剂油装车系统7套；各类设备535台（套），其中原油储罐29具，库容43.46万立方米；成品油储罐13具，库容9100立方米；压力容器168具。外销原油146.47万吨，天然气1.90亿立方米，副产品6.36万吨：凝析油0.60万吨，液化气5.75万吨，实现销售收入35.42亿元。

截至2020年12月31日，销售事业部（运销处）设机关科室6个：办公室（党委办公室、人事科）、党建科、计划经营科、财务科、生产运行科、质量安全环保科。所属基层单位10个：油气销售部、乌鲁木齐油气销售部、三塘湖输油工区、油品储运工区、轻烃外运工区、轻烃储运工区、天然气输气工区、维修工区、综合工区、治安保卫大队（武装部）。

销售事业部（运销处）编制定员293人。其中，处级职数6个、科级职数44个，机关定员36人；在册员工293人，其中，大学本科及以上学历

181 人，教授级高级政工师 1 人，副高级职称 25 人、中级职称 97 人；高级技师 9 人、技师 19 人。销售事业部（运销处）党委下属基层党支部 14 个，共有党员 151 人，其中在职党员 148 人。

销售事业部（运销处）党委由 6 人组成：张志荣任党委书记、纪委书记、工会主席，孙思平任党委副书记，李雪松、杨维利、周郁良、王卫军任党委委员。销售事业部（运销处）行政领导班子由 6 人组成：孙思平任处长，张志荣、李雪松、杨维利、周郁良任副处长，王卫军任副处长、安全总监。领导班子成员分工自 2020 年 6 月以来未做调整。

"十三五"期间，销售事业部（运销处）科学应对油价波动，动态调整"掺销存"节奏、统筹"量价效"关系，原油价格趋势预测准确率 98%，坚持储运、计量、销售一体化运行，累计销售液烃 865.65 万吨、天然气 20.13 亿立方米，实现销售收入 250.21 亿元。强化实施区间销售和高销低储策略，累计创效 2.65 亿元。高效推进原油混掺增效，精细组织原油外销，累计增效 21.89 亿元。持续强化安全环保责任体系建设，狠抓责任清单落实、提高业绩考核权重、建立一票否决和约谈机制，实现了零事故、零污染、零伤害，连续 5 年获公司安全环保先进单位。充分发挥政策导向作用，优化业绩考核指标体系、完善单项奖励机制，推行差异化业绩考核和精准奖励，落实绩效、薪酬并轨政策，29 名市场化用工人员实现待遇并轨，员工收入比"十二五"末增长 48%。认真落实全面从严治党主体责任，"两学一做"学习教育和"不忘初心、牢记使命"主题教育成效显著，"大党建"工作格局日益完善，张浩创新工作室、张伟创效工作室作用凸显，党内巡察全覆盖，党建与生产经营工作深度融合，引领保障发展能力显著增强，事业部党建工作走在了公司前列，多次获公司先进基层党委、"四好领导班子""企业管理基础工作先进单位"。

一、销售事业部（运销处）党委、纪委领导名录（2016.1—2020.12）

　　党委书记　赵善佐（2016.1—2017.10）[①]

　　　　　　　　张志荣（回族，2017.10—2020.12）

　　党委副书记　孙思平（2016.1—2020.12）

---

① 2017 年 10 月，赵善佐内部退养。

党委委员 赵善佐（2016.1—2017.10）

孙思平（2016.1—2020.12）

杨永堂（2016.1—2018.6）^①[①]

李雪松（2016.1—2020.12）

杨维利（2016.1—2020.12）

周郁良（2017.8—2020.12）

张志荣（2017.10—2020.12）

王卫军（2019.4—2020.12）

纪委书记 赵善佐（2016.1—2017.10）

张志荣（2017.10—2020.12）

二、销售事业部（运销处）行政领导名录（2016.1—2020.12）

处　　长 孙思平（2016.1—2020.12）

副 处 长 赵善佐（2016.1—2017.10）

杨永堂（2016.1—2018.6）

李雪松（2016.1—2020.12）

杨维利（2016.1—2020.12）

周郁良（2017.8—2020.12）

张志荣（2017.10—2020.12）

王卫军（2019.4—2020.12）

安 全 总 监 杨维利（兼任，2016.1—2019.4）

王卫军（2019.4—2020.12）

三、销售事业部（运销处）工会领导名录（2016.1—2020.12）

主　　席 赵善佐（2016.1—2017.10）

张志荣（2017.10—2020.12）

---

① 2018 年 6 月，杨永堂内部退养。

第八节　石油天然气化工厂（2016.1—2017.7）

1996年4月，指挥部撤销石油化工筹建办公室（化工筹建处），决定成立吐哈石油天然气化工厂（以下简称石化厂）。2005年10月，指挥部决定，撤销轻烃化工厂，将人员、资产整体划至石化厂。2007年12月，石化厂由指挥部划入油田公司。2014年12月，油田分公司决定，将甲醇厂与石化厂合并，成立石油天然气化工厂，为二级单位，机构规格为正处级。2015年4月，油田分公司决定，停运原稳装置，原稳工区相关人员转岗分流。石化厂党组织关系隶属于油田分公司党委，机关办公地点在新疆维吾尔自治区吐鲁番市鄯善县火车站镇。

截至2015年12月31日，石化厂设机关职能科室5个：办公室（党委办公室、综治保卫科）、经营财务科、生产运行科、质量安全环保科、设备自动化科。所属基层单位5个：顺酐工区、溶剂油工区、质检工区、维修工区、吐哈炼油化工职业技能鉴定站。

石化厂在册员工213人，其中，本科以上学历80人，高级职称13人，中级职称52人。石油天然气化工厂党委下属党支部5个，共有党员95人。

石化厂党政领导班子由6人组成，其中行政领导班子6人，党委由6人组成，领导班子成员分工如下：

郑成国任党委副书记、厂长，全面负责石化厂行政工作，主管办公室（党委办公室、综治保卫科）、经营财务科。

侯祥东任党委书记、纪委书记、副厂长、工会主席，全面负责石化厂党群、生活后勤工作，主管办公室（党委办公室、综治保卫科）。

刘沪任副党委委员、厂长，协助厂长负责经营管理、产品销售管理，页岩油、煤制油项目组管理等工作，负责分管业务、科室的安全环保工作和党风廉政建设，分管经营财务科，页岩油、煤制油项目组。

周郁良任党委委员、副厂长，协助厂长负责设备管理、设备更新、设备投资项目前期的论证、电气仪表自动化、综合技术档案管理等工作，负责分管业务、科室和联系单位的安全环保工作和党风廉政建设，分管设备自动化科，联系单位质检工区。

董立新任党委委员、副厂长，协助厂长抓好设备日常维护、检维修、物资管理、工程项目管理、绩效考核、ERP管理、"三基"工作、管理提升、企业管理、内部风险管理控制、精细化管理等工作，负责分管业务、部门和联系单位的安全环保工作和党风廉政建设，分管办公室绩效考核、"三基"工作等业务，经营财务科ERP管理、管理提升、企业管理、内部风险管理控制、精细化管理等业务，联系单位维修工区。

辛文举任党委委员、副厂长、安全总监，协助厂长负责日常生产组织运行、安全环保与职业健康、工艺技术改造、安全隐患治理方案的编制、审核及投资项目的前期论证和后期管理，全厂生产所需化工原材料审批，质量与技术监督、计量、标准化、应急救灾、节能节水、信息与科技管理等工作，负责员工培训、技能鉴定，负责分管业务、科室和联系单位的安全环保工作和党风廉政建设，分管生产运行科、质量安全环保科，联系单位、顺酐工区、溶剂油工区、吐哈炼油化工职业技能鉴定站。

2016年8月，油田分公司党委决定：任命郑成国为石油天然气化工厂党委书记；免去侯祥东的石油天然气化工厂党委书记、纪委书记、工会主席职务。油田分公司决定：解聘侯祥东的石油天然气化工厂副厂长职务。

随后，调整领导班子成员分工：

党委书记、厂长郑成国全面负责石化厂行政、党群工作，主管办公室（党委办公室、综治保卫科）、经营财务科。

党委委员、副厂长刘沪协助厂长负责经营管理、产品销售管理等工作以及负责分管业务、科室的安全环保工作和党风廉政建设，分管经营财务科，页岩油、煤制油项目组。

党委委员、副厂长周郁良协助厂长负责设备管理、设备更新、设备投资项目前期的论证、电气仪表自动化、综合技术档案管理等工作，分管设备自动化科，联系储输工区、质检工区。

党委委员、副厂长董立新协助厂长抓好设备日常维护、检维修、物资管理、工程项目管理、绩效考核、ERP管理、管理提升、企业管理、内部风险管理控制、合规管理等工作，分管办公室绩效考核、"三基"工作等业务，经营财务科 ERP 管理、管理提升、企业管理、内部风险管理控制、精细化管理等业务，联系维修工区。

党委委员、副厂长、安全总监辛文举协助厂长负责日常生产组织运行、安全环保与职业健康、工艺技术改造、安全隐患治理方案的编制、审核及投资项目的前期论证和后期管理、全厂生产所需化工原材料审批、质量与技术监督、计量、标准化、应急救灾、节能节水、信息与科技管理等工作，负责"三基"工作、员工培训、技能鉴定等工作，分管生产运行科、质量安全环保科，联系原稳工区、顺酐工区、溶剂油工区、吐哈炼油化工职业技能鉴定站。

2016 年，石化厂生产各类产品 39709 吨，其中：混合丁烷 11819 吨、轻烃 18424 吨、戊烷 9466 吨。销售各类产品 41978 吨，实现销售收入 10635 万元。其中：混合丁烷 11818 吨、轻烃 19621 吨、戊烷 9438 吨。2016 年公司下达石化厂亏损指标 -5760 万元，全年亏损 -4880 万元，减亏 880 万元，完成公司下达的经营指标。

2017 年 4 月，油田分公司决定，关停石化厂顺酐装置，根据剩余业务岗位和人员需求重新调整石化厂机构及人员编制，将办公室（党委办公室、综治保卫科）与经营财务科合并，成立综合办公室（党委办公室、综治保卫科）；将生产运行科与设备自动化科合并，成立生产运行科；将顺酐工区、维修工区和质检工区合并，成立综合工区；撤销吐哈炼油化工职业技能鉴定站，将其业务划转至鄯善采油厂。

2017 年 5 月，调整领导班子成员分工：

党委书记、厂长郑成国全面负责石化厂行政、党群工作。

党委委员、副厂长刘沪协助厂长负责经营管理、产品销售管理等工作以及负责分管业务、科室的安全环保工作和党风廉政建设，分管综合办公室经营管理、产品销售管理等业务。

党委委员、副厂长周郁良协助厂长负责设备管理、设备更新、设备投资项目前期的论证、电气仪表自动化、综合技术档案管理等工作，负责分管业务、科室的安全环保工作和党风廉政建设，分管生产运行科设备管理等业务，综合办公室综合技术档案管理业务。

党委委员、副厂长董立新协助厂长抓好设备日常维护、检维修、物资管理、工程项目管理、绩效考核、ERP 管理、管理提升、企业管理、内部风险管理控制、合规管理等工作，负责分管业务、科室和联系单位的安全环保工作和党风廉政建设，分管综合办公室绩效考核、ERP 管理、管理提升、企业管理、内部风险管理控制、合规管理、物资管理等业务，联系综合工区。

党委委员、副厂长、安全总监辛文举协助厂长负责日常生产组织运行、安全环保与职业健康、工艺技术改造、安全隐患治理方案的编制、审核及投资项目的前期论证和后期管理、全厂生产所需化工原材料审批、质量与技术监督、计量、标准化、应急救灾、节能节水、信息与科技管理等工作，负责"三基"工作、员工培训、技能鉴定，负责分管业务、科室和联系单位的安全环保工作和党风廉政建设，分管生产运行科、质量安全环保科和综合办公室"三基"工作、员工培训、技能鉴定等业务，联系溶剂油工区。

2017 年 5 月，油田分公司党委决定：免去辛文举的石油天然气化工厂党委委员职务。油田公司决定：解聘辛文举的石油天然气化工厂副厂长、安全总监职务。

2017 年 7 月，油田分公司决定，关停溶剂油装置，并对石油天然气化工厂机构进行调整，撤销石油天然气化工厂处级机构及下设机关科室和基层单位，成立炼化综合工区，划入销售事业部作为基层单位管理。

2017 年 8 月，油田分公司党委决定：免去郑成国的原石油天然气化工厂党委书记职务，免去刘沪、周郁良、董立新的石油天然气化工厂党委委员职务。油田分公司决定，解聘郑成国的石油天然气化工厂厂长职务，解聘刘沪、周郁良、董立新的石油天然气化工厂副厂长职务。

2017 年，石化厂生产各类产品 15368 吨，其中：C5 5982 吨、轻烃 6855 吨、戊烷 122 吨、液化气 2409 吨。销售各类产品 9627 吨，其中：C5 3598 吨、轻烃 4225 吨、戊烷 208 吨、液化气 1596 吨。实现销售收入 2571 万元，形成账面利润 –3450 万元。

2016 年至 2017 年 8 月，石化厂生产各类产品 55077 吨，其中：C5 17801 吨、轻烃 25279 吨、戊烷 9588 吨、液化气 2409 吨。销售各类产品 51605 吨，其中：C5 15416 吨、轻烃 23846 吨、戊烷 9646 吨、液化气 1596 吨。实现销售收入 13206 万元，形成账面利润 –8330 万元。

截至 2017 年 7 月 20 日，石化厂机关科室 4 个：办公室（党委办公室、综治保卫科）、经营财务科、生产运行科、质量安全环保科；基层单位2个：溶剂油工区、综合工区。石化厂在册员工111人。其中，本科以上学历43人，高级职称8人，中级职称49人。石油天然气化工厂党委下属3个党支部，共有党员68人。

石化厂党委由4人组成：郑成国任党委书记、刘沪、周郁良、董立新任党委委员。石化厂行政领导班子由4人组成：郑成国任厂长，刘沪、周郁良、董立新任副厂长。领导班子成员分工自2017年5月以来未做调整。

截至2017年7月20日，石化厂拥有2万吨/年顺酐装置、10万吨/年溶剂油装置、24万吨/年甲醇装置和15万吨/年原油稳定装置各1套，固定资产原值8.345亿元，净值1.898亿元。

一、石油天然气化工厂党委、纪委领导名录（2016.1—2017.7）

> 党　委　书　记　侯祥东（2016.1—8）[1]
>
> 郑成国（2016.8—2017.8）[2]
>
> 党委副书记　郑成国（2016.1—8）[3]
>
> 党　委　委　员　侯祥东（2016.1—8）
>
> 郑成国（2016.1—2017.8）
>
> 刘　沪（2016.1—2017.8）[4][5]
>
> 周郁良（2016.1—2017.8）[6]
>
> 董立新（2016.1—2017.8）[7]
>
> 辛文举（2016.1—2017.5）[8]
>
> 纪　委　书　记　侯祥东（2016.1—8）[9]

---

① 2016年8月，侯祥东调任运输工程公司党委书记、纪委书记、副经理、工会主席。
② 2017年8月，郑成国调任信息技术公司党委书记、纪委书记、副经理、工会主席。
③ 2016年8月至2017年7月期间，石油天然气化工厂党委副书记职务空缺。
④ 2017年1至8月期间，刘沪在新疆维吾尔自治区喀什地区疏附县驻村。
⑤ 2017年8月，刘沪调任鄯善物业管理公司党委委员、副经理。
⑥ 2017年8月，周郁良调任销售事业部（运销处）党委委员、副处长。
⑦ 2017年8月，董立新调任哈密物业管理公司党委委员、副经理。
⑧ 2017年5月，辛文举调任石油能源开发公司党委副书记、经理、安全总监。
⑨ 2016年8月至2017年7月期间，石油天然气化工厂纪委书记空缺。

二、石油天然气化工厂行政领导名录（2016.1—2017.7）

  厂　　　长　郑成国（2016.1—2017.8）

  副　厂　长　侯祥东（2016.1—8）

      刘　沪（2016.1—2017.7）

      周郁良（2016.1—2017.7）

      董立新（2016.1—2017.7）

      辛文举（2016.1—2017.5）

  安 全 总 监　辛文举（兼任，2016.1—2017.5）

三、石油天然气化工厂工会领导名录（2016.1—2017.7）

  主　　　席　侯祥东（2016.1—8）[①]

第九节　消防支队（2016.1—2019.12）

  1992 年 4 月，会战指挥部成立吐哈油田公安局，设消防科（消防队）。1995 年 6 月，消防队调整为消防大队，与消防科为一个机构挂两个牌子。2002 年 6 月消防支队正式成立，与保卫处、武装部为一个机构挂三块牌子。2006 年 4 月，将指挥部消防业务、资产、队伍整体划归油田分公司。油田分公司将工程抢险的人员及设备整体划出，与整体划转的消防队伍和资产为基础，成立消防支队。消防支队为二级单位，机构规格为正处级，主要承担着油田范围内各类火灾扑救、应急救援、防火监督、作业现场监护、工程消防设计内部审查和竣工验收、灭火器充装维修、防恐维稳等工作任务，同时还承担驻地周边地方火灾扑救和应急救援任务。党组织关系隶属于油田分公司党委，机关办公地点在新疆维吾尔自治区吐鲁番市鄯善县火车站镇。

  截至 2015 年 12 月 31 日，消防支队设机关科室 4 个：综合办公室、消防科、战训科、指挥科。所属基层单位 6 个：油库消防大队、哈密生活基地消防大队、吐鲁番消防大队、鲁克沁消防大队、三塘湖消防大队、特勤大队。

---

 ① 2016 年 8 月至 2017 年 7 月期间，石油天然气化工厂工会主席空缺。

消防支队在册员工 253 人。其中大学本科及以上学历 58 人，副高级职称 2 人，中级职称 19 人；技师 1 人。消防支队党委下属基层党支部 7 个，共有党员 69 名，其中在职党员 69 人。

消防支队党政领导班子由 3 人组成，其中行政领导班子 3 人，党委由 3 人组成，领导班子成员分工如下：

薛志刚任党委副书记、支队长，全面负责消防支队行政管理工作，主管综合办公室、消防科，联系吐鲁番消防大队、鲁克沁消防大队。

熊孟进任党委书记、纪委书记、副支队长、工会主席，全面负责消防支队党委、纪委、工会等党群工作，主管综合办公室，联系特勤大队。

任峰任党委委员、副支队长、安全总监，负责消防支队灭火救灾、抢险救援、业务训练、质量安全环保、设备管理、指导各基层大队的队伍管理工作，分管指挥科、战训科，联系油库消防大队、哈密基地消防大队、三塘湖消防大队。

2016 年 2 月，油田分公司党委决定：任命尚绍福为消防支队党委书记、纪委书记、工会主席；免去熊孟进的消防支队党委书记、纪委书记、工会主席。油田分公司决定：聘任尚绍福为消防支队副支队长；解聘熊孟进的消防支队副支队长职务。

2016 年 3 月，调整领导班子成员分工：

党委副书记、支队长薛志刚全面负责消防支队行政管理工作，主管综合办公室（行政部分）、消防科，联系吐鲁番消防大队、鲁克沁消防大队。

党委书记、纪委书记、副支队长、工会主席尚绍福全面负责消防支队党委、纪委、工会等党群工作，主管综合办公室（党群部分），联系油库消防大队、特勤大队。

党委委员、副支队长、安全总监任峰负责消防支队灭火救灾、抢险救援、业务训练、质量安全环保、设备管理，负责指导各基层大队的队伍管理工作，分管指挥科、战训科，联系哈密基地消防大队、三塘湖消防大队。

2016 年 9 月 8 日，中共消防支队第一次代表大会在新疆维吾尔自治区鄯善县召开，62 名党员代表参加会议。会议选举产生中共消防支队第二届委员会和中共消防支队纪律检查委员会，中共消防支队委员会由任峰、尚绍福、薛志刚 3 人组成（以姓氏笔画为序），尚绍福为党委书记，薛志刚为党委副书记。中共消防支队纪律检查委员会由 3 人组成，尚绍福为纪委书记。

2016 年 11 月 25 日，消防支队召开第三次工会会员代表大会，工会会员代表共 39 人。会议选举产生消防支队第三届工会委员会、经费审查委员会和女职工委员会。尚绍福为工会主席。

2016 年，消防支队共受理灾害报警 53 起，抢险救援 2 起，报警受理准确无误、灾害处置无一失利，成功率 100%。荣获"自治区专职消防队伍建设先进集体""新疆维吾尔自治区总工会 2016 年模范职工之家"2 项省部级荣誉；王熙栋当选油田公司建设 25 周年劳动模范。

2017 年，消防支队共接火警 65 起，抢险救援 4 起，消防演习 18 起，防恐演练 153 起，报警受理准确无误，灾害处置无一失利，成功率 100%。

截至 2017 年 12 月 31 日，消防支队设机关科室 4 个：综合办公室、消防科、指挥科、战训科。所属基层单位 6 个：油库消防大队、哈密基地消防大队、吐鲁番消防大队、鲁克沁消防大队、三塘湖消防大队、特勤大队。

消防支队在册员工 237 人，其中大学本科及以上学历 80 人，副高级职称 1 人，中级职称 21 人；技师 1 人。消防支队党委下属基层党支部 7 个，共有党员 66 人，其中在职党员 66 人。

2018 年 5 月，消防支队决定，对机关职能科室和基层单位组织机构进行调整，机关职能科室由 4 个缩减为 3 个，撤销指挥科，相应业务职责并入综合办公室、消防科、战训科，将消防科更名为消防安全科，战训科更名为战训装备科；撤销鲁克沁消防大队，业务并入吐鲁番消防大队，暂时保留哈密基地消防大队，待三供一业分离移交后撤销编制，将油库消防大队更名为鄯善消防大队。

2018 年 7 月，调整领导班子成员分工：

党委副书记、支队长薛志刚全面负责消防支队行政管理工作，主管综合办公室（行政部分）、消防安全科（防火部分），联系三塘湖消防大队。

党委书记、纪委书记、副支队长、工会主席尚绍福全面负责消防支队党委、纪委、工会、防恐维稳等党群工作，主管综合办公室（党群部分）、战训装备科（防恐维稳部分），联系特勤大队。

党委委员、副支队长、安全总监任峰负责消防支队灭火救灾、抢险救援、业务训练、质量安全环保、设备管理、指导各基层大队的队伍管理工作，分管消防安全科（安全部分）、战训装备科，联系吐鲁番消防大队。

2018 年，消防支队共接火警 48 起，抢险救援 4 起，消防演习 11 次，报警受理准确无误，灾害处置无一失利，成功率 100%。薛志刚荣获第四届全国 "119 消防奖" 先进个人荣誉。

2019 年 4 月，消防支队决定撤销哈密基地消防大队，将消防职能、业务、消防车辆设备、办公场所以及营区等全部移交哈密市伊州区人民政府，撤销机构，人员补充至其他大队。

2019 年 6 月，为切实规范人事业务管理，经消防支队党委研究，决定在综合办公室增设人事科机构，将综合办公室更名为综合办公室（人事科），按一个机构两块牌子运行，不再新增机构和人员编制，原人事组织相关业务和岗位职责不变。

2019 年 9 月，油田分公司党委决定：免去薛志刚的消防支队党委副书记、党委委员职务。油田分公司决定：解聘薛志刚的消防支队支队长职务。

2019 年 12 月，油田分公司党委决定：撤销消防支队党委。

2019 年 12 月，油田分公司决定：将新疆吐哈油田建设有限责任公司和消防支队相关业务整合，成立工程建设服务中心。

2019 年 12 月，油田分公司党委决定：消防支队领导班子成员党内职务自然免除。油田分公司决定：消防支队领导班子成员职务自然免除。

2019 年，消防支队共开展消防安全培训 56 期，受训员工 5340 人。受理一级动火 HSE 作业指导书 63 份，消防车现场监护 69 处 79 次 83 车次，共计 1297 小时。受理火警 40 起，出动 57 车次，参战 285 人次，灭火救援成功率 100%，开展各类事故应急演练 40 次。在新疆消防救援总队全员岗位大练兵竞赛中，荣获挂钩梯上四楼第一名、负重上 10 楼第二名、百米障碍救助操第三名优异成绩。成功处置了 "8·28" 鲁克沁采油厂（鲁克沁油田项目经理部）鲁中联合站生化处理间和 "9·3" 储运工区干化池火灾事故，避免了恶性事故的发生，将火灾损失降低到了最低限度，受到了公司和采油厂的充分肯定。

截至 2019 年 12 月 2 日，消防支队设机关科室 3 个：综合办公室、消防安全科、战训装备科。所属基层单位 4 个：鄯善消防大队、吐鲁番消防大队、三塘湖消防大队、特勤大队。

消防支队在册员工 202 人，其中大学本科及以上学历 82 人，副高级职称 1 人、中级职称 26 人；技师 2 人。党组织关系隶属于油田分公司党委，下属基层党支部 5 个，共有党员 62 人，其中在职党员 62 人。

消防支队行政领导由 1 人组成，任峰任副支队长。领导成员分工自 2018 年 7 月份以来未做调整。

"十三五"期间，油田消防队伍以"赴汤蹈火、竭诚奉献、保障有力"为宗旨，发扬"特别能战斗，特别能吃苦，特别能忍耐，特别能奉献"的消防铁军精神，为油田生产经营和地方社会的和谐稳定做出积极的贡献，受到了油田公司及社会各界的多方肯定和赞誉。共受理火警 208 起，其中火灾处置 179 起，应急抢险 13 起，出动消防车辆 263 台，参战 1315 人次。消防监护 299 次 310 车次 1550 人次。全面从严治党，党建思想政治工作成效显著。消防支队党委荣获油田公司 2018 年先进基层党委、四好领导班子等称号，党建责任制考核名列公司第 10 名，队伍凝聚力和向心力稳步增强。群团工作丰富多彩，荣获吐哈油田庆祝新中国成立 70 周年暨"不忘初心、牢记使命"主题教育大合唱展演"特别奖"。团委被公司评为"五四红旗团委"。

一、消防支队党委、纪委领导名录（2016.1—2019.12）

党 委 书 记	熊孟进（2016.1—2）
	尚绍福（2016.2—2019.10）①②
党委副书记	薛志刚（2016.1—2019.9）③④
党 委 委 员	熊孟进（2016.1—2）
	尚绍福（2016.2—2019.10）
	薛志刚（2016.1—2019.9）
	任　峰（2016.1—2019.12）
纪 委 书 记	熊孟进（2016.1—2）
	尚绍福（2016.2—2019.10）⑤

---

① 2019 年 10 月 24 日，时任消防支队党委书记、工会主席、纪委书记、副支队长尚绍福病逝。

② 2019 年 10 月至 12 月期间，消防支队党委书记空缺。

③ 2019 年 9 月，薛志刚退职离岗。

④ 2019 年 9 月至 12 月期间，消防支队党委副书记空缺。

⑤ 2019 年 10 月至 12 月期间，消防支队纪委书记空缺。

二、消防支队行政领导名录（2016.1—2019.12）

支　队　长　薛志刚（2016.1—2019.9）①

副 支 队 长　熊孟进（2016.1—2）

任　峰（2016.1—2019.12）

尚绍福（2016.2—2019.10）

安 全 总 监　任　峰（兼任，2016.1—2019.12）

三、消防支队工会领导名录（2016.1—2019.12）

主　　　席　熊孟进（2016.1—2）

尚绍福（2016.2—2019.10）②

第十节　监督中心（石油天然气吐哈工程质量监督站）—监督中心（石油天然气吐哈工程质量监督站、纪检中心）（2016.1—2020.12）

2012年3月，油田分公司决定，将质量安全环保处所属的石油天然气吐哈工程质量监督站和工程技术研究院所属的工程监督中心、井控培训中心整合组建为工程监督中心（石油天然气吐哈工程质量监督站）。2012年10月，油田分公司将安全监督中心和质量安全环保处分离，与工程监督中心、石油天然气吐哈工程质量监督站为一个机构挂三个牌子（简称工程监督中心）。2014年7月，油田分公司决定将工程监督中心（安全监督中心、石油天然气吐哈工程质量监督站）更名为监督中心（石油天然气吐哈工程质量监督站），为二级单位，机构规格为正处级，业务覆盖钻井、试油工程质量监督，钻井、井下作业井控监督，地面建设工程质量监督，安全环保监督与安全环保审核培训，井控培训业务，形成了覆盖勘探开发、生产建设全过程的完整监督体系，实现主体专业手册全覆盖。党组织关系隶属于油田分公司党委，机关办公地点在新疆维吾尔自治区吐鲁番市鄯善县火车站镇。

---

① 2019年9月至12月期间，消防支队支队长空缺。

② 2019年10月至12月期间，消防支队工会主席空缺。

截至 2015 年 12 月 31 日，监督中心（石油天然气吐哈工程质量监督站）设机关科室 2 个：综合办公室、安全生产科。所属基层单位 6 个：钻井工程监督站、试油工程监督站、工程质量监督站、安全监督站、井控培训中心、安全环保工作站。

监督中心（石油天然气吐哈工程质量监督站）在册员工 184 人。其中，本科及以上学历 72 人，副高级职称 36 人、中级职称 37 人；高级技师 5 人，技师 20 人。监督中心党委下属基层党支部 6 个，共有党员 135 人，其中在岗党员 135 人。

监督中心（石油天然气吐哈工程质量监督站）党政领导班子由 4 人组成，其中行政领导班子 4 人，党委由 4 人组成。领导班子成员分工如下：

尚绍福任党委副书记、主任，负责行政工作，负责分管业务、部门、单位的安全环保工作和党风廉政建设，分管综合办公室（行政部分）、安全监督管理和安全环保工作，联系安全监督站、安全环保工作站。

游正安任党委书记、纪委书记、副主任、工会主席，负责党群工作，负责分管业务、部门、单位的安全环保工作和党风廉政建设，分管综合办公室（党群部分）、建设工程质量管理工作，联系工程质量监督站。

昌海泉任党委委员、副主任、安全总监，协助主任负责试油工程质量监督管理和井控监督管理工作，负责生产运行组织、基础工作、内控建设等工作，负责分管业务、部门、单位的安全环保工作和党风廉政建设，分管安全生产科，联系试油工程监督站、井控培训中心。

崔彦立任党委委员、副主任，协助主任负责钻井工程质量监督管理工作，负责科技、网络信息化管理和质量管理工作，联系钻井工程监督站。

2016 年 2 月，油田分公司党委决定：任命门万生为监督中心（石油天然气吐哈工程质量监督站）党委副书记；免去尚绍福的监督中心（石油天然气吐哈工程质量监督站）党委副书记职务。油田分公司决定：聘任门万生为监督中心（石油天然气吐哈工程质量监督站）主任；解聘尚绍福的监督中心（石油天然气吐哈工程质量监督站）主任职务。

2016 年 2 月，油田分公司明确由监督中心（石油天然气吐哈工程质量监督站）承担环境监督职责，负责监督检查公司所属区域内环境保护措施的落实和污染治理设施运行维护情况等，机构编制、定员不变。

随后，调整部分领导班子成员分工：

党委副书记、主任门万生全面负责中心行政工作，负责分管业务、部门、单位的安全环保工作和党风廉政建设，分管综合办公室（行政部分）、安全监督和安全环保管理工作，联系安全监督站、安全环保工作站。

党委委员、副主任、安全总监昌海泉协助中心主任负责生产运行组织、安全环保、井控、基础工作、内控建设、节能节水等工作，负责分管业务、部门、单位的安全环保工作和党风廉政建设，分管安全生产科，联系试油工程监督站、井控培训中心。

党委委员、副主任崔彦立协助中心主任负责钻井工程质量监督管理工作和试油工程质量监督管理工作，负责科技、网络信息化管理和质量管理工作，联系钻井工程监督站。

2016年3月，油田分公司人事处决定，安全监督站更名为安全环保监督站。

2016年，监督中心（石油天然气吐哈工程质量监督站）完成钻井工程监督161口井，钻井进尺50.4万米，井身质量合格率100%，固井质量合格率96.2%；试油工程监督58井次65层，井控查处安全问题4675项；安全监督特殊作业2805次，查处各类违章或问题2412起；工程质量监督工程项目243项，查出工程质量问题218个；井控培训开班35期，培训员工1157人次。工程质量监督站获"新疆维吾尔自治区工人先锋号"；1人获集团公司"十二五"优秀专职培训教师荣誉，1人当选油田分公司开发建设25周年劳动模范。

2017年7月，油田分公司决定：将监督中心安全环保监督站和安全环保工作站所属业务管理职能上移至质量安全环保处，机构、人员仍由监督中心管理。

2017年12月，油田分公司决定：成立纪检监察中心，与监督中心（石油天然气吐哈工程质量监督站）按一个机构、三块牌子运行，业务接受纪委监察处的管理。内设案件管理科、纪律审查科、案件审理科3个机关科室。

2017年，监督中心完成钻井工程监督315口井，钻井进尺97.3万米，井身质量合格率100%，固井质量合格率96.6%；试油工程监督53井次71层，井控查处安全问题4902项；安全监督特殊作业2041次，查处各类违章或问题 2045 起；工程质量监督工程项目 63 项，查出工程质量问题 177 个；井控培训开班 36 期，培训员工 1137 人次。

2018 年 4 月，油田分公司决定：成立 HSE 培训工作站，机构、人员挂在监督中心，按基层单位管理，业务上接受质量安全环保处的管理。

2018 年 4 月，油田分公司决定：聘任魏萍兼任纪检监察中心主任。

2018 年 6 月 27 日，中共监督中心党员大会在新疆维吾尔自治区吐鲁番市鄯善县召开，109 名党员参加会议。会议选举产生中共监督中心新一届委员会和中共监督中心新一届纪律检查委员会，中共监督中心新一届委员会由门万生、昌海泉、崔彦立、游正安等 4 人组成（以姓氏笔画为序），游正安为党委书记、门万生为党委副书记；中共监督中心新一届纪律检查委员会，由 3 人组成，游正安为纪委书记。

2018 年 8 月，油田分公司党委决定：任命杨永利为监督中心（石油天然气吐哈工程质量监督站）党委委员，孙世茂为监督中心（石油天然气吐哈工程质量监督站）党委委员；免去崔彦立的监督中心（石油天然气吐哈工程质量监督站）党委委员职务。油田分公司决定：聘任杨永利为监督中心（石油天然气吐哈工程质量监督站）副主任，孙世茂为监督中心（石油天然气吐哈工程质量监督站）副主任；解聘崔彦立的监督中心（石油天然气吐哈工程质量监督站）副主任职务。

随后，调整领导班子成员分工：

党委书记、副主任游正安全面负责中心党群工作，主管综合办公室（党群部分），负责分管业务、部门、单位的安全环保工作和党风廉政建设，分管安全党支部工作，联系安全环保监督站、安全环保工作站、HSE 培训工作站。

党委副书记、主任门万生全面负责中心行政工作，主管综合办公室（行政部分）。

党委委员、副主任、安全总监昌海泉协助中心主任负责试油工程质量监督管理工作，负责中心生产运行组织、安全环保、井控、基础工作和节能节水工作，负责分管业务、部门、单位的安全环保工作和党风廉政建设，分管安全生产科，联系试油工程监督站。

党委委员、副主任杨永利协助中心主任负责工程质量监督管理工作和井控培训工作，负责中心计划经营、内控建设和档案管理等工作，联系工程质量监督站、井控培训中心。

党委委员、副主任孙世茂协助中心主任负责钻井工程质量监督管理工作，负责科技、网络信息化管理和质量管理工作，联系钻井工程监督站。

2018年11月29日，监督中心召开第二次会员代表大会，工会会员代表共38人。会议选举产生监督中心第二届工会委员会、经费审查委员会。游正安为工会主席。

2018年，监督中心（石油天然气吐哈工程质量监督站）完成钻井工程监督304口井，钻井进尺89.02万米，井身质量合格率99.6%，固井质量合格率96.5%；试油工程监督56井次61层，井控查处安全问题4902项；安全监督特殊作业2340次，查处各类违章或问题5216起；工程质量监督工程项目57项，查出工程质量问题411个；井控培训开班34期，培训员工1099人次。修订公司QHSE管理体系文件，编制管理手册，开展体系审核，指导基层站队HSE标准化建设。组织开展岗位HSE培训和HSE履职能力评估，提升了全员的履职能力。

2019年5月，油田分公司决定，将监督中心目前承担的井下作业井控监督业务和职能移交各采油厂，并随业务划转相关人员。

2019年5月，经单位研究，在负责组织人事业务的部门增加人事科机构名称，按一个机构几块牌子运行，刻制人事科印章，按规定管理和使用。人事科印章启用后，原人事、劳资等业务专用章即行停用。

2019年7月，油田分公司决定，监督中心增加"负责组织专职安全生产管理人员资格培训和取证工作"职责。

2019年7月，油田分公司党委决定：任命门万生为监督中心（石油天然气吐哈工程质量监督站）党委书记，昌海泉为监督中心（石油天然气吐哈工程质量监督站）党委副书记、纪委书记、工会主席；免去游正安的监督中心（石油天然气吐哈工程质量监督站）党委书记、纪委书记、工会主席、党委委员职务。油田分公司决定：解聘游正安的监督中心（石油天然气吐哈工程质量监督站）副主任职务，昌海泉的监督中心副主任、安全总监职务。

2019年8月，油田分公司决定：聘任孙世茂为监督中心（石油天然气吐哈工程质量监督站）安全总监。

随后，调整领导班子成员分工：

党委书记、主任门万生负责中心全面工作和发展战略，主持中心党委工作，主管综合办公室，联系工程质量监督站。

党委副书记、纪委书记、工会主席昌海泉协助负责中心党委工作，负责党建工作、纪委工作、党风廉政建设、思想政治工作、新闻宣传工作、企业文化建设、精神文明建设、基层建设、防恐维稳、治安保卫、内部稳定、工会、女工、人口与计划生育、爱国卫生、机要保密等工作，负责试油工程监督站和井控培训中心业务管理工作，负责分管业务、部门、单位的安全环保工作和党风廉政建设，分管综合办公室，联系试油工程监督站、井控培训中心。

党委委员、副主任杨永利协助负责工程质量监督管理工作，负责内控建设及档案管理等工作。

党委委员、副主任、安全总监孙世茂协助负责中心生产运行组织、安全环保、井控、基础工作和节能节水等工作，负责科技、网络信息化管理和质量管理等工作，负责钻井工程质量监督管理等工作，负责分管业务、部门、单位的安全环保工作和党风廉政建设，分管安全生产科，联系钻井工程监督站、安全环保监督站、安全环保工作站、HSE 培训工作站。

2019 年 10 月，油田分公司决定，将纪检监察中心更名为纪检中心。

2019 年 10 月，油田分公司党委决定：聘任魏萍为纪检中心主任，免去其纪检监察中心主任职务。

2019 年，监督中心（石油天然气吐哈工程质量监督站、纪检中心）完成钻井工程监督 191 口井，钻井进尺 55.21 万米，井身质量合格率 100%，固井质量合格率 95.8%。试油工程监督 67 井次 69 层，井控查处问题 4410 项。安全监督一级危险作业 503 起，监督覆盖率 100%；抽查二级危险作业 5410 起，抽查率 47.9%；完善吐哈油田安全环保违章清单，数量达到了 6240 余条。工程质量监督现场检查 434 次，发现各项工程质量问题 227 项。井控培训开班 46 期，培训员工 1585 人次。开展现场安全培训和技术服务，指导基层单位在合规的基础上高效作业、高效管理；开展 HSE 管理制度的修订工作，以及岗位 HSE 培训和 HSE 履职能力评估。

2020 年 7 月 24 日，按照公司关于 3 人以下不设三级机构的要求，经中心党委研究，报请公司批复同意，将 HSE 培训工作站和安全环保工作站优化整合为安全环保审核培训站。

2020年，监督中心（石油天然气吐哈工程质量监督站、纪检中心）完成钻井工程监督90口井，钻井进尺29.09万米，井身质量合格率100%，固井质量合格率95.38%，卡层准确率100%，开发井测井一次成功率达82.5%，查出各类井控问题5147项，旁站监督钻、录、测、试等队伍防喷演练412次，防硫化氢演练78次。试油工程监督32井次35层，开工验收率100%，工序一次合格率99.9%，资料全准率100%，井控巡查问题1740项，开发井施工29井次。安全监督一类区域33处巡查818次，二类区域55处巡查673次，三类区域70处巡查475次，四类区域76处巡查157次，巡查落实率100%；监督一级危险作业180起，监督覆盖率100%；抽查二级危险作业3512起，抽查率87.7%。工程监督现场检查601次，发现问题483项。井控培训开班35期，培训员工955人次。安全环保审核培训组织完成公司《安全生产管理办法》等31项制度制修订工作；组织开展岗位员工复工复产培训，指导完成16家二级单位、123个基层站队、2893人次的培训评估工作。监督帮扶17支钻井队、10支试油队和8家施工单位，编制培训课件85个，培训人员153人次。外派29名监督人员到浙江油田监督市场、塔里木油田地面工程监理市场、油田区域民营公司服务市场创收302.5万元。

截至2020年12月31日，监督中心（石油天然气吐哈工程质量监督站、纪检中心）机关设职能科室2个：综合办公室（人事科）、安全生产科。纪检中心（石油天然气吐哈工程质量监督站、纪检中心）设职能科室3个：纪律检查科、案件管理科、案件审理科。所属基层单位6个：钻井工程监督站、试油工程监督站、工程质量监督站、安全环保监督站、井控培训中心、安全环保审核培训站。

监督中心（石油天然气吐哈工程质量监督站、纪检中心）在册员工155人。其中，本科及以上学历81人，副高级职称34人、中级职称33人；高级技师5人、技师21人。监督中心党委下属7个党支部，共有党员122名，其中在职党员121人。

监督中心（石油天然气吐哈工程质量监督站、纪检中心）党委由4人组成：门万生任党委书记，昌海泉任党委副书记、纪委书记、工会主席，杨永利任党委委员，孙世茂任党委委员。监督中心行政领导班子由3人组成：门万生任主任，杨永利任副主任，孙世茂任副主任、安全总监。领导班子成员分工自 2019 年 8 月以来未做调整。

"十三五"期间，监督中心（石油天然气吐哈工程质量监督站、纪检中心）认真贯彻集团公司高质量发展方针，全面落实油田公司工作部署，紧紧围绕职能定位，全面履行监督职责。一是监督保障职能有效发挥。工程质量管控方面：通过推广分区域项目制管理，不断强化过程管控，深入开展"监督＋帮扶""监督＋分析"，多措并举确保了工程质量指标逐年稳步提升；安全环保管控方面：坚持分级管理，确保巡查全覆盖，零死角；紧盯现场，确保高危作业安全；强化专项检查，提高了检查的针对性；编制违章清单，强化合规监督，确保了公司安全生产形势总体平稳。二是一体化监督模式已经形成。按照集团公司地上地下一体化监督，质量安全一体化监督运行模式要求，中心着力推进既懂质量又懂安全的监督人员的培养，落实质量安全监督一体化；推行多专业联合监督和多方式联合检查，落实监督检查一体化；推动区域监督统一调派，落实区域监督一体化。中心一体化监督模式走在了集团公司前列。三是专业化、规范化、标准化监督步入正轨。钻井、试油、建设工程和安全环保四大专业，中级监督持证率稳步提升至 46%；颁布钻井工程、试油工程、安全监督、工程质量和井控监督手册，并不断完善升级，实现监督职责明确、监督程序规范、监督标准量化的目标；吐哈油田《违章清单》的编制，做到检查有标准，处罚有依据。月度钻井例会、季度井控例会和固井质量分析会召开发挥了分享经验，固化成果和共同提高的作用。四是开拓外部监督市场。2020 年，鉴于钻井监督和试油监督工作量不足的状况，在满足公司监督工作需要的基础上，选派 29 名素质过硬的监督人员到浙江油田、塔里木油田和井下作业队伍开展监督工作，打造吐哈监督品牌。

一、监督中心（石油天然气吐哈工程质量监督站）（2016.1—2017.12）

（一）监督中心（石油天然气吐哈工程质量监督站）党委、纪委领导名录（2016.1—2017.12）

　　　　党委书记　游正安（2016.1—2017.12）

　　　　党委副书记　尚绍福（2016.1—2）[①]

---

① 2016 年 2 月，尚绍福调任消防支队党委书记、纪委书记、副支队长、工会主席。

门万生（2016.2—2017.12）

党 委 委 员　游正安（2016.1—2017.12）

尚绍福（2016.1—2）

昌海泉（2016.1—2017.12）

崔彦立（2016.1—2017.12）

门万生（2016.2—2017.12）

纪 委 书 记　游正安（2016.1—2017.12）

（二）监督中心（石油天然气吐哈工程质量监督站）行政领导名录

（2016.1—2017.12）

主　　　任　尚绍福（2016.1—2）

门万生（2016.2—2017.12）

副 　 主 　 任　游正安（2016.1—2017.12）

昌海泉（2016.1—2017.12）

崔彦立（2016.1—2017.12）

安 全 总 监　昌海泉（兼任，2016.1—2017.12）

（三）监督中心（石油天然气吐哈工程质量监督站）工会领导名录

（2016.1—2017.12）

主　　　席　游正安（2016.1—2017.12）

二、监督中心（石油天然气吐哈工程质量监督站）（2017.12—2019.10）

（一）监督中心（石油天然气吐哈工程质量监督站）党委、纪委领导名
录（2017. 12—2019.10）

党 委 书 记　游正安（2017.12—2019.7）[1]

门万生（2019.7—10）

党委副书记　门万生（2017.12—2019.7）

昌海泉（2019.7—10）

党 委 委 员　游正安（2017.12—2019.7）

门万生（2017.12—2019.10）

---

[1]　2019 年 7 月，游正安退职离岗。

　　　　　　　昌海泉（2017.12—2019.10）

　　　　　　　崔彦立（2017.12—2018.8）[①]

　　　　　　　杨永利（2018.8—2019.10）

　　　　　　　孙世茂（2018.8—2019.10）

　　纪 委 书 记　游正安（2017.12—2019.7）

　　　　　　　昌海泉（2019.7—10）

（二）监督中心（石油天然气吐哈工程质量监督站）行政领导名录
　　　（2017.12—2019.10）

　　主　　　任　门万生（2017.12—2019.10）

　　副 主 任　游正安（2017.12—2019.7）

　　　　　　　昌海泉（2017.12—2019.7）

　　　　　　　崔彦立（2017.12—2018.8）

　　　　　　　杨永利（2018.8—2019.10）

　　　　　　　孙世茂（2018.8—2019.10）

　　安 全 总 监　昌海泉（兼任，2017.12—2019.7）

　　　　　　　孙世茂（兼任，2019.8—10）

（三）监督中心（石油天然气吐哈工程质量监督站）工会领导名录
　　　（2017.12—2019.10）

　　主　　　席　游正安（2017.12—2019.7）

　　　　　　　昌海泉（2019.7—10）

（四）纪检监察中心领导名录（2017. 12—2019.10）

　　主　　　任　魏　萍（兼任，副处级，女，2018.4—2019.10）[②]

三、监督中心（石油天然气吐哈工程质量监督站、纪检中心）
　　（2019.10—2020.12）

（一）监督中心（石油天然气吐哈工程质量监督站）党委、纪委领导
　　　名录（2019.10—2020.12）

　　党 委 书 记　门万生（2019.10—2020.12）

---

① 2018 年 8 月，崔彦立调任勘探公司党委委员、副经理。

② 2017 年 12 月至 2018 年 4 月期间，纪检监察中心主任空缺。

党委副书记 昌海泉（2019.10—2020.12）

党 委 委 员 门万生（2019.10—2020.12）

昌海泉（2019.10—2020.12）

杨永利（2019.10—2020.12）

孙世茂（2019.10—2020.12）

纪 委 书 记 昌海泉（2019.10—2020.12）

（二）监督中心（石油天然气吐哈工程质量监督站）行政领导名录

（2019.10—2020.12）

主 任 门万生（2019.10—2020.12）

副 主 任 杨永利（2019.10—2020.12）

孙世茂（2019.10—2020.12）

安 全 总 监 孙世茂（兼任，2019.10—2020.12）

（三）监督中心（石油天然气吐哈工程质量监督站）工会领导名录

（2019.10—2020.12）

主 席 昌海泉（2019.10—2020.12）

（四）纪检中心领导名录（2019.10—2020.12）

主 任 魏 萍（兼任，副处级，2019.10—2020.12）

第十一节 井下技术作业公司（2016.1—2019.7）

井下技术作业公司的前身是 1952 年玉门矿务局组建的采油厂井下作业大队特车队。1959 年，玉门矿务局决定，将特车队扩编为特种车大队；1976 年 3 月，玉门局决定，以特种车大队为主体，正式成立井下技术作业处；1991 年 4 月，会战指挥部决定，在玉门局井下技术作业处的基础上，组建井下技术作业指挥部，与玉门局井下技术作业处一个机构两个牌子；1996 年 1 月 16 日，指挥部决定，将井下技术作业指挥部和井下技术作业处调整更名为吐哈石油勘探开发指挥部井下技术作业公司。2007 年 12 月，在重组整合中，井下公司由指挥部整体划入油田分公司。井下技术作业公司为二级单位，机构规格为正处级，主要负责油田压裂、酸化、试油、测试、修井作业、特种车作业、特种作业等业务。党组织关系隶属于油田分公司党委，机关办公地点设在新疆维吾尔自治区吐鲁番市鄯善县新城。

截至 2015 年 12 月，井下技术作业公司设机关科室 10 个：办公室（党委办公室）、生产运行科、质量安全环保科、工程管理科、设备管理科、计划经营科、财务科、人事科（组织科）、纪检监察科、群众工作科。基层单位 34 个：大修侧钻分公司、试油测试分公司、三塘湖分公司、开发测试分公司、监理站、培训中心（吐哈井下作业职业技能鉴定站）、治安保卫大队、信息中心、乌兹别克斯坦项目部、哈萨克斯坦项目部、物业站、综合服务部、设备修保中心、加油站、井控服务中心、压裂一队、压裂二队、压裂三队、液体技术服务中心、化学助剂厂、三塘湖配液站、酸化队、特种作业一队、特车一队、特车二队、特车三队、特车四队、测试一队、提前退养站、压裂酸化研究所、修井工艺研究所、特种作业项目部、连续油管酸化队、特种作业二队，一线作业队伍 10 支。

井下技术作业公司在册员工 1334 人。其中，大学本科及以上学历 330 人，副高级职称 24 人、中级职称 170 人；高级技师 3 人、技师 32 人。井下技术作业公司党委下属党支部 32 个，共有党员 508 人，其中在职党员 496 人。

井下技术作业公司党政领导班子由 8 人组成，其中行政领导班子 7 人，党委由 8 人组成，领导班子成员分工如下：

郭建设任党委副书记、经理，全面负责公司行政工作，主管办公室（党委办公室）、人事科（组织科）、培训中心和效能监察工作。

赵兴启任党委书记、副经理，全面负责公司党委工作，主管办公室（党委办公室）、组织科（人事科）、提前退养站、治安保卫大队和维护稳定工作。

王晓宏任党委委员、副经理，协助经理负责合规管理的巡视工作，负责分管业务的安全环保工作和党风廉政建设，分管合规管理巡视组。

李同桂任党委委员、副经理，协助经理负责计划经营、内控测试、法律、信息、压裂酸化（技术、市场）、开发测试及国际项目管理，负责分管业务、部门和单位的安全环保工作和党风廉政建设，分管计划经营科、工程管理科（国际部分）、信息中心、压裂酸化研究所、开发测试分公司、哈萨克斯坦项目部、乌兹别克斯坦项目部、酸化队、液体技术服务中心、化学助剂厂。

周世本任党委副书记、纪委书记、工会主席，协助党委书记负责党建、新闻及媒体信息、人民武装、宣传思想、纪检监察、工团、女工、企业文化建设、精神文明建设、治安、稳定、机关党支部、机要保密、计划生育等工作，负责分管业务、部门的安全环保工作和党风廉政建设，分管群众工作科、纪检监察科。

孙世茂任党委委员、副经理，协助经理负责科技、修井、试油测试、特种作业、三塘湖区域管理工作，负责分管业务和单位的安全环保工作和党风廉政建设，分管工程管理科（科技部分）、大修侧钻分公司、试油测试分公司、修井工艺研究所、特种作业项目部、三塘湖分公司、特种作业一队、特车二队、压裂三队、三塘湖配液站及进入三塘湖区块队伍，参加油田公司技术、开发动态、勘探、三塘湖区块等相关会议。

汤星啼任党委委员、副经理、安全总监，协助经理负责生产、QHSE、设备、压裂（队伍及现场管理）、物资及车辆单位管理工作，负责分管业务、部门和单位的安全环保工作和党风廉政建设，分管生产运行科、质量安全环保科、设备管理科、监理站、井控服务中心、综合服务部、设备修保中心、压裂一队、压裂二队、特车一队、特车三队、特车四队。

米会学任党委委员、总会计师，协助经理负责资本运营、财务资产和物业管理工作，负责分管业务、部门和单位安全环保工作和党风廉政建设，主管财务科、物业站和加油站。

2016年4月，油田分公司决定将井下公司处级职数调整为8人，其中正处级2人，副处级6人，可配备1名专职党委副书记。

2016年，井下技术作业公司完成修井109井次，压裂292井次，酸化268井次，试油48层，测试667层，试井429层，特种作业331井次，特车出车732班次，实现收入5.9亿元。固定资产原值10.54亿元，净值2.07亿元。

2017年2月，调整部分领导班子成员分工：

党委书记、副经理赵兴启全面负责公司党委工作，主管办公室（党委办公室）、组织科（人事科）、治安保卫大队和维护稳定工作。

党委委员、副经理王晓宏，协助经理负责计划经营、内控测试、法律、开发测试、国际项目管理及合规巡视工作，负责分管业务的安全环保工作和党风廉政建设，分管^①计划经营科、工程管理科（国际部分）、开发测试分公司、哈萨克斯坦项目部、合规巡视组。

党委副书记、纪委书记、工会主席周世本协助党委书记负责党建、新闻及媒体信息、人民武装、宣传思想、纪检监察、工团、女工、企业文化建设、精神文明建设、治安、稳定、机关党支部、机要保密等工作，负责分管业务、部门的安全环保工作和党风廉政建设，分管群众工作科、纪检监察科。

党委委员、副经理孙世茂协助经理负责科技、压裂酸化、修井、试油测试、特种作业、三塘湖区域管理工作，负责分管业务和单位的安全环保工作和党风廉政建设，分管工程管理科（技术）、压裂酸化研究所、修井工艺研究所及所属单位、特种作业项目部及所属单位、试油测试分公司及所属单位、三塘湖分公司、特车二队、压裂三队、三塘湖配液站及进入三塘湖区块队伍，参加油田公司技术、开发动态、勘探、三塘湖区块等相关会议。

党委委员、副经理、安全总监汤星啼协助经理负责生产、QHSE、设备、压裂酸化（队伍及现场管理）、物资及车辆单位管理工作，负责分管业务、部门和单位的安全环保工作和党风廉政建设，分管生产运行科、质量安全环保科、设备管理科、监理站、井控服务中心、综合服务部、设备修保中心、压裂一队、压裂二队、酸化队、液体技术服务中心、化学助剂厂、特车一队、特车三队、特车四队。

党委委员、总会计师米会学协助经理负责资本运营、财务资产、信息中心、计划生育和物业管理工作，负责分管业务、部门和单位的安全环保工作和党风廉政建设，主管财务科、信息中心、物业站和加油站。

党委委员、副经理李同桂南疆驻村，暂无分工。

2017年5月，撤销提前退养站，其下属管理的内部退养人员划归哈密离退休管理中心管理。

2017年8月，油田分公司党委决定：免去赵兴启的井下技术作业公司党委书记职务，米会学的井下技术作业公司党委委员职务。油田分公司决

---

① 合规巡视组不是机构，是根据业务临时组成的工作组，故前文未做说明。

定：解聘赵兴启的井下技术作业公司副经理职务，米会学的井下技术作业公司总会计师职务。

2017年9月，调整领导班子成员分工：

党委副书记、经理郭建设全面负责公司行政、党委工作，主管办公室（党委办公室）、人事科（组织科）、财务科、培训中心和效能监察工作。

党委委员、副经理王晓宏协助经理负责计划经营、内控测试、法律、开发测试、国际项目管理、合规巡视、信息、计划生育和物业管理工作，负责分管业务、部门和单位的安全环保工作和党风廉政建设，分管计划经营科、工程管理科（国际部分）、开发测试分公司、哈萨克斯坦项目部、合规巡视组、信息中心、物业站和加油站。

党委副书记、纪委书记、工会主席周世本协助公司党委负责党建、新闻及媒体信息、人民武装、宣传思想、纪检监察、工团、女工、企业文化建设、精神文明建设、治安、稳定、机关党支部、机要保密等工作。负责分管业务、部门的安全环保工作和党风廉政建设，分管组织科、群众工作科、纪检监察科、治安保卫大队和维护稳定工作。

党委委员、副经理孙世茂协助经理负责科技、压裂酸化、修井、试油测试、特种作业、三塘湖区域管理工作。负责分管业务和单位的安全环保工作和党风廉政建设，分管工程管理科（技术部分）、压裂酸化研究所、修井工艺研究所及所属单位、特种作业项目部及所属单位、试油测试分公司及所属单位、三塘湖分公司及所属单位及进入三塘湖区块队伍。

党委委员、副经理、安全总监汤星啼，协助经理负责生产、QHSE、设备、压裂酸化（队伍及现场管理）、物资及车辆单位管理工作，负责分管业务、部门和单位的安全环保工作和党风廉政建设，分管生产运行科、质量安全环保科、设备管理科、监理站、井控服务中心、综合服务部、设备修保中心、压裂一队、压裂二队、酸化队、液体技术服务中心、化学助剂厂、特车一队、特车三队、特车四队。

2017年10月，油田分公司党委决定：任命李同桂为井下技术作业公司党委书记（试用期一年），周自武为井下技术作业公司党委副书记；免去郭建设的井下技术作业公司党委副书记职务。油田分公司决定：聘任周自武为井下技术作业公司经理，免去郭建设的井下技术作业公司经理职务。

2017年11月，油田分公司党委决定：任命王永康为井下技术作业公司党委委员。油田分公司决定：聘任王永康为井下技术作业公司总工程师（试用期一年）。

随后，调整部分公司领导班子成员分工：原由郭建设负责的公司行政、党委工作，主管办公室（党委办公室）、人事科（组织科）、财务科、培训中心和效能监察工作交由周自武负责。

2017年12月，调整部分领导班子成员分工：

党委委员、副经理王晓宏协助经理负责计划经营、开发测试、内控测试、法律、合规巡视、国内外部市场、信息、计划生育和物业管理工作，负责分管业务、部门和单位的安全环保工作和党风廉政建设，分管计划经营科、工程管理科（国内外部市场）、开发测试分公司、合规巡视组、信息中心、物业站和加油站，参加油田公司计划经营、内控、信息化、开发测试、计划生育、物业和生活等相关会议。

党委委员、副经理孙世茂协助经理负责压裂酸化、修井、试油测试、三塘湖区域管理工作。负责分管业务和单位的安全环保工作和党风廉政建设，分管压裂酸化研究所、修井工艺研究所及所属单位、试油测试分公司及所属单位、三塘湖分公司及所属单位及进入三塘湖区块队伍，参加油田开发动态、勘探、三塘湖区块等相关会议。

党委委员、总工程师王永康协助经理负责科技、特种作业、国内外部市场及国际项目管理工作，负责分管业务、部门和单位的安全环保工作和党风廉政建设，分管工程管理科、哈萨克斯坦项目部、特种作业项目部及所属单位，参加油田公司技术、国际项目、特种作业等相关会议。

2017年，井下技术作业公司累计完成修井82井次，压裂417井次，酸化229井次，试油47层，测试467层，试井252层，特种作业448井次，特车出车797班次，实现收入7.75亿元，固定资产原值10.65亿元，净值2.07亿元。

2018年5月，撤销纪检监察科、工程管理科、设备管理科组织机构。撤销大修侧钻分公司、试油测试分公司、哈萨克斯坦项目部、乌兹别克斯坦项目部、特种作业项目部、特种作业一队组织机构。撤销大修一队、带压二队、试油四队、连续油管酸化队、特种作业二队组织机构。群众工作科更名为党群科，成立市场开发部、设备管理部、修井试油分公司、特种作业分公司、国外项目部。

2018年7月，调整领导班子成员分工：

党委副书记、经理周自武全面负责公司行政、党委工作，主管办公室（党委办公室）、人事科（组织科）、财务科、培训中心和效能监察工作。

党委副书记、纪委书记、工会主席周世本协助公司党委负责党建、新闻及媒体信息、人民武装、宣传思想、纪检监察、工团、女工、企业文化建设、精神文明建设、治安、稳定、机关党支部、机要保密、计划生育和物业管理等工作。负责分管业务、部门的安全环保工作和党风廉政建设。分管：组织科、党群科、治安保卫大队、物业站和维护稳定工作。

党委委员、副经理孙世茂协助经理负责压裂酸化、修井、试油测试、开发测试和三塘湖区域管理工作。负责分管业务和单位的安全环保工作及党风廉政建设。分管：压裂酸化研究所、修井工艺研究、开发测试分公司、修井试油分公司及所属单位、三塘湖分公司及所属单位及进入三塘湖区块队伍，参加油田公司技术、开发动态、勘探、三塘湖区块等相关会议。

党委委员、副经理、安全总监汤星啼协助经理负责生产、QHSE、设备、压裂酸化（队伍及现场管理）、物资及车辆单位管理工作。负责分管业务、部门和单位的安全环保工作及党风廉政建设。分管：生产运行科、质量安全环保科、设备管理部、监理站、井控服务中心、综合服务部、设备修保中心、加油站、压裂一队、压裂二队、酸化队、液体技术服务中心、化学助剂厂、特车一队、特车三队、特车四队。

党委委员、总工程师王永康协助经理负责计划经营、内控测试、法律、合规巡视、国内外部市场、信息、科技、特种作业、国内外部市场及国际项目管理工作。负责分管业务、部门和单位的安全环保工作及党风廉政建设。分管：计划经营科、市场开发部、信息中心、督察组、特种作业分公司、国外项目部。

2018年8月，油田分公司党委决定：免去王晓宏、孙世茂的井下技术作业公司党委委员职务。油田分公司决定：解聘王晓宏、孙世茂的井下技术作业公司副经理职务。

2018年10月，油田分公司党委决定：任命夏累、郑波为井下技术作业公司党委委员。油田分公司决定：聘任夏絜、郑波为井下技术作业公司副经理（试用期一年）。

随后，调整领导班子成员分工：

党委副书记、经理周自武全面负责井下公司行政、党委工作。主管：办公室（党委办公室）、人事科（组织科）、财务科、效能监察工作。

党委书记、纪委书记、工会主席周世本代理井下公司党委书记李同桂同志负责党建、新闻及媒体信息、宣传思想、纪检监察、机要保密、企业文化建设、精神文明建设、工团、女工、人民武装、治安、信访、稳定、计划生育和物业管理（基建工程除外）、督查等工作。负责分管业务、部门的安全环保工作和党风廉政建设，分管党委办公室、组织科、党群科、治安保卫大队、物业站（基建工程除外）和督察办。

党委委员、副经理、安全总监汤星啼协助经理负责生产组织、QHSE、基建工程、设备管理、物资管理及车辆单位管理工作。负责分管业务、部门和单位的安全环保工作及党风廉政建设，分管生产运行科、质量安全环保科、设备管理部、监理站、井控服务中心、综合服务部、设备修保中心、液体技术服务中心、加油站、特车一队、特车三队、特车四队、物业站（基建工程部分）。

党委委员、总工程师王永康协助经理负责国内外部市场、海外市场、特种作业、三塘湖区域、科技、信息网络管理工作。负责分管业务、部门和单位的安全环保工作及党风廉政建设，分管市场开发部、信息中心、国外项目部、三塘湖分公司、特种作业分公司、压裂二队、压裂三队、三塘湖配液站、特车二队。

党委委员、副经理夏絜协助经理负责修井、试油、开发测试、计划经营、井控、吐哈市场、培训工作。负责分管业务和单位的安全环保工作及党风廉政建设，分管计划经营科、培训中心、市场开发部（吐哈钻采修技术部分）、修井工艺研究所、开发测试分公司、修井试油分公司及所属单位。

党委委员、副经理郑波协助经理负责压裂、酸化、化学助剂管理工作；负责分管业务、部门和单位的安全环保工作及党风廉政建设，分管压裂酸化研究所、压裂一队、酸化队、化学助剂厂。

2018年12月，油田分公司党委决定：正式任命李同桂为井下技术作业公司党委书记。油田分公司决定：正式聘任王永康为井下技术作业公司总工程师。

2018年，井下技术作业公司累计完成修井93井次，压裂423井次，酸化152井次，试油31层，测试382层，试井761层，特种作业400井次，特车出车1698班次，实现收入8.16亿元，固定资产原值10.58亿元，净值2.1亿元。

2019年6月，调整部分领导班子成员分工：

党委副书记、经理周自武负责井下公司全面工作和发展战略，主持井下公司行政工作，负责分管业务、部门和单位的安全环保工作及党风廉政建设。分管办公室（党委办公室）、人事科（组织科）、财务科。

党委书记、副经理李同桂负责井下公司全面工作和发展战略，主持井下公司党群工作，负责分管业务、部门和单位的安全环保工作及党风廉政建设。分管党委办公室（办公室）、组织科（人事科）、党群科、治安保卫大队。

党委副书记、纪委书记、工会主席周世本负责纪委工作、工会工作和物业管理工作（基建工程除外），协助党委书记负责党建工作、思想政治工作、新闻宣传工作、企业文化建设、精神文明建设、基层建设、反恐维稳、治安保卫、信访、统战、人民武装、团委、机要保密、计划生育等工作，负责分管业务、部门和单位的安全环保工作及党风廉政建设，分管党群科（督查办）、物业站（基建工程除外）。

2019年7月，根据集团公司全面深化改革领导小组第二十六次会议审议通过的吐哈油田"双百行动"综合改革方案及集团公司领导有关批示，新疆吐哈石油勘探开发有限公司将井下技术作业公司除开发测试、高压洗井业务外其他业务及相应资产划转至中国石油集团西部钻探工程有限公司。

截至2019年7月，井下公司设机关科室7个：办公室（党委办公室）、人事科（组织科）、党群科、生产运行科、财务科、质量安全环保科、计划经营科。

基层单位30个：三塘湖分公司、开发测试分公司、监理站、培训中心（吐哈井下作业职业技能鉴定站）、治安保卫大队（基层人民武装部）、信息中心、物业站、综合服务部、设备修保中心、加油站、井控服务中心、压裂一队、压裂二队、压裂三队、液体技术服务中心、化学助剂厂、三塘湖配液站、酸化队、特车一队、特车二队、特车三队、特车四队、测试一队、压裂酸化研究所、修井工艺研究所、市场开发部、设备管理部、特种作业分公司、修井试油分公司、国外项目部，一线作业队伍 7 支。

井下技术作业公司在册员工 997 人，其中，大学本科及以上学历 237 人，副高级职称 27 人、中级职称 159 人；集团公司技能专家 1 人，企业技能专家 1 人，企业首席技师 2 人，高级技师 8 人、技师 36 人。下属基层党支部 29 个，共有党员 392 人，其中在职党员 357 人。

井下技术作业公司党委由 7 人组成：李同桂任党委书记，周自武、周世本任党委副书记，汤星啼、王永康、夏熙、郑波任党委委员，周世本任纪委书记、工会主席。井下技术作业公司行政领导班子由 6 人组成：周自武任经理，李同桂任副经理，汤星啼任副经理、安全总监，夏熙、郑波任副经理，王永康任总工程师。

"十三五"井下技术作业公司秉持"铁军"使命、精神、作风不变，主动担当、承压前进，夯实了建设管理技术型企业、推进高质量发展的基础。生产经营取得新佳绩，千方百计优化资源，多措并举提速提效，累计完成压裂施工 4434 层、压裂液 386.74 万立方米、涉酸施工 1878 井次、酸量 8.05 万立方米、特种作业 1719 井次、井下作业 500 井次、试油 489 层。技术创新取得新突破，坚持创新驱动、技术引领，完成厂处级科技项目 53 项、厅局级项目 10 项，形成了压裂酸化、特种作业、大修作业、井下工具、试油测试五大主体技术体系 36 项技术成果，申请专利 21 件，核心竞争力不断增强；服务惠民取得新发展，按就高原则合理提高岗位待遇，奖金分配向一专多能岗位、一线艰苦岗位、倒班岗位，开展节日慰问、金秋助学、改善员工生产生活条件等惠民工程，积极履行"访惠聚"、帮助南疆群众扶贫就业等社会责任，员工获得感、幸福感、安全感全面提升。

一、井下技术作业公司党委、纪委领导名录（2016.1—2019.7）

　　党委书记　赵兴启（2016.1—2017.8）[1]
　　　　　　　　李同桂（2017.10—2019.7）[2]

---

① 2017 年 8 月至 10 月期间，井下技术作业公司党委书记空缺。
② 2017 年 2 月至 2019 年 6 月，李同桂南疆驻村。

党委副书记　周世本（2016.1—2019.7）

郭建设（2016.1—2017.10）

周自武（2017.10—2019.7）

党 委 委 员　赵兴启（2016.1—2017.8）

周世本（2016.1—2019.7）

郭建设（2016.1—2017.10）

王晓宏（2016.1—2018.8）

李同桂（2016.1—2019.7）

汤星啼（2016.1—2019.7）

孙世茂（2016.1—2018.8）

米会学（2016.1—2017.8）[①]

周自武（2017.10—2019.7）

王永康（2017.11—2019.7）

夏　絮（2018.10—2019.7）

郑　波（2018.10—2019.7）

纪 委 书 记　周世本（2016.1—2019.7）

二、井下技术作业公司行政领导名录（2016.1—2019.7）

经　　　理　郭建设（2016.1—2017.10）

周自武（2017.10—2019.7）

副 经 理　赵兴启（2016.1—2017.8）

王晓宏（2016.1—2018.8）

李同桂（2016.1—2019.7）

汤星啼（2016.1—2019.7）

孙世茂（2016.1—2018.8）

夏　絮（2018.10—2019.7）

郑　波（2018.10—2019.7）

总 会 计 师　米会学（2016.1—2017.8）[②]

---

①　2017 年 8 月，米会学调任住房公积金管理中心（吐哈油田房产管理中心）主任。

②　2017 年 8 月至 2019 年 7 月期间，井下技术作业公司总会计师空缺。

总 工 程 师　王永康（2017.11—2019.7）①

安 全 总 监　汤星嗁（兼任，2016.1—2019.7）

三、井下技术作业公司工会领导名录（2016.1—2019.7）

主　　　席　周世本（2016.1—2019.7）

第十二节　新疆吐哈油田建设有限责任公司
（2016.1—2019.12）

新疆吐哈油田建设有限责任公司前身是创建于 1944 年的甘肃油矿局土木工程处。1990 年 12 月，玉门局油田地面建设工程公司奔赴鄯善参加吐哈石油会战。1996 年 1 月，在理顺吐哈、玉门管理体制的过程中，将玉门局油田地面建设工程公司成建制划归指挥部。2002 年 2 月，指挥部决定，撤销筑路公司、建筑公司、油田建设工程公司，成立新疆吐哈油田建设有限责任公司（以下简称油建公司），是指挥部出资设立的具有独立法人资格的有限责任公司。油建公司为二级单位，机构规格为正处级，主要负责吐哈油田地面工程建设、工厂化预制、道路建设养护、电气仪表施工等业务，近年来油建公司不断开拓外部市场，承揽了哈密石油基地物业分离移交维修、中石油销售板块加油站内衬改造施工等工程项目。油建公司党组织关系隶属于油田分公司党委，机关办公地点在新疆维吾尔自治区吐鲁番市鄯善县火车站镇。

截至 2015 年 12 月 31 日，油建公司设机关科室 8 个：办公室（党委办公室）、生产运行科、质量安全环保科、计划经营科、财务科、人事科（组织科）、群众工作科、纪检监察科。所属基层单位 11 个：工艺预制安装公司、工程项目建设一公司、工程项目建设二公司、管道运营与维抢修公司、路桥工程公司、防腐保温公司、电气仪表公司、西部工程项目部、综合服务部（治安保卫中心）、试验检测站（职业技能鉴定站）、安全监督站。

油建公司在册员工 499 人。其中大学本科及以上学历 127 人，副高级职称 10 人、中级职称 92 人；油田公司级技能专家 1 人；高级技师 1 人、技

---

① 2016 年 1 月至 2017 年 11 月期间，井下技术作业公司总工程师空缺。

师 3 人。油建公司下属基层党支部 12 个，共有党员 142 人，其中在职党员
139 人。

油建公司董事会由 1 人组成，郭健任油建公司执行董事、总经理。监事
会由 2 人组成，设监事 2 人。

油建公司党政领导班子由 5 人组成，其中行政领导班子 5 人，党委由 5
人组成，领导班子成员分工如下：

郭健任党委副书记、总经理，全面负责行政工作和班子成员管理工作，
协助党委书记做好党务和稳定工作，主管办公室（党委办公室）、计划经营
科、财务科、人事科（组织科）、纪检监察科（审计、效能监察）。

张宝元任党委书记、纪委书记、副总经理、工会主席，全面负责党委工
作、纪检工作、工会工作、班子成员管理工作、综治保卫工作和稳定工作，
协助总经理做好后勤保障和退养职工管理等工作，主管党委办公室（办公
室）、组织科（人事科）、群众工作科、纪检监察科（纪检部分）、后勤保障
部（治安保卫中心）。

王生年任党委委员、副总经理，受总经理委托负责油田内市场开发工
作，负责公司的经营管理、财务资产管理和预结算管理工作，负责公司业绩
考核、资产核算、法律事务、合同管理工作，负责物资管理工作，负责公
司企业管理、政策法规工作，负责物资管理部、管道运营公司的日常管理工
作，分管计划经营科、财务科、人事科（业绩考核部分）、物资管理部、管
道运营公司。

石福高任党委委员、副总经理，受总经理委托负责公司设备管理、信息
化建设、科技信息和生产技术工作，负责科技进步和新技术、新工艺的推广
应用及评审工作，负责公司企业资质及各专业资质的取换证工作，负责公司
岗位责任制和规章制度的制定完善工作，负责公司员工技术培训和技能鉴定
工作，负责公司档案和保密管理工作，负责公司自建项目的管理工作，负
责三塘湖和哈密区域工程的生产组织、运行、协调和安全管理工作，负责
维抢修中心、路桥工程公司、试验检测站（职业技能鉴定站）的日常管理工
作，分管生产运行科（设备管理、科技信息技术管理、自建项目部分）、计
划经营科（企业资质、岗位责任制、规章制度部分）、人事科（员工培训、
技能鉴定部分）、办公室（档案、保密部分）、工程项目管理公司（三塘湖、

哈密区域项目部分）、维抢修中心、路桥工程公司、试验检测站（职业技能鉴定站）。

王崇阳任党委委员、副总经理、安全总监，受总经理委托负责吐哈油区内各项工程的生产组织、运行和协调工作，负责召开公司生产协调例会并参加油田公司生产例会，负责公司安全生产、环境保护和质量管理工作，行使公司安全总监职责，负责公司四个体系的运行完善工作，负责计量、标准化和节能节水工作，负责公司职称评审工作，负责工艺预制安装公司、工程项目管理公司①、防腐保温公司、电气仪表公司、安全监督站的日常管理工作，分管生产运行科、质量安全环保科、人事科（职称评审部分）、工艺预制安装公司、工程项目管理公司、防腐保温公司、电气仪表公司、安全监督站。

2016年2月，油田分公司党委决定：任命贾生中为油建公司党委委员。油田分公司决定：聘任贾生中为油建公司副总经理。

2016年2月，油田分公司决定，将新疆吐哈石油技术服务有限责任公司承担的油田污水处理业务划入油建公司，按照"人随业务走"的原则，人员随业务一并划入油建公司。新疆吐哈石油技术服务有限责任公司（简称技术服务公司）为基层单位，正科级。

2016年3月，油建公司决定，对机关部门和基层单位组织机构设置进行调整。将群众工作科业务及人员并入办公室（党委办公室）。将工艺预制安装公司与防腐保温公司的业务、人员及相关资产合并设立工厂化预制厂。将管道运营与维抢修公司拆分为维抢修一公司和维抢修二公司。将西部工程项目部更名为外部工程项目部。将安全监督站更名为质量安全环保监督站。机关科室由8个调整为7个，编制定员调整为33人；基层单位12个。

随后，调整部分领导班子成员分工：

党委书记、纪委书记、副总经理、工会主席张宝元全面负责公司党委工作、纪检工作、工会工作、班子成员管理工作、综治保卫工作和稳定工作，协助总经理做好后勤保障和退养职工管理等工作，主管党委办公室（办公室）、组织科（人事科）、纪检监察科（纪检部分）、综合服务部（治安保卫中心）。

---

① 2015年12月，撤销工程项目管理公司，成立工程项目建设一公司、工程项目建设二公司，机构调整后没调整领导分工，到2016年3月才进行了分工调整。

党委委员、副总经理王生年受总经理委托负责油田内市场开发工作，负责公司的经营管理、财务资产管理和预结算管理工作，负责公司业绩考核、资产核算、法律事务、合同管理工作，负责公司企业管理、政策法规工作，负责物资管理工作，负责电气仪表公司、试验检测站（职业技能鉴定站）的日常管理工作，分管计划经营科、财务科、人事科（业绩考核部分）、电气仪表公司、试验检测站（职业技能鉴定站）。

党委委员、副总经理石福高受总经理委托负责公司设备管理、信息化建设、科技信息和生产技术工作，负责科技进步和新技术、新工艺的推广应用及评审工作，负责公司岗位责任制和规章制度的制定完善工作，负责公司员工技术培训和技能鉴定工作，负责公司自建项目的管理工作，负责三塘湖和哈密区域工程的生产组织、运行、协调和安全管理工作，负责维抢修一公司、维抢修二公司、工厂化预制厂的日常管理工作，分管生产运行科（设备管理、科技信息技术管理、自建项目部分）、计划经营科（岗位责任制、规章制度部分）、人事科（员工培训、技能鉴定部分）、维抢修一公司、维抢修二公司、工厂化预制厂、试验检测站（技术培训和技能鉴定部分）、工程项目建设一公司（三塘湖区域项目部分）、工程项目建设二公司（哈密区域项目部分）。

党委委员、副总经理贾生中受总经理委托负责公司档案和保密管理工作，负责公司企业资质及各专业资质的取换证工作，负责技术服务公司的生产组织运行协调和安全管理工作，分管办公室（档案、保密部分）、计划经营科（企业资质部分）、技术服务公司。

党委委员、副总经理、安全总监王崇阳受总经理委托负责吐哈油区内各项工程的生产组织、运行和协调工作，负责召开公司生产协调例会并参加油田公司生产例会，负责公司安全生产、环境保护和质量管理工作，行使公司安全总监职责，负责公司四个体系的运行完善工作，负责计量、标准化和节能节水工作，负责公司职称评审工作，负责工程项目建设一公司、工程项目建设二公司、路桥工程公司、质量安全环保监督站的日常管理工作，分管生产运行科、质量安全环保科、人事科（职称评审部分）、工程项目建设一公司、工程项目建设二公司、路桥工程公司、质量安全环保监督站。

2016年6月，油田分公司党委决定：免去王生年的油建公司党委委员职务。油田分公司决定：解聘王生年的油建公司副总经理职务。

2016 年 6 月，油建公司决定，撤销综合服务部（治安保卫中心），将绿化保洁业务外包，剩余的保卫、住宿管理职能及人员划入电气仪表公司。成立塔里木项目部，主要负责塔里木区域市场开发、工程项目管理工作。

2016 年 7 月，调整领导班子成员分工：

党委书记、纪委书记、副总经理、工会主席张宝元全面负责公司党委工作、纪检工作、工会工作、班子成员管理工作、综治保卫工作和稳定工作，协助总经理做好综合服务保障和退养职工管理等工作，主管党委办公室（办公室）、组织科（人事科）、纪检监察科（纪检部分）。

党委委员、副总经理石福高受总经理委托负责油田内市场开发和招投标工作，负责公司的经营管理、财务资产管理和预结算管理工作，负责公司业绩考核、资产核算、法律事务、合同、内控管理工作，负责公司企业管理、政策法规工作，负责公司设备管理、信息化建设、科技信息和生产技术工作，负责科技进步和新技术、新工艺的推广应用及评审工作，负责公司岗位责任制和规章制度的制定完善工作，负责公司档案和保密管理工作，负责公司物资管理工作，负责技术服务公司、试验检测站的日常管理工作，分管计划经营科、财务科、人事科（业绩考核部分）、生产运行科（设备管理、科技信息技术管理部分）、办公室（档案、保密部分）、技术服务公司、试验检测站。

党委委员、副总经理、安全总监王崇阳受总经理委托负责吐哈油区内各项工程的生产组织、运行和协调、应急抢险工作，负责召开公司生产协调例会并参加油田公司生产例会，负责公司安全生产、环境保护和质量管理工作，行使公司安全总监职责，负责公司四个体系的运行完善工作，负责计量、标准化和节能节水工作，负责公司职称评审工作，负责工程项目建设一公司、工程项目建设二公司、维抢修一公司、维抢修二公司、工厂化预制厂、路桥工程公司、电气仪表公司、质量安全环保监督站的日常管理工作，分管生产运行科（生产组织、应急管理部分）、质量安全环保科、人事科（职称评审部分）、工程项目建设一公司、工程项目建设二公司、维抢修一公司、维抢修二公司、工厂化预制厂、路桥工程公司、电气仪表公司、质量安全环保监督站。

2016 年，油建公司在持续巩固内部市场的基础上，主动加大外部市场开发力度，专门成立塔里木项目部负责塔里木市场开发；积极与澳科中意复合材料股份有限公司进行技术合作，成功开拓了中石油销售企业加油站埋地储罐双层FRP内衬罐（凤凰系统）改造市场，全年外部市场中标工程95项，合同金额5475.54万元。同时优质高效地完成了油田内外部大小工程272项，其中油田内部工程183项，外部工程89项，重点工程按期完工率达到100%，全年完成收入4.05亿元，共实现利润608万元，较油田公司下达的考核利润指标多上缴利润158万元。工厂化预制厂荣获新疆维吾尔自治区"工人先锋号"称号。

2017年1月，油建公司决定，将维抢修一公司与维抢修二公司人员、设备、资产合并成立维抢修公司，负责油田各区域内的应急抢险和装置检维修以及管道巡线工作。将西部管道工程项目业务从外部工程项目部分离出来，成立工程项目建设管理公司，主要负责西部管道市场的开发、工程项目管理工作。

2017年8月，油田分公司党委决定：侯祥东为油建公司党委副书记；免去张宝元的油建公司党委书记、纪委书记、工会主席职务，郭健的油建公司党委副书记职务，王崇阳的油建公司党委委员职务。油田分公司决定：聘任侯祥东为油建公司总经理，方进荣为油建公司副总经理；解聘郭健的油建公司总经理职务，张宝元的油建公司副总经理职务，王崇阳的油建公司副总经理、安全总监职务。

2017年8月，油田分公司党委决定：任命方进荣为新疆吐哈油田建设有限责任公司党委书记、纪委书记、工会主席（试用期一年）。

2017年9月，油田分公司党委决定：任命曹约良、路强为油建公司党委委员。油田分公司决定：聘任曹约良为油建公司副总经理，路强为油建公司副总经理、安全总监。

2017年10月，调整领导班子成员分工：

党委副书记、总经理侯祥东全面负责公司行政工作，主管办公室（党委办公室）、人事科（组织科）、纪检监察科（审计、效能监察部分）。

党委书记、副总经理、纪委书记、工会主席方进荣全面负责公司党委、纪委、工会、团委工作，负责党建工作、党风廉政建设、思想政治工作、新闻宣传工作、企业文化建设、精神文明建设、基层建设、纪检监察、防恐维稳、治安保卫、内部稳定、统战、人民武装、后勤物业、人口与计划生育、绿化卫生、工会、团委、女工等工作，主管党委办公室（办公室）、组织科（人事科）、纪检监察科（纪检部分）、治安保卫中心。

党委委员、副总经理石福高协助总经理负责财务资产管理、物资管理、业绩考核、员工技术培训和技能鉴定工作，负责油田内外市场开发和招投标工作；负责油田外部工程项目管理工作，负责分管业务、部门和单位的安全环保、防恐维稳和党风廉政建设工作，分管财务科、人事科（业绩考核、员工培训、技能鉴定部分）、试验检测站、外部工程项目部、西部管道工程项目部。

党委委员、副总经理曹约良协助总经理负责公司计划经营管理、预结算管理，负责信息化、科技、生产技术、设备管理工作，负责公司规章制度体系完善工作，负责公司企业资质、法律事务、合同、内控管理、企业管理工作，负责承包商的管理与考核，负责公司档案和保密管理工作，负责分管业务、部门和单位的安全环保、防恐维稳和党风廉政建设工作，分管生产运行科（科技信息、技术管理、设备管理部分）、计划经营科、办公室（档案、保密部分）、技术服务公司。

党委委员、副总经理、安全总监路强协助总经理负责生产组织运行、安全环保、应急抢险、质量、计量、标准化、节能节水、公司四个体系的运行完善工作，负责公司职称评审工作，负责分管业务、部门和单位的安全环保、防恐维稳和党风廉政建设工作，分管生产运行科（生产组织、应急管理部分）、质量安全环保科、人事科（职称评审部分）、工程项目建设一公司、工程项目建设二公司、维抢修公司、工厂化预制厂、路桥工程公司、电气仪表公司、质量安全环保监督站。

2017年，油建公司全力开拓外部市场，全年签订100座加油站凤凰系统改造合同，完成了70座加油站改造施工任务，成功中标西气东输二、三线果子沟地区风险治理工程项目，同时牢固树立服务油田上产理念，全年共承担油田140项工程的施工任务，提质提速完成116项；完成应急抢险任务2289次和240寸带压开孔任务；优质高效预制井口185套、阀组81头、撬装产品8套、压力容器26具、3PE防腐管线90.48千米、一步法保温管线121.85千米；各项工程均按期完工。全年实现账面收入3.8亿元，实现考核利润1143万元，较油田公司下达的考核利润指标多上缴130万元。

2018年5月，油建公司决定，对机关部门和基层单位组织机构设置进行调整。撤销纪检监察科，将纪检监察科职能并入办公室（党委办公室）；撤销人事科（组织科），将人事科（组织科）人员和职能并入办公室（党委办公室）；将计划经营科与财务科合并，成立经营财务科。撤销新疆吐哈石油技术服务有限责任公司。将工程项目建设一公司和工程项目建设二公司人员和业务合并，成立工程项目建设管理公司。成立工程服务管理公司，工程服务管理公司同时挂治安保卫中心的牌子。将后勤保障业务和人员从电气仪表公司剥离出来，与试验检测站的建材检测和阀门试压、物资管理、人口与计划生育管理、爱国卫生管理业务及人员合并成立试验检测站（综合服务部）。撤销西部管道工程项目部和塔里木项目部。调整后，机关科室由7个调整为4个，定员28人；基层单位9个。

随后，调整领导班子成员分工：

党委副书记、总经理侯祥东全面负责公司行政工作，分管办公室（党委办公室）。

党委书记、纪委书记、副总经理、工会主席方进荣全面负责公司党委、纪委、工会、团委工作，负责党建工作、党风廉政建设、思想政治工作、新闻宣传工作、企业文化建设、精神文明建设、基层建设、纪检监察、防恐维稳、治安保卫、内部稳定、统战、人民武装、人口与计划生育、绿化卫生、工会、团委、女工等工作，负责分管业务、部门和联系单位的安全环保工作和党风廉政建设，分管党委办公室（办公室）、治安保卫中心。

党委委员、副总经理石福高协助总经理负责财务资产管理、物资管理、业绩考核，负责油田外部市场开发和油田外部工程项目管理工作，负责分管业务、部门和联系单位的安全环保、防恐维稳和党风廉政建设工作，分管经营财务科、办公室（业绩考核部分）、外部工程项目部、试验检测站、综合服务部（物资管理部分）。

党委委员、副总经理曹约良协助总经理负责公司计划经营管理、预结算管理、负责油田内部市场开发、公司扩大经营自主权改革工作，负责信息化、科技、生产技术、设备管理工作，负责公司规章制度体系完善工作，负责公司企业资质、法律事务、合同、内控管理、企业管理及"三基"工作，负责招投标工作和承包商的管理与考核，负责公司档案、保密管理工作和后勤服务，负责分管业务、部门和联系单位的安全环保、防恐维稳和党风廉政建设工作，分管生产运行科（科技信息、技术管理、设备管理部分）、经营财务科、办公室（档案、保密部分）、工程服务管理公司、综合服务部（后勤服务部分）。

党委委员、副总经理、安全总监路强协助总经理负责生产组织运行、安全环保、应急抢险、质量、计量、标准化、节能节水、公司四个体系的运行完善工作，负责公司职称评审工作、员工培训、技术培训和技能鉴定工作，负责分管业务、部门和联系单位的安全环保、防恐维稳和党风廉政建设工作，分管生产运行科（生产组织、应急管理部分）、质量安全环保科、办公室（职称评审、员工培训部分）、维抢修公司、工程项目建设管理公司、工厂化预制厂、路桥工程公司、电气仪表公司、质量安全环保监督站。

2018年6月，油田分公司决定：聘任侯祥东为油建公司执行董事兼总经理，方进荣为油建公司监事；解聘郭健的油建公司执行董事兼总经理职务，张宝元的油建公司监事职务。

2018年11月1日，新疆吐哈油田建设有限责任公司召开第三次工会会员代表大会，工会会员代表共51人参加会议。会议选举产生新疆吐哈油田建设有限责任公司第三届工会委员会、经费审查委员会和女职工委员会。方进荣为工会主席。

2018年，油建公司全力加大加油站内衬改造市场开拓力度，新开拓了中石油江苏、河南等省销售公司以及中石化河南、陕西省销售公司等7个新兴市场，共完成加油站内衬改造施工203座，占中石油市场份额近50%，累计收入15260万元。同时全年共承担361项工程施工任务，其中油田内部142项，已完工349项，工程按期完工率达到100%；预制各类装置产品228件，制造各类容器72具，生产防腐、保温管线245.5千米；养护油田道路7622千米，道路抢险1044千米；检测阀门8256只；完成应急抢险任务2321次、带压开孔150寸，为油田上产做出重要贡献。全年实现账面收入4.18亿元，实现考核利润626万元，较油田公司下达的500万元指标超额完成126万元，同时完成了处僵治困3年目标。

2019年1月，油田分公司工会批复同意油建公司第三次工会会员代表大会选举结果。

2019年6月，油建公司决定，在办公室（党委办公室）增加人事科机构名称，按照一个机构三块牌子运行。

2019年10月，油建公司决定，将办公室（党委办公室、人事科）的党组织建设、纪检监察、工会、团委、宣传、信访、维稳、企业文化等业务剥离出来，设立党建科，为机关科室。将原属于质量安全环保监督站的员工特种作业培训和员工技能鉴定的组织、新聘员工入厂教育及员工转岗培训的业务划归办公室（党委办公室、人事科）。将原属于综合服务部的计划生育管理职能划归办公室（党委办公室、人事科）。调整后，机关科室由4个调整为5个，定员30人。

2019年12月，油田分公司党委决定，撤销油建公司党委。

2019年12月，油田分公司决定，将新疆吐哈油田建设有限责任公司（油建公司）和消防支队相关业务整合，成立工程建设服务中心。

2019年12月，油田分公司党委决定：免除贾生中的油建公司党委委员职务。油田分公司决定：免除贾生中的油建公司副总经理职务。

2019年，油建公司扎实推进扩大经营自主权改革和"双百行动"综合改革各项举措，抓实油田内部市场，接续开拓外部市场。共承担277项施工任务，完成油田各区域应急抢险任务1258次、带压开孔391寸；预制各类装置产品235件，生产防腐、保温管线165.8千米；养护油田砂石路和沥青道路7673千米；完成220座加油站内衬改造施工，全年实现收入3.66亿元，实现账面税前利润600万元，较2018年增加50万元。

截至2019年12月2日，油建公司设机关科室5个：办公室（党委办公室、人事科）、党建科、生产运行科、质量安全环保科、经营财务科。所属基层单位9个：维抢修公司、工程项目建设管理公司、工厂化预制厂、路桥工程公司、电气仪表公司、试验检测站（综合服务部）、质量安全环保监督站、外部工程项目部、工程服务管理公司。

油建公司在册员工441人，其中大学本科及以上学历195人，副高级职称18人、中级职称70人；高级技师2人、技师5人。油建公司下属基层党支部10个，共有党员91人，其中在职党员89人。

"十三五"期间，油建公司努力开拓外部市场，凭借着埋地储罐双层FRP内衬罐改造技术创造了较好的经营业绩，在推进扩大经营自主权改革中取得了优异的成绩。在油田内部积极发展应急抢险业务，打造出了一支优秀、高效的应急抢险队伍，为油田公司上产、稳产积极做出贡献。截至2019年12月15日，油建公司完成718项油田内部施工任务，完成油田各处应急抢险5868次，有效保障了油田公司生产现场的平稳运行，外部市场累计完成493座加油站内衬改造施工，占中石油市场份额近50%。同时在各类复杂的施工任务中，油建公司始终将安全管理工作放在首位，2016年、2018年、2019年被评为吐哈油田分公司安全生产先进单位，为吐哈油田建设和可持续、高质量发展做出了突出贡献。

一、新疆吐哈油田建设有限责任公司执行董事、监事名录（2016.1—2019.12）

　　执 行 董 事　郭　健（2016.1—2018.2）[①]
　　　　　　　　　侯祥东（2018.6—2019.12）
　　监　　　事　蒋燕军（审计部副主任，2016.1—2019.12）
　　　　　　　　　张宝元（2016.1—2018.6）
　　　　　　　　　方进荣（2018.6—2019.12）

二、新疆吐哈油田建设有限责任公司党委、纪委领导名录（2016.1—2019.12）

　　党 委 书 记　张宝元（2016.1—2017.8）[②]
　　　　　　　　　方进荣（2017.8—2019.12）
　　党委副书记　郭　健（2016.1—2017.8）
　　　　　　　　　侯祥东（2017.8—2019.12）
　　党 委 委 员　张宝元（2016.1—2017.8）
　　　　　　　　　郭　健（2016.1—2017.8）
　　　　　　　　　王生年（2016.1—6）[③]
　　　　　　　　　石福高（2016.1—2019.12）
　　　　　　　　　王崇阳（2016.1—2017.8）[④]

[①] 2018年2月，郭健辞职。2018年2月至6月期间，油建公司执行董事空缺。
[②] 2017年8月，张宝元调任油田分公司临时清欠工作组专职成员。
[③] 2016年6月，王生年退职离岗。
[④] 2017年8月，王崇阳调任油田分公司临时清欠工作组专职成员。

贾生中（2016.2—2019.12）

方进荣（2017.8—2019.12）

侯祥东（2017.8—2019.12）

曹约良（2017.9—2019.12）

路　强（2017.9—2019.12）

纪委书记　张宝元（2016.1—2017.8）

方进荣（2017.8—2019.12）

三、新疆吐哈油田建设有限责任公司行政领导名录（2016.1—2019.12）

总　经　理　郭　健（2016.1—2017.8）

侯祥东（2017.8—2019.12）

副总经理　张宝元（2016.1—2017.8）

王生年（2016.1—6）

石福高（2016.1—2019.12）

王崇阳（2016.1—2017.8）

贾生中（2016.2—2019.12）

方进荣（2017.8—2019.12）

曹约良（2017.9—2019.12）

路　强（2017.9—2019.12）

安全总监　王崇阳（兼任，2016.1—2017.8）

路　强（兼任，2017.9—2019.12）

四、新疆吐哈油田建设有限责任公司工会领导名录（2016.1—2019.12）

主　　席　张宝元（2016.1—2017.8）

方进荣（2017.8—2019.12）

第十三节　特种车辆工程公司（2016.1—8）

特种车辆工程公司的前身是玉门石油管理局运输处。1996年1月，在理顺吐哈、玉门管理体制过程中，将玉门局运输处划归指挥部，更名为运输筑路公司。1998 年 3 月，运输筑路公司为适应市场，优化业务结构，重组为运输公司，2004 年 4 月，指挥部将运输公司重组，成立特种车辆工程公司（以下简称特车公司），为二级单位，机构规格为正处级，主要负责吐哈油田区域钻机搬迁、物资吊装配送、原油拉运，学生客运交通、汽车维修等业务。党组织关系隶属于油田分公司党委。机关办公地点在新疆维吾尔自治区吐鲁番市鄯善县火车站镇。

截至 2015 年 12 月 31 日，特车公司设机关科室 8 个：办公室（党委办公室）、人事科（组织科）、群众工作科（综治保卫科）、计划经营科、财务科、生产运行科、质量安全环保科、设备管理科。所属基层单位 11 个：特车一分公司、特车二分公司、特车三分公司、哈密分公司、三塘湖分公司、国外分公司、汽车维修中心、质量监督站、综合服务部、油品运输分公司、运输市场监督管理站。

特车公司在册员工 548 人。其中本科以上学历 106 人，高级职称 6 人，中级职称 39 人；高级技师 2 人，技师 11 人。特车公司党委下属基层党支部 10 个，共有党员 158 人，其中在职党员 145 人。

特车公司党委由 5 人组成：刘继任党委书记、纪委书记、工会主席，朱红旺任副书记，王芝燕、柴留庆、李茂刚任党委委员。特车公司行政领导班子由 5 人组成：朱红旺任经理，刘继、王芝燕、柴留庆、李茂刚任副经理，王芝燕任安全总监。

2016 年 1 月，特车公司决定：将质量监督站更名为质量安全环保监督站。

2016 年 3 月，调整领导班子成员分工：

党委副书记、经理朱红旺全面负责行政工作，为公司安全第一责任人，履行公司党风廉政建设一岗双责，负责主管业务、部门和联系单位的安全环保、党建联系和党风廉政建设工作，主管办公室（党委办公室）、人事科（组织科）、计划经营科、财务科，联系特车一分公司。

党委书记、纪委书记、副经理、工会主席刘继全面负责党委工作，负责党建、宣传、新闻及媒体信息、人民武装、思想政治工作、基层建设、纪检监察、工会、团委、女工、企业文化建设、精神文明建设、治安保卫、内部稳定、后勤物业、人口与计划生育、绿化卫生、扶贫帮困、档案管理、保密等工作，为公司党风廉政建设第一责任人，对公司安全负有与第一责任人同等的责任，负责主管业务、部门和联系单位的安全环保、党建联系和党风廉政建设工作，主管党委办公室（办公室）、组织科（人事科）、群众工作科（综治保卫科），联系综合服务部。

党委委员、副经理、安全总监王芝燕协助经理负责日常生产组织运行、安全环保管理、质量管理、岗位责任制建设、节能节水、应急救灾、地方关系等工作，负责分管业务、部门和联系单位的安全环保、党建联系和党风廉政建设工作，分管质量安全环保科、生产运行科，联系特车二分公司、特车三分公司、质量安全环保监督站。

党委委员、副经理柴留庆协助经理负责企业管理、经营管理、财务资产、法律事务、内控建设、基建、外租业务管理等工作，负责分管业务、部门和联系单位的安全环保、党建联系和党风廉政建设工作，分管计划经营科、财务科，联系油品运输分公司、运输市场监督管理站。

党委委员、副经理李茂刚协助经理负责设备管理、维修、海外市场、物资采购、油品供给、科技、信息化等工作，负责分管业务、部门和联系单位的安全环保、党建联系和党风廉政建设工作，分管设备管理科，联系三塘湖分公司、汽车维修中心、国外分公司，经理助理高小军协助经理负责人事、劳资、培训、技能鉴定等工作。

2016年8月，油田分公司党委决定，撤销特种车辆工程公司党委。

2016年8月，油田分公司决定，对特种车辆工程公司和小车服务中心业务、机构和人员进行整合，成立运输工程公司，为二级单位，机构规格正处级。

2016年8月，油田分公司党委决定：免去刘继的特车公司党委书记、纪委书记、工会主席职务，朱红旺的特车公司党委副书记职务，王芝燕、柴留庆、李茂刚的特车公司党委委员职务。油田分公司决定：解聘朱红旺的特车公司经理职务，刘继、王芝燕、柴留庆、李茂刚的特车公司副经理职务。

2016年，特车公司完成货运工作量32293万吨千米，完成吊装工作量267万吨小时，完成客运工作量25万车千米，实现收入24611万元。

截至2016年8月23日，特车公司设机关科室8个：办公室（党委办公室）、人事科（组织科）、群众工作科（综治保卫科）、计划经营科、财务科、生产运行科、质量安全环保科、设备管理科。所属基层单位11个：特车一分公司、特车二分公司、特车三分公司、哈密分公司、三塘湖分公司、国外分公司、汽车维修中心、质量安全环保监督站、综合服务部、油品运输分公司、运输市场监督管理站。

特车公司在册员工 539 人。其中本科以上学历 119 人，高级职称 5 人，中级职称 42 人；高级技师 2 人，技师 11 人。特车公司下属基层党支部 9 个，共有党员 152 人，其中在职党员 138 人。

特车公司党委由 5 人组成，刘继任党委书记、纪委书记、工会主席，朱红旺任党委副书记，王芝燕、柴留庆、李茂刚任党委委员。特车公司行政领导班子由 5 人组成：朱红旺任经理，王芝燕任副经理、安全总监，刘继、柴留庆、李茂刚任副经理。领导班子分工自 2016 年 3 月以来未做调整。

一、特种车辆工程公司党委、纪委领导名录（2016.1—8）

党委书记　刘　继（2016.1—8）[1]

党委副书记　朱红旺（2016.1—8）

党委委员　刘　继（2016.1—8）

　　　　　朱红旺（2016.1—8）

　　　　　王芝燕（2016.1—8）

　　　　　柴留庆（2016.1—8）

　　　　　李茂刚（2016.1—8）

纪委书记　刘　继（2016.1—8）

二、特种车辆工程公司行政领导名录（2016.1—8）

经　　理　朱红旺（2016.1—8）[2]

副经理　刘　继（2016.1—8）

　　　　王芝燕（2016.1—8）

　　　　柴留庆（2016.1—8）

　　　　李茂刚（2016.1—8）

安全总监　王芝燕（兼任，2016.1—8）

---

① 2016 年 8 月，刘继调任吐哈油田分公司工会副主席（副处级）。

② 2016 年 8 月，朱红旺调任工程技术处副处长。

三、特种车辆工程公司工会领导名录（2016.1—8）

主　　　席　刘　继（2016.1—8）

第十四节　小车服务中心（2016.1—8）

1998年5月，指挥部决定，撤销行政事务部，成立小车队。2001年2月，指挥部决定，以小车队为基础，成立小车服务中心。2008年1月，油田分公司决定，将原油田分公司设备维修服务中心与指挥部小车服务中心合并，成立小车服务中心。小车服务中心为二级单位，机构规格为正处级，主要负责油田分公司接待、生产指挥和生产应急用车服务等工作。小车服务中心党组织关系隶属于油田分公司党委，机关实行两地办公，办公地点分别在新疆维吾尔自治区吐鲁番市鄯善县火车站镇和新疆维吾尔自治区哈密市吐哈石油基地。

截至2015年12月31日，小车服务中心设机关科室4个：办公室（党委办公室、综治保卫科）、生产运行科、机动安全科、经营财务科。所属基层单位3个：小车一队、小车二队、综合服务站。在册员工117人。其中本科以上学历23人，中级职称13人；技师11人。党委下属基层党支部3个，共有党员60人，其中在职党员60人。

小车服务中心党政领导班子由2人组成，其中行政领导班子1人，党委由2人组成，领导班子成员分工如下：

高建平任党委委员、主任，全面负责行政工作，主要负责中心安全环保、人事劳资、财务管理、生产经营、设备管理、物资供应、节能节水、工程维修改造、内控体系建设与管理、档案管理等工作，主管办公室（党委办公室、综治保卫科）、经营财务科、机动安全科、生产运行科。

张国斌任党委副书记、纪委书记、工会主席，全面负责党委工作，主要负责党建、宣传、统战、人民武装、思想政治工作、基层建设、纪检监察、工会、团委、女工、企业文化建设、精神文明建设、治安保卫、内部稳定、机要保密以及人事组织、员工培训、技能鉴定、技术监督、科技信息、计划生育、爱国卫生、厂区绿化、机修等工作，主管办公室（党委办公室、综治保卫科）、综合服务站。

2016年1月，调整部分领导班子成员分工：

党委委员景有学协助中心主任抓好行政管理工作，主要负责生产组织、服务质量、规划计划、基础管理等工作，主管生产运行科、小车一队、小车二队。

2016年8月，油田分公司党委决定，撤销小车服务中心党委。

2016年8月，油田分公司决定，对特种车辆工程公司和小车服务中心业务、机构和人员进行整合，成立运输工程公司。

2016年8月，油田分公司党委决定：免去张国斌的小车服务中心党委副书记、纪委书记、工会主席职务，高建平的小车服务中心党委委员职务。油田分公司决定，解聘高建平的小车服务中心主任、安全总监职务。

2016年，小车服务中心补贴后实现收入1319万元、与指标相比盈利267万元，完成了稳增长目标任务和业绩指标。累计出勤车辆1.91万车次，车辆回场检查3450车次，总行驶里程111万千米，爱老敬老服务1802人次，服务质量满意率达到98%。安全生产和环境保护实现"双达标"，杜绝了亡人、火灾、爆炸、环境污染事故，实现了安全生产。

截至2016年8月23日，小车服务中心设机关科室4个：办公室（党委办公室、综治保卫科）、生产运行科、机动安全科、经营财务科。所属基层单位3个：小车一队、小车二队、综合服务站。在册员工115人。其中本科以上学历23人，中级职称13人；技师11人。中心党委下属基层党支部3个，共有党员60人，其中在职党员60人。领导班子成员分工自2016年1月以来未做调整。

小车服务中心党委由3人组成，张国斌任党委副书记，纪委书记、工会主席，高建平、景有学任党委委员。小车服务中心行政领导班子由1人组成：高建平任主任、安全总监。领导班子分工自2016年1月以来未做调整。

一、小车服务中心党委、纪委领导名录（2016.1—8）

党 委 书 记 （空缺）

党委副书记 张国斌（2016.1—8）

党 委 委 员 张国斌（2016.1—8）

高建平（2016.1—8）

景有学（正科级，2016.1—8）

纪委书记 张国斌（2016.1—8）

二、小车服务中心行政领导名录（2016.1—8）

主　　任 高建平（2016.1—8）

安全总监 高建平（兼任，2016.1—8）

三、小车服务中心工会领导名录（2016.1—8）

主　　席 张国斌（2016.1—8）

第十五节　机械厂（2016.1—2020.3）

机械厂的前身是始建于 1960 年 3 月的玉门石油管理局内燃机大修厂。1995 年 6 月由原玉门石油管理局第二石油机械厂整体划转吐哈油田，更名为吐哈石油勘探开发指挥部机械厂。2008 年，油田重组后更名为吐哈油田公司机械厂，为二级单位，机构规格为正处级，主要经营技术服务和加工制造两大类业务。党组织关系隶属于油田分公司党委。机关实行两地办公，办公地点分别在新疆维吾尔自治区吐鲁番市鄯善县火车站镇和新疆维吾尔自治区哈密市吐哈石油基地。

截至 2015 年 12 月 31 日，机械厂设机关科室 7 个：办公室（党委办公室）、群众工作科（综治保卫科）、人事科（组织科）、计划经营科、财务科、生产运行科、质量安全环保科。所属基层单位 17 个：抽油机车间、加工车间、动力中心、抽油杆车间、油管车间、抽油机维修中心、压缩机维修中心、杆泵服务中心、三塘湖修保站、套管加工车间、三塘湖卸油队、机泵保运中心、综合服务部、质量监督站、吐哈机械加工交通运输技能鉴定站、销售服务部、研究所。

机械厂在册员工 469 人。其中本科以上学历 126 人，高级职称 15 人，中级职称 80 人。机械厂党委下属基层党支部 14 个，共有党员 187 人，其中在职党员 172 人。

机械厂党政领导班子由4人组成，其中行政领导班子4人，党委由4人组成，领导班子成员分工如下：

赵杨民任党委副书记、厂长，全面负责行政工作，主管办公室、人事科、计划经营科、财务科。

周仁能任党委委员、副厂长，协助厂长负责经营管理、财务管理、市场开发、基础建设等工作，分管计划经营科、财务科、销售服务部、质量监督站、综合服务部。

韩文忠任党委委员、副厂长、安全总监，协助厂长负责安全生产、环境保护、设备管理、节能节水等工作，分管质量安全环保科、生产运行科、质量监督站。

张德松任党委委员、总工程师，协助厂长负责新产品开发、科技信息管理、质量管理、标准化体系管理等工作，分管质量安全环保科、质量监督站。

2016年2月，油田分公司党委决定：任命武爱雄为机械厂党委书记、纪委书记、工会主席。油田分公司决定：聘任武爱雄为机械厂副厂长。

2016年3月，调整领导班子成员分工：

党委副书记、厂长赵杨民全面负责行政工作，分管办公室、人事科、计划经营科、财务科。

党委书记、纪委书记、副厂长、工会主席武爱雄负责党群、纪检、综治维稳工作，分管党委办公室、组织科、群众工作科（综治保卫科）。

党委委员、副厂长周仁能协助厂长负责经营管理、财务管理、市场开发、基础建设等工作，分管计划经营科、财务科、销售服务部、综合服务部（物资、基建工作部分）。

党委委员、副厂长、安全总监韩文忠协助厂长负责安全生产、环境保护、设备管理、节能节水等工作，分管质量安全环保科、生产运行科、综合服务部（安全监督工作部分）。

党委委员、总工程师张德松协助厂长负责新产品开发、科技信息管理、质量管理、标准化体系管理等工作，分管研究所、质量安全环保科、综合服务部（质量、计量工作部分）。

2016年3月，群众工作科（综治保卫科）、人事科（组织科）、办公室

（党委办公室）合署办公，更名为办公室（党委办公室）。撤销质量监督站、杆泵服务中心、抽油杆车间。

2016 年 4 月，根据油田公司关于规范基层单位机构编制的有关要求，机械厂决定对机关科室及生产保障性基层单位编制定员进行调整：设机关科室 5 个，定员 31 人。

2016 年，机械厂完成制造抽油机 50 台，加工油管 4743.65 吨、套管 6745.67 吨、空心抽油杆 50025.5 米，维修保运业务价值工作量达到了 4253.36 万元。完成科技项目 12 项，获得自治区科技成果 1 项、公司科技进步奖 1 项。实现收入 1.85 亿元，利润 302 万元。

2017 年 1 月 22 日，机械厂召开第六次工会会员代表大会，工会会员代表共 48 名参加会议。会议选举产生机械厂工会第六届工会委员会、经费审查委员会和女职工委员会。武爱雄为工会主席。

2017 年 6 月 24 日，中共机械厂第五次代表大会在新疆维吾尔自治区哈密市召开，66 名党员代表参加会议。会议选举产生中共机械厂第五届委员会和中共机械厂纪律检查委员会。中共机械厂第五届委员会由张德松、武爱雄、周仁能、赵杨民、韩文忠等 5 人组成（以姓氏笔画为序），武爱雄为党委书记，赵杨民为党委副书记；中共机械厂纪律检查委员会由 5 人组成，武爱雄为纪委书记。

2017 年，机械厂制造抽油机 81 台，加工油管 6865 吨，加工套管 8435 吨，加工空心抽油杆 61553 米，完成技术服务价值工作量 5095 万元，全面保障了油田生产所需和重点设备正常运行。实现收入 2.1 亿元，利润 1328 万元。

2018 年 2 月，撤销吐哈机械加工交通运输技能鉴定站。

2018 年 5 月，质量安全环保科与生产运行科合署办公，更名安全生产科；计划经营科与财务科合署办公，更名经营财务科；撤销三塘湖卸油队；压缩机维修中心更名为压缩机技术服务中心，综合服务部更名为监督站，销售服务部更名为营销部。调整后设机关科室 3 个：办公室（党委办公室）、经营财务科、安全生产科。所属基层单位 12 个：抽油机车间、套管加工车间、加工车间、动力车间、油管车间、抽油机维修中心、压缩机技术服务中心、机泵保运中心、三塘湖修保站、营销部、监督站、研究所。

2018 年 6 月，调整领导班子成员分工：

党委副书记、厂长赵杨民全面负责行政工作，分管办公室（党委办公室）。

党委书记、纪委书记、副厂长、工会主席武爱雄负责党群、纪检、综治维稳工作，分管办公室（党委办公室）。

党委委员、副厂长周仁能协助厂长负责经营管理、财务管理、投资项目、市场营销、物资管理、办公设备设施及后勤服务管理等工作，分管经营财务科、营销部、监督站。

党委委员、副厂长、安全总监韩文忠协助厂长负责安全生产、环境保护、节能节水、设备管理等工作，分管安全生产科、监督站（安全监督、电气设施维修及监督管理工作）。

党委委员、总工程师张德松协助厂长负责新产品开发、科技信息管理、技术管理、标准化管理、质量管理等工作，分管安全生产科、研究所。

2018 年 11 月，油田分公司党委决定：免去武爱雄的机械厂党委书记、纪委书记、工会主席、党委委员职务。油田分公司决定：解聘武爱雄的机械厂副厂长职务。

2018 年 11 月，撤销动力车间。

2018 年，机械厂制造抽油机 64 台，加工油管 9059 吨，加工套管 8746 吨，加工空心抽油杆 64868 米，完成技术服务价值工作量 5217 万元，全面保障了油田生产所需和重点设备正常运行。实现营业收入 2.15 亿元，内部经营利润 331 万元，油田设备维修、保运服务满意度达到 99.66%，有力地保障了吐哈油田生产所需和重点设备的正常运行。

2019 年 9 月，办公室（党委办公室）更名为办公室（党委办公室、人事科）；增设党建科，机关职能科室由 3 个调整为 4 个。

2019 年 12 月，油田分公司党委决定：任命张德松为机械厂党委书记、纪委书记、工会主席（试用期一年）。油田分公司决定：聘任张德松为机械厂副厂长，免去张德松的机械厂总工程师职务。

2019 年，机械厂生产制造抽油机 27 台，加工油管 9414 吨，加工套管 8352 吨，加工空心抽油杆 101991 米。完成技术服务价值工作量 6513 万元，油田设备维修保运服务满意度达到 99.66%，实现收入 2.09 亿元，内部经营利润 307 万元。全力做好了油田生产所需产品保供和技术服务保障工作。

2020 年 1 月，油田分公司党委决定：免去周仁能的机械厂党委委员职务。油田分公司决定：解聘周仁能的机械厂副厂长职务。

2020 年 3 月，油田分公司决定，将机械厂和物资供应处重组整合，成立物资保障中心。

2020 年 3 月，油田分公司党委决定：免去张德松的机械厂党委书记、纪委书记、工会主席职务，赵杨民的机械厂党委副书记职务，韩文忠的机械厂党委委员职务。油田分公司决定：解聘赵杨民的机械厂厂长职务，张德松的机械厂副厂长职务，韩文忠的机械厂副处长、安全总监职务。

截至 2020 年 3 月 2 日，机械厂设机关科室 4 个：办公室（党委办公室、人事科）、党建科、安全生产科、经营财务科。所属基层单位 11 个：抽油机车间、加工车间、套管加工车间、油管车间、抽油机维修中心、压缩机技术服务中心、机泵保运中心、三塘湖修保站、营销部、监督站、研究所。

机械厂在册员工 270 人。其中大学本科及以上学历 133 人，副高级职称 19 人、中级职称 59 人；技师 13 人。机械厂党委下属基层党支部 10 个，共有党员 110 人，其中在职党员 106 人。

机械厂党委由 3 人组成：张德松任党委书记、纪委书记、工会主席，赵杨民任党委副书记，韩文忠任党委委员。机械厂行政领导班子由 3 人组成：赵杨民任厂长，张德松任副厂长，韩文忠任副厂长、安全总监。领导班子成员分工自 2020 年 1 月以来未做调整。

"十三五"期间，机械厂围绕高质量发展为目标，积极应对低油价挑战，全力克服量价齐跌困境，深入推进扩大经营自主权、"双百行动"综合改革，大力构建依靠技术创新延伸产品制造链、依靠信息化技术提升专业技术服务水平的"产品＋服务"模式，顺利完成"僵尸企业"治理任务。累计实现营业收入 82196.59 万元，利润总额 1327.72 万元。突出优化组织结构，持续精干员工队伍，稳妥地推进组织机构和人员结构改革和员工内部退养及岗位调整，初步实现组织结构扁平化和员工队伍精干化目标，妥善处理人员集中辞职和劳务输出等因素带来的人力资源矛盾，有序完成第一批职工子女待遇对接，保证了员工队伍和核心骨干力量的整体稳定。突出业务特点和利润贡献，科学设置差异化考核评价体系，进一步加大利润贡献大小、一线与后勤区域绩效奖金差距，优化单项奖励政策，实施精准激励，充分调动全体员工的积极性。健全人才储备、选拔、培养机制，加快培养市场化、专业化优秀技术人才，大力培养以"技术带头人"为引领的创新型、全能型操作人才，形成以技术专家、技术带头人、专业技术人员和工人技师为主体的创新队伍。"十三五"期间累计完成4项油田公司级重点科技项目，取得6项国家新型实用专利，获得发明专利授权1项，获得1项自治区科技进步奖，自治区级优秀科技成果8项；获得集团公司优秀QC成果奖2项。

一、机械厂党委、纪委领导名录（2016.1—2020.3）

党 委 书 记　武爱雄（2016.2—2018.11）[1]

张德松（2019.12—2020.3）

党委副书记　赵杨民（2016.1—2020.3）

党 委 委 员　武爱雄（2016.2—2018.11）

赵杨民（2016.1—2020.3）

周仁能（2016.1—2020.1）[2]

韩文忠（2016.1—2020.3）

张德松（2016.1—2020.3）

纪 委 书 记　武爱雄（2016.2—2018.11）[3]

张德松（2019.12—2020.3）

二、机械厂行政领导名录（2016.1—2020.3）

厂　　　长　赵杨民（2016.1—2020.3）

副 厂 长　武爱雄（2016.2—2018.11）

周仁能（2016.1—2020.1）

韩文忠（2016.1—2020.3）

张德松（2019.12—2020.3）

总 工 程 师　张德松（2016.1—2019.12）

安 全 总 监　韩文忠（兼任，2016.1—2020.3）

---

[1] 2018年11月，武爱雄退职离岗；2018年11月至2019年12月期间，机械厂党委书记空缺。

[2] 2020年1月，周仁能离职退岗。

[3] 2018年11月至2019年12月期间，机械厂纪委书记空缺。

三、机械厂工会领导名录（2016.1—2020.3）

主　　　席　　武爱雄（2016.2—2018.11）①

　　　　　　　张德松（2019.12—2020.3）

第十六节　供水供电处（吐哈油田电力工程公司）— 供水供电处（新疆吐哈石油电力工程有限公司）（2016.1—2020.12）

1991 年 4 月，会战指挥部决定，以玉门局水电厂为依托，组建水电筹建处，既是职能部门，又是二级单位；1991 年 11 月，水电筹建工作完成，会战指挥部决定水电筹建处更名为供水供电处，为二级单位，机构规格为正处级。2003 年 9 月，指挥部决定，成立吐哈油田电力工程公司，是指挥部出资设立的全资法人企业，与供水供电处一个机构两块牌子，供水供电处（吐哈油田电力工程公司）（以下简称供水供电处），为二级单位，机构规格为正处级。主要负责吐哈油田水电管理、供应保障、电力技术服务等业务，水电网络覆盖三塘湖、哈密、鄯善和吐鲁番 4 地油区，随着产能建设的投入，年供电能力呈逐年上升趋势，已突破 6 亿千瓦时，在巩固吐哈内部市场同时，积极开拓以西部管道电气运维项目为主的外部市场，工程技术服务年收入超 9000 万元以上。供水供电处党组织关系隶属于油田分公司党委，机关办公地点在新疆维吾尔自治区吐鲁番市鄯善县火车站镇。

截至 2015 年 12 月 31 日，供水供电处设机关科室 8 个：办公室（党委办公室）、群众工作科、人事科（组织科）、计划经营科、财务科、生产运行科、质量安全环保科、工程管理科。所属基层单位 16 个：吐哈供水供电通信职业技能鉴定站、水电调度所、安全监督站、水电工程服务公司、水电营销部、变电运行部、供水运行部、吐鲁番水电运行部、鲁克沁水电运行部、哈密供电管理部、三塘湖水电运行部、电力技术服务公司、送变电工程公司、汽车队、综合服务部、治安保卫大队。

---

① 2018 年 11 月至 2019 年 12 月期间，机械厂工会主席空缺。

供水供电处在册员工506人，其中大学本科及以上学历166人，副高级职称20人、中级职称101人；高级技师5人、技师38人。供水供电处党委下属13个基层党支部，共有党员189人，其中在职党员186人。

供水供电处党政领导班子由5人组成，其中行政领导班子5人，党委由5人组成，领导班子成员分工如下：

晏书宾任党委副书记、处长，全面负责行政工作、安全环保工作和党风廉政建设，主管办公室（党委办公室）、人事科（组织科）、财务科。

杨震任党委书记、纪委书记、副处长、工会主席，全面负责处党委、群工、党风廉政建设、安全环保工作、精神文明建设工作，负责监管协调处生活后勤保障工作，主管党委办公室（办公室）、群众工作科、组织科（人事科）、治安保卫大队（内部治安综合治理部分）。

刘双科任党委委员、副处长，协助处长负责处生产经营、财务资产、规划计划、企管法规、合同管理、基础工作、岗位建设、水电销售、物资供应及生活后勤等工作，负责水电供应市场开发，协调水电供用方及地方水电价格部门的关系，负责分管业务、部门、单位的安全环保工作和党风廉政建设，分管计划经营科、财务科（协助分管），联系水电营销部、综合服务部。

曹清任党委委员、副处长、安全总监，协助处长负责处水电生产运行、调度管理、设备管理、检维修、土地与公共关系、应急抢险、安全环保、职业健康、质量与技术监督、节能节水、消防管理、QHSE管理体系建立完善和贯彻实施，油田水、电资源的开发利用等工作，协调内外部生产运行与电力调度部门的关系，负责分管业务、部门、单位的安全环保工作和党风廉政建设，分管生产运行科、质量安全环保科，联系水电调度所、安全监督站、变电运行部、供水运行部、吐鲁番水电运行部、鲁克沁水电运行部、治安保卫大队（消防管理部分）。

韩绪福任党委委员、总工程师，协助处长负责处电力工程技术服务业务生产组织及处科技进步、信息化建设、自动化、员工培训、技能鉴定、工程建设、技术改造、概预算等工作，负责内、外部工程技术业务市场开发，协调内外部市场关系，负责分管业务、部门、单位的安全环保工作和党风廉政建设，分管生产运行科（科技、信息、自动化部分）、工程管理科，联系吐哈供水供电通信职业技能鉴定站、水电工程服务公司、电力技术服务公司、送变电工程公司、三塘湖水电运行部、哈密供电管理部、汽车队。

吐哈油田电力工程公司设执行董事 1 人，晏书宾任执行董事兼总经理；设监事 2 人，焦熠堂任委派监事，杨震任职工监事。

2016 年 9 月 22 日，中共供水供电处第六届二次代表大会在新疆维吾尔自治区吐鲁番市鄯善县召开，69 名党员代表参加会议。会议选举增补邓庆为中共供水供电处纪委委员。

2016 年，供水供电处完成供水量 560 万吨、供电量 5.98 亿千瓦时、电力工程技术服务收入 6366 万元，全年实现总收入 5.06 亿元，实现利润 5318 万元，超提质增效目标 1718 万元，实现"十三五"开门红。荣获全国"安康杯"竞赛优胜企业；1 人获得集团公司优秀党务工作者，1 人被评为油田分公司劳动模范。

2017 年 5 月，油田分公司人事处批复同意，将工程管理科与水电工程服务公司合并成立水电工程部，为基层单位，电力技术服务公司更名为技术服务部，送变电工程公司更名为输配电运行部，对综合服务部部分业务和岗位进行调整；机关科室为 7 个，编制定员为 43 人。

2017 年 5 月，调整部分领导班子成员分工：

党委副书记、处长晏书宾全面负责处行政工作、安全环保工作和党风廉政建设，主管办公室（党委办公室）、人事科（组织科）、财务科。

党委委员、副处长、安全总监曹清协助处长负责处水电生产运行、调度管理、设备管理、检维修、土地与公共关系、应急抢险、安全环保、职业健康、质量与技术监督、节能节水、消防管理、QHSE 管理体系建立完善和贯彻实施，协调内外部生产运行与电力调度部门的关系，负责分管业务、部门、单位的安全环保工作和党风廉政建设，分管生产运行科、质量安全环保科，联系水电调度所、安全监督站、变电运行部、供水运行部、吐鲁番水电运行部、鲁克沁水电运行部、治安保卫大队（消防管理部分）。

党委委员、总工程师韩绪福协助处长负责处电力工程技术服务业务生产组织及处科技进步、信息化建设、自动化、员工培训、技能鉴定、工程建设、技术改造、概预算等工作，负责内、外部工程技术业务市场开发，协调内外部市场关系，负责分管业务、部门、单位的安全环保工作和党风廉政建设，分管生产运行科（科技、信息、自动化部分），联系技能鉴定站、水电工程部、技术服务部、输配电运行部、三塘湖水电运行部、哈密供电管理部、汽车队。

2017年10月，油田分公司党委决定：任命曹清为供水供电处党委副书记；免去晏书宾的供水供电处党委副书记职务。油田分公司决定：聘任曹清为供水供电处处长（试用期一年）；解聘晏书宾的供水供电处处长职务，调任企管法规处（内控与风险管理处）处长。

2017年11月，吐哈石油勘探开发指挥部同意，吐哈油田电力工程公司改制为一人有限责任公司，名称为新疆吐哈石油电力工程有限公司，业务不变。设执行董事1人，监事1人。

2017年11月，吐哈石油勘探开发指挥部决定：聘任曹清为新疆吐哈石油电力工程有限公司执行董事兼总经理，杨震为新疆吐哈石油电力工程有限公司监事；解聘晏书宾的原吐哈油田电力工程公司执行董事兼总经理、法定代表人职务，杨震的原吐哈油田电力工程公司监事职务。

2017年，供水供电处完成供水量517.16万吨、供电量6.13亿千瓦时、电力工程技术服务实现收入6304万元，实现总收入4.73亿元、利润3159万元。荣获全国"互联网+时代"企业文化创新优秀单位。

2018年4月，调整领导班子成员分工：

党委副书记、处长、安全总监曹清全面负责处行政工作、安全环保工作和党风廉政建设，在油田分公司对处领导班子成员配置全面前，总体负责处质量安全环保工作，负责处生产运行工作总体管控，主管办公室（党委办公室）、人事科（组织科）、财务科、质量安全环保科、生产运行科，联系变电运行部、供水运行部、吐鲁番水电运行部、鲁克沁水电运行部。

党委书记、纪委书记、副处长、工会主席杨震全面负责处党委、群工、党风廉政建设、安全环保工作、精神文明建设工作；负责监管协调处生活后勤保障工作，主管党委办公室（办公室）、群众工作科、组织科（人事科）、治安保卫大队（内部治安综合治理部分）。

党委委员、副处长刘双科协助处长负责处生产经营、财务资产、规划计划、企管法规、合同管理、基础工作、岗位建设、水电销售、物资供应及生活后勤等工作，负责水电供应市场开发，协调水电供用方及地方水电价格部门的关系，负责分管业务、部门和联系单位的安全环保工作、党的建设和党风廉政建设，履行"一岗双责"责任，分管计划经营科、财务科（协助分管），联系水电营销部、综合服务部、汽车队、治安保卫大队（消防管理部分）。

党委委员、总工程师韩绪福协助处长负责处水电生产运行、调度管理、设备管理、检维修、土地与公共关系、应急抢险，协调内外部生产运行与电力调度部门的关系，协助处长负责处安全环保、职业健康、质量与技术监督、节能节水、消防管理、QHSE 管理体系完善和贯彻实施，协助处长负责处电力工程技术服务业务生产组织及处科技进步、信息化建设、自动化、员工培训、技能鉴定、工程建设、技术改造、概预算等工作，负责内、外部工程技术业务市场开发，协调内外部市场关系，负责分管业务、部门和联系单位的安全环保工作、党的建设和党风廉政建设，履行"一岗双责"责任，分管生产运行科（科技、信息部分），协助分管质量安全环保科、生产运行科（其他工作部分），联系水电调度所、安全监督站、技能鉴定站、水电工程部、技术服务部、输配电运行部、三塘湖水电运行部、哈密供电管理部。

2018 年 5 月，油田分公司人事处批复同意，将机关群众工作科合并到办公室（党委办公室）。调整后机关科室 6 个，编制定员 36 人，其中科级职数 8 人。

2018 年 5 月，油田分公司党委决定：任命李武周为供水供电处党委委员。油田分公司决定：聘任李武周为供水供电处副处长、安全总监（试用期一年）；解聘曹清的供水供电处安全总监职务。

随后，调整领导班子成员分工：

党委副书记、处长曹清全面负责处行政工作、安全环保工作和党风廉政建设，主管办公室（党委办公室）、人事科（组织科）、财务科。

党委书记、纪委书记、副处长、工会主席杨震全面负责处党委、群工、党风廉政建设、安全环保和精神文明建设工作，负责监管协调处生活后勤保障工作，主管党委办公室（办公室）、组织科（人事科）、治安保卫大队（内部治安综合治理部分）。

党委委员、副处长刘双科协助处长负责处生产经营、财务资产、规划计划、企管法规、合同管理、基础工作、岗位建设、水电销售、物资供应、生活后勤及哈密供电移交等工作，负责水电供应市场开发，协调水电供用方及地方水电价格部门的关系，负责分管业务、部门和联系单位的安全环保工作、党的建设和党风廉政建设，履行"一岗双责"责任，分管计划经营科、财务科（协助分管），联系水电营销部、综合服务部。

党委委员、总工程师韩绪福协助处长负责处电力工程技术服务业务生产组织及科技进步、信息化建设、自动化、员工培训、技能鉴定、工程建设、技术改造、概预算、交通运输等工作，负责内、外部工程技术业务市场开发，协调内外部市场关系，负责分管业务、部门和联系单位的安全环保工作、党的建设和党风廉政建设，履行"一岗双责"责任，分管生产运行科（科技、信息、自动化），联系技能鉴定站、水电工程部、技术服务部、输配电运行部、三塘湖水电运行部、哈密供电管理部、汽车队。

党委委员、副处长、安全总监李武周协助处长负责处水电生产运行、调度管理、设备管理、检维修、土地与公共关系、应急抢险、安全环保、职业健康、质量与技术监督、节能节水、消防管理、QHSE管理体系建立完善和贯彻实施，协调内外部生产运行与电力调度部门的关系，负责分管业务、部门和联系单位的安全环保工作、党的建设和党风廉政建设，履行"一岗双责"责任，分管生产运行科（其他工作部分）、质量安全环保科，联系水电调度所、安全监督站、变电运行部、供水运行部、吐鲁番水电运行部、鲁克沁水电运行部、治安保卫大队（消防管理部分）。

2018年6月，新疆吐哈石油勘探开发有限公司决定：免去焦熠堂的新疆吐哈石油电力工程有限公司监事职务。

2018年12月，油田分公司决定：正式聘任曹清为供水供电处处长。

2018年，供水供电处完成供水量488万吨、供电量6.46亿千瓦时、电力工程技术服务实现收入6929万元，实现总收入5.42亿元、利润3731万元，超利润指标1331万元。荣获自治区"绿化管理先进单位"称号。

2019年4月，供水供电处决定，将水电调度所、安全监督站、中国石油吐哈供水供电通信职业技能鉴定站3个基层单位整合为一个新的基层单位，成立新的水电调度所（安全监督站、中国石油吐哈供水供电通信职业技能鉴定站），职责和人员不变。

2019年5月，油田分公司决定：正式聘任李武周为供水供电处副处长、安全总监。

2019年9月，中共供水供电处第七届党员代表大会在新疆维吾尔自治区吐鲁番市鄯善县召开，59名党员代表参加会议，会议选举产生了中共供水供电处第七届委员会和纪律检查委员会，中共供水供电处委员会由刘双科、李武周、杨震、曹清、韩绪福等5人组成（以姓氏笔画为序），杨震为党委书记，曹清为党委副书记。中共供水供电处纪律检查委员会由5人组成，杨震为纪委书记。

2019年9月，油田分公司人事处批复同意，将机关计划经营科与财务科合并成立经营财务科，将人事（组织）科更名为人事科，成立党建科，为机关科室，机关科室数、人员编制和科级职数不变。

2019年11月，供水供电处决定，成立党建科，将人事科（组织科）党组织建设、纪检监察职责划归党建科，将办公室（党委办公室）宣传教育、企业文化、工会和群团工作管理职责划归党建科，人事科（组织科）更名为人事科；将计划经营科与财务科合并，成立经营财务科；将综合服务部、治安保卫大队合并成一个机构，成立综合服务部（治安保卫大队），为一个机构两块牌子，原两个单位的职能职责合并整合到综合服务部（治安保卫大队），将党委办公室维稳管理职责划归综合服务部（治安保卫大队）。

2019年12月，油田分公司决定，将原油建公司电气仪表类业务、人员整建制划转至供水供电处，由供水供电处承担公司电气仪表类业务，供水供电处基层单位机构指标增加1个、科级职数增加4个。

2019年12月，油田分公司党委批复，同意供水供电处党的委员会和纪律检查委员会选举结果：杨震任中共供水供电处第七届委员会书记，曹清任副书记。杨震任中共供水供电处第七届纪律检查委员会书记，周相勇任副书记。

2019年，供水供电处完成供水量466万吨、供电量6.37亿千瓦时、电力工程技术服务实现收入7453万元，实现总收入5.37亿元、利润3450万元。荣获自治区文明单位称号，处党委荣获集团公司先进基层党组织称号，党委办公室荣获集团公司思想政治工作先进集体称号；1人荣获集团公司优秀党务工作者称号。

2020年1月，供水供电处决定，在原油建公司整建制划转供水供电处电气仪表类业务、人员基础上，成立电气仪表部。

2020年3月，油田分公司党委决定：任命叶世华为供水供电处党委委员、党委书记、纪委书记、工会主席；免去杨震的供水供电处党委书记、党委委员、纪委书记、工会主席职务，叶世华的公司党委巡察办公室正处级巡察员职务。油田分公司决定：聘任叶世华为供水供电处副处长，解聘杨震的供水供电处副处长职务。

随后，调整领导班子成员分工：

党委副书记、处长曹清全面负责处行政工作、安全环保工作和党风廉政建设，主管办公室（党委办公室）、人事科人事工作、经营财务科财务工作。

党委书记、纪委书记、工会主席、副处长叶世华全面负责处党委、群工、党风廉政建设、安全环保和精神文明建设工作，负责监管协调处生活后勤保障工作，主管党委办公室（办公室）、党建科、人事科组织工作、综合服务部（治安保卫大队）内部治安综合治理工作。

党委委员、经营副处长刘双科协助处长负责处生产经营、财务资产、规划计划、企管法规、合同管理、基础工作、岗位建设、水电销售、物资供应、生活后勤及哈密供电移交等工作，负责水电供应市场开发，协调水电供用方及地方水电价格部门的关系，负责分管业务、部门和联系单位的安全环保工作、党的建设和党风廉政建设，履行"一岗双责"责任，分管：经营财务科（分管经营工作，协助分管财务工作），联系水电营销部、综合服务部（治安保卫大队）综合服务工作。

党委委员、总工程师韩绪福协助处长负责处电力工程技术服务业务生产组织及处设备管理、科技进步、信息化建设、自动化、工程建设、技术改造、概预算、交通运输等工作，负责内、外部工程技术业务市场开发，协调内外部市场关系，负责分管业务、部门和联系单位的安全环保工作、党的建设和党风廉政建设，履行"一岗双责"责任，分管生产运行科（设备、科技、信息、自动化部分），联系水电工程部、技术服务部、输配电运行部、电气仪表部、三塘湖水电运行部、哈密供电管理部、汽车队。

党委委员、副处长、安全总监李武周协助处长负责处水电生产运行、调度管理、检维修、土地与公共关系、应急抢险、安全环保、职业健康、质量与技术监督、节能节水、员工培训、技能鉴定、消防管理、QHSE管理体系建立完善和贯彻实施，协调内外部生产运行与电力调度部门的关系，负责分管业务、部门和联系单位的安全环保工作、党的建设和党风廉政建设，履行"一岗双责"责任，分管生产运行科（其他工作部分）、质量安全环保科，联系水电调度所（安全监督站、技能鉴定站）、变电运行部、供水运行部、吐鲁番水电运行部、鲁克沁水电运行部、综合服务部（治安保卫大队，消防管理部分）。

2020 年 10 月，油田分公司党委决定：免去刘双科的供水供电处党委委员职务。油田分公司决定：免去刘双科的供水供电处副处长职务，退职离岗。

2020 年，供水供电处完成供水量 482 万吨、供电量 5.4 亿千瓦时、电力工程技术服务实现收入 7303 万元，实现总收入 4.72 亿元、考核利润 3150 万元。1 人荣获集团公司劳动模范称号。

截至 2020 年 12 月 31 日，供水供电处设机关科室 6 个：办公室（党委办公室）、人事科、经营财务科、生产运行科、质量安全环保科、党建科。基层单位 14 个：水电调度所（安全监督站、吐哈供水供电通信职业技能鉴定站）、水电工程部、水电营销部、变电运行部、供水运行部、吐鲁番水电运行部、鲁克沁水电运行部、原油外输管道电气运行部、三塘湖水电运行部、技术服务部、输配电运行部、电气仪表部、汽车队、综合服务部（治安保卫大队）。

供水供电处在册员工 397 人。其中，大学本科及以上学历 187 人，高级职称 41 人、中级职称 66 人；高级技师 6 人、技师 28 人。供水供电处党委下属 15 个党支部，共有党员 144 人，其中在职党员 144 人。

供水供电处党委由 4 人组成：叶世华任党委书记、纪委书记、工会主席，曹清任党委副书记，韩绪福任党委委员，李武周任党委委员。供水供电处行政领导班子由 4 人组成：曹清任处长、叶世华任副处长，韩绪福任总工程师，李武周任副处长、安全总监。吐哈油田电力工程公司执行董事 1 人：曹清任执行董事兼总经理；监事 1 人：杨震任监事。领导班子分工自 2020 年 3 月以来未再进行调整。

"十三五"期间，供水供电处面对复杂的发展形势、繁重的发展任务，紧密围绕"稳健发展"目标，大力实施网架坚强化、技术优特化、人员精干化三大战略，着力提升水电保障能力、提质增效能力、创新驱动能力、企业管理能力、队伍建设能力等 5 项水平，积极应对，迎难而上，累计完成供水量 2512 万吨，供电量 30.34 亿千瓦时，电力工程技术服务收入 3.44 亿元，实现总收入 24.74 亿元，利润 1.33 亿元，上缴管理费 4.14 亿元。

一、供水供电处（2016.1—2020.12）

（一）供水供电处党委、纪委领导名录（2016.1—2020.12）

党 委 书 记　杨　震（2016.1—2020.3）[①]

　　　　　　叶世华（2020.3—12）

党委副书记　晏书宾（2016.1—2017.10）[②]

　　　　　　曹　清（2017.10—2020.12）

党 委 委 员　杨　震（2016.1—2020.3）

　　　　　　晏书宾（2016.1—2017.10）

　　　　　　刘双科（2016.1—2020.10）[③]

　　　　　　曹　清（2016.1—2020.12）

　　　　　　韩绪福（2016.1—2020.12）

　　　　　　李武周（2018.5—2020.12）

　　　　　　叶世华（2020.3—12）

纪 委 书 记　杨　震（2016.1—2020.3）

　　　　　　叶世华（2020.3—12）

（二）供水供电行政领导名录（2016.1—2020.12）

处　　　长　晏书宾（2016.1—2017.10）

　　　　　　曹　清（2017.10—2020.12）

副 处 长　杨　震（2016.1—2020.3）

　　　　　　叶世华（2020.3—12）

　　　　　　刘双科（2016.1—2020.10）

　　　　　　曹　清（2016.1—2017.10）

---

① 2020 年 03 月，杨震退职离岗。

② 2017 年 10 月，晏书宾调任企管法规处（内控与风险管理处）处长。

③ 2020 年 10 月，刘双科退职离岗。

　　　　　　李武周（2018.5—2020.12）

　　总 工 程 师　韩绪福（2016.1—2020.12）

　　安 全 总 监　曹　清（兼任，2016.1—2018.5）

　　　　　　李武周（兼任，2018.5—2020.12）

（三）供水供电处工会领导名录（2016.1—2020.12）

　　主　　　席　杨　震（2016.1—2020.3）

　　　　　　叶世华（2020.3—12）

二、吐哈油田电力工程公司—新疆吐哈石油电力工程有限公司 （2016.1—2020.12）

（一）吐哈油田电力工程公司领导名录（2016.1—2017.11）

　　执 行 董 事　晏书宾（2016.1—2017.11）

　　监　　　事　杨　震（2016.1—2017.11）

　　　　　　焦熠堂（鲁克沁采油厂（鲁克沁油田项目经理部）

　　　　　　总会计师，2016.1—2017.11）

　　总 经 理　晏书宾（2016.1—2017.11）

（二）新疆吐哈石油电力工程有限公司领导名录（2017.11—2020.12）

　　执 行 董 事　曹　清（2017.11—2020.12）

　　监　　　事　杨　震（2017.11—2020.12）

　　　　　　焦熠堂（2017.11—2018.6）

　　总 经 理　曹　清（2017.11—2020.12）

第十七节　技术监测中心（新疆吐哈诚信工程监理 有限责任公司）—技术监测中心（新疆吐哈石油项目管理 咨询有限公司）（2016.1—2020.12）

　　1998年5月，指挥部决定，将规划计划处节能岗位、机动处锅炉压力容器检测站、技术监督与安全环保处环境监测站、计量鉴定中心和物资供应处物资质量检测站从原单位（部门）分离，合并成立技术监测中心，为指挥部直属副处级单位；1999年6月，调整为正处级单位；2000年2月，调整为二级单位。2000年10月，指挥部决定，成立新疆吐哈诚信工程监理有限责任公司，独立核算，独立经营，对外以监理公司名义开展业务，与技术监测中心一个机构挂两块牌子。技术监测中心（新疆吐哈诚信工程监理有限责任公司）（简称中心）为二级单位，机构规格正处级，主要开展环境与锅炉水质监测、计量器具检定与校准、流量仪表检定、锅炉压力容器检测、管道检测、无损检测、安全阀校验、节能监测、设备状态监测、工程监理等业务，监（检）测、监理业务，吐哈油田内部市场占有率达到95%以上，外部市场涵盖塔里木油田、中石化西北油田、西部管道、新疆销售等区域。党组织关系隶属于吐哈油田分公司党委，机关办公地点在新疆维吾尔自治区吐鲁番市鄯善县火车站镇。

截至2015年12月31日，技术监测中心设机关科室5个：办公室（党委办公室、综治保卫科）、财务科、质量安全环保科、计划经营科、生产运行科。所属基层单位11个：环境与锅炉水质监测站、计量工作站、流量仪表检定站、锅炉压力容器检测站、管道检测公司、安全阀校验站、节能监测站、设备状态监测站、无损检测公司、新疆吐哈诚信工程监理有限责任公司、综合服务部。

技术监测中心编制定员335人，其中处级职数4个、科级职数37个，机关定员37人；在册员工279人，其中本科及以上学历169人，副高级职称6人，中级职称106人；技师3人。技术监测中心党委下属基层党支部9个，共有党员129人，其中在职党员129人。

新疆吐哈诚信工程监理有限责任公司设执行董事、总经理1人，周建军任执行董事、总经理；设监事2人，杨生虎任委派监事，王光庆任选举监事。

技术监测中心党政领导班子由5人组成，其中行政领导班子4人，党委由5人组成，领导班子成员分工如下：

周建军任党委副书记、主任，全面负责行政工作，主管办公室（党委办公室、综治保卫科）。

王光庆任党委书记、纪委书记、中心副主任、工会主席，全面负责党委工作，主管办公室（党委办公室、综治保卫科）。

丁祥年任党委委员、副主任、安全总监，协助主任负责生产运行、

QHSE 管理、"三基"工作、技术监督、科技与信息化、设备管理、节能节水、培训、档案管理等工作，分管生产运行科、质量安全环保科，联系环境与锅炉水质监测站、锅炉压力容器检测站、管道检测公司、新疆吐哈诚信工程监理有限责任公司、无损检测公司。

汪佳祥任党委委员、副主任、总会计师，协助主任负责管理提升、计划、财务、物资采购、ERP 运行、基建维修、市场、合同（含工作订单）、单位资质认证复审等管理工作，负责生活后勤等工作，分管财务科、计划经营科，联系计量工作站、流量仪表检定站、安全阀校验站、节能监测站、设备状态监测站、综合服务部。

党委委员王学英，为正科级干部。

2016 年 1 月，油田分公司党委决定：免去丁祥年的技术监测中心党委委员职务。油田分公司决定：解聘丁祥年的中心副主任、安全总监职务。其分管工作暂时由周建军负责。

2016 年 2 月，油田分公司批复同意，"新疆吐哈诚信工程监理有限责任公司"变更为"新疆吐哈石油项目管理咨询有限公司"，其运行方式不变，中心增加"安评、环评和职业卫生评价"业务。

2016 年 12 月 8 日，技术监测中心召开第四次工会会员代表大会，工会会员代表共 63 人参加会议。会议选举产生技术监测中心工会第四届委员会、经费审查委员会和女职工委员会。王光庆为工会主席。

2016 年，技术监测中心完成各类监（检）测项目 10.9 万件，管道检测 5.7 万米，监理工程项目 55 项，发现各类不合格 5743 项；实现收入 7939 万元；外部市场收入 1300 万元，完成计划的 108%；油田公司重点科技项目《吐哈油田监（检）测综合管理信息系统》成功上线运行；3 名员工取得国家注册环境影响评价师、无损探伤超声Ⅲ级资质。

2017 年 2 月 16 日，中共技术监测中心党员大会在新疆维吾尔自治区吐鲁番市鄯善县召开，共有 105 名党员参加会议。会议选举产生中共技术监测中心委员会和中共技术监测中心纪律检查委员会，中共技术监测中心委员会由王光庆、汪佳祥、周建军等 3 人组成（以姓氏笔画为序），王光庆为党委书记，周建军为党委副书记。中共技术监测中心纪律检查委员会由 5 人组成，王光庆为纪委书记。技术监测中心党委下属基层党支部 9 个，共有党员

135人，其中在职党员135人。

2017年2月，调整领导班子成员分工：

党委副书记、主任周建军全面负责中心行政工作，主管办公室（党委办公室）。

党委书记、纪委书记、中心副主任、工会主席王光庆，全面负责中心党委工作，主管办公室（党委办公室）、综治保卫部。

党委委员、副主任、总会计师汪佳祥协助主任负责中心的管理提升、计划、财务、物资采购、ERP运行、基建维修、"三基"工作、市场、合同（含工作订单），负责生活后勤等工作，分管财务科、计划经营科，联系环境与锅炉水质监测站、流量仪表检定站、节能监测站、综合服务部。

2017年3月，经油田分公司人事处批复同意，中心将办公室（党委办公室、综治保卫科）承担的综治保卫业务划入基层单位综合服务部，办公室（党委办公室、综治保卫科）变更为办公室（党委办公室），综合服务部变更为综合服务部（综治保卫部）。

2017年11月，油田分公司党委决定：任命张雨为技术监测中心党委委员。油田分公司决定：聘任张雨为技术监测中心副主任、安全总监（试用期一年）。

2017年12月，调整部分领导班子成员分工：

党委委员、副主任、总会计师汪佳祥协助主任负责中心的管理提升、计划、财务、物资采购、ERP运行、基建维修、"三基"工作、合同（含工作订单），负责生活后勤等工作，分管财务科、计划经营科，联系环境与锅炉水质监测站、流量仪表检定站、节能监测站、计量工作站、设备状态监测站、综合服务部。

党委委员、副主任、安全总监张雨协助主任负责生产运行、QHSE管理、技术监督、科技与信息化、设备管理、节能节水、市场、单位资质认证复审、培训、档案管理等工作，分管计划经营科、生产运行科、质量安全环保科，联系锅炉压力容器检测站、无损检测公司、管道检测公司、安全阀校验站、新疆吐哈石油项目管理咨询有限公司。

2017年，技术监测中心完成各类监（检）测项目10.9万件，管道检测9.9万米，监理工程项目87项，发现各类不合格3927项，并完成吐哈油田

"十二五"能源审计报告；实现收入9605万元，同比增长21.0%；外部市场收入2810万元，同比增长116.2%；顺利取得DD1（长输油气管道定期检验）、DD2（公用管道定期检验）资质和绿色制造体系建设第三方服务资质。

2018年5月，经油田分公司人事处批复同意，中心对所属基层单位进行部分调整：将节能监测站与设备状态监测站整合，成立节能与设备状态监测站；将环境与锅炉水质监测站更名为环境监测站；将综治保卫部更名为治安保卫中心，与综合服务部按一个机构两块牌子运行。

2018年6月，吐哈石油探勘开发有限公司决定：聘任乔炜为新疆吐哈石油项目管理咨询有限公司监事，免去杨生虎的新疆吐哈石油项目管理咨询有限公司监事职务。

2018年11月，油田分公司党委决定：免去王光庆的技术监测中心党委书记、纪委书记、工会主席、党委委员职务。油田分公司决定：解聘王光庆的技术监测中心副主任职务。

2018年11月，调整领导班子成员分工：

党委副书记、主任周建军全面负责中心行政和党委工作，主管办公室（党委办公室）、治安保卫中心。

党委委员、副主任、总会计师汪佳祥协助中心主任负责管理提升、计划、财务、物资采购、ERP运行、基建维修、"三基"工作、合同（含工作订单）、生活后勤等工作，分管财务科、计划经营科，联系环境与锅炉水质监测站、流量仪表检定站、节能与设备状态监测站、计量工作站、综合服务部。

党委委员、副主任、安全总监张雨协助中心主任负责生产运行、QHSE管理、技术监督、科技与信息化、设备管理、节能节水、市场、资质认证复审、培训、档案管理等工作，分管生产运行科、质量安全环保科，联系锅炉压力容器检测站、无损检测公司、管道检测公司、安全阀校验站、新疆吐哈石油项目管理咨询有限公司。

2018年12月，油田分公司决定：正式聘任张雨为技术监测中心副主任、安全总监。

2018年，技术监测中心完成各类监（检）测11.9万件，管道检测77.2万米，监理工程项目109项，发现各类不合格5765项；实现收入1.08亿元，同比增长 12.4%，首次突破亿元大关；外部市场收入 3930 万元，同比增长 39.9%；环境监测、节能监测业务取得国家级 CMA 资质认定，工程监理业务增加市政公用工程、电力工程 2 项乙级资质；整合减少基层单位 1 个。

2019 年 1 月，经油田分公司人事处批复同意，中心对所属基层单位进行部分调整：将锅炉压力容器检测站、管道检测公司、安全阀校验站整合为特种设备检验公司；将计量工作站、流量仪表检定站整合为计量检定站。中心党委决定：撤销计量工作站党支部和流量仪表检定站党支部，新成立计量检定站党支部；将锅炉压力容器检测站党支部更名为特种设备检验公司党支部。

2019 年 7 月，油田分公司党委决定：任命吕新风为技术监测中心党委委员、党委书记、纪委书记、工会主席。油田分公司决定：聘任吕新风为技术监测中心副主任。

随后，调整领导班子成员分工：

党委副书记、主任周建军全面负责中心行政工作，主管办公室（党委办公室）。

党委书记、纪委书记、工会主席、副主任吕新风全面负责中心党委工作，主管办公室（党委办公室）、治安保卫中心。

党委委员、副主任、总会计师汪佳祥协助中心主任负责管理提升、计划、财务、物资采购、ERP 运行、基建维修、"三基"工作、合同（含工作订单）、生活后勤等工作，分管财务科、计划经营科，联系计量检定站、环境监测站、节能与设备状态监测站、综合服务部。

党委委员、副主任、安全总监张雨协助中心主任负责生产运行、QHSE 管理、技术监督、科技与信息化、设备管理、节能节水、市场、资质认证复审、培训、档案管理等工作，分管生产运行科、质量安全环保科，联系新疆吐哈石油项目管理咨询有限公司、特种设备检验公司、无损检测公司。

2019 年 7 月，经油田分公司人事处批复同意，中心成立人事科，与办公室（党委办公室）按一个机构、三块牌子运行。

2019 年 11 月，吐哈石油探勘开发有限公司决定：免去王光庆的新疆吐哈石油项目管理咨询有限公司监事职务。

2019 年，技术监测中心完成各类监（检）测 10.9 万件，管道检测 81.3

万米，监理工程项目149项，发现各类不合格6230项；收入1.14亿元，内部利润776万元，实现收入、利润双增长；外部市场持续拓展，业务范围覆盖吐哈油区、南北疆、甘肃、云贵、陕北区域；大力实施优化人力资源配置和机构改革工作，整合减少基层单位3个。

2020年3月，油田分公司党委决定：免去汪佳祥的技术监测中心党委委员职务。油田分公司决定：解聘汪佳祥的技术监测中心副主任、总会计师职务。

2020年4月，调整领导班子成员分工：

党委副书记、主任周建军全面负责中心行政工作和发展战略，分管办公室（党委办公室、人事科）、计划经营科、财务科，联系特种设备检验公司。

党委书记、纪委书记、副主任、工会主席吕新风全面负责中心党委工作，分管办公室（党委办公室、人事科），联系无损检测公司、综合服务部（治安保卫中心）。

党委委员、副主任、安全总监张雨负责生产运行、QHSE管理、技术监督、基建维修、技术监督、资质升级、培训取证、科技与信息化、设备管理、节能节水、档案及技能鉴定等工作，分管生产运行科、质量安全环保科，联系新疆吐哈石油项目管理咨询有限公司、计量检定站、环境监测站、节能与设备状态监测站。

2020年8月，油田分公司党委决定：张波任技术监测中心党委委员。油田分公司决定：张波任技术监测中心副主任。

随后，调整领导班子成员分工：

党委副书记、主任周建军全面负责中心行政工作和发展战略，分管办公室（党委办公室）。

党委书记、纪委书记、副主任、工会主席吕新风全面负责中心党委工作，分管办公室（党委办公室、人事科）、治安保卫中心（综合服务部）。

党委委员、副主任、安全总监张雨负责生产运行、QHSE管理、技术监督、基建维修、技术监督、科技与信息化、设备管理、节能节水、档案及技能鉴定管理等工作，分管生产运行科、质量安全环保科，联系新疆吐哈石油项目管理咨询有限公司、环境监测站、无损检测公司。

党委委员、副主任张波负责中心企业经营、财务资产、企业管理、法律事务、内控建设、工程签证、合同管理、物资采购、招投标、后勤保障、外部市场开发、资质升级、培训取证等工作，分管财务科、计划经营科，联系计量检定站、节能与设备状态监测站、特种设备检验公司、综合服务部（治安保卫中心）。

2020年，技术监测中心完成各类监（检）测7.8万件，管道检测35.7万米，监理工程项目28项，发现各类不合格5244项；全年严抓新冠肺炎疫情防控，全力以赴推进提质增效，深入推进企业合规管理，实现收入8631万元，内部利润800万元，利润率逆势增长。

截至2020年12月31日，技术监测中心设机关科室5个：办公室（党委办公室、人事科）、计划经营科、财务科、生产运行科、质量安全环保科。基层单位7个：新疆吐哈石油项目管理咨询有限公司、特种设备检验公司、计量检定站、环境监测站、无损检测公司、节能与设备状态监测站、综合服务部（治安保卫中心）。

技术监测中心在册员工204人。其中本科以上学历152人，高级职称14人，中级职称89人；技师8人。技术监测中心党委下属基层党支部7个，共有党员110人，其中在职党员102人。

技术监测中心党委由4人组成：周建军任党委副书记，吕新风任党委书记、纪委书记、工会主席，张雨、张波任党委委员。技术监测中心行政领导班子由4人组成：周建军任主任，吕新风任副主任，张雨任副主任、安全总监，张波任副主任。新疆吐哈石油项目管理咨询有限公司执行董事、总经理1人：周建军任执行董事、总经理；监事1人：乔炜任委派监事。领导班子分工自2020年8月以来未做调整。

"十三五"期间，技术监测中心坚持以服务油田为出发点，优化组织协调，提升服务质量，累计完成各类监（检）测52.4万件，管道检测2098千米，工程监理428项，发现各类不合格26909项，切实履行了保障油气生产安全的职责。坚持以提升效益效率为落脚点，聚焦创新发展，优化组织机构，累计实现收入4.83亿元，人均产值较"十二五"末增加38%，累计压减机构4个，压减率36.4%。坚持以市场拓展为切入点，统筹资源协调，提升开发合力，形成了以吐哈油田内部＋疆内石油行业为主，国内周边市场为辅的市场格局，外部市场收入从"十二五"年均不足1800万元提高到

"十三五"的 3100 万元，收入贡献从"十二五"的 20% 提高到 31%，外部市场拓展成果丰硕。坚持以资质升级为关键点，引进先进技术，培育新兴业务，重点发展了管道检验、工程监理等业务资质，已拥有了 7 类 17 项资质证书，能够开展 15 大项 56 小项监检测业务。坚持以人才队伍建设为支撑点，创新人才培养，强化绩效考核，累计选拔聘任科级干部 13 人、主管工程师 6 人，新增中高级职称资格 37 人，其中高级职称 10 人，培养选拔技师 6 人，国家职业技能水平类资格 78 人证，培养了一批有技术、能吃苦、会沟通、有操守的综合人才。

一、技术监测中心（2016.1—2020.12）

（一）技术监测中心党委、纪委名录（2016.1—2020.12）

党 委 书 记　王光庆（2016.1—2018.11）[①]

　　　　　　　吕新风（2019.7—2020.12）

党委副书记　周建军（2016.1—2020.12）

党 委 委 员　王光庆（2016.1—2018.11）

　　　　　　　周建军（2016.1—2020.12）

　　　　　　　丁祥年（2016.1）[②]

　　　　　　　汪佳祥（2016.1—2020.3）

　　　　　　　王学英（女，正科级，2016.1—2017.2）

　　　　　　　张　雨（2017.11—2020.12）

　　　　　　　吕新风（2019.7—2020.12）

　　　　　　　张　波（2020.8—12）

纪 委 书 记　王光庆（2016.1—2018.11）[③]

　　　　　　　吕新风（2019.7—2020.12）

（二）技术监测中心行政领导名录（2016.1—2020.12）

主　　　任　周建军（2016.1—2020.12）

副 主 任　王光庆（2016.1—2018.11）

---

① 2018 年 11 月，王光庆退职离岗；2018 年 11 月至 2019 年 7 月期间技术监测中心党委书记空缺。

② 2016 年 1 月，丁祥年退职离岗。

③ 2018 年 11 月至 2019 年 7 月期间，技术监测中心纪委书记空缺。

丁祥年（2016.1）

汪佳祥（2016.1—2020.3）

张　雨（2017.11—2020.12）

吕新风（2019.7—2020.12）

张　波（2020.8—12）

总 会 计 师　汪佳祥（2016.1—2020.3）[①]

安 全 总 监　丁祥年（兼任，2016.1）[②]

张　雨（兼任，2017.11—2020.12）

（三）技术监测中心工会领导名录（2016.1—2020.12）

主　　　席　王光庆（2016.1—2018.11）[③]

吕新风（2019.7—2020.12）

二、新疆吐哈诚信工程监理有限责任公司—新疆吐哈石油项目管理咨询有限公司（2016.1—2020.12）

（一）新疆吐哈诚信工程监理有限责任公司领导名录（2016.1—2）

执 行 董 事　周建军（2016.1—2）

监　　　事　杨生虎（人事处处长，2016.1—2）

王光庆（2016.1—2）

总 　经 　理　周建军（2016.1—2）

（二）新疆吐哈石油项目管理咨询有限公司领导名录（2016.2—2020.12）

执 行 董 事　周建军（2016.2—2020.12）

监　　　事　杨生虎（人事处副处长，2016.2—2018.6）

王光庆（2016.2—2019.11）

乔　炜（人事处副处长，2018.6—2020.12）

总 　经 　理　周建军（2016.2—2020.12）

---

① 2020年3月，汪佳祥调任吐鲁番采油厂总会计师；2020年3月至12月期间，技术监测中心总会计师空缺。

② 2016年1月至2017年11月期间，技术监测中心安全总监空缺。

③ 2018年11月至2019年7月期间，技术监测中心工会主席空缺。

第十八节 信息技术公司（新疆欧亚科技发展有限责任公司）—信息技术公司（新闻中心、吐哈石油报社、中国石油报吐哈记者站、新疆欧亚科技发展有限责任公司）（2016.1—2020.12）

通信处的前身为玉门石油管理局通讯处。1989年3月，玉门石油管理局通讯处抽调精兵强将参与吐哈石油会战，并逐步从原单位剥离成立吐哈油田通信处，全面承担吐哈油田信息化建设重任。1991年4月3日，成立通讯处，与玉门局通讯处为一个机构挂两块牌子。1996年7月，通信处音像、有线电视服务业务划归新成立的副处级单位有线电视台。1999年10月15日，指挥部决定，成立新疆欧亚科技发展有限责任公司，是指挥部出资设立的具有独立法人资格的有限责任公司，与通信处按一个机构两块牌子运行。2002年3月11日，通信处更名为信息产业处。2014年12月，油田分公司调整部分组织机构，将信息中心所属操作职能下移至信息产业处，将信息产业处更名为信息技术公司，为二级单位，机构规格为正处级，主要从事企业网、传输网和所属信息系统、数据中心的建设及运行维护，油田自动化建设及运行维护，油田网络、信息系统安全运行管理，对外包业务的组织协调和监督管理等工作。党组织关系隶属于油田分公司党委，机关实行两地办公，分别在新疆维吾尔自治区吐鲁番市鄯善县火车站镇和新疆维吾尔自治区哈密市吐哈石油基地。

截至2015年12月31日，信息技术公司设机关科室5个：办公室（党委办公室、综治保卫科）、计划经营科、财务科、质量安全环保科、生产运行科。所属基层单位11个：自动化技术部、软件维护部、数据部、网络部、数字电视部、信息部、传输部、市场部、综合服务部、系统集成部和工程部。

信息技术公司在册员工246人。其中，大学本科及以上学历152人，副高级职称24人、中级职称101人。信息技术公司党委下属党支部12个，共有党员121人，其中在职党员113人。

信息技术公司党政领导班子由 4 人组成，其中行政领导班子 4 人，党委由 4 人组成，领导班子成员分工如下：

吕新风任党委副书记、经理，全面负责公司行政工作，负责公司经营管理及中长期规划工作，主管办公室（党委办公室）、财务科。

邹彦胜任党委书记、纪委书记、工会主席、副经理，分管公司党建、党风廉政建设、思想政治、新闻宣传、企业文化建设、精神文明建设、基层建设、综治保卫、信访维稳、工会、团委、女工等工作，主管党委办公室（办公室）。

柳振林任党委委员、副经理、安全总监，协助经理负责日常生产组织运行、安全环保、质量与技术监督、计量与标准化、经营管理、扩大经营自主权改革工作、计划投资、物资采购、应急救灾、节能节水、基础考核、项目管理（三网工程项目部分）、设备管理、法律事务、人口与计划生育、档案管理、后勤保障、爱国卫生工作，负责分管业务、部门和联系单位的安全环保工作和党风廉政建设，分管生产运行科、质量安全环保科、计划经营科，联系传输部、网络部、市场部、系统集成部、综合服务部。

胡向全任党委委员、副经理，协助经理负责自动化、科技、信息化、内控管理、员工培训、项目管理（信息化、自动化及视频监控项目部分）工作，负责分管业务、部门和联系单位的安全环保工作和党风廉政建设，分管办公室（党委办公室）、生产运行科，联系信息部、软件维护部、数据部、工程部、自动化技术部。

新疆欧亚科技发展有限责任公司设执行董事、总经理 1 人：吕新风任执行董事、总经理；设监事 2 人：邹彦胜、武月旺任监事。

2016 年，信息技术公司监督新疆联通公司对鄯哈通信及社区网升级改造全面完成，光纤入户量达到 1.55 万户，吐哈互联网出口带宽达到 20G，社区网每户独享 20Mbps，吐哈居民真正接入互联高速路。认真分析运维特点，细致解析工作量分布，确保了 73 套信息系统、980 个视频监控、2000 余口单井自动化、685 场次视频会议全天候保障到位，运行实现零中断，运维工作坚强有力。荣获新疆维吾尔自治区"工人先锋号"、集团公司"信息化创新团队"称号。

2017 年 8 月，油田分公司党委决定：任命郑成国为信息技术公司党委书记、纪委书记、工会主席；免去邹彦胜的党委书记、纪委书记、工会主席职务。油田分公司决定：聘任郑成国为信息技术公司副经理；解聘邹彦胜的信息技术公司副经理职务。

2017年，信息技术公司重点抓好鲁克沁A11油水井示范区建设，主攻数据采集与监控子系统组态开发，系统功能和界面更加贴近油田实际，操作更加简洁方便。水井管理百口用工从3人降低到1人，油井管理实现"异常发现一分钟、诊断落实一刻钟、问题整改一小时"，降低了劳动强度，提升了管理效能，承担的73套信息系统运维工作，全年没有发生一次停系统、停机事件，有效确保了油田生产运行和经营管理。升级公用数据库集群内存，将服务器内存从32G提升到128G，延长了设备使用年限，提升了数据库集群运行性能。信息技术公司荣获新疆维吾尔自治区"工人先锋号"荣誉称号。

2018年1月，油田公司决定，将新闻中心现有新闻媒体相关业务整合为一个科级机构，机构名称为新闻媒体中心，并入信息技术公司作为基层单位，业务上接受企业文化处的管理。新闻中心内设机构全部撤销，信息技术公司（新疆欧亚科技发展有限责任公司）更名为信息技术公司（新闻中心、吐哈石油报社、中国石油报吐哈记者站、新疆欧亚科技发展有限责任公司）。

2018年1月，油田分公司党委决定：任命许忠为信息技术公司党委委员；免去其新闻中心党委副书记、纪委书记、工会主席职务。油田分公司决定：聘任许忠为信息技术公司副经理、新闻中心主任、吐哈石油报社社长、中国石油报吐哈记者站站长。

2018年5月，调整部分领导班子成员分工：

党委书记、纪委书记、副经理、工会主席郑成国，全面负责公司党委工作，负责公司党建、党风廉政建设、思想政治、新闻宣传、企业文化建设、精神文明建设、基层建设、综治保卫、信访维稳、工会、团委、女工等工作，分管党委办公室（办公室）。

党委委员、副经理、新闻中心主任、吐哈石油报社社长、中国石油报吐哈记者站站长许忠，协助经理负责新闻媒体中心日常管理工作，负责新闻中心、吐哈石油报社、中国石油报吐哈记者站工作，负责分管业务、部门和联系单位的安全环保工作和党风廉政建设，分管党委办公室（办公室），联系新闻媒体中心。

2018年6月，油田分公司决定：聘任郑成国为新疆欧亚科技发展有限责任公司监事；解聘邹彦胜的新疆欧亚科技发展有限责任公司监事职务。

2018年11月22日上午，中共信息技术公司第一届第一次代表大会在新疆维吾尔自治区哈密市召开，68名党员代表参加会议。会议选举产生中共信息技术公司第一届委员会和中共信息技术公司纪律检查委员会。中共信息技术公司第一届委员会由郑成国、吕新风、柳振林、胡向全、许忠等5人组成，郑成国为党委书记，吕新风为党委副书记。中共信息技术公司纪律检查委员会由5人组成，郑成国为纪委书记。

2018年11月22日下午，信息技术公司工会召开第一届第一次工会会员代表大会，工会会员代表共50人参加会议。会议选举产生信息技术公司第一届工会委员会、经费审查委员会和女职工委员会。郑成国为工会主席。

2018年，信息技术公司党委坚持"围绕生产抓党建，抓好党建促生产"，面对年初预算亏损的严峻考验，把价值引领、效益观念贯穿于生产经营全过程，超考核指标完成生产经营任务。数字油田建设、软件自主开发、数据中心管理、系统集成、网络运维、新闻媒体宣传等重点工作稳步推进，高质量完成油田分公司可视化调度平台建设，为油田安保防恐工作提供可靠技术保障；应用4G无线传输技术，使油气生产物联网系统的场站覆盖率达到54%，油水井覆盖率提升到63%；软件开发实现了流程化、模块化，业务流程二期等多个项目快速开发上线。扩大经营自主权改革稳步推进效果显著，新闻媒体业务融合快速有力，IPTV电视转网建设工作全部完成，合并同类业务，撤销2个基层部门，机关人员压减8%，科级职数压减5%。高质量完成了公司2018年QHSE体系修订发布和运行评价工作，311项体系审核问题全部整改完毕，安全环保态势平稳向好。信息技术公司先后获得中华全国总工会授予"工人先锋号"奖牌、新疆维吾尔自治区总工会和安全生产管理局授予信息技术公司2016年至2017年度"自治区安康杯竞赛优胜集体"荣誉证书、吐哈油田新闻中心1978年至2018年变革中的石油力量昆仑润滑杯庆祝改革开放40周年知识竞赛优秀组织奖奖牌、吐哈油田新闻中心2017年至2018年四星记者站奖杯、中国石油"四星级记者站"、中国石油报道优秀组织单位。

2019年1月，油田分公司党委决定：免去郑成国的信息技术公司党委书记、党委委员、纪委书记、工会主席职务。油田分公司决定：解聘郑成国的信息技术公司副经理职务。

2019年7月，油田分公司决定，将公司信息自动化研发运维职能全部集中到信息技术公司统一管理，将勘探开发研究院勘探开发专业软硬件运维业务、资产及相关人员划转至信息技术公司，信息技术公司科级职数增加1个。调整后，信息技术公司增加以下职责：负责信息化建设方案及计划的编制；负责数字油田（智能油田）平台建设、关键技术（项目）研发、新系统新技术培训及推广应用；负责勘探开发专业软、硬件的运行维护；负责数据中心等信息基础设施建设、管理及运行维护；负责传输网络建设、管理和维护；负责信息安全运行管理。

2019年7月，油田分公司党委决定：免去吕新风的信息技术公司党委副书记、党委委员职务。油田分公司决定：解聘吕新风的信息技术公司经理职务。

2019年8月，油田分公司党委决定：任命柳振林为信息技术公司党委书记（试用期一年），邓玉兵为信息技术公司党委委员、党委副书记、纪委书记、工会主席（试用期一年）。油田分公司决定：聘任柳振林为信息技术公司经理（试用期一年）。

2019年8月，调整领导班子成员分工：

党委书记、经理、安全总监柳振林负责公司党委及行政工作；负责公司经营管理、中长期规划工作、扩大经营自主权及"双百"改革工作、计划投资、法律事务；负责公司安全环保工作，负责分管业务、部门和联系单位的安全环保工作和党风廉政建设，分管办公室（党委办公室、人事科）、财务科、计划经营科、质量安全环保科，联系市场部、系统集成部。

党委委员、副经理胡向全负责日常生产组织运行；自动化、科技、信息化、内控管理及项目管理工作；负责应急救灾、节能节水及设备管理、质量与技术监督、计量与标准化、物资采购；负责分管业务、部门和联系单位的安全环保工作和党风廉政建设。分管生产运行科、质量安全环保科。联系传输部、网络部、软件运维中心、自动化技术部、综合服务部（物资业务部分）。

党委委员、副经理、新闻中心主任、吐哈石油报社社长、中国石油报吐哈记者站站长许忠协助经理分管新闻媒体中心日常管理工作，负责新闻中心、吐哈石油报社、中国石油报吐哈记者站工作，负责分管业务、部门和联系单位的安全环保工作和党风廉政建设。分管党委办公室（办公室），联系新闻媒体中心。

党委副书记、纪委书记、工会主席邓玉兵协助党委书记负责公司党委工作，公司党建、党风廉政建设、思想政治、新闻宣传、企业文化建设、精神文明建设、基层建设、综治保卫、信访维稳工作，负责公司纪委工作，负责公司工会、团委、女工工作，协助经理负责人口与计划生育、档案管理、后勤保障、爱国卫生、基础考核、员工培训、财务报销审核等工作；负责分管业务、部门和联系单位的安全环保工作，分管党委办公室（办公室、人事科），联系综合服务部（除物资业务以外部分）、财务科（报销业务部分）。

2019年11月，信息技术公司决定，撤销传输部、网络部，成立网络运维中心，将原有传输部和网络部门职责并入网络运维中心。同时，成立物联网技术研发中心。

2019年11月，油田分公司党委决定：免去许忠的信息技术公司党委委员职务。新疆吐哈石油勘探开发有限公司决定：聘任柳振林为新疆欧亚科技发展有限责任公司执行董事、总经理，邓玉兵为新疆欧亚科技发展有限责任公司监事。油田分公司决定：解聘信息技术公司许忠的副经理、新闻中心主任、吐哈石油报社社长、中国石油报吐哈记者站站长的职务，吕新风的新疆欧亚科技发展有限责任公司执行董事、总经理职务，郑成国的新疆欧亚科技发展有限责任公司监事职务。

2019年12月，油田分公司党委决定：任命齐周显、阿金仓为信息技术公司党委委员。油田分公司决定：聘任齐周显为信息技术公司副经理、新闻中心主任、吐哈石油报社社长、中国石油报吐哈记者站站长（试用期一年），阿金仓为信息技术公司副经理、安全总监（试用期一年）；解聘柳振林的信息技术公司安全总监职务。

2019年，信息技术公司快速响应新井产能建设，紧盯油田勘探开发需求，完成184口油水井、2座阀组A11数据采集建设任务，油田A11系统场站、油井、水井覆盖率分别达到37%、64%、41%。针对准东、天草、条湖等新探区和边远地带技术需求，借助社会资源，引入运营商端口，A11系统覆盖到全部油探区。完成吐鲁番采油厂117口油井远程启停，实现抽油机电子巡检与智能管理，降低了劳动强度，节约了运行费用，为"油公司"管理模式提供了可复制、可借鉴的鲜活经验。独立实施雁木西自控系统升级和污水系统改造、连2计量站自控系统等8个自动化项目，进一步锻炼了队伍，提升了项目综合管理和现场生产实践能力。获得新疆维吾尔自治区文明单位、自治区劳模创新工作室、集团公司《中国石油报道》和《石油新闻快讯》优秀组织单位。

2020年1月，调整领导班子成员分工：

党委书记、经理柳振林负责公司全面工作和发展战略，主持公司党委工作。分管办公室（党委办公室、人事科）。联系物联网技术研发中心。

党委委员、副经理胡向全负责规划计划、合同、物资（服务）采购、法律事务、企业资质、造价、财务资产、资本运营、定额定价等工作，负责自动化、信息化业务管理工作，负责分管业务、部门和联系单位的党建工作、安全环保工作和党风廉政建设，分管计划经营科、财务科，联系自动化技术部、软件运维中心、市场部、综合服务部。

党委副书记、纪委书记、工会主席邓玉兵负责党建工作、党风廉政建设、基层建设、信访维稳、治安保卫、统战、工会、团委、女工、机要保密工作；负责公司纪委工作，负责人事档案、绩效考核、员工培训、技能鉴定等工作；协助负责公司党委工作，负责分管业务、部门和联系单位的党建工作、安全环保工作和党风廉政建设，协助分管办公室（党委办公室、人事科），联系综合服务部。

党委委员、副经理、新闻中心主任、吐哈石油报社社长、中国石油报吐哈记者站站长齐周显负责新闻中心、吐哈石油报社、中国石油报吐哈记者站工作；负责新闻宣传、思想政治、企业文化建设、精神文明建设工作，负责综合档案、人口与计划生育、爱国卫生、后勤保障等工作，负责分管业务、部门和联系单位的党建工作、安全环保工作和党风廉政建设，协助分管办公室（党委办公室、人事科），联系新闻中心、综合服务部。

党委委员、副经理、安全总监阿金仓负责日常生产组织运行、安全环保、外部市场、科技、基建、设备、应急、内控、节能节水、质量与技术监督、计量与标准化等工作，负责传输、网络、系统集成业务管理工作，负责分管业务、部门和联系单位的党建工作、安全环保工作和党风廉政建设，分管生产运行科、质量安全环保科，联系网络运维中心、系统集成部。

2020年，面对突如其来的新冠疫情和低油价严峻形势，公司党委牢牢把握"守初心、担使命，找差距、抓落实"的总要求，高质量高标准推进各项工作，自动化建设、软件系统开发、新闻宣传迈上新台阶。紧盯油田勘探开发需求，完成184口油水井、2座阀组A11数据采集建设任务，油田A11系统场站、油井、水井覆盖率分别达到37%、64%、41%，为深度参与"数字油田"建设奠定了基础。紧贴生产经营管理实施系统开发建设，高效完成油田公司机关大部制改革、二级单位机构业务合并相关系统、权限近千人次调整，全年75套系统运维17895次，软件运维中心坚持做到优质服务"无盲区"，助推生产经营"不抛锚"。立足油田改革发展，讲好吐哈故事、传播吐哈声音，精心组织策划"壮丽70年·奋斗新时代"大型主题采访活动，围绕油气上产、改革创新、先进典型、党的建设、企业文化等重点工作，采写了大批好作品。

截至2020年12月31日，信息技术公司设机关科室5个：办公室（党委办公室、人事科）、生产运行科、质量安全环保科、计划经营科、财务科。所属基层单位8个：自动化技术部、软件运维中心、新闻媒体中心、物联网技术研发中心、网络运维中心、系统集成部、市场部、综合服务部。

信息技术公司在册员工258人。其中，大学本科及以上学历195人，副高级职称35人、中级职称127人。信息技术公司党委下属党支部9个，共有党员132人，其中在职党员129人。

信息技术公司党委由5人组成：柳振林任党委书记，邓玉兵任党委副书记，胡向全、齐周显、阿金仓任党委委员，邓玉兵任纪委书记、工会主席。信息技术公司行政领导班子由4人组成：柳振林任经理，胡向全任副经理，齐周显任副经理、新闻中心主任、吐哈石油报社社长、中国石油报吐哈记者站站长，阿金仓任副经理、安全总监。新疆欧亚科技发展有限责任公司仍由信息技术公司托管，柳振林任执行董事、总经理，邓玉兵、武月旺任监事。领导班子成员分工自2020年12月以来未做调整。

"十三五"期间，面对新冠疫情和低油价严峻形势，信息技术公司党委坚持全面从严，科学制定"建设疆内一流信息企业"战略目标，新建两个党支部活动阵地和一个劳模创新工作室，以高质量党建引领高质量发展。A11项目完成新建产能和后续工作量，智能油田示范区建设使1029口油水井、边远井从地面走上云端，软件开发多套系统彰显了技术实力，重点工程视频推送和通讯安防及系统集成项目建设高效完成，网络运维有序开展互联网、办公网出口、等级保护等信息安全项目建设，进一步提升了信息安全整体防控能力。企业管理坚强有力，优化人力资源开发，认真做好经营管理，各类风险有效防范化解。信息技术公司先后获得全国"工人先锋号"、自治区文明单位、集团公司创新团队、自治区"安康杯"竞赛优胜集体、自治区工人先锋号、自治区"五四"红旗团委、中国石油"四星级"记者站、中国石油报道优秀组织单位等多项省部级荣誉，涌现出集团公司劳动模范顾惊涛等先进典型，各项工作都迈上了新台阶，取得了新成就。

一、信息技术公司（新疆欧亚科技发展有限责任公司）（2016.1—2018.1）

（一）信息技术公司党委、纪委领导名录（2016.1—2018.1）

  党 委 书 记 邹彦胜（2016.1—2017.8）[①]

        郑成国（2017.8—2018.1）

  党委副书记 吕新风（2016.1—2018.1）

  党 委 委 员 邹彦胜（2016.1—2017.8）

        郑成国（2017.8—2018.1）

        吕新风（2016.1—2018.1）

        柳振林（2016.1—2018.1）

        胡向全（2016.1—2018.1）

  纪 委 书 记 邹彦胜（2016.1—2017.8）

        郑成国（2017.8—2018.1）

（二）信息技术公司行政领导名录（2016.1—2018.1）

  经   理 吕新风（2016.1—2018.1）

  副 经 理 邹彦胜（2016.1—2017.8）

        郑成国（2017.8—2018.1）

[①] 2017年8月，邹彦胜退职离岗。

柳振林（2016.1—2018.1）

胡向全（2016.1—2018.1）

安 全 总 监 柳振林（兼任，2016.1—2018.1）

（三）信息技术公司工会领导名录（2016.1—2018.1）

主　　席 邹彦胜（2016.1—2017.8）

郑成国（2017.8—2018.1）

（四）新疆欧亚科技发展有限责任公司领导名录（2016.1—2018.1）

执 行 董 事 吕新风（2016.1—2018.1）

总 经 理 吕新风（2016.1—2018.1）

监 事 邹彦胜（2016.1—2018.1）

武月旺（规划计划处副处长，2016.1—2018.1）

二、信息技术公司（新闻中心、吐哈石油报社、中国石油报吐哈记者站、新疆欧亚科技发展有限责任公司）（2018.1—2020.12）

（一）信息技术公司党委、纪委领导名录（2018.1—2020.12）

党 委 书 记 郑成国（2018.1—2019.1）①

柳振林（2019.8—2020.12）

党委副书记 吕新风（2018.1—2019.7）②

邓玉兵（2019.8—2020.12）

党 委 委 员 郑成国（2018.1—2019.1）

吕新风（2018.1—2019.7）

柳振林（2018.1—2020.12）

胡向全（2018.1—2020.12）

许　忠（2018.1—2019.11）③

邓玉兵（2019.8—2020.12）

齐周显（2019.12—2020.12）

阿金仓（2019.12—2020.12）

---

① 2019年1月，郑成国退职离岗；2019年1月至8月期间，信息技术公司党委书记空缺。
② 2019年7月，吕新风调任技术监测中心党委书记、纪委书记、工会主席、副主任。
③ 2019年11月，许忠调任党委宣传部副部长、企业文化处副处长。

纪 委 书 记 郑成国（2018.1—2019.1）①

邓玉兵（2019.8—2020.12）

（二）信息技术公司行政领导名录（2018.1—2020.12）

经　　　理 吕新风（2018.1—2019.7）

柳振林（2019.8—2020.12）

副 经 理 郑成国（2018.1—2019.1）

柳振林（2018.1—2019.7）

胡向全（2018.1—2020.12）

许　　忠（2018.1—2019.11）

齐周显（2019.12—2020.12）

阿金仓（2019.12—2020.12）

安 全 总 监 柳振林（兼任，2016.1—2019.12）

阿金仓（兼任，2019.12—2020.12）

（三）信息技术公司工会领导名录（2018.1—2020.12）

主　　　席 郑成国（2018.1—2019.1）②

邓玉兵（2019.8—2020.12）

（四）新闻中心领导名录（2018.1—2020.12）

主　　　任 许　　忠（2018.1—2019.11）③

齐周显（2019.12—2020.12）

（五）吐哈石油报社领导名录（2018.1—2020.12）

社　　　长 许　　忠（2018.1—2019.11）④

齐周显（2019.12—2020.12）

（六）中国石油报吐哈记者站领导名录（2018.1—2020.12）

站　　　长 许　　忠（2018.1—2019.11）⑤

齐周显（2019.12—2020.12）

---

① 2019 年 1 月至 8 月期间，信息技术公司纪委书记空缺。

② 2019 年 1 月至 8 月期间，信息技术公司工会主席空缺。

③ 2019 年 11 月至 12 月期间，信息技术公司新闻中心主任空缺。

④ 2019 年 11 月至 12 月期间，信息技术公司吐哈石油报社社长空缺。

⑤ 2019 年 11 月至 12 月期间，信息技术公司中国石油报吐哈记者站站长空缺。

（七）新疆欧亚科技发展有限责任公司领导名录（2018.1—2020.12）

执 行 董 事　吕新风（2018.1—2019.11）

　　　　　　柳振林（2019.11—2020.12）

总 经 理　吕新风（2018.1—2019.11）

　　　　　　柳振林（2019.11—2020.12）

监 事　邹彦胜（2018.1—6）

　　　　　　郑成国（2018.6—2019.11）

　　　　　　武月旺（规划计划处副处长，2018.1—2020.12）

　　　　　　邓玉兵（2019.11—2020.12）

第十九节　物资供应处（2016.1—2020.3）

物资供应处的前身是玉门石油管理局物资供应处。1991年1月，会战指挥部决定成立物资供应处，与玉门石油管理局物资供应处一个机构两块牌子。1995年6月，指挥部物资供应处与玉门石油管理局物资供应处进行资产分离，指挥部物资供应处按实际控制指标范围划归指挥部。2008年1月，吐哈油田分公司决定，撤销物资管理中心（电子商务管理处），电子商务管理业务划至企业管理法规处，将物资管理中心划入物资供应处，成立吐哈油田分公司物资供应处，为二级单位，机构规格正处级，主要负责吐哈油田生产、工程建设所需物资计划编报、采购、物资采购合同履行、到货物资检验验收、不合格物资初步处理，以及物资保管及发放等业务。党组织关系隶属于油田分公司党委，机关实行两地办公，分别在新疆维吾尔自治区吐鲁番市鄯善县火车站镇和新疆维吾尔自治区哈密市吐哈石油基地。

截至2015年12月31日，物资供应处设机关科室5个：办公室（党委办公室）、质量安全环保科、计划经营科、财务科、纪检监察科。所属基层单位16个：合同科、科技信息部、供应调度科、机电设备采购部、金属材料采购部、非金属材料采购部、国际贸易部、门市材料采购部、市场部、质检科、试压站、鄯善物资库、哈密物资库、三塘湖物资库、综合服务部、治安保卫大队。

物资供应处编制定员 359 人，其中处级职数 5 个、科级职数 49 个，机关定员 36 人；在册员工 357 人，其中本科及以上学历 116 人，副高级职称 13 人，中级职称 99 人；技师 1 人。物资供应处党委下属基层党支部 11 个，共有党员 165 人，其中在职党员 161 人。

物资供应处党政领导班子由 5 人组成，其中行政领导班子 5 人，党委由 5 人组成，领导班子成员分工如下：

张勇任党委副书记、处长，全面负责处行政工作，分管办公室（党委办公室）、合同科。

党兰焕任党委书记、纪委书记、副处长、工会主席，主持党委工作，负责党群、纪检、综治维稳工作，分管办公室（党委办公室）、纪检监察科、治安保卫大队。

王继勇任党委委员、副处长、总会计师，协助处长负责财务、计划、经营、物资仓储、后勤、基建、内控、审计、关联交易等工作，分管财务科、计划经营科、综合服务部、鄯善物资库、三塘湖物资库、哈密物资库。

曹巍任党委委员、副处长、安全总监，协助处长负责物资采购供应、安全、设备、环保、节能节水、物资检验、油套管和井口试压、市场开发及外部协调、科技信息等工作，分管质量安全环保科、供应调度科、金属材料采购部、非金属材料采购部、机电设备采购部、门市材料采购部、国际贸易部、质检科、试压站、市场部、科技信息部。

杜安全任党委委员、副处长，2015 年 2 月至 2016 年 1 月，派至喀什参加中央驻疆单位"访民情惠民生聚民心"活动，暂无分管工作。

2016 年 2 月，调整部分领导班子成员分工：

党委委员、副处长、总会计师王继勇协助处长负责财务、计划、经营、后勤、基建、内控、审计、关联交易、科技信息等工作，分管财务科、计划经营科、科技信息部、综合服务部。

党委委员、副处长、安全总监曹巍协助处长负责安全、设备、环保、节能节水、物资采购供应、物资检验、市场开发及外部协调等工作，分管质量安全环保科、供应调度科、金属材料采购部、非金属材料采购部、机电设备采购部、门市材料采购部、国际贸易部、质检科、市场部。

党委委员、副处长杜安全协助处长负责物资仓储、油套管和井口试压及档案管理等工作，分管鄯善物资库、三塘湖物资库、哈密物资库、试压站。

2016年5月，油田分公司党委决定：任命孙皓为物资供应处党委书记、纪委书记、工会主席，党兰焕为物资供应处党委副书记；免去党兰焕的物资供应处党委书记、纪委书记、工会主席职务，张勇的物资供应处党委副书记职务。油田分公司决定：聘任党兰焕为物资供应处处长，孙皓为物资供应处副处长；解聘张勇的物资供应处处长职务。

随后，调整领导班子成员分工：

党委副书记、处长党兰焕全面负责处行政工作，分管办公室（党委办公室）、合同科。

党委书记、纪委书记、副处长、工会主席孙皓主持党委工作，负责党群、纪检、综治维稳工作，分管办公室（党委办公室）、纪检监察科、治安保卫大队。

党委委员、副处长、总会计师王继勇协助处长负责财务、计划、经营、后勤、基建、内控、审计、关联交易等工作，分管财务科、计划经营科、综合服务部。

党委委员、副处长、安全总监曹巍协助处长负责安全、环保、质量、设备、节能节水、物资采购供应、科技信息、市场开发及外部协调等工作，分管质量安全环保科、供应调度科、金属材料采购部、非金属材料采购部、机电设备采购部、门市材料采购部、国际贸易部、科技信息部、市场部。

党委委员、副处长杜安全协助处长负责物资仓储、物资检验、档案管理等工作，分管质检科、试压站、鄯善物资库、三塘湖物资库、哈密物资库。

2016年9月，油田分公司党委决定：免去孙皓的物资供应处党委书记、纪委书记、工会主席职务。油田分公司决定：解聘孙皓的物资供应处副处长职务。

2016年11月，油田分公司党委决定：任命石玉峰为物资供应处党委书记、纪委书记、工会主席。油田分公司决定：聘任石玉峰为物资供应处副处长。

随后，调整领导班子成员分工：

党委副书记、处长党兰焕全面负责处行政工作，分管办公室（党委办公室）、合同科。

党委书记、纪委书记、副处长、工会主席石玉峰主持党委工作，负责党群、纪检、综治维稳工作，分管办公室（党委办公室）、纪检监察科、治安保卫大队。

党委委员、副处长、总会计师王继勇协助处长负责财务、计划、经营、后勤、基建、内控、审计、关联交易等工作，分管财务科、计划经营科、综合服务部。

党委委员、副处长、安全总监曹巍协助处长负责安全、环保、质量、设备、节能节水、物资采购供应、科技信息、市场开发及外部协调等工作，分管质量安全环保科、供应调度科、金属材料采购部、非金属材料采购部、机电设备采购部、门市材料采购部、国际贸易部、科技信息部、市场部。

党委委员、副处长杜安全协助处长负责物资仓储、物资检验、档案管理等工作，分管质检科、试压站、鄯善物资库、三塘湖物资库、哈密物资库。

2016年，物资供应处紧盯保供主业，细化降本措施，不断提升管理水平和效益，全力保障油田生产经营建设，累计物资供应10.06亿元，实现利润 -0.13亿元，调剂闲置物资0.45亿元，废旧物资处置和市场创效0.11亿元。累计受理合同1995份，共计17.88亿元；验收到货物资9635批次。同时，搭建物资资源共享平台，持续优化物流辅助管理平台流程。获得集团公司物资采购管理先进个人1人。

2017年11月，油田分公司党委决定：正式任命石玉峰为物资供应处党委书记、纪委书记、工会主席。

2017年，物资供应处供应系统针对价格波动和供需矛盾，不断提升应对市场变化的能力，累计物资供应14.67亿元，实现利润 -0.06亿元，调剂闲置物资0.23亿元，废旧物资处置和市场创效0.04亿元。累计受理合同2455份，共计23.24亿元；验收到货物资11001批次。

2018年3月，撤销纪检监察科。

2018年3月，调整领导班子成员分工：

党委副书记、处长党兰焕全面负责处行政工作，分管办公室（党委办公室）。

党委书记、纪委书记、副处长、工会主席石玉峰主持党委工作，负责党群、纪检、综治维稳工作，分管党委办公室（办公室）、治安保卫大队。

党委委员、副处长、总会计师王继勇协助处长负责财务、计划、经营、内控、审计、合同、关联交易、后勤、基建等工作，分管财务科、计划经营科、合同科、综合服务部。

党委委员、副处长、安全总监曹巍协助处长负责生产运行，安全、环保、质量、设备、节能节水，物资采购供应，科技信息，市场开发及外部协调等工作，分管质量安全环保科、供应调度科、金属材料采购部、非金属材料采购部、机电设备采购部、门市材料采购部、国际贸易部、科技信息部、市场部。

党委委员、副处长杜安全协助处长负责物资仓储、物资检验、档案管理等工作，分管质检科、试压站、鄯善物资库、三塘湖物资库、哈密物资库。

2018年5月，质检科与试压站合并成立质检中心；撤销治安保卫大队。

2018年5月，调整领导班子成员分工：

党委副书记、处长党兰焕全面负责处行政管理工作，分管办公室（党委办公室）。

党委书记、纪委书记、副处长、工会主席石玉峰负责党群、纪检、综治维稳工作，主管党委办公室（办公室）、综合服务部。

党委委员、副处长、总会计师王继勇负责财务、计划、经营、内控、审计、合同、关联交易、后勤、基建等工作，分管财务科、计划经营科、合同科、综合服务部。

党委委员、副处长、安全总监曹巍负责生产运行，安全、环保、质量、设备、节能节水，物资采购供应，科技信息，市场开发及外部协调等工作，分管质量安全环保科、供应调度科、金属材料采购部、非金属材料采购部、机电设备采购部、门市材料采购部、国际贸易部、科技信息部、市场部。

党委委员、副处长杜安全负责物资仓储、物资检验、档案管理等工作，分管质检中心、鄯善物资库、三塘湖物资库、哈密物资库。

2018年8月，油田分公司党委决定：任命辛文举为物资供应处党委委员；免去杜安全的物资供应处党委委员职务。油田分公司决定：聘任辛文举为物资供应处副处长；解聘杜安全的物资供应处副处长职务。

随后，调整领导班子成员分工：

党委副书记、处长党兰焕全面负责处行政管理工作，分管办公室（党委办公室）。

党委书记、纪委书记、副处长、工会主席石玉峰负责党群、纪检、综治维稳工作，分管党委办公室（办公室）、综合服务部。

党委委员、副处长、总会计师王继勇协助处长负责财务、计划、经营、内控、审计、合同、关联交易、后勤、基建等工作，分管财务科、计划经营科、合同科、综合服务部。

党委委员、副处长、安全总监曹巍协助处长负责生产运行、安全、环保、质量、设备、节能节水，物资采购供应，科技信息，市场开发及外部协调等工作，分管质量安全环保科、供应调度科、金属材料采购部、非金属材料采购部、机电设备采购部、门市材料采购部、国际贸易部、科技信息部、市场部。

党委委员、副处长辛文举协助处长负责物资仓储、物资检验、档案管理等工作，分管质检中心、鄯善物资库、三塘湖物资库、哈密物资库。

2018年10月24日至25日，中共吐哈油田公司物资供应处第二次代表大会在新疆维吾尔自治区吐鲁番市鄯善县办公点召开，60名党员代表参加会议。会议选举产生中共物资供应处第二届委员会和中共物资供应处纪律检查委员会。中共物资供应处委员会由王继勇、石玉峰、辛文举、党兰焕、曹巍等5人组成（以姓氏笔画为序），石玉峰为党委书记，党兰焕为党委副书记。中共物资供应处纪律检查委员会由5人组成，石玉峰为纪委书记。

2018年10月24日，物资供应处召开第三次工会会员代表大会，工会会员代表共66名参加会议。会议选举产生物资供应处工会第三届工会委员会、经费审查委员会和女职工委员会。石玉峰为工会主席。

2018年12月，油田分公司党委批复同意物资供应处党代会选举结果。

2018年，物资供应处完成供应额14.60亿元，实现利润0.04亿元，调剂闲置物资0.44亿元，废旧物资处置和市场创效0.13亿元。累计受理合同2136份，共计34.43亿元；验收到货物资8923批次。固定资产原值1.79亿元，净值0.58亿元。率先引进龙门吊电子称重系统，成为集团公司首家称重数据自动导入仓储系统的单位；实现仓储管理等级评价考核一级达标，取得新疆区域小组第一的好成绩。

2019年3月，油田分公司决定：聘任辛文举为物资供应处安全总监；

解聘曹巍的物资供应处安全总监职务。

2019年4月，调整领导班子成员分工：

党委副书记、处长党兰焕全面负责处行政管理工作，分管办公室（党委办公室）。

党委书记、纪委书记、副处长、工会主席石玉峰负责党群、纪检、综治维稳工作，分管党委办公室（办公室）、综合服务部。

党委委员、副处长、总会计师王继勇协助处长负责财务、计划、经营、内控、审计、合同、关联交易、后勤、基建等工作，分管财务科、计划经营科、合同科、综合服务部。

党委委员、副处长曹巍协助处长负责物资采购供应，科技信息等工作，分管供应调度科、金属材料采购部、非金属材料采购部、机电设备采购部、门市材料采购部、国际贸易部、科技信息部。

党委委员、副处长、安全总监辛文举协助处长负责生产运行，安全、环保、质量、设备、节能节水，物资仓储、物资检验，市场开发及外部协调，档案管理等工作，分管质量安全环保科、供应调度科、质检中心、鄯善物资库、三塘湖物资库、哈密物资库、市场部。

2019年6月，将办公室（党委办公室）更名为办公室（党委办公室、人事科），机关职能科室数量不变。

2019年7月，将公司原直属单位物资管理部的物资管理相关职能划转至物资供应处，物资供应处机关增加物资管理科，机关人员编制增加6人，其中科级2人。调整后，物资供应处职责为：贯彻落实上级有关物资管理的法律、法规和规章制度；组织制（修）订公司物资管理规章制度，并组织实施，检查、考核各单位的物资管理工作；负责与上级物资管理部门的协调联系；负责公司物资管理信息系统的规划、实施和管理维护；负责标准化采购工作的推进；负责编制和发布公司《集中采购物资目录》和重点物资目录；负责公司年度物资采购计划的编制，各单位物资需求计划的审核、合并，物资采购计划的立项、审核；负责物资和仓储等相关服务采购项目的合并打包、立项，起草物资和仓储等相关服务采购项目的技术招标文件，进行技术审查；负责向集团公司上报一级采购物资需求计划，配合集团公司集中采购工作，负责二级物资供应商的日常管理和考评，参与集团公司一级供应商的推荐和考核；负责物资采购合同的签订与履行，调查处理公司物资和仓储等相关服务采购合同执行中出现的问题；负责采购物资的质量检验、重要物资的驻厂监造，物资使用过程中的跟踪服务及质量问题的协调处理、调查取证等工作；负责物资仓储管理，包括物资接卸、保管、发放、配送、稽核、账务处理等；负责公司进出口物资的采购立项、合同签订及相关手续办理；负责公司废旧物资回收、处理以及闲置物资的处置；负责单位市场开拓、创收创效工作；负责单位安全环保、综治维稳、党风廉政建设等工作；负责单位党组织建设和干部员工队伍的管理。

2019年7月，增设物资管理科，机关职能科室由4个调整为5个。

2019年，物资供应处累计物资供应12.15亿元，实现利润0.08亿元。累计受理合同1731份，共计18.93亿元；验收到货物资7731批次。《仓储管理转型升级研究与实践》成果获得集团公司管理创新二等奖；仓储业务获得集团公司认可，被设立为中石油北疆区域仓储共享中心吐哈分库；被新疆维吾尔自治区授予"文明单位"荣誉称号。

2020年2月，油田分公司党委决定：免去王继勇的物资供应处党委委员职务。油田分公司决定，解聘王继勇的物资供应处副处长、总会计师职务。

2020年3月，油田分公司决定，将机械厂和物资供应处重组整合，成立物资保障中心。

2020年3月，油田分公司党委决定：免去石玉峰的物资供应处党委书记、纪委书记、工会主席职务，党兰焕的物资供应处党委副书记职务，辛文举的物资供应处党委委员职务，曹巍的物资供应处党委委员职务。油田分公司决定：解聘党兰焕的物资供应处处长职务，石玉峰的物资供应处副处长职务，辛文举的物资供应处副处长、安全副总监职务，曹巍的物资供应处副处长职务。

截至2020年3月2日，物资供应处设机关科室5个：办公室（党委办公室 人事科）、质量安全环保科、计划经营科、财务科、物资管理科。所属基层单位14个：合同科、科技信息部、供应调度科、机电设备采购部、金属材料采购部、非金属材料采购部、国际贸易部、门市材料采购部、市场部、质检中心、鄯善物资库、哈密物资库、三塘湖物资库、综合服务部。

物资供应处在册员工 229 人，其中大学本科及以上学历 140 人，副高级职称 16 人、中级职称 78 人；技师 1 人。物资供应处党委下属 9 个党支部，共有党员 119 人，其中在职党员 115 人。

物资供应处党委由 4 人组成：石玉峰任党委书记、纪委书记、工会主席，党兰焕任党委副书记，辛文举、曹巍任党委委员。物资供应处行政领导班子由 4 人组成：党兰焕任处长，石玉峰、曹巍任副处长，辛文举任副处长、安全总监。领导班子成员分工自 2019 年 4 月以来未做调整。

"十三五"期间，物资供应处围绕油田生产建设大局，强化落实供应、安全、仓储、质量 4 项重点工作，全力保障油田生产经营建设的物资供应。累计完成供应额 51.48 亿元；物资采购计划执行率 100%、物资质量合格率 99.95%、供货及时率 100%，用户满意率保持在 98% 以上；调剂油田闲置物资 16.74 亿元，库存压减 30%，实现了公司 3 年闲置物资调剂处置为零的目标。完成集团公司积压物资压控目标。累计质检各类物资 39230 批次 / 205077 项，合格率 98.7%，有效杜绝不合格物资进入油田市场，为油田勘探开发建设提供了坚实的物资保障。充分利用区域条件、发挥仓储优势，持续推进市场开拓战略，先后为西气东输二线、三线管道、西部钻探公司、西部管道公司等重点项目建设运行提供物资供应、场地租赁服务、废旧物资处置等工作，累计实现废旧物资处置和市场创效 3209 万元。不断改善员工餐饮环境、就餐质量和饮食服务水平，落实员工大病救助和扶贫帮困政策；优化人力资源配置，挖掘人力资源潜力，推进三支队伍建设。员工总数由 2016 年的 356 人精减到 2019 年的 238 人，调整交流科级管理人员 28 人次，公开竞聘科级管理人员 4 人，补充具有大学学历的员工 11 人，开展各类培训 546 次、培训员工 1516 人次，5 名员工在公司第十三届仓储保管工技能竞赛取得优异成绩。期间：物资供应处吐哈仓储获得集团公司认可，被设立为中石油北疆区域仓储共享中心吐哈分库；获得集团公司物资采购管理先进个人 1 人。

一、物资供应处党委、纪委领导名录（2016.1—2020.3）

　　党委书记　党兰焕（女，2016.1—5）

　　　　　　　孙　皓（2016.5—9）[①]

---

① 2016 年 9 月，孙皓退职离岗；2016 年 9 月至 11 月期间，物资供应处党委书记空缺。

　　　　　　　　石玉峰（2016.11—2020.3）

党委副书记　张　勇（2016.1—5）①

　　　　　　　　党兰焕（2016.5—2020.3）

党委委员　张　勇（2016.1—5）

　　　　　　　　王继勇（2016.1—2020.2）②

　　　　　　　　党兰焕（2016.1—2020.3）

　　　　　　　　曹　巍（2016.1—2020.3）

　　　　　　　　杜安全（2016.1—2018.8）③

　　　　　　　　孙　皓（2016.5—9）

　　　　　　　　石玉峰（2016.11—2020.3）

　　　　　　　　辛文举（2018.8—2020.3）

纪委书记　党兰焕（2016.1—5）

　　　　　　　　孙　皓（2016.5—9）④

　　　　　　　　石玉峰（2016.11—2020.3）

二、物资供应处行政领导名录（2016.1—2020.3）

处　　　长　张　勇（2016.1—5）

　　　　　　　　党兰焕（2016.5—2020.3）

副　处　长　王继勇（2016.1—2020.2）

　　　　　　　　曹　巍（2016.1—2020.3）

　　　　　　　　杜安全（2016.1—2018.8）

　　　　　　　　党兰焕（2016.1—5）

　　　　　　　　孙　皓（2016.5—9）

　　　　　　　　石玉峰（2016.11—2020.3）

　　　　　　　　辛文举（2018.8—2020.3）

总 会 计 师　王继勇（2016.1—2020.2）

安 全 总 监　曹　巍（兼任，2016.1—2019.3）

---

① 2016 年 5 月，解聘张勇现职，8 月办理退职离岗。
② 2020 年 2 月，解聘王继勇现职，3 月办理退职离岗。
③ 2016 年 1 月至 2 月，杜安全派至喀什参加中央驻疆单位"访民情惠民生聚民心"活动。
④ 2016 年 9 月至 11 月期间，物资供应处纪委书记空缺。

辛文举（兼任，2019.3—2020.3）

三、物资供应处工会领导名录（2016.1—2020.3）

主　　　席　党兰焕（2016.1—5）

　　　　　　孙　皓（2016.5—9）①

　　　　　　石玉峰（2016.11—2020.3）

第二十节　石油能源开发公司
（2016.1—2019.12）

1999年6月，指挥部决定，成立石油能源开发公司（简称能源公司）。2008年12月31日，执行集团公司成品油零售业务整合政策，2009年1月开始，面向新疆及甘肃销售所在地州公司开展劳务输出。2009年3月，油田分公司决定，对能源公司管理方式进行理顺，保留"吐哈石油勘探开发指挥部石油能源开发公司"名称，同时挂"吐哈油田分公司石油能源开发公司"牌子。能源公司为二级单位，机构规格为正处级，主要围绕劳务服务协议做好劳务服务、员工管理、劳务收入清算和成本控制工作。党组织关系隶属于油田分公司党委，机关办公地点在新疆维吾尔自治区哈密基地。

截至2015年12月31日，能源公司设机关职能科室1个：综合办公室。所属基层单位3个：哈密销售部、鄯善销售部、玉门综合部。在册员工126人，其中，大学本科及以上学历13人，中级职称7人。能源公司党委下属基层党支部4个，共有党员33人，其中在岗党员33人。

2016年1月，能源公司党政领导班子由2人组成，其中党委由2人组成，行政领导班子由2人组成，领导班子成员分工如下：

闫文玉任党委副书记、纪委书记、副经理、工会主席，全面负责公司党、政工作，分管公司党组织建设、党风廉政建设、纪检监察、工会、综治、人力资源、企业文化建设、计划生育和爱卫会工作。

王斌任党委委员、副经理、安全总监，负责生产经营、劳动工资、财务

---

① 2016年9月至11月期间，物资供应处工会主席空缺。

管理、合同管理、档案管理工作，分管安全生产、劳动工资、档案管理。

2016 年 3 月，油田分公司党委决定：任命王多立为能源公司党委副书记、纪委书记、工会主席；免去闫文玉的能源公司党委副书记、纪委书记、工会主席职务。油田分公司决定：聘任王多立为能源公司副经理；解聘闫文玉的能源公司副经理职务。

2016 年，能源公司实现总收入 628 万元，利润 –1406 万元（下达指标 –1480 万元）。

2017 年 4 月，油田分公司党委决定：免去王斌的石油能源开发公司党委委员职务；油田分公司决定：解聘王斌的石油能源开发公司副经理、安全总监职务。

2017 年 5 月，油田分公司决定，将能源公司机构规格由正处级调整为副处级。设副处级职数 2 人，其中经理 1 人、党委书记 1 人；机关设综合办公室 1 个科室，人员编制 4 人；基层设鄯善综合部、哈密销售部和玉门综合部 3 个单位；科级职数在现状基础上随着科级人员退出同时下调。

2017 年 5 月，油田分公司党委决定：任命辛文举为能源公司党委副书记。油田分公司决定：聘任辛文举为能源公司经理、安全总监。

2017 年 6 月，调整领导班子成员分工：

党委副书记、经理、安全总监辛文举全面负责公司行政工作，负责公司生产经营、安全生产、劳动组织工作，负责企业管理、财务管理、投资管理、合同及合规管理、人力资源管理和档案管理工作，负责主管业务、联系单位（部门）的安全环保工作和党风廉政建设。协助配合王多立抓好党组织建设工作。联系单位：鄯善综合部、机关综合办公室。

党委副书记、纪委书记、副经理、工会主席王多立全面负责公司党委、纪委、工会工作，负责党组织建设、思想政治建设、企业文化建设及工、团、妇工作，负责纪检监察、党风廉政建设工作，负责治安防恐、信访维稳工作，负责计划生育和爱卫会工作，负责主管业务、联系单位的安全环保工作和党风廉政建设。协助配合辛文举抓好行政管理工作。联系单位：哈密销售部、玉门综合部。

2017 年 8 月，油田分公司党委决定，给予王多立开除党籍处分。油田分公司纪委决定，给予王多立行政留用察看一年处分。

2017年11月，油田公司党委决定：任命余中华为能源公司党委书记、纪委书记、工会主席（试用期一年）。油田公司决定：聘任余中华为能源公司副经理。

2017年12月，调整领导班子成员分工：

党委副书记、经理、安全总监辛文举全面负责公司行政工作，负责公司生产经营、安全生产、劳动组织工作，负责企业管理、财务管理、投资管理、合同及合规管理、人力资源管理和档案管理工作，负责主管业务安全环保工作和党风廉政建设。协助配合余中华抓好党组织建设等工作。

党委书记、纪委书记、副经理、工会主席余中华全面负责公司党委、纪委、工会工作，负责党组织建设、思想政治建设、企业文化建设及工、团、妇工作，负责纪检监察、党风廉政建设工作，负责治安防恐、信访维稳工作，负责计划生育和爱卫会工作，负责主管业务安全环保工作和党风廉政建设。协助配合辛文举抓好行政管理等工作。

2017年，能源公司实现劳务服务收入581万元；人工成本差额控制（–1510万元）在油田分公司考核指标之内。石油基地加油站荣获新疆销售"2017年度安全生产先进班组"，并且和石材园加油站获得新疆销售"2017年度文明加油站"（三星级）。

2018年3月23日，油田公司人事处下达二级单位组织机构、科级职数和机关人员编制调整规范指导意见。能源公司机关科室数1个，机关人员编制4个，基层单位数3个，总科级职数6个。调整意见：科级人数按照多退少补，逐步过渡到位。

2018年8月，油田公司党委决定：任命周永新为能源公司党委委员、党委副书记；免去辛文举的能源公司党委副书记、党委委员职务。油田公司决定：聘任周永新为能源公司经理、安全总监，解聘辛文举的能源公司经理、安全总监职务。

2018年，能源公司全年实现劳务服务总收入610万元，人工总成本差额控制在–1579万元，劳务收入结算到位率100%。实现了安全环保、防恐维稳、干部廉政三个"不出事"。

2019年12月，油田公司决定，撤销能源公司机构及内设机构，业务及人员整体划转至综合服务中心。同月，原能源公司党委撤销。

2019 年，能源公司全年实现劳务服务总收入 1120 万元，与 2018 年同比增加 510 万元，增加 83.6%；完成利润 –1149 万元，与 2018 年同期比减少 430 万元，减少 27.23%。实现了安全环保、防恐维稳、干部廉政三个"不出事"。

截至 2019 年 12 月 2 日，能源公司为二级单位，机构规格为副处级。机关设职能科室 1 个：综合办公室。所属基层单位 3 个：鄯善综合部、玉门综合部、哈密销售部。在册员工 81 人。其中，大学本科及以上学历 13 人，高级职称 3 人，中级职称 6 人。能源公司党委下属 3 个基层党支部，共有党员 25 人，其中在岗党员 24 人。能源公司党委由 2 人组成：余中华任党委书记、纪委书记、工会主席，周永新任党委副书记。能源公司行政领导班子由 2 人组成：周永新任经理、安全总监，余中华任副经理。

"十三五"四年间（2016–2019 年），能源公司劳务服务有了新水平；持续抓合规管理，经营管理工作保持新水平；党建思想政治工作有了新进展；安全生产，队伍稳定，4 年累计实现总收入 2939 万元，总利润 –5644 万元，经营指标保持在下达的指标范围内。

一、石油能源开发公司（2016.1—2017.5）

（一）石油能源开发公司党委、纪委领导名录（2016.1—2017.5）

党 委 书 记 （空缺）

党委副书记 闫文玉（2016.1—3）[①]

王多立（2016.3—2017.5）

党 委 委 员 闫文玉（2016.1—3）

王 斌（2016.1—2017.4）

王多立（2016.3—2017.5）

纪 委 书 记 闫文玉（2016.1—3）

王多立（2016.3—2017.5）

（二）石油能源开发公司行政领导名录（2016.1—2017.5）

经 理 （空缺）

副 经 理 闫文玉（2016.1—3）

---

① 2016 年 3 月，闫文玉退职离岗。

王　斌（2016.1—2017.4）①

王多立（2016.3—2017.5）

安 全 总 监　王　斌（兼任，2016.1—2017.4）

（三）石油能源开发公司工会领导名录（2016.1—2017.5）

主　　　席　闫文玉（2016.1—3）

王多立（2016.3—2017.5）

二、石油能源开发公司（副处级，2017.5—2019.12）

（一）石油能源开发公司党委、纪委领导名录（2017.5—2019.12）

党 委 书 记　余中华（副处长，2017.11—2019.12）

党委副书记　王多立（2017.5—8）②

辛文举（2017.5—2018.8）

周永新（2018.8—2019.12）

党 委 委 员　王多立（2017.5—8）

辛文举（2017.5—2018.12）

余中华（2017.11—2019.12）

周永新（2018.8—2019.12）

纪 委 书 记　王多立（2017.5—8）③

余中华（2017.11—2019.12）

（二）石油能源开发公司行政领导名录（2017.5—2019.12）

经　　　理　辛文举（2017.5—2018.8）

周永新（2018.8—2019.12）

副 经 理　王多立（2017.5—8）

余中华（2017.11—2019.12）

安 全 总 监　辛文举（兼任，2017.5—2018.8）

周永新（兼任，2018.8—2019.12）

---

①　2017年4月，王斌退职离岗。

②　2017年8月，油田分公司党委决定，给予王多立开除党籍处分。油田分公司纪委决定，给予王多立行政留用察看一年处分。

③　2017年8至11月期间，能源公司纪委书记空缺。

（三）石油能源开发公司工会领导名录（2017.5—2019.12）

主　　席　王多立（2017.5—2017.8）[①]

余中华（2017.11—2019.12）

第二十一节 吐哈石油大厦企业集团—吐哈石油大厦（乌鲁木齐办事处）—吐哈石油大厦（2016.1—2020.12）

吐哈石油大厦的前身是乌鲁木齐办事处。1991年4月，会战指挥部成立乌鲁木齐办事处。1996年6月，指挥部决定，成立吐哈石油大厦，与乌鲁木齐办事处为一个机构、挂两块牌子，并根据经营发展需要先后成立了由指挥部控股的吐哈油田旅游公司、新疆吐哈石油康泰有限责任公司两个独立法人公司，拓展了旅游和经贸服务业务。2003年3月，指挥部决定，在吐哈石油大厦的基础上，成立吐哈石油大厦企业集团，同时保留乌鲁木齐办事处的名称。2004年至2005年期间，为进一步调整理顺吐哈油田外设宾馆，吐哈石油大厦企业集团形成了由10个经营实体[②]组成的经营集团。2007年，重组整合后，吐哈石油大厦企业集团主要负责6家酒店[③]和2家法人公司[④]的管理。2008年1月，吐哈石油大厦企业集团管理幅度调整为新疆区域内的乌鲁木齐吐哈石油大厦、吐鲁番吐哈石油大厦、鄯善吐哈石油公寓、哈密吐哈石油大厦、吐哈石油国际旅行社有限责任公司、康泰有限责任公司。2014年12月，油田分公司决定，撤销乌鲁木齐办事处机构名称，吐哈石油大厦企业集团业务和机构编制不变，为二级单位，机构规格为正处级，业务涵盖宾馆住宿、餐饮及主营业务以外的配套服务。党组织关系隶属于油田分公司党委，办公地点在新疆维吾尔自治区乌鲁木齐市新市区江苏东路

---

① 2017年8至11月期间，能源公司工会主席空缺。

② 10个经营实体：乌鲁木齐吐哈石油大厦、哈密吐哈石油大厦、吐哈油田公寓、北京吐哈石油宾馆、西安吐哈石油大厦、成都吐哈石油大厦、太湖度假村、吐哈石油国际旅行社有限责任公司、新疆吐哈石油康泰有限责任公司、吐鲁番吐哈石油大厦。

③ 6家酒店：吐哈石油大厦（乌鲁木齐）、吐哈石油大厦（哈密）、吐哈油田公寓（鄯善）、吐哈石油大厦（吐鲁番）、吐哈石油宾馆（北京）、吐哈石油大厦（西安）。

④ 2家法人公司：吐哈石油国际旅行社有限责任公司、新疆吐哈石油康泰有限责任公司。

369 号。

截至 2015 年 12 月 31 日，吐哈石油大厦企业集团设机关科室 6 个：办公室（党委办公室）、质量安全环保科、计划经营科、财务科、人事科（组织科）、群众工作科（综治保卫科）。所属基层单位 7 个：乌鲁木齐吐哈石油大厦、吐鲁番吐哈石油大厦、鄯善油田公寓、哈密吐哈石油大厦、吐哈石油国际旅行社有限责任公司、新疆吐哈石油技术服务有限责任公司、外联接待服务中心。

吐哈石油大厦企业集团在册员工 359 人，其中本科以上学历 50 人，高级职称 5 人、中级职称 23 人；高级技师 1 人，技师 2 人。吐哈石油大厦企业集团党委下属基层党支部 7 个，共有党员 117 人，其中在职党员 104 人。

吐哈石油大厦企业集团党政领导班子由 4 人组成，其中行政领导班子 4 人，党委由 4 人组成，领导班子成员分工如下：

李红伟任党委副书记、总经理，全面负责行政工作、安全环保工作和党风廉政建设，主管办公室（党委办公室）、人事科（组织科），联系吐哈石油国际旅行社有限责任公司。

元连喜任党委书记、纪委书记、副总经理、工会主席，全面负责党委工作、安全环保工作和党风廉政建设，主管党委办公室（办公室）、组织科（人事科）、群众工作科（综治保卫科），联系鄯善油田公寓。

闫纪峰任党委委员、副总经理，协助总经理负责经营管理、规划计划、电子商务、合同审批、财务管理、内控体系建设、企业法规、基建项目、物资计划、员工培训、关联交易、科技信息化建设等工作，负责分管业务、部门和联系单位的安全环保工作和党风廉政建设，联系吐鲁番吐哈石油大厦。

贾生中任党委委员、副总经理、安全总监，协助总经理负责安全环保、设备管理、食品卫生、质量与技术监督、应急管理、节能节水等工作，负责分管业务、部门和联系单位的安全环保工作和党风廉政建设，分管质量安全环保科，联系吐哈石油技术服务有限责任公司。

2016 年 2 月，油田分公司决定，将哈密吐哈石油大厦和鄯善油田公寓的业务、机构、人员从吐哈石油大厦企业集团分离出来，成立员工公寓管理中心；将新疆吐哈石油技术服务有限责任公司承担的油田污水处理业务及人员划入新疆吐哈油田建设有限责任公司，新疆吐哈石油技术服务有限责任公司作为独立的法人公司，挂靠关系变更到新疆吐哈油田建设有限责任公司。

2016年2月，油田分公司党委决定：免去贾生中的吐哈石油大厦企业集团党委委员职务，调新疆吐哈油田建设有限责任公司工作。油田分公司决定：解聘贾生中的吐哈石油大厦企业集团副总经理、安全总监职务。

2016年3月，根据吐哈石油大厦企业集团所属吐鲁番吐哈石油大厦业务退出、两个公寓转型分离、油田污水处理业务划转等实际，油田分公司决定恢复乌鲁木齐办事处，并将吐哈石油大厦企业集团更名为吐哈石油大厦，与乌鲁木齐办事处按一个机构、挂两块牌子管理运行，机构规格为正处级。

2016年3月，油田分公司人事处批复同意吐哈石油大厦（乌鲁木齐办事处）关于机构编制调整的请示，调整后设机关科室4个：办公室（党委办公室）、人事科（组织科）、财务科、计划经营科；所属基层单位5个：餐饮部、房务部、市场营销部、工程安保物业部、外联接待服务部（吐哈石油国际旅行社有限责任公司）①。吐鲁番吐哈石油大厦暂由吐哈石油大厦（乌鲁木齐办事处）托管，待业务资产全部清理完毕后，机构撤销，人员由吐哈石油大厦（乌鲁木齐办事处）内部消化。

2016年4月，油田分公司党委决定，将吐哈石油大厦企业集团党委更名为吐哈石油大厦党委。

2016年4月，油田分公司党委决定：任命元连喜为吐哈石油大厦（乌鲁木齐办事处）党委书记、纪委书记、工会主席，李红伟为党委副书记，闫纪峰为党委委员；免去元连喜的原吐哈石油大厦企业集团党委书记、纪委书记、工会主席职务，李红伟的党委副书记职务，闫纪峰的党委委员职务。油田分公司决定：聘任李红伟为吐哈石油大厦（乌鲁木齐办事处）总经理（处长），元连喜为副总经理（副处长），闫纪峰为副总经理（副处长）、安全总监；解聘李红伟的原吐哈石油大厦企业集团总经理职务，元连喜、闫纪峰的副总经理职务。

随后，调整领导班子成员分工：

党委副书记、总经理李红伟全面负责吐哈石油大厦（乌鲁木齐办事处）行政管理、财务、安全环保工作和党风廉政建设，分管办公室（党委办公

---

① 外联接待服务部和吐哈石油国际旅行社有限责任公司按一个机构、两块牌子运行。

室）、人事科（组织科）、财务科、餐饮部。

党委书记、纪委书记、副总经理、工会主席元连喜全面负责吐哈石油大厦（乌鲁木齐办事处）党委、纪委、工会工作及安全环保工作、党风廉政建设，分管党委办公室（办公室）、组织科（人事科）、房务部。

党委委员、副总经理、安全总监闫纪峰协助总经理负责安全环保、设备管理、食品卫生、质量与技术监督、应急管理、节能节水、经营管理、规划计划、电子商务、合同审批、内控体系建设、企业法规、基建项目、物资计划、关联交易、科技信息化建设等工作，负责分管业务和部门的安全环保工作和党风廉政建设，分管吐鲁番吐哈石油大厦、计划经营科、工程安保物业部。

2016年6月21日，中共吐哈石油大厦第一次党员大会在新疆乌鲁木齐召开，37名党员代表参加会议。会议选举产生中共吐哈石油大厦第一届委员会和中共吐哈石油大厦纪律检查委员会，中共吐哈石油大厦委员会由元连喜、闫纪峰、李红伟3人组成，元连喜为党委书记，李红伟为党委副书记。中共吐哈石油大厦纪律检查委员会由3人组成，元连喜为纪委书记。

2016年6月21日，吐哈石油大厦召开第三次工会会员大会，工会会员代表共63人参加了会议。会议选举产生吐哈石油大厦第三届工会委员会、经费审查委员会和女职工委员会。元连喜为工会主席。

2016年8月，油田分公司党委批复同意吐哈石油大厦党员大会选举结果。

2016年11月，油田分公司工会批复同意吐哈石油大厦第三次工会会员大会选举结果。

2016年，吐哈石油大厦（乌鲁木齐办事处）实现经营收入5203.68万元。全年接待入住宾客3.8万人，较2015年同期3.5万人，增长2874人，增幅8.02%。网络售房实现收入170.3万元，较2015年同期增长18.28万元，涨幅12.02%。吐哈石油大厦（乌鲁木齐办事处）荣获2016年新疆维吾尔自治区旅游饭店业协会"优秀会员单位"称号。

2017年3月，吐哈石油大厦（乌鲁木齐办事处）决定，成立质量安全环保科，机关科室由4个调整为5个。

2017年8月，油田分公司党委决定：免去元连喜的吐哈石油大厦党委书记、纪委书记、工会主席职务。油田分公司决定：解聘元连喜的吐哈石油大厦副总经理职务。

2017年10月，吐哈油田公司党委决定：任命李红伟为吐哈石油大厦党委书记，闫纪峰为党委副书记、纪委书记、工会主席。

2017年11月，调整领导班子成员分工：

党委书记、总经理李红伟全面负责吐哈石油大厦（乌鲁木齐办事处）党政工作，负责吐哈石油大厦（乌鲁木齐办事处）生产经营管理、党建工作、党风廉政建设、宣传思想文化工作、基层建设、信访维稳、安保防恐、机要保密等工作，主管办公室（党委办公室）、人事科（组织科）、财务科，联系工程安保物业部、外联接待服务部。

党委副书记、纪委书记、副总经理、安全总监、工会主席闫纪峰协助党委书记负责党委工作，全面负责吐哈石油大厦（乌鲁木齐办事处）纪委、工会工作，负责安全环保、质量与技术监督、计量、标准化、应急救灾、节能节水、设备管理、食品安全、人口与计划生育、爱国卫生、机要保密，负责分管业务、部门和联系单位的安全环保工作和党风廉政建设，分管党委办公室（办公室）、组织科（人事科）、质量安全环保科，联系餐饮部、吐鲁番吐哈石油大厦。

2017年12月8日，吐哈石油大厦召开工会委员会（扩大）会议，工会会员代表共16人参加会议，会议选举增补王虹、闫纪峰、柳德发、徐晶晶等4人为工会第三届委员会委员。闫纪峰为工会主席。

2017年12月，油田分公司工会批复同意吐哈石油大厦工会委员会（扩大）会议选举结果。

2017年12月，根据油田分公司《关于做好法人公司注销工作的通知》的要求，注销新疆吐哈石油国际旅行社有限责任公司。

2017年，吐哈石油大厦（乌鲁木齐办事处）整体实现营业收入3791.94万元。全年入住宾客40482人次，平均入住率57.7%，比去年同期增长3.1%。其中网络售房6256.5间，收入199.56万元，比去年同期增长17.18%，增收29.26万元。开发餐饮新项目六鼎毡房，设计改进产品服务增收114.55万元。

2018年1月，新疆吐哈石油勘探开发有限公司决定：聘任李红伟为吐哈石油大厦总经理。

2018 年 6 月，新疆吐哈石油勘探开发有限公司决定：解聘李红伟的新疆吐哈石油国际旅行社有限责任公司执行董事兼总经理职务，赵国强、闫纪峰的监事职务。

2018 年 11 月 26 日，中共吐哈石油大厦党员大会在新疆乌鲁木齐市召开，31 名党员代表参加会议。会议增补党委委员 1 人。吐哈石油大厦党委下属党支部 4 个，共有党员 57 人，其中在岗党员 39 人。

2018 年 12 月，油田分公司党委组织部批复同意李军担任吐哈石油大厦委员会委员，任职时间从当选之日算起。

2018 年，吐哈石油大厦（乌鲁木齐办事处）整体实现营业收入 4376.14 万元，实现利润 63 万元；完成餐饮场地出租，出租场地创效 405 万元，空闲的车库和员工宿舍实现租赁收入 13.14 万元；完成附楼 66 间客房改造，增加了客房经营面积 2200 平方米，增加收入 64.25 万元。

2019 年 1 月，吐哈石油大厦（乌鲁木齐办事处）对机关各科室、基层各单位组织机构进行调整，调整后设机关科室 3 个：办公室（党委办公室）、经营财务科、质量安全环保科（综治保卫科）；基层单位 4 个：房务餐饮部、工程物业部、外联营销部、吐鲁番吐哈石油大厦。

2019 年 3 月，调整领导班子成员分工：

党委书记、总经理李红伟全面负责吐哈石油大厦（乌鲁木齐办事处）党政工作。负责吐哈石油大厦（乌鲁木齐办事处）生产经营管理、党建工作、党风廉政建设、宣传思想文化工作、基层建设、信访维稳、安保防恐、机要保密等工作，主管办公室（党委办公室）、经营财务科，分管工程物业部、外联营销部。

党委副书记、纪委书记、副总经理、安全总监、工会主席闫纪峰，协助党委书记负责党建工作、党风廉政建设、思想政治工作、新闻宣传工作、企业文化建设、精神文明建设、基层建设、反恐维稳、治安保卫、统战、人民武装、团委、人口与计划生育、爱国卫生、机要保密等工作，全面负责吐哈石油大厦（乌鲁木齐办事处）纪委、工会工作，协助总经理负责吐哈石油大厦（乌鲁木齐办事处）经营管理、安全环保、质量与技术监督、计量、标准化、应急管理、节能节水、设备管理、食品安全、规划计划、电子商务、合同审批、内控体系建设、定额定价、企业法规、基建项目、物资计划、关联交易、科技信息化建设、法律事务、市场开发及营销、乌鲁木齐地方关系协调等工作，负责主管部门和分管单位的党建工作、安全环保工作和党风廉政建设，主管质量安全环保科（综治保卫科），协助分管党委办公室（办公室），分管房务餐饮部、吐鲁番吐哈石油大厦。

2019 年 3 月，吐哈石油大厦党委调整基层党支部设置：成立外联营销党支部、工程物业党支部、离退休党支部①，保留房务餐饮党支部、吐鲁番吐哈石油大厦党支部、机关党支部，撤销安保销售党支部。调整后共有 6 个党支部。

2019 年 8 月，吐哈油田公司决定，撤销乌鲁木齐办事处机构和相关职责，保留吐哈石油大厦机构和相关职责。调整后，吐哈石油大厦压减 1 个基层单位，取消外联接待机构及职责。乌鲁木齐办事处机构撤销后，与乌鲁木齐办事处有关的人员职务同时解聘（免去）。

2019 年 9 月，吐哈石油大厦决定对机关业务职能和基层单位组织机构进行调整，将外联营销部的吐哈石油大厦各类经营合同的签订工作划归经营财务科负责；外联营销部其他业务和人员分别并入房务餐饮部和工程物业部，撤销外联营销部；在办公室（党委办公室）增加人事科机构名称，机构更名为办公室（党委办公室、人事科），按一个机构三块牌子运行。调整后，设机关科室 3 个：办公室（党委办公室、人事科）、经营财务科、质量安全环保科（综治保卫科）；所属基层单位 3 个：房务餐饮部、工程物业部、吐鲁番吐哈石油大厦。

2019 年 9 月，吐哈石油大厦党委决定撤销外联营销党支部，基层党支部调整为 5 个。

2019 年，吐哈石油大厦整体实现营业收入 3441.95 万元。将收回的空闲场地转租，较 2018 年 534.23 万元增加 166.66 万元，较 2018 年餐饮场地整体外租前缩减人工、原材料支出 1224.1 万元；全年接待会议、团队 72 个，接待宾客 54354 人次，实现客房收入 1315.44 万元；六鼎毡房餐厅实现收入 287.94 万元；吐鲁番大厦实现客房收入 316.8 万元，租赁收入 137.23 万元，

---

① 离退休党支部因没有党支部书记，实际工作中没有开展工作。

较去年增收 200.83 万元，附加收入新增 15 万元。

2020 年 5 月，吐哈石油大厦调整机关职能及人员编制，将办公室（党委办公室、人事科）爱国卫生等职能调整至质量安全环保科（综治保卫科）。调整后，设机关科室 3 个：办公室（党委办公室、人事科）、经营财务科、质量安全环保科（综治保卫科），机关科室数、人员编制数和科级职数保持不变。

2020 年 6 月，吐哈石油大厦部分基层单位更名并调整机构设置、科级职数，将吐鲁番吐哈石油大厦更名为销售前厅部，将原房务餐饮部市场营销等职能和原工程物业部合同履行及对承租单位的服务以及日常管理、监督等工作职能调整至销售前厅部。调整后，所属基层单位 3 个：房务餐饮部、工程物业部、销售前厅部，机关科室数、基层单位数和科级职数不变；机关人员编制数不变。

2020 年 6 月，调整领导班子成员分工：

党委书记、总经理李红伟，全面负责吐哈石油大厦党政工作。负责吐哈石油大厦生产经营管理、党建工作、党风廉政建设、宣传思想文化工作、基层建设、信访维稳、安保防恐、机要保密等工作。主管办公室（党委办公室、人事科）、经营财务科。分管工程物业部、销售前厅部。

党委副书记、纪委书记、副总经理、安全总监、工会主席闫纪峰，协助党委书记负责党建工作、党风廉政建设、思想政治工作、新闻宣传工作、企业文化建设、精神文明建设、基层建设、反恐维稳、治安保卫、统战、人民武装、团委、人口与计划生育、爱国卫生、机要保密等工作，全面负责大厦纪委、工会工作，协助总经理负责吐哈石油大厦经营管理、安全环保、质量与技术监督、计量、标准化、应急管理、节能节水、设备管理、食品安全、规划计划、电子商务、合同审批、内控体系建设、定额定价、企业法规、基建项目、物资计划、关联交易、科技信息化建设、法律事务、市场开发及营销、乌鲁木齐地方关系协调等工作，负责主管部门和分管单位的党建工作、安全环保工作和党风廉政建设，主管质量安全环保科（综治保卫科）。协助分管党委办公室（办公室、人事科），分管房务餐饮部。

2020 年，吐哈石油大厦实现收入 2207.18 万元，其中客房全年收入 881.44 万元，六鼎毡房全年收入 144.35 万元，租赁收入 713.81 万元。实现

账面利润 –1182.99 万元（其中吐鲁番租赁前亏损 204 万元，按政府要求减租 278 万元，疫情造成收入损失 335 万元，公司批复维修费用 134 万元，大厦承担退休工人物业暖气费等），完成公司调整考核指标。受疫情影响大厦因武汉、乌鲁木齐、喀什疫情关停 3 次，导致大厦客房收入减少 523.85 万元，六鼎毡房因关停、限流等原因较年初预算 300 万元减少收入 155.65 万元，同时根据乌鲁木齐市政府应对肺炎疫情支持企业发展 17 条措施，对承租大厦经营场地的 8 家中小微企业减免租金 278 万元，导致租赁收入减少。因疫情原因直接减少收入 957.5 万元。

截至 2020 年 12 月 31 日，吐哈石油大厦设机关科室 3 个：办公室（党委办公室、人事科）、质量安全环保科（综治保卫科）、经营财务科。所属基层单位 3 个：房务餐饮部、工程物业部、销售前厅部。

吐哈石油大厦在册员工 75 人，其中本科以上学历 49 人，高级职称 3 人、中级职称 13 人。吐哈石油大厦下属基层党支部 4 个，共有党员 50 人，其中在职党员 33 人。

吐哈石油大厦党委由 3 人组成：李红伟任党委书记，闫纪峰任党委副书记、纪委书记、工会主席，李军任党委委员。吐哈石油大厦行政领导班子由 2 人组成：李红伟任总经理，闫纪峰任副总经理。领导班子分工自 2020 年 6 月以来未再进行调整。

"十三五"期间，吐哈石油大厦共承接各项会议 738 次，累计接待宾客 78.8 万人次，重大服务质量投诉为零，完成了油田公司下达的考核指标，实现收入 1.79 亿元。大厦面对机构调整分离的重大变化和市场环境的持续波动，积极拓宽销售渠道，做强做优服务，实施网络线上和全员线下全方位营销，更好地拉动了大厦收入。围绕提质增效，大厦领导班子牢固树立"一切成本皆可降"理念，通过关停低效业务、整合办公场地进行对外租赁，用好政府减税降费优惠政策、参与地方电力交易改革及享受政府电费减免政策、多种方式盘活内部劳动力资源等方式，累计实现租赁收入 2898.28 万元，减少各项支出约 285.73 万元。在持续提升员工服务质量、规范操作基础上，吐哈石油大厦举办了第一届员工职业技能大赛，促进了员工队伍操作服务水平提升，技能人才队伍梯次培养有序推进。吐哈石油大厦于 2017 年获得乌鲁木齐市文明单位称号，2019 年荣获自治区星级饭店 2018 年度"宾客最满意酒店" 20 强之一、新疆旅游服务技能大赛优秀组织奖和高新区二工管委会 "配合管委会、社区工作好单位" 荣誉称号。

　　一、吐哈石油大厦企业集团（2016.1—3）

　　（一）吐哈石油大厦企业集团党委、纪委领导名录（2016.1—3）

　　　　党 委 书 记　元连喜（2016.1—4）

　　　　党委副书记　李红伟（2016.1—4）

　　　　党 委 委 员　元连喜（2016.1—4）

　　　　　　　　　　李红伟（2016.1—4）

　　　　　　　　　　闫纪峰（2016.1—4）

　　　　　　　　　　贾生中（2016.1—2）①

　　　　纪 委 书 记　元连喜（2016.1—4）

　　（二）吐哈石油大厦企业集团行政领导名录（2016.1—3）

　　　　总 经 理　李红伟（2016.1—4）

　　　　副 总 经 理　元连喜（2016.1—4）

　　　　　　　　　　闫纪峰（2016.1—4）

　　　　　　　　　　贾生中（2016.1—2）

　　　　安 全 总 监　贾生中（兼任，2016.1—2）

　　（三）吐哈石油大厦企业集团工会领导名录（2016.1—3）

　　　　主　　　席　元连喜（2016.1—4）

　　（四）新疆吐哈石油国际旅行社有限责任公司领导名录（2016.1—3）②

　　　　执 行 董 事　李红伟（2016.1—3）

　　　　总 经 理　李红伟（2016.1—3）

　　　　监　　　事　赵国强（纪委监察处处长，2016.1—3）

　　　　　　　　　　闫纪峰（2016.1—3）

　　（五）新疆吐哈石油技术服务有限责任公司领导名录（2016.1—2）

　　　　执 行 董 事　贾生中（2016.1—2）

---

　　①　2016 年 2 月，贾生中调任新疆吐哈油田建设有限责任公司党委委员、副经理。

　　②　新疆吐哈石油国际旅行社有限责任公司于 2017 年 12 月 21 日完成注销，执行董事兼总经理职务、监事职务下限时间确定为机构注销时间，实际解聘时间为 2018 年 6 月。

总　　经　　理　贾生中（2016.1—2）

监　　　　　事　鲁正乾（财务处处长，2016.1—2）

李红伟（2016.1—2）

二、吐哈石油大厦（乌鲁木齐办事处）（2016.3—2019.8）①

（一）吐哈石油大厦党委、纪委领导名录（2016.3—2019.8）

党　委　书　记　元连喜（2016.4—2017.8）②

李红伟（2017.10—2019.8）③

党 委 副 书 记　李红伟（2016.4—2017.10）

闫纪峰（2017.10—2019.8）

党　委　委　员　元连喜（2016.4—2017.8）

李红伟（2016.4—2019.8）

闫纪峰（2016.4—2019.8）

李　军（财务科科长，2018.11—2019.8）

纪　委　书　记　元连喜（2016.4—2017.8）

闫纪峰（2017.10—2019.8）④

（二）吐哈石油大厦（乌鲁木齐办事处）行政领导名录（2016.3—
2019.8）

总 经 理（处长）　李红伟（2016.4—2019.8）

副总经理（副处长）　元连喜（2016.4—2017.8）

闫纪峰（2016.4—2019.8）

安　全　总　监　闫纪峰（兼任，2016.4—2019.8）

（三）吐哈石油大厦（乌鲁木齐办事处）工会领导名录（2016.3—
2019.8）

主　　　　　席　元连喜（2016.4—2017.2）

---

① 吐哈石油大厦企业集团于2016年3月29日更名为吐哈石油大厦（乌鲁木齐办事处），领导人员职务聘任时间以机构更名时间为准，实际聘任时间为2016年4月。

② 2017年8月，元连喜退职离岗。

③ 2017年8月至10月期间，吐哈石油大厦党委书记空缺。

④ 2017年8月至10月期间，吐哈石油大厦纪委书记空缺。

闫纪峰（2017.10—2019.8）[①]

（四）新疆吐哈石油国际旅行社有限责任公司领导名录（2016.3—2017.12）[②]

　　执 行 董 事　李红伟（2016.3—2017.12）

　　总 　经　 理　李红伟（2016.3—2017.12）

　　监　 　　 事　赵国强（纪委监察处处长，2016.3—2017.12）

　　　　　　　　　闫纪峰（2016.3—2017.12）

三、吐哈石油大厦（2019.9—2020.12）

（一）吐哈石油大厦党委、纪委领导名录（2019.9—2020.12）

　　党 委 书 记　李红伟（2019.9—2020.12）

　　党委副书记　闫纪峰（2019.9—2020.12）

　　党 委 委 员　李红伟（2019.9—2020.12）

　　　　　　　　　闫纪峰（2019.9—2020.12）

　　　　　　　　　李　军（经营财务科科长，2019.9—2020.12）

　　纪 委 书 记　闫纪峰（2019.9—2020.12）

（二）吐哈石油大厦行政领导名录（2019.9—2020.12）

　　总 　经　 理　李红伟（2019.9—2020.12）

　　副 总 经 理　闫纪峰（2019.9—2020.12）

　　安 全 总 监　闫纪峰（兼任，2019.9—2020.12）

（三）吐哈石油大厦工会领导名录（2019.9—2020.12）

　　主　　　 　席　闫纪峰（2019.9—2020.12）

---

①　2017年2月至10月期间，吐哈石油大厦工会主席空缺。

②　新疆吐哈石油国际旅行社有限责任公司于2017年12月21日完成注销，执行董事兼总经理职务、监事职务下限时间为机构注销时间，实际解聘时间为2018年6月。

第二十二节 哈密物业管理公司
（2016.1—2018.4）

哈密物业管理公司的前身是 1998 年 3 月成立的物业管理公司。2000 年 10 月，吐哈石油勘探开发指挥部决定，撤销物业管理公司，在哈密物业分公司基础上成立哈密物业管理公司。2007 年 8 月，吐哈石油勘探开发指挥部成立矿区服务事业部，将哈密物业管理公司划归矿区服务事业部，为基层单位，机构规格变为吐哈石油勘探开发指挥部三级单位，正处级。2008 年 1 月，油田分公司和吐哈石油勘探开发指挥部实施重组整合，哈密物业管理公司行政隶属关系改为隶属于吐哈油田分公司矿区服务事业部，哈密物业管理公司机构规格变为油田分公司三级单位，正处级。2015 年 5 月，油田分公司决定，撤销矿区服务事业部，哈密物业管理公司（以下简称哈密物业公司）为二级单位，机构规格为正处级。主要业务范围为负责哈密石油基地的物业管理及相关的配套服务工作，同时在三塘湖设有一个物业管理中心，为三塘湖生活基地提供后勤服务。党组织关系隶属于油田分公司党委。机关办公地点在新疆维吾尔自治区哈密市吐哈石油基地。

截至 2015 年 12 月 31 日，哈密物业公司设机关科室 10 个：办公室（党委办公室）、纪检监察科、群众工作科、人事科（组织科）、计划财务科（吐哈油田智能一卡通管理中心）、生产运行科、质量安全环保科、工程管理科、企业管理科、设备管理科。所属基层单位 21 个：吐哈后勤服务职业技能鉴定站、监督中心、东区物业管理中心、南区物业管理中心、西区物业管理中心、北区物业管理中心、中区物业管理中心、供气中心、供热中心、治安保卫中心（保卫科、民兵治安分队、武装部、哈密治安巡逻分队）、工程维修中心、园林绿化中心、保洁中心、幼教中心、综合服务部、养植中心、公建服务中心、三塘湖物业管理中心、西部管道项目部、文体活动服务中心、工程建设项目部。

哈密物业公司在册员工 1334 人。其中，大学本科及以上学历 194 人，副高级职称 15 人、中级职称 163 人。哈密物业公司下属基层党支部 15 个，共有党员 410 人，其中在职党员 390 人。

哈密物业公司党政领导班子由 8 人组成，其中行政领导班子 8 人，党委由 8 人组成，领导班子成员分工如下：

张继录任党委副书记、经理，全面负责行政工作，对主管科室的安全环保工作和党风廉政建设负责，主管办公室（党委办公室）、人事科（组织科）、企业管理科（企业管理和合规管理工作部分）。

刘志峰任党委书记、副经理，全面负责党委工作，对主管科室的党风廉政建设和安全环保工作负责，主管党委办公室（办公室）、组织科（人事科），联系治安保卫中心（保卫科、民兵治安分队、武装部）、文体活动服务中心。

谭俊云任党委委员、副经理，协助经理负责工程管理以及园林绿化、保洁、物业服务管理等工作，负责分管业务、科室和联系单位的安全环保工作和党风廉政建设，分管工程管理科，联系园林绿化中心、保洁中心、东区物业管理中心、南区物业管理中心、西区物业管理中心、北区物业管理中心、中区物业管理中心、工程建设项目部。

马三元任党委委员、副经理、总会计师，协助经理负责规划计划、财务资产、工程概预算管理、合同管理、内控管理以及公建服务、种植养殖等工作，负责分管业务、科室和联系单位的安全环保工作和党风廉政建设，分管计划科、财务科（吐哈油田一卡通管理中心）、企业管理科（合同管理、内控管理等），联系公建服务中心、养植中心。

李永胜任党委委员、副经理，协助经理负责物资管理、设备管理、自动化管理、科技管理、信息管理、幼教服务及工业物业服务等工作，负责分管业务、科室和联系单位的安全环保工作和党风廉政建设，分管设备管理科、生产运行科（科技、信息管理等部分），联系综合服务部、幼教中心、三塘湖物业管理中心。

杨安群任党委副书记、纪委书记、工会主席，协助党委书记负责党建、宣传、统战、思想政治工作、基层建设、纪检监察、信访维稳、工会、团委、女工、企业文化建设、精神文明建设、计划生育、机关作风建设等工作，协助经理负责后勤服务职业技能鉴定工作，负责分管业务、科室和联系单位的安全环保工作和党风廉政建设，分管纪检监察科、群众工作科，联系吐哈后勤服务职业技能鉴定站。

鱼宏刚任党委委员、副经理、安全总监，协助经理负责日常生产调度、运行管理、安全生产、环境保护、节能节水以及供热、供气、工程维修、QHSE 监督业务等工作，负责分管业务、科室和联系单位的安全环保工作和党风廉政建设，分管生产运行科（日常生产调度、运行管理等部分）、质量安全环保科（安全生产、环境保护和节能节水等部分），联系供热中心、供气中心、工程维修中心。

李文彩任党委委员、副经理，受油田分公司委派，配合抓好集团公司总部的安保工作，负责分管业务的安全环保、党风廉政建设工作。

2016 年 4 月，油田分公司决定，对哈密物业管理公司处级职数进行调整，按 8 人设置，配备 1 名专职党委副书记。

2016 年 11 月，油田分公司决定：正式聘任李文彩为哈密物业管理公司副经理。

2016 年，哈密物业公司围绕"推进业务改革，优化业务结构"和"稳固服务质量，提升经济效益"两条主线，坚持"公正、合规、创造"的管理理念，优化人力资源，512 人平稳退出岗位，强化合规管理，稳固服务质量，积极稳妥推进"四供一业"分离移交，大力降本增效，全面完成了生产经营任务，发生费用 64892.04 万元，实现收入 28897.39 万元，专项费用不超指标，实现了"服务质量不降，安全环保不松，提质增效不等，改革力度不减，职工队伍不乱"的目标。

2017 年 4 月，油田分公司党委决定：免去谭俊云的哈密物业管理公司党委委员职务。油田分公司决定：解聘谭俊云哈密物业管理公司副经理职务。

2017 年 4 月，供热中心移交新疆华电哈密热电有限责任公司。

2017 年 5 月，调整领导班子成员分工：

党委副书记、经理张继录全面负责行政工作，对哈密物业公司和主管科室的安全环保、党风廉政建设工作负责，主管办公室（党委办公室）、人事科（组织科）。

党委书记、副经理刘志峰全面负责党委工作，对哈密物业公司和主管科室的党风廉政建设、安全环保工作负责，主管党委办公室（办公室）、组织科（人事科），联系治安保卫中心（保卫科、民兵治安分队、武装部）。

党委委员、副经理、总会计师马三元协助经理负责哈密物业公司规划计划、财务资产、工程概预算管理、企业管理、合规管理、合同管理、内控管理以及种植养殖、外部市场管理等工作，负责分管业务、科室和联系单位的安全环保、党风廉政建设工作，分管计划财务科（吐哈油田一卡通管理中心）、企业管理科，联系养植中心、西部管道项目部。

党委委员、副经理李永胜协助经理负责哈密物业公司物资管理、设备管理、自动化管理、科技管理、信息管理、幼教服务及工业物业服务等工作，负责分管业务、科室和联系单位的安全环保、党风廉政建设工作，分管设备管理科、生产运行科（科技、信息管理等部分），联系综合服务部、幼教中心、三塘湖物业管理中心。

党委副书记、纪委书记、工会主席杨安群全面负责哈密物业公司纪委工作，协助党委书记负责党建、宣传、统战、思想政治工作、基层建设、信访维稳、工会、团委、女工、企业文化建设、精神文明建设、计划生育、机关作风建设等工作，协助经理负责公建服务、文体活动场馆服务以及后勤服务职业技能鉴定工作，负责分管业务、科室和联系单位的安全环保、党风廉政建设工作，分管纪检监察科、群众工作科，联系公建服务中心、文体活动服务中心、吐哈后勤服务职业技能鉴定站。

党委委员、副经理、安全总监鱼宏刚协助经理负责哈密物业公司日常生产调度、运行管理、安全生产、环境保护、节能节水、工程管理以及供气、工程维修、园林绿化、保洁、QHSE监督业务等工作，协助经理负责"四供一业"分离移交相关工作，负责分管业务、科室和联系单位的安全环保、党风廉政建设工作，分管生产运行科（日常生产调度、运行管理等）、质量安全环保科、工程管理科，联系供气中心、工程维修中心、园林绿化中心、保洁中心。

党委委员、副经理李文彩受油田分公司委派，配合抓好集团公司总部的安保工作，负责分管业务的安全环保、党风廉政建设工作。

2017年8月，油田分公司党委决定：任命董立新为哈密物业管理公司党委委员；免去张继录的哈密物业管理公司党委副书记职务，马三元、李永胜的哈密物业管理公司党委委员职务，杨安群的哈密物业管理公司党委副书记、纪委书记、工会主席职务。油田分公司决定：聘任董立新为哈密物业管理公司副经理；解聘张继录的哈密物业管理公司经理职务，马三元的哈密物业管理公司副经理、总会计师职务，李永胜的哈密物业管理公司副经理职务。

2017年9月，油田分公司党委决定：任命周希文、王枫为哈密物业管理公司党委委员。油田分公司决定：聘任周希文、王枫为哈密物业管理公司副经理。

2017年10月，调整领导班子成员分工：

党委书记、副经理刘志峰全面负责党委、行政、工会、纪检工作，对哈密物业公司和主管科室的党风廉政建设、安全环保工作负责，主管办公室（党委办公室）、人事科（组织科）、企业管理科（企业管理、合规管理部分）、纪检监察科、群众工作科，联系治安保卫中心（保卫科、民兵治安分队、武装部）。

党委委员、副经理、安全总监鱼宏刚协助经理负责哈密物业公司日常生产调度、运行管理、安全生产、环境保护、节能节水以及供气、工程维修、QHSE监督业务等工作，协助经理负责"四供一业"分离移交相关工作，负责分管业务、科室和联系单位的安全环保、党风廉政建设工作，分管生产运行科（日常生产调度、运行管理等部分）、质量安全环保科，联系供热中心、供气中心、工程维修中心、公建服务中心。

党委委员、副经理董立新协助经理负责设备管理、自动化管理、科技管理、信息管理、幼教、工业物业管理以及后勤服务职业技能鉴定工作，负责分管业务、科室和联系单位的安全环保、党风廉政建设工作，分管设备管理科、生产运行科（科技、信息管理等部分），联系三塘湖物业管理中心、幼教中心、吐哈后勤服务职业技能鉴定站。

党委委员、副经理李文彩受油田分公司委派，配合抓好集团公司总部的安保工作，负责分管业务的安全环保、党风廉政建设工作。

党委委员、副经理周希文协助经理负责哈密物业公司规划计划、财务资产、物资、工程概预算管理、合同管理、内控管理、工程管理以及种植养殖、外部市场管理等工作，负责分管业务、科室和联系单位的安全环保、党风廉政建设工作，分管计划财务科（吐哈油田一卡通管理中心）、企业管理科（合同、内控等部分）、工程管理科，联系综合服务部、养植中心、西部管道项目部。

党委委员、副经理王枫协助经理负责哈密物业公司园林绿化、保洁等工作，负责分管业务、科室和联系单位的安全环保、党风廉政建设工作，联系园林绿化中心、保洁中心。

2017年，哈密物业公司强化组织协调，"四供一业"分离移交平稳推进，幼教业务社会化效果良好。持续降本增效，创收创效成绩显著，处置低效无效资产1080项，计提减值准备26103.84万元，2017年折旧费用同比下降1807万元。

2018年1月，哈密物业公司决定：撤销吐哈后勤服务职业技能鉴定站，其承担的特种作业及特种设备作业培训工作职责和人员挂靠综合服务部，业务接受哈密物业公司人事科（组织科）的管理。

2018年4月，油田分公司决定，将哈密物业管理公司、鄯善物业管理公司和员工公寓管理中心整合为综合服务中心，为二级单位，机构规格正处级。

2018年4月，油田分公司党委决定：免去刘志峰的原哈密物业管理公司党委书记职务，董立新、鱼宏刚、李文彩、周希文、王枫的原哈密物业管理公司党委委员职务。油田分公司决定：解聘刘志峰的原哈密物业管理公司副经理职务，董立新、李文彩、周希文、王枫的原哈密物业管理公司副经理职务，鱼宏刚的原哈密物业管理公司副经理、安全总监职务。

截至2018年4月11日，哈密物业公司设机关科室10个：办公室（党委办公室）、计划财务科（吐哈油田智能一卡通管理中心）、人事科（组织科）、企业管理科、生产运行科、质量安全环保科、工程管理科、纪检监察科、群众工作科、设备管理科。所属基层单位18个：供气中心、园林绿化中心、保洁中心、幼教中心、物业管理中心（东、南、西、北、中区物业管理中心）、公建服务中心、工程维修中心、治安保卫中心、（保卫科、民兵治安分队、武装部、哈密治安巡逻分队）、综合服务部、养植中心、三塘湖物业管理中心、西部管道项目部、文体活动服务中心、监督中心。

哈密物业公司在册员工598人。其中，大学本科及以上学历160人，副高级职称 9 人、中级职称 105 人。哈密物业公司下属党支部 13 个党支部，共有党员 213 人，其中在职党员 209 人。

哈密物业公司党委由 6 人组成：刘志峰任党委书记，鱼宏刚、董立新、李文彩、周希文、王枫任党委委员。哈密物业管理公司行政领导班子由 6 人组成：刘志峰、董立新、李文彩、周希文、王枫任副经理，鱼宏刚任副经理、安全总监。领导班子分工自 2017 年 10 月以来未做调整。

"十三五"期间（2016 年至 2018 年 4 月），哈密物业公司"四供一业"分离移交实现历史性突破，供热业务、供气业务移交全面完成。服务质量保持稳定，综合服务满意度 85.4 分，超出业绩合同预定目标。人力资源配置持续优化，615 人平稳退出岗位。安全环保形势持续好转，安全环保节能指标全面完成。党群工作成绩喜人，荣获新疆维吾尔自治区"精神文明建设先进单位"。

期间：哈密物业管理公司园林绿化中心一班班长王升祥当选哈密市伊州区第一届人民代表大会代表。

一、哈密物业管理公司党委、纪委领导名录（2016.1—2018.4）

党委书记　刘志峰（2016.1—2018.4）

党委副书记　张继录（2016.1—2017.8）[1]

　　　　　　杨安群（女，2016.1—2017.8）[2]

党委委员　刘志峰（2016.1—2018.4）

　　　　　　张继录（2016.1—2017.8）

　　　　　　杨安群（2016.1—2017.8）

　　　　　　鱼宏刚（2016.1—2018.4）

　　　　　　谭俊云（2016.1—2017.4）[3]

　　　　　　李永胜（2016.1—2017.8）[4]

　　　　　　马三元（回族，2016.1—2017.8）[5]

---

[1] 2017 年 8 月，张继录退职离岗。
[2] 2017 年 8 月，杨安群调任离退休管理中心党委副书记、纪委书记、工会主席。
[3] 2017 年 4 月，谭俊云退职离岗。
[4] 2017 年 8 月，李永胜退职离岗。
[5] 2017 年 8 月，马三元退职离岗。

李文彩（2016.1—2018.4）

董立新（2017.8—2018.4）

周希文（2017.9—2018.4）

王　枫（女，2017.9—2018.4）

纪 委 书 记　杨安群（2016.1—2017.8）①

二、哈密物业管理公司行政领导名录（2016.1—2018.4）

经　　　理　张继录（2016.1—2017.8）②

副 经 理　刘志峰（2016.1—2018.4）

谭俊云（2016.1—2017.4）

李永胜（2016.1—2017.8）

马三元（2016.1—2017.8）

鱼宏刚（2016.1—2018.4）

李文彩（2016.1—2018.4）

董立新（2017.8—2018.4）

周希文（2017.9—2018.4）

王　枫（2017.9—2018.4）

总 会 计 师　马三元（2016.1—2017.8）③

安 全 总 监　鱼宏刚（兼任，2016.1—2018.4）

三、哈密物业管理公司工会领导名录（2016.1—2018.4）

主　　　席　杨安群（2016.1—2017.8）④

---

① 2017年8月至2018年4月期间，哈密物业管理公司纪委书记空缺。
② 2017年8月至2018年4月期间，哈密物业管理公司经理空缺。
③ 2017年8月至2018年4月期间，哈密物业管理公司总会计师空缺。
④ 2017年8月至2018年4月期间，哈密物业管理公司工会主席空缺。

第二十三节　鄯善物业管理公司
（2016.1—2018.4）

2000年10月，为理顺内部管理体制，吐哈石油勘探开发指挥部决定，撤销物业管理公司，在鄯善物业分公司基础上成立鄯善物业管理公司，为二级单位，正处级。2007年8月，吐哈石油勘探开发指挥部成立矿区服务事业部，将鄯善物业管理公司划归矿区服务事业部，为基层单位，机构规格变为吐哈石油勘探开发指挥部三级单位，正处级。2008年1月，油田分公司和吐哈石油勘探开发指挥部实施重组整合，鄯善物业管理公司行政隶属关系改为隶属于吐哈油田分公司矿区服务事业部，鄯善物业管理公司机构规格变为油田分公司三级单位，正处级。2015年5月，油田分公司决定，撤销矿区服务事业部，鄯善物业管理公司（以下简称鄯善物业公司）为二级单位，机构规格为正处级。主要负责鄯善生产基地供热、供排水、综合维修、绿化、保洁、保安、公寓管理、员工餐饮、文体管理、会议服务、幼儿教育、种养植、纯净水生产及配送、资产租赁、居民"四供一业"等服务业务。鄯善物业公司党组织关系隶属于油田分公司党委，机关办公地点在新疆维吾尔自治区吐鲁番市鄯善县火车站镇。

截至2015年12月31日，鄯善物业公司设机关科室7个：办公室（党委办公室）、经营财务科、人事科（组织科）、生产运行科、质量安全环保科、企业管理科、群众工作科。所属基层单位15个：供热中心、工程维修中心、餐饮服务中心、园林绿化中心、经济技术开发中心、物业管理中心、社区文化中心、保洁中心、治安保卫中心（保卫科、武装部、鄯善治安巡逻分队）、设备租赁中心、物资配售中心、幼儿园、饮品开发中心、神泉综合服务中心、天然气销售服务中心。

鄯善物业公司在册员工653人。其中，大学本科及以上学历140人，副高级职称8人、中级职称54人；技师7人。鄯善物业公司党委下属党支部14个，共有党员184人，其中在职党员177人。

　　鄯善物业公司党政领导班子由 5 人组成，其中行政领导班子 5 人，党委由 5 人组成，领导班子成员分工如下：

　　李照斌任党委副书记、经理，负责行政工作，负责分管业务、科室的安全环保、内部稳定和党风廉政建设，主管办公室（党委办公室）、人事科（组织科）。

　　冯旭东任党委书记、纪委书记、副经理、工会主席，负责党委、纪委、工团、维稳工作，负责治安保卫工作，负责分管业务、科室和联系单位的安全环保、内部稳定和党风廉政建设，主管党委办公室（办公室）、组织科（人事科），联系治安保卫中心。

　　杨国银任党委委员、副经理、安全总监，协助经理负责安全环保、HSE 体系的推进改进、安全社区建设、员工培训、规划计划、财务资产、会计核算、定额定价、物资计划管理、ERP 运行及协调内外相关工作，负责分管业务、科室和联系单位的安全环保、内部稳定和党风廉政建设，分管质量安全环保科、经营财务科，联系物资配售中心、饮品开发中心。

　　马建军任党委委员、副经理，协助经理负责质量与技术监督、质量体系的推进改进、质量服务及投诉处理、企业管理、合同管理（含工程项目、维修改造项目的招投标及合同签订工作）、法律事务、市场开发、业绩考核、公寓管理，负责分管业务、科室和联系单位的安全环保、内部稳定和党风廉政建设，分管质量安全环保科、企业管理科，联系物业管理中心、社区文化中心、幼儿园。

　　矫玉生任党委委员、副经理，协助经理负责科技与信息化、节能节水、计量、标准化、职业卫生、技术档案管理、小区管理、绿化、保洁工作，负责分管业务、科室和联系单位的安全环保、内部稳定和党风廉政建设，分管生产运行科、质量安全环保科，联系园林绿化中心、保洁中心。

　　2016 年 1 月，撤销群众工作科。机关科室数由 7 个调整为 6 个。撤销饮品开发中心、神泉综合服务中心和天然气销售服务中心，成立质量安全环保监督中心，经济技术开发中心更名为养植中心，社区文化中心更名为文体会务中心，设备租赁中心更名为车辆服务中心。基层单位数由 15 个调整为 13 个。

　　2016 年 1 月，调整领导班子成员分工：

党委副书记、经理李照斌全面负责行政工作，负责分管业务、科室的安全环保、内部稳定和党风廉政建设，主管办公室（党委办公室）、人事科（组织科）。

党委书记、纪委书记、副经理、工会主席冯旭东全面负责党委、纪委、工团、维稳工作，负责治安保卫工作，负责分管业务、科室和联系单位的安全环保、内部稳定和党风廉政建设，主管党委办公室（办公室）、组织科（人事科），联系治安保卫中心。

党委委员、副经理、安全总监杨国银协助经理负责安全环保、HSE体系的推进改进、安全社区建设、监督管理、规划计划、财务资产、会计核算、定额定价、物资计划管理、ERP运行及协调内外相关工作，负责分管业务、科室和联系单位的安全环保、内部稳定和党风廉政建设，分管质量安全环保科、经营财务科，联系质量安全环保监督中心、物资配售中心。

党委委员、副经理马建军协助经理负责质量与技术监督、质量体系的推进改进、服务质量及投诉处理、企业管理、合同管理（含工程项目、维修改造项目的招投标及合同签订工作）、法律事务、市场开发、业绩考核、公寓管理、小区管理，负责分管业务、科室和联系单位的安全环保、内部稳定和党风廉政建设，分管质量安全环保科、企业管理科，联系物业管理中心、幼儿园。

党委委员、副经理矫玉生协助经理负责科技与信息化、节能节水、计量、标准化、员工培训、职业卫生、技术档案管理、绿化、文体会务管理、保洁工作，负责分管业务、科室和联系单位的安全环保、内部稳定和党风廉政建设，分管生产运行科、质量安全环保科，联系园林绿化中心、文体会务中心、保洁中心。

2016年9月，油田分公司党委决定：任命杨生虎为鄯善物业管理公司党委副书记；免去李照斌的鄯善物业管理公司党委副书记职务。油田分公司决定：聘任杨生虎为鄯善物业管理公司经理；解聘李照斌的鄯善物业管理公司经理职务。

2016年10月，调整领导班子成员分工：

党委副书记、经理杨生虎全面负责行政工作，主管办公室（党委办公室）、人事科（组织科）。

党委书记、纪委书记、副经理、工会主席冯旭东全面负责党委、纪委、工会、团委、女工、维稳等工作，负责治安保卫工作，主管党委办公室（办公室）、组织科（人事科），联系治安保卫中心。

党委委员、副经理、安全总监杨国银协助经理负责日常生产组织运行、安全环保、工程管理、设备管理、应急管理、维修改造、质量体系和 HSE 体系的推进改进、安全社区建设、监督管理、科技与信息化、节能节水、职业卫生、计量、标准化等工作，负责分管业务、科室和联系单位的安全环保、内部稳定和党风廉政建设，分管生产运行科、质量安全环保科，联系供热中心、工程维修中心、质量安全环保监督中心、车辆服务中心。

党委委员、副经理马建军协助经理负责服务质量及投诉处理、员工培训、餐饮服务管理、公寓管理、小区管理、种植养殖管理、保洁服务、幼儿教育等工作，负责分管业务、科室和联系单位的安全环保、内部稳定和党风廉政建设，联系餐饮服务中心、物业管理中心、养植中心、保洁中心、幼儿园。

党委委员、副经理矫玉生协助经理负责规划计划、财务资产、会计核算、定额定价、物资计划管理、ERP 运行、企业管理、合同管理、法律事务、市场开发、绿化、文体会务管理、技术档案管理等工作，负责分管业务、科室和联系单位的安全环保、内部稳定和党风廉政建设，分管经营财务科、企业管理科，联系园林绿化中心、文体会务中心、物资配售中心。

2016 年，鄯善物业公司统筹安排、精心组织，实现收入 13217 万元，费用补贴 4716 万元，分别完成年度指标的 102% 和 91.7%，安全生产保持稳定，企业管理明显增强，服务质量持续提升，实现了"十三五"良好开局，先后荣获自治区"先进模范职工之家红旗单位"、集团公司"绿化先进单位"等荣誉称号。

2017 年 8 月，油田分公司党委决定：任命刘沪为鄯善物业管理公司党委委员；免去马建军、矫玉生、杨国银的鄯善物业管理公司党委委员职务。油田分公司决定：聘任刘沪为鄯善物业管理公司副经理；解聘马建军、矫玉生的鄯善物业管理公司副经理职务，杨国银的鄯善物业管理公司副经理、安全总监职务。

2017 年 9 月，油田分公司党委决定：任命杨贵权、张卫华为鄯善物业管理公司党委委员。油田分公司决定：正式聘任杨生虎为鄯善物业管理公司经理，聘任杨贵权为鄯善物业管理公司副经理、安全总监，张卫华为鄯善物业管理公司副经理。

2017年10月，调整部分领导班子成员分工：

党委委员、副经理、安全总监杨贵权协助经理负责日常生产组织运行、安全环保、工程管理、设备管理、应急管理、维修改造、质量体系和HSE体系的推进改进、监督管理、科技与信息化、节能节水、职业卫生、计量、标准化等工作，负责分管业务、科室和联系单位的安全环保、内部稳定和党风廉政建设，分管生产运行科、质量安全环保科，联系供热中心、工程维修中心、监督中心、车辆服务中心。

党委委员、副经理张卫华协助经理负责规划计划、财务资产、会计核算、定额定价、物资计划管理、ERP运行、企业管理、合同管理、法律事务、市场开发、服务质量及投诉处理、员工培训、餐饮服务管理、绿化、保洁服务、文体会务管理、公寓管理、小区管理、种植养殖管理、幼儿教育、技术档案管理等工作，负责分管业务、科室和联系单位的安全环保、内部稳定和党风廉政建设，分管经营财务科、企业管理科，协管质量安全环保科，联系餐饮服务中心、园林绿化中心、物业管理中心、文体会务中心、保洁中心、物资配售中心、幼儿园。

党委委员、副经理刘沪南疆驻村，暂无分工。

2017年，鄯善物业公司围绕服务质量提升、运行成本降低、队伍安全稳定"一升一降一稳"的总体目标，精心组织，齐抓共管，实现了生产经营平稳有序、安全形势保持平稳、员工队伍和谐稳定，全年实现收入13528万元，比预算指标增收576万元，完成预算的104.4%，完成了油田分公司的调整考核指标。

2018年2月，调整部分领导班子成员分工：

党委委员、副经理刘沪协助经理负责服务质量及投诉处理、员工培训、保洁服务、文体会务管理、公寓管理、小区管理、幼儿教育等工作，负责分管业务、科室和联系单位的安全环保、内部稳定和党风廉政建设，协管质量安全环保科，联系物业管理中心、文体会务中心、保洁中心、幼儿园。

党委委员、副经理张卫华协助经理负责规划计划、财务资产、会计核算、定额定价、物资计划管理、ERP 运行、企业管理、合同管理、法律事务、市场开发、餐饮服务管理、绿化、种植养殖管理、技术档案管理等工作，负责分管业务、科室和联系单位的安全环保、内部稳定和党风廉政建设，分管经营财务科、企业管理科，联系餐饮服务中心、园林绿化中心、物资配售中心。

2018 年 4 月，油田分公司决定，将哈密物业管理公司、鄯善物业管理公司和员工公寓管理中心整合为综合服务中心，为二级单位，机构规格正处级。

2018 年 4 月，油田分公司党委决定：免去冯旭东的原鄯善物业管理公司党委书记、纪委书记、工会主席职务，杨生虎的原鄯善物业公司党委副书记职务，杨贵权、刘沪、张卫华的原鄯善物业公司党委委员职务。油田分公司决定：解聘杨生虎的原鄯善物业管理公司经理职务；冯旭东、刘沪、张卫华的原鄯善物业管理公司副经理职务；杨贵权的原鄯善物业管理公司副经理、安全总监职务。

截至 2018 年 4 月 11 日，鄯善物业公司设机关科室 6 个：办公室（党委办公室）、经营财务科、人事科（组织科）、生产运行科、质量安全环保科、企业管理科。所属基层单位 13 个：供热中心、工程维修中心、餐饮服务中心、园林绿化中心、养植中心、物业管理中心、文体会务中心、保洁中心、治安保卫中心（保卫科、武装部、鄯善治安巡逻分队）、车辆服务中心、物资配售中心、幼儿园、质量安全环保监督中心。

鄯善物业公司在册员工 538 人。其中，大学本科及以上学历 194 人，副高级职称 8 人、中级职称 54 人；技师 8 人。鄯善物业公司下属党支部 15 个，共有党员 148 人，其中在职党员 140 人。

鄯善物业公司党委由 5 人组成，冯旭东任党委书记，杨生虎任党委副书记，杨贵权、刘沪、张卫华任党委委员，冯旭东任纪委书记、工会主席。鄯善物业公司行政领导班子由 5 人组成：杨生虎任经理，冯旭东、刘沪、张卫华任副经理，杨贵权任副经理、安全总监。领导班子成员分工自 2018 年 2 月以来未做调整。

"十三五"期间（2016 年至 2018 年 4 月），鄯善物业公司企业管理明显增强，安全生产保持稳定，服务质量持续提升，运行成本逐渐降低，实现了"十三五"良好开局。鄯善物业管理公司先后荣获新疆维吾尔自治区"先进模范职工之家红旗单位"集团公司"绿化先进单位"等荣誉称号。

一、鄯善物业管理公司党委、纪委领导名录（2016.1—2018.4）

党 委 书 记　冯旭东（2016.1—2018.4）

党委副书记　李照斌（2016.1—9）①

　　　　　　杨生虎（回族，2016.9—2018.4）

党 委 委 员　冯旭东（2016.1—2018.4）

　　　　　　李照斌（2016.1—9）

　　　　　　杨国银（2016.1—2017.8）

　　　　　　马建军（2016.1—2017.8）

　　　　　　矫玉生（2016.1—2017.8）

　　　　　　杨生虎（2016.9—2018.4）

　　　　　　刘　沪（2017.8—2018.4）

　　　　　　杨贵权（2017.9—2018.4）

　　　　　　张卫华（2017.9—2018.4）

纪 委 书 记　冯旭东（2016.1—2018.4）

二、鄯善物业管理公司行政领导名录（2016.1—2018.4）

经　　　理　李照斌（2016.1—9）

　　　　　　杨生虎（2016.9—2018.4）

副 经 理　冯旭东（2016.1—2018.4）

　　　　　　杨国银（2016.1—2017.8）②

　　　　　　马建军（2016.1—2017.8）③

　　　　　　矫玉生（2016.1—2017.8）④

　　　　　　刘　沪（2017.8—2018.4）⑤

　　　　　　杨贵权（2017.9—2018.4）

---

① 2016年9月，李照斌调任吐哈油田分公司机要保密处处长。
② 2017年8月，杨国银调任离退休管理中心副主任。
③ 2017年8月，马建军退职离岗。
④ 2017年8月，矫玉生退职离岗。
⑤ 2017年8月至2018年1月，刘沪到新疆维吾尔自治区喀什地区疏附县驻村。

　　　　　张卫华（2017.9—2018.4）
　安　全　总　监　杨国银（兼任，2016.1—2017.8）^①
　　　　　　杨贵权（兼任，2017.9—2018.4）

三、鄯善物业管理公司工会领导名录（2016.1—2018.4）
　主　　　　席　冯旭东（2016.1—2018.4）

第二十四节　吐哈石油医院（卫生处、疾病预防控制中心）
（2016.1—2020.12）

　　1991年4月，会战指挥部决定，成立卫生处（职工医院、卫生防疫站），同玉门局卫生处（职工医院、卫生防疫站）一个机构三个牌子。1995年6月，卫生处（职工医院、卫生防疫站）更名为职工医院（卫生处、卫生防疫站）。2004年4月，指挥部决定，将职工医院更名为吐哈石油医院，与卫生处、卫生防疫站一个机构三个牌子。2006年9月，指挥部决定，将卫生防疫站更名为疾病预防控制中心，与吐哈石油医院、卫生处一个机构三个牌子。2015年5月，油田分公司决定，撤销矿区服务事业部，吐哈石油医院为二级单位，机构规格为正处级，主要承担吐哈油田职工、家属的医疗服务、应急救援、健康体检、公共卫生、社区医疗、康复保健等业务，同时负责吐哈油田职业病防治、疾病预防、食品卫生监督、计划生育和爱国卫生工作。党组织关系隶属于油田分公司党委，机关办公地点在新疆维吾尔自治区哈密市吐哈石油基地。

　　截至2015年12月31日，吐哈石油医院设机关科室6个：综合办公室、计划财务科、医务科、人力资源科（组织科）、计生爱卫办公室、安全办公室^②。基层科室20个：外科、内传科、妇产科、儿科、手术麻醉科、急诊科、耳鼻喉科、口腔科、中医理疗皮肤科、功能科、检验科、放射科、保健体检科、疾病预防控制中心、社区医疗服务中心、吐哈大药房、设备科、药械

---

　①　2017年8月至9月期间，鄯善物业管理公司安全总监空缺。
　②　2014-2015卷本中漏写机关科室：安全办公室。

科、总务科、鄯善分院。

吐哈石油医院在册员工304人。其中，本科以上学历143人，高级职称5人，副高级职称22人，中级职称123人。吐哈石油医院党委下属8个党支部，共有党员87人，其中在职党员87人。

吐哈石油医院党政领导班子由4人组成，其中行政领导班子3人，党委由4人组成，领导班子成员分工如下：

张农任党委副书记、院长，全面负责卫生处、医院、疾病预防控制中心行政工作，主管综合办公室、计划财务科、人力资源科（组织科）、疾病预防控制中心。

杜本进任党委书记、纪委书记、工会主席，全面负责卫生处、医院、疾病预防控制中心党委工作；负责人口与计划生育、爱国卫生和吐哈大药房经营管理工作；负责医院对外关系协调；负责医疗卫生服务监督管理工作；负责党风廉政建设和医德医风建设；负责分管业务和分管部门的安全环保工作，主管综合办公室、组织科（人力资源科）、纪委、工会、团委、计划生育办公室（爱卫会办公室）、安全办公室（武装保卫、综合治理部分）、吐哈大药房。

谢虎林任党委委员、副院长，负责药品器械、健康体检和鄯善分院行政管理工作；负责分管业务和分管部门的安全环保、党风廉政建设、医德医风建设和医疗服务监督管理工作，分管鄯善分院、药械科、保健体检科。

黄少卿任党委委员、副院长、安全总监，负责医院医疗护理医技业务管理、主营业务经营、安全环保、节能节水、质量与技术监督、计量、标准化、技术引进、专科建设、应急救灾、社区医疗、后勤服务、设备管理和医疗纠纷处理及鉴定；负责分管业务和分管部门的安全环保、党风廉政建设、医德医风建设和医疗服务监督管理工作，分管医务科（总护理部）、安全办公室（安全环保、节能减排部分）、总务科、设备科、社区医疗服务中心、临床医技科室。

2016年1月，调整部分领导班子成员分工：

党委书记、纪委书记、工会主席杜本进全面负责卫生处、医院、疾病预防控制中心党委工作、人口与计划生育、爱国卫生和总务后勤工作、医院对外关系协调、医疗卫生服务监督管理工作、党风廉政建设和医德医风建设、分管业务和分管部门的安全环保工作。主管综合办公室、组织科（人力资源科）、纪委、工会、团委、计划生育办公室（爱卫会办公室）、安全办公室（武装保卫、综合治理部分）、总务科。

党委委员、副院长谢虎林协助院长负责药品器械管理、药品零售和社区医疗服务工作、分管业务和分管部门的生产经营、安全环保、党风廉政建设、医德医风建设和医疗服务监督管理工作。分管药械科、社区医疗服务中心、吐哈大药房。

副院长、党委委员、安全总监黄少卿负责医疗护理、主营业务经营、安全环保、节能节水、质量与技术监督、计量、标准化、技术引进、专科建设、应急救灾、设备管理和医疗纠纷处理及鉴定、分管业务和分管部门的生产经营、安全环保、党风廉政建设、医德医风建设和医疗服务监督管理工作。分管医务科（总护理部）、安全办公室（安全环保、节能减排部分）、设备科（采购中心业务）、外科、内科、儿科、妇产科、手术麻醉科、急诊科、综合科、鄯善分院。

2016年2月，整合党支部，整合后党支部由8个减少至6个，分别是：门诊部党支部、住院部党支部、功能检验放射科党支部、疾病预防控制中心党支部、药械社区大药房党支部和机关党支部。

2016年3月，油田分公司决定：正式聘任张农为吐哈石油医院（卫生处、疾病预防控制中心）院长（处长、主任）。

2016年7月18日，吐哈石油医院工会第三次会员代表大会在新疆维吾尔自治区哈密市召开，55名代表参加会议。选举产生了吐哈石油医院工会第三届委员会。工会委员会由5人组成，杜本进为工会主席。

2016年9月，油田分公司党委决定：任命谢虎林为吐哈石油医院（卫生处、疾病预防控制中心）党委副书记；免去张农的吐哈石油医院（卫生处、疾病预防控制中心）党委副书记职务。油田分公司决定：聘任谢虎林为吐哈石油医院（卫生处、疾病预防控制中心）院长（处长、主任）（试用期一年）；解聘张农的吐哈石油医院（卫生处、疾病预防控制中心）院长（处长、主任）职务。

2016年11月，油田分公司党委决定：任命余洋为吐哈石油医院（卫生处、疾病预防控制中心）党委委员。油田分公司决定：聘任余洋为吐哈石油医院（卫生处、疾病预防控制中心）副院长（副处长、副主任）（试用期一年）。

随后，调整部分领导班子成员分工：

党委副书记、院长谢虎林全面负责卫生处、医院、疾病预防控制中心行政工作。主管综合办公室、计划财务科、人力资源科（组织科）、疾病预防控制中心。

党委委员、副院长余洋负责药品器械管理、药品零售、社区医疗服务工作、保健体检和医技业务管理、分管业务和分管部门的生产经营、安全环保、党风廉政建设、医德医风建设和医疗服务监督管理工作。分管药械科、社区医疗服务中心、吐哈大药房、功能科、检验科、放射科、保健体检科。

2016 年，吐哈石油医院实现门诊就诊 170367 人次，住院 2815 人次。经营任务全面完成，实现经营收入 9011 万元，费用补贴 3404 万元。吐哈石油医院被油田分公司授予"安全环保先进单位"荣誉称号。

截至 2016 年 12 月 31 日，吐哈石油医院设机关科室 6 个：综合办公室、计划财务科、医务科、人力资源科（组织科）、计生爱卫办公室、安全办公室。基层科室 20 个：外科、内传科、妇产科、儿科、手术麻醉科、急诊科、耳鼻喉科、口腔科、中医理疗皮肤科、功能科、检验科、放射科、保健体检科、疾病预防控制中心、社区医疗服务中心、吐哈大药房、设备科、药械科、总务科、鄯善分院。

吐哈石油医院在册员工 289 人。其中本科以上学历 142 人，高级职称 6人，副高级职称 17 人，中级职称 130 人。吐哈石油医院党委下属基层党支部 6 个，共有党员 87 人，其中在职党员 87 人。

2017 年 6 月，油田分公司党委决定：免去黄少卿的吐哈石油医院（卫生处、疾病预防控制中心）党委委员职务。油田分公司决定：解聘黄少卿的吐哈石油医院（卫生处、疾病预防控制中心）副院长（副处长、副主任）、安全总监职务。

2017 年 10 月，油田分公司决定：正式聘任谢虎林为吐哈石油医院（卫生处、疾病预防控制中心）院长（处长、主任），余洋为吐哈石油医院（卫生处、疾病预防控制中心）安全总监。

2017 年 11 月，油田分公司决定：正式聘任余洋为吐哈石油医院（卫生处、疾病预防控制中心）副院长（副处长、副主任）。

2017年12月，调整领导班子成员分工：

党委副书记、院长谢虎林全面负责卫生处、医院、疾病预防控制中心行政工作。主管综合办公室、计划财务科、人力资源科（组织科）、疾病预防控制中心、鄯善分院。

党委书记、纪委书记、工会主席杜本进全面负责卫生处、医院、疾病预防控制中心党委工作、人口与计划生育、爱国卫生工作、医院对外关系协调、医疗卫生服务监督管理工作、党风廉政建设和医德医风建设、分管业务和分管部门的安全环保工作。主管综合办公室、组织科（人力资源科）、纪委、工会、团委、计划生育办公室（爱卫会办公室）、安全办公室（武装保卫、综合治理部分）。

党委委员、副院长、安全总监余洋负责医疗护理、生产经营、安全环保、节能节水、质量与技术监督、计量、标准化、技术引进、专科建设、应急救灾、总务设备、药品器械、药品零售、保健体检和医技业务管理、负责分管业务和分管部门的生产经营、安全环保、党风廉政建设、医德医风建设和医疗服务监督管理工作。分管医务科（总护理部）、安全办公室（安全环保、节能减排部分）、总务设备科、外科、内科、儿科、妇产科、麻醉手术科、急诊科、口腔科、耳鼻喉科、中医理疗皮肤科、功能科、检验科、放射科、保健体检科、药械科、吐哈大药房。

2017年，实现门诊就诊141136人次，住院2332人次。经营任务全面完成，实现经营收入7335万元，费用补贴4184万元。

截至2017年12月31日，吐哈石油医院设机关科室6个：综合办公室、计划财务科、医务科、人力资源科（组织科）、安全办公室、计生爱卫办公室。基层科室20个：外科、内传科、妇产科、儿科、手术麻醉科、急诊科、耳鼻喉科、口腔科、中医理疗皮肤科、功能科、检验科、放射科、保健体检科、疾病预防控制中心、社区医疗服务中心、吐哈大药房、设备科、药械科、总务科、鄯善分院。

吐哈石油医院在册员工239人。其中：本科以上学历127人，高级职称4人，副高级职称14人，中级职称102人。吐哈石油医院党委下属基层党支部6个，共有党员67人，其中在职党员67人。

2018年3月，调整部分领导班子成员分工：

党委副书记、院长谢虎林全面负责卫生处、医院、疾病预防控制中心行政工作。主管综合办公室、计划财务科、人力资源科（组织科）、疾病预防控制中心。

党委委员、副院长、安全总监余洋协助院长负责医疗护理、生产经营、安全环保、节能节水、质量与技术监督、计量、标准化、技术引进、专科建设、应急救灾、总务设备、药品器械、药品零售、保健体检和医技业务管理、负责分管业务和分管部门的生产经营、安全环保、党风廉政建设、医德医风建设和医疗服务监督管理工作。分管医务科（总护理部）、安全办公室（安全环保、节能减排部分）、总务设备科、功能科、检验科、放射科、保健体检科、药械科、吐哈大药房。

截至2018年12月31日，吐哈石油医院设机关科室6个：综合办公室、计划财务科、医务科、人力资源科（组织科）、安全办公室、计生爱卫办公室。基层科室20个：外科、内传科、妇产科、儿科、手术麻醉科、急诊科、耳鼻喉科、口腔科、中医理疗皮肤科、功能科、检验科、放射科、保健体检科、疾病预防控制中心、社区医疗服务中心、吐哈大药房、设备科、药械科、总务科、鄯善分院。

吐哈石油医院在册员工236人。其中本科以上学历128人，高级职称6人，副高级职称10人，中级职称115人。吐哈石油医院党委下属基层党支部6个，共有党员67人，其中在职党员62人。

2019年6月，吐哈石油医院获得由哈密市卫健委颁发的哈密宝石花吐哈医院《医疗机构执业许可证》。

2019年9月，吐哈石油医院获得由哈密市民政局颁发的哈密宝石花吐哈医院《民办非企业单位登记证书》，完成举办人变更工作。

2019年9月，油田分公司党委决定：免去杜本进的吐哈石油医院（卫生处、疾病预防控制中心）党委书记、纪委书记、工会主席、党委委员职务。

2019年9月，将6个党支部进行结构功能性整合成2个党支部，分别是临床医技党支部和综合保障党支部。

2019年11月，由吐哈石油医院履行的吐哈油田公司计划生育和爱国卫生工作职能调整至综合服务中心，计生爱卫办公室随即撤销。

2019年12月，油田分公司党委决定：任命周永新为吐哈石油医院（卫生处、疾病预防控制中心）党委委员、党委书记、纪委书记、工会主席（试用期一年）。

截至2019年12月31日，吐哈石油医院设机关科室5个，综合办公室、计划财务科、医务科、人力资源科（组织科）、安全办公室。基层科室20个：外科、内传科、妇产科、儿科、手术麻醉科、急诊科、耳鼻喉科、口腔科、中医理疗皮肤科、功能科、检验科、放射科、保健体检科、疾病预防控制中心、社区医疗服务中心、吐哈大药房、设备科、药械科、总务科、鄯善分院。

吐哈石油医院在册员工210人。其中本科以上学历128人，高级职称6人，副高级职称10人，中级职称115人。吐哈石油医院党委下属基层党支部2个，共有党员54人，其中在职党员54人。

2019年，实现门诊就诊134900人次，住院3027人次。经营任务全面完成，实现经营收入7758万元，费用补贴3542万元。

2020年4月，调整领导班子成员分工：

党委副书记、院长谢虎林全面负责卫生处、医院、疾病预防控制中心行政工作。主管综合办公室、计划财务科、人力资源科（组织科）。

党委书记、纪委书记、工会主席周永新全面负责卫生处、医院、疾病预防控制中心党委工作；负责医院对外关系协调；市场开发和宣传；医疗卫生服务监督管理工作；党风廉政建设和医德医风建设；分管业务和分管部门的安全环保工作。主管综合办公室、组织科（人力资源科）、纪委、工会、团委、安全办公室（武装保卫、综合治理部分）。

党委委员、副院长、安全总监余洋协助院长负责药品器械、总务后勤、设备管理、计量、标准化、安全环保、节能节水、前线医疗、健康体检和鄯善分院行政管理工作；分管业务和分管部门的安全环保、党风廉政建设、医德医风建设和医疗服务监督管理工作。主管鄯善分院、药械科、总务设备科、安全办公室（安全环保、节能减排部分）、社区医疗服务中心、保健体检科。

2020年4月，经医院党委研究决定，成立鄯善分院党支部。党支部由

2个增加至3个，分别是：临床医技党支部、综合保障党支部和鄯善分院党支部。

2020年10月16日，中共吐哈石油医院召开党员大会，共52名党员参加大会。大会选举产生了中共吐哈石油医院新一届委员会和纪律检查委员会。中共吐哈石油医院委员会由王琪、余洋、周永新、谢虎林和路宝川5人组成，周永新为党委书记，谢虎林为党委副书记；中共吐哈石油医院纪律检查委员会由丁建军、李晓燕、周永新、姚多丰和董欣灵5人组成，周永新为纪委书记。

2020年，实现门诊就诊91365人次，住院2815人次。经营亏损857万元，实现经营收入7513万元，油田公司购买服务费用3618万元。

截至2020年12月31日，吐哈石油医院设机关科室5个，综合办公室、计划财务科、医务科、人力资源科（组织科）、安全办公室。基层科室20个：外科、内传科、妇产科、儿科、手术麻醉科、急诊科、耳鼻喉科、口腔科、中医理疗皮肤科、功能科、检验科、放射科、保健体检科、疾病预防控制中心、社区医疗服务中心、吐哈大药房、设备科、药械科、总务科、鄯善分院。

吐哈石油医院在册员工197人。其中本科以上学历116人，高级职称6人，副高级职称13人，中级职称101人。吐哈石油医院党委下属基层党支部3个，共有党员55名，其中在职党员55人。

吐哈石油医院党委领导班子由5人组成：周永新任党委书记、纪委书记、工会主席，谢虎林任党委副书记，余洋、王琪、路宝川任党委委员。吐哈石油医院行政领导班子由2人组成：谢虎林任院长，余洋任副院长、安全总监。

"十三五"期间，医院推进社会化改革，体制机制更加灵活。按照中国石油天然气集团公司关于医院社会化改革的部署，加入宝石花医疗集团，采取合资合作的方式，顺利完成医院社会化改革，法人治理体系初步建立，医院可持续发展基础进一步夯实。创新医疗服务模式，保障能力更加有力。深入推进"送健康到基层"和"您身边的省级医院"活动，开展健康知识讲座82场次，邀请自治区专家60人次，手术示范21台次，近万名职工群众得到面对面、心贴心的医疗卫生服务。充分利用信息化技术，开通宝石花大健康平台，完成远程心电、健康小屋、远程会诊等项目建设，一线员工医疗卫生条件有效改善。加强医疗质量管控，医疗安全更加可靠。坚持以病人为中心，基础设施更加完善。医院充分发挥宝石花医疗集团体制机制优势，积极争取资金和政策支持，先后引进 GE 核磁共振、彩色 B 超、口腔 CT 等先进设备 400 多台套，完成门诊楼维修改造工程、管线改造工程和哈密总院目视化建设项目，医院就医环境有效改善。坚持全面从严治党，政治优势更加凸显。突出把方向、管大局、保落实，召开医院党代会。认真落实全面从严治党主体责任，"两学一做""不忘初心、牢记使命"等主题教育成效显著，"大党建"工作格局日益完善，特色文化建设积极推进，引领保障医院发展能力显著增强。

一、吐哈石油医院（卫生处、疾病预防控制中心）党委、纪委领导名录（2016.1—2020.12）

党委书记　杜本进（2016.1—2019.9）[1]
周永新（2019.12—2020.12）

党委副书记　张　农（2016.1—9）[2]
谢虎林（2016.9—2020.12）

党委委员　杜本进（2016.1—2019.9）
周永新（2019.12—2020.12）
张　农（2016.1—9）
谢虎林（2016.1—2020.12）
黄少卿（2016.1—2017.6）[3]
余　洋（2016.11—2020.12）
王　琪（2020.10—12）
路宝川（2020.10—12）

纪委书记　杜本进（2016.1—2019.9）
周永新（2019.12—2020.12）

---

[1] 2019 年 9 月，杜本进退出领导岗位；2019 年 9 月至 12 月期间，吐哈石油医院党委书记空缺。
[2] 2016 年 9 月，张农退出领导岗位。
[3] 2017 年 6 月，黄少卿退出领导岗位。

二、吐哈石油医院（卫生处、疾病预防控制中心）行政领导名录
（2016.1—2020.12）

　　院长（处长、主任）　张　农（2016.1—9）
　　　　　　　　　　　　谢虎林（2016.9—2020.12）
　　副院长（副处长、副主任）谢虎林（2016.1—9）
　　　　　　　　　　　　黄少卿（2016.1—2017.6）
　　　　　　　　　　　　余　洋（2016.11—2020.12）
　　安　全　总　监　黄少卿（兼任，2016.1—2017.6）[①]
　　　　　　　　　　　　余　洋（兼任，2017.10—2020.12）

三、吐哈石油医院（卫生处、疾病预防控制中心）工会领导名录
（2016.1—2020.12）

　　主　　　　　席　杜本进（2016.1—2019.9）
　　　　　　　　　　　　周永新（2019.12—2020.12）

第二十五节　新闻中心（吐哈石油报社、吐哈有线电视台、中国石油报吐哈记者站）（2016.1—2018.1）

　　1992年7月，吐哈石油战报社成立。1996年1月，吐哈石油战报社更名为吐哈石油报社。1996年7月，油田电视业务从通信处分离，成立吐哈有线电视台。1998年5月，新闻中心成立，与吐哈石油报社、吐哈有线电视台和中国石油报吐哈记者站为一个机构四个牌子（简称新闻中心），为二级单位，机构规格为正处级。主要负责油田报纸、电视新闻、对外新闻宣传等业务。党组织关系隶属于油田分公司党委，机关办公地点在新疆维吾尔自治区哈密石油基地。

　　截至2015年12月31日，新闻中心设机关科室2个：综合办公室、总编办公室。基层单位5个：报纸编辑部、电视部、网络新闻部、记者站、印刷厂（广告发行部）。编制定员93人，其中处级职数3个、科级职数13个、

---

① 2017年6月至10月期间，吐哈石油医院安全总监空缺。

机关定员 15 人；在册员工 91 人。其中，大专以上学历 74 人，高级职称 4 人，中级 44 人。新闻中心党委下属基层党支部 5 个，共有党员 52 人。

新闻中心党政领导班子由 5 人组成，其中党委由 5 人组成，行政领导班子 2 人，领导班子成员分工如下：

张志荣任党委书记、主任、社长全面负责行政、党委工作，主管综合办公室、总编办公室。

王多立任党委委员，副主任（站长）、安全总监，协助主任负责中心安全管理、质量、节能节水、设备管理、信息化建设、档案管理和员工培训工作，负责中国石油报吐哈记者站工作，负责分管业务、部门和联系单位的质量安全工作和党风廉政建设，分管综合办公室。

许忠任党委副书记、纪委书记、工会主席协助党委书记负责党建、宣传、统战、思想政治工作、基层建设、纪检监察、工会、共青团、女工、企业文化建设、精神文明建设、综治保卫、信访维稳、机要保密、网络舆情、计划生育等工作，负责分管业务、部门和联系单位的质量安全工作和党风廉政建设，分管综合办公室。

党委委员赵海善、韩彬，为正科级干部。

2016 年 3 月，油田分公司决定：解聘王多立的新闻中心副主任、安全总监、中国石油报社吐哈记者站站长职务；吐哈油田分公司党委决定：免去王多立同志的新闻中心党委委员职务。

2016 年 5 月，调整领导班子成员分工：

党委书记、主任、社长张志荣全面负责中心行政、党委工作，主管综合办公室、总编办公室，联系报纸编辑部、电视部、网络新闻部。

党委副书记、纪委书记、工会主席许忠协助中心主任负责中心企业管理、节能节水、设备管理、信息化建设、档案管理和员工培训工作，协助党委书记负责党建、宣传、统战、思想政治工作、基层建设、纪检监察、工会、共青团、女工、企业文化建设、精神文明建设、综治保卫、信访维稳、机要保密、网络舆情、计划生育等工作，分管中国石油报吐哈记者站、印刷厂（广告发行部）工作，负责分管业务和联系单位的质量安全、党风廉政建设工作，分管工会、团支部、记者站、印刷厂（广告发行部），联系综合办公室、总编办公室。

2016年8月，油田分公司决定：聘任张志荣为新闻中心安全总监。

2016年，出版报纸148期，播出《吐哈新闻》244期，实况录像58场次，《中国石油报》见报258篇，《中国石油报道》见播42条，发布网络图片新闻3334幅组、微信1648条。荣获中国石油报道优秀组织单位、石油新闻快讯优秀组织单位。记者站荣获中国石油报社四星级记者站称号。22件新闻作品获得省部级奖，其中3件获一等奖，7件获二等奖。

2017年11月，油田分公司党委决定：免去张志荣的新闻中心党委书记职务。油田分公司决定：免去张志荣的新闻中心主任、吐哈石油报社社长、安全总监职务。

2017年，出版报纸136期，《吐哈新闻》播出184期，实况录像54场次，《中国石油报》见报260篇，《中国石油报道》见播40条，发布网络图片新闻2761幅组，微信1598条。电视获中国石油报道优秀组织单位。记者站荣获中国石油报四星级记者站称号。13件新闻作品获得省部级奖，4件获二等奖，9件获三等奖。

2018年1月，油田分公司决定，撤销新闻中心，将新闻中心新闻媒体相关业务整合为一个科级机构，机构名称为新闻媒体中心入信息技术公司作为基层单位，业务上接受企业文化处的管理。信息技术公司同时挂新闻中心（吐哈石油报社、中国石油报吐哈记者站）牌子。油田分公司党委决定：免去许忠的新闻中心党委副书记、纪委书记、工会主席职务。

截至2018年1月3日，新闻中心设机关科室2个：综合办公室、总编办公室。基层单位5个：报纸编辑部、电视部、网络新闻部、记者站、印刷厂（广告发行部）。在册员工75人。新闻中心党委由3人组成：许忠任党委副书记、纪委书记、工会主席，赵海善（正科级）、韩彬（正科级）任党委委员。领导班子分工自2017年5月以来未再进行调整。

2016年1月到2018年1月期间，新闻中心出版报纸284期，《吐哈新闻》播出428期，实况录像112场次，《中国石油报》见报518篇，《中国石油报道》见播82条，发布网络图片新闻6095幅组，微信3243条。电视连续两年获中国石油报道优秀组织单位。记者站连续两年荣获中国石油报四星级记者站称号。25件新闻作品获得省部级奖，7件获二等奖，16件获三等奖。

一、新闻中心党委会、纪委领导名录（2016.1—2018.1）

党 委 书 记　张志荣（回族，2016.1—2017.11）①

党委副书记　许　忠（2016.1—2018.1）

党 委 委 员　张志荣（2016.1—2017.11）

　　　　　　许　忠（2016.1—2018.1）

　　　　　　王多立（2016.1—3）②

　　　　　　赵海善（正科级，2016.1—2018.1）

　　　　　　韩　彬（正科级，2016.1—2018.1）

纪 委 书 记　许　忠（2016.1—2018.1）

二、新闻中心行政领导名录（2016.1—2018.1）

（一）新闻中心领导名录（2016.1—2018.1）

主　　　任　张志荣（2016.1—2017.11）③

副 　主 　任　王多立（2016.1—3）

安 全 总 监　王多立（兼任，2016.1—3）

　　　　　　张志荣（兼任，2016.8—2017.11）

（二）吐哈石油报社领导名录（2016.1—2018.1）

社　　　长　张志荣（2016.1—2017.11）④

（三）中国石油报吐哈记者站领导名录（2016.1—2018.1）

站　　　长（空　缺）

三、新闻中心工会领导名录（2016.1—2018.1）

主　　　席　许　忠（2016.1—2018.1）

---

① 2017年11月至2018年1月期间，新闻中心党委书记空缺。

② 2016年3月，王多立调任石油能源开发公司党委副书记、纪委书记、副经理、工会主席。

③ 2017年11月至2018年1月期间，新闻中心主任空缺。

④ 2017年11月至2018年1月期间，新闻中心吐哈石油报社社长空缺。

第二十六节　离退休职工管理中心（再就业服务站）— 离退休职工管理中心（再就业服务站、离退休职工管理处）（2016.1—2020.12）

离退休职工管理中心前身是离退休职工管理处，于 1996 年 4 月成立。1998 年 5 月，指挥部决定，撤销离退休职工管理处，将离退休职工管理业务和人员划转物业管理公司。2000 年 10 月，成立离退休职工管理中心，与离退休职工管理处按一个机构两块牌子运行。2007 年 8 月，指挥部决定，将离退休职工管理中心划归矿区服务事业部，并更名为哈密离退休职工管理中心。2012 年 6 月，油田分公司决定，将事业部哈密离退休职工管理中心更名为离退休职工管理中心。2015 年 5 月，油田分公司决定，撤销矿区服务事业部，将事业部直属单位再就业工作服务站并入离退休职工管理中心，机构更名为离退休职工管理中心（再就业服务站）（以下简称离退休管理中心），为二级单位，机构规格为正处级，主要负责油田离退休职工、劳动家属的管理和服务以及负责有偿解除劳动合同人员管理及再就业工作，并协助建立、引导离退休职工、有偿解除合同人员、各文体协会、自管会等群众性组织的活动，积极引导开展适合离退休职工、有偿解除合同人员和劳动家属特点的自我教育、自我管理、自我服务工作。党组织关系隶属于吐哈油田分公司党委，机关办公地点在新疆维吾尔自治区哈密石油基地。

截至 2015 年 12 月 31 日，离退休管理中心设机关科室 6 个：综合办公室、计划财务科、文体科、离退休管理科、再就业业务管理科、再就业现场管理科。所属基层单位 6 个：东环路退管站、南环路退管站、西环路退管站、北环路退管站、中区退管站、老年大学。

离退休管理中心在册员工 72 人。其中，大学本科及以上学历 27 人，副高级职称 12 人、中级职称 24 人。离退休管理中心党委下属 6 个党总支，14 个党支部，共有党员 1294 人，其中在职党员 43 人。

离退休管理中心党政领导班子由 4 人组成，其中行政领导班子 4 人，党委由 6 人组成（其中 2 人为退休职工），领导班子成员分工如下：

郭春生任党委副书记、主任、安全总监，全面负责离退休管理中心行政工作，主管中心离退休管理、计划财务、人事劳资、绩效考核、安全环保、文化体育、档案保密、计划生育等工作，分管综合办公室、离退休管理科、文体科，联系东环路退管站、老年大学。

陈跃任党委书记、纪委书记、副主任、工会主席，全面负责离退休管理中心党委、纪委、工会工作，主管中心党建、纪检、组织、干部、工会、宣传、企业文化、信访维稳、综治安保等工作，分管综合办公室、离退休管理科、文体科，联系南环路退管站、中区退管站。

武红功任党委委员、副主任，协助中心主任，负责计划财务、安全环保、合规体系、基础建设、维修维护等工作，分管计划财务科、综合办公室，联系西环路退管站、北环路退管站。

黄晓忠任党委委员、副主任，主管再就业服务站及中心服务质量监督管理工作，分管再就业业务管理科、再就业现场管理科，联系东环路退管站、再就业服务站。

党委委员张应武、王志明为退休职工。

2016 年 5 月，油田分公司党委决定：免去武红功的离退休管理中心党委委员职务。油田分公司决定：解聘武红功的离退休管理中心副主任职务。

2016 年 8 月，油田分公司决定：聘任黄晓忠为离退休管理中心安全总监；解聘郭春生的离退休管理中心安全总监职务。

随后，调整领导班子成员分工：

党委副书记、主任郭春生负责离退休管理中心行政工作，主管中心离退休管理服务、财务资产、人事劳资、绩效考核、老年文体活动、档案保密、计划生育等工作，分管综合办公室、离退休管理科、计划财务科、文体科，联系南环路退管站、中区退管站、老年大学。

党委书记、纪委书记、副主任、工会主席陈跃负责离退休管理中心党委、纪委、工会工作，主管中心党建、纪检、组织、干部、工会、宣传、企业文化、信访维稳、综治安保等工作，分管综合办公室、离退休管理科、文体科，联系北环路退管站、西环路退管站。

党委委员、副主任、安全总监黄晓忠主管离退休管理中心再就业工作，协助主任分管中心安全环保、服务质量、计划管理、合规管理、科技信息、基础建设、维修维护等工作，分管再就业业务管理科、再就业现场管理科、综合办公室、计划财务科，联系东环路退管站、再就业服务站。

2016年，离退休管理中心管理服务离退休职工4083人，全年为离退休职工、劳动家属、精减下放人员、职工遗属发放"四节"慰问金3327.4万元、离退休职工健康疗养费161万元、再就业人员生活费及保险费1580万元。组织2272名老同志参加健康体检，为433名70岁以上老人安装"一键通"电话，开展"一对一结对帮扶"，油田412名"两高"老人和长期卧病在床的失能半失能老人全部结对帮扶，实现了全覆盖。老年大学荣获全国示范老年大学。中心荣获集团公司"离退休系统信息应用管理和统计工作优秀单位"称号。

2017年1月，油田分公司决定，调整离退休管理中心职能及内设机构，离退休管理中心增挂离退休职工管理处的牌子，按一套机构、三块牌子管理，并增加对公司内部退养人员的管理以及与相关单位进行业务协调的职能。离退休职工管理中心（再就业服务站、离退休职工管理处）机关增设内退员工管理科，专门负责公司内部退养人员的管理及相关事宜的协调、处理。

2017年4月，油田分公司党委决定：免去陈跃的离退休管理中心党委书记、纪委书记、工会主席职务。油田分公司决定：解聘陈跃的离退休管理中心副主任职务。

2017年5月，油田分公司决定，对酒泉生活基地管理中心机构进行调整，将酒泉生活基地管理中心业务、人员全部纳入离退休职工管理中心统一管理，机构更名为酒泉生活基地管理站，作为离退休职工管理中心的基层单位。

2017年8月，油田分公司党委决定：任命王丙坤为离退休职工管理中心（再就业服务站、离退休职工管理处）党委书记、杨安群为离退休职工管理中心（再就业服务站、离退休职工管理处）党委副书记、纪委书记、工会主席，杨国银为离退休职工管理中心（再就业服务站、离退休职工管理处）党委委员；免去郭春生的离退休职工管理中心党委副书记职务。油田分公司决定：聘任王丙坤为离退休职工管理中心（再就业服务站、离退休职工管理处）主任，杨国银为离退休职工管理中心（再就业服务站、离退休职工管理处）副主任；解聘郭春生的离退休职工管理中心主任职务。

2017年9月，调整领导班子成员分工：

党委书记、主任王丙坤负责离退休职工管理中心（再就业服务站、离退休职工管理处）行政及党委工作，主管中心人事劳资、组织宣传、绩效考核、计划财务、档案保密、综治维稳、老年大学等工作，负责分管业务、部门和联系单位的安全环保工作和党风廉政建设，分管综合办公室、计划财务科，联系中区退管站、老年大学。

党委副书记、纪委书记、工会主席杨安群协助中心党委书记分管离退休职工管理中心（再就业服务站、离退休职工管理处）党委工作，主管中心纪委、工会日常工作，协助中心主任分管中心离退休文体活动、计划生育等工作，负责分管业务、部门和联系单位的安全环保工作和党风廉政建设，分管综合办公室、内退员工管理科、文体科，联系西环路退管站、"八会一团"各文体协会。

党委委员、副主任、安全总监黄晓忠协助中心主任分管离退休职工管理中心（再就业服务站、离退休职工管理处）再就业管理业务，分管中心安全环保、服务质量、合规管理、科技信息等工作，负责分管业务、部门和联系单位的安全环保工作和党风廉政建设，分管再就业业务管理科、再就业现场管理科、综合办公室，联系东环路退管站、南环路退管站。

党委委员、副主任杨国银协助中心主任分管离退休职工管理中心（再就业服务站、离退休职工管理处）离退休及内退员工管理业务，分管中心基础建设、维修维护等工作，分管酒泉生活基地管理站各项工作，负责分管业务、部门和联系单位的安全环保工作和党风廉政建设，分管离退休管理科、内退员工管理科、综合办公室，联系北环路退管站、酒泉生活基地管理站。

2017年11月25日，离退休职工管理中心（再就业服务站、离退休职工管理处）召开第五次工会代表大会，工会会员代表共45人参加会议。会议选举产生第五届工会委员会和工会经费审查委员会、女职工委员会。杨安群任工会主席，王丽任工会副主席。

2017年，离退休职工管理中心（再就业服务站、离退休职工管理处）始终把政治上照顾老同志、生活上关心老同志、精神上关怀老同志作为离退休工作的中心任务来抓，持续深化"4566"服务模式，全年上门慰问探视住院老人 780 人次，电话访 93650 人次，深入老人家中走访 18560 人次，开展重点关爱 15152 人次，祝寿 963 人次，为 3925 名退休职工发放社保医疗卡。做好政策解答和解疑释惑工作，对老同志来访来信及反映的问题做到了 100% 接待，100% 答复。接转内退员工 1927 人。

2018 年 4 月，油田分公司党委决定：任命杨贵权为离退休管理中心党委副书记、纪委书记、工会主席；免去杨安群的离退休管理中心党委副书记、纪委书记、工会主席职务。

2018 年 6 月 13 日，召开第五届二次工会会员代表大会，工会会员代表共41 人参加会议，等额选举杨贵权为离退休管理中心第五届工会委员会委员。同日，召开离退休职工管理中心工会第五届二次全委会，等额选举杨贵权为离退休管理中心第五届工会委员会主席。

2018 年 8 月，油田分公司决定，将离退休管理中心处级职数由 3 人调整为 5 人。

2018 年 8 月，油田分公司党委决定：任命祁玉童为离退休管理中心党委委员、党委副书记，杜安全为离退休管理中心党委委员；免去王丙坤的离退休管理中心党委书记、党委委员职务。油田分公司决定：聘任祁玉童为离退休管理中心主任，杜安全为离退休管理中心副主任；解聘王丙坤的离退休管理中心副主任职务，黄晓忠的离退休管理中心副主任、安全总监职务。

2018 年 9 月，合并再就业业务管理科与再就业现场管理科，成立再就业管理科；综合办公室更名为办公室（党委办公室）；计划财务科更名为经营财务科；撤销东环路退管站。

2018 年 10 月，油田分公司决定：聘任杜安全兼任离退休管理中心安全总监。

2018 年 11 月，油田分公司决定，将兰州生活基地管理中心、广汉生活基地管理中心和苏州生活基地管理中心业务、人员全部纳入离退休职工管理中心统一管理，机构分别更名为兰州生活基地管理站、广汉生活基地管理站和苏州生活基地管理站，作为离退休职工管理中心的科级基层单位。离退休职工管理中心处级职数由 5 人调整为 6 人。油田分公司党委决定，撤销兰州生活基地管理中心党委、广汉生活基地管理中心党委和苏州生活基地管理中心党委，组织关系并入离退休职工管理中心党委。

2018年11月，油田分公司党委决定：任命周田堂为离退休管理中心党委委员。油田分公司决定：聘任周田堂为离退休管理中心副主任（正处级）。

2018年11月，调整领导班子成员分工：

党委副书记、主任祁玉童负责中心行政管理工作，分管办公室（党委办公室）、经营财务科，在中心党委书记没有到岗前，负责党委工作。

党委副书记、纪委书记、工会主席杨贵权负责协助中心党委书记分管离退休管理中心党委工作，主管中心纪委、工会日常工作，协助中心党委书记分管中心文化体育活动、计划生育等工作，负责分管业务、部门和联系单位的安全环保工作和党风廉政建设，分管办公室（党委办公室）、内退员工管理科、文体科，联系西环路退管站、"八会一团"各文体协会。

党委委员、副主任（正处级）周田堂负责协助中心党委书记、主任分管离退休职工管理中心苏州生活基地管理站的党政工作，分管苏州生活基地管理站。

党委委员、副主任杨国银负责协助中心主任分管离退休管理中心离退休及内退员工管理业务，分管中心基础建设、维修维护等工作，分管酒泉生活基地管理站、兰州生活基地管理站、广汉生活基地管理站各项工作，负责分管业务、部门和联系单位的安全环保工作和党风廉政建设，分管离退休管理科、内退员工管理科、办公室（党委办公室），联系北环路退管站、酒泉生活基地管理站、兰州生活基地管理站、广汉生活基地管理站。

党委委员、副主任、安全总监杜安全负责协助中心主任分管离退休管理中心再就业管理业务，分管中心安全环保、服务质量、合规管理、科技信息等工作，负责分管业务、部门和联系单位的安全环保工作和党风廉政建设，分管再就业管理科、办公室（党委办公室），联系南环路退管站、中区退管站、老年大学。

2018年12月，成立兰州生活基地管理站党总支、广汉生活基地管理站党总支和苏州生活基地管理站党支部。

2018年，离退休管理中心深入推进扩大经营自主权改革，撤销组织机构2个，接收内退员工2379人，签订再就业A协议人员273人，注册B协议人员245人，坚持"5566"服务模式，探视住院老人396人次，电话访

8.2 万人次，家访 1.5 万人次，关爱服务 1.3 万人次。老年大学全年开设 24 个专业、48 个班级，招收学员 3336 人次。中心荣获集团公司离退休职工管理信息系统先进单位。

2019 年 3 月，油田分公司决定，撤销北京办事处，将其人员并入离退休职工管理中心，成立北京生活基地管理站。

2019 年 3 月，油田分公司党委决定：任命王光虎、李文彩为离退休管理中心党委委员。油田分公司决定：聘任王光虎、李文彩为离退休管理中心副主任。

2019 年 3 月，成立北京生活基地管理站、北京生活基地管理站党总支。

2019 年 4 月，再就业管理科名称变更为再就业管理科（质量安全环保科），质量安全环保管理职责由办公室（党委办公室）调整到再就业管理科。

2019 年 7 月，中心办公室（党委办公室）更名为办公室（党委办公室、人事科），按一个机构三块牌子运行，机构名称变更后职责、岗位设置及人员编制保持不变。

2019 年 12 月，油田分公司决定，将离退休职工管理中心"负责吐哈油田驻集团公司总部机关安保维稳业务及人员的管理职责"调整到油田保卫部。

2019 年，离退休管理中心坚持"5566"服务模式，组织住院探视 188 人次，走访慰问 1.4 万人次，电话访 4.8 万人次，关爱服务 1.1 万人次。加强老年大学管理，开设 24 个专业 48 个班级，招收学员 3150 人次，最大限度地满足了退休退养人员的精神需求。全力承办中国老年大学协会片区组长会暨西北、华北片区经验交流会，接待会议代表 60 多人，组织会议 3 场次，举办文艺演出 2 场次。落实"3455"工作法，与驻矿单位签订退休职工代管协议，增收 410 万元，实现了驻矿单位退休人员由无偿代管向有偿管理的转变。组织 12 名工作人员赴江苏、浙江、四川、酒泉等地调查走访慰问，圆满完成 132 名 20 世纪 60 年代精减下放人员和 256 名职工遗属的生存状况调查，为加强费用控制提供了依据。

2020 年 3 月，油田分公司党委决定：任命张宝元为离退休管理中心党委书记；杨安群任离退休管理中心党委委员、党委副书记、纪委书记、工会主席，免去杨贵权的离退休管理中心党委副书记、党委委员、纪委书记、工会主席职务。油田分公司决定：聘任张宝元为离退休管理中心副主任。

2020年3月，调整领导班子成员分工：

党委副书记、主任祁玉童负责中心行政工作，分管办公室（党委办公室、人事科）、经营财务科。

党委书记、副主任张宝元负责中心党委工作，分管办公室（党委办公室、人事科）、离退休管理科。由于张宝元[①]南疆驻村，党委工作暂由党委副书记、主任祁玉童全面负责。

党委副书记、纪委书记、工会主席杨安群负责协助党委书记分管中心党委工作，主管中心纪委、工会工作，协助中心党委书记分管中心文化体育活动、计划生育等工作，负责分管业务部门和联系单位的安全环保工作和党风廉政建设，分管办公室（党委办公室、人事科）、内退员工管理科、文体科，联系西环路退管站、"八会一团"各文体协会、苏州生活基地管理站。

党委委员、副主任（正处级）周田堂全面负责中心北京生活基地管理站的工作，分管北京生活基地管理站。

党委委员、副主任杨国银负责协助中心主任分管离退休及内退员工管理业务，分管中心基础建设、维修维护等工作，分管业务部门和联系单位的安全环保工作和党风廉政建设，分管离退休管理科、内退员工管理科、办公室（党委办公室、人事科），联系北环路退管站、酒泉生活基地管理站、兰州生活基地管理站。

党委委员、副主任、安全总监杜安全负责协助中心主任分管中心再就业管理业务，分管中心安全环保、服务质量、合规管理、科技信息等工作，负责分管业务、部门和联系单位的安全环保工作和党风廉政建设，分管再就业管理科（质量安全环保科）、办公室（党委办公室、人事科），联系单位南环路退管站、中区退管站、老年大学、广汉生活基地管理站。

党委委员、副主任王光虎负责中心北京生活基地管理站行政工作，分管北京生活基地管理站。

党委委员、副主任李文彩协助油田公司保卫部全面负责集团公司外围保

---

① 2019年5月至2020年8月，张宝元南疆驻村。

卫工作，分管北京经警大队。

2020 年 7 月，油田分公司党委决定：免去张宝元的离退休职工管理中心党委书记、党委委员职务。

2020 年 9 月，油田分公司撤销西安生活基地管理中心处级机构，在离退休职工管理中心成立西安生活基地管理站，列离退休职工管理中心下属三级机构。离退休职工管理中心增加基层领导人员职数 2 人。调整后，离退休职工管理中心基层领导人员职数由 27 人（含助理及副总师 4 人）增加为 29 人（含助理及副总师 4 人）。

2020 年 9 月，成立西安生活基地管理站、中共吐哈油田公司离退休职工管理中心西安生活基地管理站党总支。

2020 年 10 月，油田分公司党委决定：免去周田堂的离退休职工管理中心党委委员职务，杨安群的离退休职工管理中心党委副书记、党委委员、纪委书记、工会主席职务，窦晓鸿的西安生活基地管理中心党委书记、党委委员、纪委书记、工会主席职务。油田分公司决定：免去周田堂的离退休管理中心副主任职务。

2020 年，离退休管理中心全力以赴推进退休人员社会化管理工作，向各地政府移交退休人员 8431 人，移交人事档案 8393 册，移交转出党组织关系 2882 人，确定划转退休人员社会化资产 271 项，提前完成了集团公司下达的退休人员社会化管理移交工作任务；对 70 岁以上退休人员开展重阳节慰问，组织 5124 名退休、退养人员开展健康体检；探视住院老人 446 人次、电话访 1.2 万人次、关爱服务 2600 多人次；安排专人协调解决西安管理站高层房产证、多层加装电梯等离退休人员关心的热点、难点问题，均得到了离退休老同志的好评，齐心协力抓好疫情防控，落实"四精"工作要求，统筹做好生产经营、改革发展、和谐稳定、安全环保各项工作，完成了西安管理站划归中心统一管理的改革任务，在逆境中取得了良好的成绩，圆满完成各项工作任务。

截至 2020 年 12 月 31 日，离退休管理中心设机关科室 6 个：办公室（党委办公室、人事科）、经营财务科、文体科、离退休管理科、再就业管理科（质量安全环保科）、内退员工管理科。所属基层单位 11 个：南环路退管站、西环路退管站、北环路退管站、中区退管站、老年大学、酒泉生活基地管理站、兰州生活基地管理站、广汉生活基地管理站、苏州生活基地管理站、北京生活基地管理站、西安生活基地管理站。

离退休管理中心在册员工1926人，其中，在册在岗102人，内退员工1824。其中，大学本科及以上学历427人，正高级职称7人、副高级职称189人、中级职称422人。离退休管理中心党委下属党总支9个[①]，基层党支部16个，党员3196人，其中在职党员70人。

离退休管理中心党委由5人组成：祁玉童任党委副书记，杨国银、杜安全、王光虎、李文彩任党委委员。离退休管理中心行政领导班子由5人组成：祁玉童任主任，杨国银、王光虎、李文彩任副主任，杜安全任副主任、安全总监。领导班子成员分工自2020年3月以来未做调整。

"十三五"期间，离退休管理中心面对各种挑战，迎难而上，不断进取，在做精、做细离退休管理和服务主题业务的同时，管理能力不断提升，服务工作提档升级，为油田公司发展稳定做出了积极贡献。五年来，离退休管理中心一直不断努力促进离退休服务提档升级，在落实好走访慰问、住院探视、重点帮扶、临终关爱等日常服务的同时，尽一切努力为老同志办实事、做好事、解难事，综合满意度始终在88分以上。老年文化活动亮点突出，共组织开展各类文体活动2000多场次，参加人数20多万人次，获得全国、自治区、集团公司、哈密地区等各类集体、个人奖60多项。管理能力稳步提升，开展"一口清"考核、导师带徒等活动，狠抓员工作风建设和岗位培训，有效提升了中心的综合管理能力。离退休队伍保持和谐稳定，关心、关注老同志的愿望和诉求，发挥离退休党组织的作用，落实党支部书记例会制度，开展形势任务宣讲、政策宣传等"大讲堂"活动，落实对特殊人员的管控，加强重点阶段、特殊时期的稳控措施，确保了管辖群体的稳定。安全基础工作不断夯实，向老同志宣传安全常识，开展安全提醒提示，确保了中心及老同志日常活动安全，连续5年实现安全生产目标。党建核心作用发挥出色，加强基层组织建设，建立党员活动阵地，开展党风廉政和反腐倡廉教育，员工的思想建设全面加强，企业文化建设取得明显成效，群众工作落实到位。

[①] 离退休管理中心党委2020年12月下属9个党总支，实际已在党建系统中将8个党总支转出，只有西安生活基地管理站党总支2020年9月才成立，暂未转出仍保留在党建系统中。

一、离退休职工管理中心（再就业服务站）（2016.1—2017.1）

（一）离退休职工管理中心（再就业服务站）党委、纪委领导名录

    （2016.1—2017.1）

    党 委 书 记　陈　跃（2016.1—2017.1）

    党委副书记　郭春生（2016.1—2017.1）

    党 委 委 员　陈　跃（2016.1—2017.1）

            郭春生（2016.1—2017.1）

            武红功（2016.1—5）[①]

            黄晓忠（2016.1—2017.1）

            张应武（退休职工，2016.1—2017.1）

            王志明（退休职工，2016.1—2017.1）

    纪 委 书 记　陈　跃（2016.1—2017.1）

（二）离退休职工管理中心（再就业服务站）行政领导名录（2016.1—

    2017.1）

    主　　　　任　郭春生（2016.1—2017.1）

    副　主　任　陈　跃（2016.1—2017.1）

            武红功（2016.1—5）

            黄晓忠（2016.1—2017.1）

    安 全 总 监　郭春生（兼任，2016.1—8）

            黄晓忠（兼任，2016.8—2017.1）

（三）离退休职工管理中心工会领导名录（2016.1—2017.1）

    主　　　　席　陈　跃（2016.1—2017.1）

二、离退休职工管理中心（再就业服务站、离退休职工管理处）

    （2017.1—2020.12）

（一）离退休职工管理中心（再就业服务站、离退休职工管理处）党委、

    纪委领导名录（2017.1—2020.12）

    党 委 书 记　陈　跃（2017.1—4）[②]

---

① 2016年5月，武红功退职离岗。

② 2017年4月，陈跃退职离岗；2017年4月至8月期间，离退休管理中心党委书记空缺。

王丙坤（2017.8—2018.8）①

张宝元（2020.3—7）②

党委副书记　郭春生（2017.1—8）③

杨安群（女，2017.8—2018.4；2020.3—10）④

祁玉童（2018.8—2020.12）

杨贵权（2018.4—2020.3）⑤

党委委员　陈　跃（2017.1—4）

郭春生（2017.1—8）

黄晓忠（2017.1—2018.8）⑥

王丙坤（2017.8—2018.8）

杨安群（2017.8—2018.4；2020.3—10）

杨国银（2017.8—2020.12）

杨贵权（2018.4—2020.3）

祁玉童（2018.8—2020.12）

杜安全（2018.8—2020.12）

周田堂（2018.11—2020.10）⑦

王光虎（2019.3—2020.12）

李文彩（2019.3—2020.12）

张宝元（2020.3—7）

纪委书记　陈　跃（2017.1—4）⑧

杨安群（2017.8—2018.4；2020.3—10）⑨

杨贵权（2018.4—2020.3）

---

① 2018 年 8 月，王丙坤退职离岗；2018 年 8 月至 2020 年 3 月期间，离退休管理中心党委书记空缺。

② 2020 年 7 月，张宝元退职离岗；2020 年 7 月至 12 月期间，离退休管理中心党委书记空缺。

③ 2017 年 8 月，郭春生退职离岗。

④ 2018 年 4 月，杨安群调任运输工程公司党委副书记、纪委书记。

⑤ 2020 年 3 月，杨贵权退职离岗。

⑥ 2018 年 8 月，黄晓忠调任矿区管理部副主任。

⑦ 2020 年 10 月，周田堂退职离岗。

⑧ 2017 年 4 月至 8 月期间，离退休管理中心纪委书记空缺。

⑨ 2020 年 10 月，杨安群退职离岗；2020 年 10 至 12 月期间，离退休管理中心纪委书记空缺。

（二）离退休职工管理中心（再就业服务站、离退休职工管理处）行政
　　　领导名录（2017.1—2020.12）

　　　　主　　　任　郭春生（2017.1—8）

　　　　　　　　　　王丙坤（2017.8—2018.8）

　　　　　　　　　　祁玉童（2018.8—2020.12）

　　　　副　主　任　陈　跃（2017.1—4）

　　　　　　　　　　黄晓忠（2017.1—2018.8）

　　　　　　　　　　杨国银（2017.8—2020.12）

　　　　　　　　　　杜安全（2018.8—2020.12）

　　　　　　　　　　周田堂（2018.11—2020.10）

　　　　　　　　　　王光虎（2019.3—2020.12）

　　　　　　　　　　李文彩（2019.3—2020.12）

　　　　　　　　　　张宝元（2020.3—7）

　　　　安　全　总　监　黄晓忠（兼任，2017.1—2018.8）[1]

　　　　　　　　　　杜安全（兼任，2018.10—2020.12）

（三）离退休职工管理中心（再就业服务站、离退休职工管理处）工会
　　　领导名录（2017.1—2020.12）

　　　　主　　　席　陈　跃（2017.1—4）[2]

　　　　　　　　　　杨安群（2017.8—2018.4；2020.3—10）[3]

　　　　　　　　　　杨贵权（2018.4—2020.3）

第二十七节　北京吐哈石油宾馆—北京办事处
（2016.1—2019.3）

　　1991年9月，会战指挥部决定，成立北京办事处，与玉门局北京办事
处一个机构挂两个牌子。1992年10月，会战指挥部决定，成立北京联络

---

① 2018年8月至10月期间，离退休管理中心安全总监空缺。

② 2017年4月至8月期间，离退休管理中心工会主席空缺。

③ 2020年10至12月期间，离退休管理中心工会主席空缺。

处，1995年12月，指挥部决定，北京联络处与玉门局北京办事处分离，成立北京联络处（办事处）。1996年6月，指挥部决定，北京联络处与新建的西域宾馆为一个机构挂两个牌子。2004年2月，指挥部决定，撤销西域宾馆，将北京联络处人员及资产整体划转吐哈石油大厦企业集团，成立北京吐哈石油宾馆，与北京联络处为一个机构两块牌子。2006年3月，指挥部决定，撤销北京联络处，成立北京办事处，仍与北京吐哈石油宾馆为一个机构挂两个牌子。2008年1月，油田分公司决定，对吐哈石油大厦企业集团进行重组，将北京吐哈石油宾馆划归北京办事处，一个机构挂两个牌子（简称北京办事处）。2014年2月，撤销北京办事处机构名称，保留北京吐哈石油宾馆的职能。主要负责酒店客房销售，承担油田分公司委托的各项工作和在京的公务活动，与集团公司各厅局的沟通和联系，承办集团公司有关部门交办事项，多渠道收集信息，做好信息的调研、收集和反馈工作，负责油田分公司职工在京出差、学习、就医、旅游、子女上学等相关接待工作，为吐哈油田过往北京地区的职工群众和北京周边作业的有关单位项目提供车辆、人员、后勤等方面的支持和保障。党组织关系隶属于油田分公司党委，办公地点在北京市朝阳区安苑东里三区二号。

截至2015年12月31日，北京吐哈石油宾馆为二级单位，机构规格为正处级。机关设职能科室2个：总经理办公室、经营财务科。所属基层单位3个：餐饮部、客房部、综合服务部。北京吐哈石油宾馆在册员工22人。其中本科以上学历3人，正高级职称1人、副高级职称1人，中级职称5人。下属基层党支部1个，共有党员7人，其中在职党员7人。

北京吐哈石油宾馆党政领导班子由3人组成，其中行政领导班子2人，党委由3人组成，领导班子成员分工如下：

张赞军任党委书记、纪委书记、总经理、工会主席，负责行政工作，主管宾馆的人事劳资、计划经营、市场营销、客房服务、安全生产、员工培训、服务质量监督、宾馆接待和党风廉政建设等工作，分管总经理办公室。

王光虎任党委委员、副总经理、安全总监，负责财务管理、治安保卫、安全生产、餐饮服务、工程维修、物资采购、车辆管理、党建、宣传、纪检监察、廉政建设、企业文化建设、维稳等工作，分管经营财务科、餐饮部、综合服务部。

党委委员赵珑为正科级干部。

2016年3月，油田分公司决定，撤销北京吐哈石油宾馆，恢复北京办事处，并对北京办事处的内设机构和人员编制进行调整：设处级职数2个，助理及副总师1人（正科级）；机关设职能科室2个：综合办公室、经营财务科；所属基层单位2个：外联接待部、综合服务部。

2016年4月，油田分公司党委决定，北京吐哈石油宾馆党委更名为北京办事处党委。

2016年4月，油田分公司党委决定：任命张赞军为北京办事处党委书记、纪委书记、工会主席，王光虎为北京办事处党委委员；免去张赞军的北京吐哈石油宾馆党委书记、纪委书记、工会主席职务，王光虎的北京吐哈石油宾馆党委委员职务。油田分公司决定：聘任张赞军为北京办事处处长，王光虎为北京办事处副处长、安全总监。

2016年7月，调整领导班子成员分工：

党委书记、纪委书记、处长、工会主席张赞军全面负责北京办事处党建、宣传、纪检监察、廉政建设、行政管理工作。主管办事处的党群、人事、合规管理、安全生产、员工培训、服务质量监督、物资采购等工作。

党委委员、副处长、安全总监王光虎负责北京办事处计划经营、财务管理、内控管理、安全生产、治安保卫、维稳、员工餐管理、工程建设、维修、库存管理、车辆管理工作。

2016年8月，北京办事处党委改建为北京办事处党支部，作为公司党委直属党支部。

2016年8月，油田分公司党委决定：张赞军为北京办事处党支部书记，免去张赞军的北京办事处党委书记、纪委书记职务，王光虎的北京办事处党委委员职务。

2016年，北京办事处全年支出成本费用1880万元，收入1328万元；联系员工就医45人，服务质量满意率为97%。

2017年8月，油田分公司决定，将北京生活基地管理中心业务、人员全部并入北京办事处。并入后，北京办事处设处级职数2个，机关设职能科室2个：综合办公室，经营财务科；所属基层单位2个：外联接待部、北京生活基地管理站。

2017 年 8 月，油田分公司党委决定，成立北京办事处党委，党组织关系隶属于油田分公司党委。

2017 年 8 月，油田分公司党委决定：任命杨杰为北京办事处党委书记、纪委书记、工会主席，王光虎为北京办事处党委委员；免去张赞军的北京办事处党支部书记职务。油田分公司决定：聘任杨杰为北京办事处处长；解聘张赞军的北京办事处处长职务。

2017 年，北京办事处支出成本费用 2781 万元，收入 1147 万元。

2018 年 1 月，新疆吐哈石油勘探开发有限公司决定：解聘张赞军的原吐哈石油勘探开发指挥部北京办事处处长职务。

2018 年 4 月，油田分公司决定，将哈密物业管理公司治安巡逻大队驻京经警业务及人员划入北京办事处，北京办事处增加负责集团公司总部大楼的安全保卫工作、配合有关部门做好处置突发事件、维护集团公司正常的办公秩序及办公大楼的消防督查等工作职责，北京办事处处级职数由 2 人调整为 3 人。北京办事处将原有的 4 个部门调整为 3 个。调整后设机关科室 1 个：综合办公室，所属基层单位 2 个：外联接待部、北京生活基地管理站。

2018 年 4 月，油田分公司党委决定：任命王光虎为北京办事处纪委书记，李文彩为北京办事处党委委员；免去杨杰的北京办事处纪委书记职务，李文彩的原哈密物业管理公司党委委员职务。油田分公司决定：聘任李文彩为北京办事处副处长。

随后，调整领导班子成员分工：

党委书记、处长、工会主席杨杰全面负责北京办事处生产经营、北京生活基地管理站离退休管理、北京办事处党委和群工组织工作，组织实施油田公司党委工作部署和办事处党委会议决议。

党委委员、纪委书记、副处长、安全总监王光虎负责北京生活基地管理站管理，维护离退休职工队伍和谐稳定，负责办事处纪检监察、安全环保、应急管理、设备管理、节能节水工作。

党委委员、副处长李文彩负责集团公司总部大楼的安全保卫，配合有关部门做好处置突发事件、维护集团公司正常的办公秩序及办公大楼的消防督查等工作。

2018 年，北京办事处支出成本费用为 1560 万元，收入 1392 万元。

2019 年 3 月，油田分公司决定，撤销北京办事处，将其人员并入离退休职工管理中心，成立北京生活基地管理站，作为离退休职工管理中心的基层科级单位管理，实行独立核算，独立运行，业务接受办公室和矿区管理部的管理指导。

2019 年 3 月，油田分公司党委决定：免去杨杰的北京办事处党委书记、工会主席、党委委员职务，王光虎的北京办事处纪委书记、党委委员职务，李文彩的北京办事处党委委员职务。油田分公司决定：解聘杨杰的北京办事处处长职务，王光虎的北京办事处副处长、安全总监职务，李文彩的北京办事处副处长职务。

截至 2019 年 3 月 29 日，北京办事处设机关科室 1 个：综合办公室；所属基层单位 2 个：外联接待部、北京生活基地管理站。在册员工 23 人，其中：本科以上学历 7 人，正高级职称 4 人、副高级职称 1 人、中级职称 5 人。北京办事处党委下属基层党支部 3 个，共有党员 102 人，其中在职党员 6 人。

北京办事处党委由 3 人组成：杨杰任党委书记，王光虎、李文彩任党委委员，王光虎任纪委书记，杨杰任工会主席。吐哈油田分公司行政领导班子由 3 人组成：杨杰任处长，王光虎任副处长、安全总监，李文彩任副处长。领导班子成员分工自 2018 年 4 月以来未做调整。

2016 年以来，北京办事处共管理离退休人员 166 人，累计组织接待 3200 人次，组织员工就医 145 人次，服务满意率保持 97.8% 以上。

一、北京吐哈石油宾馆（2016.1—3）
（一）北京吐哈石油宾馆党委、纪委领导名录（2016.1—4）
　　党 委 书 记　张赞军（2016.1—4）
　　党 委 委 员　张赞军（2016.1—4）
　　　　　　　　王光虎（2016.1—4）
　　　　　　　　赵　珑（女，正科级，2016.1—4）

　　纪 委 书 记　张赞军（2016.1—4）
（二）北京吐哈石油宾馆行政领导名录（2016.1—3）
　　总 经 理　张赞军（2016.1—4）
　　副 总 经 理　王光虎（2016.1—4）

安 全 总 监　王光虎（兼任，2016.1—4）

（三）北京吐哈石油宾馆工会领导名录（2016.1—3）

主　　　席　张赞军（2016.1—4）

二、北京办事处（2016.3—2019.3）

（一）北京办事处党委、纪委领导名录（2016.4—8；2017.8—2019.3）①

党 委 书 记　张赞军（2016.4—8）

杨　杰（2017.8—2019.3）

党 委 委 员　张赞军（2016.4—8）

王光虎（2016.4—8；2017.8—2019.3）

杨　杰（2017.8—2019.3）

李文彩（2018.4—2019.3）

纪 委 书 记　张赞军（2016.4—8）

杨　杰（2017.8—2018.4）

王光虎（2018.4—2019.3）

（二）北京办事处行政领导名录（2016.3—2019.3）

处　　　长　张赞军（2016.4—2017.8）

杨　杰（2017.8—2019.3）②

副 处 长　王光虎（2016.4—2019.3）

李文彩（2018.4—2019.3）

安 全 总 监　王光虎（兼任，2016.4—2019.3）

（三）北京办事处工会领导名录（2016.4—2019.3）

主　　　席　张赞军（2016.4—8）

杨　杰（2017.8—2019.3）

---

① 2016年8月，北京办事处党委改建为北京办事处党支部，2017年8月成立北京办事处党委。

② 2019年3月，杨杰调任西安生活基地管理中心主任、党委委员。

第二十八节 酒泉生活基地管理处—酒泉生活基地管理中心
（2016.1—2017.5）

2000年10月，指挥部决定，撤销物业管理公司，成立玉门物业管理处。2006年12月，撤销玉门物业管理处，成立酒泉离退休职工管理部。2007年8月，指挥部决定，将酒泉离退休职工管理部划归矿区服务事业部，更名为酒泉生活基地管理处。2015年5月，油田分公司决定，撤销矿区服务事业部，将酒泉生活基地管理处纳入二级单位管理，机构规格为正处级。主要从事吐哈油田在酒泉、玉门地区离退休职工的管理服务和药品广场的经营工作。党组织关系隶属于油田分公司党委，机关办公地点在甘肃省酒泉市新城区石油基地欣露园5号楼5-1-3。

截至2015年12月31日，酒泉生活基地管理处设机关科室3个：综合科、退管科、核算科。所属基层单位1个：药品广场。酒泉生活基地管理处在册员工47人，其中，大学本科及以上学历6人，副高级职称3人，中级职称3人。酒泉生活基地管理处党委下属基层党支部8个，共有党员274人，其中，在职党员21人。

酒泉生活基地管理处党政领导班子由3人组成，行政领导班子由3人组成，党委由3人组成。领导班子成员分工如下：

党延祥任党委书记、纪委书记、工会主席、副处长，负责党委工作、群众工作和队伍建设，主管综合科。

闫少魁任党委副书记、处长，负责行政工作和经营管理，主管综合科、核算科，联系药品广场。

谢志刚任党委委员、副处长，负责离退休管理与服务工作和安全设备管理工作，分管退管科、综合科。

2016年3月，油田分公司决定，将酒泉生活基地管理处更名为酒泉生活基地管理中心。

2016年4月，油田分公司党委决定：任命党延祥为酒泉生活基地管理中心党委书记、纪委书记、工会主席，谢志刚为酒泉生活基地管理中心党委委员；免去党延祥的酒泉生活基地管理处党委书记、纪委书记、工会主席职务，闫少魁的酒泉生活基地管理处党委副书记职务，谢志刚的酒泉生活基地管理处党委委员职务。油田分公司决定：聘任党延祥为酒泉生活基地管理中心主任，谢志刚为酒泉生活基地管理中心副主任、安全总监；解聘闫少魁的原酒泉生活基地管理处处长职务，党延祥、谢志刚的原酒泉生活基地管理处副处长职务。

2016年5月，调整领导班子成员分工：

党委书记、纪委书记、主任、工会主席党延祥负责行政和党委工作，主管综合科、核算科，联系药品广场。

党委委员、副主任、安全总监谢志刚负责离退休服务管理工作和安全、设备管理工作，分管退管科、综合科。

2016年12月，油田分公司党委决定：免去党延祥的酒泉生活基地管理中心党委书记、纪委书记、工会主席职务。油田分公司决定：解聘党延祥的酒泉生活基地管理中心主任职务。随后，调整领导班子成员分工：党委委员、副主任、安全总监谢志刚全面负责行政和党委工作。

2016年，酒泉生活基地管理中心离退休管理与服务工作取得新的成效，离退休服务质量综合满意率始终保持在98%以上，经营工作在2016年年初公司下达收入指标650万元基础上，实现年度经营收入753万元，超收入指标15.84%；年初公司下达费用补贴指标1589万元，通过实施各项降本增效措施，节约费用77万元。

2017年4月，油田分公司党委决定：免去谢志刚的酒泉生活基地管理中心党委委员职务。油田分公司决定：解聘谢志刚的酒泉生活基地管理中心副主任、安全总监职务。

2017年5月，油田分公司决定，将酒泉生活基地管理中心业务、人员全部纳入离退休职工管理中心统一管理，机构更名为酒泉生活基地管理站，作为离退休职工管理中心的科级基层单位，其内设机构同时撤销。

2017年，酒泉生活基地管理中心实现经营收入277万元。

截至2017年5月3日，酒泉生活基地管理中心机关设职能科室3个：综合科、退管科、核算科。基层单位1个：药品广场。在册员工23人，其中机关 14 人。酒泉生活基地管理中心党委下属基层党支部 8 个，共有党员311 人，其中在职党员 13 人。

一、酒泉生活基地管理处（2016.1—3）

（一）酒泉生活基地管理处党委、纪委领导名录（2016.1—4）

党委书记　党延祥（2016.1—4）

党委副书记　闫少魁（2016.1—4）①

党委委员　党延祥（2016.1—4）

闫少魁（2016.1—4）

谢志刚（2016.1—4）

纪委书记　党延祥（2016.1—4）

（二）酒泉生活基地管理处行政领导名录（2016.1—3）

处　　长　闫少魁（2016.1—4）

副处长　党延祥（2016.1—4）

谢志刚（2016.1—4）

安全总监（空缺）

（三）酒泉生活基地管理处工会领导名录（2016.1—3）

主　　席　党延祥（2016.1—4）

二、酒泉生活基地管理中心（2016.3—2017.5）

（一）酒泉生活基地管理中心党委、纪委领导名录（2016.4—2017.5）

党委书记　党延祥（2016.4—12）②

党委委员　谢志刚（2016.4—2017.4）③

党延祥（2016.4—12）

纪委书记　党延祥（2016.4—12）④

---

① 2016 年 4 月，闫少魁退职离岗。

② 2016 年 12 月，党延祥退职离岗；2016 年 12 月至 2017 年 5 月期间，酒泉生活基地管理中心党委书记空缺。

③ 2017 年 4 月，谢志刚退职离岗。

④ 2016 年 12 月至 2017 年 5 月期间，酒泉生活基地管理中心纪委书记空缺。

（二）酒泉生活基地管理中心行政领导名录（2016.4—2017.5）

主　　　任　党延祥（2016.4—12）[①]

副 主 任　谢志刚（2016.4—2017.4）[②]

安 全 总 监　谢志刚（2016.4—2017.4）[③]

（三）酒泉生活基地管理中心工会领导名录（2016.4—2017.5）

主　　　席　党延祥（2016.4—12）[④]

第二十九节　广汉生活基地管理处—广汉生活基地管理中心
（2016.1—2018.11）

广汉生活基地管理中心的前身是广汉离退休职工管理部。1998 年 5 月，从吐哈石油勘探开发指挥部成都办事处分离离退休管理职能，成立了广汉离退休职工管理部。2007 年 8 月，经指挥部研究并报集团公司审定，成立吐哈石油勘探开发指挥部矿区服务事业部。将广汉离退休职工管理部调整为矿区服务事业部所属单位；同时，将广汉离退休职工管理部更名为广汉生活基地管理处。2010 年 6 月，吐哈油田分公司为理顺成都办事处与广汉生活基地管理处管理体制。将成都办事处与广汉生活基地管理处按照一套管理机构，挂两块牌子的方式纳入一体化管理，挂"成都办事处、广汉生活基地管理处"两个牌子。2014 年 12 月，油田分公司决定，撤销公司驻外办事处（联络处），成都办事处撤销。2015 年 5 月，油田分公司撤销矿区服务事业部，广汉生活基地管理处为二级单位，机构规格为正处级，主要负责西南片区离退休职工管理和广汉生活基地（广汉吐哈石油苑）物业运行管理，从事离退休职工管理、资产管理、基地生活后勤、安全、文体活动等业务。党组织关系隶属于油田分公司党委。机关办公地点在四川省广汉市福州路二段 58 号。

截至 2015 年 12 月 31 日，广汉生活基地管理处设机关科室 1 个：综合

---

① 2016 年 12 月至 2017 年 5 月期间，酒泉生活基地管理中心主任空缺。

② 2017 年 5 月，酒泉生活基地管理中心副主任空缺。

③ 2017 年 5 月，酒泉生活基地管理中心安全总监空缺。

④ 2016 年 12 月至 2017 年 5 月期间，酒泉生活基地管理中心工会主席空缺。

办公室。所属基层单位 2 个：物业管理站、离退休职工管理站。

广汉生活基地管理处在册员工 25 人。其中，本科以上学历 13 人，高级职称 7 人，中级职称 10 人。广汉生活基地管理处党委下属党支部 6 个，共有党员 310 人，其中在职党员 13 人。

广汉生活基地管理处党政领导班子由 6 人组成，其中行政领导班子 3 人，党委由 6 人组成（其中 2 人为退休职工），领导班子成员分工如下：

朱刚任党委书记、纪委书记、处长、工会主席，全面负责行政和党组建设、纪委、工会和思想政治工作，分管综合办公室。

程浩任党委委员、副处长，负责离退休职工管理工作，分管离退休职工管理站。

李在龙任党委委员、副处长，安全总监，负责安全健康环保和物业管理工作，分管物业管理站。

党委委员杨彦士为正科级，冯元碧、杨成荣为退休职工。

2016 年 3 月，油田分公司决定，广汉生活基地管理处更名为广汉生活基地管理中心。

2016 年 4 月，油田分公司党委决定：任命朱刚为广汉生活基地管理中心党委书记、纪委书记、工会主席，程浩为广汉生活基地管理中心党委委员，李在龙为广汉生活基地管理中心党委委员；免去朱刚的原广汉生活基地管理处党委书记、纪委书记、工会主席职务，程浩、李在龙的原广汉生活基地管理处党委委员职务。油田分公司决定：聘任朱刚为广汉生活基地管理中心主任，程浩为广汉生活基地管理中心副主任，李在龙为广汉生活基地管理中心副主任；解聘朱刚的原广汉生活基地管理处处长职务，程浩的原广汉生活基地管理处副处长职务，李在龙的原广汉生活基地管理处副处长、安全总监职务。

2016 年 5 月，油田分公司党委决定：免去程浩的广汉生活基地管理中心党委委员职务。油田分公司决定：解聘程浩的广汉生活基地管理中心副主任职务。

2016 年 6 月，调整领导班子成员分工：

党委书记、纪委书记、主任、工会主席朱刚负责管理中心全面工作，分管综合办公室。

党委委员、副主任李在龙负责协助主任搞好离退休职工管理和物业管理工作，分管物业管理站和离退休职工管理站。

2016年8月，广汉生活基地管理中心职工贺勇当选中共广汉市第八次代表大会代表。

2016年10月25日，中共广汉生活基地管理中心第二次代表大会在广汉吐哈石油苑会议室召开，35名党员代表参加会议。会议选举产生中共广汉生活基地管理中心第二届委员会和中共广汉生活基地管理中心纪律检查委员会。朱刚任党委书记、纪委书记。

2016年，广汉生活基地管理中心管理慰问困难离退休职工44人次，探视住院病人65人次，协助办理丧事7起，为70岁及以上老人生日祝寿累计193人次，支付各项救助101300元。在离退休职工中开展"评先争优"活动，表彰22名离退休职工和劳动家属。离退休职工服务满意率达到98%，生日祝寿和探视慰问率达到100%，养老金发放、医药费报销满意率100%，物业服务综合满意率达到98%以上。

2017年8月，油田分公司决定，对广汉生活基地管理中心机构编制调整，为二级单位，机构规格为副处级，职责和人员编制维持不变。

2017年8月，油田分公司党委决定：任命朱刚为广汉生活基地管理中心党委书记、纪委书记、工会主席，李在龙为广汉生活基地管理中心党委委员。油田分公司决定：聘任朱刚为广汉生活基地管理中心主任（原职级保持不变），李在龙为广汉生活基地管理中心副主任、安全总监（原职级保持不变）。

2017年9月，油田分公司人事处批复同意，广汉生活基地管理中心设机关科室1个：综合办公室。基层单位1个：综合服务站。编制定员22人，其中处级职数2个、科级职数3个；机关定员5人。

2017年10月，油田分公司党委决定：免去朱刚的广汉生活基地管理中心党委书记、纪委书记、工会主席职务。油田分公司决定：解聘朱刚广汉生活基地管理中心主任职务。

2017年11月，油田分公司党委决定：任命李在龙为广汉生活基地管理中心党委书记、工会主席。油田分公司决定：聘任李在龙为广汉生活基地管理中心主任。

2017年，广汉生活基地管理中心管理离退休职工、劳动家属、遗孀共

891 人；费用支出 789 万元，收入 60 万元。帮扶救助慰问困难离退休职工 51 人次，救助金 102000 元，慰问困难党员、老党员和获得部级表彰党员 15 人次，慰问金 15200 元。探视住院病人 50 人次，启动大病救助帮扶 4 人次，救助资金 50000 元。与地方国有企业，签订供气供水供电分离移交方案和框架协议。

2018 年 1 月，新疆吐哈石油勘探开发有限公司决定：聘任李在龙为新疆吐哈石油勘探开发有限公司广汉生活基地管理中心主任。

2018 年 11 月，油田分公司决定，将广汉生活基地管理中心业务、人员全部纳入离退休职工管理中心统一管理，作为离退休职工管理中心的科级基层单位，机构更名为广汉生活基地管理站，原内设机构同时撤销。

2018 年 11 月，油田分公司党委决定，撤销广汉生活基地管理中心党委，党组织关系并入离退休职工管理中心党委。

2018 年 11 月，油田分公司党委决定：解聘李在龙的广汉生活基地管理中心党委书记、工会主席、党委委员职务；油田分公司决定：解聘李在龙的广汉生活基地管理中心主任、安全总监职务。

2018 年，广汉生活基地管理中心管理离退休职工、劳动家属、遗孀共 907 人；费用支出 679 万元，收入 95 万元。帮扶救助慰问困难离退休职工 53 人次，救助金 106000 元，慰问困难党员、老党员 21 人次，慰问金 22000 元。启动大病救助帮扶 1 人次，救助资金 20000 元。与地方国有企业，签订并实施供水供电分离移交协议。

截至 2018 年 11 月 2 日，广汉生活基地管理中心设机关科室 1 个：综合办公室。所属基层单位 2 个：物业管理站、离退休职工管理站。

广汉生活基地管理中心在册员工 21 人。其中，本科以上学历 11 人，高级职称 6 人，中级职称 8 人。广汉生活基地管理中心党委下属 6 个党支部，共有党员 334 名。

广汉生活基地管理中心党委由 4 人组成：李在龙任党委书记、工会主席，杨彦士、冯元碧（退休职工）、康军仁（退休职工）为党委委员。广汉生活基地管理中心行政领导班子由 1 人组成：李在龙任主任、安全总监。领导班子成员分工自 2017 年 11 月以来未做调整。

"十三五"期间（2016 至 2018 年），油田公司年补贴费用由 798 万元下降到 679 万元；主营业务收入由 65 万元增加到 95 万元，服务对象由 828 人增加到 907 人。慰问困难职工和党员 184 人次，慰问金 426000 元，电话访问退休职工 648 人，为 70 岁以上退休职工过生日 270 人，探视病人 123 人次。先后开展了"评先争优""和谐之光"和"温馨家园"活动，表彰离退休职工、家属和党员 94 人。连续 3 年完成公司下达的年度各项业绩考核指标。离退休职工服务满意率达 98% 以上。

一、广汉生活基地管理处（2016.1—3）

（一）广汉生活基地管理处党委、纪委领导名录（2016.1—3）

党 委 书 记　朱　刚（2016.1—4）

党 委 委 员　杨彦士（正科级，2016.1—3）

冯元碧（退休职工，2016.1—3）

杨成荣（退休职工，2016.1—3）

李在龙（2016.1—4）

程　浩（2016.1—4）

朱　刚（2016.1—4）

纪 委 书 记　朱　刚（2016.1—4）

（二）广汉生活基地管理处行政领导名录（2016.1—3）

处　　　　长　朱　刚（2016.1—4）

副 处 长　程　浩（2016.1—4）

李在龙（2016.1—4）

安 全 总 监　李在龙（兼任，2016.1—4）

（三）广汉生活基地管理处工会领导名录（2016.1—3）

主　　　席　朱　刚（2016.1—4）

二、广汉生活基地管理中心（2016.3—2017.7）

（一）广汉生活基地管理中心党委、纪委领导名录（2016.3—2017.7）

党 委 书 记　朱　刚（2016.4—2017.8）

党 委 委 员　杨彦士（正科级，2016.3—2017.7）

冯元碧（退休职工，2016.3—2017.7）

李在龙（2016.4—2017.8）

朱　刚（2016.4—2017.8）

康军仁（退休职工，2016.10—2017.7）

程　浩（2016.4—5）

纪 委 书 记　朱　刚（2016.4—2017.8）

（二）广汉生活基地管理中心行政领导名录（2016.3—2017.7）

主　　　任　朱　刚（2016.4—2017.8）

副 主 任　程　浩（2016.4—5）①

李在龙（2016.4—2017.8）

安 全 总 监　李在龙（兼任，2016.4—2017.8）

（三）广汉生活基地管理中心工会领导名录（2016.3—2017.7）

主　　　席　朱　刚（2016.4—2017.8）

三、广汉生活基地管理中心（副处级，2017.7—2018.11）

（一）广汉生活基地管理中心党委、纪委领导名录（2017.7—2018.11）

党 委 书 记　朱　刚（2017.8—10）②

李在龙（2017.11—2018.11）③

党 委 委 员　杨彦士（正科级，2017.7—2018.11）

冯元碧（退休职工，2017.7—2018.11）

李在龙（2017.8—2018.11）

朱　刚（2017.8—10）

康军仁（退休职工，2017.7—2018.11）

纪 委 书 记　朱　刚（2017.8—10）④

（二）广汉生活基地管理中心行政领导名录（2017.7—2018.11）

主　　　任　朱　刚（2017.8—10）⑤

李在龙（副处级，2017.11—2018.11）

---

① 2016 年 5 月，程浩退职离岗。

② 2017 年 10 月，朱刚退职离岗。

③ 2018 年 11 月，李在龙退职离岗。

④ 2017 年 10 月至 2018 年 11 月期间，广汉生活基地管理中心纪委书记空缺。

⑤ 2017 年 10 月至 11 月期间，广汉生活基地管理中心主任空缺。

副　主　任　李在龙（2017.8—11）①

安 全 总 监　李在龙（兼任，2017.8—2018.11）

（三）广汉生活基地管理中心工会领导名录（2017.7—2018.11）

主　　　　席　朱　刚（2017.8—10）②

李在龙（2017.11—2018.11）

第三十节　西安生活基地管理处—西安生活基地管理中心
（2016.1—2020.9）

2005 年 11 月，指挥部决定，将吐哈石油大厦企业集团所属西安吐哈石油大厦的离退休职工管理职能分离，成立西安离退休职工管理部。2007 年 8 月，西安离退休职工管理部更名为西安生活基地管理处。2010 年 6 月，油田分公司决定，对驻外办事处和生活基地管理处机构整合，西安生活基地管理处挂西安办事处、西安吐哈石油大厦 3 个牌子（简称西安生活基地管理处）。2014 年 12 月，油田分公司决定，撤销西安办事处。2015 年 5 月，油田分公司决定，撤销事业部，将西安生活基地管理处纳入二级单位管理，机构规格为正处级，主要负责吐哈油田在西安居住离退休人员的管理工作。党组织关系隶属于油田分公司党委，机关办公地点在陕西省西安市雁塔区含光南路 232 号。

截至 2015 年 12 月 31 日，西安生活基地管理处机关设职能科室 2 个：综合办公室、经营财务科。所属基层单位 3 个：宾馆管理部、离退休职工管理部、物业管理部。在册员工 68 人，其中本科及以上学历 23 人，高级职称 7 人，中级职称 5 人。西安生活基地管理处党委下属基层党支部 8 个，共有党员 275 人，其中在职党员 17 人。

西安生活基地管理处党政领导班子由 5 人组成，其中行政领导班子 2 人，党委由 5 人组成（其中有 3 人为退休职工），领导班子成员分工如下：

杨杰任党委副书记、总经理、安全总监，负责西安吐哈石油大厦（西安

---

① 2017 年 11 月至 2018 年 11 月期间，广汉生活基地管理中心副主任空缺。

② 2017 年 10 月至 11 月期间，广汉生活基地管理中心工会主席空缺。

生活基地管理处）行政工作，分管宾馆管理部。

陈胜任党委书记、纪委书记、副总经理、工会主席，负责西安吐哈石油大厦（西安生活基地管理处）党委工作，分管离退休职工管理部、物业管理部。

2016 年 3 月，油田分公司决定，撤销西安吐哈石油大厦，将西安生活基地管理处更名为西安生活基地管理中心，机关设职能科室 2 个：综合办公室、经营财务科。所属基层单位 3 个：市场管理部、离退休职工管理部、物业管理部。

2016 年 4 月，油田分公司党委决定：任命陈胜为西安生活基地管理中心党委书记、纪委书记、工会主席，杨杰为西安生活基地管理中心党委副书记；免去陈胜的原西安吐哈石油大厦（西安生活基地管理处）党委书记、纪委书记、工会主席职务，杨杰的原西安吐哈石油大厦（西安生活基地管理处）党委副书记职务。油田分公司决定：聘任杨杰为西安生活基地管理中心主任、安全总监，陈胜为西安生活基地管理中心副主任；解聘杨杰的原西安吐哈石油大厦（西安生活基地管理处）总经理（处长）职务，陈胜的原西安吐哈石油大厦（西安生活基地管理处）副总经理（副处长）职务。

2016 年 4 月，调整领导班子成员分工：

党委副书记、主任、安全总监杨杰负责西安生活基地管理中心行政工作，分管市场管理部。

党委书记、纪委书记、副主任、工会主席陈胜负责西安生活基地管理中心党委工作，分管离退休职工管理部、物业管理部。

2016 年，西安生活基地管理中心全年经营收入达 1600 万元，盈利 78 万元，完成油田下达经营盈利指标 55 万元，超额 23 万元，全面完成了上级下达的各项经营指标和工作任务，管理中心连续 5 年荣获"油田离退休管理工作先进单位"称号。

2017 年 8 月，油田分公司决定，将西安生活基地管理中心机构规格由正处级调整为副处级。

2017 年 8 月，油田分公司党委决定：任命窦晓鸿为西安生活基地管理中心党委书记、纪委书记、工会主席；免去陈胜的西安生活基地管理中心党委书记、纪委书记、工会主席职务，杨杰的西安生活基地管理中心党委副书记职务。油田分公司决定：聘任窦晓鸿为西安生活基地管理中心主任、安全总监；解聘杨杰的西安生活基地管理中心主任、安全总监职务，陈胜的西安生活基地管理中心副主任职务。

2017年9月，调整领导班子成员分工：

党委书记、纪委书记、主任、工会主席窦晓鸿负责西安生活基地管理中心全面工作。

2017年，西安生活基地管理中心全年经营收入达1502万元，超额90万元，完成油田下达经营盈利指标，其中：经营性业务实现账面利润75万元；费用性业务控制在计划指标之内，服务综合满意率达到98%以上，全面完成了各项经营指标和工作任务。

2018年5月，油田分公司决定，西安生活基地管理中心机关设职能科室1个：综合办公室，人员编制9人，其中科级2人。设基层单位2个：物业管理部、离退休职工管理部，科级职数3个。

2018年，全年经营收入达1541万元，超额305万元，完成油田下达经营盈利指标，其中：经营性业务实现账面利润357万元，同比增长255万元，费用性业务控制在计划指标之内。2018年矿区综合服务满意率位列矿区系统第一名。

2019年3月，油田分公司党委决定：任命杨杰为西安生活基地管理中心党委委员。油田分公司决定：聘任杨杰为西安生活基地管理中心主任；解聘窦晓鸿的西安生活基地管理中心主任职务。

2019年5月，油田分公司决定：聘任杨杰为西安生活基地管理中心安全总监；解聘窦晓鸿的西安生活基地管理中心安全总监职务。

2019年11月，调整领导班子成员分工：

党委书记、纪委书记、工会主席窦晓鸿负责西安生活基地管理中心工作，分管综合办公室（党群、干部管理部分）、离退休管理部。

党委委员、主任、安全总监杨杰负责西安生活基地管理中心日常生产经营工作，分管综合办公室（安全、合同、人事劳资、企管部分）、经营财务科、物业管理部、培训中心项目部（苏里格项目部分）。

2019年，西安生活基地管理中心全年经营收入达1364万元，超额144万元，完成油田公司下达经营盈利指标，其中：经营性业务实现账面利润

262 万元，同比增长 17%，费用性业务控制在计划指标之内。

2020 年 9 月，油田分公司决定，撤销西安生活基地管理中心处级机构，在离退休职工管理中心成立西安生活基地管理站，列离退休职工管理中心下属三级机构。

2020 年 10 月，油田分公司党委决定：免去窦晓鸿的西安生活基地管理中心党委书记、党委委员、纪委书记、工会主席职务。

2020 年，西安生活基地管理中心上半年实现经营收入达 426 万元，利润指标比提质增效计划指标增长 47 万元，增幅 17%，超额完成公司下达的经营指标。

截至 2020 年 9 月 25 日，西安生活基地管理中心机关设职能科室 1 个：综合办公室。所属基层单位 2 个：离退休职工管理部、物业管理部。在册在岗 26 人，内退员工 10 人。其中，大学本科及以上学历 14 人，副高级职称 5 人、中级职称 2 人。下属基层党支部 7 个，共有党员 453 人，其中在职党员 18 人。

西安生活基地管理中心党委由 5 人组成：窦晓鸿任党委书记、纪委书记、工会主席，杨杰、王福兴、王孝荣、母永相任党委委员；行政领导班子由 1 人组成：杨杰任西安生活基地管理中心主任、安全总监。领导班子成员分工自 2019 年 11 月以来未作调整。

"十三五期间"（2015 年至 2019 年），主营业务收入由 213 万元增加到 1364 万元，连续 5 年超额完成油田下达的计划利润指标。离退休职工服务满意率达 98% 以上，保持了离退休职工的和谐稳定，实现了安全生产。

一、西安生活基地管理处（2016.1—3）

（一）西安生活基地管理处党委、纪委领导名录（2016.1—3）

党 委 书 记　陈　胜（2016.1—4）

党委副书记　杨　杰（2016.1—4）

党 委 委 员　陈　胜（2016.1—4）

　　　　　　杨　杰（2016.1—4）

　　　　　　王孝荣（退休职工，2016.1—3）

　　　　　　王福兴（退休职工，2016.1—3）

　　　　　　母永相（退休职工，2016.1—3）

纪 委 书 记 陈 胜（2016.1—4）

（二）西安生活基地管理处行政领导名录（2016.1—3）

处 长 杨 杰（2016.1—4）

副 处 长 陈 胜（2016.1—4）

安 全 总 监 杨 杰（2016.1—4）

（三）西安生活基地管理处工会领导名录（2016.1—3）

主 席 陈 胜（2016.1—4）

二、西安生活基地管理中心（2016.3—2017.8）

（一）西安生活基地管理中心党委、纪委领导名录（2016.4—2017.8）

党 委 书 记 陈 胜（2016.4—2017.8）①

党 委 副 书 记 杨 杰（2016.4—2017.8）②

党 委 委 员 陈 胜（2016.4—2017.8）

杨 杰（2016.4—2017.8）

王孝荣（退休职工，2016.4—2017.8）

王福兴（退休职工，2016.4—2017.8）

母永相（退休职工，2016.4—2017.8）

纪 委 书 记 陈 胜（2016.4—2017.8）

（二）西安生活基地管理中心行政领导名录（2016.3—2017.8）

主 任 杨 杰（2016.4—2017.8）

副 主 任 陈 胜（2016.4—2017.8）

（三）西安生活基地管理中心工会领导名录（2016.3—2017.8）

主 席 陈 胜（2016.4—2017.8）

三、西安生活基地管理中心（副处级，2017.8—2020.9）

（一）西安生活基地管理中心党委、纪委领导名录（2017.8—2020.9）

党 委 书 记 窦晓鸿（2017.8—2020.10）

党 委 委 员 窦晓鸿（2017.8—2020.10）

---

① 2017年8月，陈胜退职离岗。

② 2017年8月，杨杰调任北京办事处任党委书记、纪委书记、工会主席。

杨　杰（2019.3—2020.9）

王孝荣（退休职工，2017.8—2020.9）

王福兴（退休职工，2017.8—2020.9）

母永相（退休职工，2017.8—2020.9）

纪委书记　窦晓鸿（2017.8—2020.10）

（二）西安生活基地管理中心行政领导名录（2017.8—2020.9）

主　　　任　窦晓鸿（2017.8—2019.3）

杨　杰（2019.3—2020.9）

安全总监　窦晓鸿（兼任，2017.8—2019.5）

杨　杰（兼任，2019.5—2020.9）

（三）西安生活基地管理中心工会领导名录（2017.8—2020.9）

主　　　席　窦晓鸿（2017.8—2020.10）

第三十一节　兰州生活基地管理处—兰州生活基地管理中心
（2016.1—2018.11）

兰州生活基地管理处前身是兰州离退休职工管理部，于1999年7月成立，与兰州办事处为一个机构挂两个牌子。2007年8月，指挥部决定，将兰州离退休职工管理部划入事业部并更名为兰州生活基地管理处，为二级单位，机构规格为正处级，主要负责离退休管理服务和物业管理以及对外联络、信息收集等。党组织关系隶属于油田分公司党委，机关办公地点在甘肃省兰州市嘉峪关东路613号。

截至2015年12月31日，兰州生活基地管理处设机关科室2个：办公室、财务科。所属基层单位2个：离退休职工管理科、物业管理科。在册员工18人。其中本科以上学历10人，高级职称3人，中级职称6人。兰州生活基地管理处党委下属基层党支部4个，共有党员160人。

兰州生活基地管理处党政领导班子由4人组成，其中，行政领导班子3人，党委由4人组成，领导班子成员分工如下：

樊为民任党委副书记、处长，全面负责行政工作，主管办公室、离退休职工管理科。

袁新道任党委书记、纪委书记、副处长、工会主席全面负责党委工作，主管办公室。

关玉荣任党委委员、副处长、安全总监，全面负责财务、离退休管理工作，主管财务科、离退休职工管理科。

史自力任党委委员、副处长，全面负责安全、物业管理工作，主管物业管理科。

2016年1月，油田分公司党委决定：免去关玉荣的原兰州生活基地管理中心党委委员职务。油田分公司决定：解聘关玉荣的原兰州生活基地管理副处长、安全总监职务。

2016年3月，油田分公司决定，将兰州生活基地管理处更名为兰州生活基地管理中心，隶属油田分公司，业务和机构编制不变。

2016年4月，油田分公司党委决定，苏州生活基地管理处党委更名为苏州生活基地管理中心党委。

2016年4月，油田分公司党委决定：任命袁新道为兰州生活基地管理中心党委书记、纪委书记、工会主席，樊为民为党委副书记，史自力为党委委员；免去袁新道的原兰州生活基地管理处党委书记、纪委书记、工会主席职务，樊为民的原兰州生活基地管理处党委副书记职务，史自力的原兰州生活基地管理处党委委员职务。油田分公司决定：聘任樊为民为兰州生活基地管理中心主任，袁新道为副主任，史自力为副主任、安全总监；解聘樊为民的兰州生活基地管理处处长职务，袁新道的兰州生活基地管理处副处长职务，史自力的兰州生活基地管理处副处长职务。

2016年4月，调整领导班子成员分工：

党委副书记、主任樊为民全面负责行政工作，主管办公室行政业务工作、财务科。

党委书记、纪委书记、副主任、工会主席袁新道全面负责党委工作，主管办公室党委、纪委和党支部业务工作。

党委委员、副主任、安全总监史自力全面负责离退休管理、物业、安全管理业务工作，主管物业管理科、离退休职工管理科。

2016年，兰州生活基地管理中心全年探视住院病人22人次，为70岁以上老同志生日祝寿68人次。为54名困难离退休职工、职工遗孀发放困难救济金，发放补助救济金16万元。组织1次文艺演出和4次短线游活动，协助办理6起丧葬。在离退休职工中开展"评先树优"活动，表彰63名离退休职工和劳动家属。离退休职工服务满意率达到98%，生日祝寿和探视慰问率达到100%，养老金发放、医药费报销满意率100%，物业服务综合满意率达到98%以上。

2017年8月，油田分公司决定，将兰州生活基地管理中心机构规格由正处级调整为副处级。

2017年8月，油田分公司党委决定：任命袁新道为兰州生活基地管理中心党委书记、纪委书记、工会主席；免去樊为民的原兰州生活基地管理中心党委副书记职务，史自力的原兰州生活基地管理中心党委委员职务。油田分公司决定：聘任袁新道为兰州生活基地管理中心主任、安全总监（原职级保持不变）；解聘樊为民的原兰州生活基地管理中心主任职务，史自力的原兰州生活基地管理中心副主任、安全总监职务。

2017年11月，兰州生活基地管理中心决定，将办公室更名为综合办公室；财务科更名为经营财务科；离退休职工管理部更名为综合服务部；撤销物业管理科，将其业务划入综合服务部。调整后，机关科室2个：综合办公室，经营财务科；基层单位1个：综合服务部。

2017年11月，调整领导班子成员分工：

党委书记、纪委书记、主任、工会主席袁新道全面负责管理中心党委、行政工作，主管综合办公室、经营财务科、综合服务部。

2017年，兰州生活基地管理中心全年探视住院病人37人次，为70岁以上老同志生日祝寿84人次。在"春节"和"国庆节"，为54名困难离退休职工、职工遗孀申请了油田公司工会的困难救济金，发放困难救济金10万元。离退休职工服务满意率达到98%，生日祝寿和探视慰问率达到100%，养老金发放、医药费报销满意率100%，物业服务综合满意率达到98%以上。

2018年5月，撤销经营财务科，将其业务和管理划入综合办公室。调整后，机关科室1个：综合办公室。基层单位1个：综合服务部。

2018年5月，调整领导班子成员分工：

党委书记、纪委书记、主任、工会主席袁新道全面负责管理中心党委、行政工作，主管综合办公室、综合服务部。

2018年11月，油田分公司决定，撤销兰州生活基地管理中心，将兰州生活基地管理中心业务、人员全部纳入离退休职工管理中心统一管理。油田分公司党委决定，撤销兰州生活基地管理中心党委。

2018年11月，油田分公司党委决定：免去袁新道的兰州生活基地管理中心党委书记、纪委书记、工会主席、党委委员职务。油田分公司决定：解聘袁新道的兰州生活基地管理中心主任、安全总监职务。

2016年至2018年，兰州生活基地管理中心认真贯彻落实油田公司两会精神，紧跟油田公司改革发展的步伐，切实转变思想观念，不断改进工作作风，稳步提高服务质量，以扎实有效的工作作风，完成了既定的服务、经营和安全等各项工作目标。

截至2018年11月2日，兰州生活基地管理中心设机关科室1个：综合办公室。

所属基层单位1个：综合服务部。在册员工16人。其中本科以上学历9人，高级职称3人，中级职称5人。兰州生活基地管理中心党委下属基层党支部3个，共有党员165人。

兰州生活基地管理中心党委由1人组成：袁新道任党委书记、纪委书记、工会主席。行政领导班子由1人组成：袁新道任主任，安全总监。

一、兰州生活基地管理处（2016.1—3）

（一）兰州生活基地管理处党委、纪委领导名录（2016.1—4）

党　委　书　记　袁新道（2016.1—4）

党委副书记　樊为民（2016.1—4）

党　委　委　员　袁新道（2016.1—4）

樊为民（2016.1—4）

关玉荣（2016.1）

史自力（2016.1—4）

纪　委　书　记　袁新道（2016.1—4）

（二）兰州生活基地管理处行政领导名录（2016.1—3）

处　　　长　樊为民（2016.1—4）

副 处 长　袁新道（2016.1—4）

关玉荣（2016.1）①

史自力（2016.1—4）

安 全 总 监　关玉荣（兼任，2016.1）

史自力（兼任，2016.1—4）

（三）兰州生活基地管理处工会领导名录（2016.1—3）

主　　　席　袁新道（2016.1—4）

二、兰州生活基地管理中心（2016.3—2017.8）

（一）兰州生活基地管理处党委、纪委领导名录（2016.4—2017.8）

党 委 书 记　袁新道（2016.4—2017.8）

党委副书记　樊为民（2016.4—2017.8）

党 委 委 员　袁新道（2016.4—2017.8）

樊为民（2016.4—2017.8）

史自力（2016.4—2017.8）

纪 委 书 记　袁新道（2016.4—2017.8）

（二）兰州生活基地管理中心行政领导名录（2016.3—2017.8）

主　　　任　樊为民（2016.4—2017.8）②

副 主 任　袁新道（2016.4—2017.8）

史自力（2016.4—2017.8）③

安 全 总 监　史自力（兼任，2016.4—2017.8）

（三）兰州生活基地管理中心工会领导名录（2016.3—2017.8）

主　　　席　袁新道（2016.4—2017.8）

①　2016年1月，关玉荣退职离岗。

②　2017年8月，樊为民退职离岗。

③　2017年8月，史自力退职离岗。

三、兰州生活基地管理中心（副处级，2017.8—2018.11）

（一）兰州生活基地管理处党委、纪委领导名录（2017.8—2018.11）

  党委书记 袁新道（2017.8—2018.11）

  党委委员 袁新道（2017.8—2018.11）

  纪委书记 袁新道（2017.8—2018.11）

（二）兰州生活基地管理中心行政领导名录（2017.8—2018.11）

  主 任 袁新道（正处级，2017.8—2018.11）

  安全总监 袁新道（2017.8—2018.11）

（三）兰州生活基地管理中心工会领导名录（2017.8—2018.11）

  主 席 袁新道（2017.8—2018.11）

第三十二节　苏州生活基地管理处—苏州生活基地管理中心（2016.1—2018.11）

  1998 年 5 月，指挥部决定，成立苏州离退休职工管理部，为指挥部二级单位，副处级。2007 年 8 月，指挥部决定，将苏州离退休职工管理划归矿区服务事业部管理，并更名为苏州生活基地管理处，调整为正处级单位。2010 年 6 月，油田分公司决定，将上海联络处与苏州生活基地管理处合并，按照一个机构，两个牌子的方式管理。2014 年 12 月，撤销上海联络处，苏州生活基地管理处业务和编制不变。2015 年 5 月，油田公司决定撤销矿区服务事业部，将苏州生活基地管理处纳入二级单位管理，正处级，主要负责苏、沪两地离退休职工和家属日常管理服务等业务、基地小区物业管理、医药费报销等业务。党组织关系隶属于油田分公司党委，办公地点设在江苏省苏州市木渎镇。

  截至 2015 年 12 月 31 日，苏州生活基地管理处设机关科室 1 个：综合办公室。所属基层单位 1 个：离退休管理站。在册员工 16 人。其中，大学本科及以上学历 3 人，副高级职称 2 人、中级职称 5 人。苏州生活基地管理处党委下属基层党支部 3 个，共有党员 82 人，其中在职党员 6 人。

苏州生活基地管理处党政领导班子由 3 人组成，其中行政领导班子由 2 人组成，党委由 3 人组成，领导班子成员分工如下：

周田堂任党委书记、纪委书记、处长、工会主席，负责主管行政党组织建设、纪委、工会和思想政治工作，分管综合办公室、人事劳资、财务。

赵海东任党委委员、副处长、安全总监，负责分管、治安保卫工作，维稳、苏州区域离退休职工管理工作。

党委委员雷娟为一般干部。

2016 年 3 月，油田分公司决定，将苏州生活基地管理处更名为苏州生活基地管理中心。

2016 年 4 月，油田分公司党委决定：任命周田堂为苏州生活基地管理中心党委书记、纪委书记、工会主席，赵海东为党委委员；免去周田堂的原苏州生活基地管理处的党委书记、纪委书记、工会主席职务，赵海东的党委委员职务。油田分公司决定：聘任周田堂为苏州生活基地管理中心主任，赵海东为副主任、安全总监；解聘周田堂的原苏州生活基地管理处的处长职务，赵海东的副处长、安全总监职务。

2016 年 4 月，调整领导班子成员分工：

党委书记、纪委书记、主任、工会主席周田堂全面负责主管行政党组织建设、纪委、工会和思想政治工作，分管综合办公室、人事劳资、财务。

党委委员、副主任、安全总监赵海东负责分管、治安保卫工作，维稳、苏州区域离退休职工管理工作。

2016 年，苏州生活基地管理中心管理离退休职工、劳动家属、遗孀、协解人员共 250 人；费用支出 641 万元，较 2015 年减少 59 万元，同比降低 8.4%；房租收入 267 万元，同比增加 12.7%；开展大病慰问 29 人次、丧葬慰问 2 次、节假日上门慰问 60 余次，组织 70 岁以上老人生日祝寿活动累计祝寿 56 人次，支付祝寿爱心资金 9300 元；离退休职工服务满意率 92% 以上。

2017 年 8 月，油田分公司决定，苏州生活基地管理中心调整为副处级单位。

2017 年 8 月，油田分公司党委决定：任命周田堂为苏州生活基地管理中心党委书记、纪委书记、工会主席，赵海东为苏州生活基地管理中心党委委员。油田分公司决定：聘任周田堂为苏州生活基地管理中心主任（原职级保持不变），赵海东为苏州生活基地管理中心副主任，安全总监（原职级保持不变）。

2017年，苏州生活基地管理中心管理离退休职工、劳动家属、遗孀、协解人员共258人；费用支出621万元，较2016年减少降低26万元，房租收入329万元，同比增加23.5%收支相抵。在春节和国庆节两次帮扶救助，救助金达到148100元，困难救助的离退休职工9人，救助金额9000元，救助老党员13人，救助金13000元，救助困难老同志，启动紧急救助3次，救助资金6000元。

2018年4月，油田分公司党委决定：免去赵海东的苏州生活基地管理中心党委委员职务。油田分公司决定：聘任周田堂兼任苏州生活基地管理中心安全总监；解聘赵海东的苏州生活基地管理中心副主任、安全总监职务。随后，调整领导班子成员分工：党委书记、纪委书记、主任、安全总监、工会主席周田堂全面负责主管苏州管理中心行政党组织建设、纪委、工会、思想政治工作，综合办公室、人事劳资、财务、监管安全、治安保卫工作，维稳、苏州、上海区域离退休职工管理工作。

2018年11月，油田分公司决定，将苏州生活基地管理中心业务、人员全部纳入离退休职工管理中心统一管理，机构分别更名为苏州生活基地管理站，作为离退休职工管理中心的科级基层单位，原内设机构同时撤销。同月，油田分公司党委决定，撤销苏州生活基地管理中心党委，组织关系并入离退休职工管理中心党委。

2018年11月，油田分公司党委决定：免去周田堂的苏州生活基地管理中心党委书记、纪委书记、工会主席，党委委员职务。油田分公司决定：解聘周田堂的苏州生活基地管理中心主任、安全总监职务。

2016至2018年，油田公司年补贴费用由397万元下降到325万元；主营业务收入由237万元增加到391万元，连续3年超额完成了油田公司下达的年度各项业绩考核指标。离退休职工服务满意率达98%以上，保持了离退休职工的和谐稳定，实现了安全生产。

截至2018年11月2日，苏州生活基地管理站设机关科室1个：综合办公室。所属基层单位1个：离退休职工管理站。在册员工13人，在岗员工6人、内退员工7人。其中，本科以上学历3人，高级职称2人，中级职称5人，大专学历 2 人。党委下属基层党支部 2 个，党员 90 人，其中在职党员 3 人。

苏州生活基地管理中心党委由 1 人组成：周田堂任党委书记、纪委书记、工会主席。苏州生活基地管理中心行政领导班子由 1 人组成：周田堂任中心主任、安全总监职务。

一、苏州生活基地管理处（2016.1—3）

（一）苏州生活基地管理处党委、纪委领导名录（2016.1—4）

　　　　党 委 书 记　周田堂（2016.1—4）

　　　　党 委 委 员　周田堂（2016.1—4）

　　　　　　　　　　赵海东（2016.1—4）

　　　　　　　　　　雷　娟（女，一般干部，2016.1—3）

　　　　纪 委 书 记　周田堂（2016.1—4）

（二）苏州生活基地管理处行政领导名录（2016.1—3）

　　　　处　　　　长　周田堂（2016.1—4）

　　　　副 　处 　长　赵海东（2016.1—4）

　　　　安 全 总 监　赵海东（兼任，2016.1—4）

（三）苏州生活基地管理处工会领导名录（2016.1—3）

　　　　主　　　　席　周田堂（2016.1—4）

二、苏州生活基地管理中心（2016.3—2017.8）

（一）苏州生活基地管理中心党委、纪委领导名录（2016.4—2017.8）

　　　　党 委 书 记　周田堂（2016.4—2017.8）

　　　　党 委 委 员　周田堂（2016.4—2017.8）

　　　　　　　　　　赵海东（2016.4—2017.8）

　　　　　　　　　　雷　娟（一般干部，2016.3—2017.8）

　　　　纪 委 书 记　周田堂（2016.4—2017.8）

（二）苏州生活基地管理中心行政领导名录（2016.3—2017.8）

　　　　主　　　　任　周田堂（2016.4—2017.8）

　　　　副 　主 　任　赵海东（2016.4—2017.8）

　　　　安 全 总 监　赵海东（兼任，2016.4—2017.8）

（三）苏州生活基地管理中心工会领导名录（2016.3—2017.8）

    主　　席　周田堂（2016.4—2017.8）

三、苏州生活基地管理中心（副处级，2017.8—2018.11）

（一）苏州生活基地管理中心党委、纪委领导名录（2017.8—2018.11）

    党 委 书 记　周田堂（2017.8—2018.11）

    党 委 委 员　周田堂（2017.8—2018.11）

             赵海东（2017.8—2018.4）[①]

             雷　娟（一般干部，2017.8—2018.1）[②]

    纪 委 书 记　周田堂（2017.8—2018.11）

（二）苏州生活基地管理处行政领导名录（2017.8—2018.11）

    处　　　　长　周田堂（2017.8—2018.11）

    副　处　长　赵海东（2017.8—2018.4）

    安 全 总 监　赵海东（兼任，2017.8—2018.4）

             周田堂（兼任，2018.4—11）

（三）苏州生活基地管理中心工会领导名录（2017.8—2018.11）

    主　　席　周田堂（2017.8—2018.11）

第三十三节　北京生活基地管理处—北京生活基地管理中心
（2016.1—2017.8）

2005 年 11 月，为进一步加强离退休职工管理工作，理顺管理体制，指挥部决定，将吐哈石油大厦企业集团所属北京吐哈石油宾馆的离退休职工管理职能分离出来，成立北京离退休职工管理部，为指挥部二级单位，正处级。2014 年 1 月，油田分公司决定，将北京生活基地管理处划至矿区服务事业部管理，业务上接受离退休管理中心指导。2015 年 5 月，油田分公司决定，撤销矿区服务事业部，北京生活基地管理处纳入二级单位管理，正

---

①　2018 年 4 月，赵海东退职离岗。

②　2018 年 1 月，雷娟退休。

处级。主要负责吐哈油田在北京居住离退休人员的管理工作。党组织关系隶属于油田分公司党委，机关办公地点在北京市昌平区东小口镇陈营村清水园10号楼3单元。

截至2015年12月31日，北京生活基地管理处设机关科室1个：综合办公室。

在册员工4人，其中大学本科及以上学历3人，副高级职称2人、中级职称1人。北京生活基地管理处下属基层党支部2个，共有党员67人。

北京生活基地管理处党政领导班子由6人组成，其中行政领导班子2人，党委由6人组成（其中4人为退休职工），领导班子成员分工如下：

段明友任党委副书记、处长、安全总监，负责行政工作。

王科子任党委书记、副处长，负责党委工作、群众工作和队伍建设。

其他党委委员均为退休人员，负责日常组织活动。

2016年3月，油田分公司决定，将北京生活基地管理处更名为北京生活基地管理中心。

2016年4月，油田分公司党委决定，北京生活基地管理处党委更名为北京生活基地管理中心党委。

2016年4月，油田分公司党委决定：任命王科子为北京生活基地管理中心党委书记，段明友为北京生活基地管理中心党委副书记；免去王科子的北京生活基地管理处党委书记职务，段明友的北京生活基地管理处党委副书记职务。油田分公司决定：聘任段明友为北京生活基地管理中心主任、安全总监，王科子为北京生活基地管理中心副主任；解聘段明友的北京生活基地管理处处长、安全总监职务，王科子的北京生活基地管理处副处长职务。

2016年，北京生活基地管理中心管理和服务离退休职工、协解人员、劳动家属、职工遗属、内退人员等共计176人；发放养老金、慰问金、疗养费、家属生活补助等920万元；全年报销门诊药费、住院费、工伤药费175人次；坚持定期走访探视、住院探视、上门祝寿、节日慰问等服务工作217人次，电话访2300余人次，管理和服务工作覆盖了全体离退休职工、劳动家属、职工遗属。

截至2016年12月31日，北京生活基地管理中心设机关科室1个：综合办公室。在册员工4人，其中大学本科及以上学历3人，副高级职称2人，中级职称 1 人。北京生活基地管理中心党委下属基层党支部 2 个，党员 71 人，其中在职党员 3 人。

2017 年 8 月，油田分公司决定，撤销北京生活基地管理中心，原有业务和人员并入北京办事处管理。油田分公司党委决定，撤销北京生活基地管理中心党委。

2017 年 8 月，油田分公司党委决定：免去王科子的原北京生活基地管理中心党委书记、纪委书记职务，段明友的原北京生活基地管理中心党委副书记职务。油田分公司决定：解聘段明友的北京生活基地管理中心主任、安全总监职务，王科子的北京生活基地管理中心副主任职务。

2017 年，北京生活基地管理中心累计管理和服务离退休职工、协解人员、劳动家属、职工遗属、内退人员等 218 人，其中局级 8 人，处级 26 人，高工 3 人；发放养老金、慰问金、疗养费、家属生活补助 1220 余万元，报销药费 550 人次，进行家访、住院探视 580 人次、上门祝寿等 680 人次，电话访 5500 余人次。

截至 2017 年 8 月 21 日，北京生活基地管理中心设业务科室 1 个：综合办公室。在册员工 4 人，其中本科以上学历 3 人，高级职称 2 人，中级职称 1 人。下属基层党支部 2 个，共有党员 75 人。

北京生活基地管理中心党委由 6 人组成：王科子任党委书记、纪委书记，段明友任党委副书记，退休职工王世信、苏砚平、倪惠云、杜凤华任党委委员。北京生活基地管理中心行政领导班子由 2 人组成：段明友任主任、安全总监，王科子任副主任。领导班子成员分工 2016 年以来未做调整。

一、北京生活基地管理处（2016.1—3）

（一）北京生活基地管理处党委、纪委领导名录（2016.1—4）

> **党 委 书 记** 王科子（2016.1—4）
>
> **党委副书记** 段明友（2016.1—4）
>
> **党 委 委 员** 王科子（2016.1—4）
>
> 段明友（2016.1—4）
>
> 王世信（退休职工，2016.1—4）
>
> 苏砚平（退休职工，2016.1—4）
>
> 倪惠云（女，退休职工，2016.1—4）

杜凤华（女，退休职工，2016.1—4）

纪 委 书 记 （空缺）

（二）北京生活基地管理处行政领导名录（2016.1—3）

处　　　长　段明友（2016.1—4）

副　处　长　王科子（2016.1—4）

安 全 总 监　段明友（兼任，2016.1—4）

二、北京生活基地管理中心（2016.3—2017.8）

（一）北京生活基地管理中心党委、纪委领导名录（2016.4—2017.8）

党 委 书 记　王科子（2016.4—2017.8）①

党委副书记　段明友（2016.4—2017.8）

党 委 委 员　王科子（2016.4—2017.8）

　　　　　　　段明友（2016.4—2017.8）

　　　　　　　王世信（退休职工，2016.4—2017.8）

　　　　　　　苏砚平（退休职工，2016.4—2017.8）

　　　　　　　倪惠云（退休职工，2016.4—2017.8）

　　　　　　　杜凤华（退休职工，2016.4—2017.8）

纪 委 书 记　王科子（2016.12—2017.8）

（二）北京生活基地管理中心行政领导名录（2016.3—2017.8）

主　　　任　段明友（2016.4—2017.8）②

副　主　任　王科子（2016.4—2017.8）

安 全 总 监　段明友（兼任，2016.4—2017.8）

---

① 2017 年 8 月，王科子退职离岗。

② 2017 年 8 月，段明友退职离岗。

第三十四节　鄯善采油厂—鄯善采油管理区
（2016.2—2020.12）

　　1999年11月，油田分公司决定，以油田开发第一事业部鄯善作业区、鄯善轻烃操作区为基础，成立鄯善采油厂。2007年9月，鄯善采油厂和丘陵采油厂合并重组为鄯善采油厂。2016年2月，为有效整合各类资源，油田分公司决定，对鄯善采油厂、丘东采油厂和温米采油厂实施整合，成立新的鄯善采油厂，为二级单位，机构规格为正处级，3个采油厂原有业务和职能全部由鄯善采油厂承担。主要从事丘陵、鄯勒、巴喀、丘东、温西南、温五、温西三、温八和红台等油田（区块）的开发建设、油气集输和天然气处理业务。拥有油井778口、气井288口、注水井344口[①]。党组织关系隶属于油田分公司党委，机关办公地点在新疆维吾尔自治区吐鲁番市鄯善火车站镇丘陵办公点。

　　鄯善采油厂设机关科室6个：办公室（党委办公室）、人事科（组织科）、计划经营科、财务科、生产运行科、质量安全环保科。

　　所属基层单位30个：油藏工程一室、油藏工程二室、油藏工程三室、采油（采气）工艺室、注水工艺室、设备工程室、电气自动化室、地面工程室、井下作业监督站、地面工程监督站、质量安全环保监督站、鄯善采油工区、丘陵采油工区、鄯勒采油工区、温西采油工区、米登采油工区、温五采油工区、丘东采气工区、温西采气工区、红台采气工区、鄯善联合站、丘陵联合站、温米联合站、轻烃工区、设备维修工区、电气自动化维修工区、储运工区、治安保卫中心、综合服务工区、吐哈采油培训中心（吐哈采油职业技能鉴定站）。

　　鄯善采油厂编制定员996人，其中处级职数8个、科级职数106个，机关定员54人；在册员工1209人。其中大学本科及以上学历510人；副高级职称61人、中级职称208人；高级技师8人、技师20人。鄯善采油厂党委

---

　　① 编者注：统计的油井、气井、注水井的口数均为开井数。

下属基层党支部 28 个，共有党员 460 人，其中在职党员 450 人。

2016 年 2 月，油田分公司党委决定：任命范耀东为鄯善采油厂党委书记，周自武为党委副书记，谭光天为党委副书记、纪委书记、工会主席，王银山、程行海、李艳明、杨德奎、宋其伟为党委委员；免去周自武的鄯善采油厂党委副书记职务，王银山、程行海的党委委员职务。油田分公司决定：聘任周自武为鄯善采油厂厂长，范耀东、程行海、李艳明、杨德奎、宋其伟为副厂长，王银山为副厂长、安全总监；解聘周自武的鄯善采油厂厂长职务，程行海的副厂长职务，王银山的副厂长、安全总监职务，李艳明的丘东采油厂副厂长职务，杨德奎的副厂长、安全总监职务，谭光天的温米采油厂副厂长职务，宋其伟的副厂长、安全总监职务。

鄯善采油厂党政领导班子由 8 人组成，其中行政领导班子 8 人，党委由 8 人组成，领导班子成员分工如下：

党委副书记、厂长周自武负责行政工作，主管办公室（党委办公室）、人事科（组织科）、财务科、计划经营科、储运工区。

党委书记、副厂长范耀东负责党委、维稳、治安保卫工作，主管办公室（党委办公室）、人事科（组织科）、治安保卫中心。

党委副书记、纪委书记、工会主席谭光天负责纪委、工会、后勤工作，协助书记开展党务工作，负责分管业务部门和联系单位的安全环保工作和党风廉政建设，分管办公室（党委办公室）、综合服务工区。

党委委员、副厂长、安全总监王银山协助厂长负责生产运行、安全环保、应急抢险、设备管理、"三基"工作、消防、节能节水、质量计量标准化以及地方关系协调工作，负责分管业务部门、联系单位的安全环保工作和党风廉政建设，分管生产运行科、质量安全环保科、设备工程室、电气自动化室，联系轻烃工区、质量安全环保监督站、设备维修工区、电气自动化维修工区。

党委委员、副厂长程行海协助厂长全面负责油气上产、油藏工程、科技管理、网络建设维护工作，负责分管业务部门和联系单位的安全环保工作和党风廉政建设，分管油藏工程一室、油藏工程三室，联系鄯善采油工区、丘陵采油工区、鄯勒采油工区、温西采油工区、米登采油工区、温五采油工区、丘东采气工区、温西采气工区、红台采气工区。

　　党委委员、副厂长李艳明协助厂长负责油气生产、油藏工程、精细注水管理，协助负责油气上产，负责分管业务部门和联系单位的安全环保工作和党风廉政建设，分管油藏工程二室，联系鄯善采油工区、丘陵采油工区、鄯勒采油工区、温西采油工区、米登采油工区、温五采油工区、丘东采气工区、温西采气工区、红台采气工区。

　　党委委员、副厂长杨德奎协助厂长负责地面工程，协助开展应急抢险工作，分管地面工程室、地面工程监督站，联系丘陵联合站、鄯善联合站、温米联合站。

　　党委委员、副厂长宋其伟协助厂长负责注水、采油、修井、钻井工艺以及井控安全工作，负责分管业务部门和联系单位的安全环保工作和党风廉政建设，分管采油（采气）工艺室、注水工艺室、井下作业监督站，联系鄯善采油工区、丘陵采油工区、鄯勒采油工区、温西采油工区、米登采油工区、温五采油工区、丘东采气工区、温西采气工区、红台采气工区。

　　2016年3月，油田分公司党委决定：正式任命宋其伟为鄯善采油厂党委委员。油田分公司决定：正式聘任宋其伟为鄯善采油厂副厂长。

　　2016年4月，油田分公司党委决定，鄯善采油厂党委会设委员8人，其中党委书记1人、副书记2人；纪委会设委员7人，其中纪委书记1人、纪委副书记1人。

　　2016年9月10日，中共鄯善采油厂第一次代表大会在新疆维吾尔自治区鄯善县丘陵办公点召开，103名党员代表参加会议。会议选举产生中共鄯善采油厂第一届委员会和中共鄯善采油厂纪律检查委员会。中共鄯善采油厂委员会由王银山、李艳明、杨德奎、宋其伟、范耀东、周自武、程行海、谭光天等8人组成（以姓氏笔画为序），范耀东为党委书记，周自武、谭光天为党委副书记；中共鄯善采油厂纪律检查委员会由7人组成，谭光天为纪委书记。鄯善采油厂党委下属基层党支部28个，共有党员465人，其中在职党员456人。

　　2016年11月25日，鄯善采油厂召开第一次工会会员代表大会，会员代表107人参加会议。会议选举产生鄯善采油厂第一届工会委员会、经费审查委员会和女职工委员会。谭光天为工会主席。

　　2016年12月，油田分公司党委批复同意鄯善采油厂党代会、工代会的选举结果。

2016年，鄯善采油厂生产原油43.5万吨、天然气4.67亿立方米，油气当量80.71万吨。新增SEC储量完成全年计划的328%。创效2.2亿元，调剂闲置物资3362项，价值金额1456.9万元。荣获全国和新疆维吾尔自治区"安康杯"竞赛优胜集体。

2017年4月，油田分公司党委决定：免去谭光天的鄯善采油厂党委副书记、纪委书记、工会主席职务。

2017年6月，调整部分领导班子成员分工：

党委副书记、厂长周自武全面负责行政工作、油气外输，主管办公室（党委办公室）、人事科（组织科）、财务科、计划经营科、储运工区、综合服务工区。

党委书记、副厂长范耀东全面负责党委、维稳、治安保卫、纪委、工会工作，主管办公室（党委办公室）、人事科（组织科）、治安保卫中心。

2017年7月，调整部分领导班子成员分工：

党委委员、副厂长、安全总监王银山驻塔里木技术支持组，任技术支持组临时党支部书记，全面负责技术支持组工作。

党委委员、副厂长程行海协助厂长负责油气生产、油藏工程、钻井工艺、科技管理、网络建设维护工作，负责分管业务部门和联系单位的安全环保工作和党风廉政建设，分管油藏工程一室、油藏工程三室，联系鄯善采油工区、丘陵采油工区、鄯勒采油工区、温西采油工区、米登采油工区、温五采油工区、丘东采气工区、温西采气工区、红台采气工区。

党委委员、副厂长李艳明协助厂长负责油气生产、油藏工程、钻井工艺、科技管理、网络建设维护工作，负责分管业务部门和联系单位的安全环保工作和党风廉政建设，分管油藏工程二室，联系鄯善采油工区、丘陵采油工区、鄯勒采油工区、温西采油工区、米登采油工区、温五采油工区、丘东采气工区、温西采气工区、红台采气工区。

党委委员、副厂长杨德奎协助厂长负责生产运行、安全环保、应急抢险、设备管理、地面工程、"三基"工作、消防、节能节水、质量计量标准化以及地方关系协调工作，负责分管业务部门、联系单位的安全环保工作和党风廉政建设，分管生产运行科、质量安全环保科、设备工程室、电气自动化室、地面工程室，联系轻烃工区、设备维修工区、电气自动化维修工区、丘陵联合站、鄯善联合站、温米联合站、地面工程监督站、质量安全环保监督站。

党委委员、副厂长宋其伟协助厂长负责注水、采油、修井以及井控安全工作，负责分管业务部门和联系单位的安全环保工作和党风廉政建设，分管采油（采气）工艺室、注水工艺室，联系鄯善采油工区、丘陵采油工区、鄯勒采油工区、温西采油工区、米登采油工区、温五采油工区、丘东采气工区、温西采气工区、红台采气工区、井下作业监督站。

2017 年 8 月，鄯善采油厂党委决定，成立塔里木技术服务小组临时党支部。

2017 年 9 月，油田分公司党委决定：任命胡绪军为鄯善采油厂党委委员。油田分公司决定：聘任胡绪军为鄯善采油厂副厂长。

2017 年 10 月，油田分公司决定，鄯善采油厂增设主管经营工作的副厂长岗位，处级职数由 8 个调整为 9 个。

随后，调整部分领导班子成员分工：

党委委员、副厂长程行海协助厂长负责油气生产、油藏工程、钻井工艺、科技管理、网络建设维护工作，负责分管业务部门和联系单位的安全环保工作和党风廉政建设，分管油藏工程一室、油藏工程三室，联系鄯善采油工区、丘陵采油工区、鄯勒采油工区、温西采油工区、米登采油工区、丘东采气工区、温西采气工区、红台采气工区。

党委委员、副厂长李艳明协助厂长负责油气生产、油藏工程、钻井工艺、科技管理、网络建设维护工作，负责分管业务部门和联系单位的安全环保工作和党风廉政建设，分管油藏工程二室，联系鄯善采油工区、丘陵采油工区、鄯勒采油工区、温西采油工区、米登采油工区、丘东采气工区、温西采气工区、红台采气工区。

党委委员、副厂长宋其伟协助厂长负责注水、采油、修井以及井控安全工作，负责分管业务部门和联系单位的安全环保工作和党风廉政建设，分管采油（采气）工艺室、注水工艺室，联系鄯善采油工区、丘陵采油工区、鄯勒采油工区、温西采油工区、米登采油工区、丘东采气工区、温西采气工区、红台采气工区、井下作业监督站。

党委委员、副厂长胡绪军全面负责温五采油工区的油气生产、成本控制、安全环保、队伍稳定、防恐维稳、党风廉政建设工作，分管温五采油工区，联系温五采油工区。

2017年10月，油田分公司党委决定：任命王炜为鄯善采油厂党委副书记；免去周自武的鄯善采油厂党委副书记职务。油田分公司决定：聘任王炜为鄯善采油厂厂长；解聘周自武的鄯善采油厂厂长职务。

2017年11月，油田分公司党委决定：任命张雄为鄯善采油厂党委委员。油田分公司决定：聘任张雄为鄯善采油厂副厂长。

2017年，鄯善采油厂生产原油39.74万吨、天然气4.05亿立方米，油气当量72.01万吨。红台采气工区荣获"新疆维吾尔自治区工人先锋号"1项省部级荣誉；1人荣获全国五一劳动奖章和集团公司铁人奖章；11人成为集团公司职业技能竞赛中的优胜者。

2018年1月，调整领导班子成员分工：

党委副书记、厂长王炜全面负责行政工作，主管办公室（党委办公室）、人事科（组织科），联系储运工区。

党委书记、副厂长范耀东全面负责党委、纪委、工会、维稳、治安保卫工作，主管办公室（党委办公室）、人事科（组织科），联系治安保卫中心。

党委委员、副厂长、安全总监王银山驻塔里木技术支持组，任技术支持组临时党支部书记，全面负责技术支持组工作，负责分管业务部门和联系单位的安全环保工作和党风廉政建设。

党委委员、副厂长程行海协助厂长负责生产组织运行、安全环保、应急抢险、设备管理、电气自动化管理、"三基"工作、消防、节能节水、质量计量标准化以及地方关系协调工作，负责分管业务部门和联系单位的安全环保工作和党风廉政建设，主管生产运行科、质量安全环保科、设备工程室、电气自动化室，联系质量安全环保监督站、轻烃工区、设备维修工区、电气自动化维修工区。

党委委员、副厂长李艳明协助厂长负责油气田基础地质研究，滚动评价试油及产能建设工作，负责分管业务部门和联系单位的安全环保工作和党风廉政建设，分管油藏工程一室，联系温五采油工区、温西采油工区、米登采油工区。

党委委员、副厂长杨德奎协助厂长负责地面工程、应急抢险工作，负责分管业务部门、联系单位的安全环保工作和党风廉政建设，分管地面工程室，联系地面工程监督站、丘陵联合站、鄯善联合站、温米联合站。

党委委员、副厂长宋其伟协助厂长负责注水、采油、修井以及井控安全工作，负责分管业务部门和联系单位的安全环保工作和党风廉政建设，分管采油（采气）工艺室、注水工艺室，联系红台采气工区、丘东采气工区、温西采气工区、井下作业监督站。

党委委员、副厂长胡绪军协助厂长负责油气田开发动态分析评价、油气田综合治理工作、油气生产管理、钻井工程、科技管理、网络建设维护工作，负责分管业务部门和联系单位的安全环保工作和党风廉政建设，分管油藏工程二室、油藏工程三室，联系鄯善采油工区、丘陵采油工区、鄯勒采油工区。

党委委员、副厂长张雄协助厂长负责采油厂企业管理、经营计划、财务管理、物资管理、后勤工作，负责分管业务部门和联系单位的安全环保工作和党风廉政建设，分管财务科、计划经营科，联系综合服务工区。

2018年4月，油田分公司党委决定：任命刘志峰为鄯善采油厂党委书记、纪委书记、工会主席；免去范耀东的鄯善采油厂党委书记职务。油田分公司决定：聘任刘志峰为鄯善采油厂副厂长；解聘范耀东的鄯善采油厂副厂长职务。

2018年6月，成立吐哈油田塔里木轻烃技术项目部，为临时机构。对机关科室和基层单位组织机构进行调整，机关科室由6个调整为7个，设办公室（党委办公室）、计划经营科、财务科、人事科（组织科）、生产运行科、质量安全环保科、党群科；将质量安全环保监督站和治安保卫中心合并成立安全环保综治监督站，温西采气工区和米登采油工区合并成立新的米登采油工区，设备维修工区和电气自动化维修工区合并成立维修工区；调整后基层单位27个。撤销质量安全环保监督站党支部、温西采气工区党支部、设备维修工区党支部、电气自动化维修工区党支部、治安保卫中心党支部，成立注水工艺室党支部、安全环保综治监督站党支部、维修工区党支部。鄯善采油厂机关办公地点迁至鄯善火车站镇新疆吐哈油田建设有限责任公司院内。

2018年7月，调整部分领导班子成员分工：

党委书记、纪委书记、工会主席、副厂长刘志峰全面负责党委、纪委、工会、维稳、治安保卫工作，主管办公室（党委办公室）、人事科（组织科）、党群科。

党委委员、副厂长、安全总监王银山，鄯善采油厂驻吐哈油田塔里木轻烃技术项目部主管领导，全面负责吐哈油田塔里木轻烃技术项目部工作，负责吐哈油田塔里木轻烃技术项目部的安全环保工作和党风廉政建设。

党委委员、副厂长程行海，协助厂长负责生产组织运行、安全环保、应急抢险、设备管理、电气自动化管理、消防、节能节水、质量计量标准化以及地方关系协调工作，负责分管业务部门和联系单位的安全环保工作和党风廉政建设，主管生产运行科、质量安全环保科、设备工程室、电气自动化室，联系安全环保综治监督站、轻烃工区、维修工区。

党委委员、副厂长宋其伟协助厂长负责注水、采油、修井以及井控安全工作，负责分管业务部门和联系单位的安全环保工作和党风廉政建设，分管采油（采气）工艺室、注水工艺室，联系红台采气工区、丘东采气工区、井下作业监督站。

2018年10月，油田分公司决定：聘任程行海为鄯善采油厂安全总监；解聘王银山的鄯善采油厂安全总监职务。

2018年12月，鄯善采油厂党委决定，撤销塔里木轻烃技术项目部临时党支部，成立塔里木轻烃技术项目部党支部；地面工程监督站党支部更名为地面工程党支部。

2018年，鄯善采油厂生产原油32.61万吨、天然气3.57亿立方米，油气当量61.06万吨。完成科研成果45项，获授权专利5项，申报国家实用新型专利6项，套管保温定压放气阀等5项专利成果在全厂推广应用。

2019年5月，油田分公司决定：正式聘任胡绪军为鄯善采油厂副厂长。

2019年7月，油田分公司党委决定：免去胡绪军的鄯善采油厂党委委员职务。油田分公司决定：解聘胡绪军的鄯善采油厂副厂长职务。

2019年8月，调整领导班子成员分工：

党委副书记、厂长王炜全面负责采油厂行政工作，负责分管业务、部门和联系单位的党建工作、安全环保工作和党风廉政建设，分管办公室（党委办公室）、人事科（组织科），联系储运工区。

　　党委书记、纪委书记、工会主席、副厂长刘志峰全面负责采油厂党委、纪委、工会、反恐维稳、治安保卫、统战、人民武装工作，负责分管业务、部门的党建工作、安全环保工作和党风廉政建设，分管办公室（党委办公室）、人事科（组织科）、党群科，联系吐哈采油培训中心。

　　党委委员、副厂长王银山借调勘探公司，专职负责油田分公司准东勘探开发项目经理部工程技术、生产、安全、公共关系等工作。

　　党委委员、副厂长、安全总监程行海协助厂长负责生产组织运行、安全环保、应急抢险、设备管理、电气自动化管理、消防、节能节水、质量计量标准化、网络建设维护以及地方关系协调工作及外围区块的安全生产组织工作，负责分管业务、部门和联系单位的党建工作、安全环保工作和党风廉政建设，分管生产运行科、质量安全环保科、设备工程室、电气自动化室，联系安全环保综治监督站、轻烃工区、维修工区。

　　党委委员、副厂长李艳明协助厂长负责油气田基础地质研究，滚动评价试油及产能建设工作，负责油气田开发动态分析评价、油气田综合治理工作、油气生产管理、钻井工程、科技管理工作，负责分管业务、部门和联系单位的党建工作、安全环保工作和党风廉政建设，分管油藏工程一室、油藏工程二室、油藏工程三室，联系温西采油工区、鄯善采油工区、丘陵采油工区、鄯勒采油工区。

　　党委委员、副厂长杨德奎协助厂长负责地面工程、应急抢险工作，负责分管吐哈油田塔里木轻烃技术项目部工作，负责分管业务、部门和联系单位的党建工作、安全环保工作和党风廉政建设，分管地面工程室、吐哈油田塔里木轻烃技术项目部，联系地面工程监督站、丘陵联合站、鄯善联合站、温米联合站。

　　党委委员、副厂长宋其伟协助厂长负责注水、采油、修井以及井控安全工作，配合油田分公司开展吉桑储气库（群）建设，负责分管业务、部门和联系单位的党建工作、安全环保工作和党风廉政建设，分管采油（采气）工艺室、注水工艺室，联系温五采油工区、红台采气工区、米登采油工区、丘东采气工区、井下作业监督站。

　　党委委员、副厂长张雄协助厂长负责采油厂企业管理、经营计划、财务管理、物资管理、后勤工作，负责分管业务、部门和联系单位的党建工作、安全环保工作和党风廉政建设，分管财务科、计划经营科，联系综合服务工区。

2019年9月，油田分公司人事处批复同意：党群科更名为党建科，人事科（组织科）更名为人事科。

2019年12月，油田分公司党委决定：免去王银山的鄯善采油厂党委委员职务。油田分公司决定：解聘王银山的鄯善采油厂副厂长职务。

2019年，鄯善采油厂生产原油26万吨、天然气2.85亿立方米，油气当量48.71万吨。内部承包试点经验稳步推广，丘陵、温五、温西、鄯勒四个采油工区总递减率控制在20%以内。2项科研项目分别荣获油田分公司科技进步奖一等奖和二等奖；3项管理创新成果分别获得公司二等奖和三等奖；申请专利10余项。荣获集团公司"思想政治先进集体"，荣获自治区"劳动筑梦"演讲比赛银奖；4人被评审为集团公司技能专家。

2020年3月，油田分公司党委决定：任命南雨为鄯善采油厂党委委员；免去张雄的鄯善采油厂党委委员职务。油田分公司决定：聘任南雨为鄯善采油厂总会计师；免去张雄的鄯善采油厂副厂长职务。

2020年3月，调整部分领导班子分工：

党委副书记、厂长王炜全面负责采油厂行政工作，负责分管业务、部门和联系单位的党建工作、安全环保工作和党风廉政建设，分管办公室（党委办公室）、人事科，联系储运工区。

党委书记、纪委书记、工会主席、副厂长刘志峰全面负责采油厂党委、纪委、工会、反恐维稳、治安保卫、统战、人民武装工作，负责分管业务、部门的党建工作、安全环保工作和党风廉政建设，分管办公室（党委办公室）、人事科、党建科，联系吐哈采油培训中心。

党委委员、总会计师南雨协助厂长负责采油厂企业管理、经营计划、财务管理、物资管理、后勤工作，负责分管业务、部门和联系单位的党建工作、安全环保工作和党风廉政建设，分管财务科、计划经营科，联系综合服务工区。

2020年5月，油田分公司决定，对技能鉴定中心及所属鉴定站进行更名，将中国石油吐哈采油职业技能鉴定站更名为"中国石油吐哈油田第一技能人才评价工作站"，与吐哈采油培训中心按一套机构两块牌子管理，职责和管理隶属关系不变。

鄯善采油厂机构自 2020 年 5 月以来未做调整，设 34 个基层机构和 1 个塔里木轻烃技术项目部。其中机关科室 7 个，专业技术部门 8 个，基层单位 19 个。

鄯善采油厂在册员工 930 人。其中大学本科及以上学历 524 人；正高级职称 1 人、副高级职称 79 人、中级职称 281 人；高级技师 32 人、技师 74 人。党组织关系隶属于油田分公司党委，下属基层党支部 27 个，共有党员 418 人，其中在职党员 407 人。

鄯善采油厂行政领导班子由 7 人组成：王炜任厂长，刘志峰任副厂长，南雨任总会计师，李艳明任副厂长，程行海任副厂长、安全总监，杨德奎、宋其伟任副厂长。鄯善采油厂党委由 7 人组成：刘志峰任党委书记，王炜任党委副书记，南雨、程行海、李艳明、杨德奎、宋其伟任党委委员，刘志峰任纪委书记、工会主席。领导班子成员分工自 2020 年 3 月以来未做调整。

2020 年 7 月，油田分公司按照新型采油管理区模式，将鄯善采油厂改革设立为鄯善采油管理区，列二级单位管理，机构分类为二级一类。按照"油气生产中心、投资成本控制中心、模拟利润中心、安全环保中心"四大功能定位，管理区主要负责油气开发生产经营过程的管理、组织、协调等工作，具体承担所辖区域注采输、轻烃的生产和经营，及地质工艺研究、安全环保、监督管理等业务，优化生产组织运行方式，推行"管理＋技术＋核心技能岗位"用工模式。鄯善采油管理区设中层领导人员职数 8 个，其中二级正 2 个、二级副 6 个；设助理及副总师职数 6 个。鄯善采油管理区内部机构按"3 办 +9 中心"设置。"3 办"为综合办公室（人事组织科）、党群维稳办公室、经营办公室，人员编制 32 人，其中基层领导人员职数 8 个；"9 中心"为油藏研究中心、钻采技术中心、生产安全中心、基建设备中心、监控中心、鄯善采油中心、温米采油中心、红台采油中心、轻烃生产中心，基层领导人员职数 44 个。

2020 年 7 月，油田分公司党委决定：成立鄯善采油管理区党委，撤销鄯善采油厂党委。任命刘志峰为鄯善采油管理区党委委员、党委书记、纪委书记、工会主席，王炜为党委委员、党委副书记，南雨、李艳明、杨德奎、宋其伟为党委委员；因机构改革，原鄯善采油厂领导班子成员党内职务自然免除。油田分公司决定：聘任王炜为鄯善采油管理区主任，刘志峰为副主任，南雨为总会计师，李艳明为副主任，杨德奎为副主任、安全总监，宋其伟为副主任；因机构改革，原鄯善采油厂领导班子成员行政职务自然免除。

2020年8月，油田分公司党委决定：任命刘永斌为鄯善采油管理区党委委员。油田分公司决定：聘任刘永斌为鄯善采油管理区副主任。

2020年10月，调整领导班子成员分工：

党委副书记、主任王炜全面负责鄯善采油管理区行政工作，负责分管业务、部门和联系单位的党建工作、安全环保工作和党风廉政建设，分管综合办公室（人事组织科）。

党委书记、纪委书记、副主任、工会主席刘志峰全面负责鄯善采油管理区党委、纪委、工会、反恐维稳、治安保卫、统战、人民武装工作，负责分管业务、部门的党建工作、安全环保工作和党风廉政建设，分管综合办公室（人事组织科）、党群维稳办公室。

党委委员、总会计师南雨协助主任负责鄯善采油管理区企业管理、经营计划、财务管理、物资管理、后勤工作，负责分管业务、部门和联系单位的党建工作、安全环保工作和党风廉政建设，分管经营办公室。

党委委员、副主任李艳明协助主任负责油气田基础地质研究，滚动评价试油及产能建设工作；负责油气田开发动态分析评价、油气田综合治理工作、油气生产管理、新钻井地质设计及跟踪认识、科技管理工作，负责分管业务、部门和联系单位的党建工作、安全环保工作和党风廉政建设，分管油藏研究中心，联系红台采油中心。

党委委员、副主任、安全总监杨德奎协助主任负责地面工程、安全环保、消防、质量计量标准化工作，负责分管业务、部门和联系单位的党建工作、安全环保工作和党风廉政建设，分管生产安全中心、基建设备中心，联系鄯善采油中心。

党委委员、副主任宋其伟协助主任负责钻井运行、注水、采油、修井及井控管理工作，配合油田分公司开展温吉桑储气库（群）建设，负责分管业务、部门和联系单位的党建工作、安全环保工作和党风廉政建设，分管钻采技术中心，联系温米采油中心。

党委委员、副主任刘永斌协助主任负责生产组织运行、应急抢险、设备管理、节能节水、电气自动化管理、网络建设维护以及地方关系协调工作，负责分管业务、部门和联系单位的党建工作、安全环保工作和党风廉政建设，分管生产安全中心、基建设备中心、监控中心，联系轻烃生产中心。

2020年，鄯善采油管理区生产原油20.84万吨、天然气2.03亿立方米，油气当量37.02万吨。管理区稳步推进"油公司"模式改革，组织机构由34个压减为12个，科级及机关管理人员减少63人，直接用工由1015人减少为600人。物联网建设不断覆盖，三座边远井站实现无人值守。打造"鄯为善行、鄯做善成"新媒体宣传平台，着眼油气生产"微"视角，在集团公司新媒体大赛中获得荣誉。

截至2020年12月31日，鄯善采油管理区设机关科室3个：综合办公室（人事组织科）、党群维稳办公室、经营办公室。所属基层单位9个：油藏研究中心、钻采技术中心、生产安全中心、基建设备中心、监控中心、鄯善采油中心、温米采油中心、红台采油中心、轻烃生产中心。

鄯善采油管理区在册员工608人。其中大学本科及以上学历420人；正高级职称1人，副高级职称74人、中级职称210人；集团技能专家3人，公司技能专家6人，首席技师4人，高级技师10人、技师36人。鄯善采油管理区党委下属基层党支部12个，共有党员300人，其中在职党员298人。

鄯善采油管理区党委由7人组成，刘志峰任党委书记，王炜任党委副书记，南雨、李艳明、杨德奎、宋其伟、刘永斌任党委委员，刘志峰任纪委书记、工会主席。鄯善采油管理区行政领导班子由7人组成：王炜任主任，刘志峰任副主任，南雨任总会计师，李艳明任副主任，杨德奎任副主任、安全总监，宋其伟、刘永斌任副主任。领导班子成员分工自2020年10月以来未做调整。

"十三五"期间，鄯善采油管理区累计生产原油162.7万吨，天然气商品量17.17亿立方米，油气当量299.5万吨。深入落实全面深化改革，实施"三厂合一""扩大经营自主权""双百改革"等多项改革举措，共减少科级机构39个，占比76%，科级管理岗位减少71个，占比55%，直接用工减少631人，占比49%。推进外部市场创收，在新疆巴州塔里木能源有限责任公司打响吐哈轻烃技术品牌。荣获全国厂务公开民主管理先进单位、中国企业文化研究会"互联网＋时代"企业文化创新优秀单位、集团公司宣传思想文化先进集体等集团公司级及以上荣誉，打造出自治区工人先锋号红台采气工区、"江龙班"，推选出全国五一劳动模范人物徐志民，培养出集团技能专家4人。各项业务协调发展，为吐哈油田开发建设和可持续、高质量发展做出积极贡献。

期间：2016年10月，鄯善采油厂温五采油工区安全员徐志民当选中共新疆维吾尔自治区第九次代表大会代表。

一、鄯善采油厂（2016.2—2020.7）

（一）鄯善采油厂党委、纪委领导名录（2016.2—2020.7）

党　委　书　记　　范耀东（2016.2—2018.4）[1]

刘志峰（2018.4—2020.7）

党委副书记　　周自武（2016.2—2017.10）[2]

谭光天（2016.2—2017.4）[3]

王　炜（回族，2017.10—2020.7）

党　委　委　员　　范耀东（2016.2—2018.4）

周自武（2016.2—2017.10）

谭光天（2016.2—2017.4）

王银山（2016.2—2019.12）[4]

程行海（2016.2—2020.7）[5]

李艳明（2016.2—2020.7）

杨德奎（2016.2—2020.7）

宋其伟（2016.2—2020.7）

胡绪军（2017.9—2019.7）[6]

王　炜（2017.10—2020.7）

---

[1] 2018年4月，范耀东到纪委监察处工作。
[2] 2017年10月，周自武调任井下技术作业公司党委副书记、经理。
[3] 2017年4月，谭光天退职离岗。
[4] 2019年12月，王银山调任准东勘探开发项目经理部副经理。
[5] 2020年7月，程行海调任油气生产服务中心党委委员、副主任。
[6] 2019年7月，胡绪军辞职。

　　　　　　　　张　雄（2017.11—2020.3）①

　　　　　　　　刘志峰（2018.4—2020.7）

　　　　　　　　南　雨（2020.3—7）

　　　纪 委 书 记　谭光天（2016.2—2017.4）②

　　　　　　　　刘志峰（2018.4—2020.7）

（二）鄯善采油厂行政领导名录（2016.2—2020.7）

　　　厂　　　长　周自武（2016.2—2017.10）

　　　　　　　　王　炜（2017.10—2020.7）

　　　副 　厂 　长　范耀东（2016.2—2018.4）

　　　　　　　　王银山（2016.2—2019.12）

　　　　　　　　程行海（2016.2—2020.7）

　　　　　　　　李艳明（2016.2—2020.7）

　　　　　　　　杨德奎（2016.2—2020.7）

　　　　　　　　宋其伟（2016.2—2020.7）

　　　　　　　　胡绪军（2017.9—2019.7）

　　　　　　　　张　雄（2017.11—2020.3）

　　　　　　　　刘志峰（2018.4—2020.7）

　　　总 会 计 师　南　雨（2020.3—7）

　　　安 全 总 监　王银山（兼任，2016.2—2018.10）

　　　　　　　　程行海（兼任，2018.10—2020.7）

（三）鄯善采油厂工会领导名录（2016.2—2020.7）

　　　主　　　席　谭光天（2016.2—2017.4）③

　　　　　　　　刘志峰（2018.4—2020.7）

　二、鄯善采油管理区（2020.7—12）

（一）鄯善采油管理区党委、纪委领导名录（2020.7—12）

　　　党 委 书 记　刘志峰（2020.7—12）

---

① 2020 年 3 月，张雄调任三塘湖采油厂（三塘湖油田项目经理部）副厂长（副经理）。

② 2017 年 4 月至 2018 年 4 月期间，鄯善采油厂纪委书记空缺。

③ 2017 年 4 月至 2018 年 4 月期间，鄯善采油厂工会主席空缺。

　　　党委副书记　王　炜（2020.7—12）
　　　党 委 委 员　刘志峰（2020.7—12）
　　　　　　　　　　王　炜（2020.7—12）
　　　　　　　　　　南　雨（2020.7—12）
　　　　　　　　　　李艳明（2020.7—12）
　　　　　　　　　　杨德奎（2020.7—12）
　　　　　　　　　　宋其伟（2020.7—12）
　　　　　　　　　　刘永斌（2020.8—12）

　　　纪 委 书 记　刘志峰（2020.7—12）

（二）鄯善采油管理区行政领导名录（2020.7—12）
　　　主　　　任　王　炜（2020.7—12）
　　　副 主 任　刘志峰（2020.7—12）
　　　　　　　　　　李艳明（2020.7—12）
　　　　　　　　　　杨德奎（2020.7—12）
　　　　　　　　　　宋其伟（2020.7—12）
　　　　　　　　　　刘永斌（2020.8—12）
　　　总 会 计 师　南　雨（2020.7—12）
　　　安 全 总 监　杨德奎（兼任，2020.7—12）

（三）鄯善采油管理区工会领导名录（2020.7—12）
　　　主　　　席　刘志峰（2020.7—12）

第三十五节　员工公寓管理中心
（2016.2—2018.4）

　　2016 年 2 月，油田分公司按照集团公司关于宾馆酒店业务转型的有关要求，为提高资产、人员利用率，实现经营业务与非经营业务分离，决定将哈密吐哈石油大厦和鄯善油田公寓的业务、机构、人员从原吐哈石油大厦企业集团（更名为吐哈石油大厦）分离出来，调整重组成立员工公寓管理中心（以下简称中心），为二级单位，机构规格为副处级。主要业务范围为负责油田内外部宾客、社会团体、内部职工的食宿、接待服务和餐饮、保洁对外服务项目等服务业务。党组织关系隶属于油田分公司党委。机关办公地点在新疆吐鲁番市鄯善县火车站镇。

员工公寓管理中心设机关科室2个：综合办公室（党委办公室）、经营财务科。所属基层单位2个：鄯善员工公寓、哈密员工公寓。在册员工199人，其中，大学本科及以上学历70人，中级职称9人；高级技师1人。员工公寓管理中心党委下属党支部2个，共有党员43人，其中在职党员42人。

2016年3月，油田分公司党委决定：任命王晓燕为员工公寓管理中心党委副书记（试用期一年）。油田分公司决定：聘任王晓燕为员工公寓管理中心主任（副处级，试用期一年）。

员工公寓管理中心党政领导班子由2人组成，其中行政领导班子2人，党委由1人组成，领导班子成员分工如下：

王晓燕任党委副书记、主任，全面负责中心党委、行政工作，主管综合办公室（党委办公室）、经营财务科，分管纪检监察、工会、女工、团委、宣传、综治维稳、计划生育、精神文明建设等工作。

赵建民任副主任，协助中心主任负责中心安全环保、设备管理、食品卫生、质量与技术监督、应急管理、节能节水、工程监督、网络及信息管理等工作，负责分管业务、部门和联系单位的安全环保工作和党风廉政建设，分管综合办公室（安全环保部分）。

2016年5月，油田分公司党委决定：任命李华明为员工公寓管理中心纪委书记、工会主席、党委委员（副处级）。

2016年6月17日，中共员工公寓管理中心第一次代表大会在鄯善召开，36名党员代表参加会议。会议选举产生中共员工公寓管理中心第一届委员会和中共员工公寓管理中心纪律检查委员会。中共员工公寓管理中心委员会由王晓燕、李华明、赵建民3人组成（以姓氏笔画为序），王晓燕为党委副书记；中共员工公寓管理中心纪律检查委员会由3人组成，李华明为纪委书记。

2016年8月，油田分公司党委批复同意员工公寓管理中心增补结果。

2016年8月，调整领导班子成员分工：

党委副书记、主任王晓燕全面负责中心党委、行政工作，主管综合办公室（党委办公室）、经营财务科。

党委委员、纪委书记、工会主席李华明负责中心纪委、工会工作，协助党委副书记开展基层党建工作，负责中心纪检监察、工会、女工、团委、宣传、综治维稳、计划生育、精神文明建设等工作，负责分管业务、部门的安全环保工作和党风廉政建设，分管综合办公室（纪检监察、工会、团委、宣传、综治维稳）。

副主任赵建民协助中心主任负责中心安全环保、设备管理、食品卫生、质量与技术监督、应急管理、节能节水、工程监督、网络及信息管理等工作，负责分管业务、部门和联系单位的安全环保工作和党风廉政建设，分管综合办公室（安全环保）。

2016年8月，油田分公司决定：聘任王晓燕为员工公寓管理中心安全总监。

2016年9月8日，员工公寓管理中心召开第一次工会会员代表大会，工会会员代表共53人参加会议。会议选举产生员工公寓管理中心第一届工会委员会、经费审查委员会和女职工委员会。李华明为工会主席。

2016年，员工公寓管理中心年完成收入4940万元，费用支出6071万元，控亏1131万元，较油田公司下达的控亏指标1240万元，减亏109万元，较2015年同期减少亏损309万元，全面完成油公司下达的各项经营指标，全面梳理完善岗位职责、业务流程，平稳有序完成管理人员选聘、组织机构调整和员工转岗分流等工作。

2017年4月，油田分公司党委决定：经试用期满考核，正式任命王晓燕为员工公寓管理中心党委副书记。油田分公司决定：正式聘任王晓燕为主任（副处级）。

2018年1月，油田分公司党委决定：免去李华明的公寓管理中心纪委书记、工会主席、党委委员职务。

2018年4月，油田分公司决定，将哈密物业管理公司、鄯善物业管理公司、员工公寓管理中心整合为综合服务中心，为二级单位，机构规格正处级。

2018年4月，油田分公司党委决定：免去王晓燕的员工公寓管理中心党委副书记职务。油田分公司决定：解聘王晓燕的员工公寓管理中心主任、安全总监职务。

截至 2018 年 4 月 11 日，员工公寓管理中心设机关科室 2 个：综合办公室（党委办公室）、经营财务科。所属基层单位 2 个：鄯善员工公寓、哈密员工公寓。

员工公寓管理中心在册员工 151 人。其中，大学本科及以上学历 54 人，副高级职称 2 人，中级职称 6 人；高级技师 1 人。员工公寓管理中心下属党支部 2 个，共有党员 37 人，其中在职党员 36 人。

员工公寓管理中心党委由 1 人组成：王晓燕任党委副书记。员工公寓管理中心行政领导班子由 1 人组成：王晓燕任主任、安全总监。领导班子分工自 2016 年 8 月以来未做调整。

"十三五"期间（2016 年至 2018 年 4 月），员工公寓管理中心经营收入 11075.06 万元，成本费用支出 13861.56 万元，利润 −2786.5 万元。坚持盘活存量、严控增量的原则，严格定编定员，稳妥推进机构整合与富余人员分流工作，始终把收入利润增长作为根本任务，通过内生增长、外延发展的方式，全力扩大市场份额，确保全年任务指标的完成。主营业务优化调整、适度延伸，提高客房入住率，餐饮业务着眼大众市场，积极拓展商务、培训、会议、婚宴等市场业务。外部市场开拓成效显著，承接了 26 个食堂和哈密南区食堂服务项目、2 个送餐项目和 10 个保洁服务工作，以服务收入的稳中有升来确保经营效益的稳中有升。

一、员工公寓管理中心党委、纪委领导名录（2016.2—2018.4）

党 委 书 记 （空缺）

党委副书记 王晓燕（女，2016.3—2018.4）

党 委 委 员 王晓燕（2016.3—2018.4）

　　　　　　李华明（2016.5—2018.1）[①]

　　　　　　赵建民（正科级，2016.6—2018.4）

纪 委 书 记 李华明（2016.5—2018.1）

---

① 2018 年 1 月，李华明退职离岗。

二、员工公寓管理中心行政领导名录（2016.2—2018.4）

主　　任　王晓燕（2016.3—2018.4）

副 主 任　赵建民（正科级，2016.3—2018.4）①

安 全 总 监　王晓燕（兼任，2016.8—2018.4）

三、员工公寓管理中心工会领导名录（2016.2—2018.4）

主　　席　李华明（2016.5—2018.1）②

第三十六节　运输工程公司（2016.8—2020.3）

2016年8月，油田分公司决定，整合特种车辆工程公司和小车服务中心，成立运输工程公司，为二级单位，机构规格为正处级。主要负责吐哈油田范围内的钻井搬迁、原油拉运、客运交通、小车服务等工作，服务作业地域横跨新疆、甘肃等省区及乌兹别克斯坦。党组织关系隶属于油田分公司党委，机关办公地点设在新疆维吾尔自治区吐鲁番市鄯善县火车站镇。

运输工程公司设机关科室8个：办公室（党委办公室）、人事科（组织科）、群众工作科（综治保卫科）、计划经营科、财务科、生产运行科、质量安全环保科、设备管理科。所属基层单位11个：运输一分公司、运输二分公司、三塘湖分公司、油品运输分公司、小车分公司、客车分公司、外部市场分公司（国外分公司）、汽车维修中心、质量安全环保监督站、运输市场监督管理站、综合服务站。

运输工程公司在册员工643人。其中大学本科及以上学历132人，副高级职称5人、中级职称63人；高级技师2人、技师13人。运输工程公司党委下属党支部10个，共有党员208人，其中在职党员186人。

2016年8月，油田分公司党委决定：任命侯祥东为运输工程公司党委书记、纪委书记、工会主席，高建平为运输工程公司党委副书记，王芝燕、柴留庆、李茂刚、张国斌为运输工程公司党委委员。油田分公司决定：聘任

---

① 2018年4月，赵建民退职离岗。

② 2018年1月至4月期间，员工公寓管理中心工会主席空缺。

高建平为运输工程公司经理，侯祥东为运输工程公司副经理，王芝燕为运输工程公司副经理、安全总监，柴留庆、李茂刚、张国斌为运输工程公司副经理。

运输工程公司党政领导班子由6人组成，其中行政领导班子6人，党委由6人组成，领导班子成员分工如下：

高建平任党委副书记、经理，全面负责行政工作，为公司安全第一责任人，履行党风廉政建设一岗双责，负责主管业务、部门和联系单位的安全环保、党建联系和党风廉政建设工作，主管办公室（党委办公室）、人事科（组织科），联系运输一分公司。

侯祥东任党委书记、纪委书记、副经理、工会主席，全面负责公司党委工作、纪委工作、工会工作、团委工作、女工工作，负责党建、宣传、新闻及媒体信息、思想政治工作、企业文化建设、精神文明建设、基层建设、纪检监察、防恐维稳、治安保卫、人民武装、内部稳定、后勤物业、人口与计划生育、绿化卫生、扶贫帮困、档案管理、保密等工作，为党风廉政建设第一责任人，对公司安全负有与第一责任人同等的责任，负责主管业务、部门和联系单位的安全环保、党建联系和党风廉政建设工作，主管办公室（党委办公室）、人事科（组织科），联系小车分公司。

王芝燕任党委委员、副经理、安全总监，协助经理负责日常生产组织运行、安全环保管理、质量管理、岗位责任制建设、节能节水、应急救灾、地方联系等工作，负责分管业务、部门和联系单位的安全环保、党建联系和党风廉政建设工作，分管质量安全环保科、生产运行科，联系运输二分公司、客车分公司、质量安全环保监督站。

柴留庆任党委委员、副经理，协助经理负责企业管理、经营管理、财务资产、法律事务、内控建设、基建、外租业务管理等工作，负责分管业务、部门和联系单位的安全环保、党建联系和党风廉政建设工作，分管计划经营科、财务科，联系油品运输分公司、运输市场监督管理站。

李茂刚任党委委员、副经理，协助经理负责设备管理、维修、外部市场、物资采购，油品供给、科技、信息化等工作，负责分管业务、部门和联系单位的安全环保、党建联系和党风廉政建设工作，分管设备管理科，联系三塘湖分公司、汽车维修中心、外部市场分公司（国外分公司）。

张国斌任党委委员、副经理，协助经理、书记负责宣传、新闻及媒体信息、人民武装、团委、企业文化建设、精神文明建设、防恐维稳、治安保卫、后勤物业、人口与计划生育、绿化卫生、扶贫帮困等工作，负责分管业务、部门和联系单位的安全环保、党建联系和党风廉政建设工作，分管群众工作科（综治保卫科），联系综合服务站。

2016 年，运输工程公司完成货运工作量 32293 万吨千米，吊装工作量 267 万吨小时，客运工作量 25 万车千米。运输工程公司实现收入 24611 万元、利润 –656 万元，其中"百日双提"工程实现利润 221 万元，全面完成双提任务。安全生产和环境保护实现"双达标"，杜绝了亡人、火灾、爆炸、环境污染事故，实现了安全生产。

2017 年 2 月 5 日，运输工程公司召开第一次工会会员代表大会，69 名会员代表参加会议。会议选举产生运输工程公司第一届工会委员会、经费审查委员会和女职工委员会。侯祥东为工会主席。

2017 年 4 月，油田分公司工会批复同意运输工程公司工代会选举结果。

2017 年 8 月，油田分公司党委决定：任命杨珍祥为运输工程公司党委书记、纪委书记、工会主席；免去侯祥东的运输工程公司党委书记、纪委书记、工会主席职务。油田分公司决定：聘任杨珍祥为运输工程公司副经理，解聘侯祥东的运输工程公司副经理职务。

2017 年 9 月，调整部分领导班子成员分工：

党委书记、纪委书记、副经理、工会主席杨珍祥全面负责公司党委工作、纪委工作、工会工作、团委工作、女工工作，负责党建、宣传、新闻及媒体信息、思想政治工作、企业文化建设、精神文明建设、基层建设、纪检监察、防恐维稳、治安保卫、人民武装、内部稳定、后勤物业、人口与计划生育、绿化卫生、扶贫帮困、档案管理、保密等工作，为公司党风廉政建设第一责任人，对公司安全负有与第一责任人同等的责任，负责主管业务、部门和联系单位的安全环保、党建联系和党风廉政建设工作，主管办公室（党委办公室）、人事科（组织科），联系小车分公司。

2017 年，运输工程公司完成货运工作量 41631.46 万吨千米，同比增加 28.91%；完成吊装工作量 424.68 万吨小时，同比增加 58.66%；完成客运工作量 24.04 万车千米，同比减少 3.57%；完成小车工作量 10.73 万车小时，较计划增加 7.3%。实现收入 31854.62 万元，同比增加 5924.93 万元，全面完成各项生产经营指标，杜绝了亡人、火灾、爆炸、环境污染等重大事故，实现了安全生产。

2018年1月25日，中国共产党运输工程公司第一次党员代表大会在新疆维吾尔自治区鄯善县火车站镇召开，78名党员代表参加会议。会议选举产生中共运输工程公司第一届委员会和中共运输工程公司纪律检查委员会。中共运输工程公司委员会由王芝燕、李茂刚、张国斌、杨珍祥、高建平、柴留庆6人组成（以姓氏笔画为序），杨珍祥为党委书记、高建平为党委副书记。中共运输工程公司纪律检查委员会由5人组成，杨珍祥为纪委书记。

2018年2月，调整领导班子成员分工：

党委副书记、经理高建平负责公司全面工作和发展战略，主持公司党委工作，分管办公室（党委办公室）、人事科（组织科），联系运输一分公司。

党委委员、副经理、安全总监王芝燕协助经理负责公司日常生产组织运行、安全环保管理、质量管理、标准化、岗位责任制建设、节能节水、应急救灾、地方联系等工作，分管质量安全环保科、生产运行科，联系运输二分公司、客车分公司、质量安全环保监督站，负责分管业务、部门和联系单位的安全环保、党建联系和党风廉政建设工作。

党委委员、副经理柴留庆协助经理负责公司企业管理、经营管理、财务资产、法律事务、内控建设、基建、外租业务管理等工作，负责分管业务、部门和联系单位的安全环保、党建联系和党风廉政建设工作，分管计划经营科、财务科，联系油品运输分公司、运输市场监督管理站、综合服务站。

党委委员、副经理李茂刚协助经理负责党建、工会、团委、宣传、新闻及媒体信息、思想政治工作、企业文化建设、精神文明建设、基层建设、纪检监察、防恐维稳、治安保卫、人民武装、内部稳定、扶贫帮困、档案管理、人口与计划生育、保密、设备管理、维修、外部市场、物资采购，科技、计量、信息化等工作，分管办公室（党委办公室）、人事科（组织科）、群众工作科（综治保卫科）、设备管理科，联系三塘湖分公司、小车分公司、汽车维修中心、外部市场分公司（国外分公司），负责分管业务、部门和联系单位的安全环保、党建联系和党风廉政建设工作。

党委书记、副经理、纪委书记、工会主席杨珍祥，党委委员、副经理张国斌，参加"访惠聚"驻村工作，暂无分工。

2018 年 3 月 1 日，油田分公司党委批复同意运输工程公司第一次党代会选举结果。

2018 年 4 月，油田分公司党委决定：任命杨安群为运输工程公司党委副书记、纪委书记；免去杨珍祥的运输工程公司纪委书记职务。

随后，调整领导班子成员分工：

党委副书记、经理高建平负责公司全面工作和发展战略，主持公司党委工作，负责分管业务、部门和联系单位的安全环保、党建联系和党风廉政建设工作，分管办公室（党委办公室）、人事科（组织科），联系运输一分公司。

党委副书记、纪委书记杨安群全面负责公司纪检监察工作，协助高建平经理负责党建、工会、团委、宣传、新闻及媒体信息、思想政治工作、企业文化建设、精神文明建设、基层建设、防恐维稳、治安保卫、人民武装、内部稳定、扶贫帮困、档案管理、人口与计划生育、保密等工作，负责分管业务、部门和联系单位的安全环保、党建联系和党风廉政建设工作，分管办公室（党委办公室）、人事科（组织科）、群众工作科（综治保卫科），联系小车分公司。

党委委员、副经理、安全总监王芝燕协助经理负责公司日常生产组织运行、安全环保管理、质量管理、标准化、岗位责任制建设、节能节水、应急救灾、地方联系等工作，负责分管业务、部门和联系单位的安全环保、党建联系和党风廉政建设工作，分管质量安全环保科、生产运行科，联系运输二分公司、客车分公司、质量安全环保监督站。

党委委员、副经理柴留庆协助经理负责公司企业管理、经营管理、财务资产、法律事务、内控建设、基建、外租业务管理等工作，负责分管业务、部门和联系单位的安全环保、党建联系和党风廉政建设工作，分管计划经营科、财务科，联系油品运输分公司、运输市场监督管理站、综合服务站。

党委委员、副经理李茂刚协助经理负责设备管理、维修、外部市场、物资采购，油品供给、科技、计量、信息化、电气管理等工作，负责分管业务、部门和联系单位的安全环保、党建联系和党风廉政建设工作，分管设备管理科，联系三塘湖分公司、汽车维修中心、外部市场分公司（国外分公司）。

党委书记、副经理、工会主席杨珍祥，党委委员、副经理张国斌参加"访惠聚"驻村工作，暂无分工。

2018年9月，运输工程公司决定，撤销人事科（组织科）、群众工作科（综治保卫科），相关业务并入办公室（党委办公室）。撤销计划经营科、财务科，合并成立经营财务科。将综合服务站更名为综合服务站（治安保卫中心、武装部），质量安全环保监督站回检、质监、工时审核、小油品发放业务划入汽车维修中心。

2018年，运输工程公司完成货运工作量44443.84万吨千米，同比增加6.8%；完成吊装工作量329.15万吨小时，同比下降22.5%；完成客运工作量23.5万车千米，同比减少2.25%；完成小车工作量11.26万车小时，同比增加5.43%。实现收入31464万元。杜绝了亡人、火灾、爆炸、环境污染等重大事故。

2019年6月，调整领导班子成员分工：

党委副书记、经理高建平负责公司全面工作和发展战略，负责分管业务、部门和联系单位的党建工作、安全环保工作和党风廉政建设，分管办公室（党委办公室）、运输一分公司。

党委书记、工会主席、副经理、杨珍祥全面负责公司党委工作、工会、机要保密等工作，负责分管业务、部门和联系单位的党建工作、安全环保工作和党风廉政建设，分管党委办公室（办公室），运输二分公司。

党委副书记、纪委书记杨安群协助党委书记负责公司党委工作，负责公司纪委工作、党风廉政建设、团委、女工、新闻宣传、媒体信息、企业文化建设、精神文明建设、基层建设、培训、技能鉴定、扶贫帮困、人口与计划生育等工作，负责分管业务、部门和联系单位的党建工作、安全环保工作和党风廉政建设，分管党委办公室（办公室）、小车分公司。

党委委员、副经理、安全总监王芝燕负责公司日常生产组织运行、水电路讯、安全环保、质量、标准化、岗位责任制建设、节能节水、应急救灾、地方联系、土地管理等工作，负责分管业务、部门和联系单位的党建工作、安全环保工作和党风廉政建设，分管质量安全环保科、生产运行科，客车分公司、质量安全环保监督站。

党委委员、副经理柴留庆负责公司企业管理、经营管理、财务资产、资本运营、法律事务、内控建设、外租业务管理、住房公积金、社会保险、规划计划、定额定价等工作，负责分管业务、部门和联系单位的党建工作、安全环保工作和党风廉政建设，分管经营财务科、油品运输分公司。

党委委员、副经理李茂刚负责设备管理、维修、外部市场、物资采购、油品供给、科技、计量、技术监督、信息化、电气管理等工作，负责分管业务、部门和联系单位的党建工作、安全环保工作和党风廉政建设，分管设备管理科，三塘湖分公司、汽车维修中心、外部市场分公司（国外分公司）。

党委委员、副经理张国斌负责公司基建维修、后勤服务、物业管理、食堂管理、爱国卫生、环境绿化、档案管理等工作，协助党委书记负责防恐维稳、治安保卫、人民武装等工作，负责分管业务、部门和联系单位的党建工作、安全环保工作和党风廉政建设，分管治安保卫中心、武装部、综合服务站。

2019年9月，运输工程公司决定，对部分机构进行调整，机关职能科室5个调整为6个，设办公室（党委办公室）、经营财务科、生产运行科、质量安全环保科、设备管理科。成立党建科。将办公室（党委办公室）更名为办公室（党委办公室、人事科）。撤销运输一分公司、运输二分公司，合并成立运输分公司；撤销运输市场监督管理站。

2019年，运输工程公司完成货运工作量47804.23万吨千米，同比增加7.56%；完成吊装工作量289.47万吨小时，同比下降12.05%；完成客运工作量20.88万车千米，同比减少11.15%；完成小车工作量13.96万车小时，同比增加23.98%。实现收入32315万元。杜绝了亡人、火灾、爆炸、环境污染等重大事故。

2020年3月，油田分公司决定，将运输工程公司和工程建设服务中心重组整合，成立工程技术中心，为未上市二级单位。

2020年3月，油田分公司党委决定：原运输工程公司领导班子成员党内职务自然免除。油田分公司决定：原运输工程公司领导班子成员职务自然免除。

2020年，运输工程公司完成货运工作量5442.68万吨千米；完成吊装工作量5.66万吨小时；完成客运工作量1.61万车千米；完成小车工作量3.34万车小时。杜绝了亡人、火灾、爆炸、环境污染等重大事故。

截至2020年3月1日，运输工程公司机关设职能科室6个：办公室（党委办公室、人事科）、党建科、经营财务科、生产运行科、质量安全环保科、设备管理科。所属基层单位9个：运输分公司、三塘湖分公司、油品运输分公司、小车分公司、客车分公司、外部市场分公司（国外分公司）、汽车维修中心、质量安全环保监督站、综合服务站（治安保卫中心、武装部）。

运输工程公司在册员工 457 人。其中，大学本科及以上学历 143 人，副高级职称 5 人，中级职称 57 人。高级技师 1 人、技师 17 人。运输工程公司党委下属基层党支部 9 个，共有党员 147 人，其中在职党员 139 人。

运输工程公司党委由 7 人组成：杨珍祥任党委书记，高建平、杨安群任党委副书记，王芝燕、柴留庆、李茂刚、张国斌任党委委员。杨安群任纪委书记。杨珍祥任工会主席。运输工程公司行政领导班子由 6 人组成：高建平任经理，杨珍祥任副经理，柴留庆、李茂刚、张国斌任副经理，王芝燕任副经理、安全总监。领导班子成员分工自 2019 年 6 月以来未做调整。

"十三五"期间，运输工程公司面对量价齐跌的生产经营困境，坚持以经济效益为中心，发挥重组整合优势，克难奋进、主动出击，超前服务，以为油田勘探开发提供坚强运输保障为己任，持续推进合规管理，加大安全环保管控，大力开展降本增效活动，全面完成了油田公司下达的各项任务指标。

截至 2020 年 3 月，运输工程公司完成货运工作量 171615.2 万吨千米；完成吊装工作量 1315.96 万吨小时；完成客运工作量 95.03 万车千米；完成小车工作量 39.29 万车小时。总实现收入 121563.6 万元。安全生产和环境保护实现"双达标"，杜绝了亡人、火灾、爆炸、环境污染事故，实现了安全生产。

一、运输工程公司党委、纪委领导名录（2016.8—2020.3）

党委书记　侯祥东（2016.8—2017.8）[①]

　　　　　　　杨珍祥（2017.8—2020.3）[②]

党委副书记　高建平（2016.8—2020.3）[③]

　　　　　　　杨安群（女，2018.4—2020.3）[④]

党委委员　侯祥东（2016.8—2017.8）

　　　　　　　杨珍祥（2017.8—2020.3）

　　　　　　　高建平（2016.8—2020.3）

---

① 2017 年 8 月，侯祥东调任新疆吐哈油田建设有限责任公司党委副书记、总经理。
② 2018 年 2 月至 2019 年 6 月，杨珍祥参加"访惠聚"驻村工作。
③ 2020 年 3 月，高建平调任鲁克沁采油厂党委委员、党委书记、纪委书记、副厂长（副经理）、工会主席。
④ 2020 年 3 月，杨安群调任离退休职工管理中心党委委员、党委副书记、纪委书记、工会主席。

王芝燕（2016.8—2020.3）①

柴留庆（2016.8—2020.3）

李茂刚（2016.8—2020.3）

杨安群（2018.4—2020.3）

张国斌（2016.8—2020.3）②

纪 委 书 记　侯祥东（2016.8—2017.8）

杨珍祥（2017.8—2018.4）

杨安群（2018.4—2020.3）

二、运输工程公司行政领导名录（2016.8—2020.3）

经　　　理　高建平（2016.8—2020.3）

副 经 理　侯祥东（2016.8—2017.8）

王芝燕（2016.8—2020.3）

柴留庆（2016.8—2020.3）

李茂刚（2016.8—2020.3）

张国斌（2016.8—2020.3）

杨珍祥（2017.8—2020.3）

安 全 总 监　王芝燕（兼任，2016.8—2020.3）

三、运输工程公司工会领导名录（2016.8—2020.3）

主　　　席　侯祥东（2016.8—2017.8）

杨珍祥（2017.8—2020.3）

第三十七节　综合服务中心（2018.4—2020.12）

2018 年 4 月，根据矿区业务改革以及油田分公司扩大经营自主权改革相关要求，为适应"四供一业"分离移交后相关工作运行需要，进一步整合各类资源，提高运行效率，实现规模效益，吐哈油田分公司决定，将哈密

---

① 2020 年 3 月，王芝燕退职离岗。

② 2017 年 2 月至 2019 年 6 月，张国斌参加"访惠聚"驻村工作。

物业管理公司、鄯善物业管理公司和员工公寓管理中心整合为综合服务中心（以下简称中心），为二级单位，机构规格为正处级，主要负责为吐哈油田提供综合服务保障工作，管理鄯善和哈密两个石油基地，为油田生产前线生活点提供综合服务，包括工程维修、供热服务、餐饮服务、绿化管护、公寓管理、物业服务、接待服务、治安保卫、文体服务、幼儿教育、保洁、养植以及工业物业延伸服务。党组织关系隶属于油田分公司党委。机关实行两地办公，办公地点分别在新疆维吾尔自治区吐鲁番市鄯善县火车站镇和新疆维吾尔自治区哈密市吐哈石油基地。

综合服务中心设机关科室7个：办公室（党委办公室）、计划经营科、财务科（吐哈油田智能一卡通管理中心）、人事科（组织科）、生产运行科、质量安全环保科、党群科。所属基层单位14个：工程维修部、供热服务站、餐饮服务部、园林绿化站、QHSE监督站、公寓管理部、物业管理部、公建服务部、治安保卫大队（武装部）、文体服务部、综合服务部、保洁服务站、幼教管理部、养植管理站。

综合服务中心在册员工1287人。其中，大学本科及以上学历408人，副高级职称20人、中级职称166人；高级技师2人、技师27人。综合服务中心党委下属党支部17个，共有党员389人，其中在职党员382人。

2018年4月，油田分公司党委决定：任命杨生虎为综合服务中心党委书记、工会主席，李照斌为综合服务中心党委副书记，刘沪为综合服务中心党委副书记、纪委书记，董立新、鱼宏刚、王晓燕、周希文、张卫华、王枫为综合服务中心党委委员。油田分公司决定：聘任李照斌为综合服务中心主任，杨生虎、董立新、鱼宏刚、王晓燕、周希文、张卫华、王枫为综合服务中心副主任。

综合服务中心党政领导班子由9人组成，其中行政领导班子8人，党委由9人组成，领导班子成员分工如下：

李照斌任党委副书记、主任，负责行政工作，主管办公室（党委办公室）、人事科（组织科）。

杨生虎任党委书记、副主任、工会主席，负责党委、工会工作，主管党委办公室（办公室）、组织科（人事科）、党群科。

刘沪任党委副书记、纪委书记，协助党委书记负责中心党建、工会、团委、女工、维稳、治安保卫等工作，负责纪委工作，协管党群科，联系治安保卫大队。

董立新任党委委员、副主任，协助主任负责设备管理、自动化管理、科技管理、信息管理、培训及技能鉴定、技术档案、文体服务等工作，负责分管业务、科室和联系单位的安全环保、内部稳定及党的建设工作，分管生产运行科（设备、自动化、科技等部分）、人事科（培训及技能鉴定等部分），联系文体服务部。

鱼宏刚任党委委员、副主任，协助主任负责物业服务、工程概预算管理、工程管理、市场开发、种植养殖、"四供一业"项目改造移交以及三塘湖区域综合服务等工作，负责分管业务、科室和联系单位的安全环保、内部稳定及党的建设工作，分管计划经营科（规划计划等部分）、生产运行科（工程管理等部分），协管餐饮服务部（三塘湖综合服务部分），联系物业管理部、养植管理站。

王晓燕任党委委员、副主任，协助主任负责公寓管理、公建（办公会务）服务等工作，负责分管业务和联系单位的安全环保、内部稳定及党的建设工作，联系公寓管理部、公建服务部。

周希文任党委委员、副主任，协助主任负责中心日常生产调度、运行管理、安全生产、物资管理（生产物资部分）、服务质量（投诉处理部分）、环境保护、节能节水以及供气、工程维修、QHSE 监督业务等工作，负责分管业务、科室和联系单位的安全环保、内部稳定及党的建设工作，分管生产运行科、质量安全环保科，联系供热服务站、工程维修部、综合服务部（生产物资部分）、QHSE 监督站。

张卫华任党委委员、副主任，协助主任负责经营财务、ERP 运行、企业管理、物资管理（生活物资部分）、合同管理、法律事务、餐饮服务管理、企业改革、人事管理等工作，负责分管业务、科室和联系单位的安全环保、内部稳定及党的建设工作，分管计划经营科（企业管理、企业改革等部分）、财务科（吐哈油田智能一卡通管理中心），联系餐饮服务部、综合服务部（生活物资部分）。

王枫任党委委员、副主任，协助主任负责中心幼教、园林绿化、保洁等工作，负责分管业务、科室和联系单位的安全环保、内部稳定及党的建设工作，联系幼教管理部、园林绿化站、保洁服务站。

2018年5月，油田分公司决定：聘任周希文为综合服务中心安全总监。

2018年5月27日，综合服务中心召开第一次工会会员代表大会，工会会员代表共86人参加会议。会议选举产生综合服务中心第一届工会委员会、经费审查委员会和女职工委员会。杨生虎为工会主席。

2018年7月，调整部分领导班子成员分工：

党委书记、副主任、工会主席杨生虎全面负责党委、工会工作，负责治安保卫工作，主管党委办公室（办公室）、组织科（人事科）、党群科。

党委委员、副主任董立新协助主任负责服务质量（投诉处理部分）、设备管理、自动化管理、科技管理、信息管理、培训及技能鉴定、技术档案、文体服务等工作，负责分管业务、科室和联系单位的安全环保、内部稳定及党的建设工作，协管生产运行科（设备、自动化、科技等部分）、质量安全环保科（服务质量部分）、人事科（培训及技能鉴定等部分），联系文体服务部。

党委委员、副主任鱼宏刚协助主任负责物业服务、工程概预算管理、计划管理、市场开发、种植养殖、"四供一业"项目改造移交以及三塘湖区域综合服务等工作，负责分管业务、科室和联系单位的安全环保、内部稳定及党的建设工作，协管计划经营科（规划计划等部分）、生产运行科、餐饮服务部（三塘湖综合服务部分），联系物业管理部、养植管理站。

党委委员、副主任、安全总监周希文协助主任负责中心日常生产调度、运行管理、工程管理（含维修改造部分）、安全生产、物资管理（生产物资部分）、环境保护、节能节水以及供气、工程维修、QHSE监督业务等工作，负责分管业务、科室和联系单位的安全环保、内部稳定及党的建设工作，分管生产运行科、质量安全环保科，联系供热服务站、工程维修部、综合服务部（生产物资部分）、QHSE监督站。

2018年7月，油田分公司党委组织部批复同意综合服务中心纪律检查委员会委员推选结果。中共综合服务中心纪律检查委员会由7人组成，刘沪为纪委书记。

2018年7月，油田分公司批复同意综合服务中心基层单位机构调整。

2018年8月，综合服务中心决定，撤销园林绿化站、文体服务部、保洁服务站和养植管理站，成立三塘湖服务站、哈密绿化保洁站和鄯善绿化保洁站。基层单位数由 14 个调整为 13 个。

2018 年 8 月，调整部分领导班子成员分工：

党委委员、副主任董立新协助主任负责服务质量（投诉处理部分）、设备管理、自动化管理、科技管理、信息管理、培训及技能鉴定、技术档案、三塘湖区域综合服务等工作，负责分管业务、科室和联系单位的安全环保、内部稳定及党的建设工作，协管生产运行科（设备、自动化、科技等部分）、质量安全环保科（服务质量部分）、人事科（培训及技能鉴定等部分），联系三塘湖服务站。

党委委员、副主任鱼宏刚协助主任负责物业服务、工程概预算管理、计划管理、"四供一业"项目改造移交等工作，负责分管业务、科室和联系单位的安全环保、内部稳定及党的建设工作，协管计划经营科（规划计划等部分）、生产运行科，联系物业管理部。

党委委员、副主任王晓燕协助主任负责公寓管理、公建（办公会务、文体服务）等工作，负责分管业务和联系单位的安全环保、内部稳定及党的建设工作，联系公寓管理部、公建服务部。

党委委员、副主任、安全总监周希文协助主任负责中心日常生产调度、运行管理、工程管理（含维修改造部分）、安全生产、物资管理（生产物资部分）、环境保护、节能节水以及供热、工程维修、QHSE 监督业务等工作，负责分管业务、科室和联系单位的安全环保、内部稳定及党的建设工作，分管生产运行科、质量安全环保科，联系供热服务站、工程维修部、综合服务部（生产物资部分）、QHSE 监督站。

党委委员、副主任张卫华协助主任负责经营财务、ERP 运行、企业改革、人事管理、企业管理、物资管理（生活物资部分）、合同管理、法律事务、市场开发、餐饮服务管理、种植养殖等工作，负责分管业务、科室和联系单位的安全环保、内部稳定及党的建设工作，分管计划经营科（企业管理、企业改革等）、财务科（吐哈油田智能一卡通管理中心），联系餐饮服务部、综合服务部（生活物资部分）。

党委委员、副主任王枫协助主任负责中心幼教、园林绿化、保洁等工作，负责分管业务、科室和联系单位的安全环保、内部稳定及党的建设工作，联系幼教管理部、哈密绿化保洁站、鄯善绿化保洁站。

2018 年 12 月，油田分公司决定：正式聘任周希文、张卫华、王枫为综合服务中心副主任。

2018 年，综合服务中心实现收入 40727 万元，完成预算指标 102%，费用补贴 11255 万元，节余 550 万元。

2019 年 2 月，调整部分领导班子成员分工：

党委书记、副主任、工会主席杨生虎全面负责党委、工会工作，主管党委办公室（办公室）、组织科（人事科）、党群科。

党委委员、副主任董立新协助主任负责服务质量（投诉处理部分）、设备管理、自动化管理、科技管理、信息管理、劳务输出管理、培训及技能鉴定、技术档案、三塘湖区域综合服务工作，负责分管业务、科室和联系单位的安全环保、内部稳定及党的建设工作，协管生产运行科（设备、自动化、科技等部分）、质量安全环保科（服务质量部分）、人事科（培训及技能鉴定等部分），联系三塘湖服务站。

党委委员、副主任鱼宏刚协助主任负责物业服务、"四供一业"项目改造移交等工作，负责分管业务、科室和联系单位的安全环保、内部稳定及党的建设工作，协管计划经营科（四供一业项目部分）、生产运行科，联系物业管理部。

党委委员、副主任、安全总监周希文协助主任负责日常生产调度、运行管理、工程管理（含维修改造部分）、安全生产、地方协调、环境保护、节能节水以及供热、工程维修、QHSE 监督业务等工作，负责分管业务、科室和联系单位的安全环保、内部稳定及党的建设工作，分管生产运行科、质量安全环保科，联系供热服务站、工程维修部、QHSE 监督站。

党委委员、副主任张卫华协助主任负责经营财务、工程概预算管理、计划管理、价格管理、ERP 运行、企业改革、人事管理、企业管理、物资管理、合同管理、法律事务、市场开发、餐饮服务管理、种植养殖等工作，负责分管业务、科室和联系单位的安全环保、内部稳定及党的建设工作，分管计划经营科、财务科（吐哈油田智能一卡通管理中心），联系餐饮服务部、综合服务部。

2019 年 4 月，调整部分领导班子成员分工：

党委委员、副主任鱼宏刚协助主任负责物业服务、"三供一业"项目改造移交、宝石花物业综合协调等工作，负责分管业务、科室和联系单位的安全环保、内部稳定及党的建设工作，协管计划经营科（三供一业项目部分）、生产运行科，联系物业管理部。

党委委员、副主任王晓燕，协助主任负责公寓管理、公建服务、三塘湖综合业务等工作，负责分管业务和联系单位的安全环保、内部稳定及党的建设工作，联系公寓管理部、公建服务部、三塘湖服务站。

党委委员、副主任、安全总监周希文协助主任负责日常生产调度、运行管理、工程管理（含维修改造部分）、设备管理、自动化管理、科技管理、信息管理、安全生产、地方协调、环境保护、节能节水以及供热、工程维修、QHSE 监督业务等工作，负责分管业务、科室和联系单位的安全环保、内部稳定及党的建设工作，分管生产运行科、质量安全环保科，联系工程维修部、供热服务站、QHSE 监督站。

党委委员、副主任张卫华协助主任负责经营财务、工程概预算管理、计划管理、价格管理、ERP 运行、企业改革、人事管理、劳务输出管理、培训及技能鉴定、技术档案、企业管理、物资管理、合同管理、法律事务、市场开发、餐饮服务管理、种植养殖等工作，负责分管业务、科室和联系单位的安全环保、内部稳定及党的建设工作，分管计划经营科、人事科、财务科（吐哈油田智能一卡通管理中心），联系餐饮服务部、综合服务部。

党委委员、副主任王枫，协助主任负责服务质量（投诉处理）、园林绿化、保洁、幼教等工作，负责分管业务、科室和联系单位的安全环保、内部稳定及党的建设工作，协管质量安全环保科，联系哈密绿化保洁站、鄯善绿化保洁站、幼教管理部。

党委委员、副主任董立新南疆驻村，暂无分工。

2019 年 7 月，油田分公司决定，将吐哈油田房产管理中心业务、人员划转至综合服务中心。调整后，综合服务中心机关人员编制增加 2 人，其中科级职数 1 个。

随后，调整部分领导班子成员分工：

党委委员、副主任、安全总监周希文协助主任负责日常生产调度、运行管理、工程管理（含维修改造部分）、设备管理、自动化管理、科技管理、信息管理、安全生产、地方协调、环境保护、节能节水以及供热、工程维修、QHSE 监督业务、新建住房项目管理等工作，负责分管业务、科室和联系单位的安全环保、内部稳定及党的建设工作，分管生产运行科、质量安全环保科，联系工程维修部、供热服务站、QHSE 监督站。

党委委员、副主任张卫华协助主任负责经营财务、工程概预算管理、计划管理、价格管理、ERP 运行、企业改革、人事管理、劳务输出管理、培训及技能鉴定、技术档案、企业管理、物资管理、合同管理、法律事务、市场开发、餐饮服务管理、种植养殖、房屋权属管理、存量房管理、公租房管理以及住房补贴管理等工作，负责分管业务、科室和联系单位的安全环保、内部稳定及党的建设工作，分管计划经营科、人事科、财务科（吐哈油田智能一卡通管理中心），联系餐饮服务部、综合服务部。

2019 年 7 月，综合服务中心决定，将吐哈油田房产管理中心业务、人员划转至财务科（吐哈油田智能一卡通管理中心）（不含各驻外点的房产业务）。

2019 年 8 月，油田分公司决定，将井下技术作业公司的开发测试分公司机构、人员全部划转到综合服务中心，在岗人员向中国石油集团测井有限公司吐哈分公司提供开发测试技术服务，不在岗人员、输出人员以及原井下技术作业公司参加公司送外专项培训人员全部划转至综合服务中心统一管理。

2019 年 9 月，综合服务中心决定，成立开发测试服务站。基层单位数由 13 个调整为 14 个。

2019 年 10 月，油田分公司批复同意综合服务中心部分机关科室调整。

2019 年 11 月，综合服务中心决定，将组织科更名为党建科，更名后，人事科（党建科）按一个机构两块牌子管理运行。

2019 年 11 月，油田分公司决定，由综合服务中心具体负责吐哈油田分公司人口与计划生育委员会和爱国卫生运动委员会的日常工作，相关业务纳入综合服务中心机关科室，人员随业务划转。

2019 年 12 月，油田分公司决定，撤销石油能源开发公司机构及内设机构，业务及人员整体划转至综合服务中心，增加处级职数 1 人。

2019 年 12 月，油田分公司党委决定：任命余中华为综合服务中心党委委员。油田分公司决定：聘任余中华为综合服务中心副主任。

2019年12月，综合服务中心决定，将吐哈油田分公司人口与计划生育委员会和爱国卫生运动委员会的日常工作及人员纳入党群科；成立能源服务站。调整后，基层单位数由14个调整为15个。

2019年12月，调整部分领导班子成员分工：

党委书记、副主任、工会主席杨生虎全面负责党委、工会工作，主管党委办公室（办公室）、党建科（人事科）、党群科。

党委副书记、纪委书记刘沪协助党委书记负责党建、工会、团委、女工、维稳、治安保卫等工作，负责中心纪委工作，负责计划生育工作，协管党群科，联系治安保卫大队。

党委委员、副主任张卫华协助主任负责经营财务、工程概预算管理、计划管理、价格管理、ERP运行、企业改革、人事管理、劳务输出管理、培训及技能鉴定、技术档案、企业管理、物资管理、合同管理、法律事务、市场开发、餐饮服务管理、种植养殖、房屋权属管理、存量房管理、公租房管理以及住房补贴管理、能源服务业务等工作，负责分管业务、科室和联系单位的安全环保、内部稳定及党的建设工作，分管计划经营科、人事科、财务科（吐哈油田智能一卡通管理中心），联系餐饮服务部、综合服务部、能源服务站。

党委委员、副主任王枫协助主任负责服务质量（投诉处理）、园林绿化、保洁、幼教及爱国卫生等工作，负责分管业务、科室和联系单位的安全环保、内部稳定及党的建设工作，协管质量安全环保科、党群科，联系哈密绿化保洁站、鄯善绿化保洁站、幼教管理部。

党委委员、副主任余中华，油田分公司派驻南疆驻村。

2019年，综合服务中心实现主营收入40027万元，完成年度指标105%，比指标增加1844万元；费用指标完成9347万元，比指标结余280万元。中心整体呈现出"保障有力、稳健高效、形象良好"的发展局面。

2020年8月，油田分公司党委决定：任命朱有信为综合服务中心党委委员、党委书记、工会主席；免去杨生虎的综合服务中心党委书记、党委委员、工会主席职务。油田分公司决定：聘任朱有信为综合服务中心副主任；解聘杨生虎的综合服务中心副主任职务。

2020年8月，调整部分领导班子成员分工：

党委书记、副主任、工会主席朱有信全面负责党委、工会工作，主管党委办公室（办公室）、党建科（人事科）、党群科，联系开发测试服务站。

党委副书记、纪委书记刘沪协助党委书记负责党建、工会、团委、女工、维稳、治安保卫等工作，负责中心纪委工作，负责分管业务、科室和联系单位的党建工作、安全环保工作和党风廉政建设，协管党群科，联系治安保卫大队。

党委委员、副主任鱼宏刚协助主任负责"三供一业"项目移交改造等工作，负责分管业务、科室的党建工作、安全环保工作和党风廉政建设，协管计划经营科（"三供一业"项目部分）、生产运行科。

党委委员、副主任王晓燕协助主任负责公寓管理、公建服务、三塘湖综合业务等工作，负责分管业务、联系单位的党建工作、安全环保工作和党风廉政建设，联系公寓管理部、公建服务部、三塘湖服务站。

党委委员、副主任、安总总监周希文，协助主任负责日常生产调度、运行管理、工程管理（含维修改造部分）、设备管理、自动化管理、科技管理、信息管理、安全生产、地方协调、环境保护、节能节水以及供热、工程维修、QHSE监督业务、新建住房项目管理、物业服务、宝石花物业综合协调等工作，负责分管业务、科室和联系单位的党建工作、安全环保工作和党风廉政建设，分管生产运行科、质量安全环保科，联系工程维修部、供热服务站、QHSE监督站、物业管理部。

党委委员、副主任张卫华协助主任负责经营财务、工程概预算管理、计划管理、价格管理、ERP运行、企业改革、人事管理、劳务输出管理、培训及技能鉴定、技术档案、企业管理、物资管理、合同管理、法律事务、市场开发、餐饮服务管理、种植养殖、房屋权属管理、存量房管理、公租房管理以及住房补贴管理、能源服务业务等工作，负责分管业务、科室和联系单位的党建工作、安全环保工作和党风廉政建设，分管计划经营科、人事科、财务科（吐哈油田智能一卡通管理中心），联系餐饮服务部、综合服务部、能源服务站。

党委委员、副主任王枫，协助主任负责服务质量（投诉处理部分）、园林绿化、保洁、幼教及爱国卫生等工作，负责分管业务、科室和联系单位的党建工作、安全环保工作和党风廉政建设，协管质量安全环保科、党群科，联系哈密绿化保洁站、鄯善绿化保洁站、幼教管理部。

2020年10月，油田分公司党委决定：免去刘沪的综合服务中心党委副书记、党委委员、纪委书记职务。

2020年，综合服务中心主动应对疫情防控和低油价严峻挑战，坚持以"一保一增一提一创"为主线，突出本质安全保效益、管理强化增效益、节支控本提效益、开拓市场创效益，取得了预期效果，全年完成提质增效任务1225万元。

截至2020年12月31日，综合服务中心设机关科室7个：办公室（党委办公室）、计划经营科、财务科（吐哈油田智能一卡通管理中心）、人事科（党建科）、生产运行科、质量安全环保科、党群科。所属基层单位15个：工程维修部、公寓管理部、三塘湖服务站、供热服务站、餐饮服务部、QHSE监督站、哈密绿化保洁站、鄯善绿化保洁站、公建服务部、治安保卫大队（武装部）、综合服务部、物业管理部、幼教管理部、能源服务站、开发测试服务站。

综合服务中心在册员工1144人，其中大学本科及以上学历404人，副高级职称23人、中级职称147人；高级技师4人、技师28人。综合服务中心党委下属党支部18个，共有党员325人，其中在职党员311人。

综合服务中心党委由9人组成：朱有信任党委书记，李照斌任党委副书记，董立新、鱼宏刚、王晓燕、周希文、张卫华、王枫、余中华任党委委员，朱有信任工会主席。综合服务中心行政领导班子由9人组成：李照斌任主任，朱有信、董立新、鱼宏刚、王晓燕、张卫华、王枫、余中华任副主任，周希文任副主任、安全总监。领导班子成员分工自2020年8月以来未做调整。

"十三五"期间，综合服务中心坚持以"保障生产、服务生活、维护稳定"为己任，着力调整业务、优化人员、内强素质、外树形象，实现了安全生产平稳运行、经营成果稳定向好、体制机制有序衔接、服务质量稳步提升、员工队伍和谐稳定的发展局面，实际费用补贴逐年下降，从2018年到2020年，共减少补贴3620万元，连续2年获得先进基层党委、优秀领导班子称号，连续3年获得企业管理基础工作先进单位、安全环保先进单位、节能节水先进单位、设备管理先进单位等荣誉称号。

一、综合服务中心党委、纪委领导名录（2018.4—2020.12）

党 委 书 记 杨生虎（回族，2018.4—2020.8）①

朱有信（2020.8—12）

党委副书记 李照斌（2018.4—2020.12）

刘　沪（2018.4—2020.10）②

党 委 委 员 杨生虎（2018.4—2020.8）

李照斌（2018.4—2020.12）

刘　沪（2018.4—2020.10）

董立新（2018.4—2020.12）③

鱼宏刚（2018.4—2020.12）

王晓燕（女，2018.4—2020.12）

周希文（2018.4—2020.12）

张卫华（2018.4—2020.12）

王　枫（女，2018.4—2020.12）

余中华（2019.12—2020.12）④

朱有信（2020.8—12）

纪 委 书 记 刘　沪（2018.4—2020.10）⑤

二、综合服务中心行政领导名录（2018.4—2020.12）

主　　任 李照斌（2018.4—2020.12）

副 主 任 杨生虎（2018.4—2020.8）

董立新（2018.4—2020.12）

鱼宏刚（2018.4—2020.12）

王晓燕（2018.4—2020.12）

周希文（2018.4—2020.12）

---

① 2020年8月，杨生虎调任勘探开发研究院党委书记、纪委书记、工会主席、副院长。

② 2020年10月，刘沪退职离岗。

③ 2019年4月，董立新到新疆维吾尔自治区喀什地区疏附县驻村。

④ 2019年12月，余中华到新疆维吾尔自治区喀什地区疏附县驻村。

⑤ 2020年10月至12月期间，综合服务中心纪委书记空缺。

张卫华（2018.4—2020.12）

王　枫（2018.4—2020.12）

余中华（2019.12—2020.12）

朱有信（2020.8—12）

安 全 总 监 周希文（兼任，2018.5—2020.12）

三、综合服务中心工会领导名录（2018.4—2020.12）

主　　席 杨生虎（2018.4—2020.8）

朱有信（2020.8—12）

第三十八节　温吉桑储气库前期建设项目部
（2018.10—2020.12）

2018年10月，为满足油田区域用气调峰，加强生产应急保障，提高油田经济效益，油田分公司决定，成立温吉桑储气库前期建设项目部，为公司专门机构。主要职责：全面负责储气库项目建设前期整体运行、组织与协调；负责组织项目预可研和先导试验方案编制、审查与报批；负责组织前期井位部署论证，钻井实施与优化调整；负责组织注采能力试验、评价与地面建设过程管理；负责计划编报、预算管理及投资过程管控。

项目部定员5人，设项目经理1人，下设4个岗位。项目部经理张喜全面负责项目部总体运行和工作协调。地质与气藏工程岗位张军负责组织储气库地质综合评价研究；组织井位部署与论证，钻井实施及跟踪；组织气藏、动态监测等方案编制与实施；动态分析与优化调整。钻采工程岗位刘文超负责老井排查评价及处理；钻井、采气工程方案编制与实施；新钻注采井钻井设计与实施；注采气井、观察井、弃置井修井作业及措施方案设计、实施与跟踪评价；注采能力试验与评价。地面工程岗位王光辉负责预可研、可研阶段地面工程方案编制；地面建设过程管理，组织项目投产与竣工验收。综合管理岗位张建峰负责计划编报、预算管理及投资过程管控。

2018年11月，决定成立温吉桑储气库前期项目部临时党支部，项目部经理张喜任党支部书记。

2020 年 8 月，油田分公司决定：张喜任温吉桑储气库前期建设项目部经理（二级正）。

截至 2020 年 12 月 31 日，温吉桑储气库前期建设项目部主要职责、编制定员未变。

项目部经理　张　喜（副处级，2018.10—2020.8；正处级，
2020.8—12）

第三十九节　工程建设服务中心（中国石油消防应急救援吐哈油田支队）—工程技术中心（中国石油消防应急救援吐哈油田支队）（2019.12—2020.12）

2019 年 12 月，油田分公司决定，将新疆吐哈油田建设有限责任公司和消防支队相关业务整合，成立工程建设服务中心，并按照集团公司《关于进一步强化集团公司消防安全和专职消防队伍建设有关工作的通知》精神，加冠"中国石油消防应急救援吐哈油田支队"机构名称，保留新疆吐哈油田建设有限责任公司法人资质，按一个机构三块牌子运行。将原油建公司电气仪表类业务、人员整建制划转至供水供电处，由供水供电处承担公司电气仪表类业务。机构整合后，工程建设服务中心退出各采油厂和销售事业部工程项目管理业务，保留外部市场工程项目管理、矿区"三供一业"改造项目、受托管理公司及其他单位工程项目管理业务。工程建设服务中心，为二级单位，机构规格为正处级，主要承担吐哈油田维护抢修、应急抢险、消防灭火、防火监督、路桥新建与养护、防洪设施和大型土石方工程、压力容器制造、防腐保温、阀门校验、工程项目管理等业务。工程建设服务中心党组织关系隶属于油田分公司党委。机关办公地点在新疆维吾尔自治区吐鲁番市鄯善县火车站镇。

工程建设服务中心设机关科室 6 个：办公室（党委办公室、人事科）、党建科、经营财务科、质量安全环保科、生产运行科、战训装备科。所属基层单位 9 个：路桥工程部、预制防腐工程部、工程项目管理部、防火安全监督站、试验检测站（治安保卫中心）、特勤应急抢险大队、鄯善消防应急抢

险大队、吐鲁番消防应急抢险大队、三塘湖消防应急抢险大队。

工程建设服务中心在册员工334人，其中大学本科及以上学历155人，副高级职称14人、中级职称68人；高级技师2人、技师4人。工程建设服务中心下属基层党支部11个，共有党员129人，其中在职党员123人。

2019年12月，油田分公司党委决定：任命方进荣为工程建设服务中心党委委员、党委书记、纪委书记、工会主席，侯祥东为工程建设服务中心党委委员、党委副书记，石福高、任峰、曹约良、路强任工程建设服务中心党委委员；油田分公司决定：聘任侯祥东为工程建设服务中心主任，方进荣为工程建设服务中心副主任，石福高、任峰、曹约良为工程建设服务中心副主任，路强为工程建设服务中心副主任、安全总监。领导班子成员分工如下：

侯祥东任党委副书记、中心主任，全面负责中心行政工作，负责分管业务、部门的党建工作、党风廉政建设，分管办公室（党委办公室、人事科）。

方进荣任党委书记、纪委书记、副主任、工会主席，主持中心党委工作，负责党建工作、纪委工作、工会工作、党风廉政建设、思想政治工作、新闻宣传工作、企业文化建设、精神文明建设、基层建设、反恐维稳、治安保卫、统战、人民武装、人口与计划生育、团委、女工、机要保密、档案管理等工作，负责分管业务、部门和联系单位的党建工作、安全环保工作和党风廉政建设，分管党委办公室（办公室）、党建科，联系治安保卫中心。

石福高任党委委员、副主任，协助中心主任负责油田外部市场开发、油田外部工程项目管理、物资管理、职称评审工作，负责分管业务、部门和联系单位的党建工作、安全环保工作和党风廉政建设，分管办公室（人事科）职称评审，联系工程项目管理部（外部、油田新区部分）、试验检测站（物资管理部分）。

任峰任党委委员、副主任，协助中心主任负责灭火应急抢险救援、消防业务训练、员工培训、技能鉴定、防火安全监督和装备设备管理，负责分管业务、部门和联系单位的党建工作、安全环保工作和党风廉政建设，分管办公室（人事科）员工培训、战训装备科，联系防火安全监督站、特勤应急抢险大队、吐鲁番消防应急抢险大队、路桥工程部。

曹约良任党委委员、副主任，协助中心主任负责计划经营、财务资产、预结算和薪酬管理、业绩考核，负责规章制度体系完善、企业资质、法律事务、合同管理、内控管理、企业管理及"三基"等工作，负责招投标工作和承包商的资质管理与日常考核，负责分管业务、部门和联系单位的党建工作、安全环保工作和党风廉政建设，分管经营财务科、办公室（人事科）薪酬管理、业绩考核，联系工程项目管理部（预算管理部分）。

路强任党委委员、副主任、安全总监，协助中心主任负责中心生产组织运行、科技信息、生产技术、安全环保、质量、计量、标准化、节能节水、体系运行工作，负责油田内部市场开发及工程项目管理工作，负责生活后勤、爱国卫生工作，负责分管业务、部门和联系单位的党建工作、安全环保工作和党风廉政建设，分管质量安全环保科、生产运行科，联系工程项目管理部（内部业务部分）、预制防腐工程部、鄯善消防应急抢险大队、三塘湖消防应急抢险大队、试验检测站（阀门试压、灭火器充装和生活后勤管理部分）。

2020年3月，油田分公司决定，将运输工程公司和工程建设服务中心重组整合，成立工程技术中心，机构规格为正处级、列二级单位管理，保留中国石油消防应急救援吐哈油田支队机构名称和新疆吐哈油田建设有限责任公司法人资质，按一个机构三块牌子运行，主要负责吐哈油田范围内的消防应急、管道维修、预制防腐、工程项目管理、道路维护、试压检测、特车服务、油品转运、通勤保障、设备维修等工作。党组织关系隶属于油田分公司党委，机关办公地点设在新疆维吾尔自治区吐鲁番市鄯善县火车站镇。

2020年3月，油田分公司党委决定：工程建设服务中心领导班子成员党内职务自然免除。油田分公司决定：工程建设服务中心领导班子成员职务自然免除。

工程技术中心设机关科室7个：办公室（党委办公室、人事科）、党建科、经营财务科、质量安全环保科、生产运行科、消防战训科、设备管理科。所属基层单位15个：防火安全监督站、特勤应急抢险大队、鄯善消防应急抢险大队、吐鲁番消防应急抢险大队、三塘湖消防应急抢险大队、工程项目管理部、路桥工程部、预制防腐工程部、特车服务部、三塘湖项目部、油品转运部、通勤保障部、设备修保站、试验检测站、综合服务站（治安保卫中心）。

工程技术中心在册员工1028人。其中大学本科及以上学历321人，副高级职称 18 人、中级职称 141 人；高级技师 3 人、技师 22 人。工程技术中心党委下属党支部 17 个，共有党员 307 人，其中在职党员 234 人。

2020 年 3 月，油田分公司党委决定：任命杨珍祥为工程技术中心党委书记、纪委书记、工会主席，侯祥东为工程技术中心党委副书记，柴留庆、李茂刚、石福高、张国斌、任峰、王崇阳、路强为工程技术中心党委委员。油田分公司决定：聘任侯祥东为工程技术中心主任，杨珍祥、柴留庆、李茂刚、石福高、张国斌、任峰、王崇阳、路强为工程技术中心副主任。油田分公司决定：聘任路强为工程技术中心安全总监。

随后，调整领导班子成员分工：

党委副书记、主任侯祥东负责中心发展战略，主持行政工作，负责分管业务、部门的党建工作、党风廉政建设，分管办公室（党委办公室、人事科）。

党委书记、纪委书记、副主任、工会主席杨珍祥主持党委工作，负责党建工作、纪委工作、工会工作、党风廉政工作、思想政治工作、新闻宣传工作、企业文化建设、精神文明建设、基层建设、团委、女工、机要保密等工作，负责分管业务、部门和联系单位的党建工作、安全环保工作和党风廉政建设，分管党委办公室（办公室）、党建科，联系治安保卫中心。

党委委员、副主任柴留庆协助主任负责计划经营、财务资产、预结算和薪酬管理、业绩考核，负责规章制度体系完善、企业资质、法律事务、合同管理、内控管理、企业管理及"三基"等工作，负责招投标工作和承包商的管理和日常考核，负责分管业务、部门和联系单位的党建工作、安全环保工作和党风廉政建设，分管经营财务科、人事科（薪酬管理、业绩考核部分），联系通勤保障部、工程项目管理部（预算管理部分）。

党委委员、副主任李茂刚负责设备装备管理、维修、油品供给、培训及职业技能鉴定等工作，负责分管业务、部门和联系单位的党建工作、安全环保工作和党风廉政建设，分管设备管理科、人事科（培训及职业技能鉴定部分），联系设备修保站。

党委委员、副主任石福高协助主任负责油田内外部及国外市场开发、油田内外部工程项目及国外工程项目管理、物资管理、职称评审等工作，负责分管业务、部门和联系单位的党建工作、安全环保工作和党风廉政建设，分管人事科（职称评审部分），联系工程项目管理部、试验检测站、路桥工程部。

党委委员、副主任张国斌协助主任负责生活后勤、南疆转移劳动力人员的管理工作，协助工程技术中心党委书记负责反恐维稳、综治保卫、统战、人民武装、人口与计划生育、爱国卫生、档案管理等工作，负责分管业务、部门和联系单位的党建工作、安全环保工作和党风廉政建设，分管党委办公室（人口与计划生育、档案管理部分），联系综合服务站（治安保卫中心）。

党委委员、副主任任峰协助主任负责灭火应急抢险救援、消防安全训练、防火安全监督及油田外部消防业务开拓等工作，负责分管业务、部门和联系单位的党建工作、安全环保工作和党风廉政建设，分管消防战训科，联系防火安全监督站、鄯善消防应急抢险大队、吐鲁番消防应急抢险大队。

党委委员、副主任王崇阳负责哈密石油基地职工家属区物业管理分离移交项目，协调处理工程技术中心历史遗留问题，负责分管业务、部门和联系单位的党建工作、安全环保工作和党风廉政建设，分管经营财务科（历史遗留问题业务处理部分），联系三塘湖消防应急抢险大队、三塘湖项目部。

党委委员、副主任、安全总监路强任协助主任负责工程技术中心生产组织运行、钻井搬迁、油品转运、科技信息、生产技术、安全环保、质量、计量、标准化、节能节水、体系运行工作，负责应急救灾、地方联系、土地管理等工作，负责分管业务、部门和联系单位的党建工作、安全环保工作和党风廉政建设，分管生产运行科、质量安全环保科，联系特勤应急抢险大队、油品转运部、特车服务部、预制防腐工程部。

2020年成立以来，工程技术中心承担内部工程施工48项，外部施工2项；生产各类压力容器、预制产品134台（套）、防腐保温管61.73千米，养护油田道路7307千米；完成钻机搬迁77井次，原油转运90.96万吨，自有车辆货运8.88万吨。受理火警24起，应急抢险1416起，消防演习18次，各类演练975次。油建业务收入18945.36万元，运输业务19517.59万元。全年未上市业务亏损2640万元，上市业务费用控制在6062万元。安全生产和环境保护实现"双达标"，杜绝了亡人、火灾、爆炸、环境污染事故，实现了安全生产。

截至2020年12月31日，工程技术中心设机关科室7个：办公室（党委办公室、人事科）、党建科、经营财务科、质量安全环保科、生产运行科、消防战训科、设备管理科。所属基层单位 15 个：防火安全监督站、特勤应急抢险大队、鄯善消防应急抢险大队、吐鲁番消防应急抢险大队、三塘湖消防应急抢险大队、工程项目管理部、路桥工程部、预制防腐工程部、特车服务部、三塘湖项目部、油品转运部、通勤保障部、设备修保站、试验检测站、综合服务站（治安保卫中心）。

工程技术中心在册员工 946 人。其中，大学本科及以上学历 355 人，副高级职称 22 人、中级职称 123 人；高级技师 3 人、技师 27 人。工程技术中心党委下属基层党支部 17 个，共有党员 291 人，其中在职党员 221 人。

工程技术中心党委由 9 人组成：杨珍祥任党委书记、纪委书记、工会主席，侯祥东任党委副书记，柴留庆、李茂刚、石福高、张国斌、任峰、王崇阳、路强任党委委员。工程技术中心行政领导班子由 9 人组成：侯祥东任主任，杨珍祥、柴留庆、李茂刚、石福高、张国斌、任峰、王崇阳任副主任，路强任副主任、安全总监。领导班子成员分工自 2020 年 3 月以来未做调整。

一、工程建设服务中心（2019.12—2020.3）

（一）工程建设服务中心党委、纪委领导名录（2019.12—2020.3）

党委书记　方进荣（2019.12—2020.3）[①]

党委副书记　侯祥东（2019.12—2020.3）

党委委员　方进荣（2019.12—2020.3）

侯祥东（2019.12—2020.3）

石福高（2019.12—2020.3）

任　峰（2019.12—2020.3）

曹约良（2019.12—2020.3）

路　强（2019.12—2020.3）

纪委书记　方进荣（2019.12—2020.3）

（二）工程建设服务中心行政领导名录（2019.12—2020.3）

主　任　侯祥东（2019.12—2020.3）

副主任　方进荣（2019.12—2020.3）

---

① 2020 年 3 月，方进荣调任油田分公司党委巡察办公室正处级巡察员。

石福高（2019.12—2020.3）

任　峰（2019.12—2020.3）

曹约良（2019.12—2020.3）

路　强（2019.12—2020.3）

安 全 总 监　路　强（兼任，2019.12—2020.3）

（三）工程建设服务中心工会领导名录（2019.12—2020.3）

主　　　席　方进荣（2019.12—2020.3）

二、工程技术中心（2020.3—12）

（一）工程技术中心党委、纪委领导名录（2020.3—12）

党 委 书 记　杨珍祥（2020.3—12）

党委副书记　侯祥东（2020.3—12）

党 委 委 员　柴留庆（2020.3—12）

李茂刚（2020.3—12）

石福高（2020.3—12）

张国斌（2020.3—12）

任　峰（2020.3—12）

王崇阳（2020.3—12）

路　强（2020.3—12）

纪 委 书 记　杨珍祥（2020.3—12）

（二）工程技术中心行政领导名录（2020.3—12）

主　　　任　侯祥东（2020.3—12）

副 主 任　杨珍祥（2020.3—12）

柴留庆（2020.3—12）

李茂刚（2020.3—12）

石福高（2020.3—12）

张国斌（2020.3—12）

任　峰（2020.3—12）

王崇阳（2020.3—12）

路　强（2020.3—12）

安全总监　路　强（兼任，2020.3—12）

（三）工程技术中心工会领导名录（2020.3—12）

主　　　席　杨珍祥（2020.3—12）

第四十节　物资保障中心（2020.3—12）

2020年3月，机械厂和物资供应处重组整合，成立物资保障中心，为二级单位，机构规格为正处级。主要承担公司物资管理、物资供应、仓储、质检、配送、抽油机修保、管材加工、设备维护保养等业务。物资保障中心在鄯善生产基地、哈密石油基地、三塘湖设有3个物资库房，仓储面积100万平方米，铁路专用线3条2.98千米，库房15座，料棚7个，料场13个，龙门吊、水泥干混装置等各类设备98台套，年物资吞吐能力50万吨；机械制造分为哈密、鄯善两个厂区，主要涉及油田装备技术服务和加工制造业务两大类，其中，油管、套管、抽油机、空心抽油杆等主导产品年生产能力达10万吨，油气生产设备维修及配套技术服务年工作量价值达7000万元，产品和技术服务主要面对吐哈油田，辐射青海、玉门、长庆、西部钻探等周边油田市场。党组织关系隶属于吐哈油田分公司党委。机关实行两地办公，办公地点分别在新疆维吾尔自治区吐鲁番市鄯善县火车站镇和新疆维吾尔自治区哈密市吐哈石油基地。

2020年3月，油田分公司党委决定：任命石玉峰为物资保障中心党委委员、党委书记、纪委书记、工会主席，赵杨民为物资保障中心党委委员、党委副书记，张德松、韩文忠、辛文举、曹巍、焦熠堂为物资保障中心党委委员。油田分公司决定：赵杨民任物资保障中心主任，石玉峰、张德松①、韩文忠、辛文举、曹巍任物资保障中心副主任，焦熠堂任物资保障中心总会计师。

截至2020年3月2日，物资保障中心设机关职能科室6个：办公室（党委办公室、人事科）、党建科、计划经营科、财务科、安全生产科、物资

---

① 张德松保留原职级，为物资保障中心副主任。

管理科。所属基层单位 17 个：调度运行部、信息技术部、物资计划部、物资采办部（电子商务部）、市场营销部、研发部、质检监督部、后勤保障部（治安保卫中心）、鄯善储运站、哈密储运站、三塘湖储运站、抽油机修保站、油套管修保站、压缩机技术服务站、机泵保运站、三塘湖修保站、加工再制造站。

物资保障中心编制定员处级职数 7 个、科级职数 58 个，机关定员 54 人；在册员工 499 人，其中本科以上学历 254 人，副高级职称 38 人，中级职称 137 人。技师 13 人；机关 53 人。物资保障中心党委下属基层党支部 12 个，共有党员 219 人，其中在职党员 206 人。

2020 年 4 月，油田分公司决定：聘任辛文举为物资保障中心安全总监。

2020 年 4 月，物资保障中心党政领导班子由 7 人组成，其中行政领导班子 7 人，党委由 7 人组成，领导班子成员分工如下：

赵杨民任党委副书记、主任，负责中心行政管理工作，分管办公室（党委办公室、人事科）。

石玉峰任党委书记、纪委书记、副主任、工会主席负责中心党群、纪检、综治维稳工作，分管办公室（党委办公室、人事科）、党建科、治安保卫中心。

张德松任党委委员、副主任（保留原职级），负责中心质量、科技信息、技术、计量、标准化管理等工作，负责分管业务、部门和联系单位的安全环保、党风廉政建设和综治维稳工作，分管安全生产科，联系信息技术部、研发部、压缩机技术服务站。

韩文忠任党委委员、副主任，负责中心生产、设备、节能节水等工作，分管业务、部门和联系单位的安全环保、党风廉政建设和综治维稳工作，分管部门安全生产科，联系调度运行部、油套管修保站、抽油机修保站、机泵保运站、再制造服务站。

焦熠堂任党委委员、总会计师，负责中心财务、计划、经营、内控、审计、合同、关联交易、后勤管理等工作，负责分管业务、部门和联系单位的安全环保、党风廉政建设和综治维稳工作，分管财务科、计划经营科，联系后勤保障部（后勤管理部分）。

辛文举任党委委员、副主任、安全总监，负责中心安全、环保、HSE 体系、培训、技能鉴定、仓储管理等工作，负责分管业务、部门和联系单位的安全环保、党风廉政建设和综治维稳工作，分管部门安全生产科（安全、环保管理部分），联系调度运行部（周报管理部分）、质检监督部、鄯善储运站、哈密储运站、三塘湖储运站、三塘湖修保站。

曹巍任党委委员、副主任，负责中心物资采购、市场开发、销售等工作。负责分管业务、部门和联系单位的安全环保、党风廉政建设和综治维稳工作，分管部门物资管理科，联系物资计划部、物资采办部（电子商务部）、市场营销部。

2020年7月10日，物资保障中心召开第一次工会会员代表大会，工会会员代表共84名参加会议。会议选举产生物资保障中心工会第一届工会委员会、经费审查委员会和女职工委员会。石玉峰为工会主席。

2020年10月，油田分公司党委决定：免去石玉峰的物资保障中心党委书记、纪委书记、工会主席职务。油田分公司决定：解聘石玉峰的物资保障中心副主任职务。

2020年，共完成供应额6.85亿元；加工制造产值1.28亿元；技术服务4969万元。实现营业收入1.58亿元，完成考核利润指标608万元。油田物资保供及时率、设备维修、保运服务满意率均达到99.66%以上。完成科技项目7项，获得实用新型专利授权3项。

截至2020年12月31日，物资保障中心设机关科室6个：办公室（党委办公室、人事科）、党建科、计划经营科、财务科、安全生产科、物资管理科。所属基层单位17个：调度运行部、信息技术部、物资计划部、物资采办部（电子商务部）、市场营销部、研发部、质检监督部、后勤保障部（治安保卫中心）、鄯善储运站、哈密储运站、三塘湖储运站、抽油机修保站、油套管修保站、压缩机技术服务站、机泵保运站、三塘湖修保站、加工再制造站。

物资保障中心在册员工476人。其中本科以上学历245人，高级职称37人，中级职称127人；技师21人。物资保障中心党委下属15个党支部，共有党员213人，其中在职党员206人。

物资保障中心党委由6人组成，赵杨民任党委副书记，张德松、韩文忠、焦熠堂、辛文举、曹巍任党委委员。物资保障中心行政领导班子由6人组成：赵杨民任中心主任，焦熠堂任总会计师，张德松、韩文忠、曹巍任副主任，辛文举任副主任、安全总监。领导班子成员分工自 2020 年 10 月以来未做调整。

一、物资保障中心党委、纪委领导名录（2020.3—12）

党 委 书 记　石玉峰（2020.3—10）①

党委副书记　赵杨民（2020.3—12）

党 委 委 员　石玉峰（2020.3—10）

赵杨民（2020.3—12）

张德松（2020.3—12）

韩文忠（2020.3—12）

焦熠堂（2020.3—12）

辛文举（2020.3—12）

曹　巍（2020.3—12）

纪 委 书 记　石玉峰（2020.3—10）②

二、物资保障中心行政领导名录（2020.3—12）

主　　　任　赵杨民（2020.3—12）

副 主 任　石玉峰（2020.3—9）

张德松（2020.3—12）

韩文忠（2020.3—12）

辛文举（2020.3—12）

曹　巍（2020.3—12）

总 会 计 师　焦熠堂（2020.3—12）

安 全 总 监　辛文举（兼任，2020.4—12）

三、物资保障中心工会领导名录（2020.3—12）

主　　　席　石玉峰（2020.3—10）③

---

① 2020 年 10 月，石玉峰退职离岗；2020 年 10 月至 12 月期间，物资保障中心党委书记空缺。
② 2020 年 10 月至 12 月期间，物资保障中心纪委书记空缺。
③ 2020 年 10 月至 12 月期间，物资保障中心工会主席空缺。

第四十一节 准东勘探开发项目经理部
（2020.7—12）

2019 年 3 月，为加强准东矿权流转区块的管理，油田分公司决定，成立准东勘探开发前线指挥部及项目经理部临时机构。项目经理部实行独立运行、单独考核，共享勘探公司物探、钻井、试油、新投、合同、财务、甲供料等技术管理力量及人员。流转区块推行完全市场化运作，项目经理部按照新型油公司模式建立，实行"管理＋技术"岗位直接用工，试采及生产现场管理购买第三方服务，专职人员人事劳资关系调转到勘探公司统一管理，兼职人员人事劳资关系留在原单位，项目期间由项目经理部统一管理。2020 年 7 月，为加强准东矿权流转区块的油气勘探开发和建产工作，实现预期目标，油田分公司决定，成立准东勘探开发项目经理部，为二级单位，机构分类为二级二类。主要负责准东矿权流转区块的油气勘探、评价、产能建设和开发生产经营等工作。2020 年 7 月，油田分公司党委决定，成立准东勘探开发项目经理部党委，隶属于吐哈油田分公司党委，机关办公地点设在新疆维吾尔自治区吉木萨尔。

准东勘探开发项目经理部设办公室 2 个：综合办公室（人事组织科）、经营财务办公室；中心 3 个：生产安全中心、勘探开发中心、油气处理中心（保障中心）。人员编制最终控制在 50 人。其中：中层领导人员 7 人（二级正 2 人、二级副 5 人）；基层领导人员 12 人（三级正 6 人，含安全副总监 1 人，三级副 6 人）；一般管理及专业技术人员 31 人。

2020 年 7 月，油田分公司党委决定：聘任梁浩为准东勘探开发项目经理部党委委员、党委书记；聘任乔炜为准东勘探开发项目经理部党委委员、党委副书记、纪委书记、工会主席，免去其党委组织部副部长职务；聘任王银山、贾生中、康积伦、祁兵兵、敬章龙为准东勘探开发项目经理部党委委员。油田分公司决定：王银山任准东勘探开发项目经理部安全总监。免去肖华的准东勘探开发项目经理部总工程师职务。

油田分公司党政领导班子由 7 人组成，其中行政领导班子 6 人，党委由

7 人组成，领导班子成员分工如下：

梁浩任党委书记、经理，负责项目部全面工作，主持项目部党委工作，分管综合办公室（人事组织科）。

王银山任党委委员、副经理、安全总监，负责安全、环保、质量、节能节水、消防、生产运行、应急管理、地面工程建设、设备电气自动化，负责承包商 HSE 管理，负责分管业务部门的党风廉政建设和安全环保工作，分管生产安全中心。

贾生中任党委委员、副经理，负责油气处理与储运交接、油地关系协调、土地管理、供电管理、环境评价、生活后勤、档案、爱国卫生、人口与计划生育等工作，负责分管业务部门的党风廉政建设和安全环保工作管理，联系油气处理中心（保障中心）。

乔炜任党委副书记、纪委书记、工会主席，被油田公司选派在南疆参加"访惠聚"驻村。在乔炜参加"访惠聚"驻村工作期间，梁浩代为履行纪委书记职责，王银山代为履行工会主席职责，贾生中代为履行综治维稳工作职责。

康积伦任党委委员、副经理，负责油藏地质工作，包括科研顶层设计及组织实施，井位部署及编制产能建设方案，物探、储量、矿权、探井核销及项目后评价，负责分管业务部门的党风廉政建设和安全环保工作，协管油藏工程及现场实施工作，联系勘探开发中心。

祁兵兵任党委委员、副经理，负责财务、资产、计划、合同、工程预算、物资、招投标、内控、合规管理、油气产品盘库销售、承包商管理，负责项目部投资控制和降本增效工作，负责分管业务部门的党风廉政建设和安全环保工作，分管经营财务办公室。

敬章龙任党委委员、副经理，负责油藏工程及现场实施工作，包括钻井、录井、测井、试油、投产、采油、注水、井控管理等工作，负责勘探开发信息化建设，负责分管业务部门的党风廉政建设和安全环保工作，协管油藏地质和方案制定，联系勘探开发中心。

2020 年，准东勘探开发项目经理部对矿权流转区块总体地质认识取得新突破，预测石油资源量 4.95 亿吨、天然气 1380 亿立方米；吉 28 块油气勘探攻关取得新成效，石树沟发现整装页岩油藏新苗头，有望形成 3000 万吨建产区块；石钱滩凹陷获得突破性发现，有望落实 300 亿立方米天然气整装气藏。

截至 2020 年 12 月 31 日，准东勘探开发项目经理部设办公室 2 个：综合办公室（人事组织科）、经营财务办公室；中心 3 个：生产安全中心、勘探开发中心、油气处理中心（保障中心）。

准东勘探开发项目经理部在册员工 35 人。其中，大学本科及以上学历 28 人，正高级职称 1 人、副高级职称 15 人、中级职称 9 人。准东勘探开发项目经理部党委下属基层党支部 2 个，共有党员 29 人，其中在职党员 29 人。

准东勘探开发项目经理部党委由 7 人组成：梁浩任党委书记，乔炜任党委副书记，王银山、贾生中、康积伦、祁兵兵、敬章龙任党委委员，乔炜任纪委书记，乔炜任工会主席。准东勘探开发项目经理部行政领导班子由 6 人组成：梁浩任经理，王银山任副经理、安全总监，贾生中任副经理，康积伦任副经理，祁兵兵任副经理，敬章龙任副经理。领导班子成员分工自 2020 年 9 月以来未做调整。

一、准东勘探开发项目经理部党委、纪委领导名录（2020.7—12）

党 委 书 记　梁　浩（2020.7—12）

党委副书记　乔　炜（2020.7—12）

党 委 委 员　梁　浩（2020.7—12）

乔　炜（2020.7—12）

王银山（2020.7—12）

贾生中（2020.7—12）

康积伦（2020.7—12）

祁兵兵（2020.7—12）

敬章龙（2020.7—12）

纪 委 书 记　乔　炜（2020.7—12）

二、准东勘探开发项目经理部行政领导名录（2020.7—12）[①]

经　　　　理　梁　浩（2020.7—12）

① 2020 年 7 月，准东勘探开发项目部由临时机构调整为公司上市二级单位后，行政领导未重新聘任，延续临时机构时的行政领导任命。

　　副 经 理　贾生中（2020.7—12）

　　　　　　　　祁兵兵（2020.7—12）

　　　　　　　　敬章龙（2020.7—12）

　　　　　　　　王银山（2020.7—12）

　　　　　　　　康积伦（2020.7—12）

　　总 工 程 师　肖　华（2020.7）

　　安 全 总 监　王银山（2020.7—12）

三、准东勘探开发项目经理部工会领导名录（2020.7—12）

　　主　　　席　乔　炜（2020.7—12）

第四十二节　油气生产服务中心（2020.7—12）

　　2020年7月，为贯彻落实集团公司全面深化改革部署，推进落实"双百行动"综合改革，加快构建"油公司"体制机制，建设"主营业务突出、辅助业务高效、资源高度共享、管理架构扁平、劳动用工精干、经营机制灵活、制度流程顺畅、质量效益提升"的中石油特色"油公司"，推动油田高质量发展，经公司反复研究，并报集团公司同意，按照新型采油管理区模式，成立油气生产服务中心，为二级单位，机构规格为正处级。油气生产服务中心主要负责为勘探公司、准东勘探开发项目经理部、采油管理区等油气主营业务单位提供巡检、注采维护、污水处理、机泵维修保养、装置检维修、电气仪表维修等技术或人员服务，与采油管理区形成内部甲乙方市场化运行机制。党组织关系隶属于油田分公司党委，机关实行两地办公，办公地点分别在新疆维吾尔自治区吐鲁番市鄯善县火车站镇和新疆维吾尔自治区哈密市吐哈石油基地。

　　油气生产服务中心设机关科室4个：综合办公室（人事组织科）、党群科、经营财务科、安全生产科。所属基层单位7个：鄯善服务部、吐鲁番服务部、鲁克沁服务部、三塘湖服务部、维修技术服务部、工艺技术服务部、第一技能人才评价工作站（采油培训中心）。

　　油气生产服务中心在册员工645人。其中，大学本科及以上学历229人，副高级职称 23 人，中级职称 77 人；高级技师 6 人，技师 43 人。油气生产服务中心下属基层党支部 11 个，共有党员 246 人，其中在岗党员 223 人。

2020 年 7 月，吐哈油田分公司党委决定：程行海、吴云利、张雄任油气生产服务中心党委委员。吐哈油田分公司决定：高庆贤任油气生产服务中心负责人，主持工作，程行海、吴云利、张雄任副主任。

2020 年 8 月，吐哈油田分公司党委决定：朱红旺任油气生产服务中心党委委员、党委书记、纪委书记、工会主席，高庆贤任油气生产服务中心党委委员、党委副书记。吐哈油田分公司决定：高庆贤任油气生产服务中心主任，朱红旺任副主任。

油气生产服务中心领导班子由 5 人组成，其中行政领导班子 5 人，党委由 5 人组成，领导班子成员分工如下：

党委副书记、主任高庆贤全面负责中心行政工作，分管综合办公室（人事组织科）。

党委书记、纪委书记、副主任、工会主席朱红旺全面负责中心党委、纪委、工会、反恐维稳、治安保卫、统战、人民武装、机要保密、后勤工作，负责分管业务、科室的党建工作、安全环保工作和党风廉政建设。分管综合办公室（人事组织科）、党群科。

党委委员、副主任程行海负责安全生产、人才培训工作，负责分管业务、科室和联系单位的党建工作、安全环保工作和党风廉政建设，分管安全生产科，联系鄯善服务部、第一技能人才评价工作站（采油培训中心）。

党委委员、副主任吴云利负责设备维修、工艺技术服务工作，负责分管业务、科室和联系单位的党建工作、安全环保工作和党风廉政建设，分管维修技术服务部、工艺技术服务部，联系鲁克沁服务部。

党委委员、副主任张雄负责中心企业管理、经营计划、财务管理、合同管理、法律事务、内控建设、物资管理等工作，负责分管业务、科室和联系单位的党建工作、安全环保工作和党风廉政建设，分管经营财务科，联系吐鲁番服务部、三塘湖服务部。

2020 年 7 月成立以来，中心全面落实油田公司深化改革部署，突出政治引领和党的建设，快速理顺管理机制，推进整章建制，完善中心定位，加快整合融合，实现了快速理顺机构、人员划转等改革任务，生产服务和内部管理平稳有序，体系融合整章建制高效完成，安全生产和员工队伍保持稳定。

截至 2020 年 12 月 31 日，油气生产服务中心设机关科室 4 个：综合办公室（人事组织科）、党群科、经营财务科、安全生产科。所属基层单位 7 个：鄯善服务部、吐鲁番服务部、鲁克沁服务部、三塘湖服务部、维修技术服务部、工艺技术服务部、第一技能人才评价工作站（采油培训中心）。

油气生产服务中心在册员工 626 人。其中，大学本科及以上学历 208 人，副高级职称 24 人，中级职称 75 人；高级技师 5 人，技师 40 人。油气生产服务中心下属基层党支部 11 个，共有党员 239 人，其中在岗党员 216 人。

油气生产中心党委由 5 人组成：朱红旺任党委书记，高庆贤任党委副书记，程行海、吴云利、张雄任党委委员，朱红旺任纪委书记、工会主席。油气生产中心行政领导班子由 5 人组成：高庆贤任主任，朱红旺、程行海、吴云利、张雄任副主任。领导班子成员分工自 2020 年 8 月以来未做调整。

一、油气生产服务中心厂党委、纪委领导名录（2020.7—12）

  党委书记 朱红旺（2020.8—12）[①]

  党委副书记 高庆贤（2020.8—12）[②]

  党委委员 朱红旺（2020.8—12）

      高庆贤（2020.8—12）

      程行海（2020.7—12）

      吴云利（2020.7—12）

      张　雄（2020.7—12）

  纪委书记 朱红旺（2020.8—12）[③]

二、油气生产服务中心行政领导名录（2020.7—12）

  主　　任 高庆贤（2020.7—12）[④]

  副主任 朱红旺（2020.8—12）

      程行海（2020.7—12）

[①] 2020 年 7 月至 8 月期间，油气生产服务中心党委书记空缺。

[②] 2020 年 7 月至 8 月期间，油气生产服务中心党委副书记空缺。

[③] 2020 年 7 月至 8 月期间，油气生产服务中心纪委书记空缺。

[④] 2020 年 7 月，高庆贤任中心负责人、2020 年 8 月任中心主任。

吴云利（2020.7—12）

张　雄（2020.7—12）

三、油气生产服务中心工会领导名录（2020.7—12）

主　　席　朱红旺（2020.8—12）[1]

---

[1]　2020年7月至8月期间，油气生产服务中心工会主席空缺。

附　　录

第一章　组织机构沿革图规范和图例说明

一、本图主要按编年记事的方式绘制机构的沿革变化，主要包括机构的成立、更名、合并、拆分、撤销、划入、划出、挂靠等事项。

二、本图中机构沿革变化以机构名称首字对应年份为时间节点。

三、机构沿革图图例说明：

1.机构的成立、延续、更名：——→，撤销：——→‖。

2.机构的合并：⊐、拆分（分设）：⊏，两个单位在图中位置相距较远时用虚线连接。

3.一个机构挂多块牌子：（ ）。

4.机构合署办公：⊐，并在其后括号内标注合署办公单位名称。

5.机构的挂靠（主要是机关处室、直属、附属单位涉及）：⇧，并在其后括号内标注具体挂靠机构名称。

6.机构划入：↓，机构划出：↑。

7.上划上级组织：∧，由上级组织划入：∨。

8.由机关处室、直属、附属单位转为二级单位，或者由二级单位转为机关处室、直属、附属单位：◇，并在其后括号内标注转化后的单位名称。

四、具体图例符号使用详见每页机构沿革图下的图例说明。

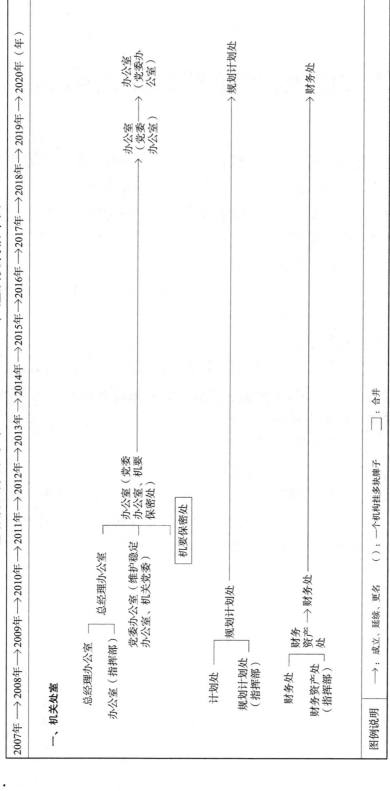

吐哈油田分公司（2007.12—2020.12）组织机构沿革图

说明：1. 2008年1月，总经理办公室与指挥部办公室合并，成立总经理办公室。
2. 2008年1月，成立党委办公室（维护稳定办公室、党委保密处），同时挂机关党委牌子。
3. 2010年1月，总经理办公室、党委办公室、机要保密处合并，成立办公室（党委办公室、机要保密处），为一个机构挂三个牌子。
4. 2019年7月，办公室（党委办公室、机要保密处）更名为办公室（党委办公室）。
5. 2008年1月，计划处与指挥部规划计划处合并，成立规划计划处。
6. 2008年1月，规划计划处（指挥部）更名为规划计划处。
7. 2008年11月，财务资产处更名为财务处。

吐哈油田分公司（2007.12—2020.12）组织机构沿革图

2007年 → 2008年 → 2009年 → 2010年 → 2011年 → 2012年 → 2013年 → 2014年 → 2015年 → 2016年 → 2017年 → 2018年 → 2019年 → 2020年（年）

人事处
（组织处）

人事处（党委组织部，吐哈油田博士后科研工作站） → 人事处（党委组织部，吐哈油田博士后科研工作站）

人事劳资处
（党委组织部）（指挥部）

企业管理法规处（内部控制管理办公室）

企业管理法规处（内控管理办公室，电子商务处）

企管法规处（内控与风险管理处） → 企管法规处 → 企管法规处

生产运行处 → 生产运行处

图例说明

→：成立、延续、更名　　（）：与指挥部人事劳资处（党委组织部）合并，成立人事处（组织处）。

[：一个机构挂多块牌子　　]：合并

说明：1. 2008年1月，人事处（组织处）与指挥部人事劳资处（党委组织部）合并，成立人事处（组织处）。
　　　2. 2010年1月，人事处（组织处）更名为人事处（党委组织部，吐哈油田博士后科研工作站）。
　　　3. 2008年1月，企业管理法规处（内部控制管理办公室）与企业管理处合并，成立企业管理法规处（内控管理办公室，电子商务处）。
　　　4. 2010年7月，企业管理法规处（内控管理办公室，电子商务处）更名为企管法规处（内控与风险管理处）。
　　　5. 2019年7月，企管法规处（内控与风险管理处）更名为企管法规处。
　　　6. 2008年1月，成立生产运行处。

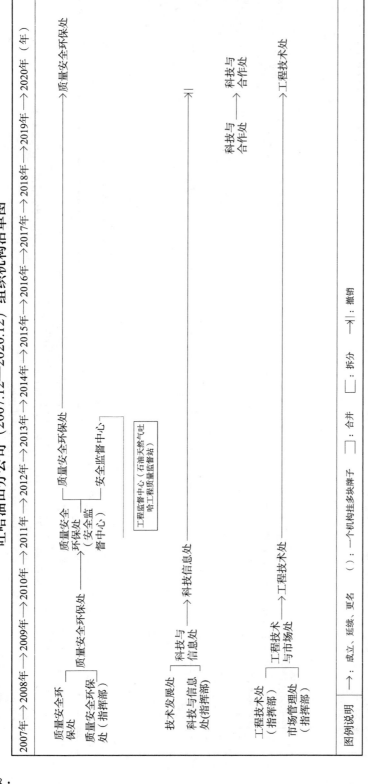

吐哈油田分公司（2007.12—2020.12）组织机构沿革图

2007年 → 2008年 → 2009年 → 2010年 → 2011年 → 2012年 → 2013年 → 2014年 → 2015年 → 2016年 → 2017年 → 2018年 → 2019年 → 2020年 （年）

质量安全环保处
质量安全环保处（指挥部）
质量安全环保处 → 质量安全环保处（安全监督中心） → 质量安全环保处 → 质量安全环保处
安全监督中心
工程监督中心（石油天然气吐哈工程质量监督站）

技术发展处
科技与信息处（指挥部） → 科技与信息处 → 科技信息处 → 科技与合作处 → 科技与合作处

工程技术处（指挥部）
市场管理处（指挥部） → 工程技术与市场处 → 工程技术处 → 工程技术处

图例说明　→：成立、延续、更名　（）：一个机构挂多块牌子　[：合并　]：拆分　⊣|：撤销

说明：
1. 2008年1月，质量安全环保处与指挥部质量安全环保处合并，成立质量安全环保处。
2. 2011年9月，成立安全监督中心，与质量安全环保处为一个机构挂两个牌子。
3. 2012年10月，将质量安全环保处和安全监督中心分离，安全监督中心与工程质量监督中心（石油天然气吐哈工程质量监督站）为一个机构挂三个牌子。
4. 2008年1月，技术发展处和指挥部科技与信息处合并成立科技与信息处。
5. 2010年1月，科技与信息处更名为科技信息处。
6. 2019年7月，撤销科技信息处。
7. 2019年7月，成立科技与合作处。
8. 2008年1月，指挥部工程技术处、市场管理处合并成立工程技术与市场处。
9. 2010年1月，工程技术与市场处更名为工程技术处。

吐哈油田分公司（2007.12—2020.12）组织机构沿革图

2007年→2008年→2009年→2010年→2011年→2012年→2013年→2014年→2015年→2016年→2017年→2018年→2019年→2020年（年）

▽基本建设管理处 ——⊗〔基建工程处〕—————————————基建工程处

机动设备管理处 → 设备管理处 ——————————————设备管理处

基建设备处 → 基建设备处

纪委监察处 → 纪委监察处（纪委、监察部）（指挥部）——————纪委办公室 → 纪委办公室

图例说明	→ ：成立、延续、更名　　（ ）：一个机构挂多块牌子　　□：合并

说明：1. 2010年1月，基本建设管理处调整为机关职能部门，并更名为基建工程处。
2. 2008年1月，成立机动设备管理处。
3. 2010年1月，机动设备管理处更名为设备管理处。
4. 2019年7月，基建工程处与设备管理处整合为基建设备处。
5. 2008年1月，纪委监察处和指挥部纪委、监察处合并成立纪委监察处。
6. 2019年10月，纪委监察处更名为纪委办公室。

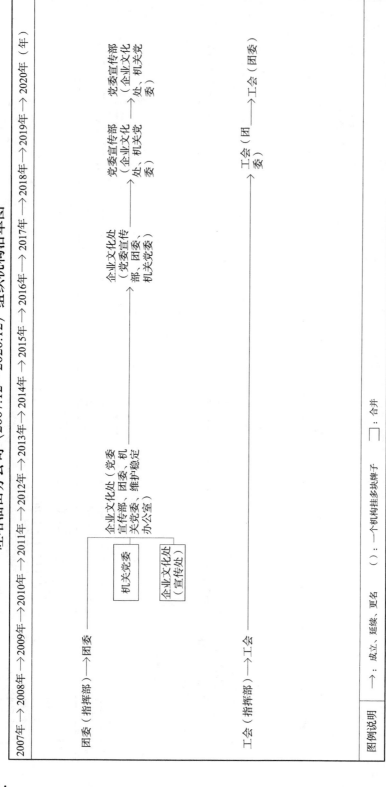

吐哈油田分公司（2007.12—2020.12）组织机构沿革图

吐哈油田分公司 （2007.12—2020.12） 组织机构沿革图

2007年 → 2008年 → 2009年 → 2010年 → 2011年 → 2012年 → 2013年 → 2014年 → 2015年 → 2016年 → 2017年 → 2018年 → 2019年 → 2020年 （年）

二、机关直属

勘探处（勘探事业部）——→勘探部 ————————————→〈〉[勘探公司（勘探事业部）]

开发处（开发事业部）——→开发部 ————————————→开发部

概预算管理部（定额部）————————————→概预算管理部（定额部）

图例说明　→：成立、延续、更名　（）：一个机构挂多块牌子　〈〉：机关、直属、附属单位转为二级单位　一→‖：撤销

说明：1. 2010年1月，勘探处更名为勘探部，在勘探事业部基础上成立勘探公司。
2. 2016年5月，油田分公司决定，将勘探部和勘探公司整合为勘探公司（勘探事业部），为公司二级单位，按一个机构、两块牌子管理运行。
3. 2008年1月，在开发处（开发事业部）基础上，成立开发部。
4. 2010年1月，开发处更名为开发部。
5. 2010年1月，定额定价中心由附属单位调整为直属单位，同时更名为概预算管理部（定额部）。

吐哈油田分公司（2007.12—2020.12）组织机构沿革图

2007年 → 2008年 → 2009年 → 2010年 → 2011年 → 2012年 → 2013年 → 2014年 → 2015年 → 2016年 → 2017年 → 2018年 → 2019年 → 2020年　（年）

招投标
管理中
心（指
挥部）
招投标
管理中
心→管
理部）
物资管理
部（招投
标部）
→招投标部→‖

外事办
公室
国际合作
处（指挥
部）
国际合作处 ——→×[对外合作部]——→‖

审计处
审计处（指
挥部）
审计处 ——→◇[审计部]——→审计部→‖

图例说明　　→：成立、延　续、更名　　（ ）：一个机构挂多块牌子　　□：合并　　◇：机关处室、直属、附属单位转为二级单位　　—×‖：撤销

说明：1. 2008年1月，在指挥部招投标管理中心的基础上，成立招投标管理中心。
2. 2010年1月，招投标管理中心更名为物资管理部（招投标部）。
3. 2019年7月，物资管理部（招投标部）更名为招投标部。
4. 2020年3月，撤销招投标部及其内设机构，同时，为提高采购效率和规模效益，降低采购成本和管控风险，公司仍按照集中采购管理模式运行，将采购业务和人员并入共享服务中心，对外称采购中心，业务相对独立。
5. 2008年1月，外事办公室与指挥部国际合作处合并成立国际合作处，为直属单位。
6. 2010年1月，撤销国际合作处，成立对外合作部。
7. 2019年7月，撤销对外合作部。
8. 2008年1月，审计处与指挥部审计处合并成立审计处。
9. 2010年1月，撤销审计处，成立审计部，为直属单位。

吐哈油田分公司（2007.12—2020.12）组织机构沿革图

2007年 → 2008年 → 2009年 → 2010年 → 2011年 → 2012年 → 2013年 → 2014年 → 2015年 → 2016年 → 2017年 → 2018年 → 2019年 → 2020年　（年）

三、机关附属单位

　　　　　　　行政事务中心

技术档案馆 ─────→ ◇[档案中心]

　　　　　　　资金结算中心

图例说明	→ ：成立、延续、更名　　─╫：撤销

说明：1. 2010年1月，成立行政事务中心。
　　　2. 2017年12月，撤销行政事务中心，具体业务及人员并入办公室（党委办公室、机要保密处）。
　　　3. 2008年1月，成立技术档案馆。
　　　4. 2010年1月，技术档案馆更名为档案中心，为附属单位。
　　　5. 2019年7月，撤销档案中心。
　　　6. 2010年1月，成立资金结算中心。
　　　7. 2019年7月，撤销资金结算中心。

吐哈油田分公司（2007.12—2020.12）组织机构沿革图

2007年 → 2008年 → 2009年 → 2010年 → 2011年 → 2012年 → 2013年 → 2014年 → 2015年 → 2016年 → 2017年 → 2018年 → 2019年 → 2020年 （年）

技能鉴定中心 —————————— 技能鉴定中心（劳动力交流中心）——→|

社会保障中心 ———— 吐哈油田社会保险管理中心 ∧ 吐哈油田社会保险管理中心 ——→|

图例说明　→：成立、延续、更名　（）：一个机构挂多块牌子　→|：撤销　∧：上划上级组织

说明：
1. 2010年1月，成立技能鉴定中心。
2. 2017年12月，技能鉴定中心更名为技能鉴定中心（劳动力交流中心）。
3. 2019年7月，撤销技能鉴定中心（劳动力交流中心）。
4. 2008年1月，社会保障中心由矿区服务事业部基层单位调整为直属单位。
5. 2010年11月，社会保障中心更名为吐哈油田社会保险管理中心。
6. 2015年5月，吐哈油田社会保险管理中心由矿区服务事业部直属单位，上划至吐哈油田分公司附属单位。
7. 2019年7月，撤销吐哈油田社会保险管理中心。

吐哈油田分公司（2007.12—2020.12）组织机构沿革图

2007年 → 2008年 → 2009年 → 2010年 → 2011年 → 2012年 → 2013年 → 2014年 → 2015年 → 2016年 → 2017年 → 2018年 → 2019年 → 2020年 （年）

四、二级单位

勘探公司 ──────────────── 勘探公司 ──────────── 勘探公司
　　　　　　　　　　　　　　　（勘探事　　　　　　　　　（勘探事
　　　　　　　　　　　　　　　业部）　　　　　　　　　　业部）

　　　　　　　　　　　　　　　　　　　　　　　　　　　　准东勘探开发
　　　　　　　　　　　　　　　　　　　　　　　　　　　　项目经理部

勘探开发研究院 ─────────────────────────────── 勘探开发研究
　　　　　　　　　　　　　　　　　　　　　　　　　　　　院

工程技术研　工程技术研究院 ───────────────────── 工程技术研究
究院（指挥　（勘察设计院）　　　　　　　　　　　　　院（勘察设计
部）　　　　　　　　　　　　　　　　　　　　　　　　院）

图例说明	→ : 成立、延续、更名	（ ）: 一个机构挂多块牌子

说明: 1. 2010年1月，成立勘探公司。
　　　2. 2016年5月，油田分公司决定，将勘探部和勘探公司整合为勘探公司（勘探事业部），为公司二级单位，机构分类为二级一类。
　　　3. 2020年7月，成立准东勘探开发项目经理部，列入公司上市二级单位，机构分类为二级二类。
　　　4. 2008年1月，对原指挥部工程技术研究院重组，同时挂勘察设计院牌子。一个机构，两块牌子管理运行。

吐哈油田分公司（2007.12—2020.12）组织机构沿革图

| 2007年 → 2008年 → 2009年 → 2010年 → 2011年 → 2012年 → 2013年 → 2014年 → 2015年 → 2016年 → 2017年 → 2018年 → 2019年 → 2020年 （年） |

吐鲁番采油厂 ————————————————→ 吐鲁番采油管理区

鲁克沁采油厂 ————————→ 鲁克沁采油厂（鲁克沁油田项目经理部） ————————————→ 鲁克沁采油管理区

鄯善采油厂 ——————————————————————————→ 鄯善采油厂

温米采油厂 ————————————————————————→ 温米采油厂 ⎤ 鄯善采油厂 ——→ 鄯善采油管理区

丘东采油厂 —————————————————————————→ 丘东采油厂 ⎦

图例说明 → ：成立、按照新型采油管理区模式，延续、更名 （）：一个机构挂多块牌子 □：合并

说明：1. 2020年7月，按照新型采油管理区模式，将吐鲁番采油厂改革设立为吐鲁番采油管理区。
2. 2010年12月，成立鲁克沁油田项目经理部，与鲁克沁采油厂为一个机构挂两个牌子。
3. 2020年7月，按照新型采油管理区要求，将鲁克沁采油厂（鲁克沁油田项目经理部）改革设立为鲁克沁采油管理区。
4. 2016年2月，鄯善采油厂、温米采油厂与丘东采油厂合并成立新的鄯善采油厂。
5. 2020年7月，按照新型采油管理区模式，将新鄯善采油厂改革设立为鄯善采油管理区。

吐哈油田分公司（2007.12—2020.12）组织机构沿革图

2007年 → 2008年 → 2009年 → 2010年 → 2011年 → 2012年 → 2013年 → 2014年 → 2015年 → 2016年 → 2017年 → 2018年 → 2019年 → 2020年 （年）

三塘湖采油厂 ———————— 三塘湖采油厂（三塘湖油田 ———————— 三塘湖采油
项目经理部）   管理区

◇ 销售事业   油气服务中心
部（运销
处）   ◇ 销售事业部
                                                        （运销处）

石油天然气化工厂
甲醇厂 ┐
巴喀原稳厂 ┘ ——— 石油天然气化工厂 ——— 石油天然气
                                    化工厂 ——×|

| 图例说明 | →：成立、延 | （ ）：一个机构挂多块牌子 | □：合并 | ◇：机关处室、直属、附 | —×|：撤销 |
| | 续、更名 | | | 属单位转为二级单位 | |

说明：1. 2010年12月，成立三塘湖油田项目经理部，与三塘湖采油厂为一个机构挂两个牌子。
2. 2020年7月，按照新型采油管理区模式，将三塘湖采油厂改革设立为三塘湖采油管理区。
3. 2020年7月，成立油气服务中心，为上市业务，机构分类为二级单位。
4. 2008年12月，销售事业部（运销处）由直属单位调整为二级单位。
5. 2008年5月，甲醇厂和巴喀原稳厂整合，成立甲醇厂。
6. 2014年12月，甲醇厂与石油天然气化工厂合并成立石油天然气化工厂。
7. 2016年7月，撤销石油天然气化工厂，处级机构及下设机关科室和基层科级单位，成立炼化综合工区，划入销售事业部作为基层科级单位管理。

吐哈油田分公司（2007.12—2020.12）组织机构沿革图

2007年 →2008年 →2009年 →2010年 →2011年 →2012年 →2013年 →2014年 →2015年 →2016年 →2017年 →2018年 →2019年 →2020年　（年）

工程监督中心（石油天然气吐哈工程质量监督站）

工程监督中心（安全监督中心、石油天然气吐哈工程质量监督站）

安全监督中心

监督中心（石油天然气吐哈工程质量监督站）

监督中心（石油天然气吐哈工程质量监督站、纪检监察中心）

监督中心（石油天然气吐哈工程质量监督站、纪检中心）

监督中心（石油天然气吐哈工程质量监督站、纪检中心）

井下技术作业公司 ⇧

图例说明

| →：成立、延续、更名 | （）：一个机构挂多块牌子 | ⊐：合并 | ⇧：机构划出 |

说明：1. 2012年3月，成立工程监督中心，同时挂石油天然气吐哈工程质量监督站的牌子。
2. 2012年10月，将质量安全环保处和安全监督中心分离，石油天然气吐哈工程质量监督中心与工程监督中心（石油天然气吐哈工程质量监督站）为一个机构挂两个牌子。
3. 2014年7月，工程监督中心（安全监督中心、石油天然气吐哈工程质量监督站）更名为监督中心（石油天然气吐哈工程质量监督站）。
4. 2017年12月，成立纪检监察中心，机构、人员挂在监督中心（石油天然气吐哈工程质量监督站），业务接受纪委监察处的管理。
5. 2019年10月，将纪检监察监督中心更名为纪检中心。
6. 2019年7月，油田分公司将井下技术作业公司开发测试、高压洗井原属于油田业务保留，其他业务及相应资产全部划转中国石油集团西部钻探工程有限公司。

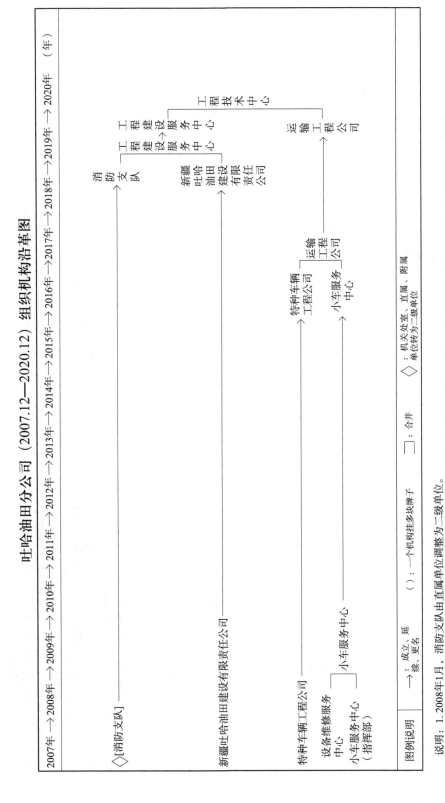

吐哈油田分公司（2007.12—2020.12）组织机构沿革图

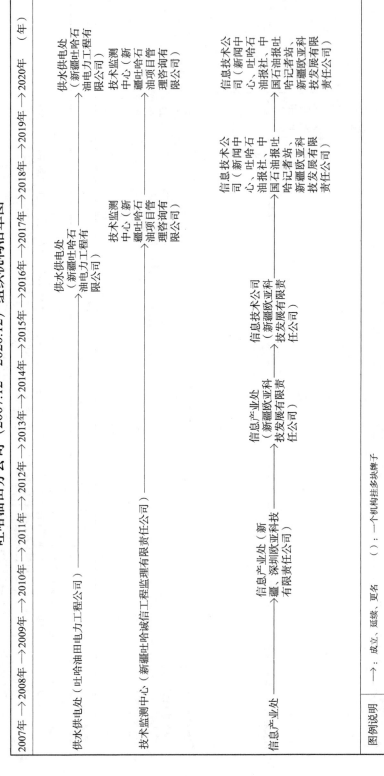

吐哈油田分公司（2007.12—2020.12）组织机构沿革图

图例说明　→：成立、延续、更名　　（）：更名　　:一个机构挂多块牌子

说明：1. 2017年11月，吐哈油田电力工程公司改制为一人有限责任公司，名称为新疆吐哈石油电力工程有限责任公司。
2. 2016年2月，将新疆吐哈诚信工程监理有限责任公司更名为新疆吐哈石油项目管理咨询有限责任公司。
3. 2010年6月，信息产业处更名为信息产业处（深圳、新疆欧亚科技有限责任公司）。
4. 2012年12月，信息产业处（新疆、深圳欧亚科技有限责任公司）更名为信息产业处（新疆欧亚科技发展有限责任公司）。
5. 2014年12月，信息中心与信息产业处（新疆欧亚科技发展有限责任公司）合并成立信息技术公司（新疆欧亚科技发展有限责任公司）更名为信息技术公司（新闻中心、吐哈油报社、中国石油吐哈记者站、新疆欧亚科技发展有限责任公司）。
6. 2018年1月，将信息技术公司（新闻中心、吐哈油报社、中国石油吐哈记者站、新疆欧亚科技发展有限责任公司）。

吐哈油田分公司（2007.12—2020.12）组织机构沿革图

2007年 → 2008年 → 2009年 → 2010年 → 2011年 → 2012年 → 2013年 → 2014年 → 2015年 → 2016年 → 2017年 → 2018年 → 2019年 → 2020年 （年）

机械厂 ───→ 机械厂 → 物资保障中心

物资管理中心 ─┐ 物资供
物资供应处（指 ┘ 应处 ────────────────────→ 物资供应处 → 物资保障中心
挥部）

石油能源开发公司 ───┤|

吐哈石油大厦企业集团（乌鲁木齐办事处） ──────→ 吐哈石油大厦企业集团（乌鲁木齐办事处） ──────→ 吐哈石油大厦企业集团（乌鲁木齐办事处）

图例说明 | → ：成立、延续、更名 | （）：一个机构挂多块牌子 | □：合并 | ─|：撤销

说明：1. 2008年1月，物资管理中心与指挥部物资供应处合并成立物资供应处。
2. 2020年3月，将机械厂和物资供应处重组整合，成立物资保障中心，为未上市二级单位。
3. 2009年3月，保留吐哈石油勘探开发指挥部石油能源开发公司名称，同时挂股份公司吐哈油田分公司石油能源开发公司牌子。
4. 2019年12月，撤销石油能源开发公司机构及内设机构，现有业务及人员整体划转至综合服务中心。
5. 2014年12月，撤销乌鲁木齐办事处。
6. 2016年3月，恢复乌鲁木齐办事处。

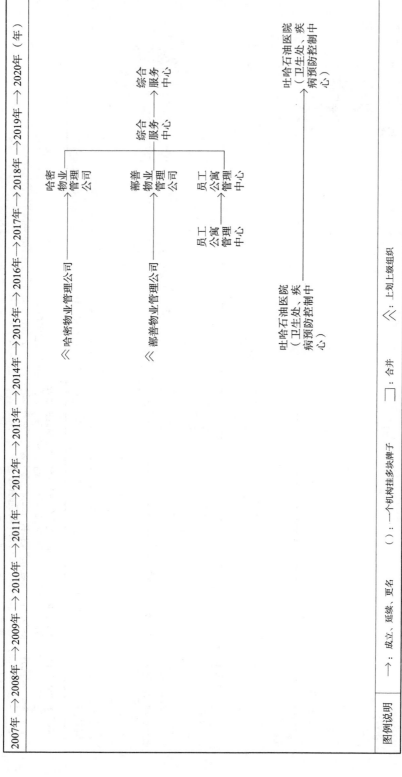

吐哈油田分公司（2007.12—2020.12）组织机构沿革图

说明：1. 2015年5月，哈密物业管理公司、鄯善物业管理公司由矿区服务事业部所属单位，上划至吐哈油田分公司二级单位。
　　　2. 2016年2月，将哈密吐哈油大厦和鄯善油田公寓的业务、机构、人员从吐哈石油大厦企业集团分离出来，成立员工公寓管理中心，为二级单位。
　　　3. 2018年4月，将哈密物业管理公司、鄯善物业管理公司和员工公寓管理中心整合为综合服务中心，为二级单位，机构规格正处级。
　　　4. 2015年5月，吐哈石油医院（卫生处、疾病预防控制中心）由矿区服务事业部所属单位，上划至吐哈油田分公司二级单位。

吐哈油田分公司（2007.12—2020.12）组织机构沿革图

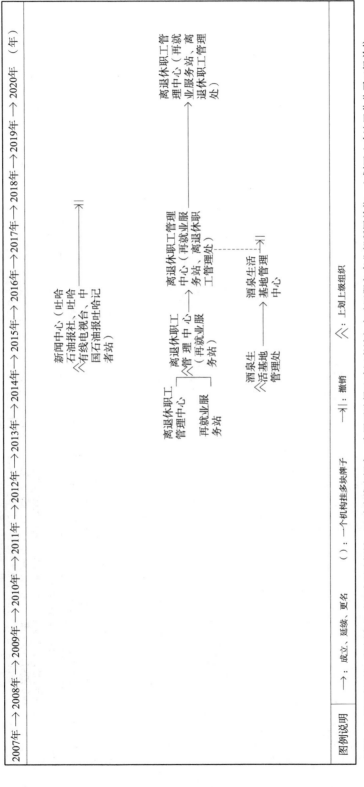

图例说明

说明：
1. 2015年5月，新闻中心（吐哈石油报社、吐哈有线电视台、中国石油报吐哈记者站）由矿区服务事业部所属单位，上划至吐哈油田分公司二级单位。
2. 2018年1月，新闻中心退出印刷业务，内设机构全部撤销。
3. 2015年5月，离退休职工管理中心与再就业工作服务站合并更名为离退休职工管理中心（再就业服务站、离退休职工管理处），由矿区服务事业部所属单位，上划至吐哈油田分公司二级单位。
4. 2015年5月，酒泉生活基地管理处由矿区服务事业部所属单位，上划至吐哈油田分公司二级单位。
5. 2016年3月，酒泉生活基地管理处更名为酒泉生活基地管理中心。
6. 2017年1月，离退休职工管理中心（再就业服务站）增挂离退休职工管理处牌子，按一套机构三块牌子管理。
7. 2017年5月，将酒泉生活基地管理中心管理、人员全部纳入离退休职工管理，作为离退休职工管理中心统一管理，机构更名为酒泉生活基地管理站，其内设科级基层单位、中心的科级基层单位，其内设机构同时撤销。

吐哈油田分公司（2007.12—2020.12）组织机构沿革图

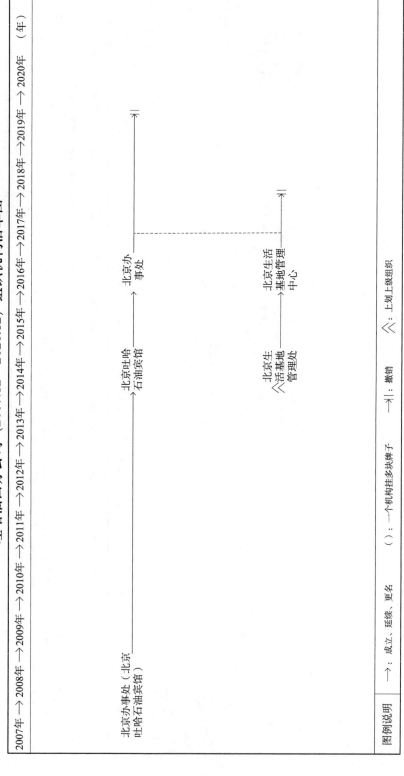

2007年 → 2008年 → 2009年 → 2010年 → 2011年 → 2012年 → 2013年 → 2014年 → 2015年 → 2016年 → 2017年 → 2018年 → 2019年 → 2020年 （年）

北京办事处（北京
吐哈石油宾馆）

北京吐哈 → 北京办
石油宾馆　　事处

北京生
活基地 → 北京生活
管理处　　基地管理
　　　　　中心

图例说明	→ : 成立、延续、更名	（）: 一个机构挂多块牌子	⼀⼘: 撤销	⼀⼘: 上划上级组织

说明: 1. 2014年12月，撤销北京办事处。
2. 2016年3月，撤销北京吐哈石油宾馆，恢复北京办事处。
3. 2019年撤销北京办事处，将其人员并入离退休职工管理中心，成立北京生活基地管理中心，作为离退休职工管理中心的基层科级单位管理。
4. 2015年5月，北京生活基地管理处由矿区服务事业部所属单位，上划至吐哈油田分公司二级单位。
5. 2016年3月，北京生活基地管理处更名为北京生活基地管理中心。
6. 2017年8月，将北京生活基地管理中心业务、人员全部并入北京办事处，撤销北京生活基地管理中心。

吐哈油田分公司（2007.12—2020.12）组织机构沿革图

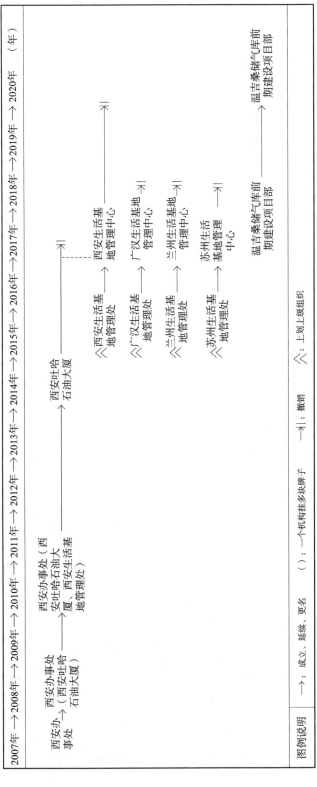

2007年 → 2008年 → 2009年 → 2010年 → 2011年 → 2012年 → 2013年 → 2014年 → 2015年 → 2016年 → 2017年 → 2018年 → 2019年 → 2020年　（年）

图例说明	→ ：成立、延续、更名　　（ ）：一个机构挂两个牌子　　╫ ：一个机构挂多块牌子　　╫ ：撤销　　∧ ：上划上级组织

说明：1. 2008年1月，西安吐哈石油大厦划入西安办事处，为一个机构挂两个牌子。
　　　2. 2010年6月，西安办事处（西安吐哈石油大厦）挂西安生活基地管理处牌子。
　　　3. 2014年12月，撤销西安办事处。
　　　4. 2016年3月，撤销西安吐哈石油大厦。西安吐哈石油大厦转型后的业务、职能和人员全部并入西安生活基地管理处，并将西安生活基地管理处更名为西安生活基地管理中心。
　　　5. 2015年5月，西安生活基地管理处由矿区服务事业部所属单位，上划至吐哈油田分公司二级单位。
　　　6. 2016年3月，将西安生活基地管理处更名为西安生活基地管理中心。
　　　7. 2020年，撤销西安生活基地管理中心处级机构，在西安生活基地管理处、列离退休职工管理站、成立西安生活基地管理处，上划至吐哈油田分公司下属三级机构。
　　　8. 2015年5月，广汉生活基地管理处、兰州生活基地管理处、苏州生活基地管理处，广汉生活基地管理处由矿区离退休职工服务事业部单位，广汉生活基地管理处更名为广汉生活基地管理中心；苏州生活基地管理处更名为苏州生活基地管理中心二级机构。
　　　9. 2016年3月，将兰州生活基地管理处更名为兰州生活基地管理中心、广汉生活基地管理中心和苏州生活基地管理中心职工管理中心现有业务、人员全部的离退休职工管理中心统一管理。人员为离退休人员单位，苏州生活基地管理中心更名为苏州生活基地管理中心。
　　10. 2018年11月，将兰州生活基地管理站和苏州职工管理站和苏州生活基地管理站，作为离退休生活基地管理站，作为温吉桑储气库前期建设项目部。
　　11. 2018年10月，成立温吉桑储气库前期建设项目部。

第二章 组织机构名录

一、2016年1月组织机构名录

单位名称		办公地点
一、机关处室（14个）		
1	办公室（党委办公室、机要保密处）	哈密石油基地 / 鄯善生产基地
2	规划计划处	
3	财务处	
4	人事处（党委组织部、吐哈油田博士后科研工作站）	
5	企管法规处（内控与风险管理处）	
6	生产运行处	
7	质量安全环保处	
8	科技信息处	
9	工程技术处	
10	基建工程处	
11	设备管理处	
12	纪委监察处	
13	企业文化处（党委宣传部、团委、机关党委、维护稳定办公室）	
14	工会	
二、直属单位（9个）		
1	勘探部	哈密石油基地 / 鄯善生产基地
2	开发部	
3	概预算管理部（定额部）	
4	物资管理部（招投标部）	
5	对外合作部	
6	审计部	
7	油田保卫部（武装部）	
8	矿区管理部	
9	吐哈油田住房公积金管理中心（吐哈油田房产管理中心）	

续表

	单位名称	办公地点
三、附属单位（5个）		
1	行政事务中心	哈密石油基地／鄯善生产基地
2	档案中心	哈密石油基地
3	资金结算中心	
4	技能鉴定中心	哈密石油基地／鄯善生产基地
5	吐哈油田社会保险管理中心	
四、二级单位（37个）		
1	勘探公司	鄯善生产基地
2	勘探开发研究院	哈密石油基地
3	工程技术研究院（勘察设计院）	鄯善生产基地
4	吐鲁番采油厂	鄯善生产基地
5	鲁克沁采油厂（鲁克沁油田项目经理部）	鄯善生产基地
6	丘东采油厂	鄯善生产基地
7	鄯善采油厂	鄯善生产基地
8	温米采油厂	鄯善生产基地
9	三塘湖采油厂（三塘湖油田项目经理部）	哈密石油基地／三塘湖牛圈湖前线
10	销售事业部（运销处）	鄯善生产基地
11	石油天然气化工厂	鄯善生产基地
12	消防支队	鄯善生产基地
13	监督中心（石油天然气吐哈工程质量监督站）	鄯善生产基地
14	井下技术作业公司	鄯善生产基地
15	新疆吐哈油田建设有限责任公司	鄯善生产基地
16	特种车辆工程公司	鄯善生产基地
17	小车服务中心	哈密石油基地／鄯善生产基地
18	机械厂	哈密石油基地

续表

	单位名称	办公地点
19	供水供电处（吐哈油田电力工程公司）	鄯善生产基地
20	技术监测中心（新疆吐哈诚信工程监理有限责任公司）	鄯善生产基地
21	信息产业处（新疆欧亚科技有限责任公司）	哈密石油基地／鄯善生产基地
22	新闻中心（吐哈石油报社、吐哈有线电视台、中国石油报吐哈记者站）	哈密石油基地／鄯善生产基地
23	物资供应处	哈密石油基地／鄯善生产基地
24	石油能源开发公司	哈密石油基地
25	吐哈石油大厦企业集团	新疆维吾尔自治区乌鲁木齐市
26	哈密物业管理公司	哈密石油基地
27	鄯善物业管理公司	鄯善生产基地
28	北京吐哈石油宾馆	北京市朝阳区
29	北京生活基地管理处	北京市朝阳区
30	吐哈石油医院（卫生处、疾病预防控制中心）	哈密石油基地／鄯善生产基地
31	离退休职工管理中心（再就业服务站）	哈密石油基地
32	酒泉生活基地管理处	甘肃省酒泉市
33	广汉生活基地管理处	四川省广汉市
34	西安吐哈石油大厦	陕西省西安市
35	西安生活基地管理处	陕西省西安市
36	兰州生活基地管理处	甘肃省兰州市
37	苏州生活基地管理处	江苏省苏州市

二、2016 年 12 月组织机构名录

	单位名称	办公地点
一、机关处室（14 个）		
1	办公室（党委办公室、机要保密处）	哈密石油基地 / 鄯善生产基地
2	规划计划处	
3	财务处	
4	人事处（党委组织部、吐哈油田博士后科研工作站）	
5	企管法规处（内控与风险管理处）	
6	生产运行处	
7	质量安全环保处	
8	科技信息处	
9	工程技术处	
10	基建工程处	
11	设备管理处	
12	纪委监察处	
13	企业文化处（党委宣传部、团委、机关党委、维护稳定办公室）	
14	工会	
二、直属单位（8 个）		
1	开发部	哈密石油基地 / 鄯善生产基地
2	概预算管理部（定额部）	
3	物资管理部（招投标部）	
4	对外合作部	
5	审计部	
6	油田保卫部（武装部）	
7	矿区管理部	
8	吐哈油田住房公积金管理中心（吐哈油田房产管理中心）	

	单位名称	办公地点
三、附属单位（5个）		
1	行政事务中心	哈密石油基地 / 鄯善生产基地
2	档案中心	哈密石油基地
3	资金结算中心	
4	技能鉴定中心	哈密石油基地 / 鄯善生产基地
5	吐哈油田社会保险管理中心	
四、二级单位（34个）		
1	勘探公司（勘探事业部）	鄯善生产基地
2	勘探开发研究院	哈密石油基地
3	工程技术研究院（勘察设计院）	鄯善生产基地
4	吐鲁番采油厂	鄯善生产基地
5	鲁克沁采油厂（鲁克沁油田项目经理部）	鄯善生产基地
6	鄯善采油厂	鄯善生产基地
7	三塘湖采油厂（三塘湖油田项目经理部）	哈密石油基地 / 三塘湖牛圈湖前线
8	销售事业部（运销处）	鄯善生产基地
9	石油天然气化工厂	鄯善生产基地
10	消防支队	鄯善生产基地
11	监督中心（石油天然气吐哈工程质量监督站）	鄯善生产基地
12	井下技术作业公司	鄯善生产基地
13	新疆吐哈油田建设有限责任公司	鄯善生产基地
14	运输工程公司	哈密石油基地 / 鄯善生产基地
15	机械厂	哈密石油基地
16	供水供电处（吐哈油田电力工程公司）	鄯善生产基地
17	技术监测中心（新疆吐哈石油项目管理咨询有限公司）	鄯善生产基地

续表

	单位名称	办公地点
18	信息产业处（新疆欧亚科技有限责任公司）	哈密石油基地／鄯善生产基地
19	新闻中心（吐哈石油报社、吐哈有线电视台、中国石油报吐哈记者站）	哈密石油基地／鄯善生产基地
20	物资供应处	哈密石油基地／鄯善生产基地
21	石油能源开发公司	哈密石油基地
22	吐哈石油大厦（乌鲁木齐办事处）	新疆维吾尔自治区乌鲁木齐市
23	哈密物业管理公司	哈密石油基地
24	鄯善物业管理公司	鄯善生产基地
25	员工公寓管理中心	鄯善生产基地
26	北京办事处	北京市朝阳区
27	北京生活基地管理中心	北京市朝阳区
28	吐哈石油医院（卫生处、疾病预防控制中心）	哈密石油基地／鄯善生产基地
29	离退休职工管理中心（再就业服务站）	哈密石油基地
30	酒泉生活基地管理中心	甘肃省酒泉市
31	广汉生活基地管理中心	四川省广汉市
32	西安生活基地管理中心	陕西省西安市
33	兰州生活基地管理中心	甘肃省兰州市
34	苏州生活基地管理中心	江苏省苏州市

三、2017 年 12 月组织机构名录

	单位名称	办公地点
一、机关处室（14 个）		
1	办公室（党委办公室、机要保密处）	
2	规划计划处	哈密石油基地／鄯善生产基地
3	财务处	

续表

	单位名称	办公地点
4	人事处（党委组织部、吐哈油田博士后科研工作站）	哈密石油基地 / 鄯善生产基地
5	企管法规处（内控与风险管理处）	
6	生产运行处	
7	质量安全环保处	
8	科技信息处	
9	工程技术处	
10	基建工程处	
11	设备管理处	
12	纪委监察处	
13	企业文化处（党委宣传部、团委、机关党委）	
14	工会	
二、直属单位（8个）		
1	开发部	哈密石油基地 / 鄯善生产基地
2	概预算管理部（定额部）	
3	物资管理部（招投标部）	
4	对外合作部	
5	审计部	
6	油田保卫部（武装部、维护稳定办公室）	
7	矿区管理部	
8	吐哈油田住房公积金管理中心（吐哈油田房产管理中心）	
三、附属单位（4个）		
1	档案中心	哈密石油基地
2	资金结算中心	哈密石油基地 / 鄯善生产基地
3	技能鉴定中心（劳动力交流中心）	
4	吐哈油田社会保险管理中心	

	单位名称	办公地点
四、二级单位（31个）		
1	勘探公司（勘探事业部）	鄯善生产基地
2	勘探开发研究院	哈密石油基地
3	工程技术研究院（勘察设计院）	鄯善生产基地
4	吐鲁番采油厂	鄯善生产基地
5	鲁克沁采油厂（鲁克沁油田项目经理部）	鄯善生产基地
6	鄯善采油厂	鄯善生产基地
7	三塘湖采油厂（三塘湖油田项目经理部）	哈密石油基地／三塘湖牛圈湖前线
8	销售事业部（运销处）	鄯善生产基地
9	消防支队	鄯善生产基地
10	监督中心（石油天然气吐哈工程质量监督站、纪检监察中心）	鄯善生产基地
11	井下技术作业公司	鄯善生产基地
12	新疆吐哈油田建设有限责任公司	鄯善生产基地
13	运输工程公司	哈密石油基地／鄯善生产基地
14	机械厂	哈密石油基地／鄯善生产基地
15	供水供电处（新疆吐哈石油电力工程有限公司）	鄯善生产基地
16	技术监测中心（新疆吐哈石油项目管理咨询有限公司）	鄯善生产基地
17	信息产业处（新疆欧亚科技有限责任公司）	哈密石油基地／鄯善生产基地
18	新闻中心（吐哈石油报社、吐哈有线电视台、中国石油报吐哈记者站）	哈密石油基地／鄯善生产基地
19	物资供应处	哈密石油基地／鄯善生产基地
20	石油能源开发公司	哈密石油基地
21	吐哈石油大厦（乌鲁木齐办事处）	新疆维吾尔自治区乌鲁木齐市
22	员工公寓管理中心	鄯善生产基地
23	哈密物业管理公司	哈密石油基地

	单位名称	办公地点
24	鄯善物业管理公司	鄯善生产基地
25	北京办事处	北京市朝阳区
26	吐哈石油医院（卫生处、疾病预防控制中心）	哈密石油基地／鄯善生产基地
27	离退休职工管理中心（再就业服务站、离退休职工管理处）	哈密石油基地
28	广汉生活基地管理中心	四川省广汉市
29	西安生活基地管理中心	陕西省西安市
30	兰州生活基地管理中心	甘肃省兰州市
31	苏州生活基地管理中心	江苏省苏州市

四、2018 年 12 月组织机构名录

	单位名称	办公地点
一、机关处室（14 个）		
1	办公室（党委办公室、机要保密处）	哈密石油基地／鄯善生产基地
2	规划计划处	
3	财务处	
4	人事处（党委组织部、吐哈油田博士后科研工作站）	
5	企管法规处（内控与风险管理处）	
6	生产运行处	
7	质量安全环保处	
8	科技信息处	
9	工程技术处	
10	基建工程处	
11	设备管理处	
12	纪委监察处	
13	企业文化处（党委宣传部、团委、机关党委）	
14	工会	

续表

	单位名称	办公地点
二、直属单位（8个）		
1	开发部	哈密石油基地／鄯善生产基地
2	概预算管理部（定额部）	
3	物资管理部（招投标部）	
4	对外合作部	
5	审计部	
6	油田保卫部（武装部、维护稳定办公室）	
7	矿区管理部	
8	吐哈油田住房公积金管理中心（吐哈油田房产管理中心）	
三、附属单位（4个）		
1	档案中心	哈密石油基地
2	资金结算中心	哈密石油基地／鄯善生产基地
3	技能鉴定中心（劳动力交流中心）	
4	吐哈油田社会保险管理中心	
四、二级单位（25个）		
1	勘探公司（勘探事业部）	鄯善生产基地
2	勘探开发研究院	哈密石油基地
3	工程技术研究院（勘察设计院）	鄯善生产基地
4	吐鲁番采油厂	鄯善生产基地
5	鲁克沁采油厂（鲁克沁油田项目经理部）	鄯善生产基地
6	鄯善采油厂	鄯善生产基地
7	三塘湖采油厂（三塘湖油田项目经理部）	哈密石油基地／三塘湖牛圈湖前线
8	销售事业部（运销处）	鄯善生产基地
9	消防支队	鄯善生产基地
10	监督中心（石油天然气吐哈工程质量监督站、纪检监察中心）	鄯善生产基地

续表

	单位名称	办公地点
11	井下技术作业公司	鄯善生产基地
12	新疆吐哈油田建设有限责任公司	鄯善生产基地
13	运输工程公司	哈密石油基地 / 鄯善生产基地
14	机械厂	哈密石油基地 / 鄯善生产基地
15	供水供电处（新疆吐哈石油电力工程有限公司）	鄯善生产基地
16	技术监测中心（新疆吐哈石油项目管理咨询有限公司）	鄯善生产基地
17	信息技术公司（新闻中心、吐哈石油报社、中国石油报吐哈记者站、新疆欧亚科技发展有限责任公司）	哈密石油基地 / 鄯善生产基地
18	物资供应处	哈密石油基地 / 鄯善生产基地
19	石油能源开发公司	哈密石油基地
20	吐哈石油大厦（乌鲁木齐办事处）	新疆维吾尔自治区乌鲁木齐市
21	综合服务中心	鄯善生产基地
22	北京办事处	北京市朝阳区
23	吐哈石油医院（卫生处、疾病预防控制中心）	哈密石油基地 / 鄯善生产基地
24	离退休职工管理中心（再就业服务站、离退休职工管理处）	哈密石油基地
25	西安生活基地管理中心	陕西省西安市

五、2019 年 12 月组织机构名录

	单位名称	办公地点
一、机关处室（13 个）		
1	办公室（党委办公室）	哈密石油基地 / 鄯善生产基地
2	规划计划处	
3	财务处	
4	人事处（党委组织部、吐哈油田博士后科研工作站）	

续表

	单位名称	办公地点
5	企管法规处	哈密石油基地 / 鄯善生产基地
6	生产运行处	
7	质量安全环保处	
8	科技与合作处	
9	工程技术处	
10	基建设备处	
11	纪委办公室	
12	党委宣传部（企业文化处、机关党委）	
13	工会（团委）	
二、直属单位（7个）		
1	开发部	哈密石油基地 / 鄯善生产基地
2	概预算管理部（定额部）	
3	招投标部	
4	审计部	
5	油田保卫部（武装部、维护稳定办公室）	
6	矿区管理部	
7	共享服务中心	
三、二级单位（21个）		
1	勘探公司（勘探事业部）	鄯善生产基地
2	勘探开发研究院	哈密石油基地
3	工程技术研究院（勘察设计院）	鄯善生产基地
4	吐鲁番采油厂	鄯善生产基地
5	鲁克沁采油厂（鲁克沁油田项目经理部）	鄯善生产基地
6	鄯善采油厂	鄯善生产基地
7	三塘湖采油厂（三塘湖油田项目经理部）	哈密石油基地 / 三塘湖牛圈湖前线
8	销售事业部（运销处）	鄯善生产基地

续表

	单位名称	办公地点
9	监督中心（石油天然气吐哈工程质量监督站、纪检中心）	鄯善生产基地
10	工程建设服务中心	鄯善生产基地
11	运输工程公司	哈密石油基地／鄯善生产基地
12	机械厂	哈密石油基地／鄯善生产基地
13	供水供电处（新疆吐哈石油电力工程有限公司）	鄯善生产基地
14	技术监测中心（新疆吐哈石油项目管理咨询有限公司）	鄯善生产基地
15	信息技术公司（新闻中心、吐哈石油报社、中国石油报吐哈记者站、新疆欧亚科技发展有限责任公司）	哈密石油基地／鄯善生产基地
16	物资供应处	哈密石油基地／鄯善生产基地
17	吐哈石油大厦	新疆维吾尔自治区乌鲁木齐市
18	综合服务中心	鄯善生产基地
19	吐哈石油医院（卫生处、疾病预防控制中心）	哈密石油基地／鄯善生产基地
20	离退休职工管理中心（再就业服务站、离退休职工管理处）	哈密石油基地
21	西安生活基地管理中心	陕西省西安市

六、2020 年 12 月组织机构名录

	单位名称	办公地点
一、机关处室（13 个）		
1	办公室（党委办公室）	哈密石油基地／鄯善生产基地
2	规划计划处	
3	财务处	
4	人事处（党委组织部、吐哈油田博士后科研工作站）	
5	企管法规处	
6	生产运行处	
7	质量安全环保处	

续表

单位名称		办公地点
8	科技与合作处	哈密石油基地／鄯善生产基地
9	工程技术处	
10	基建设备处	
11	纪委办公室	
12	党委宣传部（企业文化处、机关党委）	
13	工会（团委）	
二、直属单位（6个）		
1	开发部	哈密石油基地／鄯善生产基地
2	概预算管理部（定额部）	
3	审计部	
4	油田保卫部（武装部、维护稳定办公室）	
5	矿区管理部	
6	共享服务中心	
三、二级单位（20个）		
1	勘探公司（勘探事业部）	鄯善生产基地
2	准东勘探开发项目经理部	新疆维吾尔自治区昌吉回族自治州吉木萨尔县
3	勘探开发研究院	哈密石油基地
4	工程技术研究院（勘察设计院）	鄯善生产基地
5	吐鲁番采油管理区	鄯善生产基地
6	鲁克沁采油管理区	鄯善生产基地
7	鄯善采油管理区	鄯善生产基地
8	三塘湖采油管理区	哈密石油基地／三塘湖牛圈湖前线
9	油气生产服务中心	鄯善生产基地
10	销售事业部（运销处）	鄯善生产基地
11	监督中心（石油天然气吐哈工程质量监督站、纪检中心）	鄯善生产基地
12	工程技术中心	鄯善生产基地
13	物资保障中心	哈密石油基地／鄯善生产基地
14	供水供电处（新疆吐哈石油电力工程有限公司）	鄯善生产基地

续表

	单位名称	办公地点
15	技术监测中心（新疆吐哈石油项目管理咨询有限公司）	鄯善生产基地
16	信息技术公司（新闻中心、吐哈石油报社、中国石油报吐哈记者站、新疆欧亚科技发展有限责任公司）	哈密石油基地／鄯善生产基地
17	吐哈石油大厦	新疆维吾尔自治区乌鲁木齐市
18	综合服务中心	鄯善生产基地
19	吐哈石油医院（卫生处、疾病预防控制中心）	哈密石油基地／鄯善生产基地
20	离退休职工管理中心（再就业服务站、离退休职工管理处）	哈密石油基地

第三章　基本情况统计表

一、历年组织机构设置情况统计表

年份/类别	机关处室			直属单位			附属单位			二级单位		员工合计
	处室个数	科室个数	员工人数	处室个数	科室个数	员工人数	处室个数	科室个数	员工人数	单位个数	员工人数	
1999	9	—	—	2	—	—	—	—	—	15	—	3760
2000	9	27	—	3	25	—	4	—	—	12	—	3598
2001	9	27	—	3	29	—	—	—	—	14	—	3598
2002	9	68	—	3	—	—	5	—	—	14	—	3405
2003	9	70	—	3	—	—	6	—	—	14	—	3578
2004	12	57	—	2	—	—	3	—	—	14	—	4211
2005	15	67	—	—	—	—	—	—	—	14	—	4365
2006	13	62	—	6	—	—	3	—	—	10	—	5060
2007	14	64	—	6	—	—	3	—	—	10	—	5407
2008	16	56	235	3	9	78	7	28	156	29	20157	20626
2009	16	56	272	3	9	80	7	28	81	29	19971	20404
2010	14	58	238	7	26	121	6	16	74	29	19445	19878
2011	14	58	238	7	26	118	6	16	74	29	17877	18307
2012	14	60	216	7	26	119	5	14	58	30	17760	18153
2013	14	60	233	7	26	125	5	14	63	30	17225	17646
2014	14	60	226	7	27	127	4	11	60	27	16160	16573
2015	14	62	226	9	33	156	5	15	78	37	15160	15620
2016	14	63	208	8	30	134	5	15	75	34	13133	13550
2017	14	52	195	8	28	119	4	12	57	31	12714	13085
2018	14	52	201	8	28	118	4	12	49	25	10777	11145
2019	14	46	186	7	28	138	0	0	0	21	9389	9713
2020	13	45	182	6	28	117	0	0	0	20	9051	9350

二、2008—2020年生产规模基本情况统计表

年份＼指标名称	工业总产值（万元）	上市业务资产总额（万元）	未上市业务资产总额（万元）	原油产量（万吨）	其中：凝析油（万吨）	天然气工业产量（亿立方米）	企业增加值（万元）	上市机构人数（人）	未上市机构人数（人）
2008	1067774	1394408	684165	217	8.35	15.1	828313	4444	15965
2009	524289	1109493	530996	162.01	5.7	15	327619	4505	15899
2010	695689	1426317	504425	163.03	4.85	12.51	481158	5115	14799
2011	866025	1437117	504128	155	4.2	10.5	653845	5123	13184
2012	1010073	1592623	494631	156	7.52	10.5	810681	5153	13000
2013	1040864	1890384	484810	171	6.79	10.5	798161	5430	12216
2014	1112314	1954358	506091	200	7.47	10	831719	5205	11368
2015	725693	2074607	515562	210	7.38	9.1	295239	5514	10106
2016	532503	1797051	412239	200	6.75	7.25	225408	5336	8214
2017	651489	1810301	368658	190	3.72	6.01	430062	4701	8384
2018	782087	1587457	377612	185	3.4	5.02	644563	4143	7002
2019	580519	1321949	317548	165	2.05	4.04	52504	4012	5701
2020	379667	1188343	284924	157	0.52	3.16	239937	4994	4356

三、历年党的情况统计表

（单位：个、人）

年份＼项目	党委	党总支部	党支部	党小组	党员	其中：女	其中：少数民族	其中：在职员工	发展党员
1999	6	—	57	149	1007	—	—	—	84
2000	9	2	80	154	1113	161	14	1113	101
2001	10	2	86	143	1196	175	15	—	88
2002	10	2	86	—	1269	179	14	1234	95
2003	9	3	80	—	1301	182	18	1267	43
2004	11	3	89	—	1307	213	15	1274	49
2005	11	4	100	—	1391	216	14	1343	55

续表

项目 年份	党委	党总支部	党支部	党小组	党员	其中：女	其中：少数民族	其中：在职员工	发展党员
2006	11	5	117	—	1520	241	24	1474	53
2007	11	7	127	—	1579	255	25	1530	54
2008	38	14	368	—	6869	1399	91	4735	249
2009	38	14	369	—	6966	1440	91	4788	72
2010	38	12	377	—	6946	1463	97	4742	89
2011	38	11	380	—	7018	1496	102	4755	93
2012	40	9	398	—	7097	1533	109	4782	96
2013	41	6	384	—	7188	1577	114	4828	102
2014	41	6	378	—	7278	1612	116	4821	102
2015	38	5	361	—	7313	1648	118	4776	130
2016	34	5	342	—	7383	1693	120	4597	129
2017	32	6	334	—	7442	1710	122	4143	99
2018	26	5	308	—	7393	1713	126	3916	71
2019	25	8	261	—	7016	1687	117	3432	65
2020	21	1	226	—	4084	978	86	3224	61

四、历年员工培训情况统计表

（单位：个、人）

项目 年份	参加培训总人数	按组织培训单位分类			按参加培训人员分类		
		集团公司组织	企业自行组织	其他	经营管理人员	专业技术人员	操作服务人员
2000	—	—	—	—	—	—	—
2001	2900	410	2490	—	677	876	1347
2002—2007	—	—	—	—	—	—	—
2008	12209	210	11593	406	922	3341	7946
2009	12110	153	11717	240	896	3677	7537
2010	8981	176	8475	330	1592	1617	5772

续表

年份＼项目	参加培训总人数	按组织培训单位分类			按参加培训人员分类		
		集团公司组织	企业自行组织	其他	经营管理人员	专业技术人员	操作服务人员
2011	11843	625	10839	379	1176	4463	6204
2012	11044	280	10114	650	2941	2821	5282
2013	11846	357	11409	80	3583	2859	5404
2014	10044	504	9506	34	3439	3223	3382
2015	12752	456	12215	81	4652	3207	4893
2016	10089	460	9558	71	3748	2460	3881
2017	10429	486	9873	70	4876	2050	3503
2018	9947	511	9353	83	4989	2275	2683
2019	9729	591	9012	126	3681	1862	4186
2020	4476	293	4141	42	2083	871	1522

第四章　专家及高级技术人员名录

一、享受政府特殊津贴人员名单

序号	姓　名	年份	工作单位
1	李正科	2016	勘探开发研究院
2	刘德基	2019	工程技术研究院

二、集团公司高级技术专家名单

序号	姓　名	年份	系统	聘期	工作单位
1	刘德基	2015	油气田开发	2016.1—2018.12	工程技术研究院

三、集团公司技能专家名单

序号	姓　名	年份	工　种	新聘/续聘
1	赵剑伟	2016	采　油	续聘
2	徐志民			
3	顾仲辉			
4	陈　述		集　输	续聘
5	江　龙			
6	吴占关		井下作业	续聘
7	徐志民	2019	采　油	续聘
8	金勇才			新聘
9	顾仲辉			续聘
10	陈　述		集　输	续聘
11	江　龙			续聘
12	张　浩			新聘
13	吴占关		井下作业	续聘

四、吐哈油田分公司技术专家名单

序号	姓　名	年份	专业或岗位	工作单位
1	陈　旋		地质评价（一级）	
2	王劲松		物探技术（一级）	
3	李正科		油气藏地质（一级）	
4	崔英怀		油藏工程（一级）	
5	袁　昭		提高采收率（一级）	
6	康积伦		油藏描述（二级）	
7	文川江		储层评价（二级）	
8	韩　成	2015	测井技术（二级）	勘探开发研究院
9	高成全		储量评估（二级）	
10	徐　振		地质数据集成应用（二级）	
11	荆文波		复杂油气藏开发（二级）	
12	赵　健		稠油开发（二级）	
13	温灵祥		天然气开发（二级）	
14	肖志朋		油藏分析及动态管理（二级）	
15	雍富华		钻井技术（一级）	
16	刘德基		采油工艺（一级）	
17	尹玉川			
18	刘建伟		储层改造（一级）	
19	冯　义		钻井工艺（二级）	工程技术研究院
20	熊开俊		钻完井液技术（二级）	
21	伍正华		气举技术（二级）	
22	方志刚		注水技术（二级）	
23	李　军		地面集输工艺（二级）	
24	王劲松		区域勘探（一级）	
25	范谭广	2018	油藏描述评价（一级）	勘探开发研究院
26	赵　健		稠油开发岗位（一级）	
27	肖志朋		稀油提高采收率（一级）	

续表

序号	姓　名	年份	专业或岗位	工作单位
28	于家义		非常规油气开发（一级）	勘探开发研究院
29	苟红光		储层评价改造技术（二级）	
30	李新宁		地质研究信息技术应用（二级）	
31	韩　成		测井技术（二级）	
32	高成全		储量及规划（二级）	
33	张　俊		常规油气开发（二级）	
34	李克果		储量评估与开发规划（二级）	
35	邵明记	2018	海外油气开发（二级）	
36	刘建伟		储层改造（一级）	工程技术研究院
37	尹玉川		采油工艺（一级）	
38	宋协禄		地面工程（二级）	
39	马平平		钻完井液（二级）	
40	王振松		气举采油（二级）	
41	杨立军		钻井工艺（二级）	
42	邓　强		储层改造（二级）	

五、吐哈油田分公司技能专家名单

序号	姓　名	年份	工　种	工作单位
1	金勇才		采油技能专家	鄯善采油厂
2	王宗刚			
3	高宏亮			三塘湖采油厂
4	裴晓斌			
5	莱建伟	2016		温米采油厂
6	张　浩		集输技能专家	销售事业部
7	何　洁			鄯善采油厂
8	张　兵			
9	马玉峰			鲁克沁采油厂（鲁克沁油田项目经理部）

续表

序号	姓　名	年份	工　种	工作单位
10	周　军	2016	采气技能专家	丘东采油厂
11	王云龙		轻烃装置操作技能专家	鄯善采油厂
12	叶文杰		井下作业技能专家	井下技术作业公司
13	罗　鸿		电工技能专家	供水供电处
14	吴礼君		电焊技能专家	新疆吐哈油田建设有限责任公司
15	梁顺伟		汽车修理技能专家	特种车辆工程公司
16	宋建军		维修电工技能专家	哈密物业管理公司
17	周　燕		车工技能专家	机械厂
18	金勇才	2017	采油技能专家	鄯善采油厂
19	杨　帆			
20	莱建伟			
21	高宏亮			三塘湖采油厂
22	裴晓斌			
23	周　军	2017	采气技能专家	鄯善采油厂
24	张　浩		集输技能专家	销售事业部
25	李　军			
26	张　兵			鄯善采油厂
27	何　洁			
28	王宗刚			
29	王云龙		轻烃装置操作技能专家	鄯善采油厂
30	叶文杰		井下作业技能专家	井下技术作业公司
31	赵剑伟	2019	采油技能专家	三塘湖采油厂

六、吐哈油田分公司技术能手名单

序号	姓 名	年份	工 种	工作单位
1	杨 芸		采油工	鄯善采油厂
2	王亚东			吐鲁番采油厂
3	訾 轩			
4	王多奇			
5	安玉玺			三塘湖采油厂
6	胡敬之			
7	杨小磊			鲁克沁采油厂（鲁克沁油田项目经理部）
8	许尔仑		采气工	鄯善采油厂
9	张良良			
10	张子玉			
11	鲁 平			
12	周祖宇			
13	夏光铭	2017	集输工	销售事业部
14	丁光芳			鄯善采油厂
15	王 涛			
16	桑 鹏			吐鲁番采油厂
17	陆晓丽			
18	杨永亮			
19	施晨曦			鲁克沁采油厂（鲁克沁油田项目经理部）
20	陈海涛		轻烃装置操作工	吐鲁番采油厂
21	张 辉			
22	梁兆波			
23	云向林			鄯善采油厂
24	刘振潭			
25	刘小萍			

续表

序号	姓 名	年份	工 种	工作单位
26	尚志峰	2017	井下作业工	井下技术作业公司
27	盛文鑫			
28	陈金鑫			
29	朱 涛			
30	张 帆		油气田水处理工	新疆吐哈油田建设有限责任公司
31	马晓峰			
32	王 臣			
33	曹 楷			
34	宋炳志			
35	尤玉民			
36	庄淞云		汽车驾驶员	井下技术作业公司
37	霍迎祖			
38	李玉虎			
39	剡强宏			
40	张立军			
41	马俊峰		电工	供水供电处
42	聂保刚			
43	邹良杰			
44	张永刚			
45	陈玉明			
46	陈增威		消防战斗员	消防支队
47	李格瓦			
48	付建锋			
49	王振臻			
50	刘永林			
51	訾 轩	2019	采油工	吐鲁番采油厂

序号	姓名	年份	工　种	工作单位
52	王亚东	2019	采油工	吐鲁番采油厂
53	王多奇			三塘湖采油厂
54	王志龙			鄯善采油厂
55	程国锋			
56	张丽波		采气工	鄯善采油厂
57	张　蓉			
58	陈　楠			
59	濮　珺			
60	陆晓丽		集输工	吐鲁番采油厂
61	桑　鹏			
62	车　刚			销售事业部
63	陶虎成			鄯善采油厂
64	王　涛			
65	马京莉			销售事业部
66	刘振潭		轻烃装置操作工	鄯善采油厂
67	张　辉			吐鲁番采油厂
68	马光磊			鄯善采油厂
69	刘思葭			
70	陈广强			吐鲁番采油厂
71	施林涛		电焊工	工程建设服务中心
72	赵永强			
73	刘承东			
74	张志斌			综合服务中心
75	段鹏飞		仓库保管工	物资供应处
76	常　玲			
77	杨小红			

续表

序号	姓　名	年份	工　种	工作单位
78	魏　剑		仓库保管工	物资供应处
79	郭海宾	2019		
80	胡子萍			
81	周逸珠		变电站值班员	供水供电处
82	苟晶岚			

七、吐哈油田分公司教授级高级职称人员名单

序号	姓　名	年份	职　称	工作单位
1	朱永贤		教授级高级工程师	开发部
2	晏书宾	2018		企管法规处
3	王　炜			鄯善采油厂
4	崔　奋		教授级高级经济师	油田分公司总法律顾问

八、吐哈油田分公司高级职称人员名单

2016年	
1.高级工程师（55人）	陈毓清、王　鹏、张　琪、田　琳、夏正春、贾国强、韩继凡、陈淑艳、董　明（勘探开发研究院）；蒋　明、王　丰、邓　强、赵前进、禹　萍、肖　华、杨立军、戬能斌、姜　苹、刘　萍、王　良（工程技术研究院）；许泽勇（勘探公司）；周　福、单慧玲、孙　涛、何　波（吐鲁番采油厂）；李京辉、赵志华［鲁克沁采油厂（鲁克沁油田项目经理部）］；李　宁、郭　军、熊庆勇、赵招娥、罗志海（鄯善采油厂）；朱雪萍（三塘湖采油厂）；张　亮（石油天然气化工厂）；曹元平、吴洪涛（监督中心、石油天然气吐哈工程监督站）；党建锋、王顺君、赵三省（井下技术作业公司）；周长英、杨卫星（机械厂）；张双民、张少华、宋联庆（供水供电处）；刘光勇（技术监测中心）；李　光（信息技术公司）；王云昆（新疆吐哈油田建设有限责任公司）；刘文涛（生产运行处）；林敬民（工程技术处）；刘小洲（基建工程处）；张继华（设备管理处）；王　征（质量安全环保处）；何仁忠（勘探部）；汤爱云、吕芬敏（开发部）
2.高级经济师（6人）	贾生中（新疆吐哈油田建设有限责任公司）；窦　丽（供水供电处）；张月季（信息技术公司）；杨　杰（西安生活基地管理中心）；张　雄（财务处）；李振权（企管法规处）
3.高级会计师（1人）	张　浩（物资供应处）

续表

2016年	
4.高级政工师（9人）	廖瑞萍（吐鲁番采油厂）；尹叶果（信息技术公司）；张学霞、王　枫、李彩霞（哈密物业管理公司）；程　鑫（鄯善物业管理公司）；王　丽（工会）；郑　锐（纪委监察处）；吴智杰（办公室）
2017年	
1.高级工程师（62人）	程海涛、叶生林（勘探公司）；段菊梅、张　磊、黄黎明、廖华伟、张海霞、左　毅、陈文安（勘探开发研究院）；石　磊、石　锋、徐　浩、周芝琴、徐丽琴、马平平、杨荣奎、陈秀芳、杨洪儒、李明平、马帅帮、徐志敏（工程技术研究院）；刘建涛、王　勇、张　敏、张晓东、焦启彦、魏鹏程、姚忠宝（吐鲁番采油厂）；李建明［鲁克沁采油厂（鲁克沁油田项目经理部）］；郭维龙、杨春社、肖进东、王海波、温剑江、王永祯、邢龙朝、梁金昌、赵金华、张春峰（鄯善采油厂）；钟　银、杜立新（三塘湖采油厂）；王宁升（石油天然气化工厂）；夏　晃、赵继业、邢海光、谢金丁、张书荣（井下技术作业公司）；孙保华（新疆吐哈油田建设有限责任公司）；邓兴平、李耀产、殷志杰（机械厂）；杨　磊（供水供电处）；吕长青（技术监测中心）；龙宏德（信息技术公司）；徐慧敏、朱　亮、王光辉、李　冲、韦　涛、王广峰、曾翔宇、高　磊（吐哈油田分公司机关）
2.高级经济师（10人）	辛丽珺（勘探开发研究院）；任　鹏（工程技术研究院）；刘柏林（鄯善采油厂）；郑　勇、左　燕（销售事业部）；陈　峦（物资供应处）；张卫平（吐哈石油大厦）；祁兵兵、帅云涛、杨红霞（吐哈油田分公司机关）
3.高级会计师（1人）	刘　磊（吐哈油田分公司机关）
4.高级政工师（14人）	周　强（工程技术研究院）；王金虎（吐鲁番采油厂）；张进武（鄯善采油厂）；王宇霞（井下技术作业公司）；武广学（新疆吐哈油田建设有限责任公司）；李玉强（供水供电处）；郭建生（员工公寓管理中心）；蒲永录（哈密物业管理公司）；陈东升（鄯善物业管理公司）；李晓燕（吐哈石油医院）；李振鹏、许建军、李正岩、王　强（吐哈油田分公司机关）
2018年	
1.高级工程师（78人）	赵绪辰、王　瑞、王　昕（勘探公司）；马　强、郑玉萍、贾雪丽、王兴刚、王美艳、徐　振、万永清、郑红梅、陈昶旭、张中勤、张　娜（勘探开发研究院）；王晓燕、王　勇、李晓辉、熊汉辉、张立东、张宁县、廖天彬、刘　友、任　爽、孙冰恒、王　燕、党　丽、陈　芳、陈明辉、付伟明（工程技术研究院）；李文杰、李　翔、马金鸣、唐富强、温　红（吐鲁番采油厂）；孙辉辉、胡仁权［鲁克沁采油厂（鲁克沁油田项目经理部）］；彭明辉、虎海宾、熊小波、郭　强、李国栋、薛　辉、江　涛、刘永斌、刘国华（鄯善采油厂）；刘毅泽、楚天祥、于能文、赵儒学、程必永、柯　军、鞠汉良、邱吉祥（三塘湖采油厂）；田辉伦、谢银红（销售事业部）；蒋李陵（监督中心、石油天然气吐哈工程质量监督站、纪检监察中心）；薛志刚（消防支队）；马玉鹏（井下技术作业公司）；李小彦、刘　晖、范世平（机械厂）；石秀超（新疆吐哈油田建设有限责任公司）；樊建武、李忠雄、王卫煌、余　波、王新永（供水供电处）；陈　红、廖正湘、戴少军（信息技术公司）；王颖辉、王小康、王小钧、刘建英、魏　勇、冯宗凡、熊　涛（吐哈油田分公司机关）

续表

2018年	
2.高级经济师（5人）	严　英（物资供应处）；王晓燕（综合服务中心）；于春新、樊军侠、侯长江（吐哈油田分公司机关）
3.高级会计师（3人）	田海平（工程技术研究院）；焦熠堂［鲁克沁采油厂（鲁克沁油田项目经理部）］；朱先林（综合服务中心）
4.高级政工师（8人）	张毅宁（鄯善采油厂）；王建生（销售事业部）；宁良玉（监督中心、石油天然气吐哈工程质量监督站、纪检监察中心）；俞一松（供水供电处）；谢建民（综合服务中心）；徐　炎（离退休职工管理中心）；叶门杰（监督中心、石油天然气吐哈工程质量监督站、纪检监察中心）；卢镜换（吐哈油田分公司机关）
2019年	
1.高级工程师（75人）	孙宏亮、郭旭东（勘探公司）；许忠林、梁　辉、林　霖、张　华、时国新、刘　刚、蔡文新、李　宁、王　磊、戴立波、黄　瑜、杨志刚、潘有军、白国娟、刘长地、谢　军、黄　英、冯兆伟、邱　波（勘探开发研究院）；吴　迪、姚普勇、方卫荣、杨汝成、殷庆国、向　洪、隋　阳、刘建伟、王　涛、齐韦林、张　鹏、孙昌宝、孙妍玮、杨万成、王广财（工程技术研究院）；税文生、保万明、杨　耀、许雄轩、赵振宇（吐鲁番采油厂）；姜延庆、滕立强、王　刚、张建新［鲁克沁采油厂（鲁克沁油田项目经理部）］；杨军朝、马金祥、于靖之、武耀祖（鄯善采油厂）；陶登海（三塘湖采油厂）；任　峰（消防支队）；韦　豪、李　强、崔君才（监督中心、石油天然气吐哈工程质量监督站、纪检监察中心）；叶学勤、韩演涛（井下技术作业公司）；李三照、路　强（新疆吐哈油田建设有限责任公司）；张朋举（机械厂）；侯宗勇、王　峰、史家宁、孙宽锋（供水供电处）；王军平、冯仲文、左俊涛、范华中、熊小龙、艾秋顺（技术监测中心）；顾惊涛、陈　洁、汪　勇（信息技术公司）；肖国俊（质量安全环保处）；刘　亮（科技信息处）；左冰心（开发部）
2.高级经济师（5人）	蔡　敏（物资供应处）；张卫华（综合服务中心）；李　伟（规划计划处）；王玉强（企管法规处）；夏静明（技能鉴定中心）
3.高级会计师（3人）	李新华（工程技术研究院）；成　斌（财务处）；彭榜名（资金结算中心）
4.高级政工师（9人）	王　刚（销售事业部）；徐庆勇（供水供电处）；杨世宝（新疆吐哈油田建设有限责任公司）；龚永虎、童丹丹、丁兆顺（综合服务中心）；李玉生（离退休职工管理中心）；杜成章（人事处）；皇甫锦锋（企业文化处）
2020年	
1.正高级工程师（4人）	李正科、崔英怀、陈　旋（勘探开发研究院）；刘德基（工程技术研究院）

2020年	
2.高级工程师（71人）	黄生星、胡　刚（工程技术处）;周　婕、韦　栋（开发部）;李兵波（勘探公司）;邵满军、徐雄飞、龙　飞、尹学琪、刘　军、蔡必金、刘景东、许思强、薛江堂、葛启兵、杨　硕、蔡喜东（勘探开发研究院）;周小淞、张振宇、刘　颖、刘海廷、谌　勇、王　涛、韩中轩、曹　昕、刘禧元;（工程技术研究院）;刘　兵、万礼鹏、邱　煜、沈　磊（吐鲁番采油厂）;夏永建、王志平、杨　帆、邬　军［鲁克沁采油厂（鲁克沁油田项目经理部）］;张　军、蔡　敏、范宜祥、董泽昌、李海涛、陈　军、甄万林、何　军、王　虎、杨　涛、姜　珍、杜　丽、叶立香（鄯善采油厂）;徐　军、李利军、张　刚（三塘湖采油厂）;王卫军（销售事业部）李荣权、赵彦彬、汪振奎（监督中心、石油天然气吐哈工程质量监督站、纪检中心）;于高峰（工程技术中心）;毕鸣洲、杨海宁、周田涛、雷正平、邹永志、吕春雷、黄　考（供水供电处）;陈建宇、朱君平（技术监测中心）;柴金勇、石焕荣、隽军利（信息技术公司）;王斌林、何青海、张永军（物资保障中心）;马　鹏（综合服务中心）
3.高级经济师（6人）	王　银（办公室）;孙　亮（规划计划处）;杨海萌（人事处）;林于栋、周德猛（原招投标部）
4.高级会计师（2人）	高　翔（财务处）;段海刚（技术监测中心）
5.高级政工师（10人）	宋德宝（工会）;刘志平（油田保卫部）;薛　刚（监督中心、石油天然气吐哈工程质量监督站、纪检中心）;王金军（工程技术中心）;王艳莉（供水供电处）;邓玉兵、李华德（信息技术公司）;李　君（物资保障中心）;周　军（综合服务中心）;李天兴（离退休职工管理中心）

第五章　先进集体和个人

一、省部级及以上先进集体

荣誉称号	授予年份	获奖单位
全国"安康杯"竞赛安全文化宣传工作先进单位	2016	吐哈油田分公司工会
全国"安康杯"竞赛优胜单位	2016	供水供电处
全国"安康杯"竞赛优胜班组	2016	消防支队特勤大队战斗一班
全国五一劳动奖状	2016	鲁克沁采油厂（鲁克沁油田项目经理部）
全国示范性老年大学	2016	吐哈油田分公司老年大学
2017年全国健步走网络公开赛（甲组1000人以上）年度优胜奖	2017	吐哈油田分公司
全国厂务公开先进单位	2017	井下技术作业公司
中央企业先进集体	2019	工程技术研究院气举技术中心
全国工人先锋号	2018	信息技术公司数据部
	2019	勘探开发研究院三塘湖项目室

二、省部级及以上先进个人

荣誉称号	授予年份	获奖者姓名	获奖者所在单位
全国"安康杯"竞赛安康企业家	2016	周　波	吐哈油田分公司
全国"安康杯"竞赛安全文化宣传活动先进个人	2016	宋德宝	吐哈油田分公司工会
全国绿化奖章	2016	梁群宝	哈密物业管理公司
		李　淼	鄯善物业管理公司
全国五一劳动奖章	2017	徐志民	鄯善采油厂

三、新疆维吾尔自治区先进集体

荣誉称号	授予年份	获奖单位
新疆维吾尔自治区2013—2015年连续三年安全生产目标管理先进单位	2016	吐哈油田分公司
新疆维吾尔自治区2015年度安全生产目标管理先进单位	2016	吐哈油田分公司
新疆维吾尔自治区2014—2016年度内部审计先进集体	2016	吐哈油田分公司审计部
新疆维吾尔自治区"安康杯"竞赛优胜企业	2016	鄯善采油厂
新疆维吾尔自治区"安康杯"竞赛优秀组织单位	2016	特种车辆工程公司
新疆维吾尔自治区"安康杯"竞赛优秀班组	2016	吐鲁番采油厂葡北采油工区神泉联合站
新疆维吾尔自治区青年文明号	2016	吐鲁番采油厂油藏工程室
		鄯善采油厂油藏工程室
		井下技术作业公司大修四队
新疆维吾尔自治区工人先锋号	2016	信息技术公司数据部
		新闻中心电视部
		三塘湖采油厂牛圈湖联合站
	2017	信息技术公司自动化技术部
		鄯善采油厂红台采气工区
	2018	井下技术作业公司压裂三队
		勘探开发研究院三塘湖项目室
	2019	监督中心（石油天然气吐哈工程质量监督站、纪检中心）安全监督站
		供水供电处吐鲁番水电运行部
新疆维吾尔自治区模范职工之家红旗单位	2016	鄯善物业管理公司工会
新疆维吾尔自治区模范职工之家	2016	消防支队工会
		鄯善采油厂丘东采气工区工会
新疆维吾尔自治区劳模（职工）创新工作室	2016	赵健劳模创新工作室
		赵剑伟劳模创新工作室
		徐志民劳模创新工作室
		冯义劳模创新工作室

续表

荣誉称号	授予年份	获奖单位
新疆维吾尔自治区劳模和工匠人才创新工作室	2017	穆金峰创新工作室
		顾仲辉创新工作室
		张鑫创新工作室
		杨孝定创新工作室
	2018	气举中心创新工作室
		顾惊涛创新工作室
		江龙班创新工作室
	2019	销售事业部张浩创新工作室
		勘探开发研究院康积伦创新工作室
		供水供电处杜学东创新工作室
开发建设新疆奖	2018	工程技术研究院气举技术中心
	2019	勘探公司
新疆维吾尔自治区绿化先进集体	2018	供水供电处
新疆维吾尔自治区文明单位	2019	信息技术公司
		物资供应处

四、新疆维吾尔自治区先进个人

荣誉称号	授予年份	获奖者姓名	获奖者所在单位
新疆维吾尔自治区2014—2016年度内部审计先进工作者	2016	杨 臣	吐哈油田分公司审计部
新疆维吾尔自治区优秀工会工作者	2016	宋德宝	吐哈油田分公司工会
新疆维吾尔自治区民族团结进步优秀共产党员	2016	刘 继	特种车辆工程公司
新疆维吾尔自治区优秀共青团员	2016	鲁天慧	吐鲁番采油厂
新疆维吾尔自治区开发建设新疆奖章	2016	徐志民	鄯善采油厂
	2017	赵 健	勘探开发研究院
	2019	顾仲辉	吐鲁番采油管理区
新疆维吾尔自治区劳动模范	2016	朱永贤	三塘湖采油厂
		康积伦	勘探开发研究院
	2020	方志刚	工程技术研究院

五、集团公司先进集体

荣誉称号	授予年份	获奖单位
集团公司安全生产先进企业	2016、2017	吐哈油田分公司
集团公司井控工作先进企业	2017	吐哈油田分公司
集团公司法律与合规工作先进集体	2016	吐哈油田分公司企管法规处
集团公司"六五"普法先进集体	2016	吐哈油田分公司质量安全环保处
		井下技术作业公司
集团公司统计工作先进单位	2016、2017、2018、2019	吐哈油田分公司
集团公司招标管理先进单位	2016	吐哈油田分公司
集团公司物资采购管理先进单位	2016	吐哈油田分公司
集团公司绿化先进单位	2016	鄯善物业管理公司
		鄯善采油厂
集团公司铁人先锋号	2017	工程技术研究院钻井工艺研究所
集团公司2015—2017年度审计工作先进集体	2017	吐哈油田分公司审计部
集团公司节能节水先进企业	2016、2017、2018、2019	吐哈油田分公司
集团公司节能节水先进基层单位	2016	鄯善采油厂轻烃工区
	2017	三塘湖采油厂牛圈湖采油工区
	2018	鲁克沁采油厂（鲁克沁油田项目经理部）采油二工区
	2019	吐鲁番采油厂葡北采油工区
集团公司青年文明号	2017	鲁克沁采油厂（鲁克沁油田项目经理部）油藏工程室
		三塘湖采油厂开发技术团支部
集团公司2013—2015年维稳信访工作先进集体	2016	维护稳定办公室
		井下技术作业公司
集团公司先进基层党组织	2016	勘探开发研究院地质勘探研究三所
		井下技术作业公司党委
	2019	鲁克沁采油厂（鲁克沁油田项目经理部）党委
		井下技术作业公司党委

续表

荣誉称号	授予年份	获奖单位
集团公司先进基层党组织	2019	供水供电处党委
		勘探开发研究院三塘湖及外围盆地勘探研究中心党支部
		吐鲁番采油厂葡北采油工区党支部
		鄯善采油厂红台采气工区党支部
集团公司宣传思想文化工作先进集体	2019	鄯善采油厂
集团公司法律工作先进单位	2018	吐哈油田分公司
集团公司离退休系统宣传思想工作优秀单位	2018	离退休职工管理中心
集团公司先进集体	2020	工程技术研究院吐哈气举技术中心
		三塘湖采油厂牛东采油工区
		生产运行处生产保障科
		勘探开发研究院三塘湖及外围勘探研究中心准东项目部

六、吐哈油田分公司先进集体

荣誉称号	授予年份	获奖单位
先进基层党委	2016	吐鲁番采油厂党委
		鲁克沁采油厂（鲁克沁油田项目经理部）党委
		鄯善采油厂党委
		井下技术作业公司党委
		供水供电处党委
		信息技术公司党委
		鄯善物业管理公司党委
		新闻中心党委

续表

荣誉称号	授予年份	获奖单位
先进基层党委	2017	鲁克沁采油厂党委
		鄯善采油厂党委
		三塘湖采油厂党委
		监督中心（石油天然气吐哈工程质量监督站、纪检监察中心）党委
		井下技术作业公司党委
		供水供电处党委
		信息技术公司党委
		哈密物业管理公司党委
	2018	吐鲁番采油厂党委
		三塘湖采油厂党委
		监督中心党委
		井下技术作业公司党委
		供水供电处党委
		消防支队党委
	2019	勘探开发研究院党委
		工程技术研究院党委
		鲁克沁采油厂（鲁克沁油田项目经理部）党委
		井下技术作业公司党委
		供水供电处党委
		综合服务中心党委
	2020	鄯善采油厂党委
		销售事业部党委
		工程技术中心党委
		供水供电处党委
		综合服务中心党委

续表

荣誉称号	授予年份	获奖单位
先进基层党支部	2016	勘探开发研究院油田开发研究二所党支部
		勘探开发研究院地质分析试验中心党支部
		工程技术研究院油田化学研究所党支部
		工程技术研究院采油工艺研究所党支部
		勘探公司（勘探事业部）第二党支部
		吐鲁番采油厂葡北采油工区党支部
		吐鲁番采油厂雁木西采油工区党支部
		鲁克沁采油厂（鲁克沁油田项目经理部）采油一工区党支部
		鲁克沁采油厂（鲁克沁油田项目经理部）维修保卫党支部
		鄯善采油厂丘东采气工区党支部
		鄯善采油厂鄯善采油工区党支部
		鄯善采油厂温米联合站党支部
		鄯善采油厂轻烃工区党支部
		三塘湖采油厂牛圈湖采油工区党支部
		三塘湖采油厂联合站党支部
		监督中心（石油天然气吐哈工程质量监督站）钻井工程监督站党支部
		销售事业部轻烃储运工区党支部
		销售事业部轻烃外运工区党支部
		石油天然气化工厂溶剂油工区党支部
		井下技术作业公司压裂酸化研究所党支部
		井下技术作业公司试油测试公司党支部
		井下技术作业公司修井工艺研究所党支部
		井下技术作业公司压裂一队党支部
		新疆吐哈油田建设有限责任公司工厂化预制厂党支部
		新疆吐哈油田建设有限责任公司维抢修一公司党支部
		特种车辆工程公司汽车维修中心党支部
		特种车辆工程公司油品运输分公司党支部

续表

荣誉称号	授予年份	获奖单位
先进基层党支部	2016	机械厂抽油机车间党支部
		机械厂抽油机维修中心党支部
		供水供电处变电运行部党支部
		供水供电处送变电工程公司党支部
		技术监测中心锅炉压力容器检测站党支部
		信息技术公司自动化技术部党支部
		物资供应处质检科党支部
		消防支队油库消防大队党支部
		小车服务中心综合服务站党支部
		石油能源开发公司哈密区域党支部
		吐哈石油大厦吐鲁番吐哈石油大厦党支部
		哈密物业管理公司保洁中心党支部
		哈密物业管理公司供热中心党支部
		鄯善物业管理公司供热中心党支部
		鄯善物业管理公司工程维修中心党支部
		吐哈石油医院疾病预防控制中心党支部
		新闻中心电视部党支部
		离退休职工管理中心七区离退休党支部
		酒泉生活基地管理中心石油基地离退休职工第三党支部
		西安生活基地管理中心第六党支部
		广汉生活基地管理中心离退休第二党支部
		吐哈油田分公司机关纪委监察处党支部
		吐哈油田分公司机关开发部党支部
	2017	勘探开发研究院勘探第一党支部
		工程技术研究院油田化学研究所党支部
		勘探公司（勘探事业部）第四党支部
		吐鲁番采油厂红连采油工区党支部

续表

荣誉称号	授予年份	获奖单位
先进基层党支部	2017	吐鲁番采油厂葡北采油工区党支部
		鲁克沁采油厂（鲁克沁油田项目经理部）采油一工区党支部
		鲁克沁采油厂（鲁克沁油田项目经理部）采油二工区党支部
		鄯善采油厂红台采气工区党支部
		鄯善采油厂温五采油工区党支部
		鄯善采油厂油藏工程室党支部
		鄯善采油厂设备维修工区党支部
		三塘湖采油厂油藏工程室党支部
		三塘湖采油厂牛圈湖联合站党支部
		销售事业部计划财务联合党支部
		销售事业部轻烃外运工区党支部
		石油天然气化工厂溶剂油工区党支部
		监督中心（石油天然气吐哈工程质量监督站、纪检监察中心）安全党支部
		井下技术作业公司压裂酸化研究所党支部
		井下技术作业公司修井工艺研究所党支部
		井下技术作业公司压裂一队党支部
		井下技术作业公司监理站党支部
		新疆吐哈油田建设有限责任公司路桥工程公司党支部
		新疆吐哈油田建设有限责任公司电气仪表公司党支部
		运输工程公司运输一分公司党支部
		运输工程公司小车分公司党支部
		机械厂综合服务部党支部
		机械厂压缩机维修中心党支部
		供水供电处输配电运行部党支部
		供水供电处吐鲁番水电运行部党支部
		技术监测中心计量工作站党支部
		信息技术公司自动化技术部党支部

续表

荣誉称号	授予年份	获奖单位
先进基层党支部	2017	信息技术公司数据部党支部
		物资供应处质检科党支部
		物资供应处鄯善物资库党支部
		消防支队油库消防大队党支部
		石油能源开发公司哈密区域党支部
		员工公寓管理中心鄯善员工公寓党支部
		吐哈石油大厦房务餐饮党支部
		哈密物业管理公司工程维修中心党支部
		哈密物业管理公司三塘湖物业管理中心党支部
		鄯善物业管理公司供热中心党支部
		鄯善物业管理公司幼儿园党支部
		吐哈石油医院疾病预防控制中心党支部
		新闻中心电视部党支部
		离退休职工管理中心十区离退休职工党支部
		离退休职工管理中心酒泉退管站离退休第二党支部
		西安生活基地管理中心第六党支部
		广汉生活基地管理中心离退休第一党支部
		人事处（党委组织部、技能鉴定中心）党支部
		财务处（资金结算中心）党支部
	2020	勘探公司（勘探事业部）第五党支部
		勘探开发研究院三塘湖及外围盆地勘探研究中心党支部
		勘探开发研究院地质分析试验中心党支部
		工程技术研究院采油机械研究所党支部
		吐鲁番采油厂玉果采油工区党支部
		吐鲁番采油厂轻烃工区党支部
		鲁克沁采油厂（鲁克沁油田项目经理部）采油一工区党支部
		鲁克沁采油厂（鲁克沁油田项目经理部）采油二工区党支部
		鄯善采油厂红台采气工区党支部

续表

荣誉称号	授予年份	获奖单位
先进基层党支部	2020	鄯善采油厂丘东采气工区党支部
		鄯善采油厂温米联合站党支部
		鄯善采油厂丘陵采油工区党支部
		鄯善采油厂维修工区党支部
		鄯善采油厂设备工程室党支部
		鄯善采油厂机关第一党支部
		三塘湖采油厂牛东采油工区党支部
		三塘湖采油厂油藏工程室党支部
		销售事业部轻烃外运工区党支部
		销售事业部油气销售部党支部
		销售事业部轻烃储运工区党支部
		监督中心（石油天然气吐哈工程质量监督站、纪检中心）钻井工程监督站党支部
		工程技术中心吐鲁番消防应急抢险大队党支部
		工程技术中心工程项目管理部党支部
		工程技术中心设备修保站党支部
		工程技术中心防火安全监督站党支部
		工程技术中心特勤应急抢险大队党支部
		供水供电处变电运行部党支部
		供水供电处输配电运行部党支部
		供水供电处供水运行部党支部
		供水供电处三塘湖水电运行部党支部
		技术监测中心计量检定站党支部
		信息技术公司市场部党支部
		信息技术公司机关党支部
		物资保障中心鄯善储运站党支部
		物资保障中心机泵抽油机党支部
		吐哈石油大厦工程物业党支部

续表

荣誉称号	授予年份	获奖单位
先进基层党支部	2020	综合服务中心供热服务站党支部
		综合服务中心工程维修部党支部
		综合服务中心餐饮服务部党支部
		综合服务中心三塘湖服务站党支部
		综合服务中心综合服务部党支部
		离退休职工管理中心职工党支部
		离退休职工管理中心二区离退休职工党支部
		离退休职工管理中心十一区离退休职工党支部
		离退休职工管理中心兰州生活基地管理站第三党支部
		离退休职工管理中心广汉生活基地管理站第二党支部
		西安生活基地管理中心第一党支部
		吐哈油田分公司机关生产运行处党支部
		吐哈油田分公司机关油田保卫部（武装部）党支部
		吐哈油田分公司机关开发部党支部
示范党支部	2018	勘探开发研究院勘探第一党支部
		吐鲁番采油厂红连采油工区党支部
		三塘湖采油厂牛东采油工区党支部
		井下技术作业公司压裂一队党支部
		新疆吐哈油田建设有限责任公司维抢修公司党支部
		机械厂抽油机车间党支部
		供水供电处变电运行部党支部
		物资供应处鄯善物资库党支部
		综合服务中心保洁服务站党支部
	2019	勘探开发研究院三塘湖及外围盆地勘探研究中心党支部
		工程技术研究院采油机械研究所党支部
		吐鲁番采油厂红连采油工区党支部
		鲁克沁采油厂（鲁克沁油田项目经理部）采油二工区党支部

续表

荣誉称号	授予年份	获奖单位
示范党支部	2019	鄯善采油厂红台采气工区党支部
		三塘湖采油厂牛东采油工区党支部
		井下技术作业公司压裂酸化研究所党支部
		新疆吐哈油田建设有限公司维抢修公司党支部
		机械厂抽油机车间党支部
		供水供电处变电运行部党支部
		物资供应处鄯善物资库党支部
		综合服务中心哈密绿化保洁站党支部
优秀党支部	2018	工程技术研究院采油机械研究所党支部
		勘探公司（勘探事业部）第二党支部
		吐鲁番采油厂葡北采油工区党支部
		鲁克沁采油厂（鲁克沁油田项目经理部）采油二工区党支部
		鲁克沁采油厂（鲁克沁油田项目经理部）维修保卫党支部
		鄯善采油厂温五采油工区党支部
		鄯善采油厂轻烃工区党支部
		鄯善采油厂温米联合站党支部
		三塘湖采油厂油藏工程室党支部
		监督中心（石油天然气吐哈工程质量监督站、纪检监察中心）钻井工程监督站党支部
		销售事业部油品储运工区党支部
		销售事业部计划财务联合党支部
		井下技术作业公司压裂酸化研究所党支部
		井下技术作业公司修井工艺研究所党支部
		井下技术作业公司监理站党支部
		运输工程公司汽车维修中心党支部
		机械厂监督站党支部
		供水供电处输配电运行部党支部
		技术监测中心锅检站党支部

续表

荣誉称号	授予年份	获奖单位
优秀党支部	2018	信息技术公司自动化技术部党支部
		信息技术公司市场部党支部
		消防支队吐鲁番大队党支部
		石油能源开发公司哈密区域党支部
		吐哈石油大厦房务餐饮党支部
		综合服务中心工程维修部党支部
		吐哈石油医院门诊部党支部
		离退休职工管理中心四区离退休职工党支部
		离退休职工管理中心酒泉基地第四党支部
		离退休职工管理中心职工党支部
		公司机关开发部党支部
	2019	勘探公司（勘探事业部）第二党支部
		吐鲁番采油厂轻烃工区党支部
		鲁克沁采油厂（鲁克沁油田项目经理部）油藏工程室党支部
		鄯善采油厂丘东采气工区党支部
		鄯善采油厂温米联合站党支部
		三塘湖采油厂牛圈湖联合站党支部
		销售事业部轻烃外运工区党支部
		销售事业部计划财务联合党支部
		消防支队特勤大队党支部
		监督中心（石油天然气吐哈工程质量监督站、纪检中心）钻井工程监督站党支部
		井下技术作业公司三塘湖分公司党支部
		井下技术作业公司修井试油分公司党支部
		运输工程公司汽车维修中心党支部
		运输工程公司油品运输分公司党支部
		机械厂机关第一党支部
		供水供电处输配电运行部党支部

续表

荣誉称号	授予年份	获奖单位
优秀党支部	2019	技术监测中心特种设备检验公司党支部
		信息技术公司自动化技术部党支部
		石油能源开发公司鄯善区域党支部
		吐哈石油大厦房务餐饮党支部
		综合服务中心供热服务站党支部
		吐哈石油医院住院部党支部
		离退休职工管理中心一区离退休职工党支部
		离退休职工管理中心酒泉生活基地管理站新世纪花园离退休职工党支部
		离退休职工管理中心职工党支部
		西安生活基地管理中心第二党支部
		吐哈油田分公司机关企管法规处党支部
		吐哈油田分公司机关工程技术处党支部

七、集团公司先进个人

荣誉称号	授予年份	获奖者姓名	获奖者所在单位
集团公司优秀共产党员	2016	徐志民	鄯善采油厂
		周　燕	三塘湖采油厂
		赵良喜	哈密物业管理公司
	2019	张　斌	勘探公司（勘探事业部）
		陈　超	工程技术研究院
		徐志民	鄯善采油厂
		刘毅泽	三塘湖采油厂
		刘东云	销售事业部
		汪　诚	新疆吐哈油田建设有限责任公司
		余　洋	运输工程公司
		殷志杰	机械厂
		双晓峰	综合服务中心

荣誉称号	授予年份	获奖者姓名	获奖者所在单位
集团公司优秀党务工作者	2016	王金虎	吐鲁番采油厂
		杨　震	供水供电处
	2019	杨　震	供水供电处
		李显锋	吐哈油田分公司干部管理科
		梁庆查	鲁克沁采油厂
		王宇霞	井下技术作业公司
		杨永玲	鄯善物业管理公司
集团公司2015—2017年度审计工作先进工作者	2017	何　伟	吐哈油田分公司审计部
集团公司宣传思想文化工作先进个人	2019	王晓华	新疆吐哈油田建设有限责任公司
集团公司铁人奖章	2017	徐志民	鄯善采油厂
集团公司劳模	2020	于家义	勘探开发研究院
		刘建伟	工程技术研究院
		顾仲辉	吐鲁番采油管理区
		顾惊涛	信息技术公司
		杜学东	供水供电处

八、吐哈油田分公司先进个人

荣誉称号	授予年份	获奖者姓名	获奖者所在单位
劳动模范	2016	于家义	勘探开发研究院
		王重芳	吐鲁番采油厂
		王熙栋	消防支队
		王　霞	哈密物业管理公司
		韦　辉	石油天然气化工厂
		方志刚	工程技术研究院
		方雪松	物资供应处
		甘孝洪	井下技术作业公司

续表

荣誉称号	授予年份	获奖者姓名	获奖者所在单位
劳动模范	2016	刘建伟	工程技术研究院
		刘建斌	鄯善采油厂
		李京辉	鲁克沁采油厂
		杨　勇	井下技术作业公司
		余中华	监督中心（石油天然气吐哈工程质量监督站）
		宋联庆	供水供电处
		宋德云	开发部
		张全中	特种车辆工程公司
		张　雨	技术监测中心
		张　浩	销售事业部
		陈吉利	鄯善物业管理公司
		武　强	三塘湖采油厂
		范谭广	勘探开发研究院
		周自武	鄯善采油厂
		胡玉龙	机械厂
		敬章龙	勘探公司
		路　强	新疆吐哈油田建设有限责任公司
优秀共产党员	2016	季卫华	勘探开发研究院
		肖冬生	
		黄黎明	
		郑佳奎	
		杲先进	
		郑晓丽	
		马帅帮	工程技术研究院
		陶树新	
		龚万兴	
		段镇武	
		毗能斌	

续表

荣誉称号	授予年份	获奖者姓名	获奖者所在单位
优秀共产党员	2016	敬章龙	勘探公司（勘探事业部）
		黎卫东	吐鲁番采油厂
		任占玉	
		徐先静	
		李陆华	
		王盘虎	
		李京辉	鲁克沁采油厂（鲁克沁油田项目经理部）
		黄幸福	
		孙立东	
		张玉山	
		高新明	鄯善采油厂
		贺连军	
		江　龙	
		李　宁	
		骆　兵	
		马　云	
		倪向阳	
		杨继光	
		杨晓辉	
		杨玉明	
		张春峰	
		朱志平	三塘湖采油厂
		龚知远	
		裴晓斌	
		宋　旭	监督中心（石油天然气吐哈工程质量监督站）
		李世海	
		曹元平	

续表

荣誉称号	授予年份	获奖者姓名	获奖者所在单位
优秀共产党员	2016	王建生	销售事业部
		张晓嫣	
		许俊成	
		韩文涛	石油天然气化工厂
		段德林	
		甘孝洪	井下技术作业公司
		叶学勤	
		杨　勇	
		靳　龙	
		王　勇	
		冯文军	
		马　骏	
		李万喜	
		张晓平	
		何立法	
		康维东	
		宋辉发	
		汪　诚	新疆吐哈油田建设有限责任公司
		李三照	
		邵宝兴	
		牛胜仓	
		王旭国	特种车辆工程公司
		马金超	
		梁顺伟	
		李振国	机械厂
		王宝阳	
		孟凡阔	
		杨善杰	

续表

荣誉称号	授予年份	获奖者姓名	获奖者所在单位
优秀共产党员	2016	李武周	供水供电处
		王忠诚	
		魏　滨	
		李　刚	
		张　波	技术监测中心
		张　雨	
		第永峰	
		潘广海	信息技术公司
		赵　军	
		徐海洋	
		陈祥云	物资供应处
		万小东	
		张　荣	
		李荣善	
		包寿红	消防支队
		边建章	小车服务中心
		苏　广	石油能源开发公司
		林　锋	员工公寓管理中心
		黄永华	吐哈石油大厦
		赵良喜	哈密物业管理公司
		马超群	
		王旭忠	
		薛传林	
		魏元育	
		袁振文	
		孙兆祜	
		殷庭明	
		王开和	

续表

荣誉称号	授予年份	获奖者姓名	获奖者所在单位
优秀共产党员	2016	蒙玉朋	鄯善物业管理公司
		何青峰	
		赵长明	
		公多亮	
		路宝川	吐哈石油医院
		陈 纲	
		韩 彬	新闻中心
		李加坤	离退休职工管理中心
		杨永杰	
		李建国	
		王峰峰	
		王 琦	北京办事处
		范玉杰	酒泉生活基地管理中心
		尚毓林	兰州生活基地管理中心
		梁立民	西安生活基地管理中心
		杨彦士	广汉生活基地管理中心
		雷 娟	苏州生活基地管理中心
		谢占山	北京生活基地管理中心
		王国红	吐哈油田分公司机关
		李成刚	
		刘健君	
		王玉强	
		刘全洲	
		李大为	
		周德猛	
		王林杰	

续表

荣誉称号	授予年份	获奖者姓名	获奖者所在单位
优秀共产党员	2017	肖冬生	勘探开发研究院
		李克果	
		陈文安	
		徐桂芳	
		南友利	
		杨立军	工程技术研究院
		龚万兴	
		李晓辉	
		韩中轩	
		王瑞	勘探公司（勘探事业部）
		单慧玲	吐鲁番采油厂
		孙涛	
		黎卫东	
		马世州	
		郑志玉	
		邹成林	鲁克沁采油厂（鲁克沁油田项目经理部）
		刘志龙	
		姜延庆	
		陈旋	
		闻磊	鄯善采油厂
		彭明辉	
		李海涛	
		张新洲	
		丁光芳	
		董明辉	
		金小凤	
		徐国成	
		赵立伟	

荣誉称号	授予年份	获奖者姓名	获奖者所在单位
优秀共产党员	2017	鞠汉良	三塘湖采油厂
		刘毅泽	
		王顺利	三塘湖采油厂
		李世海	监督中心（石油天然气吐哈工程质量监督站、纪检监察中心）
		杨国林	
		李　强	
		王卫军	销售事业部
		王　力	
		韦　辉	石油天然气化工厂
		郑　波	井下技术作业公司
		李友军	
		童小虎	
		景宏勃	
		赵三省	
		樊新刚	
		李万喜	
		毕小峰	
		孙玉全	
		周团兵	
		汪　诚	新疆吐哈油田建设有限责任公司
		郑兵午	
		余　洋	运输工程公司
		王衍国	
		来小东	
		张飞虎	
		张建民	机械厂
		郝崇志	
		孔庆祝	

续表

荣誉称号	授予年份	获奖者姓名	获奖者所在单位
优秀共产党员	2017	李武周	供水供电处
		王卫煌	
		杜学东	
		杨孝定	
		卢　判	技术监测中心
		邓英江	技术监测中心
		杨成元	信息技术公司
		张　琳	
		蔡　敏	物资供应处
		秦　斌	
		周　昕	
		侯德生	消防支队
		仲应高	石油能源开发公司
		林　锋	员工公寓管理中心
		张卫平	吐哈石油大厦
		蒋建华	哈密物业管理公司
		高碧海	
		魏元育	哈密物业管理公司
		高俊章	
		朱玉红	
		王兴军	鄯善物业管理公司
		赵国元	
		孟　龙	
		王建俊	吐哈石油医院
		王晓光	
		郭亚冬	新闻中心
		张海洋	离退休职工管理中心
		张富生	

续表

荣誉称号	授予年份	获奖者姓名	获奖者所在单位
优秀共产党员	2017	王建忠	离退休职工管理中心
		祁玉兰	
		刘卫东	
		徐　炎	
		刘洪涛	兰州生活基地管理中心
		陈海清	西安生活基地管理中心
		李拥军	广汉生活基地管理中心
		牛敬忠	苏州生活基地管理中心
		谢占山	北京生活基地管理中心
		谢　黎	吐哈油田分公司机关
		袁仕军	
	2018	李成刚	吐哈油田分公司机关
		林敬民	
		曹约良	
		杨　春	
		李同桂	吐哈油田"访惠聚"驻村工作队
		刘文辉	勘探开发研究院
		杨志刚	
		张生兵	
		雷　振	
		冯仁东	工程技术研究院
		张立东	
		罗凤芝	
		向　洪	工程技术研究院
		孙宏亮	勘探公司（勘探事业部）

续表

荣誉称号	授予年份	获奖者姓名	获奖者所在单位
优秀共产党员	2018	梁　云	吐鲁番采油厂
		吕美良	
		王　海	
		程　鹏	
		李建钧	
		罗　强	鲁克沁采油厂（鲁克沁油田项目经理部）
		张明敏	
		陆世宏	
		陈国堂	
		虎海宾	鄯善采油厂
		殷海军	
		刘永斌	
		徐志民	
		周国兵	
		李嘉荣	
		李智虎	
		公　青	
		王建鑫	
		张　莉	
		鞠汉良	三塘湖采油厂
		刘毅泽	
		高宏亮	
		韦　豪	监督中心（石油天然气吐哈工程质量监督站、纪检监察中心）
		张海龙	
		吴洪涛	
		王卫军	销售事业部
		陈本刚	
		刘东云	
		郑　波	井下技术作业公司

续表

荣誉称号	授予年份	获奖者姓名	获奖者所在单位
优秀共产党员	2018	夏 燊	井下技术作业公司
		甘孝洪	
		叶学勤	
		陈 维	
		李 玮	
		薛玉成	
		张晓平	
		孙玉全	
		张保民	新疆吐哈油田建设有限责任公司
		刘 毅	
		余 洋	运输工程公司
		来小东	
		巢 荣	
		赵立军	
		王国正	机械厂
		郝崇志	
		王 芳	
		张双民	供水供电处
		兰 磊	
		方宪林	
		刘海兵	
		邓英江	技术监测中心
		李海涛	
		王 涛	信息技术公司
		杨春辉	
		邱进裱	
		李荣善	物资供应处
		康凤宝	
		周 昕	

续表

荣誉称号	授予年份	获奖者姓名	获奖者所在单位
优秀共产党员	2018	李建华	消防支队
		蔡 东	石油能源开发公司
		阿依努尔亚森	吐哈石油大厦
		双晓峰	综合服务中心
		李瀚生	
		洪继刚	
		袁兴军	
		林 锋	
		周 莉	
		徐先俊	
		林飞宇	
		路宝川	吐哈石油医院
		徐继渊	
		李建国	离退休职工管理中心
		张富生	离退休职工管理中心
		倪希瑞	
		张先荣	
		范家雨	
		贺俊香	
		李玉生	
		刘洪涛	兰州生活基地管理中心
		陈海清	西安生活基地管理中心
		杨彦士	广汉生活基地管理中心
		牛敬忠	苏州生活基地管理中心
		王 琦	北京办事处
		刘 磊	吐哈油田分公司机关
		李 明	

续表

荣誉称号	授予年份	获奖者姓名	获奖者所在单位
优秀共产党员	2018	王树军	吐哈油田分公司机关
		张云杰	
		谢 黎	
		刘志平	
		张 兵	吐哈油田"访惠聚"驻村工作队
		蒋永利	
	2019	吴俊红	勘探公司（勘探事业部）
		吕文超	
		贾雪丽	勘探开发研究院
		薛江堂	勘探开发研究院
		冯兆伟	
		南友利	
		张红梅	
		方志刚	工程技术研究院
		潘荣萍	
		肖 华	
		李晓辉	
		刘禧元	
		高玉军	吐鲁番采油厂
		王 海	
		付继珠	
		何 波	
		郑志玉	
		李京辉	鲁克沁采油厂（鲁克沁油田项目经理部）
		邹成林	
		姜延庆	
		刘 源	
		马玉峰	

续表

荣誉称号	授予年份	获奖者姓名	获奖者所在单位
优秀共产党员	2019	张春峰	鄯善采油厂
		郑忠波	
		郭　强	
		相　博	
		刘帮文	
		杨春社	
		金勇才	
		周国兵	
		陈　军	
		马　军	三塘湖采油厂
		任　涛	
		高宏亮	
		李垚伟	
		陈本刚	销售事业部
		王　亮	
		张　浩	
		方百珺	消防支队
		聂耀旗	
		杨国林	监督中心（石油天然气吐哈工程质量监督站、纪检中心）
		汪振奎	
		张建富	
		杨　勇	井下技术作业公司
		马　立	
		邓有根	
		赵三省	

续表

荣誉称号	授予年份	获奖者姓名	获奖者所在单位
优秀共产党员	2019	叶学勤	井下技术作业公司
		马建军	
		沈彬彬	
		景宏勃	
		庄淞云	
		张斌武	新疆吐哈油田建设有限责任公司
		张二勇	
		王继云	运输工程公司
		秦增刚	
		张飞虎	
		李东海	机械厂
		孟凡阔	
		王　峰	供水供电处
		林大欣	
		雷正平	
		段海刚	技术监测中心
		荆迎春	
		蒋环宇	信息技术公司
		潘广海	
		鲁　伟	
		李荣善	物资供应处
		蔡　敏	
		刘文德	
		朱定宏	石油能源开发公司
		王　健	吐哈石油大厦
		宋建军	综合服务中心
		洪继刚	

续表

荣誉称号	授予年份	获奖者姓名	获奖者所在单位
优秀共产党员	2019	林　锋	综合服务中心
		孟　龙	
		杭忠建	
		赵长明	
		崔红锁	
		何雄伟	吐哈石油医院
		冯元碧	离退休职工管理中心
		吴维全	
		张永寿	
		朱晓华	
		梁　春	
		倪希瑞	
		张富生	
		祁玉兰	
		郭冠亚	
		王道路	西安生活基地管理中心
		母永相	
		罗海霞	
		谢占山	
		李成刚	吐哈油田分公司机关
		高　翔	
		王光辉	
		张继华	
		刘健君	
		王树军	
		胡前泽	
		姚　刚	吐哈油田"访惠聚"驻村工作队
		都宏芝	

续表

荣誉称号	授予年份	获奖者姓名	获奖者所在单位
优秀共产党员	2020	肖冬生	勘探公司（勘探事业部）
		康纪勇	
		张日供	勘探开发研究院
		舒　坤	
		董　明	
		李元萍	
		刘禧元	工程技术研究院
		张立东	
		蒋　明	
		陶树新	
		赵旺生	吐鲁番采油厂
		任占玉	
		郑　杨	
		孙　坤	
		卢　威	
		邹成林	鲁克沁采油厂（鲁克沁油田项目经理部）
		张明敏	
		周小恒	
		杨小磊	
		徐志民	鄯善采油厂
		李鹤丽	
		张春峰	
		周仲林	
		虎海宾	
		李智虎	
		叶立香	
		金勇才	
		马光磊	
		公学成	

续表

荣誉称号	授予年份	获奖者姓名	获奖者所在单位
优秀共产党员	2020	陈　川	三塘湖采油厂
		杨　震	
		罗　亮	
		罗　鼎	
		刘东云	销售事业部
		高　强	
		罗世林	
		曾治国	
		翟小红	监督中心（石油天然气吐哈工程质量监督站、纪检中心）
		马学祥	
		吕永阳	
		张钧三	工程技术中心
		杨远金	
		薛玉龙	
		李正伟	
		牟　磊	
		边建章	
		祁文革	
		王志浩	
		王　波	
		杨孝定	供水供电处
		杜学东	
		杨海宁	
		毕鸣洲	
		熊小龙	技术监测中心
		王学英	

续表

荣誉称号	授予年份	获奖者姓名	获奖者所在单位
优秀共产党员	2020	朱君平	技术监测中心
		邱进裬	信息技术公司
		祁雯	
		王希瑞	
		钟陈	物资保障中心
		蔡敏	
		刘斌	
		周昕	
		师颖	
		张卫平	吐哈石油大厦
		宋建军	综合服务中心
		洪继刚	
		王开和	
		林锋	
		苏长荣	
		高玉红	
		祁明龙	
		杭忠建	
		唐理志	
		袁雪	
		张玉荣	离退休职工管理中心
		李双喻	
		谢占山	
		代耀斌	
		张庆林	
		张富生	
		万玉辉	

续表

荣誉称号	授予年份	获奖者姓名	获奖者所在单位
优秀共产党员	2020	朱晓华	离退休职工管理中心
		张永寿	
		张玲梅	
		路宝川	吐哈石油医院
		王　琪	
		董欣灵	
		王道路	西安生活基地管理中心
		张利锋	
		成　斌	吐哈油田分公司机关
		李　明	
		燕彦涛	
		马学礼	
		汤爱云	
		侯复生	
		秦　嫒	
		王　征	准东勘探开发项目经理部
		梁顺祥	吐哈油田"访惠聚"驻村工作队
优秀党务工作者	2016	冯仲文	吐哈油田"访惠聚"驻村工作队
		李　斌	勘探开发研究院
		张朝富	
		殷秀明	
		任　鹏	工程技术研究院
		肖　华	工程技术研究院
		梁晓军	勘探公司（勘探事业部）
		焦新福	吐鲁番采油厂
		白中霞	
		陈炎辉	

续表

荣誉称号	授予年份	获奖者姓名	获奖者所在单位
优秀党务工作者	2016	慈林宏	鲁克沁采油厂（鲁克沁油田项目经理部）
		梁庆查	
		王宝琪	鄯善采油厂
		刘庆虎	
		魏爱军	
		杨光清	
		尚玉明	
		崔　刚	三塘湖采油厂
		冯　翊	
		王振科	监督中心（石油天然气吐哈工程质量监督站）
		张海军	销售事业部
		王　刚	销售事业部
		李　燕	石油天然气化工厂
		张金荣	井下技术作业公司
		张卫军	
		王宇霞	
		权起伟	
		张慧年	
		徐　禧	
		杨世宝	新疆吐哈油田建设有限责任公司
		武广学	
		宗　伟	特种车辆工程公司
		喻　文	
		崔永鸿	机械厂
		郭永琦	
		胡兆燕	供水供电处
		徐庆勇	
		李玉强	

续表

荣誉称号	授予年份	获奖者姓名	获奖者所在单位
优秀党务工作者	2016	贾双杰	技术监测中心
		荆建明	信息技术公司
		张建斌	
		黄学亭	物资供应处
		全建鹏	
		赵海峰	消防支队
		王建军	小车服务中心
		强玉玲	石油能源开发公司
		柴振华	员工公寓管理中心
		王　虹	吐哈石油大厦
		路小华	哈密物业管理公司
		童丹丹	
		梁群宝	
		杨永玲	鄯善物业管理公司
		李尚浦	
		尚书权	吐哈石油医院
		赵海善	新闻中心
		王志明	离退休职工管理中心
		徐　炎	
		吴智杰	吐哈油田分公司机关
		李显锋	
		宁良玉	
		张立周	
	2017	李　斌	勘探开发研究院
		敬　魏	
		牛英杰	工程技术研究院
		赖必智	勘探公司（勘探事业部）

续表

荣誉称号	授予年份	获奖者姓名	获奖者所在单位
优秀党务工作者	2017	焦新福	吐鲁番采油厂
		王金虎	
		訾化青	鲁克沁采油厂（鲁克沁油田项目经理部）
		梁庆查	
		杨树伟	鄯善采油厂
		田瑞庆	
		毛峙坤	
		李鹤丽	
		陶登海	三塘湖采油厂
		车　敏	三塘湖采油厂
		杨海生	监督中心（石油天然气吐哈工程质量监督站、纪检监察中心）
		张海军	销售事业部
		李　燕	石油天然气化工厂
		张卫军	井下技术作业公司
		王宇霞	
		马　立	
		王生斌	
		陈新建	新疆吐哈油田建设有限责任公司
		田万青	运输工程公司
		胡　军	机械厂
		高　娟	供水供电处
		俞一松	
		贾双杰	技术监测中心
		尹叶果	信息技术公司
		李　君	物资供应处
		梁　峻	消防支队
		强玉玲	石油能源开发公司

续表

荣誉称号	授予年份	获奖者姓名	获奖者所在单位
优秀党务工作者	2017	姚继红	员工公寓管理中心
		王春莲	吐哈石油大厦
		龚永虎	哈密物业管理公司
		梁群宝	鄯善物业管理公司
		石军福	
		尚书权	吐哈石油医院
		赵海善	新闻中心
		王志明	离退休职工管理中心
		刘治铭	
		李天兴	
		杨建明	兰州生活基地管理中心
		梁立民	西安生活基地管理中心
		段小勇	苏州生活基地管理中心
		杨彦士	广汉生活基地管理中心
		陈武军	北京生活基地管理中心
		王天鹏	吐哈油田分公司机关
		杜成章	
	2018	郑　锐	吐哈油田分公司机关
		卢镜换	
		李　斌	勘探开发研究院
		程慧竹	
		任　鹏	工程技术研究院
		梁晓军	勘探公司（勘探事业部）
		王金虎	吐鲁番采油厂
		焦新福	
		张玉山	鲁克沁采油厂（鲁克沁油田项目经理部）
		胡仁权	

续表

荣誉称号	授予年份	获奖者姓名	获奖者所在单位
优秀党务工作者	2018	张毅宁	鄯善采油厂
		曾自力	
		武耀祖	
		尚玉明	
		张志刚	
		王　鹏	三塘湖采油厂
		陶登海	
		魏锦渊	监督中心（石油天然气吐哈工程质量监督站、纪检监察中心）
		王　刚	销售事业部
		马　立	井下技术作业公司
		王宇霞	
		李有盛	
		徐　禧	
		张慧年	
		武广学	新疆吐哈油田建设有限责任公司
		李世朝	运输工程公司
		徐　静	机械厂
		刘　勇	供水供电处
		王艳莉	
		贾双杰	技术监测中心
		刘耀军	信息技术公司
		秦　斌	物资供应处
		梁　峻	消防支队
		王立翔	石油能源开发公司
		王　虹	吐哈石油大厦
		周　军	综合服务中心
		杨永玲	
		龚永虎	
		刘　勇	

续表

荣誉称号	授予年份	获奖者姓名	获奖者所在单位
优秀党务工作者	2018	董欣灵	吐哈石油医院
		张应武	离退休职工管理中心
		杨滢山	
		李天兴	
		马波	兰州生活基地管理中心
		杨智彬	西安生活基地管理中心
		段小勇	苏州生活基地管理中心
		康军仁	广汉生活基地管理中心
		苏砚平	北京办事处
		成创业	公司机关
		齐周显	
		彭洲	
		杜成章	
	2019	许泽勇	勘探公司（勘探事业部）
		李斌	勘探开发研究院
		杨斌	
		马帅帮	工程技术研究院
		任鹏	
		王金虎	吐鲁番采油厂
		杜含彬	
		慈林宏	鲁克沁采油厂（鲁克沁油田项目经理部）
		张玉山	
		张毅宁	鄯善采油厂
		杨晓辉	
		武耀祖	
		李鹤丽	
		刘景华	三塘湖采油厂
		贾超	

续表

荣誉称号	授予年份	获奖者姓名	获奖者所在单位
优秀党务工作者	2019	张海军	销售事业部
		于纳纳	
		赵海峰	消防支队
		魏锦渊	监督中心
		宁良玉	
		党建锋	井下技术作业公司
		李有盛	
		杨占文	
		荆 莉	
		刘建军	新疆吐哈油田建设有限责任公司
		王金军	
		刘 畅	运输工程公司
		喻 文	
		蒲再强	机械厂
		郭永琦	
		高 娟	供水供电处
		肖利芬	
		贾双杰	技术监测中心
		王学英	
		张建斌	信息技术公司
		牛嘉楠	
		翟 耀	物资供应处
		秦 斌	
		张朝辉	石油能源开发公司
		王 虹	吐哈石油大厦
		薛传林	综合服务中心
		龚永虎	

续表

荣誉称号	授予年份	获奖者姓名	获奖者所在单位
优秀党务工作者	2019	江　波	吐哈石油医院
		李天兴	离退休职工管理中心
		马鸿武	
		陈武军	
		王福兴	西安生活基地管理中心
		彭　洲	吐哈油田分公司机关
		许建军	
		杜成章	
		李振鹏	
	2020	陈方远	勘探公司（勘探事业部）
		李　斌	勘探开发研究院
		罗阳俊	
		马帅帮	工程技术研究院
		陈昌龙	吐鲁番采油厂
		丁崇飞	鲁克沁采油厂（鲁克沁油田项目经理部）
		慈林宏	
		武耀祖	鄯善采油厂
		毛峙坤	
		田瑞庆	
		杨晓辉	
		李兰军	
		张志刚	
		尚玉明	
		刘景华	三塘湖采油厂
		武　强	
		张海军	销售事业部
		王　刚	
		钱永生	

续表

荣誉称号	授予年份	获奖者姓名	获奖者所在单位
优秀党务工作者	2020	宁良玉	监督中心（石油天然气吐哈工程质量监督站、纪检中心）
		郎浩轩	工程技术中心
		王金军	
		孙　昆	
		田万青	
		王玉金	
		高　娟	供水供电处
		刘建平	
		俞一松	
		王艳莉	
		邓英江	技术监测中心
		尹叶果	信息技术公司
		张建斌	
		李　斌	物资保障中心
		秦　斌	
		王春莲	吐哈石油大厦
		周　军	综合服务中心
		党　明	
		何青峰	
		龚永虎	
		刘　勇	
		杨滢山	离退休职工管理中心
		于广田	
		冯元碧	
		江　波	吐哈石油医院
		杨智彬	西安生活基地管理中心
		姬毓铭	

续表

荣誉称号	授予年份	获奖者姓名	获奖者所在单位
优秀党务工作者	2020	彭　洲	吐哈油田分公司机关
		杜成章	
		郑　锐	
		高　华	
十大杰出青年	2017	海　涛	鄯善采油厂
		王熙栋	消防支队
		王晓燕	工程技术研究院
		顾仲辉	吐鲁番采油厂
		郝崇志	机械厂
		赵三省	井下技术作业公司
		张飞虎	运输工程公司
		蔡　敏	物资供应处
		邹成林	鲁克沁采油厂（鲁克沁油田项目经理部）
		于高峰	新疆吐哈油田建设有限责任公司

第六章　吐哈油田分公司内设科室干部简明表
（2016.1—2020.12）

一、机关处室

1. 办公室（党委办公室、机要保密处）—办公室（党委办公室）（2016.1—2020.12）

科室名称	职务	姓名（任职年月）	科室工作人员
秘书科 （2008.2—2017.12）	科　长	王天鹏（2014.12—2017.12）	帅云涛、谢银娣（女）、王　波、许　辉、赵中魁
	副科长	彭　洲（2015.7—2017.12）	
接待科（2010.1—2016.3）	副科长	任　毅（2013.12—2016.3）	无
信息督办科（2016.3—2017.12）	副科长	任　毅（2016.3—2017.12）	无
综合科（2016.1—2017.12）	科　长	吴智杰（2010.2—2017.12）	许　辉
秘书一科 （2017.12—2020.12）	科　长	王天鹏（2018.1—8）	赵中魁、许　辉、王宇鹏
		曾翔宇（2018.8—2020.12）	
	副科长	曾翔宇（正科级，2018.1—8）	
		赵中魁（2020.1—12）	
秘书二科 （2017.12—2020.12）	科　长	吴智杰（2018.1—5）	王　银（女）、谢银娣、许　辉
		彭　洲（2018.8—2020.12）	
	副科长	彭　洲（2018.1—8）	
		钟　夏（2020.5—12）	
文书科 （2010.1—2019.7）	科　长	张　红（女，2013.12—2016.4）	王　银、苟嘉忆（女）、谢银娣、张　静（女）、王　丽（女）
		王　银（女，2018.8—2019.7）	
	副科长	王　银（2016.4—2018.8）	

续表

科室名称	职务	姓名（任职年月）	科室工作人员
机要保密科 （2010.1—2019.7）	科　长	祁传宝（2010.2—2019.7）	殷述斌
文书保密科 （2019.7—2020.12）	科　长	王　银（2019.7—2020.05） 苗殿国（2020.5—12）	张　静、王　丽
	副科长	祁传宝（正科级，2019.7—2020.12）	
行政事务科 （2017.12—2020.12）	科　长	苗殿国（2018.1—2020.5）	殷述斌、周元民、王开恩、马丽萍（女）
		王　银（2020.5—12）	
	副科长	张　红（正科级，2018.1—2020.12）	
党委工作科 （2020.12）	科　长	谢　安（2020.12）	
	副科长	钟　夏（2020.12）	

2. 规划计划处（2016.1—2020.12）

科室名称	职务	姓名（任职年月）	科室工作人员
综合统计科 （2010.1—2017.12）	科　长	吴忠瑞（女，2013.3—2017.12）	陈　智
计划销售科 （2010.1—2017.12）	科　长	李国兵（2010.2—2017.12）	刘为国
关联交易科 （2011.2—2017.12）	科　长	王国红（女，2015.5—2017.12）	王　鹏
规划项目科 （2010.1—2020.12）	科　长	祁兵兵（2015.5—2017.11）	丁大虎、孙　亮
		吴忠瑞（2018.1—2020.12）	
	副科长	张永辉（2013.8—2020.12）	
投资管理科 （2010.1—2020.12）	科　长	谢　黎（女，2010.2—2020.12）	李　伟、王　鹏、陈　智
	副科长	王国红（女，正科级，2018.1—2019.7）	
计划统计科 （2017.2—2020.12）	科　长	李国兵（2018.1—2020.12）	陈　智、丁大虎、孙　亮
	副科长	王国红（正科级，2019.7—2020.8）	

3. 财务处（2016.1—2020.12）

科室名称	职务	姓名（任职年月）	科室工作人员
矿区财务科 （2015.5—2017.12）	科　长	赵才林（2015.6—2017.12）	郑勤霞（女）、郭文娟（女）
预算管理科 （2010.1—2020.12）	科　长	朱先林（2013.5—2018.1）	许　丹（女）、史国强、李　强、康　莉（女）、高　照、郭　微（女）
	科　长	赵才林（2018.1—2020.12）	
	副科长	史国强（2020.1—12）	
成本管理科 （2010.1—2019.7）	科　长	刘胜江（2013.5—2017.3）	杨君华（女）、王海波、张　燕（女）、高　翔（满族）、郭　微（女）
	副科长	高　翔（2018.9—2019.7）	
资本运营科 （2010.1—2020.12）	科　长	张　雄（2013.6—2017.12）	郭永婷（女）、李　琳（女）、高　照
	科　长	朱先林（2018.1—8）	
	副科长	朱鹏雕（2018.9—2020.12）	
产权管理科 （2010.1—2019.7）	科　长	袁仕军（2013.5—2017.11）	台雨梅（女）、曾令福
	科　长	刘　磊（2018.8—11）	
	科　长	朱先林（2018.12—2019.7）	
	副科长	刘　磊（2018.1—8）	
会计管理科 （2010.1—2020.12）	科　长	李彬彬（2013.5—2020.12）	李　强、李丹琪（女）、韩桂清（女）、张　燕（女）
	副科长	刘　磊（2013.5—2017.12）	
	副科长	高　翔（2019.7—2020.12）	
税收管理科 （2010.1—2019.7）	科　长	成　斌（2016.7—2019.7）	马文杰（女）、王家德
	副科长	成　斌（2013.6—2016.6）	
信息管理科 （2008.2—2019.7）	科　长	徐慧敏（2010.2—2019.7）	王淑霞（女）
资产管理科 （2019.7—2020.12）	科　长	朱先林（2019.7—2020.08）	台雨梅（女）、曾令福
税价管理科 （2019.7—2020.12）	科　长	成　斌（2019.7—2020.12）	马文杰（女）、王家德
资金管理科 （2019.7—2020.12）	科　长	张　浩（2019.7—2020.12）	张　黎（女）、郭　微（女）、周耀保、许　丹（女）
		朱鹏雕（2020.12）	

4. 人事处（党委组织部、吐哈油田博士后科研工作站）（2016.1—2020.12）

科室名称	职务	姓名（任职年月）	科室工作人员
劳动组织科 （2010.1—2017.12）	科　长	邓坤红（女，2013.8—2017.12）	刘银生
综合管理科 （2010.1—2017.12）	科　长	张玲梅（女，2015.5—2017.4）	杨红霞（女）、张　哲
组织科 （2012.10—2017.12）	科　长	李显锋（2012.12—2017.12）	杜成章、周晓东
干部管理科 （2012.10—2017.12）	科　长	乔　炜（2012.12—2016.11）	李俊成、李崇凤（女）、帅云涛、杨红霞
	副科长	帅云涛（2017.2—12）	
劳动组织科（人事信息科） （2017.12—2020.12）	科　长	邓坤红（2018.1—2020.5）	刘银生、张　哲、段元凯、曹　玙（女）
		郑忠波（2020.5—12）	
	副科长	杜成章（2018.9—2019.7）	
		张　哲（2019.7—2020.12）	
工资科 （2010.1—2020.12）	科　长	裴东旗（2012.3—2020.5）	赵熬梅（女）、王宇鹏、焦守阁（女）、段元凯
		任　毅（2020.5—12）	
		邓坤红（2020.12）	
	副科长	李彩锋（2013.8—2018.8）	
		张　哲（2018.9—2019.7）	
员工管理科 （2010.1—2020.12）	科　长	杨海萌（2016.2—2020.12）	朱维正、曾　雪（女）、杨　莉（女）
	副科长	杨海萌（2013.12—2016.1）	
党建与干部管理科 （2017.12—2019.8）	科　长	李显锋（2018.1—2019.8）	帅云涛、杨红霞、杜成章、周晓东、孟　美（女）
	副科长	帅云涛（2018.1—2019.8）	
		杜成章（2019.7—8）	
培训科（博士后科研工作站办公室） （2010.1—2019.7）	科　长	于春新（2015.5—2019.7）	党金基、方伟亮、杨　莉（女）
	副科长	冯晓军（2018.9—2019.7）	
技术干部与培训管理科（博士后科研工作站办公室） （2019.7—2020.12）	科　长	于春新（2019.7—2020.12）	党金基、方伟亮

科室名称	职务	姓名（任职年月）	科室工作人员
党建科 （2019.8—2020.12）	科 长	杜成章（2020.12）	方伟亮、周明羊
	副科长	杜成章（2019.11—2020.12）	
干部管理科 （2019.8—2020.12）	科 长	李显锋（2019.11—2020.5）	周晓东、孟 美
		邓坤红（2020.5—12）	
		任 毅（2020.12）	

5. 企管法规处（内控与风险管理处）—企管法规处（2016.1—2020.12）

科室名称	职务	姓名（任职年月）	科室工作人员
法律事务科 （2008.2—2020.12）	科 长	侯 毅（2010.2—2017.12）	蕙 燕（女）、杨 鹏（女，回族）、朱欣华
	副科长	朱欣华（2018.9—2020.12）	
市场管理科 （2010.1—2020.12）	科 长	李振权（2013.1—2020.4）	樊军侠（女）、闵孟翔
		李凌云（2020.5—12）	
企业管理科 （2008.2—2020.12）	科 长	陈东升（2012.8—2019.7）	马庭珍（女）、刘 鹏、王玉蓉（女）
		李凌云（2019.7—2020.5）	
		王玉强（2020.8—12）	
	副科长	王玉强（2012.3—2020.8）	
		刘 鹏（2020.12）	
内控管理科 （2010.1—2019.7）	科 长	李凌云（2010.2—2019.7）	王玉虎、王玉蓉

6. 生产运行处（2016.1—2020.12）

科室名称	职务	姓名（任职年月）	科室工作人员
炼化管理科 （2010.1—2017.7）	科 长	孙贵利（2010.4—2017.7）	谢生江
生产运行科 （2008.2—2020.12）	科 长	赵 炜（2015.5—2018.8）	王天仁、殷海红、吕文超、李德寿、卢术恩、蒲发杰、李 超、彭重辉
		朱 亮（2018.8—2020.12）	
	副科长	朱 亮（2013.12—2018.8）	
		卢术恩（2018.9—2020.12）	

续表

科室名称	职务	姓名（任职年月）	科室工作人员
生产保障科 （2010.1—2020.12）	科　长	李成刚（2012.12—2020.12）	张宏宾、张　鑫、谢生江、李　超、刘　波
	副科长	张　鑫（2018.9—2020.12）	
生产管理科 （2010.1—2020.12）	科　长	孙天宏（2015.5—2020.12）	范红艳（女）、李　超、蒲发杰
公共关系办公室 （2013.5—2020.12）	主　任	李　明（2016.1—2020.12）	朱　勇、王祖刚、张　权、李德寿、李　超
	副主任	李　明（2013.8—2016.1）	
		张　权（2018.9—2020.12）	

7. 质量安全环保处（2016.1—2020.12）

科室名称	职务	姓名（任职年月）	科室工作人员
质量管理科 （2010.1—2017.12）	科　长	袁灼平（2010.2—2017.12）	张兴昌、张丽华（女）
节能节水科 （2008.2—2017.12）	科　长	陈丽英（2015.5—2017.9）	马晓鹏
环境保护科 （2015.1—2017.12）	科　长	夏荫轩（2015.5—2017.7）	闫业涛、许　洁（女）
安全管理科 （2008.2—2020.12）	科　长	张少勋（2013.5—2019.2）	肖国俊、张兴昌
		崔君才（2020.1—12）	
	副科长	崔君才（2019.7—2020.1）	
		刘健君（正科级，2010.2—2020.12）	
质量节能管理科 （2017.12—2019.7）	科　长	袁灼平（2010.2—2018.2）	张兴昌、张丽华（女）、马晓鹏、王一飞（女）
	副科长	张丽华（女，2018.9—2019.7）	
综合管理科 （2010.1—2019.7）	科　长	王　征（2012.12—2019.4）	贾立平、王　波（女）
环境保护管理科 （2017.12—2019.7）	副科长	贾立平（2018.9—2019.7）	贾立平、岳丽霖（女）、吕长青
环境保护科 （2019.7—2020.12）	科　长	岳宝刚（2020.8—12）	岳丽霖、吕长青、王　波（女）
	副科长	贾立平（2019.7—2020.12）	
质量节能科 （2019.7—2020.12）	科　长	张　松（2019.7—2020.12）	马晓鹏、王一飞
	副科长	张丽华（2019.7—2020.12）	

8. 科技信息处（2016.1—2019.7）

科室名称	职务	姓名（任职年月）	科室工作人员
综合管理科 （2010.1—2017.12）	科 长	刘树奇（2008.3—2017.12）	刘新球
科技管理科 （2010.1—2019.7）	科 长	李 蓬（2012.12—2019.7）	王树琴（女）、马学礼
信息管理科 （2010.1—2019.7）	科 长	刘 亮（2016.2—2019.7）	文彬麟、梁若渺（女）、宋 华、田 野
	副科长	刘 亮（2013.6—2016.1）	
新技术应用管理科 （2017.12—2019.7）	科 长	刘树奇（2018.1—2019.7）	刘新球

9. 工程技术处（2016.1—2020.12）

科室名称	职务	姓名（任职年月）	科室工作人员
综合科 （2010.1—2017.12）	科 长	南文泽（2015.9—2017.12）	郭 鹏
采油工程科 （2010.1—2020.7）	科 长	王树军（2010.11—2020.7）	白彦华、郭 鹏
	副科长	李 军（正科级，2019.7—2020.7）	
钻井管理科 （2010.1—2020.7）	科 长	林敬民（2010.2—2017.11）	胡 刚、郭 鹏
		南文泽（2018.1—2020.7）	
修井管理科 （2010.1—2019.7）	科 长	李 军（2013.8—2019.7）	王双玲、李 扬
井控管理科 （2012.5—2020.7）	科 长	陈 鑫（2012.5—2020.7）	黄生星、李 扬
技术管理科 （2020.7—12）	科 长	南文泽（2020.8—12）	丁团峰、胡 刚、郭 鹏
	副科长	柯建兴（正科级，2020.10—12）	
现场管理科（井控办公室） （2020.7—10）	科 长	陈 鑫（2020.8—10）	黄生星、李 杨、冯丽成
井控与现场管理科 （2020.10—12）	科 长	陈 鑫（2020.10—12）	黄生星、李 杨、冯丽成
	副科长	蒋小平（2020.10—12）	

10. 基建工程处（2016.1—2019.7）

科室名称	职务	姓名（任职年月）	科室工作人员
工程管理科 （2010.1—2017.12）	科　长	曹约良（2010.2—2017.9）	刘根祥、王光辉、王小康
	副科长	李　冲（2013.12—2016.1）	
		王光辉（2016.4—2017.12）	
质量技术科 （2010.1—2017.12）	科　长	刘小洲（2012.3—2017.12）	王小康、王小钧、韦　涛
综合科 （2010.1—2017.12）	科　长	江航行（2012.3—2017.12）	管　放（女）、石福桓
管道站场管理科 （2016.1—2019.7）	科　长	李　冲（2017.4—12）	周腾飞
		江航行（2018.1—2019.7）	
	副科长	李　冲（2016.2—2017.4）	
工艺技术管理科 （2017.12—2019.7）	科　长	李　冲（2018.1—2019.7）	刘根祥、王小康
	副科长	王光辉（2018.1—2019.7）	
工程建设管理科 （2017.12—2019.7）	科　长	刘小洲（2018.1—2019.7）	石福桓、王小钧、韦　涛
	副科长	石福桓（2018.9—2019.7）	

11. 设备管理处（2016.1—2019.7）

科室名称	职务	姓名（任职年月）	科室工作人员
设备管理科 （2010.1—2019.7）	科　长	燕彦涛（2014.4—2019.7）	罗　冰、沈川平、何　翔
	副科长	张继华（2013.4—2019.7）	
综合管理科 （2010.1—2019.7）	科　长	李学源（2013.4—2019.7）	陈兰明（女）、王颖辉
自动化管理科 （2013.4—2019.7）	科　长	吴焕周（2013.4—2018.8）	王广峰
		海　涛（2018.8—2019.7）	

12. 纪委监察处—纪委办公室（2016.1—2020.12）

科室名称	职务	姓名（任职年月）	科室工作人员
效能监察科 （2010.1—2017.12）	科　长	汪波（2016.6—2017.3）	李振鹏
	副科长	李振鹏（2017.2—2017.12）	

续表

科室名称	职务	姓名（任职年月）	科室工作人员
案件审理科 （2010.1—2017.12）	科 长	杨滢山（2012.3—2016.7）	叶门杰、李 杨
		成创业（2016.8—2017.12）	
	副科长	宁良玉（2014.4—2016.7）	
		叶门杰（2017.2—2017.12）	
办公室 （2010.1—2017.12）	主 任	郑 锐（2011.8—2017.12）	王雅萍（女）
		汪 波（2017.4—6）	
信访举报管理科 （2017.12—2019.7）	科 长	成创业（2018.1—2019.7）	李 洋（女）
合规管理监察科 （2017.12—2019.7）	副科长	李振鹏（2018.1—2019.7）	任 萍（女）、杨长友
信访管理科（办 公室） （2019.7—10）	科 长	成创业（2019.7—10）	李 洋
党风监督与合规监察 科 （2019.7—10）	副科长	李振鹏（2019.7—10）	任 萍、杨长友
巡察监督科 （2017.12—2020.12）	科 长	郑 锐（2018.1—12）	王生斌
信访管理科（办公室） （2019.10—2020.12）	科 长	成创业（2019.11—12）	李 洋、王生斌
		贾双杰（2020.8—12）	
党风与合规监督科 （2019.10—2020.12）	科 长	李振鹏（2020.1—12）	任 萍、杨长友
	副科长	李振鹏（2019.11—2020.1）	

13. 企业文化处（党委宣传部、团委、机关党委、维护稳定办公室）—
企业文化处（党委宣传部、团委、机关党委）—党委宣传部（企业文化处、
机关党委）（2016.1—2020.12）

科室名称	职务	姓名（任职年月）	科室工作人员
企业文化科 （宣传教育科） （2010.1—2017.12）	科 长	齐周显（2012.12—2017.12）	皇甫锦锋、何志兰（女）、张立周、郭 伟

续表

科室名称	职务	姓名（任职年月）	科室工作人员
机关党委办公室（2010.1—2017.12）	主　任	许建军（2010.2—2017.12）	何志兰
维稳办公室（2010.1—2017.12）	主　任	卢镜换（2010.2—2017.12）	李正岩、何志兰
团委办公室（2010.1—2017.12）	主　任	颜子奇（2010.2—2017.12）	
宣传教育科（企业文化科）（2017.12—2020.12）	科　长	齐周显（2018.1—2020.1）	皇甫锦锋、张立周、郭　伟、高　华、王　鹏（1984.10）
	科　长	余　飞（2020.8—12）	
	副科长	皇甫锦锋（2018.9—2019.7）	
机关党委办公室（团委办公室）（2017.12—2019.7）	主　任	许建军（2018.1—2019.7）	何志兰（女）、马双双（女，回族）
		闫晓柯（女，2018.8—2019.7）	
机关党委办公室（机关工会、机关纪委）（2019.7—2020.12）	主　任	许建军（2019.7—12）	何志兰、马双双

14. 工会—工会（团委）（2016.1—2020.12）

科室名称	职务	姓名（任职年月）	科室工作人员
办公室（财务室）（2010.1—2017.12）	主　任	王　强（2015.2—2017.11）	杜学忠、王新松、刘　瑞（女）
生产技术民管部（女工部）（2010.1—2017.12）	主　任	王　丽（女，2010.2—2016.12）	宋德宝、王新松
	副主任	宋德宝（2017.4—12）	
工会办公室（女工部）（2017.12—2019.7）	副主任	宋德宝（2018.1—2019.7）	杜学忠
工会办公室（女工部、团委办公室）（2019.7—2020.12）	主　任	颜子奇（2019.7—8）	王新松
	主　任	闫晓柯（女，2020.1—12）	
	副主任	闫晓柯（正科级，2019.7—2020.1）	
民管经保部（2017.12—2020.12）	主　任	颜子奇（2018.1—2019.7）	王新松
	主　任	宋德宝（2020.1—12）	
	副主任	宋德宝（2019.7—2020.1）	
	副主任	皇甫锦锋（2019.7—2020.5）	

15. 科技与合作处（2019.7—2020.12）

科室名称	职务	姓名（任职年月）	科室工作人员
科技管理科 （2019.7—2020.12）	科　长	李　蓬（2019.7—2020.8）	王树琴（女）、马学礼、刘新球
		刘树奇（2020.8—9）	
	副科长	刘树奇（正科级，2019.7—2020.8）	
		邬　军（2020.8—12）	
信息自动化管理科 （2019.7—2020.12）	科　长	海　涛（2019.7—2020.4）	宋　华、文彬麟、王　鹏、王广峰、田　野
		刘　亮（2020.5—12）	
	副科长	刘　亮（正科级，2019.7—2020.5）	
		闫玉杰（2020.8—12）	
国际合作科 （2019.7—2020.12）	科　长	李兴村（2019.7—2020.12）	徐小姣（女）、郑　洁（女）
	副科长	刘世伟（满族，2019.7—2020.12）	

16. 基建设备处（2019.7—2020.12）

科室名称	职务	姓名（任职年月）	科室工作人员
工艺技术管理科 （2019.7—2020.12）	科　长	李　冲（2019.7—2020.12）	王小康、周腾飞
	副科长	王光辉（2019.7—2020.12）	
工程建设管理科 （2019.7—2020.12）	科　长	刘小洲（2019.7—2020.12）	王小钧、韦　涛
	副科长	石福桓（2019.7—2020.12）	
设备管理科 （2019.7—2020.12）	科　长	燕彦涛（2019.7—2020.12）	沈川平、罗　冰、何　伟
	副科长	张继华（2019.7—2020.12）	
设备技术科 （2019.7—2020.12）	科　长	李学源（2019.7—2020.12）	陈兰明（女）、王颖辉
	副科长	江航行（正科级，2019.7—2020.12）	

二、直属单位

1. 勘探部（2016.1—5）

科室名称	职务	姓名（任职年月）	科室工作人员
综合科 （2008.2—2016.5）	科　长	周　明（2010.2—2016.5）	曹建路
	副科长	陈建琪（2010.2—2016.5）	

续表

科室名称	职务	姓名（任职年月）	科室工作人员
勘探科 （2008.10—2016.5）	科　长	涂小仙（2010.2—2016.5）	何仁忠、王　昕
	副科长	杨　斌（2010.2—2016.5）	
技术科 （2010.1—2016.5）	科　长	杜向荣（2010.2—2016.5）	杨　莹（女）
	副科长	陈方远（2010.2—2016.5）	

2. 开发部（2016.1—2020.12）

科室名称	职务	姓名（任职年月）	科室工作人员
风险作业管理科 （2012.2—2017.12）	科　长	王　鹏（2015.5—2017.12）	
现场实施科 （2010.1—2017.12）	科　长	聂朝强（2012.10—2016.6）	刘志连、丁团峰、左冰心（蒙古族）
开发规划科 （2012.2—2019.7）	科　长	刘全洲（2012.10—2019.7）	张玉宁（女）、刘建英（女）
开发管理科 （2019.7—2020.12）	科　长	刘全洲（2019.7—2020.12）	刘建英、周　婕（女）
油藏工程科 （2010.1—2020.12）	科　长	杨　春（2015.5—2020.12）	魏　勇、王　明、李振彬、傅　栋
	副科长	王　鹏（正科级，2018.1—2020.5）	
		李　宁（2020.8—12）	
生产管理科 （2010.1—2020.7）	科　长	张云杰（2010.8—2018.9）	吕芬敏（女）、罗文奕、丁团峰、左冰心、陈　军
		聂朝强（2019.7—2020.5）	
		杨军朝（2020.5—7）	
	副科长	钱继贺（2012.3—2017.12）	
		左冰心（蒙古族，2020.1—7）	
采油工程科 （2020.7—12）	科　长	杨军朝（2020.8—12）	白彦华、陈　军、张玉宁
	副科长	左冰心（蒙古族，2020.8—12）	
开发信息科 （2010.1—2019.7）	科　长	刘　喆（2011.10—2019.7）	冯宗凡
天然气管理科 （2010.1—2020.12）	科　长	李雷寿（2010.2—2020.12）	梁　芹（女）、郭伟峰、韦　栋（壮族）
	副科长	曾翔宇（正科级，2013.1—2017.12）	

续表

科室名称	职务	姓名（任职年月）	科室工作人员
注水管理科 （2011.8—2020.12）	科　长	宋德云（2013.12—2017.9）	于　喆、韦　栋（壮族）、李振彬、周　婕（女）
		汤爱云（2018.8—2020.12）	
	副科长	汤爱云（2015.5—2018.8）	
		钱继贺（2018.1—2019.4）	
		刘　喆（正科级，2019.7—2020.8）	
		王　鹏（正科级，2020.5—12）	
钻井工程科 （2016.6—2019.7）	科　长	聂朝强（2016.6—2019.7）	丁团峰、左冰心（蒙古族）
	副总工程师	王树军（2020.8—12）	

3. 概预算管理部（定额部）（2016.1—2020.12）

科室名称	职务	姓名（任职年月）	科室工作人员
概预算科 （2010.1—2020.12）	科　长	石玉玲（女，2015.5—2020.12）	张　莉（女）、王静红（女）、高　磊、高立勇（女）、黄明燕（女）、袁　峰
定额管理科 （2010.1—2019.7）	科　长	李剑姝（女，2015.5—2019.7）	卫高山、蔡超兰（女）
价格管理科 （2010.1—2019.7）	科　长	侯长江（2013.3—2019.7）	黄明燕、袁　峰
定额与定价科 （2019.7—2020.12）	科　长	侯长江（2019.7—2020.1）	卫高山、袁　峰
		李剑姝（2020.5—12）	
	副科长	李剑姝（2019.7—2020.5）	

4. 物资管理部（招投标部）—招投标部（2016.1—2020.3）

科室名称	职务	姓名（任职年月）	科室工作人员
合同信息科 （2010.1—2016.3）	科　长	熊　涛（2015.6—2016.7）	吴中银、刘于平、邓　戈、李光平（女）
物资招标科 （2014.12—2016.3）	科　长	崔　刚（2015.6—2016.8）	王习芳（女）、陈枭杰、汤玉华（女）、张学军
	副科长	佘康柱（2015.6—2016.3）	

续表

科室名称	职务	姓名（任职年月）	科室工作人员
工程服务招标科 （2014.12—2016.3）	科　长	林于栋（2014.12—2016.7）	杨　艳（女）、袁　涛、许　攀、庄维礼
	副科长	许　攀（2016.2—7）	
综合管理科 （2014.12—2019.7）	科　长	周德猛（2014.12—2016.8）	刘于平、孙玉红（女）、张玉红（女）、张燕明（女）、张军平
		崔　刚（2016.8—2019.7）	
	副科长	袁　涛（2018.9—2019.7）	
市场信息科 （2016.3—2020.3）	科　长	熊　涛（2016.7—2020.1）	吴中银、刘金明、张军平、常俊霞（女）、孙玉红、杨玉忠
	副科长	庾康柱（2019.7—2020.3）	
物资管理科 （2016.3—2019.7）	科　长	周德猛（2016.8—2019.7）	齐　涛、袁　涛、王习芳（女）、李光平、王　健、杨玉忠
	副科长	庾康柱（2016.3—2019.7）	
招标采购科 （2016.3—2020.3）	科　长	林于栋（2016.7—2020.3）	杨　艳、张学军、陈枭杰、庄维礼、柳建新、马运杰、王　茹（女）、汤玉华、杨玉忠、杨　敏（女）、张　笑、许丽玉（女）、邓　戈、王　健（女）、王习芳、刘金明、孙玉红、张玉红
	副科长	许　攀（2016.7—2020.3）	
		齐　涛（2018.9—2019.7）	
统计分析科 （2019.7—2020.3）	科　长	周德猛（2019.7—2020.3）	刘于平、张玉红、张军平、杨　艳、王习芳
	副科长	袁　涛（2019.7—2020.3）	

5. 对外合作部（2016.1—2019.7）

科室名称	职务	姓名（任职年月）	科室工作人员
综合管理科 （2010.1—2017.12）	科　长	李兴村（2010.11—2017.12）	徐小姣（女）、李霖玉（女）、
外事管理科 （2010.1—2019.7）	科　长	张　松（2011.6—2019.7）	刘世伟（满族）、叶　东、郑　洁（女）
外经贸管理科 （2017.12—2019.7）	科　长	李兴村（2018.1—2019.7）	徐小姣、李霖玉、刘世伟、叶　东、郑　洁
	副科长	刘世伟（满族，2018.9—2019.7）	

6. 审计部（2016.1—2020.12）

科室名称	职务	姓名（任职年月）	科室工作人员
审计监督科 （2010.1—2017.12）	科　长	吴顺香（女，2012.3—2016.7）	赵　莉（女）
		何　伟（2016.8—2017.12）	
工程合同物资审计科 （2010.1—2017.12）	科　长	方咏志（2010.2—2017.12）	殷立宏、纪宏炎、潘艳惠（女）
	副科长	陈晓军（正科级，2013.8—2016.8）	
财务内控审计科 （2010.1—2017.12）	科　长	何　伟（2013.8—2016.7）	张明元（女）、冶　军、赵　莉
		陈晓军（2016.8—2017.12）	
	副科长	曹椿梅（女，2016.8—2017.12）	
审计管理科 （2008.2—2020.12）	科　长	李大为（2010.2—2017.12）	李霖玉（女）、赵　莉
		何　伟（2018.1—2020.8）	
经营审计科 （2017.12—2020.12）	科　长	陈晓军（2018.1—2020.12）	冶　军、王　丹（女）
工程审计科 （2017.12—2020.12）	科　长	李大为（2018.1—2020.12）	殷立宏、赵　莉
	副科长	方咏志（正科级，2018.1—2020.12）	

7. 油田保卫部（武装部）—油田保卫部（武装部、维护稳定办公室）（2016.1—2020.12）

科室名称	职务	姓名（任职年月）	科室工作人员
生产保卫科 （2010.1—2017.12）	科　长	侯复生（2011.4—2017.12）	赵怀民、张　鹏
	副科长	屈宏博（2011.4—2017.12）	
综合治理科 （2010.1—2017.12）	科　长	刘志平（2010.2—2017.12）	王永军
综合管理科 （2010.1—2017.12）	科　长	苏保春（2013.12—2017.12）	
油田保卫科 （2017.12—2020.12）	科　长	侯复生（2018.1—2020.12）	赵怀民、张　鹏、殷艺轩
	副科长	屈宏博（2018.1—2020.12）	
综合武装科 （2010.1—2020.12）	科　长	刘志平（2018.1—2020.12）	赵怀民、王永军、张　鹏
信访维稳科 （2017.12—2020.12）	科　长	卢镜换（2018.1—2020.8）	赵怀民、李正岩
		屈宏博（2020.12）	

8. 矿区管理部（2016.1—2020.12）

科室名称	职务	姓名（任职年月）	科室工作人员
社区关系科 （2015.5—2017.12）	科　长	黄凤泉（2015.6—2017.12）	罗淑珍（女）、韩　亮
物业管理科 （2015.5—2019.7）	科　长	吴建飞（2015.6—2019.7）	方玉森、刘秋霞（女）、刘卫国
	副科长	方丽娟（女，正科级，2018.1 —2019.7）	
综合管理科 （2015.5—2019.7）	科　长	朱域华（2015.6—2019.7）	刘秋霞、王　芳（女）、高亚军（女）
	副科长	方丽娟（正科级，2015.6— 2017.12）	
矿服运管科 （2019.7—2020.12）	科　长	吴建飞（2019.7—2020.12）	方玉森、刘卫国、韦　豪
公共事务科 （2017.12—2020.12）	科　长	黄凤泉（2018.1—2019.2）	罗淑珍、刘秋霞、高亚军
		方丽娟（正科级，2019.7—12）	

9. 吐哈油田住房公积金管理中心（吐哈油田房产管理中心）（2016.1—2019.7）

科室名称	职务	姓名（任职年月）	科室工作人员
住房公积金管理科 （2005.11—2019.7）	科　长	马传和（2015.6—2018.8）	纪艳琴（女）、许文勇、孙秀兰（女）、 蒋永莉（女）
		王天鹏（2018.8—2019.7）	
资金管理科 （2015.5—2019.7）	科　长	贾　炜（2015.6—2019.7）	邢　帆、贾惠琳（女）、蒋永莉、陈智敏（女）
房产管理科 （1997.12—2019.7）	科　长	司向东（2015.6—2019.7）	张　燕（女）、陆丽君（女）

三、附属单位

1. 行政事务中心（2016.1—2017.12）

科室名称	职务	姓名（任职年月）	科室工作人员
行政管理科 （2010.1—2017.12）	副主任	陈来军（2016.1—2）	无
		苗殿国（2016.4—2017.12）	
	科　长	苗殿国（2014.12—2016.4）	谭　蓉（女）、王开恩、周元民、马丽萍（女）
		张　红（2016.4—2017.12）	
综合管理科 （2010.1—2017.12）	科　长	王　萍（女，2013.12—2017.12）	黄杰梅（女）、张　静（女）、王　丽（女）

2. 档案中心（2016.1—2019.7）

科室名称	职务	姓名（任职年月）	科室工作人员
档案编研科 （2010.1—2017.12）	科 长	朱晓龙（2012.5—2017.12）	肖玉娟（女）
史志（档案）编研科 （2017.12—2019.7）	科 长	朱晓龙（2018.1—2019.7）	无
档案管理科 （2010.1—2019.7）	科 长	王瑞琳（女，2012.5—2019.7）	李 艳（女）、牛玉英（女）、田晓燕（女）、 常俊霞（女）、王 瑁（女）、王利利
	副科长	王利利（女，2018.9—2019.7）	
综合管理科 （2010.1—2019.7）	科 长	万彩娟（女，2012.5—2017.9）	王英红（女）、罗秀丽（女）、王利利

3. 资金结算中心（2016.1—2019.7）

科室名称	职务	姓名（任职年月）	科室工作人员
结算稽核科 （2010.1—2019.7）	科 长	彭榜名（2010.2—2019.7）	曾令福、韩桂清（女）、赵 妍（女）、 权 焱（女）、刘 娜（女）、董 花（女）
	副科长	何祥家（正科级，2010.2—2017.12）	
资金管理科 （2010.1—2019.7）	科 长	张 浩（2013.5—2019.7）	张 黎（女）、权 焱（女）、朱鹏雕
机关财务科 （2010.1—2019.7）	科 长	李治平（2013.5—2019.7）	周 彬（女）、唐 昉（女）、刘 瑞（女）、 王晓丽（女）

4. 技能鉴定中心—技能鉴定中心（劳动力交流中心）（2016.1—2019.7）

科室名称	职务	姓名（任职年月）	科室工作人员
鉴定组织科 （2010.1—2017.12）	副科长	李鹏宇（2015.3—2017.5）	方咏梅（女）、冯晓军
		秦 媛（女，2017.7—2017.12）	
综合管理科 （2010.1—2017.12）	科 长	夏静明（2015.5—2017.12）	林 旭、张克俭
技能开发科 （2017.12—2019.7）	科 长	夏静明（2018.1—2019.7）	方咏梅（女）、冯晓军、林 旭
	副科长	秦 媛（2018.1—2019.7）	
题库科 （2010.1—2019.7）	科 长	折创伟（2018.8—2019.7）	喻 霞（女）、张克俭
	副科长	折创伟（2015.7—2018.8）	

5. 吐哈油田社会保险管理中心（2016.1—2019.7）

科室名称	职务	姓名（任职年月）	科室工作人员
养老保险科 （2004.11—2017.12）	科　长	王林杰（2015.6—2017.12）	薛怡玲（女）、程明昕、王洪琼（女）
综合保险科 （2010.1—2017.12）	科　长	白维斌（2015.7—2017.12）	陈世茂、樊玉环（女）、邓成秀（女）、胡秀丽（女）
基金管理科 （2010.1—2019.7）	科　长	张玉江（2018.8—2019.7）	张玉春（女）、张玉江、王纪忠、李红霞（女）、王玉霞（女）、蔡超兰（女）
	副科长	张玉江（2016.2—2018.8）	
养老失业保险科 （2017.12—2019.7）	科　长	王林杰（2018.1—2019.7）	薛怡玲（女）、蔡超兰（女）、王洪琼、党秀丽、叶新华（女）
稽核科 （2017.12—2019.7）	科　长	白维斌（2015.7—2017.12）	邓成秀、曹椿梅（女）、谢丽珍（女）
医疗保险科 （1998.5—2019.7）	科　长	钱　锋（2015.6—2016.2）	张传娣（女）、徐继红（女）、郭建国、李万福、党秀丽、王晓勤（女）、程明昕、曹椿梅、张建立、张　琪（女）、张亚莉（女）
		李俊成（2018.8—2019.7）	
	副科长	唐　军（女，正科级，2015.6—2018.11）	
		李俊成（2016.7—2018.8）	

6. 共享服务中心（2019.7—2020.12）

科室名称	职务	姓名（任职年月）	科室工作人员
共享管理科 （2019.7—2020.12）	科　长	徐慧敏（2019.7—12）	王淑霞（女）、张　静（女）
	副科长	王天鹏（正科级，2019.7—2020.1）	
		秦　媛（女，2020.1—12）	
资金稽核科 （2019.7—2020.12）	科　长	李治平（2019.7—2020.1）	李红霞（女）、刘　娜（女）、王多立
		彭榜名（2020.1—12）	
报销科 （2019.7—2020.12）	科　长	张玉江（2019.7—2020.12）	刘　瑞（女）、蔡超兰（女）、王晓勤（女）、张　琪（女）、张建立、王晓丽（女）、王慧芳（女）、崔改青（女）
	副科长	张建立（2020.1—12）	
债权债务科 （2019.7—2020.12）	科　长	彭榜名（2019.7—2020.1）	赵　妍（女）、权　焱（女）、刘　娜
		李治平（2020.1—12）	

续表

科室名称	职务	姓名（任职年月）	科室工作人员
技能开发科 （2019.7—2020.12）	科　长	夏静明（2019.7—2020.12）	林　旭、曹　林（女）
培训科 （2019.7—2020.12）	科　长	折创伟（2019.7—2020.12）	张克俭、肖玉娟（女）、魏　帅（女）
		李　强（2020.12）	
史志编研科 （2019.7—2020.12）	科　长	朱晓龙（2019.7—2020.12）	王英红（女）
	副科长	崔京玉（女，正科级，2019.7—2020.12）	
档案管理科 （2019.7—2020.12）	科　长	王瑞琳（2019.7—2020.5）	罗秀丽（女）、常俊霞（女）、王　瑀（女）、李　艳（女）、白永玲（女）
		裴东旗（2020.5—12）	
	副科长	王利利（女，2019.7—2020.12）	
养老保险科 （2019.7—2020.12）	科　长	王林杰（2019.7—2020.12）	王洪琼（女）、叶新华（女）、邓成秀（女）、党秀丽（女）
	副科长	冯晓军（2019.7—2020.12）	
医疗保险科 （2019.7—2020.12）	科　长	李俊成（2019.7—2020.12）	曹椿梅（女）、谢丽珍（女）、程明昕
	副科长	白维斌（正科级，2019.7—2020.12）	
住房公积金管理科 （2019.7—2020.12）	科　长	贾　炜（2019.7—2020.12）	陈智敏（女）、邢　帆、许文勇、张亚莉（女）
	副科长	秦　媛（女，2019.7—2020.1）	
		王天鹏（正科级，2020.1—12）	
采购一科 （2020.3—12）	科　长	李叔骅（2020.5—12）	安宗英（女）、郑茂桃、张军平、孟凡阔
	副科长	佚康柱（2020.5—12）	
采购二科 （2020.3—12）	科　长	许　攀（2020.12）	王　超、齐伟佳、杨　艳（女）
	副科长	许　攀（2020.5—12）	

第七章　吐哈油田分公司非常设领导机构

二〇一六年

一、吐哈油田分公司油气田 ERP 应用集成项目推广组织机构

经　　　　理　梁世君

成　　　　员　燕列灿　王玉成　崔　奋　刘德超　王龙根

李清芬　鲁正乾　史东风　吴　征　杨俊年

江　涛　张远征　张冬萍　陈　云　吕新风

张　勇　孙思平

主要职责：

1.接受油气田应用集成项目督导小组的监督和指导；

2.对油田项目指导委员会负责，并报告项目进展情况，组织项目验收；

3.按照项目计划，安排所需资源，跟踪、监控项目实施过程中各个环节；

4.对于各业务模块中的跨业务跨部门问题进行快速有效的协调，并确定结果。

项目经理部下设项目管理办公室，设在科技信息处，办公室主任由科技信息处处长张冬萍兼任。项目管理办公室主要负责项目总体组织实施和协调；负责各业务小组之间工作的衔接、协调和沟通；负责与总部 ERP 项目组、内部顾问组和外部顾问组之间工作协调与沟通；组织系统内控管理相关工作；提供项目建设所需的办公环境。

二、吐哈油田分公司"两学一做"学习教育协调领导小组

组　　　　长　娄铁强　徐可强

组　　　　员　王仲林　周元祥　梁世君　周　波

刘德超　史东风　赵国强　张长海

协调领导小组主要职责：

1. 学习贯彻集团公司和新疆维吾尔自治区"两学一做"学习教育安排部署和要求，研究公司"两学一做"学习教育重大事项；

2. 加强对吐哈油田分公司"两学一做"学习教育的指导，结合各项具体工作特点，统筹推进学习教育扎实开展；

3. 深入开展调查研究，了解掌握学习教育进展情况，研究分析遇到的重要问题，总结推广好经验好做法，加强宣传引导，扩大学习教育影响力，提高学习教育质量；

4. 加强对所属单位学习教育开展情况的指导、督促、检查，推进各项学习教育任务有效落实。

协调领导小组下设办公室，负责协调领导小组的日常工作。

三、吐哈油田分公司巡视工作领导小组

组　　　长　娄铁强　徐可强

副　组　长　许青春

成　　　员　崔　奋　史东风　赵国强　杨　臣　鲁正乾

　　　　　　叶世华　刘锐锋　魏　萍　乔　炜

吐哈油田分公司巡视工作领导小组办公室

主　　　任　史东风　赵国强

副　主　任　魏　萍　刘锐锋

成　　　员　蒋燕军　焦熠堂　乔　炜　郑　锐　成创业

　　　　　　李振权　李显锋　吴智杰

巡视工作领导小组的职责：

巡视工作领导小组组长为巡视工作的主要负责人，日常工作由副组长负责。工作职责是：

1. 贯彻党的中央委员会有关决议、决定和集团公司党组、吐哈油田分公司党委决策部署；

2. 研究提出巡视工作规划、年度计划和阶段任务安排；

3. 听取巡视工作汇报；

4. 研究巡视成果的运用，分类处置，提出相关意见和建议；

5. 向公司党委报告巡视工作情况；

6. 对巡视组进行管理和监督；

7. 研究处理巡视工作中的其他重要事项。

二〇一七年

吐哈油田分公司制改制工作领导小组

组　　　长　娄铁强

副　组　长　王仲林　周元祥　梁世君　周　波　许青春

组　　　员　崔　奋　李照斌　李清芬　鲁正乾　史东风

　　　　　　吴　征　赵国强　李正武　邱爱研　杨　臣

　　　　　　晏书宾

领导小组主要职责：

1. 贯彻落实国务院和集团公司公司制改制工作安排部署和要求，研究决定公司制改制工作的重大事项；

2. 审议公司制改制实施方案和改制后的公司章程，按照公司相关要求履行决策程序，形成公司决策文件；

3. 统筹推进公司制改制工作，对改制企业工作开展情况进行督导、检查，协调解决工作推进过程中出现的问题。

领导小组下设办公室，负责领导小组的日常工作。

二〇一八年

一、绩效考核委员会

主　　　任　娄铁强

副　主　任　梁世君　周元祥

委　　　员　王仲林　周　波　许青春　郭建设　龚德银

　　　　　　梁　浩　徐　君　崔　奋　燕列灿　王玉成

　　　　　　雷　宇　李江予　鲁正乾　史东风　晏书宾

　　　　　　钱　峰　朱永贤　吴　征　席宗敬　孙玉凯

杨俊年　江　涛　张远征　范耀东　李正武

邱爱研　王　强　杨　臣　常仲文　陈　云

赵兴启　李清芬　米会学

绩效考核委员会办公室设在人事处，史东风任办公室主任。

绩效考核委员会职责：

1. 审定吐哈油田分公司绩效考核政策及管理办法；

2. 审定吐哈油田分公司领导班子副职及各单位、各部门年度绩效合同；

3. 审定吐哈油田分公司领导班子副职及各单位、各部门年度绩效考核结果；

4. 指导开展吐哈油田分公司全员绩效考核工作；

5. 审定吐哈油田分公司年度绩效奖金兑现方案。

二、"三基"工作领导小组

组　　　长　娄铁强

副　组　长　梁世君　周元祥

成　　　员　王仲林　周　波　许青春　郭建设　龚德银

梁　浩　徐　君　崔　奋　雷　宇　李江予

鲁正乾　史东风　晏书宾　朱永贤　吴　征

席宗敬　孙玉凯　杨俊年　江　涛　张远征

范耀东　李正武　邱爱研　常仲文　陈　云

王　强　赵兴启　李　勇　南　雨　吕德柱

刘彦军

"三基"工作领导小组办公室设在企管法规处，晏书宾任办公室主任。

"三基"工作领导小组职责：

1. 审定吐哈油田分公司"三基"工作考核评分标准；

2. 审定吐哈油田分公司"三基"工作大检查结果；

3. 审定年度企业管理基础工作先进单位评选结果；

4. 协调解决"三基"工作实施过程中的相关问题。

三、深化改革工作领导小组

组　　　长　娄铁强

副　组　长　梁世君　王仲林　周元祥　周　波　许青春
　　　　　　郭建设

成　　　员　龚德银　梁　浩　徐　君　崔　奋　雷　宇
　　　　　　李江予　鲁正乾　史东风　晏书宾　朱永贤
　　　　　　吴　征　席宗敬　孙玉凯　杨俊年　江　涛
　　　　　　张远征　范耀东　李正武　邱爱研　常仲文
　　　　　　陈　云　王　强　杨　臣　赵兴启　李清芬
　　　　　　米会学　李　勇　南　雨　吕德柱　郭创新

深化改革工作领导小组办公室设在企管法规处，晏书宾任办公室主任。

深化改革工作领导小组职责：

1. 负责审定吐哈油田分公司层面各项深化改革方案；

2. 负责安排、指导、监督吐哈油田分公司深化改革工作的开展；

3. 负责协调解决工作推进过程中的问题和困难；

4. 负责审核年度改革工作考核结果。

四、职称改革工作领导小组

组　　　长　娄铁强

副　组　长　梁世君

成　　　员　王仲林　周元祥　周　波　许青春　郭建设
　　　　　　史东风

职称改革工作领导小组办公室设在人事处，史东风任办公室主任。

职称改革工作领导小组职责：

1. 按照上级部门政策要求，研究制定吐哈油田分公司专业技术职务评审、聘任方面的相关规定；

2. 审批吐哈油田分公司中级评审委员会、基层单位初级评审委员会的组建和调整，负责审核吐哈油田分公司高级评审委员会的评定结果；

3. 指导吐哈油田分公司高、中、初级评审委员会开展职称评审工作；

4. 审批吐哈油田分公司中级、初级评审委员会评审通过的专业技术人员任职资格；

5. 负责协调解决职称评审工作中的其他问题。

五、高级专业技术职务评审委员会

主　　　任　娄铁强

副　主　任　梁世君

委　　　员　王仲林　周元祥　周　波　许青春　郭建设

龚德银　梁　浩　徐　君　崔　奋　燕列灿

王玉成　雷　宇　史东风　杨俊年　江　涛

张远征　孙玉凯　钱　峰　朱永贤　李正科

雍富华　刘德基　司　宝　何先俊　王　炜

曾玉祥　门万生　孙思平　周自武　侯祥东

赵杨民　曹　清　周建军

高级专业技术职务评审委员会职责：

1. 对地质勘探、油气田开发、地面建设和油气储运、机械专业高级职称评审情况进行表决；对工程中级各专业评审组上报的评审情况进行表决；

2. 就评审过程中的相关问题向吐哈油田分公司职称改革工作领导小组提出意见和建议，向集团公司职称改革工作领导小组汇报。

评审委员会下设 5 个专业评审组：

（一）地质勘探专业高级评审组

组　　　长　梁世君

副　组　长　梁　浩　燕列灿

成　　　员　孙玉凯　钱　峰　罗劝生　朱有信　焦立新

董震涛　杨永利　陈　旋　康积伦　王劲松

肖冬生　敬章龙　杜向荣　陈　煦

李　斌（勘探开发研究院）

王志勇（勘探开发研究院）

（二）油气田开发专业高级评审组

组　　　长　周　波

副　组　长　徐　君　王玉成　雷　宇

成　　　员　孙玉凯　朱永贤　李正科　雍富华　刘德基

司　宝　何先俊　王　炜　曾玉祥　周自武

张　喜　崔英怀　荆文波　冯　义　陈扬爱

税文生　刘曰强　谢佃和　程行海　李艳明

刘洪亭　高敬文

（三）地面建设和油气储运专业高级评审组

组　　　　长　王仲林

副　组　长　江　涛

成　　　　员　吴　征　杨俊年　张远征　席宗敬　门万生

孙思平　侯祥东　赵杨民　曹　清　周建军

周永新　周临武　路　伟　殷百寿　孙世茂

李雪松（销售事业部）　曹约良　周仁能　韩绪福

（四）机械专业高级评审组

组　　　　长　王仲林

副　组　长　雷　宇

成　　　　员　张远征　赵杨民　周永新　路　伟　毛新章

伍正华　汤星啼　石福高　柴留庆　周仁能

韩文忠　张德松

（五）经济、会计、统计、审计专业评审组

组　　　　长　周元祥

副　组　长　史东风　鲁正乾

成　　　　员　李江予　杨　臣　常仲文　李清芬　米会学

孙思平　李红伟　党兰焕　刘锐锋　余显炉

南　雨　吕德柱　郭创新　李茂刚　刘双科

王继勇

六、政工中级专业技术职务评审委员会

组　　　　长　许青春

副　组　长　史东风

成　　　　员　叶世华　李正武　邱爱研　赵兴启　刘志峰

张志荣　方进荣　杨　震　杨生虎　吴智杰

乔　炜　魏　萍　刘　继

政工中级专业技术职务评审委员会职责：

1.对申报政工高级职称人员进行预评审；

2. 对申报政工中、初级职称人员进行评审；

3. 对中、初级评审情况进行表决，并就评审过程中的相关问题向吐哈油田分公司职称改革工作领导小组汇报。

七、新闻系列专业中级评审委员会

主　　　任　许青春

副 主 任　史东风

委　　　员　范耀东　叶世华　李正武　邱爱研　张志荣
　　　　　　李勇　许忠　崔京玉　赵海善　朱晓龙
　　　　　　齐周显

新闻系列专业中级专业技术职务评审委员会职责：

1. 对申报新闻、出版、翻译、档案图书信息专业中、初级职称人员进行评审；

2. 对中、初级评审情况进行表决，并就评审过程中的相关问题向吐哈油田分公司职称改革工作领导小组汇报。

八、博士后管理委员会（博士后科研工作站）

主　　　任　梁世君

委　　　员　王仲林　周波　梁浩　徐君　燕列灿
　　　　　　王玉成　雷宇　史东风　乔炜　孙玉凯
　　　　　　李正科　雍富华

博士后管理委员会（博士后科研工作站）办公室设在人事处，史东风任办公室主任。

博士后管理委员会职责：

1. 贯彻落实国家及上级部门有关博士后管理方针政策，审批博士后科研工作站工作计划及管理办法；

2. 指导博士后科研工作站工作；

3. 负责博士后管理政策研究和决策；

4. 协调解决博士后管理有关问题。

九、防恐维稳领导小组

组　　　长　娄铁强

副　组　长　梁世君　王仲林　周元祥　郭建设

成　　　员　雷　宇　李江予　鲁正乾　史东风　晏书宾

　　　　　　吴　征　席宗敬　孙玉凯　江　涛　张远征

　　　　　　范耀东　李正武　邱爱研　赵兴启　李清芬

　　　　　　庄生龙　王　强（油田保卫部）王丙坤　尚绍福

　　　　　　杨生虎

　　防恐维稳领导小组办公室设在油田保卫部（维护稳定办公室），赵兴启任办公室主任，庄生龙、王强（油田保卫部）任办公室副主任。

　　防恐维稳领导小组职责：

　　1. 贯彻《反恐怖主义法》和《信访条例》，执行落实中央、自治区、集团公司防恐工作、维护稳定工作决策，部署和指导吐哈油田分公司安保防恐、维护稳定工作；

　　2. 审定吐哈油田分公司防恐维稳工作的办法、制度和规定，加强反恐维稳工作制度化、标准化、规范化建设；

　　3. 督查落实各单位安保防恐、信访维稳工作领导责任制和工作措施的落实；

　　4. 定期听取油田安保防恐、维护稳定及信访工作汇报，研究决定安保防恐、维护稳定及信访工作重大问题，审定重点阶段安保防恐预案和重大信访事件处置预案；

　　5. 组织油田深化改革稳定形势评估，听取和审定深化改革维护稳定工作预案；

　　6. 加强防恐人防、物防、技防和应急体系建设，组织开展防恐预案演练，提高应对恐怖袭击事件的能力；

　　7. 督促、检查、指导和落实各单位维护稳定及信访热点、难点问题的处理，及时了解疑难信访问题、动态和趋势，协调处理重要信访案件；

　　8. 通报吐哈油田分公司防恐维稳重点工作开展情况。

十、社会治安综合治理委员会（平安建设领导小组）

　　主　任（组长）　娄铁强

　　副主任（副组长）　梁世君

　　委　员（成员）　雷　宇　李江予　鲁正乾　史东风

晏书宾　李正武　赵兴启　李清芬

庄生龙　王　强（油田保卫部）

社会治安综合治理委员会（平安建设领导小组）办公室设在油田保卫部，赵兴启任办公室主任，庄生龙、王强（油田保卫部）任办公室副主任。

社会治安综合治理委员会（平安建设领导小组）职责：

1.贯彻执行上级关于综治工作和平安建设的决策部署；

2.研究确定综治年度工作计划及中远期工作规划；

3.审定发布综治工作制度、奖惩考核办法及平安创建方案；

4.定期召开工作会议，研究解决综治和平安建设重大事项；

5.指挥、协调、监督各单位严格落实综治及平安创建措施；

6.组织开展油田内部治安专项治理活动；

7.组织开展综治、平安建设宣传教育活动。

十一、史志编纂委员会

主　　任	娄铁强				
副 主 任	梁世君	王仲林	周元祥	周　波	许青春
	郭建设				
委　　员	龚德银	梁　浩	徐　君	崔　奋	燕列灿
	王玉成	雷　宇	李江予	鲁正乾	史东风
	晏书宾	吴　征	席宗敬	孙玉凯	杨俊年
	江　涛	张远征	范耀东	李正武	邱爱研
	李　勇				

史志编纂委员会职责：

1.负责史志编纂工作的组织和领导，审定史志编研发展规划和年度计划；

2.组织开展企业史、企业（专业）志和企业年鉴的编修及审查验收、出版工作；

3.负责审定史志编研工作方案和编写大纲；

4.负责企业史、企业（专业）志和企业年鉴内容、数据等审定工作。

十二、人事档案工作领导小组

组　　　长　娄铁强

副　组　长　梁世君

成　　　员　史东风　刘锐锋　乔　炜

人事档案工作领导小组办公室设在人事处，史东风任办公室主任。

人事档案工作领导小组职责：

1. 认真贯彻落实党和国家、集团公司人事档案工作管理规定和有关文件精神；

2. 审定人事档案工作规划、管理目标，对人事档案工作进行指导、协调、监督和检查；

3. 定期召开会议，听取各部门落实有关人事档案管理政策、文件、规定的汇报，研究解决人事档案工作中的重大问题和应采取的措施；

4. 对人事档案目标管理工作进行宏观指导，总结推广人事档案管理工作先进经验，表彰、奖励人事档案管理先进单位和先进个人。

十三、档案（史志）工作领导小组

组　　　长　周元祥

成　　　员　雷　宇　李江予　鲁正乾　史东风　晏书宾

　　　　　　吴　征　席宗敬　孙玉凯　杨俊年　江　涛

　　　　　　张远征　范耀东　李正武　邱爱研　李　勇

　　　　　　李正科　雍富华　吕新风

档案（史志）工作领导小组办公室设在档案中心，李勇任办公室主任。

档案（史志）工作领导小组职责：

1. 审定档案（史志）工作中长期规划，对档案（史志）工作进行指导、监督和检查；

2. 定期听取档案（史志）工作汇报，研究解决档案（史志）工作中的重大问题；

3. 对档案考核评价工作进行宏观指导，总结推广档案管理工作先进经验；

4. 组织审定档案的鉴定工作；

5.审定档案（史志）编研计划和编研项目，负责编研成果的复审、发布工作。

十四、企业年金管理委员会

 主　　任　周元祥

 副 主 任　史东风　鲁正乾

 委　　员　范耀东　邱爱研　杨　臣　刘锐锋　郭创新

企业年金管理委员会办公室设在人事处，史东风任办公室主任。

企业年金管理委员会职责：

1.组织研究、审定、报批企业年金实施办法；

2.协调、决定企业年金重大事项；

3.监督、检查企业年金政策执行情况。

十五、社会保险管理委员会

 主　　任　周元祥

 委　　员　史东风　席宗敬　鲁正乾　邱爱研　米会学

 　　　　　谢虎林　刘锐锋　郭创新

社会保险管理委员会办公室设在社会保险管理中心，史东风任办公室主任，郭创新任办公室副主任。

社会保险管理委员会职责：

1.负责贯彻落实国家、新疆维吾尔自治区关于职工基本养老、基本医疗、失业、工伤、生育等保险政策法规，并组织制定油田社会保险经办服务制度；

2.根据国家、集团公司关于企业补充医疗保险相关政策规定，组织研究并审定企业补充医疗保险实施办法，决定年度企业补充医疗保险资金的提取比例和运行方式；

3.负责监督检查各项保险政策的执行情况和资金使用情况；

4.组织协调和决定其他重大事项。

十六、吐哈油田分公司巡视工作领导小组

 组　　长　娄铁强

 副 组 长　梁世君　许青春

 成　　员　史东风　范耀东　叶世华　魏　萍　乔　炜

巡察工作领导小组日常工作由许青春负责。

巡察工作领导小组下设办公室，范耀东兼任办公室主任，魏萍兼任办公室副主任。

巡视工作领导小组组长为巡视工作的主要负责人，日常工作由副组长负责。工作职责是：

1. 贯彻党的中央委员会有关决议、决定和集团公司党组、吐哈油田分公司党委决策部署；

2. 研究提出巡视工作规划、年度计划和阶段任务安排；

3. 听取巡视工作汇报；

4. 研究巡视成果的运用，分类处置，提出相关意见和建议；

5. 向吐哈油田分公司党委报告巡视工作情况；

6. 对巡视组进行管理和监督；

7. 研究处理巡视工作中的其他重要事项。

十七、吐哈油田分公司党的建设工作领导小组

组　　　长　娄铁强

副　组　长　梁世君　许青春

成　　　员　雷　宇　史东风　范耀东　李正武　邱爱研
　　　　　　赵兴启　吴智杰　乔　炜

党的建设工作领导小组主要职责：

协助党委并指导协调所属单位党委履行管党治党责任；贯彻落实党委部署，研究协调解决企业党建工作有关重大问题；领导和协调有关职能部门做好党建相关工作；加强与上级、地方党委沟通协调；组织推进企业党的建设制度改革；组织开展企业全面从严治党规律的研究探索。

十八、吐哈油田分公司党建信息化平台推广应用工作领导小组

组　　　长　梁世君

副　组　长　史东风　孙玉凯　李正武

成　　　员　鲁正乾　吴智杰　乔　炜　焦立新　魏　萍
　　　　　　刘　继　王　强（维稳办）吕新风　郑成国
　　　　　　许　忠

领导小组工作职责：

党建信息化平台推广应用工作领导小组在公司党委和党的建设工作领导小组领导下，贯彻落实集团公司党建信息化平台管理办法，负责党建信息化平台全面推广应用的统筹协调工作；审核确定党建信息化平台全面推广应用工作方案、平台应用与管理实施细则和相关费用预算计划；协调解决党建信息化平台全面推广应用有关重大问题；组织开展对各单位党建信息化平台推广应用情况的检查、督导和考核；指导吐哈油田分公司内部积极开展"互联网＋国企党建"的研究探索。

十九、吐哈油田分公司党委党风廉政建设和反腐败工作领导小组

组　　　长　娄铁强

副 组 长　梁世君　许青春

成　　　员　王仲林　周元祥　周　波　郭建设　崔　奋

史东风　晏书宾　范耀东　李正武　杨　臣

叶世华　吴智杰

领导小组办公室设在纪委监察处，范耀东兼任办公室主任。

二十、吐哈油田分公司人才工作领导小组

组　　　长　娄铁强

副 组 长　梁世君

成　　　员　王仲林　周　波　许青春　郭建设　梁　浩

徐　君　崔　奋　燕列灿　王玉成　雷　宇

史东风　李江予　鲁正乾　晏书宾　席宗敬

孙玉凯　杨俊年　江　涛　李正武　朱永贤

陈　云　王　强　钱　峰　刘锐锋　乔　炜

焦立新

具体职责为：

1.贯彻落实党中央和国家、新疆维吾尔自治区及集团公司人才工作的方针政策、部署和吐哈油田分公司党委重大人才决策，组织制定吐哈油田分公司实施办法或意见，并指导实施；

2.紧密结合吐哈油田分公司发展战略需要，统筹研究重大人才问题，推动重大人才政策的研究、制定和落实；

3.负责审议吐哈油田分公司高层次人才、核心骨干人才队伍建设的政策制度和工作方案；

4.负责审议吐哈油田分公司引进高端人才、急需紧缺人才的政策措施和工作方案；

5.负责落实集团公司职业资格管理与改革的重大政策，编制吐哈油田分公司工作方案。

二〇一九年

一、党委党风廉政建设和反腐败工作领导小组

组　　　长　娄铁强

副 组 长　梁世君　许青春

成　　　员　王仲林　周　波　郭建设　杨忠东　崔　奋

史东风　晏书宾　范耀东　李正武　杨　臣

叶世华　吴智杰

领导小组办公室设在纪委监察处，范耀东兼任办公室主任。

领导小组职责：

1.学习贯彻中央、中央纪委全面从严治党各项方针、政策、决议和制度；

2.贯彻落实集团公司党组、新疆维吾尔自治区党委关于党风廉政建设和反腐败工作部署与要求；

3.审议吐哈油田分公司党风廉政建设和反腐败工作年度任务，审定年度工作任务分解落实方案；

4.研究制定党风廉政建设和反腐败工作专项任务实施方案和有关工作制度；

5.指导和督促吐哈油田分公司所属各单位党风廉政建设和反腐败工作；

6.根据实际情况，研究确定阶段性重点工作安排；

7.组织开展吐哈油田分公司党风廉政建设和反腐败工作落实情况监督检

查与考核评价。

领导小组办公室职责：

1. 按照要求组织召开会议，传达学习中央、集团公司、新疆维吾尔自治区关于党风廉政建设和反腐败工作的各项方针、政策、决议和制度；

2. 定期分析研究吐哈油田分公司党风廉政建设和反腐败工作情况，向领导小组提出工作意见和建议；

3. 研究起草吐哈油田分公司党风廉政建设和反腐败工作总结、下年度工作计划；

4. 提出年度工作任务分解建议方案，并按照审定的任务分解方案组织落实；

5. 组织实施吐哈油田分公司党风廉政建设和反腐败工作落实情况监督检查与考核评价；

6. 负责党风廉政建设和反腐败工作领导小组会议议题的拟定和会务工作，整理会议纪要，督促落实会议议定事项；

7. 组织落实党风廉政建设和反腐败工作领导小组交办的其他事项。

二、财务共享领导小组

　　　　组　　　长　杨忠东

　　　　成　　　员　鲁正乾　史东风　孙玉凯　晏书宾　李江予

　　　　　　　　　　吕新风　陈云及二级单位分管财务工作的领导

领导小组职责：

1. 贯彻落实集团公司共享服务总体部署和总体要求；

2. 负责吐哈油田财务共享实施进度和质量监督；

3. 审查项目实施方案，协调解决实施过程中遇到的重大问题。

三、企业管理体系融合工作领导小组

　　　　组　　　长　娄铁强

　　　　副　组　长　杨忠东

　　　　成　　　员　梁世君　王仲林　周　波　许青春　郭建设

　　　　　　　　　　徐　君　吴　征　席宗敬　崔　奋　燕列灿

　　　　　　　　　　梁　浩　雷　宇　李江予　鲁正乾　史东风

晏书宾　孙玉凯　杨俊年　江　涛　张远征

范耀东　李正武　邱爱研　朱永贤　余显炉

陈　云　王　强　杨　臣　赵兴启　米会学

黄晓忠　李　勇　南　雨　吕德柱　郭创新

领导小组的主要职责：

1. 负责审定企业管理体系融合方案计划和体系文件；

2. 负责协调解决管理体系融合工作中的重大问题；

3. 负责管理体系融合工作的重大事项决策。

四、"不忘初心、牢记使命"主题教育领导小组

组　　　长　娄铁强

副 组 长　梁世君　许青春

成　　　员　崔　奋　史东风　李江予　鲁正乾　范耀东

李正武　邱爱研　赵兴启

办公室人员组成

主　　　任　梁世君

常务副主任　史东风

副 主 任　崔　奋　李正武　范耀东

成　　　员　吴智杰　武月旺　袁仕军　乔　炜　魏　萍

庄生龙

办公室工作及会议制度：

1. 实行汇报制度。办公室根据工作实际，向领导小组汇报重点工作进展和下步计划，接受领导小组的指导。

2. 实行办公例会制度。会议由主任或主任委托常务副主任召集和主持，一般每月召开一次。主要传达上级有关指示要求，安排办公室的重要工作，讨论研究重要文稿。

3. 实行专题会议制度。会议议题由主任确定，根据需要不定期召开。主要研究落实主题教育有关工作，协调解决存在问题。

二〇二〇年

一、吐哈油田分公司提质增效工作领导小组

组　　　长　娄铁强

副　组　长　梁世君　周　波　郭建设　杨忠东

成　　　员　徐　君　钱　峰　吴　征　席宗敬　崔　奋

梁　浩　雷　宇　李江予　鲁正乾　史东风

晏书宾　罗权生　朱永贤　王　强　杨俊年

范耀东　李正武　邱爱研　党兰焕　刘彦军

杨　臣　赵兴启　李照斌　米会学

主要职责：

1. 负责贯彻落实集团公司提质增效工作要求；

2. 负责审定吐哈油田分公司提质增效工作实施方案；

3. 负责定期分析提质增效工作进展情况；

4. 负责提质增效指标完成情况考核；

5. 负责协调提质增效工作实施过程中的重点、难点问题；

6. 负责开展提质增效工作监督检查；

7. 开展提质增效工作宣传、经验交流与推广。

领导小组下设办公室，办公室设在财务处，承担领导小组日常工作。

主　　　任　鲁正乾

副　主　任　李江予　史东风　晏书宾　罗权生　朱永贤

李照斌

办公室成员由规划计划处、财务处、人事处、企管法规处、勘探事业部、开发部、矿区管理部等部门相关科长组成。

主要职责：

1. 具体协调落实领导小组提质增效工作要求；

2. 制定吐哈油田分公司提质增效工作实施方案；

3. 定期向领导小组汇报提质增效工作进展情况；

4.协调解决提质增效日常工作问题；

5.落实领导小组交办的其他事情。

二、党委党风廉政建设和反腐败工作领导小组

组　　　长　支东明

副　组　长　梁世君　张建诚

成　　　员　周　波　杨忠东　史东风　崔　奋

　　　　　　晏书宾　范耀东　李正武　杨　臣

三、党委巡察工作领导小组

组　　　长　支东明

副　组　长　梁世君　张建诚

成　　　员　史东风　范耀东

四、吐哈油田分公司新冠疫情防控领导小组

组　　　长　支东明　梁世君

副　组　长　周　波　杨忠东　张建诚　席宗敬　李照斌

成　　　员　徐　君　钱　峰　吴　征　史东风　崔　奋

　　　　　　梁　浩　雷　宇　李江予　鲁正乾　晏书宾

　　　　　　范耀东　李正武　颜子奇　赵兴启　朱有信

　　　　　　祁玉童　谢虎林

主要职责：

1.贯彻落实集团公司、勘探与生产分公司和地方政府疫情防控政策要求，负责吐哈油田分公司疫情防控的组织领导、统筹协调，确保办公及生产经营场所零疫情，做到疫情防控和生产经营"两不误"，实现疫情防控和生产经营"双胜利"。

2.根据疫情变化动态，及时召开疫情防控领导小组会议，协调相关疫情防控工作。

第八章　组织人事大事纪要

一、组织人事大事纪要主要收录 2016 年至 2020 年期间吐哈油田分公司（2016—2020）的组织人事工作及其相关的大事纪要。

二、收录内容主要包括：

（一）组织机构。吐哈油田分公司该时期涉编机构的设立、合并、划转、撤销和名称变更等事项。

（二）人事任免。吐哈油田分公司该时期涉编机构的党政领导班子成员任免事项，以及该时期主要业务工作领导小组、两级工会、共青团组织主要负责人任免事项。

（三）重大决策。吐哈油田分公司该时期下发的组织干部、人事劳资、教育培训等方面的主要政策性文件、决策部署。

（四）重要会议。吐哈油田分公司该时期召开的组织干部、人事劳资、教育培训等方面的业务会议。

（五）其他事项。荣获国家、省部、吐哈油田分公司三级的集体和个人荣誉称号、各类专家评选，以及与组织人事工作相关的重要历史事件、工作成果等。

三、编排原则：

（一）采用编年体和纪事本末体相结合的方式记述，以编年体为主，纪事本末体为辅，依据历史文件原貌如实客观记述组织人事重要事件和活动。

（二）按条目体编排，按年月日顺序逐年、逐月、逐日记述。一般一个条目只记一件事。为便于整体反映事件的全貌，对于同一单位或同一类型的事件，一般综合到一个条目内进行综合性记述。

（三）条目排序。同日发生的事件有数条，另起行以区别，并以"同日"记述其他条目。日期不详者，记述至月，用"月初""上旬""中旬""下旬""月底"或"本月"标记；月份不详者，记述至年，用"X 季度""上半年""下半年""同年底"或"本年"标记。凡"上旬"，排于 11 日前；凡"中旬"，排于 21 日前；凡"下旬"，排于 31 日前；凡"月底""本月"，一律放至该月之尾；凡"上半年""下半年"，则一般排于本时间段最末的一月之后；"同年底""本年"，排于全年最后，少数能判断出大体时间者则排到相应靠前位置。

（四）本纪要中人物的姓名和职务名称，以干部任免文件为准；单位机构名称以文件为准，地理名称使用国家标准称谓；中国石油天然气集团公司、中国石油天然气股份有限公司、新疆维吾尔自治区、吐哈油田分公司名称以及地方政府机构和吐哈油田各级组织名称第一次出现时用全称，其后均使用简称。

（五）任免领导干部的基本要素：任免时间、任免机关、任免批语（决定、批复、同意、聘任、推荐、免去）或依据干部姓名、机构名称、职务名称等。机构名称、职务名称一般使用标准简称或通用名称。领导干部免职的职务前一般加"的"。为保持党内职务保留文件原样，人名后保留"同志"。

（六）涉及多人任免同一单位行政或党群职务的，凡能避免引起歧义的，在记述任免职事项时，一般省略单位名称。

（七）集团公司、股份公司和地方政府印发的文件一律使用标准的名称或通用名称。

（八）吐哈油田分公司的组织人事工作方面的重要会议、政策类文件事项，记录了政策文件的名称和印发机构，并有简要内容说明，已有正式出版的文件选编、《吐哈石油年鉴》，本纪要只记录名称和印发机构。

四、本纪要的基础资料全部来自 OA 系统文书类文件、吐哈油田大事记等基础素材。为便于查找原文或来源，编排时将收录事项的依据文件号或具体来源以页内备注的方式在"【 】"符号中予以注释。

二〇一六年

一　月

1月1日　油田分公司总经理徐可强慰问吐鲁番采油厂、鲁克沁采油厂（鲁克沁油田项目经理部）、温米采油厂、丘东采油厂、鄯善采油厂、井下公司、石化厂、销售事业部、特车公司、消防支队等10家单位，以座谈方式解决问题和困难。【吐哈油田大事记】

1月5日至8日　油田分公司在北京石油管理干部学院举办处级干部合规管理培训班，40名基层单位行政主要领导和部分机关处室负责人参加培训，总会计师周元祥出席开班仪式并讲话。【吐哈油田大事记】

1月6日　油田分公司决定：聘任金勇才等17人为公司第五届技能专家。【吐哈油字〔2016〕1号】

1月13日　油田分公司人事处批复同意，特种车辆工程公司部分机构更名。【吐哈油公人字〔2016〕6号】

1月14日　油田分公司人事处批复同意，鄯善物业管理公司调整部分机构。【吐哈油公人字〔2016〕7号】

1月14日　油田分公司在鄯善生产基地召开两会筹备情况协调会，听取油田分公司工会关于六届一次职代会暨2016年工作会议筹备工作汇报，研究两会召开有关事项。【吐哈油田大事记】

1月16日　油田分公司决定：对2015年度井控管理工作中做出突出贡献的先进单位和先进集体予以表彰，对先进个人予以表彰奖励。【吐哈油字〔2016〕7号】

1月18日　油田分公司党委决定：免去丁祥年同志的技术监测中心党委委员职务；关玉荣同志的兰州生活基地管理处党委委员职务。【吐哈油党字〔2016〕2号】

1月18日　油田分公司决定：解聘丁祥年的技术监测中心副主任、安全总监职务，关玉荣的兰州生活基地管理处副处长、安全总监职务。【吐哈油字〔2016〕8号】

1月18日　油田分公司决定,就公司管道和站场地面管理职能进行调整:由基建工程处全面负责公司管道和站场地面管理工作,基建工程处成立管道站场管理科,定员2人,其中科级1人,专门负责管道和站场地面管理工作。取消设备管理处"负责6个采油厂和2个炼化单位的联合站、轻烃装置、集气站、计配站和炼化装置的压力管道的日常运行、腐蚀检测、定期检验和维修改造等管理工作"职能。公司机关其他部门不再承担压力管道的运行监管工作。公司要求基层单位明确管道和站场管理部门,根据实际需要配备专兼职岗位人员,做好管道和站场管理工作。【吐哈油字〔2016〕9号】

1月18日　油田分公司纪委在鄯善生产基地和哈密石油基地召开专兼职纪检监察干部学习视频会,传达贯彻十八届中央纪委第六次全体会议精神,学习《中国共产党廉洁自律准则》《中国共产党纪律处分条例》,讨论2016年反腐倡廉工作。【吐哈油田大事记】

1月26日至27日　油田分公司在哈密石油基地召开六届一次职工代表大会暨2016年工作会议。【公司简报总第70期】

1月28日　油田分公司决定:授予25家单位"安全环保先进单位"称号,11家单位"节能节水先进单位"称号,15个基层队站"节能节水先进基层队站"称号,197名员工"安全、环保、节能先进个人"称号。【吐哈油字〔2016〕18号】

二　月

2月1日　油田分公司爱卫会决定:对为公司2015年爱国卫生工作做出突出贡献的消防支队等17个先进单位、王昭南等18名先进个人予以表彰。【吐哈油字〔2016〕122号】

2月1日　油田分公司计生委决定:对为油田公司2015年计划生育工作做出突出贡献的井下技术作业公司等20个先进单位、蒋丽萍等22名先进个人予以表彰。【吐哈油字〔2016〕124号】

2月1日　油田分公司印发《中国石油天然气股份有限公司吐哈油田分公司机构编制管理办法》。【吐哈油字〔2016〕106号】

2月1日　油田分公司印发《中国石油天然气股份有限公司吐哈油田分公司博士后科研工作站管理办法》。【吐哈油字〔2016〕109号】

2月14日　油田分公司决定，成立吐哈油田分公司阿克纠宾油田采油技术支持中心，行政上隶属吐哈油田公司，按临时机构管理，办公室设在吐哈油田公司工程技术研究院，业务上接受阿克纠宾油气股份公司的统一指导。【吐哈油字〔2016〕131号】

2月14日　吐哈油田分公司批复同意，新疆吐哈诚信工程监理有限责任公司增加"开展环评安评及职业卫生评价"业务，为了便于工作开展，将新疆吐哈诚信工程监理有限责任公司更名为新疆吐哈石油项目管理咨询有限公司，更名后，其运行方式不变。【吐哈油公人字〔2016〕8号】

2月14日　油田分公司决定，公司环境监督职责由监督中心承担，主要负责监督检查公司所属区域内环境保护措施的落实和污染治理设施运行维护情况等。【吐哈油字〔2016〕130号】

2月16日　油田分公司党委决定：任命张长海同志为党委宣传部主任、公司团委书记、公司机关党委副书记，王丙坤同志为勘探开发研究院党委书记、纪委书记、工会主席，孙皓同志为勘探公司党委书记、纪委书记、工会主席，辜良国同志为鲁克沁采油厂（鲁克沁油田项目经理部）党委书记、纪委书记、工会主席，范耀东同志为鄯善采油厂党委书记，尚绍福同志为消防支队党委书记、纪委书记、工会主席，武爱雄同志为机械厂党委书记、纪委书记、工会主席，朱永贤同志为鲁克沁采油厂（鲁克沁油田项目经理部）党委副书记，周自武同志为鄯善采油厂党委副书记，曾玉祥同志为三塘湖采油厂（三塘湖油田项目经理部）党委副书记，门万生同志为监督中心（石油天然气吐哈工程质量监督站）党委副书记，谭光天同志为鄯善采油厂党委副书记、纪委书记、工会主席，陈扬爱同志为吐鲁番采油厂党委委员，杨贵权同志为鲁克沁采油厂（鲁克沁油田项目经理部）党委委员，王银山、程行海、李艳明、杨德奎、宋其伟同志为鄯善采油厂党委委员，刘洪亭同志为三塘湖采油厂（三塘湖油田项目经理部）党委委员，贾生中同志为新疆吐哈油田建设有限责任公司党委委员。免去范耀东同志的党委宣传部主任、公司团委书记、公司机关党委副书记职务，王丙坤同志的勘探公司党委书记、纪委书记、工会主席职务，张长海同志的鲁克沁采油厂（鲁克沁油田项目经理部）党委书记、纪委书记、工会主席职务，辜良国的丘东采油厂党委书记、纪委书记、工会主席职务，孙皓同志的原鄯善采油厂党委书记、纪委书记、工会主席职务，武爱雄同志的温米采油厂党委书记、纪委书记、工会主席职务，熊孟进同志的消防支队党委书记、纪委书记、工会主席职务，吴征同志的鲁克沁采油厂（鲁克沁油田项目经理部）党委副书记职务，门万生同志的丘东采油厂党委副书记职务，周自武同志的原鄯善采油厂党委副书记职务，曾玉祥同志的温米采油厂党委副书记职务，朱永贤同志的三塘湖采油厂（三塘湖油田项目经理部）党委副书记职务，尚绍福同志的监督中心（石油天然气吐哈工程质量监督站）党委副书记职务，杨贵权、李艳明、杨德奎同志的丘东采油厂党委委员职务，王银山、陈扬爱、程行海同志的原鄯善采油厂党委委员职务，刘洪亭、谭光天、宋其伟同志的温米采油厂党委委员职务，贾生中同志的吐哈石油大厦企业集团党委委员职务。【吐哈油党字〔2016〕3号】

　　2月16日　油田分公司决定：聘任吴征为生产运行处处长，张长海为企业文化处处长，朱永贤为鲁克沁采油厂（鲁克沁油田项目经理部）厂长（经理），周自武为鄯善采油厂厂长，曾玉祥为三塘湖采油厂（三塘湖油田项目经理部）厂长（经理），门万生为监督中心（石油天然气吐哈工程质量监督站）主任，王丙坤为勘探开发研究院副院长，孙皓为勘探公司副经理，辜良国为鲁克沁采油厂（鲁克沁油田项目经理部）副厂长，范耀东为鄯善采油厂副厂长，尚绍福为消防支队副支队长，武爱雄为机械厂副厂长，陈扬爱为吐鲁番采油厂副厂长，杨贵权为鲁克沁采油厂（鲁克沁油田项目经理部）副厂长（副经理），王银山为鄯善采油厂副厂长、安全总监，程行海、李艳明、杨德奎、宋其伟为鄯善采油厂副厂长，刘洪亭为三塘湖采油厂（三塘湖油田项目经理部）副厂长（副经理），贾生中为新疆吐哈油田建设有限责任公司副总经理。解聘王玉成的生产运行处处长职务，范耀东的企业文化处处长职务，吴征的鲁克沁采油厂（鲁克沁油田项目经理部）厂长（经理）职务，门万生的丘东采油厂厂长职务，周自武的鄯善采油厂厂长职务，曾玉祥的温米采油厂厂长职务，朱永贤的三塘湖采油厂（三塘湖油田项目经理部）厂长（经理）职务，尚绍福的监督中心（石油天然气吐哈工程质量监督站）主任职务，王丙坤的勘探公司副经理职务，张长海的鲁克沁采油厂（鲁克沁油田项目经理部）副厂长（副经理）职务，辜良国的丘东采油厂副厂长职务，孙皓的鄯善采油厂副厂长职务，武爱雄的温米采油厂副厂长职务，熊孟进的消防支队副支队长职务，杨贵权的丘东采油厂副厂长职务，李艳明的丘东采油厂副厂长职务，杨德奎的丘东采油厂副厂长、安全总监职务，王银山的鄯善采油厂副厂长、安全总监职务，陈扬爱的鄯善采油厂副厂长职务，程行海的鄯善采油厂副厂长职务，刘洪亭的温米采油厂副厂长职务，谭光天的温米采油厂副厂长职务，宋其伟的温米采油厂副厂长、安全总监职务，贾生中的吐哈石油大厦企业集团副总经理、安全总监职务。【吐哈油字〔2016〕135号】

2月16日　油田分公司决定，对鄯善采油厂、丘东采油厂和温米采油厂实施整合，三厂合并后成立新的鄯善采油厂，为公司二级单位，3个采油厂原有业务和职能全部由鄯善采油厂承担。【吐哈油字〔2016〕133】

2月16日　油田分公司决定，将哈密吐哈石油大厦和鄯善油田公寓的业务、机构、人员从吐哈石油大厦企业集团分离出来，成立员工公寓管理中心，为公司副处级二级单位。【吐哈油字〔2016〕134号】

2月16日　油田分公司决定，对油田污水处理业务进行调整，将新疆吐哈石油技术服务有限责任公司承担的油田污水处理业务划入新疆吐哈油田建设有限责任公司，按照"人随业务走"的原则，人员随业务一并划入油建公司。业务调整后，油建公司增加基层单位1个，增加科级职数3个。新疆吐哈石油技术服务有限责任公司作为独立的法人公司，挂靠关系变更到油建公司，相关注册信息变更等事宜由企管法规处和相关单位负责理顺。油建公司要通过内部调剂方式逐步对该业务劳务外包人员进行置换，确保业务和人员衔接有序，运行平稳。【吐哈油字〔2016〕136号】

2月17日至18日　油田分公司召开部分单位和处室干部大会，调整鲁克沁采油厂、三塘湖采油厂、鄯善采油厂等13个单位和处室部分处级管理人员岗位。【吐哈油田大事记】

2月23日　油田分公司党委在鄯善生产基地召开2016年党群工作会，贯彻落实公司两会精神和油田公司党委2016年工作部署。【吐哈油田大事记】

2月25日　油田分公司党委在鄯善生产基地召开中心组（扩大）集体学习会，集中学习十八届中央纪委第六次全会精神，观看十八届五中全会五大发展理念解读专题讲座，要求学习贯彻十八届中央纪委第六次全会精神和十八届五中全会精神，深化改革创新，突出质量效益。【吐哈油田大事记】

2月25日　油田分公司在集团公司安全环保节能工作会议上获2015年度节能节水先进企业。【吐哈油田大事记】

2月26日　油田分公司党委决定：授予工程技术研究院等6个单位"党风建设和反腐败工作先进单位"荣誉称号；授予任萍等30名同志"纪检监察先进工作者"荣誉称号。【吐哈油党字〔2016〕6号】

2月29日　油田分公司在鄯善生产基地召开2016年党风建设和反腐败工作会议，贯彻落实十八届中央纪委第六次全会、自治区纪委八届六次全会、集团公司2016年党风建设和反腐败工作会议精神，总结部署工作。【吐哈油田大事记】

三　月

3月5日　油田分公司纪念"三八"国际妇女节暨重走石油路"全员健步走、每天一万步"网络竞赛活动启动仪式在鄯善生产基地举行。油田分公司党委书记娄铁强、副总经理梁世君出席启动仪式，并为100名"五一巾帼奖个人"、100户"文明家庭"代表和2015年首届全国石油职工健步走网络公开赛10个优秀组织单位、10名优秀组织者、131名优胜个人代表颁奖。【公司简报总第72期】

3月7日　油田分公司机关党委决定：对办公室（党委办公室）秘书科等28个红旗科室、吴智杰等60名先进工作者予以表彰奖励。【吐哈油机党字〔2016〕1号】

3月7日　油田分公司机关工会决定：授予谢银娣等30名同志"五一巾帼奖个人"称号，授予王国红等12名同志"优秀女工工作者"称号。【吐哈油机关工字〔2016〕2号】

3月9日　油田分公司人事处批复同意，调整新疆吐哈油田建设有限责任公司部分内设机构。【吐哈油公人字〔2016〕16号】

3月15日　油田分公司人事处批复同意，调整技术监测中心科级职数。【吐哈油公人字〔2016〕17号】

3月15日　油田分公司党委以视频会方式在鄯善生产基地、哈密石油基地、三塘湖举办形势任务教育专场报告会。【吐哈油田大事记】

3月16日　油田分公司党委决定：经试用期满考核并研究，正式任命赵国强同志为公司纪委副书记，邱爱研同志为公司工会副主席兼女工主任，陈旋同志为勘探开发研究院党委委员，宋其伟同志为鄯善采油厂党委委员，王崇阳同志为新疆吐哈油田建设有限责任公司党委委员。任命王多立同志为石油能源开发公司党委副书记、纪委书记、工会主席，王晓燕同志为员工公寓管理中心党委副书记（试用期一年）。免去闫文玉同志的石油能源开发公司党委副书记、纪委书记、工会主席职务，王多立同志的新闻中心党委委员职务。【吐哈油党字〔2016〕16号】

3月16日　油田分公司决定：经试用期满考核并研究，正式聘任张冬萍为科技信息处处长，赵国强为纪委监察处处长，陈云为物资管理部（招投标部）主任，曾玉祥为三塘湖采油厂（三塘湖油田项目经理部）厂长（经理），张农为吐哈石油医院（卫生处、疾病预防控制中心）院长（处长、主任），郭创新为吐哈油田社会保险管理中心主任，陈旋为勘探开发研究院副院长，宋其伟为鄯善采油厂副厂长，王崇阳为新疆吐哈油田建设有限责任公司副总经理、安全总监。聘任王多立为石油能源开发公司副经理，王晓燕为员工公寓管理中心主任（副处级，试用期一年）。解聘闫文玉的石油能源开发公司副经理职务，王多立的新闻中心副主任、安全总监、《中国石油报社》吐哈记者站站长职务。【吐哈油字〔2016〕159号】

3月16日　油田分公司人事处决定，将办公室（党委办公室）接待科更名为信息督办科；对物资管理部（招投标部）部分科室进行调整，将合同信息科更名为市场信息科、物资招标科更名为物资管理科、工程服务招标科更名为招标采购科，并对科室职责进行调整；将设备管理处自动化管理科承担的电气设备管理职责划入设备管理科。【吐哈油人字〔2016〕4号】

3月16日　油田分公司党委印发《中国石油天然气股份有限公司吐哈油田分公司处级干部管理办法》《中国石油天然气股份有限公司吐哈油田分公司处级领导班子和干部综合考核评价实施细则》《中国石油天然气股份有限公司吐哈油田分公司处级管理岗位竞争上岗和公开招聘实施细则》和《中国石油天然气股份有限公司吐哈油田分公司管理人员因私出国（境）管理实施细则》4项制度。【吐哈油党字〔2016〕14号】

3月16日　油田分公司党委印发《中国石油天然气股份有限公司吐哈油田分公司科级管理人员管理办法》和《中国石油天然气股份有限公司吐哈油田分公司所属单位副总师（助理）管理办法》两项制度。【吐哈油党字〔2016〕15号】

3月16日　油田分公司人事处批复同意，监督中心（石油天然气吐哈工程质量监督站）安全监督站更名为安全环保监督站。【吐哈油公人字〔2016〕19号】

3月17日　油田分公司人事处批复同意，调整机械厂部分机构。【吐哈油公人字〔2016〕21号】

3月21日　油田分公司党委印发《中国石油天然气股份有限公司吐哈油田分公司员工管理办法》。【吐哈油党字〔2016〕156号】

3月21日　油田分公司人事处批复同意，调整部分机关处室内设科室职责和名称。【吐哈油人字〔2016〕4号】

3月24日　油田分公司形势任务宣讲团在鄯善生产基地开展油田公司机关专场"凝心聚力、共渡难关"形势任务巡回宣讲活动。【吐哈油田大事记】

3月29日　油田分公司决定，撤销北京吐哈石油宾馆，恢复北京办事处；撤销西安吐哈石油大厦，西安吐哈石油大厦转型后的业务、职能和人员全部并入西安生活基地管理处，并将西安生活基地管理处更名为西安生活基地管理中心；将吐哈石油大厦企业集团更名为吐哈石油大厦，与乌鲁木齐办事处按一个机构、两块牌子管理运行；为进一步规范管理，满足驻外生活基地管理处在当地进行工商登记和银行开户要求，将酒泉生活基地管理处更名为酒泉生活基地管理中心；兰州生活基地管理处更名为兰州生活基地管理中心；广汉生活基地管理处更名为广汉生活基地管理中心；苏州生活基地管理处更名为苏州生活基地管理中心；北京生活基地管理处更名为北京生活基地管理中心。【吐哈油字〔2016〕166号】

3月29日　油田分公司决定：授予勘探开发研究院等6个单位"中国石油吐哈油田公司档案（史志）工作先进单位"荣誉称号，授予陈晋玲等35人"中国石油吐哈油田公司档案（史志）工作先进个人"荣誉称号，授予李新民"中国石油吐哈油田公司史料征集工作突出捐献个人"荣誉称号。【吐哈油字〔2016〕164号】

3月30日　油田分公司人事处批复同意，调整北京办事处内设机构和人员编制。【吐哈油公人字〔2016〕25号】

3月30日　油田分公司人事处批复同意，调整西安生活基地管理中心内设机构和人员编制。【吐哈油公人字〔2016〕26号】

3月30日 油田分公司人事处批复同意，调整吐哈石油大厦（乌鲁木齐办事处）内设机构和人员编制。【吐哈油公人字〔2016〕27号】

3月30日 油田分公司人事处批复同意，调整工程技术研究院科级职数。【吐哈油公人字〔2016〕28号】

3月30日 油田分公司在鄯善生产基地召开2016年档案（史志）工作会。【吐哈油田大事记】

3月31日 油田分公司企业文化处、公司团委在鄯善生产基地举办"凝心聚力、共渡难关"形势任务教育知识竞赛决赛，鄯善采油厂、特车公司等12个单位代表队分获一、二、三等奖。【吐哈油田大事记】

四 月

4月1日 油田分公司在鄯善生产基地召开组织史资料编纂工作总结座谈会，座谈交流参加、支持编纂工作的经历、认识和体会。【吐哈油田大事记】

4月12日 油田分公司机关工会决定：对企业文化处（党委宣传部）企业文化科（宣传教育科）等7个科室授予优胜科室称号，并予以表彰奖励。其中，企业文化处（党委宣传部）企业文化科（宣传教育科）推荐油田公司工会表彰；生产运行处生产运行科等6个科室各授予公司机关"凝心聚力、共渡难关'双优杯'竞赛优胜科室流动红旗"1面。【吐哈油机关工字〔2016〕3号】

4月12日 油田分公司召开集团公司党组专项巡视动员会。【吐哈油田大事记】

4月14日 油田分公司党委决定，鄯善采油厂党委会设委员8人，其中党委书记1人、副书记2人；纪委会设委员7人，其中纪委书记1人、纪委副书记1人。员工公寓管理中心党委会设委员3人，其中党委副书记1人；纪委会设委员3人，其中纪委书记1人。北京吐哈石油宾馆党委更名为北京办事处党委，吐哈石油大厦企业集团党委更名为吐哈石油大厦党委，西安生活基地管理处党委更名为西安生活基地管理中心党委，酒泉生活基地管理处党委更名为酒泉生活基地管理中心党委，兰州生活基地管理处党委更名为兰州生活基地管理中心党委，广汉生活基地管理处党委更名为广汉生活基地管理中心党委，苏州生活基地管理处党委更名为苏州生活基地管理中心党委，北京生活基地管理处党委更名为北京生活基地管理中心党委。撤销丘东采油厂党委和温米采油厂党委。【吐哈油党字〔2016〕18号】

4月15日　油田分公司机关党委研究批复同意：财务处（资金结算中心）党支部委员会由鲁正乾、焦熠堂、张黎、刘胜江、成斌5名同志组成，鲁正乾同志为党支部书记，焦熠堂同志为党支部副书记。生产运行处党支部委员会由吴征、周永新、李成刚、朱亮、谢生江5名同志组成，吴征同志为党支部书记，周永新同志为党支部副书记。物资管理部（招投标部）党支部委员会由陈云、石玉峰、周德猛、张燕明、柳建新5名同志组成，陈云同志为党支部书记，石玉峰同志为党支部副书记。企业文化处（党委宣传部）党支部由张长海、李正武、方进荣3名同志组成，张长海同志为党支部书记。增补：吴智杰同志为办公室（党委办公室、行政事务中心）党支部委员。卫高山同志为概预算管理部（定额部）党支部委员。【吐哈油机党字〔2016〕2号】

4月22日　油田分公司人事处批复同意，调整销售事业部内设机构。【吐哈油公人字〔2016〕37号】

4月25日　油田分公司党委决定：任命元连喜同志为吐哈石油大厦党委书记、纪委书记、工会主席，张赞军同志为北京办事处党委书记、纪委书记、工会主席，党延祥同志为酒泉生活基地管理中心党委书记、纪委书记、工会主席，袁新道同志为兰州生活基地管理中心党委书记、纪委书记、工会主席，陈胜同志为西安生活基地管理中心党委书记、纪委书记、工会主席，朱刚同志为广汉生活基地管理中心党委书记、纪委书记、工会主席，王科子同志为北京生活基地管理中心党委书记，周田堂同志为苏州生活基地管理中心党委书记、纪委书记、工会主席，李红伟同志为吐哈石油大厦党委副书记，樊为民同志为兰州生活基地管理中心党委副书记，杨杰同志为西安生活基地管理中心党委副书记，段明友同志为北京生活基地管理中心党委副书记，闫纪峰同志为吐哈石油大厦党委委员，王光虎同志为北京办事处党委委员，谢志刚同志为酒泉生活基地管理中心党委委员，史自力同志为兰州生活基地管理中心党委委员，程浩同志为广汉生活基地管理中心党委委员，李在龙同志为广汉生活基地管理中心党委委员，赵海东同志为苏州生活基地管理中心党委委员。免去元连喜同志的吐哈石油大厦企业集团党委书记、纪委书记、工会主席职务，张赞军同志的北京石油吐哈宾馆党委书记、纪委书记、工会主席职务，党延祥同志的酒泉生活基地管理处党委书记、纪委书记、工会主席职务，袁新道同志的兰州生活基地管理处党委书记、纪委书记、工会主席职务，陈胜同志的西安吐哈石油大厦（西安生活基地管理处）党委书记、纪委书记、工会主席职务，朱刚同志的广汉生活基地管理处党委书记、纪委书记、工会主席职务，王科子同志的北京生活基地管理处党委书记职务，周田堂同志的苏州生活基地管理处党委书记、纪委书记、工会主席职务，李红伟同志的吐哈石油大厦企业集团党委副书记职务，闫少魁同志的酒泉生活基地管理处党委副书记职务，樊为民同志的兰州生活基地管理处党委副书记职务，杨杰同志的西安吐哈石油大厦（西安生活基地管理处）党委副书记职务，段明友同志的北京生活基地管理处党委副书记职务，闫纪峰同志的吐哈石油大厦企业集团党委委员职务，王光虎同志的北京吐哈石油宾馆党委委员职务，谢志刚同志的酒泉生活基地管理处党委委员职务，史自力同志的兰州生活基地管理处党委委员职务，程浩同志的广汉生活基地管理处党委委员职务，李在龙同志的广汉生活基地管理处党委委员职务，赵海东同志的苏州生活基地管理处党委委员职务。【吐哈油党字〔2016〕19号】

4月25日　油田分公司决定：聘任党延祥为酒泉生活基地管理中心主任。因公司部分组织机构更名，聘任李红伟为吐哈石油大厦（乌鲁木齐办事处）总经理（处长），张赞军为北京办事处处长，樊为民为兰州生活基地管理中心主任，杨杰为西安生活基地管理中心主任、安全总监，朱刚为广汉生活基地管理中心主任，段明友为北京生活基地管理中心主任、安全总监，周田堂为苏州生活基地管理中心主任，元连喜为吐哈石油大厦（乌鲁木齐办事处）副总经理（副处长），袁新道为兰州生活基地管理中心副主任，陈胜为西安生活基地管理中心副主任，王科子为北京生活基地管理中心副主任，闫纪峰为吐哈石油大厦（乌鲁木齐办事处）副总经理（副处长）、安全总监，王光虎为北京办事处副处长、安全总监，谢志刚为酒泉生活基地管理中心副主任、安全总监，史自力为兰州生活基地管理中心副主任、安全总监，程浩为广汉生活基地管理中心副主任，李在龙为广汉生活基地管理中心副主任、安全总监，赵海东为苏州生活基地管理中心副主任、安全总监。解聘李红伟的吐哈石油大厦企业集团总经理职务，张赞军的北京石油吐哈宾馆总经理职务，闫少魁的酒泉生活基地管理处处长职务，樊为民的兰州生活基地管理处处长职务，杨杰的西安吐哈石油大厦（西安生活基地管理处）总经理（处长）职务，朱刚的广汉生活基地管理处处长职务，段明友的北京生活基地管理处处长、安全总监职务，周田堂的苏州生活基地管理处处长职务，元连喜的吐哈石油大厦企业集团副总经理职务，党延祥的酒泉生活基地管理处副处长职务，袁新道的兰州生活基地管理处副处长职务，陈胜的西安吐哈石油大厦（西安生活基地管理处）副总经理（副处长）职务，王科子的北京生活基地管理处副处长职务，闫纪峰的吐哈石油大厦企业集团副总经理职务，王光虎的北京吐哈石油宾馆副总经理、安全总监职务，谢志刚的酒泉生活基地管理处副处长职务，史自力的兰州生活基地管理处副处长职务，程浩的广汉生活基地管理处副处长职务，李在龙的广汉生活基地管理处副处长、安全总监职务，赵海东的苏州生活基地管理处副处长、安全总监职务。【吐哈油字〔2016〕181号】

4月25日　油田分公司决定，对工程技术研究院、勘探公司、吐鲁番采油厂、鲁克沁采油厂（鲁克沁油田项目经理部）、三塘湖采油厂、井下技术作业公司、哈密物业管理公司、监督中心（石油天然气吐哈工程质量监督站）、能源公司处级、助理及副总师等职数进行调整。【吐哈油字〔2016〕180号】

4月25日　根据集团公司油气田ERP应用集成项目经理部要求，油田分公司研究决定：成立吐哈油田公司油气田ERP应用集成项目指导委员会和ERP应用集成项目经理部；项目经理部下设项目管理办公室，设在科技信息处，负责项目总体组织实施和协调，同时成立9个业务小组，具体负责各领域内的业务推广实施工作。【吐哈油字〔2016〕179号】

4月26日　油田分公司在鄯善生产基地召开"学党章党规、学系列讲话，做合格党员"学习教育动员部署会议，启动油田公司"两学一做"学习教育。【吐哈油田大事记】

五　月

5月3日　油田分公司团委在鄯善生产基地举办"出彩青春、追梦吐哈"五四青年演讲比赛暨表彰会。【吐哈油田大事记】

5月10日 油田分公司决定，将勘探部和勘探公司整合为勘探公司（勘探事业部），为公司二级单位，按一个机构、两块牌子管理运行。勘探公司（勘探事业部）同时承担勘探专业管理和生产经营管理双重职能。【吐哈油字〔2016〕187号】

5月11日 油田分公司党委决定：任命张冬萍同志为工程技术研究院党委书记、纪委书记、工会主席，钱峰同志为勘探公司（勘探事业部）党委书记、纪委书记、工会主席，孙皓同志为物资供应处党委书记、纪委书记、工会主席，王玉成同志为勘探开发研究院党委副书记，梁浩同志为勘探公司（勘探事业部）党委副书记，党兰焕同志为物资供应处党委副书记，杨永利同志为勘探公司（勘探事业部）党委委员，张代生同志为勘探公司（勘探事业部）党委委员，董震涛同志为勘探公司（勘探事业部）党委委员，罗劝生同志为勘探公司（勘探事业部）党委委员，谢佃和同志为鲁克沁采油厂（鲁克沁油田项目经理部）党委委员，马伟亭同志为三塘湖采油厂（三塘湖油田项目经理部）党委委员，李华明同志为员工公寓管理中心纪委书记、工会主席、党委委员（副处级）。免去孙皓同志的勘探公司党委书记、纪委书记、工会主席职务，党兰焕同志的物资供应处党委书记、纪委书记、工会主席职务，孙玉凯同志的勘探开发研究院党委副书记职务，钱峰同志的勘探公司党委副书记职务，张勇同志的物资供应处党委副书记职务，杨永利同志的勘探公司党委委员职务，张代生同志的勘探公司党委委员职务，董震涛同志的勘探公司党委委员职务，马伟亭同志的鲁克沁采油厂（鲁克沁油田项目经理部）党委委员职务，谢佃和同志的三塘湖采油厂（三塘湖油田项目经理部）党委委员职务，武红功同志的离退休职工管理中心（再就业服务站）党委委员职务，程浩同志的广汉生活基地管理中心党委委员职务。【吐哈油党字〔2016〕24号】

5月11日 油田分公司决定：聘任王玉成为勘探开发研究院院长（兼），孙玉凯为科技信息处处长，梁浩为勘探公司（勘探事业部）经理，党兰焕为物资供应处处长，张冬萍为工程技术研究院副院长，钱峰为勘探公司（勘探事业部）副经理，孙皓为物资供应处副处长，杨永利为勘探公司（勘探事业部）副经理，张代生为勘探公司（勘探事业部）副经理，董震涛为勘探公司（勘探事业部）副经理、安全总监，罗劝生为勘探公司（勘探事业部）副经理，谢佃和为鲁克沁采油厂（鲁克沁油田项目经理部）副厂长（副经理），马伟亭为三塘湖采油厂（三塘湖油田项目经理部）副厂长（副经理）。解聘张冬萍的科技信息处处长职务，梁浩的勘探部主任职务，孙玉凯的勘探开发研究院院长职务，钱峰的勘探公司经理职务，张勇的物资供应处处长职务，孙皓的勘探公司副经理职务，李华明的勘探部副主任职务，罗劝生的勘探部副主任职务，杨永利的勘探公司副经理职务，张代生的勘探公司副经理职务，董震涛的勘探公司副经理、安全总监职务，马伟亭的鲁克沁采油厂（鲁克沁油田项目经理部）副厂长（副经理）职务，谢佃和的三塘湖采油厂（三塘湖油田项目经理部）副厂长（副经理）职务，武红功的离退休职工管理中心（再就业服务站）副主任职务，程浩的广汉生活基地管理中心副主任职务。【吐哈油字〔2016〕188号】

5月12日　油田分公司党委决定：对《开展合规文化建设的探索与实践》《服务型党组织建设实践与探索》等145篇优秀政研成果予以表彰。【吐哈油党字〔2016〕26号】

5月12日　油田分公司在鄯善生产基地召开干部大会，整合勘探部和勘探公司的业务、人员，成立新的勘探公司（勘探事业部）。【吐哈油田大事记】

5月18日　油田分公司人事处批复同意，调整吐鲁番采油厂科级职数。【吐哈油公人字〔2016〕45号】

5月19日　油田分公司召开合规文化建设推进会，总结回顾合规文化建设工作，研讨交流各单位的经验做法，分析油田应对低油价挑战中合规文化建设工作面临的新形势新任务，部署重点工作，要求全体员工扎实工作，持续推进合规文化建设。【吐哈油田大事记】

5月24日　油田分公司党委决定，成立"两学一做"学习教育协调领导小组及办公室。【吐哈油党字〔2016〕27号】

5月27日　油田分公司决定：对在科技工作战线中做出突出贡献的创新团队和先进个人予以表彰。【吐哈油字〔2016〕194号】

六　月

6月3日　油田分公司决定，调整开发部等部门职能，取消开发部"负责开发井钻井现场实施管理工作"职责，由各采油厂负责。取消开发部"负责地面工程系统日常生产管理"职责；将基建工程处"负责储运集输系统的工艺技术管理"职责调整为"负责地面系统的工艺技术管理"。开发部增加"负责公司开发钻井、井下作业动力的运行与协调"职责，生产运行处不再承担此项职责。将开发部"负责风险作业服务管理工作"职责调整为"负责合作开发业务的管理"。将现场实施科更名为钻井工程科；风险作业管理科更名为合作开发管理科。【吐哈油字〔2016〕197号】

6月7日　油田分公司人事处批复同意：调整新疆吐哈油田建设有限责任公司部分机构。【吐哈油公人字〔2016〕57号】

6月14日　油田分公司党委宣传部决定：对"重塑形象，从心出发"新媒体内容创作大赛中34件优秀作品进行表彰。【吐哈油党宣字〔2016〕6号】

6月22日　油田分公司党委决定：免去王生年同志的新疆吐哈油田建设有限责任公司党委委员职务。【吐哈油党字〔2016〕29号】

6月22日　油田分公司决定：聘任朱有信为勘探开发研究院副院长、安全总监。解聘李正科的勘探开发研究院副院长、安全总监职务，朱有信的勘探开发研究院总地质师职务，崔英怀、陈旋的勘探开发研究院副院长职务，王生年的新疆吐哈油田建设有限责任公司副总经理职务。【吐哈油字〔2016〕202号】

6月22日　油田分公司机关党委决定：对办公室（党委办公室、行政事务中心）党支部等6个党支部、王萍等33名共产党员、孙亮等13名党务工作者予以表彰奖励，分别授予"先进党支部""优秀共产党员"和"优秀党务工作者"荣誉称号。【吐哈油机党字〔2016〕4号】

6月22日　油田分公司党委决定，对《中国石油天然气股份有限公司吐哈油田分公司处级干部管理办法》和《中国石油天然气股份有限公司吐哈油田分公司科级管理人员管理办法》（吐哈油党字〔2016〕15号）进行修改、补充、完善。【吐哈油党字〔2016〕30号】

6月23日　油田分公司人事处批复同意，调整勘探开发研究机构及人员编制。【吐哈油公人字〔2016〕63号】

6月24日　油田分公司党委在鄯善生产基地召开"两学一做"学习教育推进会，部署学习教育下步工作和纪念建党95周年暨油田开发建设25周年各项活动。鄯善采油厂等5家单位党委作"两学一做"学习教育经验交

流。【吐哈油田大事记】

6月24日　油田分公司机关党委举行纪念建党95周年表彰活动，表彰2016年度油田公司机关先进党支部、优秀党务工作者和优秀共产党员。【吐哈油田大事记】

6月27日　油田分公司党委决定：授予吐鲁番采油厂等8个单位党委"先进基层党委"荣誉称号，授予勘探开发研究院油田开发研究二所党支部等50个党支部"先进基层党支部"荣誉称号，授予季卫华等120名同志"优秀共产党员"荣誉称号，授予李斌等60名同志"优秀党务工作者"荣誉称号。【吐哈油党字〔2016〕31号】

6月30日　中国石油"开展两学一做、重塑良好形象"专题报告会在吐哈油田专场开讲。【吐哈油田大事记】

七　月

7月14日　油田分公司在哈密石油基地召开庆祝建党95周年纪念表彰会议。【公司简报总第80期】

7月14日　油田分公司在哈密石油基地召开庆祝油田开发建设25周年纪念表彰会议。【公司简报总第80期】

7月14日　经研究并商得中共新疆维吾尔自治区委员会同意，集团公司党组决定：娄铁强同志任吐哈油田分公司工会主席，许青春同志任吐哈油田分公司纪委书记、党委委员。【中油党组〔2016〕125号】

7月15日　油田分公司机关工会决定：对规划计划处计划销售科等8个科室授予优胜科室称号，并予以表彰奖励。其中，规划计划处计划销售科、生产运行处生产保障科推荐油田公司工会表彰；办公室（党委办公室）秘书科等6个科室授予公司机关凝心聚力、共渡难关"双优杯"竞赛优胜科室流动红旗1面。【吐哈油机关工字〔2016〕5号】

7月18日　油田分公司机关党委研究批复同意：科技信息处党支部委员会由孙玉凯、刘树奇、马学礼3名同志组成，孙玉凯同志任党支部书记。【吐哈油机党字〔2016〕5号】

7月18日至22日　油田分公司人事处组织油田有关部门负责人、技术专家对招聘的41名2016年应届大学毕业生进行入厂教育。【吐哈油田大事记】

7月27日　油田分公司科学技术委员会决定：对2015年度"三塘湖盆地立体勘探及配套技术攻关成效"等29项科技进步奖成果、4项专利应用奖成果以及被国家授予专利权的35件专利技术予以表彰奖励。【吐哈油字〔2016〕213号】

八　月

8月2日　油田分公司党委研究批复同意：中共工程技术研究院第二届委员会由刘德基、张冬萍、曹祥元、殷百寿、雷宇、雍富华等6名同志组成，张冬萍同志任书记、雷宇同志任副书记。中共工程技术研究院第二届纪律检查委员会由刘建伟、任鹏、李建伟、肖华、张冬萍等5名同志组成，张冬萍同志任书记、任鹏同志任副书记。中共特种车辆工程公司第三届委员会由王芝燕、朱红旺、刘继、李茂刚、柴留庆等5名同志组成，刘继同志任书记，朱红旺同志任副书记。中共特种车辆工程公司第三届纪律检查委员会由刘继、杨剑平、高小军、崔满刚、喻文等5名同志组成，刘继同志任书记，杨剑平同志任副书记。中共吐哈石油大厦委员会由元连喜、闫纪峰、李红伟3名同志组成，元连喜同志任书记，李红伟同志任副书记。中共吐哈石油大厦纪律检查委员会由元连喜、王虹、李军3名同志组成，元连喜同志任书记，王虹同志任副书记。同意增补赵建民同志为中共员工公寓管理中心委员会委员，王毅、唐春曦同志为中共员工公寓管理中心纪律检查委员会委员。以上同志的任职时间从当选之日算起。【吐哈油党字〔2016〕35号】

8月9日　油田分公司在鄯善生产基地召开传达贯彻集团公司2016年领导干部会议精神大会。【吐哈油田大事记】

8月11日　油田分公司决定，对公司领导班子成员工作分工进行部分调整。【吐哈油字〔2016〕216号】

8月11日　油田分公司决定，对公司副总师、总经理助理、安全副总监、总法律顾问工作分工进行部分调整。【吐哈油字〔2016〕217号】

8月17日　油田分公司获集团公司物资采购管理先进单位、集团公司招标管理先进单位，5人被评为先进个人。【吐哈油田大事记】

8月24日　油田分公司决定，对特种车辆工程公司和小车服务中心业务、机构和人员进行整合，成立运输工程公司。【吐哈油字〔2016〕222号】

8月24日　油田分公司党委决定：任命李照斌同志为党委办公室主任，公司机关党委委员，郑成国同志为石油天然气化工厂党委书记，侯祥东同志为运输工程公司党委书记、纪委书记、工会主席，高建平同志为运输工程公司党委副书记，张赞军同志为北京办事处党支部书记，刘继同志为公司工会副主席（副处级），王芝燕、柴留庆、李茂刚、张国斌同志为运输工程公司党委委员。免去侯祥东同志的石油天然气化工厂党委书记、纪委书记、工会主席职务，张赞军同志的北京办事处党委书记、纪委书记职务，张国斌同志的原小车服务中心党委副书记、纪委书记、工会主席职务，高建平同志的原小车服务中心党委委员职务，刘继同志的原特种车辆工程公司党委委员、纪委委员、工会主席职务，朱红旺、王芝燕、柴留庆、李茂刚同志的原特种车辆工程公司党委委员职务，王光虎同志的北京办事处党委委员职务。【吐哈油党字〔2016〕47号】

8月24日　油田分公司决定：聘任李照斌为办公室主任，高建平为运输工程公司经理，侯祥东为运输工程公司副经理，张志荣为新闻中心安全总监，朱红旺为工程技术处副处长，王小龙为三塘湖采油厂（三塘湖油田项目经理部）安全总监，王芝燕为运输工程公司副经理、安全总监，柴留庆、李茂刚、张国斌为运输工程公司副经理，王晓燕为员工公寓管理中心安全总监，黄晓忠为离退休职工管理中心（再就业服务站）安全总监。经试用期满考核并研究，正式聘任魏萍为纪委监察处副处长，吴云利为鲁克沁采油厂（鲁克沁油田项目经理部）副厂长（副经理）、安全总监，谢佃和为鲁克沁采油厂（鲁克沁油田项目经理部）副厂长（副经理）。解聘刘风章的公司安全副总监职务，高建平的小车服务中心主任、安全总监职务，侯祥东的石油天然气化工厂副厂长职务，刘继的特种车辆工程公司副经理职务，郭春生的离退休职工管理中心（再就业服务站）安全总监职务，高敬文的三塘湖采油厂（三塘湖油田项目经理部）安全总监职务，王芝燕的特种车辆工程公司副经理、安全总监职务，柴留庆、李茂刚的特种车辆工程公司副经理职务。【吐哈油字〔2016〕223号】

8月24日　油田分公司党委决定，撤销特种车辆工程公司党委和小车服务中心党委。成立运输工程公司党委。运输工程公司党委委员与班子成员数量保持一致，其中党委书记1人、副书记1人；纪委设委员5人，其中纪委书记 1 人、副书记 1 人。北京办事处党委改建为北京办事处党支部，作为公司党委直属党支部。北京办事处党组织关系和党内业务委托公司机关党委管理和指导。北京办事处党支部委员会由 3 人组成，设党支部书记 1 人。【吐哈油党字〔2016〕46 号】

8 月 25 日　油田分公司在鄯善生产基地召开"四风"问题专项整治推进会，通报集团公司党组纪检组关于十六起违反中央八项规定精神的问题和油田公司专项整治"回头看"查出的问题，分析当前存在"四风"突出问题，部署下步工作。【吐哈油田大事记】

8 月 25 日至 27 日　油田分公司召开部分单位和处室干部大会，调整办公室（党委办公室）、石油天然气化工厂、运输工程公司等 5 个单位和处室的部分处级管理人员岗位。【吐哈油田大事记】

8 月 29 日　油田分公司人事处批复同意，调整运输工程公司内设机构。【吐哈油公人字〔2016〕77 号】

九　月

9 月 6 日　油田分公司党委决定：公司党委委员、副总经理、安全总监周波同志为公司新闻发言人。【吐哈油党字〔2016〕53 号】

9 月 10 日　油田分公司职称改革工作领导小组办公室决定：同意权莉等人获得相应专业技术职务任职资格。【吐哈油职改办字〔2016〕3 号】

9 月 18 日　油田分公司人事处批复同意，调整员工公寓管理中心机关人员编制。【吐哈油公人字〔2016〕83 号】

9 月 24 日　油田分公司 2016 年离退休工作会议在哈密召开，总结部署重点工作。【吐哈油田大事记】

9 月 26 日　油田分公司机关党委在鄯善生产基地召开第二次党员代表大会，听取和审议中国共产党吐哈油田公司机关第一届委员会、纪律检查委员会工作报告、中国共产党吐哈油田公司机关第一届委员会党费使用情况报告，选举产生了中国共产党吐哈油田公司机关第二届委员会委员、中国共产党吐哈油田公司机关第二届纪律检查委员会委员和出席中国共产党吐哈油田公司第二次党员代表大会的 51 名代表。【公司简报总第 84 期】

9 月 26 日　油田分公司决定：对 4 个离退休工作先进单位，20 名离退休

工作先进个人以及 21 篇获奖论文进行表彰奖励。【吐哈油字〔2016〕235 号】

9 月 29 日　油田分公司决定，成立吐哈油田公司采油与地面工程运行管理系统（A5）推广组织机构。项目领导组下设项目管理办公室，具体设在科技信息处。项目管理办公室主要负责项目总体组织实施和协调；各业务小组之间工作的衔接、协调和沟通；与总部项目组之间工作协调与沟通。【吐哈油字〔2016〕236 号】

9 月 30 日　油田分公司党委决定：任命李照斌同志为机要保密处处长，杨生虎同志为鄯善物业管理公司党委副书记，谢虎林同志为吐哈石油医院（卫生处、疾病预防控制中心）党委副书记。免去刘德超同志的党委办公室主任、机要保密处处长、公司纪委委员、公司机关党委委员职务，孙皓同志的物资供应处党委书记、纪委书记、工会主席职务，李照斌同志的鄯善物业管理公司党委副书记职务，张农同志的吐哈石油医院（卫生处、疾病预防控制中心）党委副书记职务，杨生虎同志的党委组织部副部长职务。【吐哈油党字〔2016〕56 号】

9 月 30 日　油田分公司决定：聘任杨生虎为鄯善物业管理公司经理（试用期一年），谢虎林为吐哈石油医院（卫生处、疾病预防控制中心）院长（处长、主任）（试用期一年）。解聘刘德超的公司总经理助理、办公室主任职务，李照斌的鄯善物业管理公司经理职务，张农的吐哈石油医院（卫生处、疾病预防控制中心）院长（处长、主任）职务，孙皓的物资供应处副处长职务，杨生虎的人事处副处长职务，李勇的工程技术研究院副院长职务，李相华的广州生活基地管理处副处长、安全总监职务。【吐哈油字〔2016〕227 号】

十　月

10 月 1 日　中共新疆维吾尔自治区委员会组织部批复同意：吐哈油田分公司鄯善采油厂温五采油工区安全员徐志民当选中共新疆维吾尔自治区第九次代表大会代表。【新党组通字〔2016〕128 号】

10 月 9 日　油田分公司机关工会决定：对工程技术处采油工程科等 8 个科室授予主题竞赛优胜科室称号，并予以表彰奖励。其中，质量安全环保处安全管理科、油田保卫部（武装部）生产保卫科推荐油田公司工会表彰；工程技术处采油工程科等 6 个科室各授予公司机关凝心聚力、共渡难关"双

优杯"竞赛优胜科室流动红旗1面。【吐哈油机关工字〔2016〕6号】

10月10日　油田分公司在鄯善生产基地召开"百日双提工程"誓师动员大会，部署"百日双提工程"具体工作，动员和号召全体干部员工统一思想，坚定信心，凝聚力量，攻坚克难，完成2016年各项生产经营任务，为2017年生产经营开好局、起好步奠定基础。【吐哈油田大事记】

10月11日　油田分公司人事处批复同意，增加勘探开发研究院项目室设置。【吐哈油公人字〔2016〕87号】

10月11日　油田分公司党委"石油精神在吐哈"宣讲团在鄯善生产基地巡回宣讲。【吐哈油田大事记】

10月13日　油田分公司分别在鄯善生产基地、哈密石油基地召开鄯善物业管理公司和吐哈石油医院干部大会，宣布主要领导岗位人事调整决定。【吐哈油田大事记】

10月21日　油田分公司在鄯善生产基地公开选拔人事处（党委组织部）副处长（副部长）1人。【吐哈油田大事记】

10月22日　油田分公司党委研究，并报请新疆维吾尔自治区党委、中国石油天然气集团公司党组同意：中共中国石油吐哈油田公司第二次党员代表大会定于2016年11月5日至7日在鄯善生产基地召开。【吐哈油党字〔2016〕60号】

10月26日　油田分公司党委决定，成立公司巡视机构。【吐哈油党字〔2016〕61号】

10月28日　油田分公司党委在鄯善生产基地召开中心组（扩大）集体学习会，要求认真领会习近平总书记在全国国有企业党的建设工作会议上的讲话精神，团结一致，攻坚克难，为全面完成"百日双提工程"各项工作任务努力奋斗。【吐哈油田大事记】

10月31日　油田分公司人事处，明确生产运行处职责。【吐哈油人字〔2016〕16号】

十 一 月

11月5日至7日　中共吐哈油田分公司第二次代表大会在鄯善生产基地召开，会议选举产生中共吐哈油田分公司第二届委员会和中共吐哈油田分

公司纪律检查委员会。娄铁强为党委书记，徐可强为党委副书记；许青春为纪委书记。【吐哈油党字〔2016〕64号】

11月7日　油田分公司党委决定：任命石玉峰同志为物资供应处党委书记、纪委书记、工会主席（试用期一年），乔炜同志为党委组织部副部长（试用期一年），余洋同志为吐哈石油医院（卫生处、疾病预防控制中心）党委委员。【吐哈油党字〔2016〕66号】

11月7日　油田分公司决定：正式聘任鲁正乾为财务处处长，李文彩为哈密物业管理公司副经理。聘任石玉峰为物资供应处副处长，乔炜为人事处副处长（试用期一年），余洋为吐哈石油医院（卫生处、疾病预防控制中心）副院长（副处长、副主任）（试用期一年）。解聘石玉峰的物资管理部（招投标部）副主任职务。【吐哈油字〔2016〕250号】

11月7日　油田分公司党委研究批复同意：共青团吐哈油田公司第二届委员会委员由王丽华、王熙栋、任鹏、杨占文、张长海、陈嘉炜、钟夏、鲁天慧、颜子奇9名同志组成，其中张长海同志任书记、颜子奇同志任副书记。【吐哈油党字〔2016〕65号】

11月11日　油田分公司人事处批复同意，调整新疆吐哈油田建设有限责任公司机构编制。【吐哈油公人字〔2016〕96号】

11月17日　油田分公司纪委对新任13名处级领导干部进行"六个一"廉洁从业教育，强化新任领导干部廉洁从业意识，推进党风廉政建设。【吐哈油田大事记】

十 二 月

12月5日　油田分公司党委研究批复同意：中共鄯善采油厂第一届委员会由王银山、宋其伟、李艳明、杨德奎、周自武、范耀东、程行海、谭光天等8名同志组成，范耀东同志任书记、周自武、谭光天同志任副书记。中共鄯善采油厂第一届纪律检查委员会由万世平、王宝琪、杨庆龄、李鹤丽、张毅宁、相博、谭光天等7名同志组成，其中谭光天同志任书记、相博同志任副书记。中共消防支队新一届委员会由任峰、尚绍福、薛志刚等3名同志组成，其中尚绍福同志任书记、薛志刚同志任副书记。中共消防支队新一届纪律检查委员会由王波、王玉金、尚绍福等3名同志组成，其中尚绍福同志任书记、王玉金同志任副书记。中共吐哈油田公司机关党委第二届委员会由史东风、李正武、李清芬、李照斌、张长海、赵国强、徐君等 7 名同志组成，其中张长海同志任书记、李正武同志任副书记。中共吐哈油田公司机关党委第二届纪律检查委员会由刘锐锋、许建军、李正武、焦熠堂、魏萍等 5 名同志组成，其中李正武同志任书记、许建军同志任副书记。中共广汉生活基地管理中心第二届委员会由冯元碧、朱刚、李在龙、杨彦士、康军仁等 5 名同志组成，其中朱刚同志任书记。中共广汉生活基地管理中心第二届纪律检查委员会由王锴、朱刚、杜春梅等 3 名同志组成，其中朱刚同志任书记。中共北京生活基地管理中心新一届委员会由王科子、陈武军、段明友、倪惠云、谢占山等 5 名同志组成，其中王科子同志任书记、段明友同志任副书记。中共北京生活基地管理中心新一届纪律检查委员会由王科子、倪惠云、谢占山等 3 名同志组成，其中王科子同志任书记。同意增补邓庆同志为中共供水供电处纪律检查委员会委员。以上同志的任职时间从当选之日算起。【吐哈油党字〔2016〕68 号】

12 月 6 日　油田分公司党委决定：免去党延祥同志的酒泉生活基地管理中心党委书记、纪委书记、工会主席职务。【吐哈油党字〔2016〕70 号】

12 月 6 日　油田分公司决定：解聘党延祥的酒泉生活基地管理中心主任职务。【吐哈油字〔2016〕270 号】

12 月 12 日　油田分公司决定，对吐哈石油国际旅行社有限责任公司和新疆吐哈石油技术服务有限责任公司予以注销。【吐哈油字〔2016〕272 号】

12 月 23 日　油田分公司团委在鄯善生产基地召开青年员工"弘扬石油精神、建功百日双提"活动表彰会，总结表彰和宣传青年突击队、青年油水井分析和青年创新创效活动的成效和成果。【吐哈油田大事记】

二〇一七年

一　月

1 月 6 日　油田分公司综治委决定：对综治工作先进单位、先进治保会和先进个人予以表彰奖励。【吐哈油综治字〔2017〕2 号】

1月9日　油田分公司在鄯善生产基地召开2017年社会治安综合治理工作会暨党群业务会，会议强调强化安保防恐意识，加大安保防恐力度。【吐哈油田大事记】

1月10日　油田分公司决定，将离退休职工管理中心（再就业服务站）同时挂离退休职工管理处的牌子，按一套机构三块牌子管理，并增加对公司内部退养人员的管理以及与相关单位进行业务协调的职能。【吐哈油字〔2017〕5号】

1月11日　油田分公司爱卫会决定：对做出突出贡献的三塘湖采油厂等17个先进单位、王力飞等17名先进个人予以表彰。【吐哈油爱卫字〔2017〕1号】

1月11日　油田分公司计生委决定：对为油田公司2016年计划生育工作做出突出贡献的井下技术作业公司等21个先进单位、蒋丽萍等24名先进个人予以表彰。【吐哈油计生字〔2017〕1号】

1月11日　油田分公司职称改革工作领导小组决定：同意邹海霞等103名同志晋升中级专业技术职务任职资格。【吐哈油职改字〔2017〕4号】

1月13日　油田分公司职称改革工作领导小组办公室决定：同意郑钰等19人晋升相应初级专业技术职务任职资格。【吐哈油职改办字〔2017〕1号】

1月13日　油田分公司决定：对2016年度井控管理工作中做出突出贡献的先进单位和先进集体予以表彰，对先进个人予以表彰奖励。【吐哈油字〔2017〕9号】

1月20日至21日　油田分公司召开六届二次职代会暨2017年工作会议。【公司简报总第87期】

1月21日　油田分公司决定：对勘探开发研究院、工程技术研究院、鲁克沁采油厂（鲁克沁油田项目管理部）、鄯善采油厂、三塘湖采油厂、消防支队、井下技术作业公司、供水供电处、鄯善物业管理公司、新闻中心等10家单位予以表彰。【吐哈油字〔2017〕8号】

1月21日　油田分公司决定：授予15家单位和部门"安全环保先进单位"称号，8家单位"节能节水先进单位"称号，16个基层站队"节能节水先进基层站队"称号，245名员工"安全环保、HSE体系推进、节能节水先进个人"称号。【吐哈油字〔2017〕12号】

1月22日　油田分公司召开2017年党风廉政建设和反腐败工作会议，深入学习贯彻党的十八届六中全会、十八届中央纪委七次全会精神、贯彻落实集团公司2017年党风廉政建设和反腐败工作部署及自治区纪委相关工作要求，总结油田公司2016年党风廉政建设和反腐败工作，部署2017年任务。【公司简报总第87期】

1月23日　油田分公司人事处批复同意，调整离退休职工管理中心部分机构职责和机关人员编制。【吐哈油公人字〔2017〕4号】

1月23日　油田分公司人事处批复同意，调整吐哈石油大厦部分机构职责和机关人员编制。【吐哈油公人字〔2017〕5号】

二　月

2月1日　油田分公司印发《中国石油天然气股份有限公司吐哈油田分公司用工总量管理办法》。【吐哈油字〔2016〕107号】

2月3日　油田分公司决定：对2016年度设备管理工作中做出突出贡献的先进单位、先进工区队站和先进个人予以表彰。【吐哈油字〔2017〕22号】

2月7日　油田分公司党委决定：授予鄯善采油厂等10个单位"吐哈油田公司2016年度维稳信访工作先进集体"荣誉称号，授予梁晓军等41名同志"吐哈油田公司2016年度维稳信访工作先进个人"荣誉称号。【吐哈油党字〔2017〕4号】

2月7日　油田分公司党委决定：对2016年在油田新闻宣传工作中成绩突出的勘探开发研究院等7个先进单位、勘探公司闫明法等60名优秀个人和《公司坚决打赢"百日双提工程"攻坚战时评》等45篇"百日双提"好新闻竞赛优秀作品予以表彰。【吐哈油党字〔2017〕5号】

2月13日　油田分公司决定，成立鲁克沁二三结合提高采收率项目组、三塘湖转变开发方式项目组和油田开发专项工程项目组及实施组，全面负责油田开发重点工程项目实施工作。【吐哈油字〔2017〕40号】

2月14日　油田分公司党委、机关工会决定：对吴智杰等54名优秀员工予以表彰奖励。【吐哈油机党字〔2017〕2号】

2月14日　油田分公司决定，公司环境监督职责由监督中心（石油天然气吐哈工程质量监督站）承担，主要负责监督检查公司所属区域内环境保护措施的落实和污染治理设施运行维护情况等。【吐哈油字〔2016〕130 号】

2 月 14 日　油田分公司决定，成立吐哈油田公司阿克纠宾油田采油技术支持中心。【吐哈油字〔2016〕131 号】

2 月 15 日　油田分公司召开井控工作例会，传达集团公司工程技术业务工作会议精神和井控安全环保工作报告精神，安排部署 2017 年井控重点工作，表彰井控工作先进集体和个人。油田公司首届井下作业井控技能大赛启动。【公司简报总第 87 期】

2 月 15 日　油田分公司首届井下作业井控技能大赛正式启动。【吐哈油田大事记】

2 月 20 日　油田分公司人事处印发《中国石油吐哈油田公司 2017 年组织人事工作要点》。【吐哈油人字〔2017〕2 号】

三　月

3 月 1 日至 3 日　油田分公司纪委分别在鄯善生产基地、哈密石油基地首次开展 2016 年度各单位纪委书记集中述职试考核。【吐哈油田大事记】

3 月 2 日　油田分公司人事处批复同意，调整技术监测中心内设机构。【吐哈油公人字〔2017〕7 号】

3 月 7 日　油田分公司机关工会决定：授予谢银娣等 20 名同志"五一巾帼奖个人"称号，授予王国红等 11 名同志"优秀女工工作者"称号。【吐哈油机关工字〔2017〕2 号】

3 月 9 日　油田分公司形势任务宣讲团在鄯善生产基地开展油田公司机关"凝心聚力、稳健发展"形势任务巡回宣讲活动，160 多人聆听宣讲。【吐哈油田大事记】

3 月 14 日　油田分公司机关工会决定：授予档案中心等 4 个部门优秀组织单位称号，授予武月旺等 38 名同志优胜个人称号。【吐哈油机关工字〔2017〕3 号】

3 月 15 日　油田分公司党委研究批复同意：中共技术监测中心委员会由王光庆、汪佳祥、周建军等 3 名同志组成，王光庆同志任书记、周建军同志任副书记。中共技术监测中心纪律检查委员会由王光庆、张波、周林仁、

段海刚、贾双杰等5名同志组成，王光庆同志任书记、贾双杰同志任副书记。【吐哈油党字〔2017〕9号】

3月16日　油田分公司人事处批复同意，调整勘探开发研究院项目室设置。【吐哈油公人字〔2017〕10号】

3月17日　油田分公司党委召开第二轮专项巡视工作启动会，总结梳理第一轮巡视工作情况，部署2017年巡视工作任务，安排启动第二轮巡视具体工作。【公司简报总第89期】

3月30日　油田分公司印发《中国石油天然气股份有限公司吐哈油田分公司职工搬迁管理办法》。【吐哈油字〔2017〕95号】

3月30日　油田分公司企业文化处、公司团委在鄯善生产基地举办"凝心聚力、稳健发展"形势任务教育知识竞赛决赛。消防支队、勘探开发研究院代表队获一等奖，技术监测中心等单位代表队获二、三等奖。【吐哈油田大事记】

3月31日　油田分公司党委通过视频形式，在鄯善、哈密、鲁克沁采油厂（鲁克沁油田项目管理部）、三塘湖采油厂、井下技术作业公司五地同时召开中心组（扩大）集体学习会暨党的十八届六中全会精神专题讲座。【吐哈油田大事记】

3月31日　吐哈记者站获中国石油报四星级记者站称号，记者站4名记者分别获模范记者、先进记者称号。工程技术研究院、井下技术作业公司、三塘湖采油厂、离退休职工管理中心获先进报道组称号。殷艺轩、贺天云等5名通讯员获优秀通讯员称号。【吐哈油田大事记】

四　月

4月6日　油田分公司在鄯善生产基地召开石油天然气化工厂顺酐装置关停人员分流动员大会，启动人员分流工作。【吐哈油田大事记】

4月7日　油田分公司机关工会决定：对油田保卫部（武装部）生产保卫科等以下9个科室授予优胜科室称号，并予以表彰奖励。其中，油田保卫部（武装部）生产保卫科、人事处（党委组织部）员工管理科推荐油田公司工会表彰，开发部钻井管理科等7个科室由公司机关工会表彰。【吐哈油机关工字〔2017〕4号】

4月7日　油田分公司获集团公司国际业务生产安全管理先进集体称号，2人分别被评为海外业务安全生产和海外业务职业健康先进个人。【吐哈油田大事记】

4月10日　经研究并商得中共新疆维吾尔自治区委员会同意，集团公司党组决定：免去徐可强同志的吐哈油田分公司党委副书记、委员职务。【中油党组〔2017〕39号】

4月10日　经研究并商得中共新疆维吾尔自治区委员会同意，股份公司决定：娄铁强任吐哈油田分公司总经理，免去徐可强的吐哈油田分公司总经理职务。【石油任〔2017〕54号】

4月10日　集团公司决定：娄铁强任吐哈油田勘探开发指挥部指挥，免去徐可强的吐哈油田勘探开发指挥部指挥职务。【中油任〔2017〕135号】

4月25日　油田分公司党委决定：经试用期满考核，正式任命王晓燕同志为员工公寓管理中心党委副书记。免去陈跃同志的离退休职工管理中心（再就业服务站）党委书记、纪委书记、工会主席职务，谭光天同志的鄯善采油厂党委副书记、纪委书记、工会主席职务，王斌同志的石油能源开发公司党委委员职务，谭俊云同志的哈密物业管理公司党委委员职务，谢志刚同志的酒泉生活基地管理中心党委委员职务。【吐哈油党字〔2017〕22号】

4月25日　油田分公司决定：正式聘任王晓燕为员工公寓管理中心主任（副处级）。解聘陈跃的离退休职工管理中心（再就业服务站）副主任职务，王斌的石油能源开发公司副经理、安全总监职务，谭俊云的哈密物业管理公司副经理职务，谢志刚的酒泉生活基地管理中心副主任、安全总监职务。【吐哈油字〔2017〕130号】

4月25日　油田分公司人事处批复同意，调整石油天然气化工厂机构编制。【吐哈油公人字〔2017〕28号】

4月25日　油田分公司人事处决定，调整鄯善采油厂、吐鲁番采油厂、鲁克沁采油厂（鲁克沁油田项目管理部）、三塘湖采油厂业务及科级职数。【吐哈油人字〔2017〕5号】

4月25日　集团公司在北京召开铁人奖章表彰暨"五新五小"群众性经济技术创新成果展示大会，鄯善采油厂徐志民获"铁人奖章"，工程技术研究院钻井工艺研究所被集团公司授予铁人先锋号称号。【吐哈油田大事记】

4月27日 油田分公司召开干部大会，宣布集团公司党组关于油田公司主要领导调整决定：娄铁强任吐哈油田分公司总经理、吐哈石油勘探开发指挥部指挥，免去徐可强吐哈油田分公司总经理，党委副书记、委员，吐哈石油勘探开发指挥部指挥职务。【公司简报总第92期】

4月27日 油田分公司在股份公司2017年GeoEast地震处理解释一体化软件推广应用交流会上被评为GeoEast软件推广应用先进单位，技术报告获应用成果二等奖。【吐哈油田大事记】

五 月

5月2日 油田分公司人事处批复同意，调整供水供电处机构设置。【吐哈油公人字〔2017〕35号】

5月3日 油田分公司决定，将酒泉生活基地管理中心业务、人员全部纳入离退休职工管理中心统一管理，机构更名为酒泉生活基地管理站，作为离退休职工管理中心的科级基层单位，其内设机构同时撤销。【吐哈油字〔2017〕139号】

5月4日 油田分公司在鄯善生产基地召开上产动员会暨"全国五一劳动奖章""十大杰出青年"表彰会，传达集团公司董事长对吐哈油田下步工作的重要指示精神和集团公司副总经理在吐哈油田勘探开发工作汇报会上的讲话精神，表彰"全国五一劳动奖章""集团公司铁人奖章"获得者徐志民以及自治区、集团公司和油田公司先进集体和个人。【公司简报总第92期】

5月5日 油田分公司决定，对公司领导班子成员工作分工进行部分调整。【吐哈油字〔2017〕141号】

5月5日 油田分公司决定，对公司副总师、总经理助理、安全副总监、总法律顾问工作分工进行部分调整。【吐哈油字〔2017〕142号】

5月10日 油田分公司决定，将石油能源开发公司机构规格由正处级调整为副处级。【吐哈油字〔2017〕145号】

5月10日 油田分公司党委决定：任命辛文举同志为石油能源开发公司党委副书记。免去辛文举同志的石油天然气化工厂党委委员职务。【吐哈油党字〔2017〕27号】

5月10日　油田分公司决定：聘任辛文举为石油能源开发公司经理、安全总监。解聘辛文举的石油天然气化工厂副厂长、安全总监职务，杨建明的吐哈油田社会保险管理中心副主任职务。【吐哈油字〔2017〕146号】

5月10日　油田分公司党委决定，撤销酒泉生活基地管理中心党委，酒泉生活基地管理站党组织隶属关系划归离退休职工管理中心党委进行管理。【吐哈油党字〔2017〕26号】

5月17日　油田分公司人事处批复同意，调整三塘湖采油厂机构设置。【吐哈油公人字〔2017〕40号】

5月23日　油田分公司与中国联通新疆分公司在乌鲁木齐吐哈石油大厦签订数字电视业务移交运营合作协议。【公司简报总第93期】

5月27日　油田分公司决定：对公司健康安全环境管理委员会（安全生产委员会）成员及安全联系点进行调整。【吐哈油字〔2017〕156号】

5月31日　油田分公司决定：对2016年度"马朗凹陷油藏评价与目标研究"等21项科技进步奖成果、6项专利应用奖成果以及被国家授予专利权的24件专利技术予以表彰奖励。【吐哈油字〔2017〕158号】

六　月

6月9日　油田分公司人事处决定，进一步规范各采油厂之间员工交流有关事宜。【吐哈油人字〔2017〕6号】

6月10日　油田分公司和玉门油田公司党委在北京召开王昌桂同志先进事迹座谈会。【吐哈油田大事记】

6月19日　油田分公司决定，对《中国石油天然气股份有限公司吐哈油田分公司员工管理办法》中关于暂时性离岗歇业办理条件进行调整。【吐哈油字〔2017〕178号】

6月22日　油田分公司决定，成立HSE专业委员会、项目联合HSE委员会、建筑物联合防火安全委员会。【吐哈油字〔2017〕170号】

6月24日　油田分公司党委决定：免去黄少卿同志的吐哈石油医院（卫生处、疾病预防控制中心）党委委员职务。【吐哈油党字〔2017〕34号】

6月24日　油田分公司决定：解聘黄少卿的吐哈石油医院（卫生处、疾病预防控制中心）副院长（副处长、副主任）、安全总监职务。【吐哈油字

〔2017〕172 号】

6 月 27 日　油田分公司机关党委决定：表彰一批先进基层党组织和优秀共产党员、优秀党务工作者。【吐哈油机党字〔2017〕9 号】

6 月 30 日　油田分公司党委决定：授予鲁克沁采油厂（鲁克沁油田项目经理部）等 8 个单位党委"先进基层党委"荣誉称号，授予勘探开发研究院勘探第一党支部等 50 个党支部"先进基层党支部"荣誉称号，授予肖冬生等 100 名同志"优秀共产党员"荣誉称号，授予李斌等 50 名同志"优秀党务工作者"荣誉称号。【吐哈油党字〔2017〕33 号】

6 月 30 日　油田分公司在鄯善生产基地体育馆召开纪念建党 96 周年表彰大会，庆祝中国共产党成立 96 周年。【吐哈油田大事记】

七　月

7 月 1 日　油田分公司在鄯善生产基地体育馆举办徐志民先进事迹报告会暨"凝心聚力、稳健发展"记功表彰会。【吐哈油田大事记】

7 月 5 日　油田分公司决定，将监督中心（石油天然气吐哈工程质量监督站）安全环保监督站和安全环保工作站所属业务管理职能上移至质量安全环保处，机构、人员仍由监督中心（石油天然气吐哈工程质量监督站）管理。将质量安全环保处职责中"负责安全监督中心业务指导"调整为"负责安全环保监督站和安全环保工作站的管理"，具体负责其相关工作部署、工作协调及管理考核。【吐哈油字〔2017〕181 号】

7 月 10 日　油田分公司机关工会决定：对质量安全环保处安全管理科等 8 个科室授予优胜科室称号，并予以表彰奖励。其中，质量安全环保处安全管理科、公司工会办公室推荐油田公司工会表彰，生产运行处生产保障科等 6 个科室由公司机关工会表彰。【吐哈油机关工字〔2017〕5 号】

7 月 11 日　油田分公司在鄯善生产基地召开石油天然气化工厂溶剂油装置关停、人员分流动员大会，宣布人员分流实施方案，启动人员分流工作。【吐哈油田大事记】

7 月 13 日　油田分公司党委决定：对勘探开发研究院人事科（组织科）等 10 个先进集体、盛建红等 38 名先进个人予以表彰。【吐哈油党字〔2017〕37 号】

7月13日　油田分公司决定：对在吐哈油田首届井下作业井控技能大赛中取得优异成绩的6个优胜班组，33名优胜选手予以表彰。【吐哈油字〔2017〕190号】

7月18日　油田分公司召开优秀年轻干部培养选拔工作推进会，全面落实集团公司优秀年轻干部培养选拔工作部署要求，总结交流工作经验，安排部署今后一个时期优秀年轻干部培养选拔工作。【公司简报总第96期】

7月20日　油田分公司决定，撤销石油天然气化工厂处级机构及下设机关科室和基层单位，成立炼化综合工区，划入销售事业部作为基层科级单位管理。【吐哈油字〔2017〕197号】

7月23日　油田分公司党委印发《关于加强和改进优秀年轻干部培养选拔工作的实施意见》。【吐哈油党字〔2017〕38号】

八　月

8月7日　油田分公司党委研究批复同意：中共销售事业部委员会由孙思平、杨永堂、杨维利、李雪松、赵善佐等5名同志组成，赵善佐同志任书记、孙思平同志任副书记。中共销售事业部纪律检查委员会由于纳纳、陈本刚、张海军、赵志敏、赵善佐等5名同志组成，赵善佐同志任书记、张海军同志任副书记。中共机械厂第五届委员会由张德松、武爱雄、周仁能、赵杨民、韩文忠等5名同志组成，武爱雄同志任书记、赵杨民同志任副书记。中共机械厂第五届纪律检查委员会由刘晖、武爱雄、贾生玉、郭永琦、鲁彪等5名同志组成，武爱雄同志任书记、郭永琦同志任副书记。以上同志的任职时间从当选之日算起。【吐哈油党字〔2017〕40号】

8月12日　油田分公司纪委邀请哈密市人民检察院反贪污反渎职局局长栗子明到鄯善生产基地，以《远离职务犯罪、享受美好人生》为题开展挺纪在前预防职务犯罪法制教育专题讲座。【吐哈油田大事记】

8月15日　油田分公司决定，成立吐哈油田公司制改制工作领导小组。【吐哈油字〔2017〕205号】

8月18日　油田分公司在哈密石油基地召开欢迎大会，80名喀什、和田地区城乡富余劳动力在油田实现就业。【吐哈油田大事记】

8月21日　油田分公司决定，将北京生活基地管理中心业务、人员全部并入北京办事处，撤销北京生活基地管理中心。将西安生活基地管理中心、广汉生活基地管理中心、兰州生活基地管理中心、苏州生活基地管理中心机构规格由正处级调整为副处级。【吐哈油字〔2017〕209号】

8月21日 油田分公司党委决定：任命赵兴启同志为武装部部长，郑成国同志为信息技术公司党委书记、纪委书记、工会主席，杨杰同志为北京办事处党委书记、纪委书记、工会主席，王丙坤同志为离退休职工管理中心（再就业服务站、离退休职工管理处）党委书记，窦晓鸿同志为西安生活基地管理中心党委书记、纪委书记、工会主席，周郁良同志为销售事业部（运销处）党委委员，王光虎同志为北京办事处党委委员，董立新同志为哈密物业管理公司党委委员，刘沪同志为鄯善物业管理公司党委委员。因机构规格发生变化，以下同志职务重新明确：袁新道同志为兰州生活基地管理中心党委书记、纪委书记、工会主席，朱刚同志为广汉生活基地管理中心党委书记、纪委书记、工会主席，周田堂同志为苏州生活基地管理中心党委书记、纪委书记、工会主席，李在龙同志为广汉生活基地管理中心党委委员，赵海东同志为苏州生活基地管理中心党委委员。免去李军同志的武装部部长职务，王丙坤同志的勘探开发研究院党委书记、纪委书记、工会主席职务，张冬萍同志的工程技术研究院党委书记、纪委书记、工会主席职务，郑成国同志的原石油天然气化工厂党委书记职务，赵兴启同志的井下技术作业公司党委书记职务，邹彦胜同志的信息技术公司党委书记、纪委书记、工会主席职务，元连喜同志的吐哈石油大厦党委书记、纪委书记、工会主席职务，陈胜同志的西安生活基地管理中心党委书记、纪委书记、工会主席职务，王科子同志的北京生活基地管理中心党委书记、纪委书记职务，张继录同志的哈密物业管理公司党委副书记、公司工会委员职务，郭春生同志的离退休职工管理中心（再就业服务站）党委副书记职务，樊为民同志的兰州生活基地管理中心党委副书记职务，杨杰同志的西安生活基地管理中心党委副书记职务，段明友同志的北京生活基地管理中心党委副书记职务，张赞军同志的北京办事处党支部书记职务，张代生同志的勘探公司（勘探事业部）党委委员职务，刘沪、周郁良、董立新同志的原石油天然气化工厂党委委员职务，马三元、李永胜同志的哈密物业管理公司党委委员职务，马建军、矫玉生同志的鄯善物业管理公司党委委员职务，史自力同志的兰州生活基地管理中心党委委员

职务。【吐哈油党字〔2017〕42号】

8月21日　油田分公司决定：聘任赵兴启为油田保卫部主任，杨杰为北京办事处处长，王丙坤为离退休职工管理中心（再就业服务站、离退休职工管理处）主任，郑成国为信息技术公司副经理，周郁良为销售事业部（运销处）副处长，董立新为哈密物业管理公司副经理，刘沪为鄯善物业管理公司副经理，窦晓鸿为西安生活基地管理中心主任、安全总监。因机构规格发生变化，以下人员职务重新聘任，其原任职务同时解聘，袁新道为兰州生活基地管理中心主任、安全总监（原职级保持不变），朱刚为广汉生活基地管理中心主任（原职级保持不变），周田堂为苏州生活基地管理中心主任（原职级保持不变），李在龙为广汉生活基地管理中心副主任、安全总监（原职级保持不变），赵海东为苏州生活基地管理中心副主任、安全总监（原职级保持不变）。解聘李军的油田保卫部主任职务，杜玉海的吐哈油田住房公积金管理中心（吐哈油田房产管理中心）主任职务，郑成国的原石油天然气化工厂厂长职务，张赞军的北京办事处处长职务，张继录的哈密物业管理公司经理职务，郭春生的离退休职工管理中心（再就业服务站）主任职务，樊为民的兰州生活基地管理中心主任职务，杨杰的西安生活基地管理中心主任、安全总监职务，段明友的北京生活基地管理中心主任、安全总监职务，王丙坤的勘探开发研究院副院长职务，张冬萍的工程技术研究院副院长职务，赵兴启的井下技术作业公司副经理职务，邹彦胜的信息技术公司副经理职务，元连喜的吐哈石油大厦副总经理职务，陈胜的西安生活基地管理中心副主任职务，王科子的北京生活基地管理中心副主任职务，窦晓鸿的矿区管理部副主任职务，张代生的勘探公司（勘探事业部）副经理职务，刘沪、周郁良、董立新的原石油天然气化工厂副厂长职务，马三元的哈密物业管理公司副经理、总会计师职务，李永胜的哈密物业管理公司副经理职务，马建军、矫玉生的鄯善物业管理公司副经理职务，史自力的兰州生活基地管理中心副主任、安全总监职务。【吐哈油字〔2017〕210号】

8月21日　油田分公司决定，成立公司临时清欠工作组，专门负责完工未结算工程项目的清欠工作。【吐哈油字〔2017〕211号】

8月21日　油田分公司党委决定，成立北京办事处党委。北京办事处党委设委员3名，其中党委书记1人；纪委设委员3人，其中纪委书记1人。

撤销北京生活基地管理中心党委和北京办事处党支部。撤销石油天然气化工厂党委。【吐哈油党字〔2017〕41号】

8月25日 油田分公司党委决定：任命朱有信同志为勘探开发研究院党委书记、纪委书记、工会主席（试用期一年），刘德基同志为工程技术研究院党委书记、纪委书记、工会主席（试用期一年），杨珍祥同志为运输工程公司党委书记、纪委书记、工会主席，李正科同志为勘探开发研究院党委副书记，雍富华同志为工程技术研究院党委副书记，侯祥东同志为新疆吐哈油田建设有限责任公司党委副书记，杨安群同志为离退休职工管理中心（再就业服务站、离退休职工管理处）党委副书记、纪委书记、工会主席，杨国银同志为离退休职工管理中心（再就业服务站、离退休职工管理处）党委委员。免去王玉成同志的勘探开发研究院党委副书记职务，杨珍祥同志的吐鲁番采油厂党委书记、纪委书记、工会主席职务，张宝元同志的新疆吐哈油田建设有限责任公司党委书记、纪委书记、工会主席职务，侯祥东同志的运输工程公司党委书记、纪委书记、工会主席职务，雷宇同志的工程技术研究院党委副书记职务，郭健同志的新疆吐哈油田建设有限责任公司党委副书记职务，杨安群同志的哈密物业管理公司党委副书记、纪委书记、工会主席职务，米会学同志的井下技术作业公司党委委员职务，王崇阳同志的新疆吐哈油田建设有限责任公司党委委员职务，杨国银同志的鄯善物业管理公司党委委员职务。【吐哈油党字〔2017〕44号】

8月25日 油田分公司决定：聘任李清芬为矿区管理部主任，米会学为吐哈油田住房公积金管理中心（吐哈油田房产管理中心）主任（试用期一年），李正科为勘探开发研究院院长（试用期一年），雍富华为工程技术研究院院长（试用期一年），侯祥东为新疆吐哈油田建设有限责任公司总经理，杨珍祥为运输工程公司副经理，杨国银为离退休职工管理中心（再就业服务站、离退休职工管理处）副主任，郭健、张宝元、王崇阳为公司临时清欠工作组专职成员（原职级保持不变）。解聘燕列灿的公司副总地质师职务，龚德银的矿区管理部主任职务，王玉成的公司副总工程师、勘探开发研究院院长职务，李清芬的规划计划处处长职务，雷宇的工程技术研究院院长职务，郭健的新疆吐哈油田建设有限责任公司总经理职务，杨珍祥的吐鲁番采油厂副厂长职务，张宝元的新疆吐哈油田建设有限责任公司副总经理职务，侯祥东的运输工程公司副经理职务，米会学的井下技术作业公司总会计师职务，王崇阳的新疆吐哈油田建设有限责任公司副总经理、安全总监职务，杨国银的鄯善物业管理公司副经理、安全总监职务，李正科、雍富华、刘德基的公司一级技术专家职务。【吐哈油字〔2017〕213号】

8月28日　油田分公司决定：聘任燕列灿、王玉成、雷宇为公司首席技术专家。【吐哈油字〔2017〕214号】

8月30日　油田分公司党委决定：任命方进荣同志为新疆吐哈油田建设有限责任公司党委书记、纪委书记、工会主席（试用期一年）。免去方进荣的党委宣传部副主任、维护稳定办公室主任职务。【吐哈油党字〔2017〕47号】

8月30日　油田分公司决定：聘任李江予为规划计划处处长（试用期一年），方进荣为新疆吐哈油田建设有限责任公司副总经理。【吐哈油字〔2017〕217号】

九　月

9月20日　"中华铁人文学奖"第四届颁奖大会在大庆油田铁人纪念馆举行，吐哈油田曹志军《燃烧的大漠》、张志荣《火焰山下》获第四届"中华铁人文学奖"提名奖。【吐哈油田大事记】

9月22日　油田分公司人事处批复同意，调整北京办事处机构设置。【吐哈油公人字〔2017〕76号】

9月22日　油田分公司人事处批复同意，调整广汉生活基地管理中心机构设置。【吐哈油公人字〔2017〕77号】

9月22日　油田分公司人事处批复同意，调整兰州生活基地管理中心机构设置。【吐哈油公人字〔2017〕78号】

9月22日　油田分公司人事处批复同意，调整西安生活基地管理中心机构设置。【吐哈油公人字〔2017〕79号】

9月25日　油田分公司党委决定：任命康积伦、荆文波同志为勘探开发研究院党委委员，伍正华、冯义同志为工程技术研究院党委委员，陈世明同志为吐鲁番采油厂党委委员，穆金峰、宋德云同志为鲁克沁采油厂（鲁克沁油田项目经理部）党委委员，胡绪军同志为鄯善采油厂党委委员，曹约良、路强同志为新疆吐哈油田建设有限责任公司党委委员，周希文、王枫同志为哈密物业管理公司党委委员，杨贵权、张卫华同志为鄯善物业管理公司党委委员。免去梁浩同志的勘探公司（勘探事业部）党委副书记职务，王龙根同志的党委办公室副主任职务，吕有喜、杨贵权同志的鲁克沁采油厂（鲁克沁油田项目经理部）党委委员职务。【吐哈油党字〔2017〕50号】

　　9月25日　油田分公司决定：聘任梁浩为公司副总地质师，徐君为公司副总工程师，吕有喜为物资管理部（招投标部）副主任，崔英怀为勘探开发研究院副院长，陈旋为勘探开发研究院副院长、安全总监，康积伦、荆文波为勘探开发研究院副院长（试用期一年），伍正华、冯义为工程技术研究院副院长（试用期一年），陈世明为吐鲁番采油厂副厂长（试用期一年），穆金峰、宋德云为鲁克沁采油厂（鲁克沁油田项目经理部）副厂长（副经理）（试用期一年），胡绪军为鄯善采油厂副厂长（试用期一年），曹约良为新疆吐哈油田建设有限责任公司副总经理（试用期一年），路强为新疆吐哈油田建设有限责任公司副总经理、安全总监（试用期一年），周希文、王枫为哈密物业管理公司副经理（试用期一年），杨贵权为鄯善物业管理公司副经理，张卫华为鄯善物业管理公司副经理（试用期一年）。解聘梁浩的勘探公司（勘探事业部）经理职务，朱有信的勘探开发研究院安全总监职务，王龙根的办公室副主任、行政事务中心主任职务，吕有喜、杨贵权的鲁克沁采油厂（鲁克沁油田项目经理部）副厂长（副经理）职务，崔英怀、陈旋的公司一级技术专家职务，康积伦、荆文波、伍正华、冯义的公司二级技术专家职务。【吐哈油字〔2017〕233号】

　　9月25日　油田分公司在鄯善生产基地举行首届会计知识竞赛决赛，哈密物业管理公司、财务处选手分获个人决赛前3名，鲁克沁采油厂（鲁克沁油田项目经理部）、工程技术研究院、财务处等6支代表队获团体决赛一、二、三等奖。【吐哈油田大事记】

　　9月26日　中共吐哈油田公司机关第二次代表大会在鄯善生产基地召开，85名党员代表参加会议。会议选举产生中共中国石油天然气股份有限公司吐哈油田分公司机关第二届委员会，由史东风、李正武、李清芬、李照斌、张长海、赵国强、徐君等7人组成，张长海任书记，李正武任副书记。选举产生了中共中国石油天然气股份有限公司吐哈油田分公司机关第二届纪律检

查委员会，由 5 人组成，李正武为纪委书记。【吐哈油机党字〔2016〕9 号】

9 月 29 日　油田分公司团委于 2016 年 9 月 29 日召开了第二次团员代表大会。【吐哈油团字〔2016〕19 号】

9 月 29 日　油田分公司决定：对参加公司首届会计知识竞赛的优胜个人和团体进行表彰奖励。【吐哈油字〔2017〕236 号】

十　月

10 月 11 日　油田分公司六届二次职代会第三次团（组）长扩大会议审议通过《吐哈石油勘探开发指挥部公司制改制实施方案》。【吐哈油田大事记】

10 月 16 日　油田分公司人事处批复同意，调整信息技术公司机构设置。【吐哈油公人字〔2017〕86 号】

10 月 18 日　油田分公司党委组织广大党员干部，集中收看党的十九大开幕盛况直播。【吐哈油田大事记】

10 月 19 日　油田分公司决定，对吐鲁番采油厂、鄯善采油厂、鲁克沁采油厂（鲁克沁油田项目经理部）、三塘湖采油厂处级职数进行调整。【吐哈油字〔2017〕245 号】

10 月 19 日　油田分公司党委决定：对评选出的鲁克沁采油厂（鲁克沁油田项目管理部）党委等 6 个"思想政治工作先进单位"、勘探公司第四党支部等 29 个"思想政治工作先进党支部"、徐泽勇等 51 名"优秀思想政治工作者"和《新时期铁军文化传承研究与作用发挥》等 120 篇优秀政研成果予以表彰。【吐哈油党字〔2017〕51 号】

10 月 20 日　油田分公司在哈密石油基地召开新提任处级领导干部集体廉洁谈话会，要求新提任领导干部不忘初心，廉洁从业。【吐哈油田大事记】

10 月 26 日　油田分公司党委决定，成立吐哈油田公司监督委员会。【吐哈油党字〔2017〕53 号】

10 月 26 日　油田分公司党委召开学习宣传党的十九大精神安排部署会暨第三届思想政治工作研讨会，学习宣传党的十九大精神的具体举措，梳理总结党的十八大以来油田思想政治工作的主要做法与阶段成效。【吐哈油田大事记】

10月27日 油田分公司党委决定：任命罗劝生同志为勘探公司（勘探事业部）党委书记、纪委书记、工会主席（试用期一年），高庆贤同志为吐鲁番采油厂党委书记、纪委书记、工会主席（试用期一年），张志荣同志为销售事业部（运销处）党委书记、纪委书记、工会主席，李同桂同志为井下技术作业公司党委书记（试用期一年），李红伟同志为吐哈石油大厦（乌鲁木齐办事处）党委书记，钱峰同志为勘探公司（勘探事业部）党委副书记，司宝同志为吐鲁番采油厂党委副书记，何先俊同志为鲁克沁采油厂（鲁克沁油田项目经理部）党委副书记，王炜同志为鄯善采油厂党委副书记，周自武同志为井下技术作业公司党委副书记，曹清同志为供水供电处党委副书记，闫纪峰同志为吐哈石油大厦（乌鲁木齐办事处）党委副书记、纪委书记、工会主席。免去郭建设同志的井下技术作业公司党委副书记职务，钱峰同志的勘探公司（勘探事业部）党委书记、纪委书记、工会主席职务，赵善佐同志的销售事业部（运销处）党委书记、纪委书记、工会主席职务，张志荣同志的新闻中心党委书记职务，朱刚同志的广汉生活基地管理中心党委书记、纪委书记、工会主席职务，王炜同志的吐鲁番采油厂党委副书记职务，朱永贤同志的鲁克沁采油厂（鲁克沁油田项目经理部）党委副书记职务，周自武同志的鄯善采油厂党委副书记职务，晏书宾同志的供水供电处党委副书记职务。【吐哈油党字〔2017〕54号】

10月27日 油田分公司决定：聘任晏书宾为企管法规处（内控与风险管理处）处长，朱永贤为开发部主任，钱峰为勘探公司（勘探事业部）经理，司宝为吐鲁番采油厂厂长（试用期一年），王炜为鄯善采油厂厂长，何先俊为鲁克沁采油厂（鲁克沁油田项目经理部）厂长（经理）（试用期一年），周自武为井下技术作业公司经理，曹清为供水供电处处长（试用期一年），张志荣为销售事业部（运销处）副处长，杨贵权为鄯善物业管理公司安全总监，余洋为吐哈石油医院（卫生处、疾病预防控制中心）安全总监。解聘郭建设的井下技术作业公司经理职务，崔奋的企管法规处（内控与风险管理处）处长职务，徐君的开发部主任职务，王炜的吐鲁番采油厂厂长职务，朱永贤的鲁克沁采油厂（鲁克沁油田项目经理部）厂长（经理）职务，周自武的鄯善采油厂厂长职务，晏书宾的供水供电处处长职务，张志荣的新闻中心主任、安全总监，吐哈石油报社社长职务，朱刚的广汉生活基地管理中心主任职务，赵善佐的销售事业部（运销处）副处长职务，何先俊的开发部副主任、安全总监职务，张彩霞的资金结算中心主任职务。经试用期满考核并研究，正式聘任杨生虎为鄯善物业管理公司经理，谢虎林为吐哈石油医院（卫生处、疾病预防控制中心）院长（处长、主任）。【吐哈油字〔2017〕256号】

十一月

11月3日　油田分公司决定：聘任雍富华为勘察设计院院长，殷百寿为勘察设计院副院长、总工程师，冯义为勘察设计院副院长（主管经营工作）。【吐哈油字〔2017〕257号】

11月3日　油田分公司机关工会决定：对企管法规处市场管理科等9个科室授予优胜科室称号，并予以表彰奖励。企管法规处市场管理科、纪委监察处案件审理科推荐油田公司工会表彰；人事处（党委组织部）干部管理科等7个科室各授予公司机关"凝心聚力、稳健发展"主题劳动竞赛优胜科室流动红旗1面。【吐哈油机关工字〔2017〕6号】

11月7日　集团公司人事部下达2018年员工新增核定计划。【人事〔2017〕412号】

11月13日　集团公司批复同意，吐哈石油勘探开发指挥部改制为一人有限责任公司，名称为新疆吐哈石油勘探开发有限公司。【中油企管〔2017〕469号】

11月14日　油田分公司决定：聘任曹清为新疆吐哈石油电力工程有限公司执行董事兼总经理，杨震为新疆吐哈石油电力工程有限公司监事。以上同志聘期3年，自新疆吐哈石油电力工程有限公司取得营业执照之日起算。解聘晏书宾的原吐哈油田电力工程公司执行董事兼总经理、法定代表人职务，杨震的原吐哈油田电力工程公司监事职务。【吐哈油指字〔2017〕1号】

11月20日　指挥部批复同意，吐哈油田电力工程公司公司制改制实施方案及改制后公司章程，批准吐哈油田电力工程公司改制为一人有限责任公司，由改制后公司的执行董事兼总经理担任改制后公司的法定代表人。【吐哈油指字〔2017〕3号】

11月21日　油田分公司召开机关机构改革动员大会，贯彻落实集团公司关于机关机构改革的精神，动员机关全体干部员工讲政治、顾大局，保证机关机构改革平稳推进，实现"机构和人员编制两个压减20%"目标。【吐哈油田大事记】

11月24日　油田分公司与新疆华电哈密热电有限责任公司在哈密签署协议，将哈密石油基地12269户供暖业务以及资产整体移交哈密热电有限责任公司。【吐哈油田大事记】

11月27日　集团公司决定：娄铁强任新疆吐哈石油勘探开发有限公司执行董事、总经理。【中油任〔2017〕528号】

11月27日　集团公司人事部决定：委派杨臣为新疆吐哈石油勘探开发有限公司监事。【人事函〔2017〕259号】

11月28日　经研究并商得中共新疆维吾尔自治区委员会同意，集团公司党组决定：梁世君同志任吐哈油田分公司党委常务副书记（正局级）、工会主席，郭建设同志任吐哈油田分公司党委委员，免去娄铁强同志的吐哈油田分公司工会主席职务。【中油党组〔2017〕205号】

11月28日　经研究并商得中共新疆维吾尔自治区委员会同意，股份公司决定：郭建设任吐哈油田分公司副总经理、安全总监，免去梁世君的吐哈油田分公司副总经理职务，周波的吐哈油田分公司安全总监职务。【石油任〔2017〕278号】

11月28日　油田分公司与国家电网哈密供电公司签订《吐哈油田哈密石油基地供电业务分离移交协议》，哈密石油基地供电业务正式分离移交。【吐哈油田大事记】

11月29日　油田分公司党委决定：任命王强同志为维护稳定办公室主任（试用期一年），余中华同志为石油能源开发公司党委书记、纪委书记、工会主席（试用期一年），李在龙同志为广汉生活基地管理中心党委书记、工会主席，祁兵兵为吐鲁番采油厂党委委员，焦熠堂同志为鲁克沁采油厂（鲁克沁油田项目经理部）党委委员，张雄同志为鄯善采油厂党委委员，姚铁成同志为三塘湖采油厂（三塘湖油田项目经理部）党委委员，王永康同志为井下技术作业公司党委委员，张雨同志为技术监测中心党委委员。经试用期满考核并研究，正式任命石玉峰同志为物资供应处党委书记、纪委书记、工会主席，乔炜同志为党委组织部副部长。【吐哈油党字〔2017〕59号】

11月29日　油田分公司决定：聘任袁仕军为财务处副处长（试用期一年），张浩为财务处副处长（试用期一年），王强为油田保卫部副主任（试用期一年），南雨为资金结算中心主任，税文生为吐鲁番采油厂安全总监，祁兵兵为吐鲁番采油厂副厂长（试用期一年），焦熠堂为鲁克沁采油厂（鲁克沁油田项目经理部）总会计师，张雄为鄯善采油厂副厂长（试用期一年），姚铁成为三塘湖采油厂（三塘湖油田项目经理部）总会计师（试用期一年），王永康为井下技术作业公司总工程师（试用期一年），张雨为技术监测中心副主任、安全总监（试用期一年），李在龙为广汉生活基地管理中心主任，余中华为石油能源开发公司副经理。经试用期满考核并研究，正式聘任乔炜为人事处副处长，余洋为吐哈石油医院（卫生处、疾病预防控制中心）副院长（副处长、副主任）。解聘高庆贤的吐鲁番采油厂安全总监职务，南雨的财务处副处长职务，焦熠堂的财务处副处长职务。【吐哈油字〔2017〕278号】

11月30日　油田分公司党委召开深化巡察工作落实全面从严治党"两个责任"推进会，总结深化巡察工作落实全面从严治党"两个责任"情况，通报前三轮巡察发现的共性问题，业务主管部门汇报巡察发现问题整改推进情况。会议要求党群各部门、各单位党委要强化政治担当，忠诚履职尽责，把全面从严治党要求落到实处，为油田公司打赢低油价下生存与发展攻坚战提供有力保障。【吐哈油田大事记】

十 二 月

12月2日　油田分公司印发《吐哈油田已购公房和经济适用住房上市出售管理办法》。【吐哈油字〔2017〕266号】

12月21日　油田分公司决定，对公司机关、机关附属、直属单位的机构设置和人员编制进行调整，精简组织机构，压缩管理人员，实现公司机关"机构和人员编制两个20%的压减目标"。【吐哈油字〔2017〕285号】

12月21日　油田分公司召开中心组（扩大）集体学习会，全文学习党的十九大报告以及油田公司新修订的应急预案。学习会要求各级领导干部要全面准确学习领会党的十九大精神，更好地推动油田深化改革、持续创新和稳健发展。【吐哈油田大事记】

12月22日 油田分公司决定：聘任金勇才等13人为公司第六届技能专家，亢利军等7人为公司首届首席技师。【吐哈油字〔2017〕284号】

12月22日 油田分公司决定：对职业技能竞赛优胜者进行表彰奖励。【吐哈油字〔2017〕283号】

12月27日 油田分公司决定，成立纪检监察中心，机构、人员挂在监督中心（石油天然气吐哈工程质量监督站），业务接受纪委监察处的管理。【吐哈油字〔2017〕288号】

二〇一八年

一 月

1月2日 油田分公司在哈密石油基地召开新闻中心业务、机构调整动员大会。【吐哈油田大事记】

1月3日 油田分公司决定，新闻中心内设机构全部撤销，信息技术公司（新疆欧亚科技发展有限责任公司）更名为信息技术公司（新闻中心、吐哈石油报社、中国石油报吐哈记者站、新疆欧亚科技发展有限责任公司），处级职数由5人调整为6人。【吐哈油字〔2018〕3号】

1月10日 油田分公司党委决定：任命许忠同志为信息技术公司党委委员，免去张长海同志的党委宣传部主任、公司团委书记、公司机关党委书记职务，李华明同志的员工公寓管理中心纪委书记、工会主席、党委委员职务，许忠同志的原新闻中心党委副书记、纪委书记、工会主席职务。【吐哈油党字〔2018〕2号】

1月10日 油田分公司人事处决定，将吐哈油田社会保险管理中心酒泉医疗报销业务移交离退休职工管理中心酒泉生活基地管理站代办，2名工作人员划入酒泉生活基地管理站，具体业务接受吐哈油田社会保险管理中心管理。【吐哈油人字〔2018〕1号】

1月10日 油田分公司人事处批复同意，工程技术研究院撤销临时机构西部项目部，其业务由相关基层单位承担。【吐哈油公人字〔2018〕1号】

1月11日 油田分公司决定，对公司总经理助理、副总师、总法律顾

问、首席技术专家工作分工进行部分调整。【吐哈油字〔2018〕7 号】

　　1 月 11 日　油田分公司决定：聘任许忠为信息技术公司副经理、新闻中心主任、吐哈石油报社社长、中国石油报吐哈记者站站长。解聘张长海的企业文化处处长职务。【吐哈油字〔2018〕8 号】

　　1 月 11 日　新疆吐哈石油勘探开发有限公司决定：聘任李红伟为新疆吐哈石油勘探开发有限公司吐哈石油大厦总经理，杨杰为新疆吐哈石油勘探开发有限公司北京办事处处长，窦晓鸿为新疆吐哈石油勘探开发有限公司西安生活基地管理中心主任，袁新道为新疆吐哈石油勘探开发有限公司兰州生活基地管理中心主任，周田堂为新疆吐哈石油勘探开发有限公司苏州生活基地管理中心主任，李在龙为新疆吐哈石油勘探开发有限公司广汉生活基地管理中心主任。解聘张赞军的原吐哈石油勘探开发指挥部北京办事处处长职务，杨杰的原吐哈石油勘探开发指挥部西安生活基地管理中心主任职务，樊为民的原吐哈石油勘探开发指挥部兰州生活基地管理中心主任职务，朱刚的原吐哈石油勘探开发指挥部广汉生活基地管理中心主任职务。【新吐哈油字〔2018〕1 号】

　　1 月 15 日　油田分公司党委在鄯善生产基地举办第一期处级领导干部学习贯彻党的十九大精神培训班，深入学习领会和全面贯彻落实党的十九大精神，进一步牢固树立"四个意识"，坚定"四个自信"，用习近平新时代中国特色社会主义思想武装头脑、指导实践、推动工作。【吐哈油田大事记】

　　1 月 16 日　油田分公司与玉门油田公司领导座谈交流，表示进一步加强机械加工业务合作，扩大技术创新，为吐哈油田扩大经营自主权改革工作共同发力。【吐哈油田大事记】

　　1 月 22 日　油田分公司决定，在企管法规处增加对国内外部市场的管理职责。【吐哈油字〔2018〕19 号】

　　1 月 22 日　油田分公司人事处决定，对鄯善生产基地采油厂、井下技术作业公司、供水供电处、新疆吐哈油田建设有限责任公司、运输工程公司、机械厂、哈密物业管理公司基层技能鉴定站设置进行调整。【吐哈油人字〔2018〕3 号】

　　1 月 23 日　油田分公司在鄯善生产基地召开 2018 年"访惠聚"驻村工作座谈会，听取意见建议，解决实际问题。【吐哈油田大事记】

1月26日　油田分公司召开2018年生产运行工作视频会，总结2017年生产运行工作，表彰生产运行系统先进集体、项目及个人，安排部署2018年重点工作。【吐哈油田大事记】

1月30日　油田分公司党委决定：任命梁世君同志兼任公司机关党委书记。【吐哈油党字〔2018〕7号】

1月30日　油田分公司决定：解聘郭健的公司临时清欠工作组专职成员（正处级）职务，黄峰的质量安全环保处副处长职务。【吐哈油字〔2018〕24号】

二　月

2月1日　油田分公司六届三次职代会暨2018年工作会议在鄯善生产基地学术报告厅开幕。【吐哈油田大事记】

2月2日　油田分公司印发《吐哈油田公司2018年培训工作计划》。【吐哈油字〔2018〕32号】

2月3日　油田分公司在鄯善生产基地召开2018年党风廉政建设和反腐败工作会议，深入学习贯彻习近平新时代中国特色社会主义思想、党的十九大和十九届中央纪委二次全会精神，贯彻落实集团公司2018年党风廉政建设和反腐败工作会议各项部署及自治区纪委工作要求，总结油田公司2017年党风廉政建设和反腐败工作，部署2018年任务。【吐哈油田大事记】

2月27日　油田分公司人事处制定印发《吐哈油田公司机关科级及以下管理人员交流管理办法》。【吐哈油人字〔2018〕6号】

2月27日　油田分公司党委在鄯善生产基地召开中心组（扩大）集体学习会，学习习近平在新进中央委员会的委员、候补委员和省部级主要领导干部学习贯彻习近平新时代中国特色社会主义思想和党的十九大精神研讨班上的讲话，习近平在第十九届中央纪律检查委员会第二次全体会议上讲话。【吐哈油田大事记】

2月28日　油田分公司机关召开党的建设工作会议，总结2017年机关党建工作，表彰年度先进集体和工作者，部署2018年机关党建重点工作。党委常务副书记、工会主席、机关党委书记梁世君作题为《凝聚团队意志，强化责任担当，奋力开创新时代机关党建工作新局面》的报告。会议表彰

2017 年度先进集体和先进工作者，机关工会启动 2018 年"当好主人翁、建功新时代"主题劳动竞赛。【吐哈油田大事记】

2 月 28 日　油田分公司党委在全油田范围内开展以"讲形势、提信心、促改革"为主题的"形势、目标、任务、责任"主题教育活动，采取多种形式宣传贯彻集团公司工作会和油田公司"两会"精神。【吐哈油田大事记】

三　月

3 月 1 日　油田分公司召开上半年井控工作例会，表彰集团公司和油田公司 2017 年井控先进单位、先进集体和先进个人。【吐哈油田大事记】

3 月 2 日　油田分公司在鄯善生产基地召开 2018 年党群工作会，深入学习贯彻习近平新时代中国特色社会主义思想和党的十九大精神，落实集团公司工作会和油田公司"两会"精神，集中部署组织、宣传、工会、综治、维稳、团委六路工作，动员全体党群干部主动融入油田改革发展中心工作，提升工作质量和效果。【吐哈油田大事记】

3 月 5 日　油田分公司"讲形势、提信心、促改革"形势任务主题巡回宣讲首场宣讲在鄯善采油厂丘陵办公点举行，来自采油厂机关、基层工区队站近百名干部员工聆听宣讲。宣讲重点围绕党的十九大精神、公司"两会"精神、勘探形势、开发形势、深化改革等内容展开。此次活动 3 月 5 日启动，3 月下旬结束，在油田鄯善、吐鲁番、乌鲁木齐、红台、三塘湖、哈密等区域共开展 29 场次巡回宣讲。【吐哈油田大事记】

3 月 7 日　油田分公司党委组织部决定：任命许建军同志为机关纪委副书记、机关工会副主席，杜成章同志为党委组织部党建与干部管理科高级主管。免去郭伟同志的党委宣传部宣传教育科主管职务。【吐哈油党组字〔2018〕3 号】

3 月 8 日　油田分公司人事处印发《吐哈油田公司 2018 年组织人事工作要点》。【吐哈油人字〔2018〕8 号】

3 月 12 日　油田分公司人事处批复同意：调整三塘湖采油厂机构设置。【吐哈油公人字〔2018〕9 号】

3 月 12 日　油田分公司人事处决定，下达二级单位组织机构、科级职数和机关人员编制调整规范指导意见。【吐哈油公人字〔2018〕12 号】

3月15日　公司党委在鄯善生产基地开展基层单位党委书记党建述职评议考核工作。【公司简报总第100期】

3月19日　集团公司天然气开发技术宣讲团走进吐哈油田，与油田技术专家和专业技术人员进行交流。【吐哈油田大事记】

3月21日　油田分公司2018年形势任务宣讲在鄯善生产基地学术报告厅拉下帷幕。【公司简报总第101期】

3月21日　油田分公司召开机构整合动员大会，宣布将哈密物业管理公司、鄯善物业管理公司和员工公寓管理中心三个单位优化整合为综合服务中心。【公司简报总第101期】

3月26日　油田分公司在哈密石油基地召开欢迎大会，欢迎来自喀什、和田地区的第二批71名城乡富余劳动力在油田就业。【公司简报总第101期】

3月26日至30日　油田分公司在北京石油管理干部学院举办企业改革与实践处级领导干部培训班，公司副总师、总法律顾问，部分基层单位行政主要领导和公司机关相关处室负责人共计38人参加培训。【公司简报总第101期】

四　月

4月2日　油田分党委在鄯善生产基地召开中心组（扩大）集体学习会。【公司简报总第102期】

4月3日　油田分公司举行"讲形势，提信心，促改革"形势任务教育知识竞赛决赛，消防支队和运输工程公司获得一等奖。【公司简报总第102期】

4月4日　油田分公司人事处批复同意，调整勘探公司机构设置和人员编制。【吐哈油公人字〔2018〕33号】

4月12日　油田分公司发文启动《吐哈油田口述史》编纂工作，并通过报纸、电视、网络、微信等多种媒体渠道在广大员工和离退休职工、家属中开展《吐哈油田口述史》征文活动。征文活动从2018年5月开始，8月底截稿，计划2018年底编纂出版。【吐哈油田大事记】

4月12日　油田分公司决定，将哈密物业管理公司、鄯善物业管理公司和员工公寓管理中心整合为综合服务中心，为公司二级单位。【吐哈油字〔2018〕81号】

　　4月12日　油田分公司党委决定：任命刘志峰同志为鄯善采油厂党委书记、纪委书记、工会主席，杨生虎同志为综合服务中心党委书记、工会主席，李照斌同志为综合服务中心党委副书记，杨安群同志为运输工程公司党委副书记、纪委书记，刘沪同志为综合服务中心党委副书记、纪委书记，杨贵权同志为离退休职工管理中心（再就业服务站、离退休职工管理处）党委副书记、纪委书记、工会主席，王光虎同志为北京办事处纪委书记，董立新、鱼宏刚、王晓燕、周希文、张卫华、王枫同志为综合服务中心党委委员，李文彩同志为北京办事处党委委员。免去李照斌同志的党委办公室主任、机要保密处处长、机关党委委员职务，赵国强同志的公司纪委副书记职务，范耀东同志的鄯善采油厂党委书记职务，另有任用，刘志峰同志的原哈密物业管理公司党委书记职务，冯旭东同志的原鄯善物业管理公司党委书记、纪委书记、工会主席职务（保留正处级职级和待遇），杨生虎同志的原鄯善物业管理公司党委副书记职务，杨珍祥同志的运输工程公司纪委书记职务，杨杰同志的北京办事处纪委书记职务，王晓燕同志的原员工公寓管理中心党委副书记职务，王小龙同志的三塘湖采油厂（三塘湖油田项目经理部）党委委员职务，董立新、鱼宏刚、李文彩、周希文、王枫同志的原哈密物业管理公司党委委员职务，杨贵权、刘沪、张卫华同志的原鄯善物业管理公司党委委员职务，杨安群同志的离退休职工管理中心（再就业服务站、离退休职工管理处）党委副书记、纪委书记、工会主席职务，赵海东同志的苏州生活基地管理中心党委委员职务。【吐哈油党字〔2018〕19号】

　　4月12日　油田分公司决定：聘任李照斌为综合服务中心主任，刘志峰为鄯善采油厂副厂长，杨生虎为综合服务中心副主任，周田堂兼任苏州生活基地管理中心安全总监，王小龙为质量安全环保处副处长，魏萍兼任纪检监察中心主任，董立新、鱼宏刚、王晓燕、周希文、张卫华、王枫为综合服务中心副主任，李文彩为北京办事处副处长。解聘李照斌的办公室主任职务，赵国强的纪委监察处处长职务，杨生虎的原鄯善物业管理公司经理职务，范耀东的鄯善采油厂副厂长职务，刘志峰的原哈密物业管理公司副经理职务，冯旭东的原鄯善物业管理公司副经理职务，王小龙的三塘湖采油厂（三塘湖油田项目经理部）副厂长（副经理）、安全总监职务，王晓燕的原员工公寓管理中心主任、安全总监职务，董立新、李文彩、周希文、王枫的哈密物业管理公司副经理职务，鱼宏刚的哈密物业管理公司副经理、安全总监职务，杨贵权的鄯善物业管理公司副经理、安全总监职务，刘沪、张卫华的鄯善物业管理公司副经理职务，赵海东的苏州生活基地管理中心副主任、安全总监职务。【吐哈油字〔2018〕82 号】

4 月 13 日至 16 日　油田分公司先后召开综合服务中心、公司办公室（党委办公室）和鄯善采油厂干部大会。【公司简报总第 103 期】

4 月 16 日　油田分公司党委在鄯善生产基地举办第二期处级领导干部学习贯彻党的十九大精神培训班，组织学习党的十九大报告、党章和新宪法以及《实践论》《矛盾论》专题辅导、公司党委落实意识形态工作责任制实施细则解读等相关内容。【吐哈油田大事记】

4 月 19 日　油田分公司开展 2017 年度基层单位纪委书记现场述职评议考核工作。【公司简报总第 104 期】

4 月 20 日　油田分公司人事处批复同意，调整北京办事处机构设置和人员编制。【吐哈油公人字〔2018〕39 号】

4 月 20 日　油田分公司人事处批复同意，调整井下技术作业公司机构设置和人员编制。【吐哈油公人字〔2018〕40 号】

4 月 20 日　油田分公司人事处批复同意，调整吐鲁番采油厂机构设置和人员编制。【吐哈油公人字〔2018〕41 号】

4 月 20 日　油田分公司人事处批复同意，调整信息技术公司机构设置和人员编制。【吐哈油公人字〔2018〕43 号】

4 月 24 日　油田分公司决定，对原哈密物业管理公司治安巡逻大队驻京经警业务及人员进行调整。【吐哈油字〔2018〕92 号】

4 月 24 日　油田分公司机关工会决定：对人事处（党委组织部）劳动组织科等 9 个科室授予优胜科室称号，并予以表彰奖励。【吐哈油机关工字〔2018〕6 号】

4 月 27 日　公司人事处批复同意，调整三塘湖采油厂机构设置和人员编制。【吐哈油公人字〔2018〕42 号】

4 月 27 日　油田分公司团委在鄯善生产基地学术报告厅举行"改革发展、青年争先""五四"演讲比赛暨表彰会。【公司简报总第 104 期】

4 月 27 日　油田分公司人事处批复同意，决定成立 HSE 培训工作站。

【吐哈油人字〔2018〕14号】

五 月

5月3日 油田分公司人事处批复同意，调整监督中心（石油天然气吐哈工程质量监督站、纪检监察中心）机构设置和人员编制。【吐哈油公人字〔2018〕44号】

5月3日 油田分公司人事处批复同意，调整技术监测中心机构设置和人员编制。【吐哈油公人字〔2018〕46号】

5月4日 油田分公司人事处批复同意，调整供水供电处机构设置和人员编制。【吐哈油公人字〔2018〕48号】

5月4日 油田分公司人事处批复同意，调整鲁克沁采油厂（鲁克沁油田项目经理部）机构设置和人员编制。【吐哈油公人字〔2018〕49号】

5月5日 中共新疆维吾尔自治区第九届委员会第五次全体会议在乌鲁木齐召开。【公司简报总第105期】

5月8日 油田分公司人民武装部决定：对两期基干民兵集训中涌现出的25名优秀学员予以表彰。【吐哈油武字〔2018〕5号】

5月8日 油田分公司人事处批复同意，调整兰州生活基地管理中心机构设置和人员编制。【吐哈油公人字〔2018〕50号】

5月8日 油田分公司人事处批复同意，调整西安生活基地管理中心机构设置和人员编制。【吐哈油公人字〔2018〕51号】

5月8日 油田分公司人事处批复同意，调整物资供应处机构设置和人员编制。【吐哈油公人字〔2018〕52号】

5月8日 油田分公司人事处批复同意，调整销售事业部机构设置和人员编制。【吐哈油公人字〔2018〕53号】

5月8日 油田分公司人事处批复同意，调整运输工程公司机构设置和人员编制。【吐哈油公人字〔2018〕54号】

5月10日 油田分公司决定：聘任范耀东为纪委监察处处长，李正武为企业文化处处长（试用期一年），吴智杰为办公室副主任（试用期一年），王东为三塘湖采油厂（三塘湖油田项目经理部）副厂长（副经理）、安全总监（试用期一年），李武周为供水供电处副处长、安全总监（试用期一年），周希文为综合服务中心安全总监。解聘曹清供的水供电处安全总监职务，叶世华的办公室副主任职务，杨永堂的销售事业部（运销处）副处长职务。【吐哈油字〔2018〕113号】

5月10日　油田分公司决定，根据公司机构调整和人事变动情况，经研究，现对吐哈油田公司井控工作领导小组作出调整。【吐哈油字〔2018〕107号】

5月14日　油田分公司人事处批复同意，调整机械厂机构设置和人员编制。【吐哈油公人字〔2018〕56号】

5月14日　油田分公司人事处批复同意，调整鄯善采油厂机构设置和人员编制。【吐哈油公人字〔2018〕57号】

5月14日　油田分公司人事处批复同意，调整消防支队机构设置和人员编制。【吐哈油公人字〔2018〕58号】

5月14日　油田分公司人事处批复同意，调整新疆吐哈油田建设有限责任公司机构设置和人员编制。【吐哈油公人字〔2018〕59号】

5月15日　油田分公司工会决定：授予油田部分工区（科室、队站）、个人优胜队和优秀个人称号，并予以表彰奖励。【吐哈油工字〔2018〕12号】

5月16日　油田分公司党委决定：任命范耀东同志为公司纪委副书记，叶世华同志为公司党委巡察办公室正处级巡察员（试用期一年），李正武同志为党委宣传部部长、公司团委书记（试用期一年），吴智杰同志为党委办公室副主任、机要保密处副处长（试用期一年），王东同志为三塘湖采油厂（三塘湖油田项目经理部）党委委员，李武周同志为供水供电处党委委员。免去叶世华同志的党委办公室副主任、机要保密处副处长职务，杨永堂同志的销售事业部（运销处）党委委员职务。【吐哈油党字〔2018〕24号】

5月18日　油田分公司人事处批复同意，调整工程技术研究院机构设置和人员编制。【吐哈油公人字〔2018〕61号】

5月21日　油田分公司党委决定，对吐哈油田公司党委巡察工作领导小组及其办公室成员进行调整。【吐哈油党字〔2018〕30号】

5月21日　油田分公司党委决定，明确吐哈油田公司监督委员会及其办公室成员。【吐哈油党字〔2018〕31号】

5月21日　油田分公司党委决定，成立吐哈油田公司党的建设工作领

导小组，强化党建工作的顶层设计和综合协调，加大基层党建指导力度。【吐哈油党字〔2018〕32号】

5月21日　油田分公司人事处批复同意，调整勘探开发研究院机构设置和人员编制。【吐哈油公人字〔2018〕62号】

5月21日　油田分公司消防支队决定，撤销指挥科，机关科室由4个缩减为3个，将相应职责进行了调整，根据职责变化情况，将消防科更名为消防安全科，战训科更名为战训装备科，人员编制20人，其中科级管理人员6人、一般管理人员14人；支队基层单位编制定员212人，设4个基层大队，科级管理人员13人。撤销鲁克沁消防大队，其业务并入吐鲁番消防大队。暂时保留哈密基地消防大队，按公司扩大经营自主权规划要求，待三供一业分离移交后撤销编制。为便于管理，将油库消防大队更名为鄯善消防大队，调整后大队名称分别为：鄯善消防大队、吐鲁番消防大队、三塘湖消防大队、特勤大队；暂时保留哈密消防大队：定员24人，配备3辆消防车，科级2人，其中大队长1人（兼党支部书记），副大队长1人；消防驾驶员6人；消防战斗员10人，另有南疆转移用工6人。按公司扩大经营自主权规划要求，待三供一业分离移交后撤销编制。【吐哈油消字〔2018〕16号】

5月23日　油田分公司党委决定，成立公司党建信息化平台推广应用工作领导小组及办公室。【吐哈油党字〔2018〕33号】

5月23日　油田分公司职称改革工作领导小组办公室决定：根据中国石油天然气集团有限公司人事部《关于批准杨东等400人晋升教授级高级职称的通知》文件，批准吐哈油田公司朱永贤等4名同志晋升教授级高级职称，根据《关于批准冯松涛等977人晋升高级专业技术职务任职资格的通知》等文件，批准吐哈油田公司赵绪辰等94名同志晋升高级专业技术职务任职资格；郭微等33名同志经新疆维吾尔自治区职称改革工作领导小组办公室审核批准，公司职称改革工作领导小组办公室研究决定：同意郭微等33名同志获得相应专业技术职务任职资格。【吐哈油职改办字〔2018〕2号】

5月24日　油田分公司党委在鄯善生产基地召开2018年第一轮巡察工作动员部署会。【公司简报总第107期】

5月25日　油田分公司工会决定：为三塘湖采油厂油藏工程室、三塘湖采油厂采油工程室、井下技术作业公司特种作业一队分别记集体二等功一

次。【吐哈油工字〔2018〕13 号】

5 月 25 日　油田分公司人事处决定，成立提高采收率等 4 个项目部临时机构及支持组、实施组。【吐哈油人字〔2018〕17 号】

5 月 26 日至 29 日　油田分公司总会计师周元祥赴南疆喀什疏附县，看望慰问油田 3 个自治区"访惠聚"驻村工作队、6 个深度贫困村第一书记及当地村民，调研驻村干部、村民工作生活情况。【公司简报总第 107 期】

5 月 29 日　油田分公司组织召开党员先锋队、青年先锋队重点工作讨论会。【公司简报总第 107 期】

六　月

6 月 7 日　新疆吐哈石油勘探开发有限公司决定：聘任李正科为吐哈石油（乌兹别克斯坦）技术服务有限公司执行董事兼总经理，朱有信为吐哈石油（乌兹别克斯坦）技术服务有限公司监事，雍富华为吐哈石油（哈萨克斯坦）技术服务有限公司执行董事兼总经理，刘德基为吐哈石油（哈萨克斯坦）技术服务有限公司监事，侯祥东为新疆吐哈油田建设有限责任公司执行董事兼总经理，方进荣为新疆吐哈油田建设有限责任公司监事，郑成国为新疆欧亚科技发展有限责任公司监事，乔炜为新疆吐哈石油项目管理咨询有限公司监事。解聘孙玉凯的吐哈石油（乌兹别克斯坦）技术服务有限公司执行董事兼总经理职务，王汝信的吐哈石油（乌兹别克斯坦）技术服务有限公司监事职务，雷宇的吐哈石油（哈萨克斯坦）技术服务有限公司执行董事兼总经理职务，王冬梅的吐哈石油（哈萨克斯坦）技术服务有限公司监事职务，郭健的新疆吐哈油田建设有限责任公司执行董事兼总经理职务，张宝元的新疆吐哈油田建设有限责任公司监事职务，邹彦胜的新疆欧亚科技发展有限责任公司监事职务，焦熠堂的新疆吐哈石油电力工程有限公司监事职务，杨生虎的新疆吐哈石油项目管理咨询有限公司监事职务，李红伟的原新疆吐哈石油国际旅行社有限责任公司执行董事兼总经理职务，赵国强、闫纪峰的原新疆吐哈石油国际旅行社有限责任公司监事职务，贾生中的原新疆吐哈石油技术服务有限责任公司执行董事兼总经理职务，鲁正乾、李红伟的原新疆吐哈石油技术服务有限责任公司监事职务。【新吐哈油字〔2018〕3 号】

6 月 7 日　油田分公司决定，成立云平台建设项目组织机构。【吐哈油

字〔2018〕123 号】

6 月 7 日　油田分公司人事处批复同意，调整吐哈石油医院机构设置和人员编制。【吐哈油公人字〔2018〕72 号】

6 月 8 日　油田分公司人事处批复同意，调整勘探开发研究院项目室设置。【吐哈油公人字〔2018〕68 号】

6 月 12 日　油田分公司与辽河油田开展污泥调剖技术交流。【公司简报总第 109 期】

6 月 16 日　油田分公司党委在哈密召开党群工作月度例会。【公司简报总第 109 期】

6 月 21 日　油田分公司决定：对 2017 年度"银额盆地居延海坳陷成藏条件评价及勘探方向优选"等 27 项科技进步奖成果、4 项专利应用奖成果以及被国家授予专利权的 32 件专利技术予以表彰奖励。【吐哈油字〔2018〕135 号】

6 月 21 日　油田分公司决定：聘任王劲松等 19 人为公司一、二级技术专家。【吐哈油字〔2018〕134 号】

6 月 22 日　油田分公司决定，对预算管理委员会等 53 个非常设机构进行调整。【吐哈油字〔2018〕136 号】

6 月 22 日　油田分公司工会决定：授予部分单位、工区（科室、队站）、个人优胜单位、优胜队和优秀个人称号，并予以表彰奖励。【吐哈油工字〔2018〕15 号】

6 月 25 日　油田分公司人事处批复同意，鄯善采油厂成立吐哈油田塔里木轻烃技术项目部。【吐哈油公人字〔2018〕77 号】

6 月 26 日　油田分公司党委决定，成立中国石油吐哈油田公司党委党风廉政建设和反腐败工作领导小组。【吐哈油党字〔2018〕36 号】

6 月 26 日　油田分公司工会决定：为吐哈公安局记集体特等功一次。【吐哈油工字〔2018〕16 号】

6 月 26 日　油田分公司机关党委决定：表彰一批先进基层党组织和优秀共产党员、优秀党务工作者。【吐哈油机党字〔2018〕7 号】

6 月 26 日　油田分公司决定：授予勘探开发研究院文川江等 10 人"吐哈石油工匠"称号，授予勘探开发研究院刘长地等 20 人"吐哈油田金牌员

工"称号。【吐哈油字〔2018〕138号】

6月26日 油田分公司机关党委批复办公室（党委办公室）等24个党支部委员会选举结果。【吐哈油机党字〔2018〕6号】

6月26日 油田分公司党委组织开展"不忘初心、牢记使命"微型党课比赛。【公司简报总第110期】

6月27日 油田分公司党委决定：授予吐鲁番采油厂党委等6个单位党委"先进基层党委"荣誉称号，授予勘探开发研究院勘探第一党支部等9个党支部"示范党支部"荣誉称号，授予工程技术研究院采油机械研究所党支部等30个党支部"优秀党支部"荣誉称号，授予刘文辉等100名同志"优秀共产党员"荣誉称号，授予李斌等50名同志"优秀党务工作者"荣誉称号。同时，对2016年以来在集团公司和油田公司获奖的优秀党课进行表彰。【吐哈油党字〔2018〕37号】

6月28日 油田分公司决定，明确公司科研单位专业技术人员序列改革相关政策。【吐哈油字〔2018〕143号】

6月29日 油田分公司在鄯善生产基地学术报告厅召开纪念建党97周年暨"吐哈石油工匠"表彰大会。【公司简报总第110期】

七 月

7月4日 油田分公司人事处，下达2018年各单位用工总量控制计划。【吐哈油公人字〔2018〕18号】

7月11日 油田分公司人事处批复同意，调整离退休职工管理中心机构设置和人员编制。【吐哈油公人字〔2018〕82号】

7月12日 油田分公司人事下达2018年度工资总额临时计划。【吐哈油公人字〔2018〕83号】

7月16日 油田分公司人事处批复同意，调整综合服务中心部分机构设置。【吐哈油公务字〔2018〕86号】

7月16日 油田分公司人事处批复同意，调整档案中心和物资管理部（招投标部）人员编制。【吐哈油人字〔2018〕19号】

7月16日 油田分公司人事处决定，对《中国石油天然气股份有限公司吐哈油田分公司员工管理办法》及《关于调整公司暂时性离岗歇业办理条

件的通知》中关于暂时性离岗歇业办理条款进行修订。【吐哈油人字〔2018〕20号】

7月17日　油田分公司人事处决定，完善员工内部交流审批程序，增加公司领导审批签字程序。【吐哈油公务字〔2018〕87号】

7月17日　油田分公司召开物资仓储管理工作等级考评考核动员部署视频会。【公司简报总第112期】

7月26日　油田分公司机关工会决定：授予质量安全环保处安全管理科等9个科室优胜科室称号，并予以表彰奖励。【吐哈油机关工字〔2018〕7号】

7月30日　油田分公司工会决定：授予部分单位、工区（队站）、个人优胜单位、优胜队和优秀个人称号，并予以表彰奖励。【吐哈油工字〔2018〕17号】

7月31日　油田分公司工会决定：为公司生产运行处生产保障科、开发部钻井工程科、勘探公司钻井项目部、供水供电处生产运行科记集体一等功一次。【吐哈油工字〔2018〕18号】

7月31日　油田分公司工会决定，命名勘探开发研究院康积伦创新工作室等10个创新工作室为吐哈油田公司劳模和工匠人才创新工作室。【吐哈油工字〔2018〕19号】

八　月

8月3日　油田分公司在鄯善生产基地召开大会，传达贯彻集团公司领导干部会议和深化人事劳动分配制度改革推进会议精神。【公司简报总第114期】

8月9日　油田分公司人事处批复同意，同意勘探开发研究院增设吐哈盆地油藏地质精细研究及滚动目标优选项目室。【吐哈油公务字〔2018〕88号】

8月10日　油田分公司党委研究确定，公司党委常务副书记、工会主席梁世君同志为公司新闻发言人。【吐哈油党字〔2018〕38号】

8月10日　油田分公司党委决定：任命祁玉童同志为离退休职工管理中心（再就业服务站、离退休职工管理处）党委委员、党委副书记，崔彦立同志为勘探公司（勘探事业部）党委委员，杨永利同志为监督中心（石油天然气吐哈工程质量监督站、纪检监察中心）党委委员，孙世茂同志为监督中心（石油天然气吐哈工程质量监督站、纪检监察中心）党委委员，辛文举同志为物资供应处党委委员，周永新同志为石油能源开发公司党委委员、党委副书记，杜安全同志为离退休职工管理中心（再就业服务站、离退休职工管理处）党委委员。免去祁玉童同志的三塘湖采油厂（三塘湖油田项目经理部）党委书记、党委委员、纪委书记、工会主席职务，王丙坤同志的离退休职工管理中心（再就业服务站、离退休职工管理处）党委书记、党委委员职务，辛文举同志的石油能源开发公司党委副书记、党委委员职务，崔彦立同志的监督中心（石油天然气吐哈工程质量监督站、纪检监察中心）党委委员职务，杨永利同志的勘探公司（勘探事业部）党委委员职务，王晓宏、孙世茂同志的井下技术作业公司党委委员职务，杜安全同志的物资供应处党委委员职务，黄晓忠同志的离退休职工管理中心（再就业服务站、离退休职工管理处）党委委员职务。【吐哈油党字〔2018〕39号】

8月10日 油田分公司决定：聘任祁玉童为离退休职工管理中心（再就业服务站、离退休职工管理处）主任，黄晓忠为矿区管理部副主任，崔彦立为勘探公司（勘探事业部）副经理，杨永利为监督中心（石油天然气吐哈工程质量监督站、纪检监察中心）副主任，孙世茂为监督中心（石油天然气吐哈工程质量监督站、纪检监察中心）副主任，辛文举为物资供应处副处长，周永新为石油能源开发公司经理、安全总监，杜安全为离退休职工管理中心（再就业服务站、离退休职工管理处）副主任。解聘王丙坤的离退休职工管理中心（再就业服务站、离退休职工管理处）主任职务，祁玉童的三塘湖采油厂（三塘湖油田项目经理部）副厂长职务，周永新的生产运行处副处长职务，蒋燕军的审计部副主任职务，刘伟的矿区管理部副主任职务，陈论韬的对外合作部副主任职务，杨永利的勘探公司（勘探事业部）副经理职务，崔彦立的监督中心（石油天然气吐哈工程质量监督站、纪检监察中心）副主任职务，王晓宏、孙世茂的井下技术作业公司副经理职务，杜安全的物资供应处副处长职务，辛文举的石油能源开发公司经理、安全总监职务，黄晓忠的离退休职工管理中心（再就业服务站、离退休职工管理处）副主任、安全总监职务。【吐哈油字〔2018〕156号】

8月10日 油田分公司决定，对部分单位处级职数进行调整，监督中心（石油天然气吐哈工程质量监督站、纪检监察中心）处级职数由 4 人调整为 5 人。运输工程公司处级职数由 6 人调整为 7 人。离退休职工管理中心（再就业服务站、离退休职工管理处）处级职数由 3 人调整为 5 人。【吐哈油字〔2018〕155 号】

8 月 30 日　油田分公司人事处决定，对吐哈油田公司负责的中石油总部机关安保职责以及相关部门和单位分工进行调整。【吐哈油公务字〔2018〕95 号】

九　月

9 月 10 日　油田分公司决定，为做好新形势下爱国统一战线工作，充分发挥职能部门作用，对公司党委统战工作机构、职责进行明确。【吐哈油字〔2018〕164 号】

9 月 11 日　油田分公司召开六届三次职代会第一次团（组）长扩大会议，审议通过《公司 2018 年上产会战专项奖励办法》。【吐哈油田大事记】

9 月 12 日　油田分公司党委决定：成立 5 个上产会战现场工作组临时党支部。【吐哈油党字〔2018〕9 号】

9 月 19 日　油田分公司职称改革工作领导小组办公室决定：同意丁秋香等 25 人获得相应专业技术职务任职资格。【吐哈油职改办字〔2018〕3 号】

9 月 21 日　油田分公司召开监督发现问题讲摆暨强化队伍作风建设会议。【公司简报总第 116 期】

十　月

10 月 2 日　油田分公司工会决定，为勘探开发研究院台北西部项目室、勘探公司试油项目部、吐鲁番采油厂油藏工程室、鲁克沁采油厂（鲁克沁油田项目经理部）采油工程室、鲁克沁采油厂（鲁克沁油田项目经理部）油藏工程室、三塘湖采油厂油藏工程室、井下技术作业公司压裂一队、西部钻探吐哈钻井公司 50012 队、公司工程技术处钻井管理科等 9 个集体记集体三等功一次，为公司工程技术处刘东付记个人三等功一次。【吐哈油工字〔2018〕23 号】

10 月 16 日　油田分公司党委决定：任命高敬文同志为三塘湖采油厂（三塘湖油田项目经理部）党委书记、纪委书记、工会主席（试用期一年），杨斌同志为勘探公司（勘探事业部）党委委员，李文杰同志为吐鲁番采油厂党委委员，郑波同志为井下技术作业公司党委委员，夏晁同志为井下技术作业公司党委委员。经试用期满考核并研究，正式任命朱有信同志为勘探开发研究院党委书记、纪委书记、工会主席，刘德基同志为工程技术研究院党委书记、纪委书记、工会主席，方进荣同志为新疆吐哈油田建设有限责任公司党委书记、纪委书记、工会主席。【吐哈油党字〔2018〕47号】

10月16日　油田分公司决定：聘任张云杰为开发部副主任（试用期一年），杨斌为勘探公司（勘探事业部）副经理（试用期一年），李文杰为吐鲁番采油厂副厂长（试用期一年），郑波为井下技术作业公司副经理（试用期一年），夏晁为井下技术作业公司副经理（试用期一年），程行海兼任鄯善采油厂安全总监，杜安全兼任离退休职工管理中心（再就业服务站、离退休职工管理处）安全总监。解聘王银山的鄯善采油厂安全总监职务。经试用期满考核并研究，正式聘任李江予为规划计划处处长，米会学为吐哈油田住房公积金管理中心（吐哈油田房产管理中心）主任，李正科为勘探开发研究院院长，雍富华为工程技术研究院院长。【吐哈油字〔2018〕183号】

10月16日　油田分公司决定：对参加集团公司职业技能竞赛优胜者进行表彰奖励。【吐哈油字〔2018〕190号】

10月16日　集团公司党组第十巡视组巡视吐哈油田公司工作动员会议在鄯善生产基地召开。【公司简报总第118期】

10月19日　油田分公司决定，为有效利用公司三塘湖长输管道，实现资产盘活，切实提升长期效益，确保管道顺利投运，成立三塘湖原油外输管道项目部。【吐哈油字〔2018〕191号】

10月19日　油田分公司决定：授予勘探公司、鲁克沁采油厂（鲁克沁油田项目经理部）采油一工区等5个单位和16个工区（队站）百日上产优胜单位、优胜集体称号，并予以表彰奖励。【吐哈油工字〔2018〕24号】

10月22日　油田分公司决定，为满足油田区域用气调峰，加强生产应急保障，提高油田经济效益，成立温吉桑储气库前期建设项目部。【吐哈油字〔2018〕198号】

10月26日　油田分公司机关工会决定：对开发部注水管理科等9个科室授予优胜科室称号，并予以表彰奖励。【吐哈油机关工字〔2018〕9号】

十 一 月

11月2日　油田分公司决定，将兰州生活基地管理中心、广汉生活基地管理中心和苏州生活基地管理中心业务、人员全部纳入离退休职工管理中心统一管理，机构分别更名为兰州生活基地管理站、广汉生活基地管理站和苏州生活基地管理站，作为离退休职工管理中心的科级基层单位，原内设机构同时撤销。离退休职工管理中心处级职数由 5 人调整为 6 人（其中 1 人兼任苏州生活基地管理站站长兼书记）。【吐哈油字〔2018〕203 号】

11月2日　油田分公司党委决定，撤销兰州生活基地管理中心党委、广汉生活基地管理中心党委和苏州生活基地管理中心党委，组织关系并入离退休职工管理中心党委。【吐哈油党字〔2018〕50 号】

11月2日　油田分公司党委决定：任命周田堂同志为离退休职工管理中心（再就业服务站、离退休职工管理处）党委委员。免去武爱雄同志的机械厂党委书记、纪委书记、工会主席、党委委员职务，王光庆同志的技术监测中心党委书记、纪委书记、工会主席、党委委员职务，李在龙同志的广汉生活基地管理中心党委书记、工会主席、党委委员职务，袁新道同志的兰州生活基地管理中心党委书记、纪委书记、工会主席、党委委员职务，周田堂同志的苏州生活基地管理中心党委书记、纪委书记、工会主席、党委委员职务。【吐哈油党字〔2018〕49 号】

11月2日　油田分公司决定：聘任周田堂为离退休职工管理中心（再就业服务站、离退休管理处）副主任（正处级）；解聘武爱雄的机械厂副厂长职务，王光庆的技术监测中心副主任职务，李在龙的广汉生活基地管理中心主任、安全总监职务，袁新道的兰州生活基地管理中心主任、安全总监职务，周田堂的苏州生活基地管理中心主任、安全总监职务。【吐哈油字〔2018〕204 号】

11月6日　股份公司人事部决定：周元祥退休。【石油人事〔2018〕301 号】

11月9日　公司两级纪委在哈密石油基地机关办公楼一楼会议室联合组织召开了新提任处、科级领导干部廉洁从业教育谈话会。【公司简报总第120 期】

11月26日 油田分公司工会决定：授予鲁克沁采油厂（鲁克沁油田项目经理部）、鲁克沁采油厂（鲁克沁油田项目经理部）采油一工区等5个单位和16个工区（队站）百日上产优胜单位、优胜集体称号，并予以表彰奖励。【吐哈油工字〔2018〕25号】

11月28日 油田分公司党委组织部决定：成立温吉桑储气库前期项目部临时党支部，项目部经理张喜同志任党支部书记。【吐哈油党组字〔2018〕12号】

十 二 月

12月18日 油田分公司爱卫会决定：对井下技术作业公司等14个先进单位、章卫东等14名先进个人予以表彰。【吐哈油爱卫字〔2018〕4号】

12月18日 油田分公司计生委决定：对新疆吐哈油田建设有限责任公司等17个先进单位、赵静等18名先进个人予以表彰。【吐哈油计生字〔2018〕3号】

12月20日 油田分公司党委组织部批复同意：李军同志担任吐哈石油大厦委员会委员，任职时间从当选之日算起。【公务通知单】

12月22日 油田分公司工会决定：授予鲁克沁采油厂（鲁克沁油田项目经理部）、三塘湖采油厂牛圈湖采油工区等5个单位和13个工区（队站）百日上产优胜单位、优胜集体称号，并予以表彰奖励。【吐哈油工字〔2018〕27号】

12月26日 油田分公司党委通过石油党建APP，首次在线召开党建信息化平台应用推进会。【吐哈油田大事记】

12月26日 油田分公司团委在鄯善生产基地举办青年先锋队讲摆推进暨青年油水井分析创新创效成果发布表彰会，总结青年先锋队创建活动经验成效，展示成果，表彰先进典型。党委常务副书记、工会主席梁世君出席会议，为受到表彰的集体和个人授旗、颁发证书。【吐哈油田大事记】

12月27日 油田分公司决定：聘任李智虎等11人为公司首席技师，同时增补赵剑伟为公司技能专家。【吐哈油字〔2018〕223号】

12月27日 油田分公司党委批复同意，勘探开发研究院等单位党委换届选举结果。【吐哈油党字〔2018〕65号】

12月28日　油田分公司党委决定：经试用期满考核，正式任命罗劝生同志为勘探公司（勘探事业部）党委书记、纪委书记、工会主席，高庆贤同志为吐鲁番采油厂党委书记、纪委书记、工会主席，李同桂同志为井下技术作业公司党委书记，王强同志为维护稳定办公室主任，余中华同志为石油能源开发公司党委书记、纪委书记、工会主席。【吐哈油党字〔2018〕67号】

12月28日　油田分公司决定：正式聘任司宝为吐鲁番采油厂厂长，何先俊为鲁克沁采油厂（鲁克沁油田项目经理部）厂长（经理），曹清为供水供电处处长，袁仕军、张浩为财务处副处长，王强为油田保卫部副主任，康积伦、荆文波为勘探开发研究院副院长，伍正华、冯义为工程技术研究院副院长，陈世明、祁兵兵为吐鲁番采油厂副厂长，穆金峰、宋德云为鲁克沁采油厂（鲁克沁油田项目经理部）副厂长（副经理），张雄为鄯善采油厂副厂长，姚铁成为三塘湖采油厂（三塘湖油田项目经理部）总会计师，王永康为井下技术作业公司总工程师，曹约良为新疆吐哈油田建设有限责任公司副总经理，路强为新疆吐哈油田建设有限责任公司副总经理、安全总监，张雨为技术监测中心副主任、安全总监，周希文、张卫华、王枫为综合服务中心副主任。胡绪军鄯善采油厂副厂长职务试用期延长6个月。【吐哈油字〔2018〕224号】

12月28日　油田分公司人事处决定：根据中国石油天然气集团有限公司《关于授予张斌等1263人技师和张志涛等429人高级技师技能等级资格的通知》，井下技术作业公司朱涛等18人获得技师技能等级资格，吐鲁番采油厂王雪梅等8人获得高级技师技能等级资格。【吐哈油人字〔2018〕30号】

12月29日　油田分公司党委决定，成立吐哈油田公司人才工作领导小组。【吐哈油字〔2018〕69号】

二〇一九年

一　月

1月3日　油田分公司党委在鄯善生产基地召开技术和技能专家座谈会，

贯彻落实《公司党委联系服务专家工作方案》，听取专家意见。【吐哈油田大事记】

1月4日 经研究并商得中共新疆维吾尔自治区委员会同意，集团公司党组决定：杨忠东同志任吐哈油田分公司党委委员。【中油党组〔2019〕37号】

1月4日 经研究并商得中共新疆维吾尔自治区委员会同意，股份公司决定：杨忠东任吐哈油田分公司总会计师。【石油任〔2019〕15号】

1月4日 油田分公司印发《吐哈油田公司专业技术专家委员会管理办法》。【吐哈油字〔2019〕3号】

1月7日至9日 油田分公司纪委举办纪检监察业务培训班，培训对象为各单位纪委书记、副书记、专兼职纪检监察干部，培训内容涵盖纪检监察的各项业务工作。【吐哈油田大事记】

1月9日 油田分公司决定：表彰公司2018年度生产运行先进集体和先进个人。【吐哈油字〔2019〕6号】

1月12日 油田分公司党委决定：赵兴启同志临时兼任运输工程公司党委书记。【吐哈油党字〔2019〕3号】

1月12日 油田分公司决定：解聘龚德银的公司总经理助理职务。【吐哈油字〔2019〕7号】

1月16日 油田分公司决定：对2018年度设备管理工作中做出突出贡献的先进单位、先进工区队站和先进个人予以表彰。【吐哈油字〔2019〕9号】

1月16日 油田分公司决定：对2018年度井控管理工作中做出突出贡献的先进单位和先进集体予以表彰，对先进个人予以表彰奖励。【吐哈油字〔2019〕10号】

1月18日 油田分公司决定：表彰2018年度优秀QC小组成果和质量管理小组活动优秀推进者。【吐哈油字〔2019〕11号】

1月20日 油田分公司决定：表彰2018年度企业管理基础工作先进单位。【吐哈油字〔2019〕12号】

1月22日 油田分公司决定，成立吐哈油田公司准噶尔盆地矿权内部流转区块勘探开发工作组。【吐哈油字〔2019〕13号】

1月22日 油田分公司决定：表彰2018年度安全环保节能节水先进集体和个人的决定。【吐哈油字〔2019〕15号】

1月22日　油田分公司工会决定：授予三塘湖采油厂"百日上产会战劳动竞赛特殊贡献奖"称号，授予鲁克沁采油厂（鲁克沁油田项目经理部）等5个单位"百日上产会战劳动竞赛优胜单位"称号，并予以表彰奖励。【吐哈油工字〔2019〕2号】

1月22日　油田分公司职称改革工作领导小组决定：批准王祖刚等135人晋升中级专业技术职务任职资格。【吐哈油职改字〔2019〕1号】

1月25日　油田分公司党委决定：免去郑成国同志的信息技术公司党委书记、纪委书记、工会主席、党委委员职务。【吐哈油党字〔2019〕7号】

1月25日　油田分公司决定：解聘王玉成的公司首席技术专家职务，郑成国的信息技术公司副经理职务。【吐哈油字〔2019〕17号】

1月25日　油田分公司召开2018年度领导班子民主生活会。【吐哈油田大事记】

1月28日　油田分公司机关工会决定：对办公室（党委办公室）秘书二科等9个科室授予优胜科室称号，并予以表彰奖励。【吐哈油机关工字〔2019〕1号】

1月29日　油田分公司党委决定：表彰2017年至2018年度油田综治反恐和信访维稳工作先进单位 先进集体和先进个人。【吐哈油党字〔2019〕8号】

二　月

2月11日　油田分公司决定，调整公司领导班子成员工作分工。【吐哈油字〔2019〕26号】

2月18日　油田分公司在鄯善生产基地召开党委书记基层党建现场述职评议考核会议，组织第二批9名党委书记进行现场述职评议考核。【吐哈油田大事记】

2月21日　油田分公司在鄯善生产基地召开2019年党风廉政建设和反腐败工作会议，学习贯彻十九届中央纪委三次全会精神、落实集团公司2019年党风廉政建设和反腐败工作会议各项部署及自治区纪委九届四次全会工作要求，回顾总结2018年油田公司党风廉政建设和反腐败工作，部署2019年工作任务。【吐哈油田大事记】

2月22日　油田分公司党委决定，对中国石油吐哈油田公司党委党风廉政建设和反腐败工作领导小组成员调整，并明确领导小组、领导小组办公室职责。【吐哈油党字〔2019〕9号】

2月25日　油田分公司召开"双百行动"综合改革领导小组第二次会议。【吐哈油田大事记】

三　月

3月4日　油田分公司党委办公室决定，起启用"中共中国石油天然气股份有限公司吐哈油田分公司委员会统战部""中共中国石油天然气股份有限公司吐哈油田分公司机关纪律检查委员会"印章两枚。【吐哈油党办字〔2019〕1号】

3月6日　油田分公司党委决定：免去刘继同志的公司工会副主席职务。【吐哈油党字〔2019〕12号】

3月6日　油田分公司决定：解聘常仲文的概预算管理部（定额部）主任职务。【吐哈油字〔2019〕33号】

3月6日　油田分公司机关工会决定：授予王银等20名同志"五一巾帼奖个人"称号，授予王丽等7名同志"优秀女工工作者"称号。【吐哈油机关工字〔2019〕2号】

3月6日　油田分公司机关工会决定：授予办公室（党委办公室）文书科等26个科室"三优一满意"红旗科室称号，对张红等55名先进工作者进行表彰奖励。【吐哈油机关工字〔2019〕3号】

3月7日　油田分公司党委决定：对《"微时代"加强与改进思想政治工作的实践》等8个一等奖、15个二等奖、22个三等奖和15个优秀奖成果予以表彰。【吐哈油党字〔2019〕13号】

3月7日　油田分公司党委决定：吐哈石油报《火焰山下石油人》等50件作品被评为2018年度上产会战好新闻奖。【吐哈油党字〔2019〕14号】

3月12日　油田分公司决定，成立准东矿权流转区勘探开发工作领导小组、准东勘探开发前线指挥部及项目经理部临时机构。【吐哈油字〔2019〕38号】

3月13日　集团公司人事部下达2019年员工总量控制计划和劳务用工

计划。【人事〔2019〕182 号】

3 月 14 日　油田分公司党委印发《中国石油吐哈油田公司党风廉政建设和反腐败工作领导小组工作规则》。【吐哈油党字〔2019〕18 号】

3 月 15 日　油田分公司机关党委召开领导班子 2018 年度民主生活会。【公司简报总第 121 期】

3 月 15 日　油田分公司在哈密召开 2018 年度基层单位纪委书记现场述职评议考核会议。【公司简报总第 121 期】

3 月 18 日　油田分公司纪委在鄯善生产基地举办十九届中央纪委三次全会精神解读专题讲座。【公司简报总第 121 期】

3 月 19 日　油田分公司决定，对《中国石油天然气股份有限公司吐哈油田分公司员工管理办法》中关于离岗歇业有关条款进行修订。【吐哈油字〔2019〕45 号】

3 月 19 日　油田分公司印发《吐哈油田公司 2019 年培训工作计划》。【吐哈油字〔2019〕46 号】

3 月 20 日　油田分公司决定，开展紧缺专业技术核心骨干操作岗位人员返聘。【吐哈油字〔2019〕48 号】

3 月 21 日　油田分公司决定，修订公司 2018 年至 2020 年内部绩效考核及管理办法有关内容。【吐哈油字〔2019〕49 号】

3 月 23 日　油田分公司职称改革工作领导小组办公室决定：批准孙宏亮等 92 人晋升高级专业技术职务任职资格。【吐哈油职改办字〔2019〕2 号】

3 月 26 日　油田分公司决定，明确北京生活基地管理中心提供内部公寓住宿和交通保障有关事宜。【吐哈油字〔2019〕50 号】

3 月 26 日　油田分公司人事处决定，在相关二级单位开展优化人力资源配置改革试点工作。【吐哈油人字〔2019〕6 号】

3 月 29 日　油田分公司决定，撤销北京办事处，将其人员并入离退休职工管理中心，成立北京生活基地管理站，作为离退休职工管理中心的基层科级单位管理，实行独立核算，独立运行，业务接受办公室和矿区管理部的管理指导。离退休职工管理中心增加负责吐哈油田驻集团公司总部机关安保维稳业务及人员的管理职责，该业务接受油田保卫部的管理指导。【吐哈油字〔2019〕51 号】

3月29日 油田分公司党委决定：任命崔奋同志兼任党委办公室主任、机要保密处处长，程光元同志为武装部副部长，王光虎、李文彩同志为离退休职工管理中心（再就业服务站、离退休职工管理处）党委委员。免去杨杰同志的原北京办事处党委书记、工会主席、党委委员职务，王光虎同志的原北京办事处纪委书记、党委委员职务，李文彩同志的原北京办事处党委委员职务。【吐哈油党字〔2019〕20号】

3月29日 油田分公司党委决定：任命杨杰同志为西安生活基地管理中心党委委员。【吐哈油党字〔2019〕21号】

3月29日 油田分公司决定：聘任崔奋兼任办公室主任，程光元为油田保卫部副主任，王光虎、李文彩为离退休职工管理中心（再就业服务站、离退休职工管理处）副主任，辛文举为物资供应处安全总监。解聘杨杰的北京办事处处长职务，王光虎的北京办事处副处长、安全总监职务，李文彩的北京办事处副处长职务，曹巍的物资供应处安全总监职务。【吐哈油字〔2019〕52号】

3月29日 油田分公司决定：聘任杨杰为西安生活基地管理中心主任。解聘窦晓鸿的西安生活基地管理中心主任职务。【吐哈油字〔2019〕53号】

四 月

4月1日 油田分公司以视频方式在鄯善生产基地、哈密石油基地、三塘湖等5个分会场举办党支部工作条例专题讲座。【吐哈油田大事记】

4月2日 油田分公司人事处批复同意，调整勘探开发研究院机构设置。【吐哈油公务字〔2019〕47号】

4月2日 油田分公司人事处批复同意，调整勘探公司机构设置。【吐哈油公务字〔2019〕48号】

4月3日 油田分公司决定，调整受党纪政纪处分人员绩效奖金扣减办法。【吐哈油字〔2019〕59号】

4月11日 油田分公司在鄯善生产基地向集团公司党组巡视整改验收组汇报巡视反馈问题整改工作情况。【公司简报总第122期】

4月12日 公司党委在鄯善生产基地召开中心组（扩大）集体学习会。【公司简报总第123期】

4月12日　公司召开欢迎喀什地区疏附县城乡富余劳动力在油田就业大会。【公司简报总第123期】

4月15日至19日　油田分公司党委举办首期意识形态工作专题培训，组织宣传思想文化工作者对习近平总书记关于意识形态工作的重要论述进行再学习、再领会、再提升，学习领会意识形态工作相关理论和方法。各单位宣传科长、宣传骨干30人参加培训。【吐哈油田大事记】

4月19日　油田分公司党委决定：任命王卫军同志为销售事业部党委委员。免去赵兴启同志临时兼任的运输工程公司党委书记职务。【吐哈油党字〔2019〕24号】

4月19日　油田分公司决定：聘任吴征为公司总经理助理，席宗敬为公司安全副总监，王卫军为销售事业部副处长、安全总监。解聘梁浩的公司副总地质师职务，路伟的基建工程处副处长职务，杨维利的销售事业部安全总监职务。【吐哈油字〔2019〕71号】

4月19日　油田分公司决定：聘任梁浩为公司首席技术专家。【吐哈油字〔2019〕73号】

4月19日　油田分公司党委组织部印发《党支部工作质量提升年活动方案》。【吐哈油党组字〔2019〕3号】

4月23日　油田分公司供水供电处决定，将水电调度所、安全监督站、中国石油吐哈供水供电通信职业技能鉴定站3个基层单位整合为1个新的基层单位，成立新的水电调度所（安全监督站、中国石油吐哈供水供电通信职业技能鉴定站），新机构同时挂水电调度所、安全监督站、中国石油吐哈供水供电通信职业技能鉴定站的牌子。【吐哈油水电字〔2019〕17号】

4月23日　油田分公司勘探开发研究院三塘湖项目室获全国工人先锋号称号。勘探公司获自治区总工会颁发的开发建设新疆奖状，监督中心（石油天然气吐哈工程质量监督站、纪检监察中心）安全监督站、供水供电处吐鲁番水电运行部获自治区工人先锋号称号，吐鲁番采油厂高级技师顾仲辉被新疆维吾尔自治区总工会授予开发建设新疆奖章。【吐哈油田大事记】

4月24日　油田分公司机关工会决定：表彰一季度"当好主人翁建功新时代"主题竞赛优胜科室。【吐哈油机关工字〔2019〕4号】

4月26日　油田分公司决定，进一步明确离退休职工管理中心北京生

活基地管理站业务运行规范。【吐哈油公务字〔2019〕61号】

4月26日　油田分公司决定，进一步明确西安生活基地管理中心业务运行规范。【吐哈油公务字〔2019〕62号】

4月28日　油田分公司决定，成立吐哈油田财务共享项目组。【吐哈油字〔2019〕79号】

4月30日　油田分公司工会决定：表彰公司2019年一季度劳动竞赛优胜单位优胜集体。【吐哈油工字〔2019〕7号】

五　月

5月6日　油田分公司人事处决定，进一步规范请销假管理，增强请销假工作严肃性，提高运行效率。【吐哈油公务字〔2019〕69号】

5月8日　油田分公司党委在中国石油企业精神教育基地——台参一井举行"壮丽70年·奋斗新时代"大型主题采访活动启动仪式，全面启动油田庆祝新中国成立70周年新闻宣传活动。【吐哈油田大事记】

5月10日　油田分公司消防支队决定，撤销哈密石油基地消防大队。【吐哈油消字〔2019〕14号】

5月18日　油田分公司党委决定，组织开展第3个"弘扬石油精神、重塑良好形象"活动周系列活动。【吐哈油党字〔2019〕25号】

5月21日　油田分公司党委决定：经试用期满考核并研究，正式任命叶世华同志为公司党委巡察办公室正处级巡察员，李正武同志为党委宣传部部长、公司团委书记，吴智杰同志为党委办公室副主任、机要保密处副处长。免去李清芬同志的公司机关党委委员职务，殷百寿同志的工程技术研究院党委委员职务。【吐哈油党字〔2019〕27号】

5月21日　油田分公司决定：聘任杨杰为西安生活基地管理中心安全总监。解聘李清芬的矿区管理部主任职务，殷百寿的工程技术研究院副院长、安全总监职务，窦晓鸿的西安生活基地管理中心安全总监职务。经试用期满考核并研究，正式聘任李正武为企业文化处处长，吴智杰为办公室副主任，胡绪军为鄯善采油厂副厂长，王东为三塘湖采油厂（三塘湖油田项目经理部）副厂长（副经理）、安全总监，李武周为供水供电处副处长、安全总监。【吐哈油字〔2019〕85号】

5月23日　油田分公司人事处决定，将监督中心（石油天然气吐哈工程质量监督站、纪检监察中心）目前承担的井下作业井控监督业务和职能移交各采油厂，并随业务划转相关人员。【吐哈油人字〔2019〕8号】

5月23日　油田分公司党委印发《中国石油吐哈油田公司党务公开工作实施细则》。【吐哈油党字〔2019〕28号】

5月24日　油田分公司人事处印发吐哈油田公司进一步推进人事档案专项审核工作实施方案。【吐哈油人字〔2019〕9号】

5月27日　油田分公司党委印发《科级干部选拔任用工作"一报告两评议"实施办法》。【吐哈油党字〔2019〕29号】

5月27日　油田分公司决定，成立公司企业管理体系融合工作领导小组。【吐哈油字〔2019〕88号】

5月30日　油田分公司党委印发关于解决形式主义突出问题为基层减负的十五条措施。【吐哈油党字〔2019〕31号】

5月30日　油田分公司组织技术专家座谈会，动员技术专家牢记职责使命，积极担当作为，提升公司科技创新能力和水平。【公司简报总第127期】

5月31日　油田分公司举办"石油魂—大庆精神铁人精神"宣讲报告会，邀请集团公司石油魂——大庆精神铁人精神宣讲团到油田进行专题宣讲。【公司简报总第127期】

六　月

6月4日　油田分公司销售事业部决定，办公室（党委办公室）负责组织人事业务工作，现增加人事科机构名称，将办公室（党委办公室）更名为办公室（党委办公室、人事科），按一个机构三块牌子运行。【吐哈油销字〔2019〕32号】

6月6日　油田分公司物资供应处决定，将处办公室（党委办公室）名称更换为办公室（党委办公室、人事科），定员、科级职数不变。更换名称后，办公室（党委办公室、人事科）一个机构3块牌子，履行处人事业务相关职责、刻制"中国石油吐哈油田公司物资供应处人事科"印章，按规定管理和使用。【吐哈油供字〔2019〕22号】

　　6月10日　油田分公司信息技术公司决定，负责组织人事业务的办公室（党委办公室）增加人事科机构名称，调整后原办公室（党委办公室）变更为办公室（党委办公室、人事科）；撤销数据部、软件维护部，成立软件运维中心，将原有数据部和软件维护部部门职责并入软件运维中心。调整后公司机构设置为：机关科室5个，基层部门8个；调整后公司科级职数由39个减至37个。【吐哈油信字〔2019〕22号】

　　6月11日　油田分公司决定，对《中国石油天然气股份有限公司吐哈油田分公司差旅费报销实施细则》部分条款进行修订。【吐哈油字〔2019〕91号】

　　6月13日　油田分公司监督中心（石油天然气吐哈工程质量监督站、纪检监察中心）决定，在综合办公室增加人事科机构，将综合办公室更名为综合办公室（人事科），按一个机构两块牌子运行，不再新增编制和定员，原人事组织相关业务和岗位职责不变，同时刻制启用人事科印章，原人事劳资业务专用章停用。【吐哈油信字〔2019〕22号】

　　6月13日　油田分公司石油能源开发公司决定，综合办公室更名为"综合办公室（人事科）"，原职能不变。从即日起启用"中国石油吐哈油田公司石油能源开发公司综合办公室（人事科）"公章，由公司综合办公室（人事科）管理和使用。【吐哈油能源字〔2019〕9号】

　　6月15日　油田分公司决定，开展公司第十三届职业技能竞赛。【吐哈油字〔2019〕92号】

　　6月17日　油田分公司党委决定，成立公司"不忘初心、牢记使命"主题教育领导小组及办公室。领导小组工作在公司党委统一领导下进行，办公室设在党委组织部。【吐哈油党字〔2019〕32号】

　　6月17日　油田分公司三塘湖采油厂决定，将办公室（党委办公室）更名为办公室（党委办公室、人事科），定员、科级职数不变。更换名称后，办公室（党委办公室、人事科）一个机构3块牌子，履行采油厂人事业务相关职责。【吐哈油塘字〔2019〕29号】

　　6月18日　油田分公司吐鲁番采油厂决定，成立人事科，与办公室（党委办公室）按一个机构两块牌子运行，编制定员、相关业务和岗位职责不变，更名为办公室（党委办公室、人事科），同时刻制启用人事科印章，

原人事劳资业务专用章停用。【吐哈油吐字〔2019〕39号】

6月19日　油田分公司鲁克沁采油厂（鲁克沁油田项目经理部）决定，成立人事科，与办公室（党委办公室）为一套机构三块牌子，机构名称变更为办公室（党委办公室、人事科）。【吐哈油鲁字〔2019〕30号】

6月21日　油田分公司党委印发《吐哈油田公司"不忘初心、牢记使命"主题教育工作安排》。【吐哈油党字〔2019〕33号】

6月21日　油田分公司决定，调整境外岗位津贴标准。【吐哈油字〔2019〕93号】

6月24日　油田分公司新疆吐哈油田建设有限责任公司决定，在目前负责组织人事业务的部门办公室（党委办公室）增加人事科机构名称，按照一个机构三块牌子运行。【吐哈油建字〔2019〕25号】

6月27日　油田分公司工会在鄯善生产基地开展工会系统"不忘初心、牢记使命"最佳党日活动，交流油田工匠（金牌员工）创新创效成果，启动重点工程项目立功竞赛。【吐哈油田大事记】

6月28日　油田分公司党委决定：授予勘探开发研究院党委等6个单位党委"先进基层党委"称号，授予勘探开发研究院三塘湖及外围盆地勘探研究中心党支部等12个党支部"示范党支部"称号，授予勘探公司（勘探事业部）第二党支部等28个党支部"优秀党支部"称号，授予吴俊红等102名同志"优秀共产党员"称号，授予许泽勇等51名同志"优秀党务工作者"称号。【吐哈油党字〔2019〕34号】

6月28日　油田分公司机关党委决定：对在加强党的建设中取得优异成绩，在各项工作中作出突出贡献的先进基层党组织、优秀共产党员和优秀党务工作者予以表彰奖励。【吐哈油机党字〔2019〕5号】

七　月

7月1日　油田分公司离退休职工管理中心（再就业服务站）决定，将中心办公室（党委办公室）名称变更为办公室（党委办公室、人事科），按一个机构三块牌子运行，机构名称变更后职责、岗位设置及人员编制保持不变。【吐哈油退管字〔2019〕29号】

7月1日　油田分公司工程技术研究院决定，在办公室（党委办公室、综治保卫科）增设人事科机构，将办公室（党委办公室、综治保卫科）更名为办公室（党委办公室、人事科、综治保卫科），不再新增编制和定员，原人事组织相关业务和岗位职责不变，同时刻制启用人事科印章，原人事专用章停用。【吐哈油工研字〔2019〕41号】

7月1日　油田分公司党委在鄯善生产基地学术报告厅召开纪念建党98周年表彰大会暨"不忘初心、牢记使命"主题教育专题党课，庆祝中国共产党成立98周年，回顾党的光辉历程和伟大成就，表彰公司先进基层党委、"四好"领导班子、示范党支部、优秀党支部和优秀共产党员、优秀党务工作者。【吐哈油田大事记】

7月3日　油田分公司决定，自2019年7月1日起，吐哈油田公司职工的企业年金个人缴费比例由2%调整到3%。【吐哈油字〔2019〕99号】

7月3日　油田分公司机关党委印发《公司机关"不忘初心、牢记使命"主题教育工作安排》。【吐哈油机党字〔2019〕6号】

7月5日　油田分公司纪委决定，开展第20个党风廉政教育月活动。【吐哈油党纪字〔2019〕5号】

7月8日　油田分公司决定，为进一步推动公司三项制度改革和"双百行动"综合改革相关工作，落实集团公司关于机关"大部制"改革工作部署，精简组织机构，压缩管理人员，实现"机关人员编制再压减10%"的任务目标，调整机关、机关附属、直属单位的机构设置和人员编制。【吐哈油字〔2019〕97号】

7月8日　油田分公司决定，对部分二级单位职责及人员编制进行调整。【吐哈油字〔2019〕101号】

7月8日　油田分公司党委决定：任命李正武同志为机关党委常务副书记，门万生同志为监督中心（石油天然气吐哈工程质量监督站）党委书记，吕新风同志为技术监测中心党委委员、党委书记、纪委书记、工会主席，昌海泉同志为监督中心（石油天然气吐哈工程质量监督站、纪检监察中心）党委副书记、纪委书记、工会主席。免去崔奋同志的机要保密处处长职务，李正武同志的公司团委书记职务，游正安同志的监督中心（石油天然气吐哈工程质量监督站、纪检监察中心）党委书记、纪委书记、工会主席、党委委员职务，吕新风同志的信息技术公司党委副书记、党委委员职务，吴智杰同志的原机要保密处副处长职务，陈扬爱同志的吐鲁番采油厂党委委员职务，胡绪军同志的鄯善采油厂党委委员职务。【吐哈油党字〔2019〕35号】

7月8日　油田分公司决定：聘任孙玉凯为科技与合作处处长，王强为科技与合作处副处长（保留原职级），江涛为基建设备处处长，张远征为基建设备处副处长（保留原职级），米会学为共享服务中心主任，吕新风为技术监测中心副主任，焦立新为科技与合作处副处长，毛新章为基建设备处副处长，南雨、吕德柱、郭创新为共享服务中心副主任，以上同志原聘职务同时解聘。解聘游正安的监督中心（石油天然气吐哈工程质量监督站）副主任职务，李勇的档案中心主任、安全总监职务，陈扬爱的吐鲁番采油厂副厂长职务，胡绪军的鄯善采油厂副厂长职务，昌海泉的监督中心副主任、安全总监职务。因公司部分组织机构更名，经研究决定：聘任晏书宾为企管法规处处长，陈云为招投标部主任，刘彦军为企管法规处副处长，吕有喜、刘宇成为招投标部副主任，以上同志原聘职务同时解聘。【吐哈油字〔2019〕98号】

7月9日　油田分公司技术监测中心决定，成立人事科，与办公室（党委办公室）一个机构三块牌子运行。【吐哈油技监字〔2019〕36号】

7月11日　油田分公司机关工会决定：对生产运行处公共关系办公室等以下9个科室授予优胜科室称号，并予以表彰奖励。【吐哈油机关工字〔2019〕5号】

7月16日　油田分公司将井下技术作业公司开发测试、高压洗井原属于油田业务保留，其他业务及相应资产全部划转中国石油集团西部钻探工程有限公司。【井下业务重组划转协议】

7月24日　油田分公司决定，发布实施公司机关管理岗位HSE责任清单。【吐哈油字〔2019〕103号】

7月31日　油田分公司决定，启动"十四五"发展规划编制工作。【吐哈油字〔2019〕105号】

7月31日　油田分公司工会决定：为生产运行处生产运行科、吐鲁番采油厂工程监督室、新疆吐哈油田建设有限公司工程项目建设管理公司各记集体三等功一次；为生产运行处周临武、吐鲁番采油厂何波、新疆吐哈油田建设有限公司邵宝兴、工程技术研究院孙昌宝、运输工程公司一分公司驾驶

员王平、侯建等 6 人各记个人三等功一次。【吐哈油工字〔2019〕10 号】

7 月 31 日　油田分公司工会决定：表彰公司 2019 年二季度劳动竞赛优胜单位优胜集体。【吐哈油工字〔2019〕11 号】

八　月

8 月 1 日　油田分公司在鄯善生产基地召开"不忘初心、牢记使命"主题教育调研成果交流会，交流调研成果，剖析存在问题，研究解决对策，形成思想行动共识。【吐哈油田大事记】

8 月 5 日　油田分公司党委办公室决定，根据实际业务需要，自即日起启用"中共中国石油天然气股份有限公司吐哈油田分公司纪律检查委员会办公室"印章。由于印章磨损严重，根据印章管理有关规定，决定自即日起启用"中共中国石油天然气股份有限公司吐哈油田分公司三塘湖采油厂委员会"新印章一枚，同时废止原印章。【吐哈油党办字〔2019〕2 号】

8 月 5 日　油田分公司办公室决定，根据实际业务需要，自即日起启用"中国石油天然气股份有限公司吐哈油田分公司科技与合作处、中国石油天然气股份有限公司吐哈油田分公司基建设备处、中国石油天然气股份有限公司吐哈油田分公司招投标部、中国石油天然气股份有限公司吐哈油田分公司共享服务中心"印章 4 枚。原"中国石油天然气股份有限公司吐哈油田分公司科技信息处、中国石油天然气股份有限公司吐哈油田分公司基建工程处、中国石油天然气股份有限公司吐哈油田分公司设备管理处、中国石油天然气股份有限公司吐哈油田分公司物资管理部、中国石油天然气股份有限公司吐哈油田分公司对外合作部、新疆维吾尔自治区哈密地区住房公积金管理中心吐哈油田分中心、中国石油天然气股份有限公司吐哈油田分公司资金结算中心、中国石油天然气股份有限公司吐哈油田分公司劳动力交流中心、吐哈油田社会保险管理中心"印章同时废止。由于印章磨损严重，根据印章管理有关规定，决定自即日起启用"中国石油天然气股份有限公司吐哈油田分公司离退休职工管理中心"新印章一枚，同时废止原印章。【吐哈油办字〔2019〕4 号】

8 月 8 日　油田分公司党委决定：任命柳振林为信息技术公司党委书记（试用期一年），颜子奇为公司工会副主席、团委书记（试用期一年），邓玉兵

为信息技术公司党委委员、党委副书记、纪委书记、工会主席（试用期一年）。【吐哈油党字〔2019〕36号】

8月8日　油田分公司决定：聘任柳振林为信息技术公司经理（试用期一年）；孙世茂为监督中心（石油天然气吐哈工程质量监督站、纪检监察中心）安全总监；贾生中兼任准东勘探开发项目经理部副经理。【吐哈油字〔2019〕106号】

8月15日　油田分公司印发公司2019年上产会战考核奖励办法。【吐哈油字〔2019〕107号】

8月15日　油田分公司召开领导班子对照党章党规找差距专题会议，油田公司领导班子成员围绕"18个是否"和习近平总书记在中央和国家机关党的建设工作会议上重要讲话精神，结合实际逐一作对照检查剖析。【吐哈油田大事记】

8月26日　油田分公司决定，完善市场化用工激励机制及畅通市场化用工晋升通道。【吐哈油字〔2019〕109号】

8月28日　油田分公司机关党委印发《吐哈油田公司机关纪委落实党风廉政建设监督责任实施细则》。【吐哈油机党字〔2019〕7号】

8月28日　油田分公司机关党委印发《吐哈油田公司机关党委落实党风廉政建设主体责任实施细则》。【吐哈油机党字〔2019〕8号】

8月29日　油田分公司人事处决定，加强二级单位党建工作机构设置和人员配备，对实际用工规模在300—500人的勘探开发研究院、工程技术研究院、三塘湖采油厂、销售事业部、运输工程公司等单位，单独设立党建科，由单位根据需要在机关人员编制和科级职数范围内进行调整。调整后，机关人员编制和科级职数不变。将人事处（党委组织部）党建与干部管理科分设为党建科和干部管理科2个科室，其中党建科人员编制3人（科级1人）、干部管理科人员编制3人（科级1人）。调整后，人事处（党委组织部）人员编制增加1人。【吐哈油人字〔2019〕14号】

8月29日　油田分公司勘探公司（勘探事业部）决定，综合办公室负责组织人事业务工作，现增加人事科机构名称，将综合办公室更名为综合办公室（人事科），定员、科级职数不变。更换名称后，综合办公室（人事科）一个机构两块牌子，履行勘探公司（勘探事业部）人事业务相关职责。

【吐哈油勘字〔2019〕32 号】

8 月 30 日　油田分公司党委印发《中国石油天然气股份有限公司吐哈油田分公司"三重一大"决策制度实施细则（修订）》。【吐哈油党字〔2019〕37 号】

8 月 30 日　油田分公司党委印发《中国石油天然气股份有限公司吐哈油田分公司党委议事规则》。【吐哈油党字〔2019〕37 号】

8 月 30 日　油田分公司决定，撤销乌鲁木齐办事处机构和相关职责，保留吐哈石油大厦机构和相关职责，乌鲁木齐办事处机构撤销后，与乌鲁木齐办事处有关的人员职务同时解聘（免去）。【吐哈油字〔2019〕111 号】

8 月 30 日　油田分公司决定，将开发测试业务划转至中国石油集团测井有限公司，将高压洗井业务保留在吐哈油田。【吐哈油字〔2019〕112 号】

九　月

9 月 2 日　油田分公司召开开发测试、高压洗井业务调整专题会议，全面推进井下业务专业化重组工作，加快人员、资产等方面的移交划转，确保按期完成集团公司既定的改革任务。【吐哈油田大事记】

9 月 9 日　油田分公司人事处批复同意，运输工程公司调整部分机构设置及人员编制的请示。【吐哈油公务字〔2019〕130 号】

9 月 9 日　油田分公司人事处批复同意，鄯善采油厂调整部分机关机构设置及人员编制的请示。【吐哈油公务字〔2019〕134 号】

9 月 10 日　油田分公司党委决定，成立公司第二批"不忘初心、牢记使命"主题教育指导组，切实加强统筹协调和督促指导。【吐哈油党字〔2019〕40 号】

9 月 10 日　油田分公司综合服务中心决定，成立开发测试服务站，为基层单位，正科级，科级职数 1 个。机构调整后，综合服务中心基层单位数由 13 个调整为 14 个，科级职数调整为 74 个。【吐哈油综服字〔2019〕49 号】

9 月 11 日　油田分公司党委决定：免去辜良国同志的鲁克沁采油厂（鲁克沁油田项目经理部）党委书记、纪委书记、工会主席、党委委员职务，杜本进同志的吐哈石油医院（卫生处、疾病预防控制中心）党委书记、纪委书记、工会主席、党委委员职务，薛志刚同志的消防支队党委副书记、党委

委员职务。【吐哈油党字〔2019〕41号】

9月11日　油田分公司决定：解聘薛志刚的消防支队支队长职务，辜良国的鲁克沁采油厂（鲁克沁油田项目经理部）副厂长职务。【吐哈油字〔2019〕114号】

9月12日　油田分公司办公室决定，在确保现场生产管理和服务力度不减的基础上，稳妥实施公司机关鄯善哈密两地办公。【吐哈油办字〔2019〕5号】

9月16日　油田分公司人事处批复同意，供水供电处调整部分机关机构设置及人员编制的请示。【吐哈油公务字〔2019〕142号】

9月16日　油田分公司人事处批复同意，勘探开发研究院调整部分机关机构设置及人员编制的请示。【吐哈油公务字〔2019〕143号】

9月16日　油田分公司人事处批复同意，鲁克沁采油厂（鲁克沁油田项目经理部）调整部分机关机构设置请示。【吐哈油公务字〔2019〕144号】

9月16日　油田分公司人事处批复同意，工程技术研究院调整部分机关机构设置及人员编制的请示。【吐哈油公务字〔2019〕145号】

9月16日　油田分公司人事处批复同意，机械厂调整部分机构设置及人员编制的请示。【吐哈油公务字〔2019〕146号】

9月19日　油田分公司勘探开发研究院决定，人事科（组织科）更名为人事科；成立党建科。【吐哈油研字〔2019〕64号】

9月19日　油田分公司工程技术研究院决定，将办公室（党委办公室、人事科、综治保卫科）分设为办公室（党委办公室、人事科）和党建科（综治保卫科）。【吐哈油工研字〔2019〕59号】

9月19日　油田分公司吐哈石油大厦决定，撤销外联营销部；在办公室（党委办公室）增加人事科机构名称，机构更名为办公室（党委办公室、人事科），按一个机构三块牌子运行；调整后，大厦机关科室数、人员编制数和科级职数不变。基层单位减少一个，科级职数不变。【吐哈油大厦字〔2019〕23号】

9月20日　油田分公司党委印发中国石油吐哈油田公司第二批"不忘初心、牢记使命"主题教育工作方案。【吐哈油党字〔2019〕42号】

9月20日　油田分公司印发《中国石油天然气股份有限公司吐哈油田

分公司劳动力交流管理办法》。【吐哈油字〔2019〕115 号】

9 月 20 日　油田分公司印发《中国石油天然气股份有限公司吐哈油田分公司人才引进管理办法》。【吐哈油字〔2019〕116 号】

9 月 20 日　油田分公司人事处批复同意，新疆吐哈油田建设有限责任公司调整部分机关机构设置及人员编制的请示。【吐哈油公务字〔2019〕147 号】

9 月 24 日　油田分公司职称改革工作领导小组办公室研究决定，确认宋正涛等 44 人具备相应专业技术职务任职资格。【吐哈油职改办字〔2019〕3 号】

9 月 27 日　油田分公司吐鲁番采油厂决定，将采油厂党群科更名为党建科，编制定员、相关业务和岗位职责保持不变。【吐哈油吐字〔2019〕51 号】

9 月 27 日　油田分公司庆祝新中国成立 70 周年暨"不忘初心、牢记使命"主题教育大合唱展演在鄯善生产基地足球场举行，展演以"守初心担使命，我为祖国献石油"为主题，分序《苦难辉煌》和《难忘的岁月》《春天的故事》《民族的复兴》《走向辉煌》4 个篇章。来自油田公司 24 家单位组成的 15 支合唱队，用嘹亮的歌声表达对祖国母亲的热爱，向中华人民共和国成立 70 周年献礼。【吐哈油田大事记】

9 月 29 日　油田分公司庆祝新中国成立 70 周年暨"不忘初心、牢记使命"主题教育大合唱展演在哈密石油基地会展中心上演，部分合唱团队参加展演。【吐哈油田大事记】

十　月

10 月 9 日　油田分公司党委以视频方式在鄯善生产基地、哈密石油基地、三塘湖召开中心组（扩大）集体学习会，集体学习习近平总书记在庆祝中华人民共和国成立 70 周年大会上的重要讲话；习近平致大庆油田发现 60 周年的贺信，国务院就大庆油田发现 60 周年发来的贺电，集团公司党组关于认真学习贯彻习近平总书记关于大庆油田发现 60 周年贺信重要指示精神的通知；集团公司落实习近平生态文明思想、加强生态环境保护工作推进会精神；集团公司党组关于推进纪检监察体制改革的通知。【吐哈油田大事记】

10月10日　油田分公司党委决定：经试用期满考核，研究决定高敬文同志的三塘湖采油厂（三塘湖油田项目经理部）党委书记、纪委书记、工会主席试用期延长6个月。【吐哈油党字〔2019〕45号】

10月10日　油田分公司决定：经试用期满考核并研究决定，正式聘任张云杰为开发部副主任，杨斌为勘探公司（勘探事业部）副经理，李文杰为吐鲁番采油厂副厂长。解聘张远征的基建设备处副处长职务。【吐哈油字〔2019〕121号】

10月12日　油田分公司决定，成立中国石油天然气股份有限公司吐哈油田天草勘探开发分公司，成立后，与勘探公司一体化运行。【吐哈油字〔2019〕122号】

10月12日　油田分公司决定，将生产运行处"负责公司钻井、井下作业动力等生产资源的统筹运行与协调"职责调整为"负责钻井、井下作业、压裂等动力引进、调派、协调、运行计划编制、统筹优化与综合考核"。调整后，生产运行处人员编制19人，其中处级3人（处长1人、副处长2人）、科级7人（科长4人、副科长3人，含过渡职数1人），科级以下管理人员9人。【吐哈油字〔2019〕123号】

10月13日　油田分公司新疆吐哈油田建设有限责任公司决定，将办公室（党委办公室、人事科）的党组织建设、纪检监察、工会、团委、宣传、信访、维稳、企业文化等业务剥离出来，设立党建科，为机关科室，定员6人，设科长兼纪委副书记、工会副主席1人。调整后，油建公司机关设科室5个，增加1个；定员30人，增加2人；其中，科级干部职数7人不变，一般管理人员由21人增加至23人。【吐哈油建字〔2019〕37号】

10月16日至20日　油田分公司第十三届职业技能竞赛在鄯善生产基地举行，共开展采油工、采气工、集输工、轻烃装置操作工、电焊工、变电站值班员、仓库保管员7个工种的个人赛和团队项目赛，相关单位180名选手参加决赛。吐鲁番采油厂包揽采油工前三名和集输工前二名；鄯善采油厂取得采气工、轻烃装置操作工和团队项目的第一名。【吐哈油田大事记】

10月17日　油田分公司决定，调整公司核心骨干人才和紧缺人才内部退养政策。【吐哈油字〔2019〕124号】

10月21日　油田分公司办公室印发《吐哈油田公司"四风"问题专项

整治工作方案》。【吐哈油党办字〔2019〕3号】

10月25日　油田分公司机关工会决定：对工会办公室等9个科室授予优胜科室称号，并予以表彰奖励。【吐哈油机关工字〔2019〕6号】

10月26日　油田分公司工会决定：表彰公司2019年三季度主题劳动竞赛优胜单位优胜集体。【吐哈油工字〔2019〕13号】

10月28日　油田分公司人事处批复同意，综合服务中心调整部分机关科室的请示。【吐哈油公务字〔2019〕161号】

10月31日　油田分公司决定，对公司党委纪检工作机构设置及职能进行调整，将纪委监察处更名为纪委办公室，其内设科室信访管理科（办公室）更名为信访管理科、党风监督与合规监察科更名为党风与合规监督科，同时将纪检监察中心更名为纪检中心。【吐哈油字〔2019〕128号】

10月31日　油田分公司党委决定：因公司纪检监察机构更名，任命范耀东同志为公司纪委办公室主任，免去其纪委监察处的处长职务；任命魏萍同志为公司纪委办公室副主任、纪检中心主任，免去其纪委监察处的副处长、原纪检监察中心的主任职务。【吐哈油党字〔2019〕54号】

十一月

11月3日　油田分公司综合服务中心决定，将组织科更名为党建科，主要负责综合服务中心党组织建设、基层领导班子建设、党员教育与发展等管理工作。更名后，人事科（党建科）按一个机构两块牌子管理运行，人员编制、科级职数保持不变。【吐哈油综服字〔2019〕59号】

11月6日　油田分公司党委印发《吐哈油田公司党委巡察工作规定》。【吐哈油党字〔2019〕51号】

11月6日　油田分公司党委印发《吐哈油田公司党委"三位一体"巡察成果运用机制》《吐哈油田公司党委"一责任三把关"巡察整改责任落实工作机制》。【吐哈油党字〔2019〕52号】

11月6日　油田分公司党委印发《关于规范吐哈油田公司党员干部亲属经商办企业行为的规定》。【吐哈油党字〔2019〕53号】

11月9日　油田分公司党委决定，于12月组织开展2019年度党建工作责任制考核评价工作。【吐哈油党字〔2019〕55号】

11月11日　油田分公司供水供电处决定，成立党建科，将人事科（组织科）党组织建设、纪检监察职责划归党建科，将办公室（党委办公室）宣传教育、企业文化、工会和群团工作管理职责划归党建科，人事科（组织科）更名为人事科。将计划经营科与财务科合并，成立经营财务科。对部分基层单位进行整合，将综合服务部、治安保卫大队合并成一个机构，成立综合服务部（治安保卫大队），为一个机构两块牌子，原两个单位的职能职责合并整合到综合服务部（治安保卫大队），将党委办公室维稳管理职责划归综合服务部（治安保卫大队）。【吐哈油水电字〔2019〕35号】

11月13日　油田分公司人事处决定，吐哈石油医院不再负责吐哈油田公司人口与计划生育委员会和爱国卫生运动委员会的日常工作，由矿区管理部总体负责两个委员会的管理协调工作，由综合服务中心具体负责两个委员会办公室的日常管理，相关业务纳入综合服务中心机关科室，按一个机构几块牌子运行，并随业务划转3人。划转后，综合服务中心机关人员编制增加3人，其中科级1人。【吐哈油人字〔2019〕16号】

11月13日　油田分公司人事处决定，销售事业部等单位机构设置和人员编制进行调整。【吐哈油公务字〔2019〕172号】

11月19日　油田分公司综治委印发《劳动力转移就业人员教育管理制度》。【吐哈油综治字〔2019〕2号】

11月21日　油田分公司党委决定，在严格执行《关于对巡察中发现重复性问题的处理意见》（吐哈油党字〔2018〕22号）基础上，现对一些典型问题处理作如下规定：严禁会议记录弄虚作假。杜绝党组织生活考勤记录不真实情况。坚决纠正清理意识形态阵地有关内容不彻底的现象。杜绝无公函业务招待情况。从严管理党员干部及其亲属经商办企业行为。【吐哈油党字〔2019〕56号】

11月22日　油田分公司信息技术公司决定，撤销传输部、网络部，成立网络运维中心，将原有传输部和网络部部门职责并入网络运维中心。成立物联网技术研发中心。自动化技术部视频监控平台及现场运维业务调整至系统集成部；软件运维中心专题网站制作业务调整至新闻媒体中心。业务调整涉及人员，由办公室（党委办公室、人事科）按工作量核定划转。新闻媒体中心电视播控值守业务调整至网络运维中心。【吐哈油党字〔2019〕56号】

11月25日 中国共产党吐鲁番采油厂第四次党员代表大会于2019年
11月7日在鄯善生产基地召开。本次大会应到代表59人，实到代表55人。
大会以差额选举、无记名投票的方式选举产生了中国共产党吐鲁番采油厂第
四届委员会和第四届纪律检查委员会；召开了中国共产党吐鲁番采油厂第四
届委员会第一次全体会议和第四届纪律检查委员会第一次全体会议，分别选
举产生了中国共产党吐鲁番采油厂第四届委员会书记、副书记和中国共产党
吐鲁番采油厂第四届纪律检查委员会书记、副书记。【吐哈油吐党字〔2019〕
18号】

11月25日 集团公司第三巡回指导组到吐哈油田指导第二批"不忘初
心、牢记使命"主题教育，分别参加指导销售事业部领导班子专题民主生活
会和鄯善采油厂温米联合站党支部专题组织生活会，并对下步工作提出要
求。【吐哈油田大事记】

11月26日 经研究并商得中共新疆维吾尔自治区委员会同意，集团公
司党组决定：免去王仲林同志的吐哈油田分公司党委委员职务。【中油党组
〔2019〕164号】

11月26日 经研究并商得中共新疆维吾尔自治区委员会同意，股份
公司决定：免去王仲林的吐哈油田分公司副总经理职务。【石油任〔2019〕
215号】

11月26日 油田分公司党委决定：任命何先俊同志为鲁克沁采油厂
（鲁克沁油田项目经理部）党委书记，许忠同志为党委宣传部副部长，免去
其原任职务；免去刘曰强同志的鲁克沁采油厂（鲁克沁油田项目经理部）党
委委员职务，刘洪亭同志的三塘湖采油厂（三塘湖油田项目经理部）党委委
员职务。【吐哈油党字〔2019〕58号】

11月26日 油田分公司决定：聘任李照斌为矿区管理部主任，刘宇成
为基建设备处副处长，解聘其原任职务，许忠任为企业文化处副处长，解
聘其原任职务，祁兵兵兼任准东勘探开发项目经理部副经理；解聘燕列灿的
公司首席技术专家职务，刘曰强的鲁克沁采油厂（鲁克沁油田项目经理部）
副厂长（副经理）职务，刘洪亭的三塘湖采油厂（三塘湖油田项目经理部）
副厂长（副经理）职务。【吐哈油字〔2019〕138号】

11月26日 新疆吐哈石油勘探开发有限公司决定：聘任柳振林为新疆

欧亚科技发展有限责任公司执行董事、总经理，邓玉兵为新疆欧亚科技发展有限责任公司监事；解聘蒋燕军的新疆吐哈油田建设有限责任公司监事职务，吕新风的新疆欧亚科技发展有限责任公司执行董事、总经理职务，郑成国的新疆欧亚科技发展有限责任公司监事职务，王光庆的新疆吐哈石油项目管理咨询有限公司监事职务。【新吐哈油字〔2019〕2号】

11月27日　油田分公司人事处批复同意，成立物探项目部，为基层单位，正科级，主要负责各勘探区域的物探项目管理，包括地震及非地震部署、施工、资料处理和解释等业务。调整后，勘探公司基层单位增至9个，单位总定员数由90人增至94人，总科级职数由25个增至26个，其中基层单位科级职数增加1个。【吐哈油公务字〔2019〕173号】

11月27日　中石油新疆北疆区域仓储物流共享中心吐哈分库在鄯善生产基地物资仓库正式揭牌。【吐哈油田大事记】

11月29日　中共吐哈油田分公司机关委员会第二届二次党员代表大会在哈密召开。会议以无记名投票、差额选举的方式，选举产生机关第二届党委会和第二届纪律检查委员会增补委员。【吐哈油田大事记】

十 二 月

12月2日　油田分公司决定，将离退休职工管理中心"负责吐哈油田驻集团公司总部机关安保维稳业务及人员的管理职责"调整到油田保卫部，具体由综治武装科负责，科室职责增加"负责集团公司总部大楼的安全保卫工作、配合有关部门做好处置突发事件、维护集团公司正常的办公秩序及办公大楼的消防督查等工作；负责相关人员选配、培训、人员工资核定、服务队伍招标、合同签订、队伍建设和日常勤务管理等工作"。由共享服务中心负责以上业务涉及费用资金结算等工作。李文彩同志日常工作接受集团公司保卫部管理，执行集团公司保卫部保卫处、公司油田保卫部的工作安排，具体负责总部机关大楼治安保卫、维稳处置等日常管理工作，以及吐哈油田驻京安保维稳队伍管理；其人事组织关系仍由离退休职工管理中心管理。【吐哈油字〔2019〕130号】

12月2日　油田分公司决定，将新疆吐哈油田建设有限责任公司和消防支队相关业务整合，成立工程建设服务中心，为未上市二级单位，正处级，并按照集团公司《关于进一步强化集团公司消防安全和专职消防队伍建设有关工作的通知》精神，加冠"中国石油消防应急救援吐哈油田支队"机构名称，保留新疆吐哈油田建设有限责任公司法人资质，按一个机构三块牌子运行。主要承担吐哈油田维护抢修、应急抢险、消防灭火、防火监督、路桥新建与养护、防洪设施和大型土石方工程、压力容器制造、防腐保温、阀门校验、工程项目管理等业务。【吐哈油字〔2019〕131 号】

12 月 2 日　油田分公司决定，撤销石油能源开发公司机构及内设机构，业务及人员整体划转至综合服务中心。【吐哈油字〔2019〕132 号】

12 月 3 日　油田分公司决定，进一步完善准东勘探开发项目经理部机构和岗位设置，准东勘探开发项目经理部设经理 1 人、专职副经理 4 人，兼职副经理保持原有设置和人员不变。内设综合办公室、经营财务室、生产安全管理部、勘探开发技术部，暂定专职人员 24 人（含科级 6 人），从各单位抽调相关专业人员构成。勘探开发科研技术工作继续依托勘探公司和勘探开发研究院、工程技术研究院提供技术支持。准东勘探开发项目经理部实行独立运行、单独考核，其中合同签订、资金结算等业务不再依托勘探公司业务系统，独立运行、独立建账核算。项目经理部专职人员的人事劳资关系调转到勘探公司，项目期间原职级保持不变，组织、人事、文书、档案等工作依托勘探公司运行。用工方式按照"管理 + 技术" + 第三方用工模式运行，缺员岗位可使用公司其他单位劳务输出或直接引进第三方用工，提高运行管理效率和勘探开发效益。项目经理部其他事宜仍按《关于成立准东矿权流转区勘探开发工作领导小组及相关机构的通知》执行。【吐哈油字〔2019〕135 号】

12 月 3 日　油田分公司印发《中国石油天然气股份有限公司吐哈油田分公司兼职培训师管理实施细则》。【吐哈油字〔2019〕133 号】

12 月 5 日　油田分公司勘探公司（勘探事业部）决定，成立物探项目部，并对部分部门工作职责进行了调整。【吐哈油勘字〔2019〕37 号】

12 月 16 日　油田分公司决定：对"雁木西采油工区内部承包改革实施与评价"等 15 项管理创新成果予以表彰奖励。同时在 2019 年度绩效考核中，对成果申报及获奖的单位和部门严格按照《吐哈油田公司管理创新绩效考核量化标准》进行奖励加分。【吐哈油字〔2019〕139 号】

12 月 18 日　油田分公司党委决定，成立工程建设服务中心党委，撤销新疆吐哈油田建设有限责任公司党委、消防支队党委和石油能源开发公司党委。【吐哈油党字〔2019〕59 号】

12 月 18 日　油田分公司党委决定：任命张德松同志为机械厂党委书记、纪委书记、工会主席（试用期一年），周永新同志为吐哈石油医院党委委员、党委书记、纪委书记、工会主席（试用期一年），成创业同志为公司党委巡察办公室副处级巡察员（试用期一年），陈超同志为工程技术研究院党委委员，杜进宏同志为鲁克沁采油厂（鲁克沁油田项目经理部）党委委员，吴俊红、刘毅泽同志为三塘湖采油厂党委委员，齐周显、阿金仓同志为信息技术公司党委委员；免去祁兵兵同志的吐鲁番采油厂党委委员职务，王银山同志的鄯善采油厂党委委员职务，贾生中同志的原新疆吐哈油田建设有限责任公司党委委员职务。根据公司机构改革需要，经研究，决定：任命方进荣同志为工程建设服务中心党委委员、党委书记、纪委书记、工会主席，侯祥东同志为工程建设服务中心党委委员、党委副书记，石福高、任峰、曹约良、路强同志为工程建设服务中心党委委员，余中华同志为综合服务中心党委委员；原消防支队、原石油能源开发公司领导班子成员党内职务自然免除。【吐哈油党字〔2019〕60 号】

12 月 18 日　油田分公司决定：聘任钱峰为公司副总工程师，张德松为机械厂副厂长，敬章龙为准东勘探开发项目经理部副经理（试用期一年），陈超为工程技术研究院副院长（试用期一年），杜进宏为鲁克沁采油厂（鲁克沁油田项目经理部）副厂长（副经理）、安全总监（试用期一年），吴俊红为三塘湖采油厂（三塘湖油田项目经理部）副厂长（副经理）（试用期一年），刘毅泽为三塘湖采油厂（三塘湖油田项目经理部）副厂长（副经理）（试用期一年），齐周显为信息技术公司副经理、新闻中心主任、吐哈石油报社社长、中国石油报吐哈记者站站长（试用期一年），阿金仓为信息技术公司副经理、安全总监（试用期一年），王银山为准东勘探开发项目经理部副经理，解聘其鄯善采油厂副厂长职务；解聘祁兵兵的吐鲁番采油厂副厂长职务，贾生中的新疆吐哈油田建设有限责任公司副总经理职务，柳振林的信息技术公司安全总监职务，吴云利的鲁克沁采油厂（鲁克沁油田项目经理部）安全总监职务，张德松的机械厂总工程师职务。根据公司机构改革需要，经研究，决定：聘任侯祥东为工程建设服务中心主任，方进荣为工程建设服务中心副主任，石福高、任峰、曹约良为工程建设服务中心副主任，路强为工程建设服务中心副主任、安全总监，余中华为综合服务中心副主任；原消防支队、原石油能源开发公司领导班子成员职务自然免除。【吐哈油字〔2019〕141号】

12月18日　油田分公司党委组织部印发《中国石油吐哈油田公司机关科级及以下人员综合考评管理办法》。【吐哈油党组字〔2019〕8号】

12月20日　油田分公司党委批复同意：高庆贤同志任中共吐鲁番采油厂第四届委员会书记，司宝同志任副书记。高庆贤同志任中共吐鲁番采油厂第四届纪律检查委员会书记，廖瑞萍同志任副书记。杨震同志任中共供水供电处第七届委员会书记，曹清同志任副书记。杨震同志任中共供水供电处第七届纪律检查委员会书记，周相勇同志任副书记。范耀东、赵兴启、晏书宾、鲁正乾等4名同志为中共吐哈油田公司机关委员会委员，袁仕军同志为中共吐哈油田公司机关纪律检查委员会委员。【吐哈油党字〔2019〕63号】

12月20日　油田分公司综合服务中心决定，对机关部分科室职责和人员编制进行调整，吐哈油田公司人口与计划生育委员会和爱国卫生运动委员会的日常工作及人员划转至中心，根据中心机关科室工作范围，将业务纳入党群科。人事科（党建科）人员编制由9人调整为10人，其中科级由2人调整为3人。财务科（吐哈油田智能一卡通管理中心）人员编制由17人调整为18人，其中科级由4人调整为5人。成立能源服务站，为正科级基层单位，科级职数4个。调整后，中心机关人员编制为73人，其中科级21人；基层单位15个，其中科级59人，总科级职数83个（含助理及副总师3人）。【吐哈油综服字〔2019〕64号】

12月28日　油田分公司决定：表彰奖励职业技能竞赛优胜者。【吐哈油字〔2019〕145号】

12月30日　油田分公司机械厂决定，在不增加机构、人员编制和科级职数的前提下，对现行组织机构管理业务及人员编制进行调整，将营销部负责的"物资计划、采购、结算、监督检查"等业务调整划入经营财务科。经营财务科人员编制由原来的9人调整为10人，科级职数由原来的2个调整为3个。将办公室（党委办公室、人事科）人员编制由原来的8人调整为7

人。营销部不再负责"物资计划、采购、结算、监督检查"等物资管理业务，科级职数由原来的 3 个调整为 2 个。调整后，机关科级职数由 9 个调整为 10 个，基层单位科级职数由 26 个调整为 25 个，机关编制总人数不变，工厂科级总职数不变。【吐哈油机字〔2019〕42 号】

二〇二〇年

一　月

1 月 2 日　油田分公司决定，调整领导班子成员工作分工。【吐哈油字〔2020〕1 号】

1 月 2 日　中国石油报社研究同意：齐周显任吐哈记者站站长，许忠不再任吐哈记者站站长。【油报社函〔2020〕1 号】

1 月 9 日　油田分公司党委决定：免去周仁能同志的机械厂党委委员职务。【吐哈油党字〔2020〕2 号】

1 月 9 日　油田分公司决定：聘任冯义为工程技术研究院安全总监；解聘江涛的基建设备处处长职务，周仁能的机械厂副厂长职务。【吐哈油字〔2020〕4 号】

1 月 10 日　油田分公司党委在哈密石油基地开展基层单位党委书记党建述职评议考核工作。【吐哈油田大事记】

1 月 13 日　油田分公司决定：表彰 2019 年度企业管理基础工作先进单位。【吐哈油字〔2020〕5 号】

1 月 14 日　油田分公司决定：表彰 2019 年度井控管理先进单位先进集体和先进个人。【吐哈油字〔2020〕7 号】

1 月 14 日　油田分公司决定：表彰 2019 年度安全环保节能节水先进集体和个人。【吐哈油字〔2020〕8 号】

1 月 15 日　油田分公司职称改革工作领导小组办公室决定：同意陆星羽等 4 人晋升相应初级专业技术职务任职资格。【吐哈油职改办字〔2020〕1 号】

1 月 17 日　油田分公司印发《中国石油天然气股份有限公司吐哈油田

分公司健康安全环保监督检查与考核奖惩管理规定》。【吐哈油字〔2020〕6号】

1月17日 油田分公司机关工会决定：对19个申报集体进行了民主投票，结合季度综合考评，经公司机关竞赛领导小组审定，决定对办公室（党委办公室）秘书一科等9个科室授予优胜科室称号，并予以表彰奖励。【吐哈油机关工字〔2020〕1号】

1月17日 油田分公司六届五次职代会主席团召开第一次会议，推选娄铁强、梁世君、周波、许青春、郭建设、杨忠东为六届五次职代会暨2020年工作会执行主席。会议通过六届五次职代会暨2020年工作会议日程安排；通报六届四次职代会职工代表提案和合理化建议办理情况；审议六届五次职代会职工代表提案和合理化建议征集情况的报告，并提出立案决定。【吐哈油田大事记】

1月18日 油田分公司六届五次职代会暨2020年工作会召开第二次主席团会议，听取各代表团审议情况的汇报，通过六届五次职代会关于公司2020年工作报告的决议（草案）。【吐哈油田大事记】

1月18日至19日 油田分公司六届五次职代会暨2020年工作会议在鄯善生产基地召开。【吐哈油田大事记】

1月20日 油田分公司职称改革工作领导小组决定：同意李蔺等103人晋升中级专业技术职务任职资格。【吐哈油职改字〔2020〕1号】

1月21日 油田分公司决定：表彰公司2019年度生产运行先进集体和先进个人。【吐哈油字〔2020〕10号】

二 月

2月20日 油田分公司人事处决定：吐鲁番采油厂訾轩等16人获得技师技能等级资格，王雅丽等7人获得高级技师技能等级资格。【吐哈油人字〔2020〕2号】

2月21日 油田分公司党委决定：免去王继勇同志的物资供应处党委委员职务。【吐哈油党字〔2020〕6号】

2月21日 油田分公司决定：解聘王继勇的物资供应处副处长、总会计师职务。【吐哈油字〔2020〕15号】

2月26日　油田分公司决定：表彰2019年度优秀QC小组成果和优秀质量管理小组活动推进者。【吐哈油字〔2020〕17号】

2月26日　油田分公司决定：对2019年度设备管理工作中做出突出贡献的先进单位、先进工区队站和先进个人予以表彰。【吐哈油字〔2020〕18号】

2月29日　油田分公司决定，对公司副总师、总经理助理、安全副总监、总法律顾问、首席技术专家工作分工进行调整。【吐哈油字〔2020〕20号】

2月29日　油田分公司爱卫会决定：表彰2019年度爱国卫生先进单位和先进个人。【吐哈油爱卫字〔2020〕1号】

三　月

3月2日　油田分公司决定，将机械厂和物资供应处重组整合，成立物资保障中心，为未上市二级单位。【吐哈油字〔2020〕21号】

3月2日　油田分公司决定，将运输工程公司和工程建设服务中心重组整合，成立工程技术中心，为未上市二级单位。【吐哈油字〔2020〕22号】

3月2日　油田分公司决定，撤销招投标部及其内设机构，同时，为提高采购效率和规模效益，降低采购成本和管控风险，公司仍按照集中采购管理模式运行，将采购业务和人员并入共享服务中心，对外称采购中心，业务相对独立，主要负责与集团公司相关部门及新疆分中心进行业务对接，集中组织油田非招标项目的实施，与共享服务中心按一套机构几块牌子运行。由企管法规处负责对采购中心业务的管理和指导。【吐哈油字〔2020〕23号】

3月2日　油田分公司副总经理、安全总监郭建设带领相关部门负责人，深入运输工程公司、工程建设服务中心，与员工代表座谈交流，听取对专业化重组的意见建议，就做好机构整合和人员优化等工作提出要求。【吐哈油田大事记】

3月3日　油田分公司计生委决定：表彰2019年度人口与计划生育先进单位和先进个人。【吐哈油计生字〔2020〕2号】

3月5日　油田分公司工会决定：授予张亦婷等102名同志"五一巾帼奖个人"称号，授予王桂芳等100个家庭"文明家庭"称号，并予以表彰奖

励。【吐哈油工字〔2020〕2号】

3月5日　油田分公司机关工会决定：表彰2019年度红旗科室、先进工作者和五一巾帼奖个人。【吐哈油机关工字〔2020〕2号】

3月5日　油田分公司党委发布《吐哈热点面对面·2020—形势任务教育知识读本》，以"增信心鼓干劲，我与油田共命运"为主题的2020年形势任务宣教活动正式启动，活动以网络学习宣讲为主。【吐哈油田大事记】

3月16日　油田分公司党委决定：方进荣同志任公司党委巡察办公室正处级巡察员，高建平同志任鲁克沁采油厂（鲁克沁油田项目经理部）党委委员、党委书记、纪委书记、工会主席，何先俊同志任鲁克沁采油厂（鲁克沁油田项目经理部）党委副书记，免去其鲁克沁采油厂（鲁克沁油田项目经理部）党委书记职务，杨珍祥同志任工程技术中心党委委员、党委书记、纪委书记、工会主席，侯祥东同志任工程技术中心党委委员、党委副书记，叶世华同志任供水供电处党委委员、党委书记、纪委书记、工会主席，免去其公司党委巡察办公室正处级巡察员职务，石玉峰同志任物资保障中心党委委员、党委书记、纪委书记、工会主席，赵杨民同志任物资保障中心党委委员、党委副书记，张德松同志任物资保障中心党委委员，张宝元同志任离退休职工管理中心党委委员、党委书记，曹约良同志任工程技术研究院党委委员，汪佳祥同志任吐鲁番采油厂党委委员，免去其技术监测中心党委委员职务，姚铁成同志任鲁克沁采油厂（鲁克沁油田项目经理部）党委委员，免去其三塘湖采油厂党委委员职务，南雨同志任鄯善采油厂党委委员，张雄同志任三塘湖采油厂党委委员，免去其鄯善采油厂党委委员职务，柴留庆、李茂刚、石福高、张国斌、任峰、王崇阳、路强同志任工程技术中心党委委员，韩文忠、辛文举、曹巍同志任物资保障中心党委委员，焦熠堂同志任物资保障中心党委委员，免去其鲁克沁采油厂（鲁克沁油田项目经理部）党委委员职务，杨安群同志任离退休职工管理中心党委委员、党委副书记、纪委书记、工会主席；免去钱峰同志的勘探公司党委副书记、党委委员职务，免去杨震同志的供水供电处党委书记、党委委员、纪委书记、工会主席职务，免去王芝燕同志的原运输工程公司党委委员职务，免去杨贵权同志的离退休职工管理中心党委副书记、党委委员、纪委书记、工会主席职务。原工程建设服务中心、运输工程公司、机械厂、物资供应处领导班子成员党内职务自然免除。

【吐哈油党字〔2020〕11号】

　　3月16日　油田分公司决定，撤销临时清欠工作组机构，其剩余业务由工程技术中心负责。【吐哈油字〔2020〕32号】

　　3月16日　油田分公司决定：吴征兼任基建设备处处长，王强任科技与合作处处长，党兰焕任概预算管理部（定额部）主任，高建平任鲁克沁采油厂（鲁克沁油田项目经理部）副厂长（副经理），侯祥东任工程技术中心主任，杨珍祥任工程技术中心副主任，叶世华任供水供电处副处长，赵杨民任物资保障中心主任，石玉峰任物资保障中心副主任，张德松任物资保障中心副主任（保留原职级），张宝元任离退休职工管理中心（再就业服务站、离退休职工管理处）副主任，免去其公司临时清欠工作组专职成员职务，刘彦军任共享服务中心副主任、采购中心主任，免去其企管法规处副处长职务，曹约良任工程技术研究院副院长，免去其新疆吐哈油田建设有限责任公司副总经理职务，汪佳祥任吐鲁番采油厂总会计师，免去其技术监测中心副主任、总会计师职务，姚铁成任鲁克沁采油厂（鲁克沁油田项目经理部）总会计师，免去其三塘湖采油厂（三塘湖油田项目经理部）总会计师职务，南雨任鄯善采油厂总会计师，免去其共享服务中心副主任职务，张雄任三塘湖采油厂（三塘湖油田项目经理部）副厂长（副经理），免去其鄯善采油厂副厂长职务，柴留庆、李茂刚、石福高、张国斌、任峰、路强任工程技术中心副主任，王崇阳任工程技术中心副主任，免去其公司临时清欠工作组专职成员职务，韩文忠、辛文举、曹巍任物资保障中心副主任，焦熠堂任物资保障中心总会计师，免去其鲁克沁采油厂（鲁克沁油田项目经理部）总会计师职务；免去钱峰的勘探公司（勘探事业部）经理职务，孙玉凯的科技与合作处处长职务，陈云的招投标部主任职务，方进荣的新疆吐哈油田建设有限公司副总经理职务，杨震的供水供电处副处长职务，吕有喜的招投标部副主任职务，免去王芝燕的运输工程公司副经理、安全总监职务。原工程建设服务中心、运输工程公司、机械厂、物资供应处领导班子成员职务自然免除。【吐哈油字〔2020〕33号】

　　3月16日至17日　油田分公司召开工程技术中心和物资保障中心干部大会，宣布领导班子任命决定。【吐哈油田大事记】

　　3月21日　经研究并商得中共新疆维吾尔自治区委员会同意，集团公

司党组决定：免去许青春同志的吐哈油田分公司党委委员、纪委书记职务，另有任用。【中油党字〔2020〕34 号】

3 月 21 日　经研究并商得中共新疆维吾尔自治区委员会同意，集团公司党组决定：许青春同志任石油化工研究院党委委员、驻石油化工研究院纪检组组长。【中油党字〔2020〕47 号】

3 月 23 日　油田分公司决定，组织技能人才开展一线创新大赛。【吐哈油工字〔2020〕34 号】

3 月 25 日　油田分公司党委印发《中国石油天然气股份有限公司吐哈油田分公司中层领导人员管理办法》。【吐哈油党字〔2020〕12 号】

3 月 30 日　油田分公司人事处印发《吐哈油田公司 2020 年组织人事工作要点》。【吐哈油人字〔2020〕3 号】

四　月

4 月 1 日　油田分公司决定，成立公司提质增效工作领导小组。【吐哈油字〔2020〕35 号】

4 月 2 日　油田分公司印发《中国石油天然气股份有限公司吐哈油田分公司压裂管理考核细则（试行）》。【吐哈油字〔2020〕36 号】

4 月 3 日　油田分公司党委决定：表彰 2018 年至 2019 年度党风廉政建设和反腐败工作先进集体和个人。【吐哈油党字〔2020〕13 号】

4 月 21 日　油田分公司职称改革工作领导小组办公室决定：批准吐哈油田公司李正科等 93 人晋升专业技术职务任职资格。【吐哈油职改办字〔2020〕2 号】

4 月 21 日　油田分公司职称改革工作领导小组办公室决定：确认石磊等 19 人具备相应专业技术职务任职资格。【吐哈油职改办字〔2020〕3 号】

4 月 21 日　油田分公司职称改革工作领导小组办公室决定：同意工程技术中心王宝晋升中级专业技术职务任职资格。【吐哈油职改办字〔2020〕4 号】

4 月 23 日　油田分公司党委决定：杨俊年同志任工程技术研究院党委委员、党委书记、纪委书记、工会主席，刘德基同志任工程技术研究院党委副书记，免去其工程技术研究院党委书记、纪委书记、工会主席职务，李显锋同志任勘探公司（勘探事业部）党委委员、党委副书记、纪委书记、工会主席，杨飚同志任勘探公司（勘探事业部）党委委员，陈旋同志任勘探公司（勘探事业部）党委委员，免去其勘探开发研究院党委委员职务，肖华同志任勘探公司（勘探事业部）党委委员；免去罗劝生同志的勘探公司（勘探事业部）纪委书记、工会主席职务，免去雍富华同志的工程技术研究院党委副书记、党委委员职务，免去康积伦同志的勘探开发研究院党委委员职务。【吐哈油党字〔2020〕17号】

4月23日　油田分公司决定：史东风任公司总经理助理，雍富华任工程技术处处长，免去其工程技术研究院院长、勘察设计院院长职务，罗劝生任勘探公司（勘探事业部）经理，刘德基任工程技术研究院院长、勘察设计院院长，杨俊年任工程技术研究院副院长，免去其工程技术处处长职务，杨飚任勘探公司（勘探事业部）副经理（正处级），李振权任企管法规处副处长，海涛任科技与合作处副处长，聂朝强任工程技术处副处长，陈旋任勘探公司（勘探事业部）副经理，免去其勘探开发研究院副院长、安全总监职务，肖华任勘探公司（勘探事业部）总工程师，兼任准东勘探开发项目经理部总工程师，康积伦任准东勘探开发项目经理部副经理，免去其勘探开发研究院副院长职务，荆文波任勘探开发研究院安全总监，范谭广任勘探开发研究院副院长，曹约良、陈超任勘察设计院副院长，路强任工程技术中心安全总监，辛文举任物资保障中心安全总监；免去刘东付的工程技术处副处长职务，冯义的勘察设计院副院长职务。【吐哈油字〔2020〕39号】

4月23日　油田分公司决定，将勘探公司（勘探事业部）处级职数由6人调整为8人；准东勘探开发项目经理部处级管理人员由5人调整为6人。冯义不再兼任准东勘探开发项目经理部副经理。【吐哈油字〔2020〕40号】

4月24日　油田分公司党委决定，成立准东勘探开发项目经理部党支部，为公司党委直属党支部。【吐哈油党字〔2020〕18号】

4月24日　油田分公司党委印发《吐哈油田公司党组织工作经费使用管理办法》。【吐哈油党字〔2020〕19号】

4月24日　油田分公司印发《吐哈油田公司2020年培训工作计划》。【吐哈油字〔2020〕41号】

4月26日　油田分公司人事处决定，推动落实二、三级机构和领导人

员岗位分级分类管理。【吐哈油人字〔2020〕4号】

4月28日　油田分公司团委决定，对"五四红旗团委""青年岗位能手""优秀共青团干部""优秀抗疫志愿者"等先进集体和个人予以表彰奖励。【吐哈油团字〔2020〕3号】

4月28日　油田分公司工会、团委在鄯善生产基地召开油田公司劳动模范、技能专家、青年员工创新创效成果发布会，交流展示成果。【吐哈油田大事记】

4月29日　油田分公司召开六届五次职代会第一次团（组）长扩大视频会议，表决通过《关于组织实施公司中层领导人员2020年月度预考核兑现的意见》《公司2020年绩效考核补充通知》《关于调整暂时性离岗歇业办理条件的意见》《关于对工作量不足人员轮流上岗的有关意见》4项议案。【吐哈油田大事记】

五　月

5月6日　油田分公司决定，将油田公司技能鉴定中心更名为"中国石油吐哈油田技能人才评价中心"，职责和人员编制不变。下设的3个鉴定站：中国石油吐哈采油职业技能鉴定站更名为"中国石油吐哈油田第一技能人才评价工作站"，与吐哈采油培训中心按一套机构两块牌子管理；中国石油吐哈交通运输职业技能鉴定站更名为"中国石油吐哈油田第二技能人才评价工作站"；中国石油吐哈供水供电通信职业技能鉴定站更名为"中国石油吐哈油田第三技能人才评价工作站"，各工作站职责和管理隶属关系不变。【吐哈油字〔2020〕42号】

5月8日　油田分公司决定，开展准东页岩油效益勘探开发党员先锋队劳动竞赛活动。【吐哈油党字〔2020〕20号】

5月8日　油田分公司工会、团委决定：对《抽油井光杆防偏磨密封盘根盒研发》等20个创新创效成果予以表彰奖励。【吐哈油工字〔2020〕3号】

5月9日　油田分公司人事处决定，对《中国石油天然气股份有限公司吐哈油田分公司员工管理办法》及《关于修订暂时性离岗歇业相关条款的通知》中关于员工办理暂时性离岗歇业相关条款进行修订。【吐哈油人字〔2020〕5号】

5月11日　油田分公司印发《吐哈油田公司2020年人力资源提质增效专项行动实施方案》。【吐哈油字〔2020〕46号】

5月11日　油田分公司发出《关于组织实施公司中层领导人员2020年月度预考核兑现的通知》，对公司中层领导人员2020年月度预考核指标、适用范围和实施办法做出部署。【吐哈油字〔2020〕47号】

5月11日　油田分公司发出《关于对工作量不足岗位人员实施轮流上岗的通知》，对工作量不足岗位人员实施轮流上岗工作进行了具体部署。【吐哈油字〔2020〕48号】

5月12日　经研究并商得中共新疆维吾尔自治区委员会同意，集团公司党组决定：张建诚同志任吐哈油田分公司党委委员、纪委书记。【中油党组〔2020〕109号】

5月19日　油田分公司下发《关于进一步加强人工成本管理的通知》，对人工成本管理工作做出部署。【吐哈油字〔2020〕53号】

六　月

6月8日　油田分公司党委常务副书记、工会主席梁世君，西部钻探公司副总经理、安全总监王虎一行到吐哈准东新区钻探现场，慰问并表彰在准东页岩油效益勘探开发党员先锋队劳动竞赛中获奖的先进集体和个人，并就下步工作提出要求。【吐哈油田大事记】

6月12日　油田分公司工会决定：表彰在准东页岩油效益勘探开发中做出重大贡献的集体和个人。为吉2807钻井平台突击队记集体三等功一次，为韩成、彭亚中、张宏、郭忠孝、郭杨栋、付伟明、马强、余晓华、黎安涛、叶国栋、王万鹏、党新、朱英男、蒋理波、王品德、郑江波、陈德智、宋金鑫18人记个人一等功一次。【吐哈油工字〔2020〕4号】

6月17日　油田分公司党委决定，调整领导班子成员工作分工。【吐哈油党字〔2020〕23号】

6月17日　油田分公司决定：免去黄晓忠的矿区管理部副主任职务。【吐哈油字〔2020〕59号】

6月17日　油田分公司下发《关于严格控制2020年人工成本计划的通知》，进一步加强人工成本计划管理，及时有效传递人工成本控制压力。【吐

哈油字〔2020〕55 号】

6 月 18 日　油田分公司党委印发《中国石油天然气股份有限公司吐哈油田分公司"三重一大"决策制度实施细则（修订）》。【吐哈油党字〔2020〕24 号】

6 月 23 日　油田分公司党委通报 2019 年度公司所属单位领导班子中层领导人员综合考核结果和党委书记党建述职评议考核结果。【吐哈油党字〔2020〕26 号】

6 月 23 日　油田分公司党委决定：对吐哈油田公司党委巡察工作领导小组成员进行调整。【吐哈油党字〔2020〕27 号】

6 月 23 日　油田分公司党委决定：对吐哈油田公司党委党风廉政建设和反腐败工作领导小组成员进行调整。【吐哈油党字〔2020〕29 号】

6 月 24 日　油田分公司党委做出《关于表彰先进基层党组织优秀共产党员和优秀党务工作者的决定》。授予鄯善采油厂党委等 5 个单位党委"先进基层党委"称号，授予勘探公司（勘探事业部）第五党支部等 50 个党支部"先进基层党支部"称号，授予肖冬生等 100 名同志"优秀共产党员"称号，授予陈方远等 50 名同志"优秀党务工作者"称号。【吐哈油党字〔2020〕28 号】

6 月 30 日　油田分公司社会保险管理中心决定，调整生育津贴计发标准。【吐哈油社保字〔2020〕1 号】

七　月

7 月 1 日　油田分公司在鄯善生产基地以视频会方式召开纪念建党 99 周年表彰大会暨基层党建经验交流会，党委书记、总经理娄铁强出席会议并讲话，党委常务副书记、工会主席梁世君主持会议，党委委员、副总经理周波宣读表彰决定，党委委员郭建设、杨忠东、张建诚出席会议。三塘湖采油厂等 4 个单位党委和勘探开发研究院三塘湖等 4 个党支部作党建经验交流。鄯善采油厂党委等 5 个"先进基层党委"，勘探开发研究院等 8 个"'四好'班子"，勘探公司第五党支部等 50 个"先进基层党组织"及 100 名"优秀共产党员"、50 名"优秀党务工作者"受到表彰。娄铁强就当前和下一步党建工作提出意见，梁世君对贯彻落实会议精神提出要求。【吐哈油田大事记】

　　7月3日　油田分公司决定，按照新型采油管理区模式，将吐鲁番采油厂、鄯善采油厂、鲁克沁采油厂（鲁克沁油田项目经理部）、三塘湖采油厂分别改革设立为吐鲁番采油管理区、鄯善采油管理区、鲁克沁采油管理区、三塘湖采油管理区。4个采油管理区为上市业务二级单位，机构分类为二级一类。主要负责油气开发生产经营过程的管理、组织、协调等工作，具体承担所辖区域注采输、轻烃的生产和经营，及地质工艺研究、安全环保、监督管理等业务，优化生产组织运行方式，推行"管理＋技术＋核心技能岗位"用工模式。

　　成立油气生产服务中心，为上市业务二级单位，机构分类为二级一类。主要负责为勘探公司、准东勘探开发项目经理部、采油管理区等油气主营业务单位提供巡检、注采维护、污水处理、机泵维修保养、装置检维修、电气仪表维修等技术或人员服务，与采油管理区形成内部甲乙方市场化运行机制，为各采油管理区最终实现"管理＋技术＋核心技能岗位"＋第三方用工模式提供保障。【吐哈油字〔2020〕63号】

　　7月3日　油田分公司党委印发《中国石油天然气股份有限公司吐哈油田分公司党委议事规则（修订）》。【吐哈油党字〔2020〕31号】

　　7月9日　油田分公司党委决定，成立鄯善采油管理区党委、吐鲁番采油管理区党委、鲁克沁采油管理区党委、三塘湖采油管理区党委和油气生产服务中心党委，撤销鄯善采油厂、吐鲁番采油厂、鲁克沁采油厂（鲁克沁油田项目经理部）、三塘湖采油厂党委。【吐哈油党字〔2020〕32号】

　　7月9日　油田分公司人事处下发《关于调整内部退养员工相关待遇的通知》，调整内部退养员工相关待遇。【吐哈油公务字〔2020〕91号】

　　7月20日　油田分公司决定，调整部分公司机关处室、直属单位内设机构与人员编制。撤销工程技术处采油工程科，将工程技术处钻井管理科更名为技术管理科、井控管理科更名为现场管理科（井控办公室），调整后工程技术处三级机构减少1个，人员编制由12人调整为13人，基层领导人员职数4人，其中三级正2人、三级副2人。将开发部生产管理科更名为采油工程科，调整后开发部三级机构数不变，人员编制由23人调整为25人，基层领导人员职数由8人调整为10人，其中三级正7人（含专项职数2人）、三级副3人。矿区管理部人员编制由10人调整为8人，基层领导人员职数

由 4 人调整为 2 人。【吐哈油字〔2020〕65 号】

7 月 22 日 油田分公司决定，成立准东勘探开发项目经理部。准东勘探开发项目经理部列公司上市二级单位，机构分类为二级二类。主要负责准东矿权流转区块的油气勘探、评价、产能建设和开发生产经营等工作，推行"管理＋技术"＋第三方用工模式。内部机构按"2 办 +3 中心"设置，人员编制总数控制在 50 人以内。【吐哈油字〔2020〕67 号】

7 月 22 日 油田分公司党委决定，成立准东勘探开发项目经理部党委，撤销公司党委直属的准东勘探开发项目经理部党支部。准东勘探开发项目经理部党委会组成人数与二级管理人员人数保持一致，纪律检查委员会由 3 人组成。【吐哈油党字〔2020〕33 号】

7 月 22 日 油田分公司党委决定：梁浩同志任准东勘探开发项目经理部党委委员、党委书记，司宝同志任吐鲁番采油管理区党委委员、党委副书记，刘志峰同志任鄯善采油管理区党委委员、党委书记、纪委书记、工会主席，王炜同志任鄯善采油管理区党委委员、党委副书记，高建平同志任鲁克沁采油管理区党委委员、党委书记、纪委书记、工会主席，何先俊同志任鲁克沁采油管理区党委委员、党委副书记，高敬文同志任三塘湖采油管理区党委委员、党委书记、纪委书记、工会主席，曾玉祥同志任三塘湖采油管理区党委委员、党委副书记，王强同志任党委组织部副部长，免去其维护稳定办公室主任职务，汪佳祥、税文生、陈世明、李文杰同志任吐鲁番采油管理区党委委员，南雨、李艳明、杨德奎、宋其伟同志任鄯善采油管理区党委委员，谢佃和、穆金峰、宋德云、姚铁成、杜进宏同志任鲁克沁采油管理区党委委员，马伟亭、王东、吴俊红、刘毅泽同志任三塘湖采油管理区党委委员，程行海、吴云利、张雄同志任油气生产服务中心党委委员，乔炜同志任准东勘探开发项目经理部党委委员、党委副书记、纪委书记、工会主席，免去其党委组织部副部长职务，王银山、贾生中、康积伦、祁兵兵、敬章龙同志任准东勘探开发项目经理部党委委员。

因机构改革，以上原吐鲁番采油厂、鄯善采油厂、鲁克沁采油厂（鲁克沁油田项目经理部）、三塘湖采油厂（三塘湖油田项目经理部）领导班子成员党内职务自然免除。

免去高庆贤同志的原吐鲁番采油厂党委书记、党委委员、纪委书记、工会主席职务，另有任用，免去张宝元同志的离退休职工管理中心党委书记、党委委员职务，免去董震涛同志的勘探公司（勘探事业部）党委委员职务。【吐哈油党字〔2020〕34号】

7月22日　油田分公司决定：司宝任吐鲁番采油管理区主任，王炜任鄯善采油管理区主任，刘志峰任鄯善采油管理区副主任，何先俊任鲁克沁采油管理区主任，高建平任鲁克沁采油管理区副主任，曾玉祥任三塘湖采油管理区主任，高敬文任三塘湖采油管理区副主任，高庆贤任油气生产服务中心负责人，主持工作，王强任人事处副处长，免去油田保卫部副主任职务，陈旋任勘探公司（勘探事业部）安全总监，曹约良任工程技术研究院安全总监，汪佳祥任吐鲁番采油管理区总会计师，税文生任吐鲁番采油管理区副主任、安全总监，陈世明、李文杰任吐鲁番采油管理区副主任，南雨任鄯善采油管理区总会计师，李艳明任鄯善采油管理区副主任，杨德奎任鄯善采油管理区副主任、安全总监，宋其伟任鄯善采油管理区副主任，谢佃和、穆金峰、宋德云任鲁克沁采油管理区副主任，姚铁成任鲁克沁采油管理区总会计师，杜进宏任鲁克沁采油管理区副主任、安全总监，马伟亭任三塘湖采油管理区副主任，王东任三塘湖采油管理区副主任、安全总监，吴俊红、刘毅泽任三塘湖采油管理区副主任，程行海、吴云利、张雄任油气生产服务中心副主任，王银山任准东勘探开发项目经理部安全总监。

因机构改革，以上原吐鲁番采油厂、鄯善采油厂、鲁克沁采油厂（鲁克沁油田项目经理部）、三塘湖采油厂（三塘湖油田项目经理部）领导班子成员行政职务自然免除。

免去乔炜的人事处副处长职务，免去董震涛的勘探公司（勘探事业部）副经理、安全总监职务，免去冯义的工程技术研究院安全总监职务，免去肖华的准东勘探开发项目经理部总工程师职务。【吐哈油字〔2020〕68号】

7月22日　油田分公司工会决定：表彰在准东页岩油效益勘探开发中做出重大贡献的集体和个人。为吉2805钻井平台突击队记集体二等功一次，为党新记个人一等功一次，为颜涛涛、龚鑫分别记个人二等功一次，为付伟明记个人三等功一次。【吐哈油工字〔2020〕6号】

7月22日　油田分公司工会决定：表彰在三塘湖输油管道末站工艺完善工程建设中做出重大贡献的集体和个人。为三塘湖管道末站完善工程建设突击队记集体二等功一次，为武广学、任立杰、李春辉、郑兵午、石福桓 5 人分别记个人一等功一次，为郑井阶、王晓鹏、殷宗明、刘小洲、朱勇 5 人分别记个人二等功一次，为周步荣、孙保华、杨赟、赵顺明 4 人分别记个人三等功一次。【吐哈油工字〔2020〕7 号】

7 月 23 日　油田分公司召开油气生产服务中心干部大会，宣布关于建设新型采油管理区和成立油气生产服务中心的决定。副总经理周波参加会议并提出具体要求。【吐哈油田大事记】

7 月 30 日　油田分公司工会决定：对《在吉木萨尔页岩油钻井用盐水钻井液替代油基钻井液》等 7 个优秀干部员工合理化建议、《超低温可溶桥塞及配套工具研制与规模应用》等 9 个优秀创新创效攻关项目予以表彰奖励。【吐哈油工字〔2020〕8 号】

八　月

8 月 7 日　油田分公司印发《中国石油天然气股份有限公司吐哈油田分公司企业年金实施办法》。【吐哈油字〔2020〕79 号】

8 月 11 日　油田分公司党委决定：杨生虎同志任勘探开发研究院党委委员、党委书记、纪委书记、工会主席，免去其综合服务中心党委书记、党委委员、工会主席职务，崔英怀同志任勘探开发研究院党委副书记，李正科同志任吐鲁番采油管理区党委委员、党委书记、纪委书记、工会主席，免去其勘探开发研究院党委副书记、党委委员职务，朱红旺同志任油气生产服务中心党委委员、党委书记、纪委书记、工会主席，高庆贤同志任油气生产服务中心党委委员、党委副书记，朱有信同志任综合服务中心党委委员、党委书记、工会主席，免去其勘探开发研究院党委书记、党委委员、纪委书记、工会主席职务，卢镜换同志任维护稳定办公室主任，张兵同志任吐鲁番采油管理区党委委员，刘永斌同志任鄯善采油管理区党委委员，朱先林同志任三塘湖采油管理区党委委员，张波同志任技术监测中心党委委员。【吐哈油党字〔2020〕38 号】

8 月 11 日　油田分公司决定：张喜任开发部副主任、温吉桑储气库前期建设项目部经理（二级正），刘彦军任共享服务中心副主任、采购中心主任（二级正），崔英怀任勘探开发研究院院长，杨生虎任勘探开发研究院副院长，免去其综合服务中心副主任职务，李正科任吐鲁番采油管理区副主任，免去其勘探开发研究院院长职务，高庆贤任油气生产服务中心主任，免去其原任职务，朱红旺任油气生产服务中心副主任，免去其工程技术处副处长职务，朱有信任综合服务中心副主任，免去其勘探开发研究院副院长职务，何伟任审计部副主任，卢镜换任油田保卫部副主任，张兵任吐鲁番采油管理区副主任，刘永斌任鄯善采油管理区副主任，朱先林任三塘湖采油管理区总会计师，张波任技术监测中心副主任。【吐哈油字〔2020〕81号】

8月17日　油田分公司决定：对2019年度"吉木萨尔－石树沟凹陷领域优选及二叠系勘探新发现"等27项科技成果、2项专利应用成果以及国家授权的21件专利技术予以表彰奖励。【吐哈油字〔2020〕82号】

8月17日　油田分公司印发《中国石油天然气股份有限公司吐哈油田分公司钻井、录井队伍考核管理办法》。【吐哈油字〔2020〕84号】

8月19日至20日　油田分公司以视频方式召开勘探开发研究院、吐鲁番采油管理区、油气生产服务中心和综合服务中心干部大会，宣布油田公司党委、油田公司关于部分中层管理人员调整任命意见。【吐哈油田大事记】

8月20日　油田分公司党委转发集团公司党组印发的《领导人员选拔任用工作监督检查和责任追究实施办法》。【吐哈油党字〔2020〕40号】

8月20日　油田分公司党委印发《吐哈油田公司中层领导人员选拔任用工作规范》。【吐哈油党字〔2020〕41号】

8月25日　油田分公司决定，成立经济评价中心，主要负责为油田公司勘探开发和生产经营项目的经济评价提供技术支撑，为勘探开发中长期发展规划和年度生产经营计划编制提供支持，为生产经营活动的经济决策提供基础技术保障。经济评价中心为勘探开发研究院的三级机构，列基层单位，人员总编制20人。【吐哈油字〔2020〕89号】

8月26日　油田分公司人事处决定，开展2020年优秀市场化用工考评选拔工作。【吐哈油人字〔2020〕10号】

8月27日　油田分公司工会决定：为准东页岩油效益勘探开发党员先锋队劳动竞赛中发挥示范引领和模范带头作用的吉2805钻井平台突击队记集体一等功一次，为党新、王品德、蒋理波记个人一等功一次，为颜涛涛、彭亚中、张鑫分别记个人二等功一次，为龚鑫、何双喜、杨自宏、付伟明记

个人三等功一次。【吐哈油工字〔2020〕9号】

九　月

9月7日　油田分公司印发《中国石油天然气股份有限公司吐哈油田分公司高技能人才积分晋级和积分考核实施细则》《中国石油天然气股份有限公司吐哈油田分公司技能人才创新创效实施及奖励办法》。【吐哈油字〔2020〕91号】【吐哈油字〔2020〕92号】

9月14日　油田分公司工会决定：表彰油气销售营销增效工作先进集体及个人。为销售事业部油气销售部记集体二等功一次，为高强记个人一等功一次，为刘晓光、李国兵、赵才林3人分别记个人二等功一次，为陆嘉伟、张伟、郑勇、卢术恩、彭重辉5人分别记个人三等功一次。【吐哈油工字〔2020〕10号】

9月18日　油田分公司纪委对新提任的17名二级正副职干部、机关三级正副职干部开展"六个一"廉洁从业教育，新提任党员干部签订廉洁从业承诺书，进行廉洁从业知识测试，纪委书记张建诚对新提任党员干部进行廉洁从业集体谈话，提出廉洁从业要求。【吐哈油田大事记】

9月25日　油田分公司决定，撤销西安生活基地管理中心处级机构，在离退休职工管理中心成立西安生活基地管理站，列离退休职工管理中心下属三级机构。【吐哈油字〔2020〕94号】

9月25日　油田分公司人事处决定，开展第七届公司技能专家和第二届首席技师选聘工作。【吐哈油人字〔2020〕11号】

十　月

10月12日　油田分公司职称改革工作领导小组办公室决定：确认李欣怡等19人具备专业技术职务任职资格。【吐哈油职改办字〔2020〕5号】

10月22日　全国总工会到油田开展"送教到基层"活动，由全国能源化学工会石油石化部部长王洁率队，针对油田行业特点和油田工团工作现实需求，为吐哈油田量身打造具有针对性、指导性和启发性的工团工作培训课程。【吐哈油田大事记】

10月22日　油田分公司鄯善采油管理区红台采油中心员工张丽波在第

二届全国油气开发专业采气工职业技能竞赛中获铜牌，实现油田公司在全国和集团公司采气工竞赛中奖牌零的突破。【吐哈油田大事记】

10月26日 股份公司以视频方式召开重大科技专项《新疆油田和吐哈油田勘探开发关键技术研究与应用》中期评估检查会，吐哈油田承担的《吐哈探区油气接替领域勘探关键技术研究与应用》等3项课题通过中期评估检查。【吐哈油田大事记】

10月29日 油田分公司党委决定：免去邱爱研同志的公司工会副主席、女工主任、纪委委员职务，免去石玉峰同志的物资保障中心党委书记、党委委员、纪委书记、工会主席职务，免去周田堂同志的离退休职工管理中心党委委员职务，免去刘双科同志的供水供电处党委委员职务，免去刘沪同志的综合服务中心党委副书记、党委委员、纪委书记职务，免去杨安群同志的离退休职工管理中心党委副书记、党委委员、纪委书记、工会主席职务，免去窦晓鸿同志的西安生活基地管理中心党委书记、党委委员、纪委书记、工会主席职务。【吐哈油党字〔2020〕44号】

10月29日 油田分公司决定：免去石玉峰的物资保障中心副主任职务，免去周田堂的离退休职工管理中心（再就业服务站、离退休管理处）副主任职务，免去刘双科的供水供电处副处长职务。【吐哈油字〔2020〕98号】

10月30日 油田分公司鄯做善成团队《套管放气阀冬季冻堵问题》创新项目在集团公司首届一线生产创新大赛中获勘探组比赛三等奖。【吐哈油田大事记】

十 一 月

11月4日 油田分公司鲁克沁采油管理区员工施晨曦在2020年全国行业职业技能竞赛——第二届油气田开发专业集输工职业技能竞赛暨集团公司智慧油田挑战赛中获铜牌。【吐哈油田大事记】

11月5日 油田分公司党委宣传部做出《关于表彰油田公司2019—2020年度新闻宣传先进工作者和优秀新闻作品的决定》。授予孙宏亮等34人新闻宣传先进工作者荣誉称号，对《逐梦准东——油田准东矿权流转区勘探开发现场采访手记》等29件优秀新闻作品进行表彰。【吐哈油党宣字〔2020〕10号】

11月9日　集团公司以视频方式召开勘探与生产分公司、部分油气田企业和工程技术企业干部大会，集团公司党组成员、副总经理焦方正出席会议并讲话，股份公司副总裁、勘探与生产分公司执行董事党委书记李鹭光主持会议，集团公司总经理助理、人事部总经理杨华宣读集团公司党组任免决定。【吐哈油田大事记】

11月9日　经集团公司党组2020年10月31日研究，并商得中共新疆维吾尔自治区委员会同意，集团公司党组决定：支东明同志任吐哈油田分公司党委委员、书记；梁世君同志任吐哈油田分公司党委副书记，免去其吐哈油田分公司党委常务副书记、工会主席职务；免去娄铁强同志的吐哈油田分公司党委书记、委员职务；免去郭建设同志的吐哈油田分公司党委委员职务。【中油党组任〔2020〕93号】

11月9日　经集团公司党组2020年10月31日研究，集团公司决定：支东明任新疆吐哈石油勘探开发有限公司执行董事、总经理。免去娄铁强的新疆吐哈石油勘探开发有限公司执行董事、总经理职务。【中油任〔2020〕39号】

11月9日　经集团公司党组2020年10月31日研究，并商得中共新疆维吾尔自治区委员会同意，股份公司决定：支东明任吐哈油田分公司执行董事；梁世君任吐哈油田分公司总经理。免去娄铁强的吐哈油田分公司总经理职务，另有任用；免去郭建设的吐哈油田分公司副总经理、安全总监职务，另有任用。【石油任〔2020〕61号】

11月19日　油田分公司职称改革工作领导小组办公室决定：批准秦蓉等4人晋升专业技术职务任职资格。【吐哈油职改办字〔2020〕6号】

11月30日　股份公司决定：周波任吐哈油田分公司安全总监。【石油任〔2020〕94号】

十 二 月

12月3日　油田分公司党委决定：依据公司专项奖励办法，给予在准东勘探开发中做出突出贡献的井位研究、工程设计攻关、准东项目部等团队100万元奖励。【吐哈油党字〔2020〕46号】

12月4日　油田分公司在哈密石油基地、鄯善生产基地、吉木萨尔县、乌鲁木齐市等地，以视频方式召开准东油气勘探重要发现嘉奖表彰大会。
【吐哈油田大事记】

12月4日　油田分公司与长江大学在哈密举行工作座谈会，双方表示进一步加强校企深度合作，培训培养人才，攻关瓶颈技术，推动品牌技术进步，助力吐哈油气当量再上300万吨。【吐哈油田大事记】

12月5日　油田分公司党委决定，调整公司领导班子成员工作分工。【吐哈油党字〔2020〕47号】

12月8日至9日　油田分公司吉木萨尔凹陷页岩油勘探重要成果在中国石油2020年度油气勘探年会获一等奖，吐哈区块石钱滩凹陷石炭系油气勘探重要发现获二等奖。【吐哈油田大事记】

12月12日　油田分公司决定：表彰奖励2020年度公司管理创新成果。【吐哈油字〔2020〕103号】

12月15日　油田分公司印发《中国石油天然气股份有限司吐哈油田分公司井控专家管理办法》。【吐哈油字〔2020〕104号】

12月16日　油田分公司党委决定，调整中国石油吐哈油田公司党委党风廉政建设和反腐败工作领导小组成员。【吐哈油党字〔2020〕50号】

12月16日　油田分公司党委决定，调整中国石油吐哈油田公司党委巡察工作领导小组成员。【吐哈油党字〔2020〕51号】

12月25日　油田分公司党委下发《做好公司所属单位领导班子和中层领导人员2020年度考核等有关工作的通知》，对2020年度考核做出部署。

12月26日　经集团公司党组2020年19日研究，并商得中共新疆维吾尔自治区委员会同意，集团公司党组决定：张瑾同志任吐哈油田分公司党委委员、副书记、工会主席。【中油党组任〔2020〕150号】

12月29日　油田分公司印发《吐哈油田公司激发科技人才动力活力的三十六条措施》。【吐哈油字〔2020〕111号】

12月29日　油田分公司工会做出《为准东页岩油效益勘探开发党员先锋队等集体和个人记功的决定》。为准东页岩油效益勘探开发党员先锋队记集体特等功一次，为吉28块平台压裂突击队记等5个集体记集体一等功，为吉28块临时脱水站突击队等5个记集体二等功，为梁浩等129人分别记个人特等功、个人一等功、个人二等功、个人三等功。【吐哈油工字〔2020〕11号】

第九章　人事政策文件目录选编
（2016.1—2020.12）

序号	文件类别	文件名称	文件号	发文日期
1		《中国石油吐哈油田公司所属党支部"三会一课"实施办法》	吐哈油党字〔2017〕10号	2017.4.6
2		《吐哈油田公司党员领导干部民主生活会实施细则》	吐哈油党字〔2018〕21号	2018.5.10
3		《公司所属单位党委书记基层党建述职评议考核实施办法》	吐哈油党字〔2018〕21号	2018.5.10
4		《吐哈油田公司党支部达标晋级实施办法》	吐哈油党字〔2018〕21号	2018.5.10
5		《吐哈油田公司党支部书记队伍建设实施办法》	吐哈油党字〔2018〕21号	2018.5.10
6		《中国石油天然气股份有限公司吐哈油田分公司党建工作责任制考核评价实施细则》	吐哈油党字〔2018〕41号	2018.8.14
7		《吐哈油田公司构建"大党建"工作格局17条》	吐哈油党字〔2018〕44号	2018.9.17
8	党组织建设	《吐哈油田公司基层党支部阵地建设规范》	吐哈油党字〔2018〕45号	2018.9.17
9		《吐哈油田公司支部主题党日活动实施办法》	吐哈油党组字〔2018〕13号	2018.11.29
10		《吐哈油田公司2018—2020年发展党员工作规划》	吐哈油党组字〔2018〕13号	2018.11.29
11		《中国石油天然气股份有限公司吐哈油田分公司党委中心组学习制度》	吐哈油党字〔2019〕6号	2019.1.20
12		《中国石油吐哈油田公司党务公开工作实施细则》	吐哈油党字〔2019〕28号	2019.5.23
13		《吐哈油田公司党组织工作经费使用管理办法》	吐哈油党字〔2020〕19号	2020.4.24
14		《中国石油天然气股份有限公司吐哈油田分公司"三重一大"决策制度实施细则（修订）》	吐哈油党字〔2020〕24号	2020.6.18
15		《中国石油天然气股份有限公司吐哈油田分公司党委议事规则（修订）》	吐哈油党字〔2020〕31号	2020.7.3

续表

序号	文件类别	文件名称	文件号	发文日期
16	处级管理人员管理	《中国石油天然气股份有限公司吐哈油田分公司管理人员因私出国（境）管理实施细则》	吐哈油党字〔2016〕14号	2016.3.16
17		《中国石油天然气股份有限公司吐哈油田分公司处级领导班子和干部综合考核评价实施细则》	吐哈油党字〔2016〕14号	2016.3.16
18		《关于公司处级干部管理办法和科级管理人员管理办法补充通知》	吐哈油党字〔2016〕30号	2016.6.22
19		《处级领导干部退职离岗管理暂行办法》	吐哈油字〔2017〕195号	2017.7.16
20		《关于加强和改进优秀年轻干部培养选拔工作的实施意见》	吐哈油党字〔2017〕38号	2017.7.25
21		《组织人事部门对领导干部进行提醒、函询和诫勉暂行办法》	吐哈油党组字〔2017〕4号	2017.8.17
22		《中国石油天然气股份有限公司吐哈油田分公司中层领导人员管理办法》	吐哈油党字〔2020〕12号	2020.3.25
23		《吐哈油田公司中层领导人员选拔任用工作规范》	吐哈油党字〔2020〕41号	2020.8.20
24	专业技术人员管理	《中国石油天然气股份有限公司吐哈油田分公司井控专家管理办法》	吐哈油字〔2020〕104号	2020.12.15
25		《吐哈油田公司激发科技人才动力活力的三十六条措施》	吐哈油字〔2020〕111号	2020.12.29
26	人力资源管理系统	《中国石油天然气股份有限公司吐哈油田分公司人力资源管理系统管理办法》	吐哈油字〔2016〕117号	2016.2.1
27	机构编制	《中国石油天然气股份有限公司吐哈油田分公司机构编制管理办法》	吐哈油字〔2016〕106号	2016.2.1
28		《中国石油天然气股份有限公司吐哈油田分公司用工总量管理办法》	吐哈油字〔2016〕107号	2016.2.1
29	薪酬管理	《中国石油天然气股份有限公司吐哈油田分公司赴境外工作人员薪酬福利管理办法》	吐哈油字〔2016〕100号	2016.2.1
30		《中国石油天然气股份有限公司吐哈油田分公司人工成本管理办法》	吐哈油字〔2016〕102号	2016.2.1
31		《中国石油天然气股份有限公司吐哈油田分公司劳动工资管理办法》	吐哈油字〔2016〕157号	2016.2.1
32		《中国石油天然气股份有限公司吐哈油田分公司市场化用工薪酬管理办法》	吐哈油字〔2016〕158号	2016.2.1

续表

序号	文件类别	文件名称	文件号	发文日期
33	绩效考核	《中国石油天然气股份有限公司吐哈油田分公司全员绩效考核及管理办法》	吐哈油字〔2016〕101号	2016.2.1
34		《中国石油天然气股份有限公司吐哈油田分公司2016年内部绩效考核及管理办法》	吐哈油字〔2016〕141号	2016.2.24
35		《中国石油天然气股份有限公司吐哈油田分公司2017年内部绩效考核及管理办法》	吐哈油字〔2017〕52号	2017.2.9
36		《中国石油天然气股份有限公司吐哈油田分公司2018—2020年内部绩效考核及管理办法》	吐哈油字〔2018〕53号	2018.3.9
37		《关于修订公司2018—2020年内部绩效考核及管理办法有关内容的通知》	吐哈油字〔2019〕49号	2019.3.21
38		《关于修订公司2018—2020年内部绩效考核及管理办法有关内容的通知》	吐哈油字〔2020〕56号	2020.6.17
39	职业技能鉴定	《中国石油天然气股份有限公司吐哈油田分公司技能专家管理办法》	吐哈油字〔2016〕112号	2016.2.1
40		《中国石油天然气股份有限公司吐哈油田分公司技能专家工作室创建管理办法》	吐哈油字〔2016〕113号	2016.2.1
41		《中国石油天然气股份有限公司吐哈油田分公司技师高级技师管理办法》	吐哈油字〔2016〕114号	2016.2.1
42		《中国石油天然气股份有限公司吐哈油田分公司职业技能竞赛管理办法》	吐哈油字〔2016〕115号	2016.2.1
43		《中国石油天然气股份有限公司吐哈油田分公司职业技能鉴定实施细则》	吐哈油字〔2016〕116号	2016.2.1
44		《中国石油天然气股份有限公司吐哈油田分公司职业技能鉴定实施细则》	吐哈油字〔2017〕189号	2017.7.12
45		《中国石油天然气股份有限公司吐哈油田分公司高技能人才管理办法》	吐哈油字〔2017〕224号	2017.9.8
46		《关于加强劳务服务员工转岗培训管理工作的通知》	吐哈油人字〔2018〕10号	2018.3.8
47		《中国石油天然气股份有限公司吐哈油田分公司高技能人才积分晋级和积分考核实施细则》	吐哈油字〔2020〕91号	2020.9.7
48		《中国石油天然气股份有限公司吐哈油田分公司技能人才创新创效实施及奖励办法》	吐哈油字〔2020〕92号	2020.9.7

序号	文件类别	文件名称	文件号	发文日期
49		《中国石油天然气股份有限公司吐哈油田分公司两级机关科级以下管理岗位聘任管理办法》	吐哈油党组字〔2016〕3号	2016.3.24
50		《中国石油天然气股份有限公司吐哈油田分公司科级管理人员管理办法》	吐哈油党字〔2016〕15号	2016.3.16
51		《中国石油天然气股份有限公司吐哈油田分公司所属单位副总师（助理）管理办法》	吐哈油党字〔2016〕15号	2016.3.16
52		《中国石油天然气股份有限公司吐哈油田分公司市场化用工管理办法》	吐哈油字〔2016〕99号	2016.2.1
53		《中国石油天然气股份有限公司吐哈油田分公司员工管理办法》	吐哈油字〔2016〕156号	2016.3.2
54		《中国石油天然气股份有限公司吐哈油田分公司员工奖惩管理办法》	吐哈油字〔2016〕160号	2016.3.21
55		《吐哈油田科级干部及安全管理人员HSE履职能力评估方案》	吐哈油字〔2016〕174号	2016.4.8
56		《关于深入推进结构调整中人员分流安置工作的通知》	吐哈油字〔2017〕6号	2017.1.10
57		《关于规范公司各采油厂之间员工交流的通知》	吐哈油人字〔2017〕6号	2017.6.9
58	员工管理	《关于修订暂时性离岗歇业相关条款的通知》	吐哈油字〔2018〕20号	2018.7.16
59		《吐哈油田公司机关科级及以下管理人员交流管理办法》	吐哈油党组字〔2018〕6号	2018.2.27
60		《关于完善员工内部交流审批程序的通知》	吐哈油公务字〔2018〕87号	2018.7.17
61		《关于修订公司离岗歇业相关政策的通知》	吐哈油字〔2019〕45号	2019.3.19
62		《科级干部选拔任用工作"一报告两评议"实施办法》	吐哈油党字〔2019〕29号	2019.5.27
63		《关于完善市场化用工激励机制及畅通市场化用工晋升通道的通知》	吐哈油字〔2019〕109号	2019.8.26
64		《中国石油天然气股份有限公司吐哈油田分公司劳动力交流管理办法》	吐哈油字〔2019〕115号	2019.9.20
65		《中国石油天然气股份有限公司吐哈油田分公司人才引进管理办法》	吐哈油字〔2019〕116号	2019.9.20
66		《关于开展紧缺专业技术核心骨干操作岗位人员返聘的通知》	吐哈油字〔2019〕48号	2019.3.20
67		《关于加强和规范南疆转移就业人员有关事宜的通知》	吐哈油人字〔2019〕12号	2019.7.8

续表

序号	文件类别	文件名称	文件号	发文日期
68	员工管理	《关于调整公司核心骨干人才和紧缺人才内部退养政策的意见》	吐哈油字〔2019〕124号	2019.10.17
69		《暂时性离岗歇业政策调整意见》	吐哈油人字〔2020〕5号	2020.5.9
70		《关于对工作量不足的岗位人员轮流上岗的意见》	吐哈油字〔2020〕48号	2020.5.11
71	培训	《中国石油天然气股份有限公司吐哈油田分公司员工教育培训管理办法》	吐哈油字〔2016〕108号	2016.2.1
72		《中国石油天然气股份有限公司吐哈油田分公司博士后科研工作站管理办法》	吐哈油字〔2016〕109号	2016.2.1
73		《中国石油天然气股份有限公司吐哈油田分公司就业专项资金使用管理办法》	吐哈油字〔2016〕110号	2016.2.1
74		《中国石油天然气股份有限公司吐哈油田分公司特种作业及特种设备作业人员培训管理办法》	吐哈油字〔2016〕111号	2016.2.1
75		《中国石油天然气股份有限公司吐哈油田分公司HSE培训管理实施细则》	吐哈油字〔2018〕97号	2018.4.26
76		《关于公司内部培训管理机构收取培训费用的通知》	吐哈油字〔2016〕147号	2016.3.2
77		《关于加强部分单位资质提升取证培训的通知》	吐哈油字〔2016〕198号	2016.6.3
78		《关于加强教育培训经费和培训项目运行管理的通知》	吐哈油人字〔2016〕14号	2016.8.31

后　记

在吐哈油田分公司编纂工作领导小组的关心和指导下，经过全体编纂人员的辛勤工作，由吐哈油田分公司人事处（党委组织部）组织编纂的《中国石油吐哈油田组织史资料（2016—2020）》正式出版了。本书对展现吐哈石油发展历程，总结组织建设发展规律和经验，传承历史，资政育人，促进吐哈油田分公司有质量、有效益、可持续发展，将起到积极的推动作用。

续编《中国石油吐哈油田组织史资料（2016—2020）》，是一项重要的基础性工作。从2016年开始，每年根据集团公司人事处下发的征编工作的通知，吐哈油田分公司人事处（党委组织部）3到4月份组织有关科室开展总部卷征集资料并同步下发吐哈油田分公司组织史资料征编工作的通知，开展编纂动员，安排1至2名员工专兼职负责编纂工作。根据出版计划，《中国石油吐哈油田组织史资料（2016—2020）》于2021年出版，2021年2月19日，吐哈油田分公司组织史编纂办根据集团公司通知，下发吐哈油田分公司《关于做好2021年组织史资料征编工作的通知》，开展吐哈油田分公司组织史续编工作，4月19日组织史编纂工作由人事处划转至档案中心人事档案科，为做好组织史资料编纂工作，经吐哈油田分公司组织史资料编纂办公室研究，6月21日至23日，举办了一期组织史资料编纂业务培训班和企业卷审核对接会议，对22名参与编纂人员进行培训，现场审核对接，统一企业卷格式，9月31日《中国石油吐哈油田组织史资料（2016—2020）》初稿完成，10月8日将组织史资料初稿发至机关各处室、各单位征集意见，10月27日完成意见征集和初稿修改。

编纂《中国石油吐哈油田组织史资料（2016—2020）》，是吐哈油田分公司组织人事和基础管理建设的一件大事，也是一项政策性、技术性、规范性较强的业务。本书涉编内容时间跨度从2016年1月到2020年12月，时间长达5年。这五年，是吐哈油田分公司发展历程中极具挑战、极为困难的5年，是吐哈油田分公司持续优化体制机制，深入推进"双百行动"综合改革和扩大经营自主权改革的5年，期间组织机构分合变迁，错综复杂，人事更迭频繁。作为史料性资料，标准要求高，时间要求紧，期间先后安排 3 名人员专兼职负责编纂，严格遵循实事求是的原则和"广征、核准、精编、严审"的方针，以 OA 文件、档案文件的真实记录为依据，做了很多艰苦细致的搜索、整理和编纂工作。先后从吐哈、股份 OA 系统中下载 OA 文件万余份，向吐哈油田分公司机关科室征集数据百余份，健全了文件资料电子库，作为编纂基本依据，编纂人员按照规范体例编纂书稿，倾注大量时间提炼文字叙述，突出重点，删减枝蔓，基本做到了结构体例合乎规范，文字简明精炼，内容详略得当。本书严格按照自审、互审、会审和报审的"四审"制度，层层把关，确保本书的准确性、真实性和可靠性。

本书以编年体和纪事本末体史志体例编纂，比较全面、系统、客观、准确地记录 2016 年至 2020 年吐哈油田分公司组织工作发展历程，如实理清吐哈油田分公司各级党政组织的成立、更名、发展、撤并以及领导干部变动情况等内容，为"资政、存史、育人、交流"等提供可信的依据，为组织人事、史志研究、档案管理等部门的有关业务提供诸多便利，也为体制改革和机构调整提供历史借鉴。

编纂《中国石油吐哈油田组织史资料（2016—2020）》，得到了吐哈油田分公司领导和编纂工作领导小组以及各涉编单位领导的重视和指导。人事处（党委组织部）领导对编纂工作全过程给予了大力支持和具体指导，相关科室都有业务负责、指导人员进行配合，提供帮助；各涉编单位为本书提供了包括文字叙述、领导名录、大事纪要、文件依据等大量基础性资料。

本书编审委员会由支东明任主任，梁世君、张瑾、周波、杨忠东、张建诚、吴征、李建忠任副主任。编纂工作领导小组由支东明任组长，李建忠任副组长，成员由史东风、刘锐锋、邓坤红、苗殿国组成。编纂办公室由刘锐锋、邓坤红任主任。本卷先后由段元凯、彭静具体负责整体编纂工作方案、技术规范制定和征集、编纂、组织、运行、协调、指导等各项事宜。

在本书编纂过程中，参考了《中国石油吐哈油田组织史资料（2014—2015）》《吐哈油田年鉴》《吐哈油田大事记》等文献资料。值此《中国石油吐哈油田组织史资料（2016—2020）》出版之际，谨向对编纂工作给予支持和帮助的所有单位和人员表示衷心的感谢。

由于编纂者专业水平有限，文稿虽然经过多次修改，反复校对，但是书中难免出现内容错误与疏漏的地方，我们诚心诚意期望读者给予批评指正。吐哈油田分公司及各二级单位今后每年都要进行组织史资料的征集，并每五年统一续编一次，届时，错漏之处一并修正。

吐哈油田分公司组织史资料编纂办公室
2021 年 10 月

出版说明

为充分发挥组织史"资政、存史、育人、交流"的作用，2012年3月，中国石油天然气集团公司（以下简称集团公司）全面启动《中国石油组织史资料》的编纂工作，并明确由集团公司人事部负责具体牵头组织。《中国石油组织史资料》系列图书分总部卷、企业卷、基层卷三个层次进行编纂出版。首次编纂出版以本单位成立时间作为编纂上限，以本单位编纂时统一规定的截止时间为编纂下限。

《中国石油组织史资料》总部卷由集团公司人事部负责组织编纂，石油工业出版社负责具体承办。总部卷（1949—2013）卷本分第一卷、第二卷、第三卷和附卷一、附卷二共五卷九册，于2014年12月出版。2021年，集团公司决定对《中国石油组织史资料（1949—2013）》进行补充与勘误，并在此基础上将编纂时间下限延至2020年12月。《中国石油组织史资料（1949—2020）》卷本分第一卷、第二卷、第三卷、第四卷和附卷一、附卷二共六卷十二册，于2021年6月正式付梓。此后，总部卷每五年续编出版一卷。

《中国石油组织史资料》企业卷系列图书，由各企事业单位人事部门负责牵头组织编纂，报集团公司人力资源部编纂办公室规范性审查后，由石油工业出版社统一出版。企业卷规范性审查由集团公司人力资源部编纂办公室白广田、于维海、傅骏雄、麻永超负责组织，图书出版统筹由石油工业出版社组织史编辑部马海峰、李廷璐负责，由秦雯、鲁恒、孙卓凡具体负责。企业卷首次续编一般按"2014—2015"和"2014—2018"两种方案编纂出版，此后每五年续编出版一卷。

《中国石油组织史资料》基层卷由各企事业单位人事（史志）部门负责组织下属单位与企业卷同步编纂，并报集团公司人力资源部编纂办公室备案，由石油工业出版社组织史编辑部负责提供具体出版和技术支持。

企业卷统一出版代码：

CNPC-YT——油气田企业   CNPC-LH——炼化企业

CNPC-XS——成品油销售企业   CNPC-GD——天然气与管道企业

CNPC-HW——海外企业   CNPC-GC——工程技术企业

CNPC-JS——工程建设企业   CNPC-ZB——装备制造企业

CNPC-KY——科研单位   CNPC-QT——金融经营服务等企业

编纂《中国石油组织史资料》系列图书是集团公司组织人事和基础管理建设工作的大事，是一项政策性、业务性、技术性、规范性很强的业务工作，是一项艰巨浩繁的系统工程。该系列图书以企业的组织沿革为线索，收录了编纂时限内各级党政组织的成立、更名、发展、撤并以及领导干部变动情况等内容，为企业资政、存史、育人、交流提供了可信的依据。这套系统、完整的中国石油组织史资料，既丰富了石油企业的历史资料，又增添了国家的工业企业史资料，不仅为组织人事、史志研究、档案管理等部门从事有关业务提供了诸多便利，而且为体制改革和机构调整提供了历史借鉴。在此，谨向对该套图书出版工作给予支持和帮助的所有单位和人员表示衷心的感谢！

由于掌握资料和编纂者水平有限，丛书难免存有错漏，恳请读者批评指正。对总部卷的意见建议请联系集团公司人力资源部编纂办公室或石油工业出版社组织史编辑部；对各单位企业卷、基层卷的意见建议请联系各单位编纂组或组织史资料编辑部。对书中错漏之处我们将统一在下一卷续编时一并修改完善。

中国石油组织史资料编纂办公室联系方式

联系单位：中国石油天然气集团有限公司人力资源部综合处

通信地址：北京市东直门北大街 9 号石油大厦 C1103，100007

联系电话：010-59984340　59984721，传真：010-62095679

电子邮箱：rsbzhc@cnpc.com.cn

中国石油组织史编辑部联系方式

联系单位：石油工业出版社人力资源出版中心

通信地址：北京市朝阳区安华西里三区 18 号楼 201，100011

联系电话：010-64523611　62067197

电子邮箱：cnpczzs@cnpc.com.cn

《中国石油组织史资料》系列图书目录

总部卷			
编号	书名	编号	书名
第一卷	国家部委时期（1949—1988）（上中下）	第四卷	中国石油天然气集团公司—中国石油天然气集团有限公司（2014—2020）（上中下）
第二卷	中国石油天然气总公司（1988—1998）	附卷一	组织人事大事纪要（1949—2020）（上下）
第三卷	中国石油天然气集团公司（1998—2013）（上下）	附卷二	文献资料选编（1949—2020）

企业卷			
编号	书名	编号	书名

油气田企业（16）

编号	书名	编号	书名
CNPC-YT01	大庆油田组织史资料	CNPC-YT09	青海油田组织史资料
CNPC-YT02	辽河油田组织史资料	CNPC-YT10	华北油田组织史资料
CNPC-YT03	长庆油田组织史资料	CNPC-YT11	吐哈油田组织史资料
CNPC-YT04	塔里木油田组织史资料	CNPC-YT12	冀东油田组织史资料
CNPC-YT05	新疆油田组织史资料	CNPC-YT13	玉门油田组织史资料
CNPC-YT06	西南油气田组织史资料	CNPC-YT14	浙江油田组织史资料
CNPC-YT07	吉林油田组织史资料	CNPC-YT15	煤层气公司组织史资料
CNPC-YT08	大港油田组织史资料	CNPC-YT16	南方石油勘探开发公司组织史资料

炼油化工单位和海外企业（32）

编号	书名	编号	书名
CNPC-LH01	大庆石化组织史资料	CNPC-LH17	华北石化组织史资料
CNPC-LH02	吉林石化组织史资料	CNPC-LH18	呼和浩特石化组织史资料
CNPC-LH03	抚顺石化组织史资料	CNPC-LH19	辽河石化组织史资料
CNPC-LH04	辽阳石化组织史资料	CNPC-LH20	长庆石化组织史资料
CNPC-LH05	兰州石化组织史资料	CNPC-LH21	克拉玛依石化组织史资料
CNPC-LH06	独山子石化组织史资料	CNPC-LH22	庆阳石化组织史资料
CNPC-LH07	乌鲁木齐石化组织史资料	CNPC-LH23	前郭石化组织史资料
CNPC-LH08	宁夏石化组织史资料	CNPC-LH24	东北化工销售组织史资料
CNPC-LH09	大连石化组织史资料	CNPC-LH25	西北化工销售组织史资料
CNPC-LH10	锦州石化组织史资料	CNPC-LH26	华东化工销售组织史资料
CNPC-LH11	锦西石化组织史资料	CNPC-LH27	华北化工销售组织史资料
CNPC-LH12	大庆炼化组织史资料	CNPC-LH28	华南化工销售组织史资料
CNPC-LH13	哈尔滨石化组织史资料	CNPC-LH29	西南化工销售组织史资料
CNPC-LH14	广西石化组织史资料	CNPC-LH30	大连西太组织史资料
CNPC-LH15	四川石化组织史资料	CNPC-LH31	广东石化组织史资料
CNPC-LH16	大港石化组织史资料	CNPC-HW01	中国石油海外业务卷

成品油销售企业（37）

编号	书名	编号	书名
CNPC-XS01	东北销售组织史资料	CNPC-XS13	河北销售组织史资料
CNPC-XS02	西北销售组织史资料	CNPC-XS14	山西销售组织史资料
CNPC-XS03	华北销售暨北京销售组织史资料	CNPC-XS15	内蒙古销售组织史资料
CNPC-XS04	上海销售组织史资料	CNPC-XS16	陕西销售组织史资料
CNPC-XS05	湖北销售组织史资料	CNPC-XS17	甘肃销售组织史资料
CNPC-XS06	广东销售组织史资料	CNPC-XS18	青海销售组织史资料
CNPC-XS07	云南销售组织史资料	CNPC-XS19	宁夏销售组织史资料
CNPC-XS08	辽宁销售组织史资料	CNPC-XS20	新疆销售组织史资料
CNPC-XS09	吉林销售组织史资料	CNPC-XS21	重庆销售组织史资料
CNPC-XS10	黑龙江销售组织史资料	CNPC-XS22	四川销售组织史资料
CNPC-XS11	大连销售组织史资料	CNPC-XS23	贵州销售组织史资料
CNPC-XS12	天津销售组织史资料	CNPC-XS24	西藏销售组织史资料

编号	书名	编号	书名
CNPC-XS25	江苏销售组织史资料	CNPC-XS32	湖南销售组织史资料
CNPC-XS26	浙江销售组织史资料	CNPC-XS33	广西销售组织史资料
CNPC-XS27	安徽销售组织史资料	CNPC-XS34	海南销售组织史资料
CNPC-XS28	福建销售组织史资料	CNPC-XS35	润滑油公司组织史资料
CNPC-XS29	江西销售组织史资料	CNPC-XS36	燃料油公司组织史资料
CNPC-XS30	山东销售组织史资料	CNPC-XS37	大连海运组织史资料
CNPC-XS31	河南销售组织史资料		

天然气管道企业（13）

编号	书名	编号	书名
CNPC-GD01	北京油气调控中心组织史资料	CNPC-GD08	京唐液化天然气公司组织史资料
CNPC-GD02	管道建设项目经理部组织史资料	CNPC-GD09	大连液化天然气公司组织史资料
CNPC-GD03	管道公司组织史资料	CNPC-GD10	江苏液化天然气公司组织史资料
CNPC-GD04	西气东输管道公司组织史资料	CNPC-GD11	华北天然气销售公司组织史资料
CNPC-GD05	北京天然气管道公司组织史资料	CNPC-GD12	昆仑燃气公司组织史资料
CNPC-GD06	西部管道公司组织史资料	CNPC-GD13	昆仑能源公司组织史资料
CNPC-GD07	西南管道公司组织史资料		

工程技术企业（7）

编号	书名	编号	书名
CNPC-GC01	西部钻探公司组织史资料	CNPC-GC05	东方物探公司组织史资料
CNPC-GC02	长城钻探公司组织史资料	CNPC-GC06	测井公司组织史资料
CNPC-GC03	渤海钻探公司组织史资料	CNPC-GC07	海洋工程公司组织史资料
CNPC-GC04	川庆钻探公司组织史资料		

工程建设企业（8）

编号	书名	编号	书名
CNPC-JS01	管道局组织史资料	CNPC-JS05	中国昆仑工程公司组织史资料
CNPC-JS02	工程建设公司组织史资料	CNPC-JS06	东北炼化工程公司组织史资料
CNPC-JS03	工程设计公司组织史资料	CNPC-JS07	第一建设公司组织史资料
CNPC-JS04	中国寰球工程公司组织史资料	CNPC-JS08	第七建设公司组织史资料

装备制造和科研企业（12）

编号	书名	编号	书名
CNPC-ZB01	技术开发公司组织史资料	CNPC-KY02	规划总院组织史资料
CNPC-ZB02	宝鸡石油机械公司组织史资料	CNPC-KY03	石油化工研究院组织史资料
CNPC-ZB03	宝鸡石油钢管公司组织史资料	CNPC-KY04	经济技术研究院组织史资料
CNPC-ZB04	济柴动力总厂组织史资料	CNPC-KY05	钻井工程技术研究院组织史资料
CNPC-ZB05	渤海石油装备公司组织史资料	CNPC-KY06	安全环保技术研究院组织史资料
CNPC-KY01	勘探开发研究院组织史资料	CNPC-KY07	石油管工程技术研究院组织史资料

金融经营服务及其他企业（14）

编号	书名	编号	书名
CNPC-QT01	北京石油管理干部学院组织史资料	CNPC-QT08	运输公司组织史资料
CNPC-QT02	石油工业出版社组织史资料	CNPC-QT09	中国华油集团公司组织史资料
CNPC-QT03	中国石油报社组织史资料	CNPC-QT10	华油北京服务总公司组织史资料
CNPC-QT04	审计服务中心组织史资料	CNPC-QT11	昆仑信托中油资产组织史资料
CNPC-QT05	广州培训中心组织史资料	CNPC-QT12	中油财务公司组织史资料
CNPC-QT06	国际事业公司组织史资料	CNPC-QT13	昆仑银行组织史资料
CNPC-QT07	物资公司组织史资料	CNPC-QT14	昆仑金融租赁公司组织史资料

参与编纂人员名单

1. 勘探公司（勘探事业部）
李丽红　杨　莹　李艳蓉

2. 准东勘探开发项目经理部
吕文超

3. 勘探开发研究院
杨　丹　魏鸿英　郑晓丽

4. 工程技术研究院（勘察设计院）
段勇成　曾贵蓉　谢银娣　韩建栋

5. 吐鲁番采油厂—吐鲁番采油管理区
冯麟惠　张爱萍　李凌思

6. 鲁克沁采油厂（鲁克沁油田项目经理部）—鲁克沁采油管理区
郭玉岩　梁庆查　华泽北

7. 鄯善采油厂—鄯善采油管理区
王子晞　曾自力

8. 三塘湖采油厂（三塘湖油田项目经理部）—三塘湖采油管理区
李东奇　包亚莉　姚　刚　周　莉

9. 油气生产服务中心
王宝琪　马爱霞　邓　莹

10. 销售事业部（运销处）
王小岩　张燕风

11. 石油天然气化工厂
李　燕　王小岩

12. 消防支队

王　婷　宋永超　魏希望

13. 监督中心（石油天然气吐哈工程质量监督站、纪检中心）

宁良玉　杨丽萍

14. 井下技术作业公司

王　璐　张歆歆

15. 新疆吐哈油田建设有限责任公司

倪静尚　贺　亮　魏希望

16. 特种车辆工程公司

田万青　张　星　魏希望

17. 小车服务中心

田万青　张　星　魏希望

18. 运输工程公司

田万青　张　星　魏希望

19. 工程建设服务中心—工程技术中心

魏希望

20. 机械厂

魏晓娟

21. 供水供电处（新疆吐哈石油电力工程有限公司）

肖利芬　王洁新楠

22. 技术监测中心（新疆吐哈石油项目管理咨询有限公司）

宋光政　叶筱婧

23. 信息技术公司（新闻中心、吐哈石油报社、中国石油报吐哈记者站、新疆欧亚科技发展有限责任公司）

葛庆兰　薛小兰

24. 物资供应处
张德英　王　芳　魏　剑

25. 物资保障中心
张德英　王　芳　魏　剑

26. 石油能源开发公司
王立翔

27. 吐哈石油大厦（乌鲁木齐办事处）
高琳娜

28. 员工公寓管理中心
姚继红　苏小航

29. 哈密物业管理公司
王源民　苏小航

30. 鄯善物业管理公司
苏小航

31. 综合服务中心
苏小航

32. 吐哈石油医院（卫生处、疾病预防控制中心）
李晓燕

33. 新闻中心（吐哈石油报社、吐哈有线电视台、中国石油报吐哈记者站）
李华德

34. 离退休职工管理中心（再就业服务站、离退休职工管理处）
丁学宏

35. 北京办事处
邓小春　孙婕妤

36. 酒泉生活基地管理中心

马鸿武

37. 广汉生活基地管理中心

杜春梅　杨彦士

38. 西安生活基地管理中心

杨智彬

39. 兰州生活基地管理中心

马　波　陈蓓蓓

40. 苏州生活基地管理中心

段小勇　罗秀芬

41. 北京生活基地管理中心

邓小春　叶　莹　孙婕妤

42. 吐哈油田分公司机关

段元凯　曹　玙　彭　静